中国民族统计年鉴

CHINA 'S ETHNIC STATISTICAL YEARBOOK

[2004]

国家民族事务委员会经济发展司
国家统计局国民经济综合统计司 编

EDITED BY ECONOMIC AND DEVELOPMENT
DEPARTMENT STATE ETHNIC
AFFAIRS COMMISSION
&
DEPARTMENT OF INTEGRATED
STATISTICS STATE STATISTICAL BUREAU
PEOPLE'S REPUBLIC OF CHINA

民族出版社

ETHNIC PUBLISHING HOUSE

版权声明

图书在版编目（CIP）数据

中国民族统计年鉴.2004/国家民委经济发展司编.—北京：民族出版社，2004.12
ISBN 7-105-06683-0

Ⅰ.中... Ⅱ.国... Ⅲ.民族自治地方—统计资料—中国—2004—年鉴
Ⅳ.D633.2-54

中国版本图书馆CIP数据核字（2004）第131881号

民族出版社出版发行
http://www.e56.com.cn
北京市和平里北街14号 邮编100013
金若龙文化公司微机照排 迪鑫印刷厂印刷
各地新华书店经销
2004年12月第1版 2004年12月北京第1次印刷
开本：787×1092毫米 1/16 印张：46.375 字数：1154千字
印数：0001-1600册 定价：230.00元

该书如有印装质量问题，请与本社发行部联系退换
（汉编一室电话：64271909；发行部电话：64211734）

《中国民族统计年鉴》编辑委员会名单

编者说明

一、《中国民族统计年鉴》（2004）是一部全面反映中国政府少数民族经济工作基本情况，以及全国少数民族和民族自治地方国民经济社会发展情况统计资料的大型资料性工具书。主要反映上一年度民族自治地方和全国民族经济工作的新发展、新经验、新成果以及遇到的新问题。

二、本年鉴原名为《中国民族统计年鉴》，1994 年创刊，逐年编辑、连续出版，截至 2000 年共出版 7 期。自 2001 年由国家新闻出版署批准为正式期刊，并更名为《中国民族工作年鉴》。2004 年根据国家有关期刊管理的规定，重新更名为《中国民族统计年鉴》，以图书形式出版。在中国民族统计年鉴编辑委员会领导下开展工作，由中国民族统计年鉴编辑部负责编辑。

三、本年鉴由“专文”、“概况篇”、“纪事篇”、“民族经济政策法规篇”、“统计资料篇”、“附录”等 6 部分组成。

1〉专文。收编了国家民委主要领导在 2003 年有关民族工作的部分文章和讲话。

2〉概况篇。收录了少数民族和民族地区 2003 年度经济社会发展概况。

3〉纪事篇。分“民族经济”、“民族乡（镇）”、“兴边富民行动”、“扶贫开发”、“扶持人口较少民族发展”、“电脑农业推广工作”、“民族贸易和民族特需用品生产”、“清真产业发展”、“民族统计工作”、“少数民族发展资金管理”、“调研工作和报告” 11 个类目，收编了国家民委和各省、自治区、直辖市有关民族经济工作和民族地区经济发展情况。

4〉民族经济政策法规篇。收集了 2003 年有关省、自治区、直辖市政府部门颁发的关于少数民族和民族地区经济社会发展方面的文件、制度、法规等文献。

5〉统计资料篇。分“民族自治地方”、“全国少数民族发展情况”、“全国政府民族工作部门机构和人员情况”、“其他资料” 等四部分。涉及的全国性统计数据均不包括台湾省和香港特别行政区、澳门特别行政区的资料。统计资料主要来源于国家政府主管部门、各级统计和民族工作部门。全部统计资料均经国家统计局国民经济综合统计司审核。

6〉附录。收编了各类民族方面的资料。

四、由于时间紧迫，资料来源有限，疏漏和不妥之处恳请读者批评指正。同时，谨对各有关部门、单位和各方面人士的大力支持表示感谢。

Editorial Note

Ⅰ. "China's Ethnic Statistical Yearbook 2004 " is a grand – scale statistical reference book, which reflects comprehensively the Chinese government's economic work on the ethnic minorities and situation of the nationwide local economic and social development in the regions of ethnic minorities and those autonomy. It gives high concentration on the new developments, experiences, results and questions in the autonomous regions and on the economic work of ethnic minorities over the last year.

Ⅱ. Its original name is China Ethnic Statistical Yearbook, and is established for its first issue 1994, it has been edited year by year and published continuously. Up till 2000, there have been seven issues published. It was approved by the Office of the State News Publication as a formal journal in 2001. It changed its name to China's Yearbook of Ethnic Works. According to state's rules about some issue management in 2004, it renamed to China's Ethnic Statistical Yearbook, it published as book style. It is under the leadership of the Editorial Committee of China's Ethnic Statistical Yearbook. The editorial Department is responsible for compilation.

Ⅲ. This Yearbook is composed of six parts. They are Special Articles, Survey, Chronicle of Events, Policies and Regulations on Ethnic Economy, Statistical Data Part, Appendix.

1. Special Articles incorporates part of the speeches given by the chief leaders of the SEAC on the topic of the development of work on the ethnic minorities in 2003.

2. Chapter of Survey compiles an overview of the economic and social development for the ethnic minorities and the regions in 2003.

3. Chapter of Events consists of eleven, they are Ethnic Economy, Ethnic Villages and Towns, The Action of Prosperous Borders and Wealthy People, Anti – Poverty and Development, Support the Development of Small – Scale Population Ethnic Group, Computer Agriculture Extend Work, Ethnic Trade and Producing of Ethnic Specific Daily Necessities, Development of Muslim Industry, Ethnic Statistic Work, The Management of Minority Ethnic Development Fund, Research and Report. It collects information on the work of Ethnic Economic and the Development of Economic in Ethnic Areas at the level of State, Provinces, Autonomous Regions and Municipalities.

4. Chapter of Policies and Regulations on Ethnic Economy collects documents, systems, legal regulations and other files related to the work on economic and social development in the ethnic minority and ethnic areas issued by governmental offices at the levels of provinces, autonomous regions and municipalities.

5. Statistical Data Part is composed of four parts. They are Comprehensive information on the Ethnic Minority Autonomous Area, Development of Nationwide Ethnic Minority, Institution and Staffs of the Agencies for

Ethnic Affair, and Other Documents. It touches upon national statistical figures excluding Taiwan province, Hong Kong Special Administration Region, and Macao Special Administration Region. The statistical Figures mainly come from the statistical and operational government governmental agencies at all levels. All statistical figures have been examined and approved by the Statistical Department for the National Economy of the State Statistical Bureau.

6. Appendix collects various information on ethnic minority.

Ⅳ. Due to the limited time and insufficient documentary resources, the Yearbook must have oversights, omissions and inadequacies. We earnestly request your criticism and correction. In the meantime, we would like to express our sincere gratitude to the related departments, units and people for their vigorous support.

目 录

专 文

概 况 篇

纪 事 篇

民族经济政策法规篇

统计资料篇

附 录 篇

CONTENTS

Special Articles

Survey

EVENTS

Policies and Regulations on Ethnic Economy Part

Statistical Data

Appendix

专文

Special Articles

收编了国家民委主要领导在2003年有关民族工作发展情况的部分文章和讲话。

Special Articles incorporates part of the speeches given by the chief leaders of the State Ethnic Affairs Commission on the topic of the development of work on the ethnic minorities in 2003.

国家民委主任李德洙在全国民委主任会议上的讲话

（2004年1月9日）

这次全国民委主任会议，是新一届政府组成之后的第一次，是国家民委领导班子调整之后的第一次，是各省民委领导班子调整之后的第一次。主要任务是总结2003年工作，研究部署2004年工作。刚才，国家民委党组的几位同志对各自分管的工作进行了总结和部署。他们讲话的内容是经过党组研究的。希望大家认真学习，结合实际贯彻落实。

回顾刚刚过去的2003年，无论是对全国发展大局，还是对民族工作来说，都是具有特殊意义的一年。我们深深感到：

2003年是崭新的一年。新一届中央领导集体走上了政治前台，高举旗帜，总揽全局，运筹帷幄，勤政为民，在世界上树立了亲民、务实、科学、法治的良好形象，赢得了全国各族人民的衷心拥护和国际社会的广泛赞誉。对我们民族工作来说，2003年也是崭新的一年。一批新生力量进入各级民族工作部门。我们紧紧围绕胡锦涛总书记提出的“共同团结奋斗，共同繁荣发展”这个新世纪新阶段民族工作的主题，扎实工作，开拓创新，维护了民族地区的团结稳定，促进了各项事业的健康发展。

2003年是大兴学习的一年。新一届中央领导集体十分重视思想理论建设和理论武装工作，把学习贯彻“三个代表”重要思想作为事关全局的大事来抓，决心大、举动大、成效大，兴起了学习贯彻“三个代表”重要思想的新高潮。“三个代表”重要思想更加深入人心，成为全国各族人民团结奋斗的共同思想基础。对全国民委系统来说，2003年也是大兴学习的一年。对学习，我们有目标，有部署，有重点，有举措。我们明确提出，要用“三个代表”重要思想统领民族工作全局，检验民族工作成效，推动民族工作发展。举办了国家民委系统司局级以上领导干部和全国民委系统主要领导干部的“三个代表”重要思想学习班，以胡锦涛总书记“七一”重要讲话为指导，系统学习了“三个代表”重要思想。编写出版了《“三个代表”重要思想关于民族问题的理论学习纲要》。各地民委也以各种形式狠抓学习。通过学习，我们进一步增强了用“三个代表”重要思想统领民族工作的自觉性和坚定性，进一步增强了做好新阶段民族工作的紧迫感和责任感，牢固树立了实践第一、发展第一、群众第一的观点。

2003年是奋力拼搏的一年。国际上发生了伊拉克战争等重要事件。国内发生了突如其来的非典疫情，以及洪涝、干旱、地震等各种自然灾害。在各种风险和挑战面前，全国各族人民在党中央的坚强领导下，团结一心，众志成城，奋力拼搏，战胜了一个又一个困难。在迎战各种困难的斗争中，全国民委系统广大干部识大体，顾大局，全力做好维护稳定和促进发展的各项工作，民族地区经受住了考验，民族关系经受住了考验，民委系统的广大干部为此作出了应有的贡献。

2003年是令人振奋的一年。尽管有各种不利因素的影响，我国GDP突破11万亿元，比上年增长8.5%。进出口总额突破8千亿美元，比上年增长28.9%以上。税收收入突破2万亿元，比上年增长20.3%。“神舟”五号载人飞船发射成功，极大地增强了中华民族的自信心和凝聚力。民族地区发展情况非常好。5个自治区和云南、贵州、青海三省预计完成国内生产总值11000多亿元，增长11.1%，增幅比全国高2.6个百分点；进出口总额达到153亿美元，增长36.1%。其中，内蒙古自治区创下了经济增长、工业增长、固定资产投资增长、出口总额增长速度的四个全国第一。新疆进出口总额的增长速度列全国第一。西藏农牧民人均纯收入的增长速度列全国第一。民族地区的发展充满了希望。这些新成绩、新变化，与各级民委的努力是分不开的。

回顾过去一年的工作，我们深深地感到，做好民族工作，必须坚持“三个代表”重要思想这个根本指针；必须牢牢把握“共同团结奋斗，共同繁荣发展”这个时代主题；必须坚持解放思想、实事求是、与时俱进这个思想路线；必须坚持突出重点、统筹兼顾，分类指导、全面发展这个重要原则；必须坚持调动各方，齐抓共管，走民族工作社会化这个有效途径。

2004年，是新中国成立55周年，是完成“十五”计划的关键一年。今年，也是《民族区域自治法》颁布实施20周年，是民族工作面临重大机遇，承前启后、继往开来的重要一年。总的工作要求是：以邓小平理论和“三个代表”重要思想为指导，全面贯彻十六大和十六届三中全会精神，牢牢把握新世纪新阶段民族工作的主题，谋大局，抓机遇，办实事，努力加快少数民族和民族地区经济社会全面进步，不断巩固和发展平等团结互助的社会主义民族关系，促进各民族共同繁荣。这个总体要求概括起来就是四句话：全面贯彻党的民族政策；坚持和完善民族区域自治制度；巩固和发展平等团结互助的社会主义民族关系；促进各民族共同繁荣。这四句话是50多年来民族工作的宝贵经验，也是我们党对做好民族工作的基本要求。做好民族工作，就要落实好这四句话。

关于今年的具体工作，党组其他几位同志刚才已经作了部署。这里，我着重强调做好今年工作必须抓好的几个方面：

第一，把握大局，突出重点，全力办好三件大事

敏锐把握形势发展变化，紧紧抓住有利时机，通过举办有影响的大事，把民族工作推向一个新高度，是我们这几年工作的一条成功经验。1999年国庆50周年的时候，我们抓住机遇，办了三件大事，也就是召开了中央民族工作会议、国务院第三次全国民族团结进步表彰大会、在北京和拉萨共同举办第六届全国少数民族传统体育运动会，产生了很大影响。因此，1999年被誉为是“民族工作年”。今年是新中国成立55周年，是《民族区域自治法》颁布实施20周年。我们打算紧紧抓住这个有利时机，努力办成三件大事：建议召开中央民族工作会议，建议召开国务院第四次全国民族团结进步表彰大会，隆重纪念《民族区域自治法》颁布实施20周年。办这三件事，国家民委和中央统战部达成了一致意见，并向党中央和国务院有关领导同志作了汇报，他们均表示赞成。国家民委党组和中央统战部已经向党中央和国务院写了请示。

今年召开中央民族工作会议，十分必要，机会也很好。进入新世纪新阶段，在完善社会主义市场经济体制的关键阶段，在全面建设小康社会的重要时期，民族工作面临着一系列新形势、新要求、新任务，概括起来就是：面对实践“三个代表”重要思想的新要求，如何实现民族理论和政策的创新；面对全面建设小康社会的艰巨任务，如何实现民族地区的跨越式发展；面对完善社会主义市场经济体制的新部署，如何深化民族地区的各项改革；面对伊拉克战争后世界民族问题日益复杂化的新变化，如何进一步做好我们的事情，保持我国民族关系的健康发展。抓住今年的有利时机，召开中央民族工作会议，深刻回答民族工作面临的一系列新情况、新问题，对于进一步统一全党思想，全面深入地贯彻党的民族政策，努力加快民族地区全面小

康建设步伐，加强民族团结，维护祖国统一，十分重要。

在新中国成立55周年之际召开国务院第四次全国民族团结进步表彰大会，把表彰会和国庆活动衔接起来，既有利于烘托节日气氛，又有利于营造中华民族大团结的氛围。为了节省时间和人力物力，我们建议将中央民族工作会议和国务院第四次民族团结进步表彰大会合起来开。

在《民族区域自治法》颁布实施20周年之际，举行隆重的纪念活动，造成一定的声势，有利于《民族区域自治法》的宣传贯彻，有利于坚持和完善民族区域自治制度，从而推进社会主义政治文明建设。

通过办好三件大事，要达到三个基本目的：

一是通过召开中央民族工作会议，出台一个好的文件。十三届四中全会以来，我国民族工作取得了伟大成就，积累了丰富经验，但是还没有形成一个中央关于民族工作方面的专门性文件。抓住当前有利时机，出台这个文件，要有对民族理论的新概括，也就是要对改革开放以来我们党对马克思主义民族理论新发展、新贡献的系统概括；要有对民族工作基本经验的深刻总结；要有对今后一个时期民族工作总体要求的全面部署。总的说，就是要突出思想性、理论性和指导性，特别是在理论上要有新的突破，使这个文件成为今后一个时期民族工作的纲领性文献。我们认为，现在已经具备了形成这样一个文件的有利条件。首先是有好的实践基础：改革开放以来，特别是党的十三届四中全会以来，民族工作尽管面临复杂的国际形势，可以说是挑战不断。党中央两次召开了中央民族工作会议和全国民族团结进步表彰大会，研究部署民族工作的大政方针，民族团结进步事业取得了伟大成就，成为建国以来最好的时期之一。这一伟大实践，非常值得总结。其次是有好的理论基础：邓小平理论中有丰富的民族理论内容，前几年我们做了初步的概括。党的第三代领导集体高度重视民族工作，进一步科学回答了“什么是民族问题，怎样解决我国现阶段的民族问题”这个当代中国民族工作最根本最主要的问题，形成了“三个代表”重要思想关于民族问题理论的科学体系。这一理论，极大地丰富了“三个代表”重要思想的内涵，成为“三个代表”重要思想的重要组成部分。

二是通过召开国务院第四次全国民族团结进步表彰大会，营造一个好的氛围。就是要大力宣传民族团结进步模范先进事迹，大力宣传党的民族政策，大力宣传民族工作伟大成就，形成人人关心民族团结进步事业，全社会更加关心和重视民族工作的良好社会氛围，不断巩固和发展中华民族的大团结。同时，要在总结经验的基础上，在创建民族团结进步模范活动方面取得新的突破。

三是通过隆重纪念《民族区域自治法》颁布实施20周年，实现一个大的突破。要抓住《民族区域自治法》颁布实施20周年这个有利时机，推动国务院贯彻落实自治法的行政法规出台，推动民族法律法规的健全和完善，为民族地区加快全面小康建设步伐提供有力的政策和法律保障。对此，民族地区干部群众呼声很高。党中央和国务院对这项工作也非常重视。去年，胡锦涛总书记在参加全国政协十届一次会议少数民族界委员联组讨论时的重要讲话中，提出了明确要求。最近，吴邦国、温家宝、回良玉、盛华仁、华建敏等领导同志已经做出了重要批示，明确指示要把这项工作做好。我们一定要抓住这个有利机遇，把这项工作抓紧抓好抓实，特别是要在扶持民族自治地方加快发展方面争取有新的政策，新的突破。现在，全国5个自治区没有一个出台自治条例。要通过国务院这个文件的出台，带动民族自治地方这项工作的开展。

办好这三件大事，对于我们进一步认清民族工作面临的新形势，明确民族工作面临的新任务，提高全党和全社会对做好民族工作重要性和紧迫性的认识，具有十分重大的意义。这几项工作做好了，就能为今后一个时期的民族工作打下坚实的思想基础、理论基础、法制基础、政策基础和组织基础。

为了办好这三件大事，我们要狠抓调研。调查研究要成为今年全国民委系统工作的一个拳头，贯穿于各项工作的部署中。要把筹备这三件大事的过程，作为深入学习“三个代表”重要思想，自觉用“三个代表”重要思想统领民族工作的过程；作为努力提高贯彻党的民族理论政策水平的过程；作为大力营造民族团结良好氛围的过程；作为深入研究民族地区加快发展的目标方向、政策保障的过程；作为深入总结我们党处理民族问题的基本经验的过程；作为我们进一步增强做好民族工作的责任感、使命感的过程。一句话，就是要成为出思想、出理论、出政策的过程。

第二，树立和落实科学的发展观，促进少数民族和民族地区全面进步

发展是我们党执政兴国的第一要务，也是民族工作的第一要务。抓好第一要务，必须牢固树立全面、协调和可持续的科学的发展观，必须体现以人为本这个核心，必须体现全面发展这个根本目的，必须体现协调发展这个基本原则，必须体现统筹兼顾这个总体要求。树立科学的发展观是党的十六届三中全会的重大贡献，是我们党对现代化建设指导思想的重大发展，是对发展理念的重大突破。牢牢树立和全面贯彻科学的发展观，是民族地区全面建设小康社会的重要保障，是解决民族地区现实矛盾的迫切需要。要树立民族工作“一盘棋”的观念，统筹发展民族地区经济、文化、教育、科技、卫生各项事业，促进民族地区全面、协调和可持续发展。

民族经济工作要深入贯彻十六届三中全会精神和中央经济工作会议精神。要紧紧围绕民族地区改革发展中遇到的重大问题，搞好调查研究。比如说，少数民族地区的市场经济与发达地区的市场经济如何接轨？又比如，在完善社会主义市场经济体制当中，如何贯彻党的民族政策，充分考虑民族地区的特殊性，避免“一刀切”？深入研究好这些问题，才能当好参谋助手。要抓好兴边富民行动、人口较少民族发展、电脑农业推广等有民委自身特色的工作，继续加大工作力度，争取有新的突破。要紧紧抓住西部大开发、振兴东北等老工业基地、国务院制定贯彻实施《民族区域自治法》的行政法规、国家启动制定第十一个五年计划等机遇，加强与有关部门的协调，进一步完善扶持民族地区发展的有关政策措施。

民族文化工作要坚持正确的发展方向，切实体现有利于先进文化的发展和有利于人民群众身心健康的原则。要紧紧围绕保护——开发——改革——发展开展调查研究，认真总结民族文化工作的经验，出理论，出思路，出政策，切实改变民族文化工作理论建设滞后的状况，推动民族文化工作实践的发展。民族文化工作需要特殊人才，特殊人才的培养要有特殊办法。要改变一些领域人才奇缺，青黄不接的状况，不断推出新人，提高民族文化工作队伍的整体水平。要通过举办反映时代发展潮流，体现民族文化发展方向，具有浓烈民族特色的文化活动，不断推出民族文化工作的新亮点，带动民族文化工作和民族文化产业的发展。

民族教育工作要深入贯彻全国人才工作会议和第五次全国民族教育工作会议精神，坚持突出重点，加强协调，分类指导的原则，坚持与时俱进，开拓创新。要通过调研深入总结和推广各地发展民族教育的好经验。要深入研究民族教育的特殊性。有特点，就要有政策；有差别，就要有政策；有差距，就要有政策。政策上不突破，民族教育很难有大的发展。政策上要有突破，首先要在认识上有新的突破。

第三，围绕主题，分类指导，维护民族关系健康发展

深入开展马克思主义民族观的宣传教育，特别是要抓好民族理论、民族政策、民族常识“三个教育”。要把握各民族干部和各民族青少年、聚居地区和散居地区、城市和农村的不同特点，不断创新活动形式，在广度和深度上有新的突破。

以召开国务院第四次全国民族团结进步表彰大会为契机，广泛开展民族团结进步创建活动。把评选先进模范的过程，作为宣传先进典型的过程，作为增强中华民族凝聚力的过程，使“三个离不开”思想更加深入人心，在全社会唱响“共同团结奋斗，共同繁荣发展”这个民族工作的主旋律，形成人人关心民族团结进步事业，人人关心民族工作的良好氛围。

更加重视和加强散杂居地区和城市民族工作。要提高对散杂居地区和城市民族工作重要性、特殊性的认识；准确把握散杂居地区和城市民族关系的特点，完善协调民族关系的有效机制，强化服务意识，把各项工作做在前头。现在，人口流动速度加快，城市民族成分趋于多样化，这是社会进步的表现。城市民族工作部门一方面要做好为本地少数民族群众服务的工作，另一方面要做好为外来少数民族群众服务的工作。近些年来一些城市出现的影响民族关系的摩擦，很多是由于没有服务或服务不到位引起的。只要多一份责任心，多一点服务意识，多一些服务手段，很多摩擦是可以避免的。各地民族工作部门之间要加强联系，加强合作，把少数民族人口的无序流动变为有序流动。城市民族工作要努力为全国民族工作创造出更多的新经验。

要认真做好反分裂的基础工作，最大限度地相信和依靠各民族干部群众，最大限度地孤立和打击民族分裂势力、宗教极端势力和暴力恐怖势力。要反对一切破坏民族团结、社会稳定和祖国统一的破坏活动。

第四，加大力度，拓宽渠道，大力培养少数民族干部和各类专门人才

突出大培训是今年工作的一个重点，也是一个特点。近几年，全国民委系统对培养少数民族干部工作的认识越来越高，力度越来越大，成绩也越来越明显。主要是培养途径增多了：一是挂职锻炼，现在每年有400多人参加，这项工作刚开始的时候几十个人也安排不了。二是出国短期培训。三是送到香港培训。四是交流培训。五是办短期培训班。六是依托内地高等学校培训人才，如内地新疆班、西藏班。这六种方式构成了我们比较有特色的干部和人才培训体系。

要使培养干部和培训人才成为今年工作的另一个拳头。要进一步提高认识，树立科学的人才观。人才资源是第一资源，人才优势是第一优势。最近中央召开了新中国成立以来的第一次全国人才工作会议，胡锦涛总书记明确指出，“人才问题是关系党和国家事业发展的关键问题”。民族地区与发达地区的差距，说到底是人才的差距。民族工作部门不抓干部培养和人才队伍建设，就是失职。要把培养少数民族干部和各类人才，作为加快少数民族和民族地区发展，推动民族团结进步事业发展的基础性、战略性、决定性工作抓紧抓好。

培训要突出重点，扩宽领域，强化手段，重点抓好三大块：一是继续抓好少数民族干部的培训工作。重点是办好各种类型的培训班，做好挂职锻炼工作。二是大力培训民委系统的干部。省级民委的主任、副主任、处长，地州市民委主任，国家民委机关和直属单位处以上干部，都要分期分批进行培训。三是要大力配合有关部门培训民族地区需要的各类人才。

今年的工作，概括起来就是，突出一个主题（共同团结奋斗，共同繁荣发展），形成两个拳头（大调研，大培训），办好三件大事（筹备召开中央民族工作会议和国务院第四次全国民族团结进步表彰大会，纪念《民族区域自治法》颁布实施20周年），推进四项工作（全面贯彻党的民族政策，坚持和完善民族区域自治制度，巩固和发展平等团结互助的社会主义民族关系，促进各民族共同繁荣）。做好今年的工作，既要轰轰烈烈，又要扎扎实实；既要突出重点，又要统筹兼顾；既要分工负责，又要协调配合。

总之，今年工作的任务十分繁重，使命十分光荣，意义十分重大。全国民委系统的广大干部，一定要发扬拼搏精神，以过硬的作风，齐心协力地完成好每一项任务。

一是要加强学习，增强大局意识、忧患意识、机遇意识，善于用世界的眼光、全局的眼光、战略的眼光观察、研究和处理民族问题。自觉地把民族工作放到国际大环境中，放到党和国家工作全局中，放到实现中华民族伟大复兴的历史进程中去思考，去谋划，去落实。只有这样，我们的工作思路才能更加清楚，工作重点才能更加突出，工作布局才能更加合理，工作方法才能更加科学，才能使民族工作与时俱进，不断创新。

二是要牢固树立群众第一的观点，不断提高服务水平。讲感情、讲服务，对少数民族群众要有感情，对民族地区要有感情，对民族工作要有感情，动感情才能动脑筋，才能动真格。实现好、维护好、发展好各族群众的根本利益，是我们全部工作的出发点和落脚点。

三是要始终坚持实事求是的思想路线。了解真实情况，反映真实情况；研究实际问题，解决实际问题；敢于正视矛盾，善于解决问题，扎扎实实地把各项工作任务落到实处。

同志们，让我们在以胡锦涛同志为总书记的党中央领导下，全面贯彻十六大精神和“三个代表”重要思想，与时俱进、开拓创新，奋发图强，扎实工作，为实现各民族共同繁荣发展做出新的更大的贡献！

国家民委主任李德洙在2003年年终述职会上的讲话

（2004年1月16日）

今年的述职是国家民委领导班子调整之后的第一次，也是机关各部门主要负责同志调整之后的第一次。不仅机关各部门的主要负责同志述了职，委属在京单位的主要负责人也述了职。这对大家交流工作经验，了解全委的工作，很有好处。

总的来看，今年的述职突出了两个字：一是突出了“新”字。讲出了新的成绩、新的经验、新的体会、新的思路。二是突出了“实”字。讲成绩实实在在，讲问题实事求是，讲措施扎扎实实。每个人述职时间虽然短，但大家都讲出了水平，讲出了特色，讲出了风格。大家有这样的体会，述职报告如果只靠写，只靠讲，是写不好，讲不好的。只有干得好，才能写得好，讲得好。工作有特色，才能讲得有特色，有风格。

听了大家的述职，我和党组的同志都感到，过去的一年，机关各部门和委属各单位，讲大局，讲服务，讲创新，目标大，决心大，干劲大，成绩也很大，很多方面有了突破。

下面，我讲两个问题。

一、关于2003年的工作

2003年，无论是对党和国家事业发展的全局，还是对全国民族工作以及国家民委工作来说，都是非常重要而又很不寻常的一年。可以说，去年是崭新的一年，大兴学习的一年，奋力拼搏的一年，令人振奋的一年。我们高举邓小平理论和“三个代表”重要思想伟大旗帜，紧紧围绕民族工作的主题，突出要务，狠抓服务，在以下几方面体会比较深：

（一）抓学习，增强了用“三个代表”重要思想统领民族工作、检验民族工作、推动民族工作的自觉性和坚定性。

我们深入学习“三个代表”重要思想，紧紧围绕民族工作实际和干部队伍建设实际，狠抓了处以上干部的学习，适时举办了机关司局级以上领导干部和全国民委系统领导干部理论学习研讨班，编写了《“三个代表”重要思想关于民族问题理论学习纲要》。通过学习，我们进一步加深了对“什么是民族问题，怎样解决当代中国的民族问题”这个当代中国民族工作最基本、最重要问题的认识，树立了实践第一、发展第一、群众第一的观点，自觉用“三个代表”重要思想统领民族工作全局，把它作为观察民族问题的根本方法，作为检验民族工作成效的根本标准，作为推动民族工作创新的根本动力。

我们深入学习胡锦涛总书记在参加全国政协十届一次会议少数民族界委员联组讨论时发表的重要讲话。这个讲话，站在全局和战略的高度，深刻阐述了新世纪新阶段做好民族工作的极端重要性，明确提出了“共同团结奋斗，共同繁荣发展”是新世纪新阶段民族工作的主题。这是一个十分重要的讲话，是指导新世纪新阶段民族工作的纲领性文献。通过学习，我们进一步明确了新世纪新阶段民族工作的根本任务和奋斗目标，增强了做好新世纪新阶段民族工作的信心和决心。

我们认真学习十六届三中全会和中央经济工作会议、全国人才工作会议精神，进一步树立了全面、协调、可持续的科学的发展观，进一步树立了人才资源是第一资源，人才优势是最大的优势，人才是生产力中最活跃的因素，人才工作关系到党和国家发展与稳定的大局的科学的人才观，增强了市场意识、改革意识、人才意识、机遇意识、创新意识，增强了大力培养少数民族干部和民族地区各类人才的紧迫感，增强了按客观规律办事的自觉性和能力。

总之，学习贯穿了我们的各项工作，贯穿了工作的全过程，成为武装思想、指导实践、推动工作的强大武器。回顾这几年的工作，重视学习、加强学习是我们工作中的一条重要经验。每当党和国家事业发展进入一个新阶段的时候，每当民族工作面临新形势、新任务的时候，党组总是把加强学习和教育干部的问题，突出地提到各项工作面前。通过学习，思想上有新的解放，行动上有新的举措，作风上有新的改进，工作上有新的气象。实践证明，我国民族团结进步事业的不断发展，民委干部队伍素质的不断提高，都同我们重视学习密不可分。这个经验任何时候都必须始终加以坚持。

（二）抓调研，增强了工作的主动性和创造性。

李维汉同志讲过，民委不搞调研，就没有饭吃。调研是民族工作的基础。我们着眼于出政策、出理论、出思路、出人才，狠抓调查研究。去年共收到调研报告189篇，数量比上年有所增加，质量有所提高，从中评出65篇优秀报告予以表彰。民委系统重视调查研究、大兴调查研究蔚然成风。

通过调查研究，一个是研究理论，一个是研究政策。在调查研究的基础上，我们围绕着抓理论、抓政策，提出要从社会主义初级阶段的基本国情出发，从我国区域间发展很不平衡的现实情况出发，从少数民族地区的客观实际出发，注意研究制定实施优惠的政策、特殊的政策、新的政策。少数民族和民族地区与发达地区相比，在自然条件、社会发育上有差异，在发展水平、人的素质上有差距，在文化传统、精神生活上有特点。有差异就要有政策，有差距就要有政策，有特点就要有政策。没有政策，就是“一刀切”；没有政策，就是一般化。没有优惠的政策、特殊的政策、新的政策，实现民族团结进步事业的与时俱进，开创民族工作的新局面，只能是一句空话。实践表明，只有抓调研，抓政策，才能使我们的工作真正体现时代性，把握规律性，富于创造性。

过去一年，我们就民族地区财政、人才等有关问题向中央提出的建议得到采纳，扶持人口较少民族的发展与兴边富民行动得到国务院的充分肯定。认真做好代国务院起草贯彻落实《民族区域自治法》配套行政法规的工作，取得了阶段性的成果；与有关部门密切配合，检查、督促中办发［2001］23号文件精神贯彻落实情况。依照政策，指导各地妥善处理影响民族团结和社会稳定的突发性事件60多起。积极探索依靠政策和法制做好散杂居民族工作、城市民族工作的办法途径。制定专门文件，促进城市民族关系的健康发展。正确把握政策尺度，做好反分裂的基础工作。

这些工作，都是在深入调查研究，结合中央的大政方针与少数民族和民族地区的实际情况，仔细分析研究的基础上取得的，使我们较好地发挥了参谋助手作用。

（三）抓要务，促进少数民族和民族地区全面发展和进步。

我国民族团结进步事业靠发展来贯穿，靠发展来推进，靠发展来巩固。我们坚持用第一位的精力、第一位的要求、第一流的作风狠抓第一要务。

推进兴边富民行动有新举措。国务院《政府工作报告》连续两年对此提出明确要求。全国投入各类资金已超过150亿元，兴建各类项目2万多个。我们商财政部制定了两部委关于继续推进兴边富民行动的意见，确定兴边富民行动重点县37个，占边境县总数的27.4%，并进一步加大政策和资金支持力度。最近不断有民族地区要求，兴边富民行动能不能力度再大一点，覆盖面再广一点？充分表明，这项工作深得民心，深受欢迎。

扶持人口较少民族发展迈出新步伐。我们与国务院扶贫办联合召开“全国人口较少民族扶贫开发规划工作现场会”，确定了“四通五有三达标”的阶段性目标。加大对人口较少民族“两基”的帮扶，试点工作已经起步。部分委属院校举办了人口较少民族预科班，加大人才培养力度。“小民族，大政策、大思路、大发展”不断得以体现。

电脑农业推广工作有新进展。我们总结和推广了湖北的经验，提出在全国民族地区推广的总体规划。组织培训西部民族地区技术骨干2500多人次。少数民族群众亲切地把电脑农业称为“脱贫致富的金钥匙”、“生产管理的好帮手”、“留住不走的好专家”。这项工作，成为民族工作与经济工作、科技工作的对接点。做好这项工作，对于解决民族地区“三农问题”具有非常重要的现实意义。

民族文化工作取得新成效。民族文化事业单位的改革发展正在有条不紊地开展。《中国少数民族古籍总目提要》开始编纂出版，这是我国文化史上具有重要意义的事情，党和国家领导人对此给予高度重视和关心。《中国民族》英文版创刊，有利于增进国际社会对我国民族政策和民族文化的了解。一批国家民委民族文化工作联系点建立起来。

民族教育工作有新的突破。深入贯彻落实全国民族教育工作会议精神，促成有关地方出台了新的政策措施。比如，国家从2003年起每年投入1.4亿元，用于新疆南疆四地州部分边远贫困地区实施免费义务教育。委属6所民族院校得到了教育部、地方政府的大力支持，发展得非常好。西南、西北民族学院去年更名为大学，并获得博士学位授予权。去年委属院校招生比例增长幅度高于全国平均水平。与中科院和有关地方签订了共建委属院校的协议。内地高校支援新疆工作得到进一步加强。我们与教育部共同落实了2006—2010年期间内地100所高校每年从新疆招收2000名少数民族学生，5年共计1万名的计划，比上个5年计划翻了一番。

应该看到，综合协调少数民族和民族地区各项工作，是民委独具特色的职能。促进民族地区经济、文化、教育和科技等事业的发展，实质上就是坚持以人为本，促进少数民族和民族地区全面、协调、可持续发展，其目的在于加快民族地区与发达地区之间、民族地区内部的协调发展的步伐，增强少数民族和民族地区自我造血的功能。这些工作取得了明显的进展，富有成效，充分发挥了民委的长处，是今后工作继续努力的重点。

（四）抓服务，实现好维护好发展好各族群众的根本利益。

好的理论、好的政策必须实践，才能实现真正的价值。“立党为公、执政为民”是“三个代表”重要思想最本质的要求，绝不能停留在口号和一般要求上，而要紧紧围绕少数民族和民族地区各族群众最现实、最关心、最直接的利益来落实，为他们诚心诚意办实事，尽心竭力解难事，坚持不懈做好事。

努力做好防治“非典”的服务工作。内蒙古是“非典”重灾区。我们积极向党中央、国务院反映情况，使内蒙古得到了物资和医务人员的支持。贯彻中央“两手抓”的方针，把干部职工的安危摆在第一位，确保干部职工的生命安全和各项工作的顺利开展，为抗击“非典”做出了贡献。

增补了第二批民族用品生产定点企业400多家，使总数达到1800多家。经过多次协商和争取，“清真食品”列入了《少数民族特需用品目录》，确定373家全国清真食品定点生产企业，享受民族贸易优惠政策待遇。全年民贸企业享受优惠政策的资金达6亿元，为少数民族和民族地区带来了实惠。边销茶的市场秩序逐步走上规范化轨道，确保少数民族群众喝上放心茶。

成功举办了第七届全国少数民族传统体育运动会。中央领导和有关部门对此给予很高评价。总的看，这是一次高举“三个代表”重要思想的旗帜、高举民族团结的旗帜、高举改革发展的旗帜，成功的、圆满的、民族团结的盛会。民运会还促进了宁夏经济、文化等各项事业的发展，银川市借民运会东风加快城市建设步伐，面貌焕然一新。民运会创出了品牌，影响愈来愈大，各族群众非常高兴，非常满意。成功举办了中华民族服饰展演，国务院领导同志在多个场合给予了表扬。

我们还争取到国际人类学与民族学联合会第16届世界大会2008年在我国云南举行。争取到中央民族大学附中外地学生从2003年起享受北京生源待遇，在北京市参加高考录取，这既有利于提高学校的办学质量，又为边疆少数民族子女提供了更多的升学机会。同时，我委争取到中央财政资金首次突破10亿元，达到10.78亿元，比上年增加2.78亿元。行政事业性项目经费总量已提前两年完成“十五”计划。这确保了我委各项事业的顺利进行，确保了我委各部门、各单位充分发挥服务少数民族和民族地区的职能。

离退休干部的生活得到了较好的保障，生活福利有了进一步提高，老同志身心健康，心情舒畅。机关的工作环境、生活环境不断改善，生活福利水平有较明显的增长。

通过加强服务，我们进一步为少数民族和民族地区各族群众办了实事，做了好事；通过加强服务，我们进一步扩大了少数民族和民族地区与发达地区、与国际社会的交流和开放；通过服务，我们进一步开拓了工作领域，树立了民族工作者的良好形象。增强服务意识，增加工作手段，是我们做好民族工作的宝贵经验。

（五）抓队伍，进一步强化自身建设。

民族工作能不能体现“立党为公，执政为民”的宗旨，能不能贯彻执行好中央的路线、方针、政策，能不能切实服务于少数民族和民族地区加快发展，国家民委干部队伍素质很重要。2003年，我们重点进行了两方面的建设。一是建设和加强了一个好的领导班子。在党中央、国务院的关心下，委领导班子进行了新的调整。我委产生了两名副部级干部，新调进政治思想水平高、工作能力强的两位同志，实现了工作平稳交接。大家都善于学习，认真研究问题，积极主动地思考工作，解决问题，形成了团结、务实、高效的领导班子。这为全年民委工作的顺利开展奠定了坚实基础，提供了坚强保障。二是提拔和使用一批政治合格、业务过硬的干部。去年共提拔使用司局级干部17名，交流16名；提拔处级干部36名，轮岗交流23名；调整充实直属单位领导班子8个，选拔任用新班子成员15名。

其中一批表现优秀、各方面反映好的司处级干部得到破格提拔。

在提拔使用干部的问题上，突出了几点：千方百计地创造条件，尽量为大家创造良好的发展空间；对条件不成熟的人，对到处跑官要官的人，对作风浮夸的人，坚决不予提拔；重点培养那些踏踏实实、埋头苦干的干部。这一做法效果明显，得到了广大干部职工的拥护。

注意抓好干部的培训、锻炼工作。经过努力，中央民族干部学院顺利落成，为多层次、多形式、多渠道、大规模地培训民族干部新建立了一个重要基地，创造了优越的条件。组织举办了10期培训班、研讨班，培训干部600多人。积极做好三部委454名干部挂职锻炼工作。还注意通过完善制度、完善机制来促进干部队伍的健康发展。建立和完善了领导干部收入和重大事项报告制度、经济责任审计制度。进一步调整和优化了机构设置。对教育司、民研中心、信息中心、古籍整理研究室的职能进行了新的补充完善，有的改了名，有的挂新牌子，有的是新成立的，得到了中编办、科技部等部门的大力支持和充分肯定。

我们突出抓好健全和完善国家民委委员制度。在中央领导同志的关心支持下，通过加强与22个兼职委员单位的联系沟通，争取理解和支持，进一步形成了全面推进民族工作的合力。

干部队伍水平的提高，工作环境、社会环境的优化，直接后果就是进一步增强了我们民族工作者的凝聚力、战斗力，进一步增加了有关部门、社会各界对我们的了解和支持。大家精神焕发，心往一处想，劲往一处使，不仅在过去的一年创出了新的业绩，更为新的一年开拓新的局面奠定了良好的基础。

回顾过去一年的工作，我们深深感到，做好民族工作，必须坚持“三个代表”重要思想这个指导思想；必须牢牢把握“共同团结奋斗，共同繁荣发展”这个时代主题；必须坚持解放思想、实事求是、与时俱进这个思想路线；必须坚持突出重点、统筹兼顾，分类指导、全面发展这个重要原则；必须坚持调动各方、形成合力、齐抓共管，促进民族工作社会化这个有效途径。

总的来看，过去一年的工作，成绩很大，收获很大。这是全委广大干部职工辛勤工作、团结拼搏、无私奉献的结果。在此，我代表党组向同志们表示衷心感谢！

二、今年的主要工作和基本要求

今年，是新中国成立55周年，是《民族区域自治法》颁布实施20周年，是完成“十五”计划和完善社会主义市场经济体制关键的一年，是民族工作面临重大机遇，承前启后、继往开来的重要一年。

关于今年的工作，在全国民委主任会议上，党组的各位同志已经作了全面的部署。主要任务，我们简单地概括为“一二三四”，就是：围绕一个主题，形成两个拳头，办好三件大事，抓好四项落实。

一个主题，就是胡锦涛总书记提出的“共同团结奋斗，共同繁荣发展”这个新世纪新阶段民族工作的主题。把握了这个主题，就把握了民族工作的根本任务和前进方向。把握这个主题，就要坚持一手抓改革发展，一手抓团结稳定，也就是加强各民族和中华民族大团结，促进少数民族和民族地区的大发展。

形成两个拳头：就是大调研，大培训。今年是大调研的一年，大培训的一年。通过大调研，为少数民族和民族地区发展、为维护民族团结和国家统一，出思想、出理论、出政策。通过大培训，提高少数民族干部队伍素质，提高民族工作部门干部队伍的素质，提高民族工作整体水平。

从某种程度上来说，民族地区与发达地区的差距，主要是人才的差距。中央民族干部学院已经安排1160万元的培训任务。此外，还要加强赴香港培训、出国学习、挂职锻炼等多种形式的培训。要重点抓好三个方面的工作：加强各省市民族工作者的培训，加强少数民族干部队伍建设，加强少数民族各类专业人才的培养。通过这些工作，加快培养和壮大一支适应少数民族和民族地区需要的干部和专业人才队伍。

办成三件大事：一是建议召开中央民族工作会议，二是建议召开国务院第四次全国民族团结进步表彰大会，三是隆重纪念《民族区域自治法》颁布实施20周年。

我们的想法是，通过办好三件大事，实现三个突破：

第一，通过召开中央民族工作会议，中央出台一个关于加强民族工作方面的文件。这非常重要和必要。这个文件，要有对民族理论的新概括，也就是要对改革开放以来我们党对马克思主义民族理论新发展、新贡献的全面概括。要有对民族工作基本经验，特别是改革开放以来民族工作基本经验的深刻总结。要有对今后一个时期民族工作的全面部署，突出思想性、理论性和指导性，特别是在理论上、政策上要有新的突破，使其成为今后一个时期民族工作的纲领性文献。形成这样一个文件，已经具备了较好的理论基础和实践基础，可以说是条件具备，时机成熟。

第二，通过召开国务院第四次全国民族团结进步表彰大会，进一步宣传民族团结进步模范集体和个人，进一步宣传党的民族政策，进一步宣传《民族区域自治法》，进一步宣传50多年来民族工作的伟大成就。要理直气壮地宣传我国在世界上民族理论研究得最好，民族政策制定得最好，民族关系处理得最好。从而形成人人关心民族团结进步事业，全社会更加关心和重视民族工作的良好氛围，在创建民族团结进步模范活动方面有新的突破。

第三，通过开展纪念《民族区域自治法》颁布实施20周年的活动，在制定与自治法配套的行政法规上有新的突破。在中央领导和有关部门的支持下，要推动国务院贯彻落实《民族区域自治法》的行政法规出台，推动民族法律法规的健全和完善，为民族地区加快全面建设小康步伐提供有力的政策和法律保障。要通过国务院这个文件的出台，带动民族自治地方这项工作的开展，从而在完善民族政策、法规方面有新突破。

抓好四项落实，就是要落实好民族工作四句话：一是全面贯彻党的民族政策；二是坚持和完善民族区域自治制度；三是巩固和发展平等、团结、互助的社会主义民族关系；四是促进各民族共同繁荣发展。

同志们，今年的任务已经非常明确。完成好这些工作，对于我们进一步认清民族工作面临的新形势，明确民族工作面临的新任务，提高全党和全社会对民族工作重要性和紧迫性的认识，意义十分重大。这些工作做好了，就能为今后一个时期的民族工作打下坚实的思想基础、理论基础、法制基础、政策基础、组织基础。

完成好这些工作，关键问题是狠抓落实。要以更加饱满的热情和更加优良的作风，踏踏实实去做好每一项工作。在此，我提出几点要求。

第一，要形成重视学习、勤奋学习、善于学习的风气。越是任务重，越要把学习放在首位。要发扬这些年来我们形成的重视学习的好传统、好风气。学理论、学政策、学科技、学法律，不断提高政治素质和业务素质，使我们的队伍始终充满活力、富有朝气，树立民族工作部门和民族工作者的良好形象。

在学习的问题上，目前有几种情况值得我们深思：一是越不学习，越觉得自己什么都知道，什么都明白；二是学习不刻苦，不认真，满足于一知半解；三是没有远大的理想，没有雄心壮志，没有责任感，好像对社会、对人生看透了似的，对什么都不感兴趣，什么都不想学，得过且过；四是学习热情忽高忽低，不能持之以恒，不能深入下去，热情高时就学一下，热情低了就不学；五是学习方法不够得当，与实际相脱离，不思考、不研究现实问题，理论与实际脱节。这几种现象，要加以纠正和克服。经常学习、善于学习，认真思考、勤于研究问题的人才能有较快较大的进步，才能更好地实现自己的人生价值。民委一定要鼓励和大力提倡重视学习、经常学习、善于学习的风气。

现在，民族理论造诣深的专家少，熟悉民族

工作的领导干部少，民族工作部门中真正对少数民族和民族地区有较深研究的专家少。对此，我们一定要有危机感、紧迫感、责任感。要勤于向书本学习，勤于向实践学习，勤于调查研究，勤于总结经验。每一位干部都应该是所从事工作领域的专家。

第二，要形成求真务实的风气。胡锦涛总书记最近突出地强调了要大力弘扬求真务实的精神，大兴求真务实之风。他要求全党同志求我国社会主义初级阶段基本国情之真，务坚持长期艰苦奋斗之实；求社会主义建设规律和人类社会发展规律之真，务抓好发展这个党执政兴国的第一要务之实；求人民群众的历史地位和作用之真，务发展最广大人民根本利益之实；求共产党执政规律之真，务全面加强和改进党的建设之实。这具有十分重大的指导意义，我们一定要认真贯彻执行。

联系民族工作实际，首先是要做好调查研究，做到实事求是。要做到“四个敢于”：敢于说真话，敢于坚持真理，敢于正视问题，敢于负起责任。现在调查研究中存在几种不良现象：一是不愿意深入实际、不愿意深入基层、不愿意深入群众。二是走马观花，了解面上情况，拿一点汇报材料，不思考、不解决问题。三是调研报告定性分析多、定量分析少，讲空道理的多、提出对策性建议的少，有的提出了意见，但比较保守，创新不够。四是调查研究的成果不消化，转化慢。这些现象，一定要注意加以克服。概括地说，就是要通过调查研究，求民族问题发展规律之真，务促进民族团结进步事业之实；求现阶段民族问题本质之真，务加快少数民族和民族地区发展之实；求民族关系基本特点之真，务全面贯彻党的民族政策之实。

第三，要形成团结干事的风气。团结就是水平，干事也是水平，两者相辅相成。只注意团结，不干事，不是真正的团结，弄不好就是被污染了的团结。只讲干事，不注意团结，很难干成事，很难巩固成果。有的单位领导很有凝聚力，很有号召力，干一件事就成一件事，原因就在于团结抓得好。一定要批评那些自己不干事，专门挑毛病，挑拨离间、歪曲事实、无中生有的人，绝不能让这种邪气抬头，绝不能对这种人提拔重用。

第四，要形成动感情、动脑筋、动真格的风气。民族工作一切为了服务，一切为了争取，一切为了落实。有的同志对民族工作、对民族地区、对少数民族干部群众缺乏感情，或者是感情不深，所以缺乏责任感，缺乏动脑筋，更是缺乏动真格。没有感情，就不配做民族工作者；没有感情，不可能做好民族工作。只有动感情，才能动脑筋，动真格，才能做好工作，才能不流于形式。

几年来，我一直讲三句话：必须用感情去做民族工作，必须用责任去做民族工作，必须用心去做民族工作。只有这样，才能真正做到抓服务，抓争取，抓落实。要不断增强服务意识，讲感情，敢于并善于做争取工作。服务也好，争取也好，都是讲感情的表现。争取了，就有希望，不争取，就什么都没有。凡是工作局面打得开，民族工作环境和条件比较好的地方，都是民委敢于并善于争取的地方。完成今年的任务，需要做大量的争取工作。对我们民族工作来说，争取就是觉悟，争取就是水平。1998 年，国家民委系统的财政拨款仅为 4.01 亿元，2003 年增加到 10.78 亿元，5 年增长 169%。1998 年以前，全民委系统建筑面积为 90.87 万平方米，到 2003 年新增 114.03 万平方米，5 年增长 125%。1998 年以来，我们初步完成了大连民族学院和西北第二民族学院的建设任务，加快了中南民族大学、西南民族大学、西北民族大学的基本建设速度，建成了中央民族干部学院，利用中国民族语文翻译中心院内土地建设了 7 家委属单位的办公用房。这些都是大力争取的结果。

第五，形成讲纪律，讲廉洁，讲法制的作风。没有规矩，不成方圆。民族工作涉及面广，没有严格的纪律性，开展起来就没有保障。要重点抓好两个纪律：一是政治纪律。坚定拥护中央的大政方针和重大战略部署，在民族理论、民族政策的基本问题上与中央保持高度一致。二是组织纪律。各级领导干部要贯彻落实好民主集中制原则。重大事项经过充分征求意见，充分发扬民主，集体讨论通过。集体决策要坚决、不折不扣地执行，不能把个人情绪、个人利益、个人关系带到工作中。

进一步抓好各级班子，特别是一把手的党风廉政建设，是赢得干部群众支持的基本条件。民委党组要首先从自身做起，在用人问题上，在经济问题上，做到公道正派，廉洁奉公，我们也欢迎干部职工的监督检查。要通过进一步建立和完善有关廉政制度，把各级领导班子建设成为特别能吃苦，特别能战斗的班子，深受群众信任的班子。

讲法制，就是要求民族工作做到有法可依，有法必依，执法必严，违法必究，切实维护好、实现好、发展好各族群众的根本利益。在完善社会主义市场经济体制的过程中，在建设社会主义政治文明的过程中全面贯彻党的民族政策，主要依靠法律法规；推动民族工作，制定和实施新的民族政策，主要依靠法律法规；巩固和发展平等、团结、互助的社会主义民族关系，主要依靠法律法规；依法行政，形成一个相对稳定、决策民主，运转灵活、反应灵敏的工作制度环境，主要依靠法律法规；建设一支高素质的民族干部队伍，主要依靠法律法规。所以，讲法制的风气一定要树立起来，不能头痛医头，脚痛医脚，朝令夕改，拍脑袋决策。总的说来，今年只要大家学习抓得好，调查研究抓得好，各方面工作都抓得好，就一定能取得更好的成绩，形成新的思路、新的措施，实现新的突破，各项事业就一定会更加蓬勃发展。让我们在以胡锦涛同志为总书记的党中央领导下，振奋精神，开拓进取，为实现各民族的共同团结奋斗、共同繁荣发展做出新的更大的贡献！

春节要就要到了，在这里，我代表党组的同志，祝大家新春快乐，阖家幸福。

国家民委副主任牟本理在国家民委民族贸易和民族特需用品生产工作会议上的讲话

2002年12月29日

同志们：

我国的民族贸易和民族特需用品生产工作，我们通常称之为民贸工作，它既是经济工作的重要内容，也是民族工作的重要任务。跨入新世纪新阶段，民贸工作面临新的形势和任务。在全国各族人民深入学习贯彻党的十六大精神和“三个代表”重要思想的热潮中，我们召开了“国家民委民族贸易和民族用品生产工作会议”。这次会议就是以“三个代表”重要思想为指导，深入学习贯彻党的十六大和中央经济工作会议精神，总结、交流“九五”以来民贸工作的成绩和经验，研究部署下一步工作，推动民族贸易和民族特需用品生产加快发展，促进少数民族和民族地区全面建设小康社会。

下面，我讲几点意见：

一、"九五"以来民贸工作取得的成绩和经验

"九五"以来,在党中央、国务院的高度重视和各级党委、政府的领导下,民贸工作战线上的广大干部职工,坚持以邓小平理论和"三个代表"重要思想为指导,开拓进取,扎实工作,克服了前进中的困难,摆脱了旧体制的束缚,实现了政策措施和工作方式向适应市场经济体制要求的转变,不断地推动了民族贸易和民族特需用品生产的发展,基本上满足了少数民族群众生产生活的特殊需要,实现了经济效益和社会效益的有机统一,对促进民族地区的改革、发展和稳定,发挥了重要作用。可以说,在改革开放条件下,"九五"以来是我国民贸优惠政策落实得最好、民贸企业得到实惠最多的时期,是民族贸易和民族特需用品生产发展最快、对民族地区经济增长贡献最大的时期,也是少数民族群众对特需商品生产供应最满意的时期。

(一)从实际出发,建立适应社会主义市场经济体制的优惠政策体系

我国的民贸工作,始于建国初期人民解放军进军大西北、大西南时期。当时的主要措施是派出随军贸易小组,发动少数民族群众,组织商品生产和供应,解决买难卖难问题,实现公平交易,以争取民心,巩固政权。此后,党和国家根据不同历史时期经济社会发展状况和少数民族地区的实际需要,制定一系列特殊的优惠政策来扶持民族贸易和民族特需用品生产发展。上世纪60年代以后,逐步形成了以"价格补贴、补充企业自有流动资金和提高企业利润留成比例"为主要内容的民贸"三项照顾"政策。

改革开放以来,随着社会主义市场经济体制的建立和完善,以"三项照顾"为主要内容的民贸优惠政策,逐渐失去了继续执行的体制基础,民族贸易和民族特需用品生产的发展也面临着新的问题和困难。为使民贸优惠政策不断适应我国改革开放和建立社会主义市场经济体制新形势,从上个世纪90年代初开始,国家民委会同国务院有关部门,在深入调查研究的基础上,以新的发展思路提出政策调整意见和建议上报国务院,得到了国务院批准,1997年国务院下发了47号函,进一步明确我国"九五"期间对民族贸易和民族用品生产企业实行流动资金贷款利率优惠、技术改造贷款贴息和税收优惠政策,人们称之为民贸"新的三项照顾政策"。2001年,又经国务院批准,"十五"期间继续执行民贸"新的三项照顾政策"。2001年重新修改通过的《中华人民共和国民族区域自治法》,对民贸优惠政策作了原则规定,从而奠定了这项政策的法律基础,也使这项工作有了进一步发展的法律保障。

民贸"新的三项照顾政策"构成了适应社会主义市场经济体制要求的民贸优惠政策体系,既体现了市场经济条件下党和政府领导经济工作、调控经济行为的管理艺术,又体现了党和国家对少数民族特殊的关怀,同时,也充分体现了民族工作既要开拓创新,又要坚持实事求是、慎重稳进的原则。

(二)采取得力措施,确保各项优惠政策在体制转轨时期得到落实

确定扶持对象。根据少数民族地区经济社会发展出现的新变化,提出了按照"既是民族自治地方县、又是国家级重点贫困县"的原则增补民贸县,并先后两次会同有关部门进行调整增补,使全国的民贸县由1998年前的412个增加到435个。充分考虑少数民族群众生产生活的特殊需要,制订并不断修订完善了"少数民族特需用品目录",以此为依据,确定了少数民族用品生产定点企业。

完善协调机制。经国务院批准,建立了由国家民委牵头,国务院有关部委局、有关行业管理部门和专业银行共16个单位参加的"全国民族贸易和民族用品生产联席会议"。各地也参照这种模式,建立了民贸工作协调机构。为体制转轨时期各项政策措施的出台、衔接和落实提供了组织保证。

规范操作程序。国家民委会同国务院有关部门下发了《关于加强民族贸易和民族用品生

产工作的通知》；财政部、国家税务总局下发了《关于民贸企业有关税收问题的通知》；中国人民银行下发了《关于民族贸易和民族用品生产贷款继续实行优惠利率的通知》、《关于落实国务院确定的专项贷款等问题的通知》，中国工商银行、中国农业银行分别予以转发，并制定了具体操作管理办法。

通过这些工作，使民贸优惠政策得到了较好落实，民族贸易和民族特需用品生产企业从政策上得到的实惠也逐年增多。据统计，从1997 年到 2001 年由中国人民银行安排，中国工商银行、中国农业银行发放的民族贸易网点建设和民族用品生产企业技改贴息贷款 6 亿元，中央财政共安排贴息资金 1800 多万元。2001 年全国民族贸易和民族特需用品定点生产企业享受流动资金贷款利率优惠共约 1.9 亿元，全国县级民贸企业享受增值税退税 1.89 亿元（不包括县级以下民贸企业免征增值税）。这说明民贸优惠政策的含金量是很高的。

（三）充分发挥优势，民族贸易和民族用品生产取得显著效益

“九五”以来，我们始终坚持将享受民贸优惠政策扶持与推动企业“三改一加强”结合起来，着力于推动企业转换经营机制，激发内部活力，加快技术进步，改善技术装备和生产经营条件，提高经营管理水平和产品的质量、科技含量及民族文化品位，以求最终达到增强企业市场竞争力。各地、各部门也根据自身实际，充分发挥优势，把优惠政策的引导和市场对资源配置的基础性作用结合起来，创造性地开展工作。由于各方面共同努力，极大地促进了民族贸易和民族特需用品生产的发展，取得了显著的成效。

推动了少数民族地区经济的发展。民族贸易和民族特需用品生产是民族地区国民经济的重要组成部分，承担着连接生产与市场、引导投资和消费、保证生产供应和产品销售的重要任务。民族贸易和民族特需用品生产的发展，活跃了流通、扩大了内需；加快了民族地区个体私营经济发展步伐，成为民族地区民间资本积累的重要渠道和个体私营经济的主要产业；推动了民族旅游业的发展，许多民族特需用品已经成为重要的民族旅游商品，旅游购物、民族药业、民族工艺品生产等特色产业，近年来已成为民族地区的主导产业和新的经济增长点。

促进了少数民族地区社会事业的全面进步。国家扶持生产的“少数民族特需用品目录”中，包含了民族服饰、工艺美术品、民族药、民族文字媒体、民族体育用品等具有民族特色的科、教、文、卫、体产品，促进了民族地区各项社会事业的发展；在民族贸易和民族特需用品生产实践中，培养、锻炼了一支少数民族市场经营管理干部和人才队伍，打破了少数民族群众长期存在的羞于经商、甚至鄙视经商的落后观念的束缚，逐步建立起适应社会主义市场经济的价值观念；随着贸易往来和经济技术合作的日益密切，增进了城乡之间、民族之间和东、中、西部之间干部群众的了解和友谊，进而成为维系民族团结的重要纽带。

提高了少数民族群众的生活水平。民族贸易和民族特需用品生产的发展，繁荣了民族地区市场，在商品数量、品种上满足了少数民族群众的特殊需要，商品的质量、科技含量和民族文化品位也有所提高，500 多种“少数民族特需用品”基本保持供需平衡；坚持一手抓扶持，一手抓监管，使少数民族群众吃上了“放心肉”、喝上了“放心茶”、穿上了“放心鞋”，比较有效地解决了少数民族地区历史上长期存在的买难卖难和价格倒挂、交易不公等问题，维护了少数民族的消费权益；吸纳了民族地区大量城乡劳动力就业，提高了他们的收入，成为城乡贫困群众脱贫致富奔小康的一条重要渠道。“九五”以来，428 个民族贸易县中已有 14 个摘掉了国家级贫困县帽子。

（四）努力开拓创新，探索和积累了新形势下做好民贸工作的经验

多年来，各地、各部门在创造性地落实民贸优惠政策、推动民族贸易和民族特需用品生产

发展的实践中，积极探索、扎实工作、不断提高，创造、积累了许多好的做法和经验。这些经验值得认真总结、加以推广。

——用发展的思路研究和解决问题。在计划经济条件下，满足少数民族群众的特殊需要，主要是通过在低水平供应的状况下，实现尽量的公平，用计划调拨、计划价格等手段来解决。在市场经济条件下，由于少数民族地区地处边远，商品在途时间长、运输成本高、市场体系不发达，市场设施落后，民族特需用品因品种多、批量小、生产工艺独特，达不到适度生产规模而导致高成本、高价格。这些都直接影响到民族贸易和民族用品生产企业的市场竞争能力。加之我国地区间经济发展不平衡，少数民族地区经济发展相对落后，群众收入水平低，价格承受能力弱。总之，完全依靠市场调节这只“看不见的手”，是无法满足少数民族群众的特殊需要的。这是民贸优惠政策存在的经济基础。现阶段的民贸工作，就是通过落实各项优惠政策，帮助民族贸易和民族用品生产企业提高市场竞争能力，促进民族贸易和民族用品生产发展。民贸优惠政策是扶持发展的政策，而不是保护落后的政策。民贸工作中存在的一切问题，民贸企业生产经营中面临的一切困难，都不能幻想走回头路或有什么其他捷径，只能通过坚决冲破一切妨碍发展的思想观念，坚决改变一切束缚发展的做法和规定，坚决革除一切影响发展的体制弊端，通过发展的途径加以解决。

——以深化改革推动各项政策的落实。“九五”期间，是我国由计划经济体制向市场经济体制转轨时期。可以说，“九五”期间落实民贸优惠政策的过程，就是改革的过程。我们不仅要有好的政策，还要有适应市场经济体制的配套措施。民族贸易和民族用品生产工作，不改革没有出路；民族贸易和民族用品生产企业的发展，不改革同样没出路。因此，在新的形势下，国务院各有关部门共同努力，按照“既是民族自治地方县、又是国家级重点贫困县”的原则，调整增加了民贸县；实行了按照“特需性”确定“民族特需用品目录”，并据此确定了定点生产企业；对国有、集体民贸企业改制以后，出现了如何享受税收优惠政策、利率优惠政策的问题，以及原来承担民贸政策性贷款仅限于工行、农行的问题，都在有关部门的大力支持下，根据形势变化做出了相应调整、完善。这些工作措施，既体现了政策意图，又体现了改革的要求。实践证明，不坚持改革，民族贸易和民族用品生产就难以发展。

——使少数民族和民族地区群众得到实惠是民贸工作的出发点和落脚点。在社会主义市场经济条件下，民贸优惠政策必须体现社会主义性质，体现我们党全心全意为人民服务的根本宗旨，体现各族人民群众的根本利益。从执政为民，以民生为本、民利为先的角度来看，用民贸优惠政策扶持企业发展的根本目的，就是为了更好地为少数民族和民族地区群众服务。群众是否受益，群众满意不满意，是衡量民贸政策效益和民贸工作成绩的根本标准。要通过落实民贸优惠政策，使广大的少数民族群众最终得到实惠。这是我们现行的民贸优惠政策区别于历史上任何时期的民贸政策的根本点。“九五”以来，通过扶持民族贸易和民族用品生产企业的发展，丰富了市场供应，提高了产品和服务的质量、水平；通过紧紧抓住对少数民族群众生活影响大的重要品种，如边销茶、清真食品、胶鞋等，加强监管和市场秩序的治理整顿。所有这一切的出发点和落脚点，都是为了少数民族群众的利益，我们的工作也因此得到了广大少数民族群众的欢迎和支持。

——把民贸工作切实摆上政府及有关部门的重要议事日程。“九五”以来，为保证民贸政策在社会主义市场经济条件下继续得到落实，国务院主要领导都为此做出过重要批示。2001年，在国家民委上报国务院的《关于延长“九五”期间民族贸易和民族用品生产优惠政策执行期限的请示》上，国务院总理朱镕基，副总理李岚清、吴邦国、温家宝，国务委员司马义·艾买提等领导同志都作了重要批示。多年来，国务院各部门根据自身的职责，各展优势，各负其责，通力合作，密切配合，有事大家共同商量，经常互相通报情况，对于有不同意见的问题，组成联合调查组，共同调研，反复协商，取得共识。国家民委党组十分重视民贸政策落实工作，进行了周密部署。李德洙主任多次就落实民贸优惠政策、关心少数民族群众生产生活问题作出批示。各地也都由分管民族工作的副省长（主席、市长）担任民贸工作协调机构的领导。大部分省、市、自治区都出台了当地的优惠政策措施，设立了专门资金，用于扶持民族贸易和民族用品生产。各省、市、自治区民委从实际出发，做了大量扎实有效的工作，这也是值得肯定的。

总之，“九五”以来民贸工作的成绩和经验，是在党中央、国务院的高度重视和亲切关怀下，在有关部门的指导和地方各级党委、政府的领导下，经过各族干部群众和民贸战线广大干部职工共同努力下取得的。这些成绩和经验，为进一步开创民贸工作新局面奠定了坚实的基础。

同时，我们还应当清醒地看到，民贸政策落实工作还存在一些不足，民族贸易和民族用品生产发展还面临着一些困难。少数民族和民族地区的小康实现程度水平低、发展不平衡的问题仍较突出，民族贸易和民族用品生产肩负的历史任务还很艰巨。部分地区观念滞后，看问题、办事情，计划经济体制遗留的思维方式还没有完全消除，缺乏创新精神。地区间、行业间政策落实工作发展不平衡，优惠政策还有待进一步配套完善。一些民族贸易和民族用品生产企业历史包袱重，遗留问题多，改革进程慢，企业规模偏小，抵御市场风险能力较弱。一部分地区和重要产品的市场还存在不规范竞争的行为。这些问题和不足，需要我们在今后工作中认真加以解决。

二、民族贸易和民族用品生产发展面临的机遇和挑战

进入新世纪新阶段，民贸工作也进入了一个新的时期，面临着新的形势，承担着新的社会经济功能，在全面建设小康社会的进程中将发挥更为重要的作用。我们必须认清形势，把握机遇，迎接挑战，不打无准备之仗。

党的十六大报告提出，本世纪头20年是全面建设小康社会的重要战略机遇期。我认为，也是民族贸易和民族用品生产加快发展的重要机遇期。

*首先，全面建设小康社会必须大力发展民族贸易和民族用品生产。*党的十六大提出，全面建设小康社会，是一个惠及十几亿人口的更高水平的小康社会，要使经济更加发展、民主更加健全、科教更加进步、文化更加繁荣、社会更加和谐、人民生活更加殷实。少数民族和民族地区全面建设小康社会，必然要求民族贸易和民族特需用品生产有更大的发展。围绕实现全面建设小康社会这个总目标，国家将采取一系列经济发展新举措，包括：走新型工业化道路，加快发展现代服务业，提高第三产业在国民经济中的比重；提高城镇化水平，加快城镇化进程；积极推进西部大开发，西部地区要积极发展有特色的优势产业；深化国有资产管理体制改革；健全现代市场体系，加快发展现代流通业；实施“走出去”的对外开放战略；调整投资和消费的关系，逐步提高消费在国内生产总值中的比重，拓宽消费领域，优化消费结构，满足人们多样化的物质文化需求等等。这些新举措必将进一步促进民族贸易和民族用品生产的发展。这也是今后一个时期民族贸易和民族用品生产面临的最大发展机遇。我们必须紧紧抓住这个机遇，进一步提高民族贸易和民族用品生产对民族地区国民经济的贡献率，使民族贸易和民族用品生产企业在活跃流通，沟通和引导生产、消费，形成资本积累和增加城乡就业等方面发挥更大的作用。增强民族贸易企业对城乡经济的辐射带动能力，提高民族用品生产企业的产业关联度，使之成为民族地区新的经济增长点。

*其次，参与国际竞争离不开民族贸易和民族用品生产的发展。*我国加入WTO，将对我国

经济发展和社会变革带来空前巨大的影响，同时也为民族贸易和民族用品生产的发展提供了更广阔的空间。我们可以充分利用国际国内两种资源、依托两个市场，尤其是利用民族地区最为稀缺的资本、技术等生产要素，加快民族地区发展。但是也要看到，以前的许多特殊优惠政策都要按照WTO“公平、透明”的原则执行，利率市场化、税负公平化趋势将进一步加快，现行的民贸优惠政策将面临新的考验。以前国内市场和国际市场分割的情况将不复存在，少数民族地区面临着新的竞争舞台，不仅面临着国内发达地区的竞争，同时还将面对国际市场的竞争。特别是在加入WTO过渡期之后，我国将全面开放服务业。届时，我们将面临世界零售业巨头的资本、管理、技术优势的冲击。我们必须在短短的5年过渡期内，加快发展和壮大我们的民族贸易产业，充分利用民族地区加快结构调整的机遇，扶持、培育一批民族贸易和民族特需用品生产的大型龙头企业、优势产业及名牌产品，进一步提升民族贸易和民族用品生产企业的市场竞争力和产业的国际竞争能力。提高民族贸易企业的服务质量和水平，支持发展现代物流、统一配售和连锁经营，发展各种新型零售业态。推动民族特需用品的标准化生产，提高民族特需用品的产品档次、质量水平、科技含量和民族文化品位。

第三，建立和完善社会主义市场经济体制要求民族贸易和民族用品生产必须加快发展。目前，我国已经初步建立了社会主义市场经济的新体制，按照党的十六大的要求，将进一步加快完善新体制的步伐。这意味着我们的一切工作和政策措施都必须符合新体制的要求，我们曾经长期习惯了的、用计划经济的手段来扶持民族贸易和民族用品生产的政策措施不可能继续沿用，我们必须尽快完善适应这种新体制的优惠政策体系、配套措施体系、市场体系和企业制度。在市场经济体制下，商贸流通业已由计划经济时期处于国民经济产业链的末端行业转变成引导生产和消费的先导产业。以前是生产决定流通，现在是流通和市场决定生产。传统经营方式和业态受到前所未有的竞争冲击。连锁经营、统一配送、购物中心等新的商业组织形式，超市、便利店、专卖店和电子商务等新型零售业态蓬勃兴起，现代物流业崭露头角。民族特需用品生产行业也由传统生产方式和发展模式向新型工业化发展的路子转变。这将为民族贸易和民族用品生产既带来竞争的刺激，又会注入新的活力。我们一定要把握规律性，增强预见性，运用新的思维，引导民族地区的民贸资源和民族用品生产企业深化改革，扩大开放，整合资源，迎接挑战，加快发展民族贸易和民族用品生产。

第四，适应新的市场供求形势需要民族贸易和民族用品生产尽快提高水平。目前，我国商品供求状况总体上已由卖方市场变为买方市场，少数民族特需用品总体上也已经摆脱了供不应求的状况，主要矛盾已由如何解决供应短缺，变为如何提高服务水平、产品质量、科技含量和民族文化品位，由过去重点解决买难问题向解决买难和卖难并重转变，由单纯解决供应问题向带动当地发展、提高少数民族群众福利转变。少数民族地区的二元经济结构、城乡收入差距的扩大，一部分人先富起来，与另一部分人尚未稳定的解决温饱问题的生活状况并存，这些都将影响到民族地区消费结构的变化。民贸工作既要保持老的经营品种、老的服务对象不能丢，又要不断开发出适合少数民族群众新的消费趋势和时尚的民族用品；既要不断的提高服务和产品的质量、水平，又要考虑少数民族群众的价格承受能力。这些都预示着，民族贸易和民族用品生产将承担更为光荣而艰巨的历史任务。因此，我们必须发展与民族地区生产力水平和经济规模相适应的民族贸易体系，彻底解决民族地区“买难”问题和因流通渠道瓶颈制约形成的“卖难”问题。大力发展民族特需用品生产，确保民族特需用品无论在数量上还是品种上都能满足少数民族群众的需要。

综上所述，我们的结论是：对民族贸易和民

族用品生产的发展来说，既面临新的挑战，更蕴含着巨大的机遇。因此，我们必须进一步增强责任感、紧迫感，与时俱进，开拓创新，抓住机遇，趁势而上，谋求民族贸易和民族用品生产的更大、更快发展。

三、进一步提高新形势下的民贸工作水平

党的十六大报告指出，为完成党在新世纪新阶段全面建设小康社会的奋斗目标，"发展要有新思路，改革要有新突破，开放要有新局面，各项工作要有新举措"。新时期的民贸工作，要紧紧围绕全面建设小康社会的目标，按照"四个新"的要求来研究部署、抓好落实。

新时期新阶段民贸工作的指导思想和总的要求是：以"三个代表"重要思想为指导，深入贯彻落实党的十六大精神，围绕全面建设小康社会目标，以结构调整为主线，以改革和科技为动力，按照发展现代流通业、走新型工业化道路和加快城镇化建设的要求，继续调整和落实民贸优惠政策，推动民族贸易和民族特需用品生产加快发展，根据不同地区的发展水平和群众消费层次，建立与之相适应的民族贸易体系和民族用品生产体系，提高企业的市场竞争力和为少数民族群众服务的水平，不断满足少数民族和民族地区群众日益增长的物质文化需要，努力开创新时期民族贸易和民族用品生产工作新局面。

具体任务是："十五"后3年，要不断完善民贸政策和有关配套措施，利用现代技术和手段推动民族贸易和民族特需用品生产发展，保障少数民族特需商品的生产供应，大力提高产品档次、质量、科技含量和民族文化品位。进一步研究解决民贸工作在全面建设小康社会目标中的作用和加入WTO过渡期结束后优惠政策的规则问题。

（一）抓住当前有利时机，继续调整、完善政策配套措施

我国是一个多民族的国家，将长期处于社会主义初级阶段，民族问题将长期存在，各民族之间经济社会发展水平和生产生活方式的差异也必将长期存在。只要这种民族问题和民族差异存在，党和国家对民族贸易和民族用品生产的特殊扶持政策就会存在。但是，从经济理论上说，任何一种经济政策，都是有时效性的，它的边际效用都会呈现递减趋势。因此，我们必须不断研究民贸政策的具体形式和操作办法。国家民委将会同有关部门，在深入调查研究的基础上，向国务院提出充分体现"三个代表"重要思想要求、更加贴近少数民族群众特殊需要、更具可操作性的政策措施建议。各地民委和有关部门，要进一步摸清当地民贸政策的落实情况和底数，在此基础上，抓住少数民族群众真正关心的、涉及他们生产生活困难和切身利益的重大问题，进行深入调查，发现问题、研究问题，制定有针对性地解决问题的具体措施。

民族贸易县政府和所在上级政府，要根据新形势、新任务，不断完善配套政策措施。政策的效用是综合的，含金量不仅仅在多少钱上。要树立政策也是资源的观念，把国家的优惠政策与当地的实际结合起来，用足、用活、用好优惠政策，努力成为创造性地贯彻执行民族政策的模范。

要充分发挥新体制下民贸政策的作用。过去在计划经济体制下，我国长期处于商品供应短缺状态。计划体制和供应短缺是一对孪生兄弟。计划体制条件下对企业的扶持，方法很简单，无论企业是否有效益，生产的产品质量如何，反正都能卖出去，因此国家统统给予补贴。在计划经济和商品供应短缺的几十年里，民贸"三项照顾"政策对于满足当时少数民族群众低水平的生产生活基本需求，发挥了重要的作用，在少数民族地区深入人心、广受欢迎。因此，我们很多同志十分留恋那时的政策。但是，时代在发展，历史在前进，我们的体制环境变了，原来的政策失去了体制的基础，不管用了。那么，在市场经济条件下，再这样做也不合时宜了。市场经济条件下的政策扶持应该是怎样的呢？就是谁认真学习政策，深刻理解政策，全面贯彻政策，谁能为少数民族群众提供满意的产品和服

务，谁就会真正享受政策优惠。这一点，各级民委的同志自己首先要真正弄清楚。我在工作中也经常接触到一些同志，他们跟我说：我这个企业效益不好，银行不愿意给我贷款，我享受不到优惠政策，这个政策没用。这种认识是不对的，主要应多从自己方面找原因，从工作上找答案。据我们了解，目前全国能享受优惠利率政策的只有两类企业，一类是司法系统所办企业，另一类就是民族贸易和民族用品生产企业。连民政福利企业都没有这项政策，多么不容易呀！这一点，我们也一定要跟企业的同志讲清楚。

当然，我的意思并不是说民贸政策就十分完善了，没有改进的余地了。大家也都看到了，“九五”以来的民贸政策，一直是在不断的完善过程中。但是，每一项新政策的出台都是需要有一定的条件和时机的。至于“十五”结束以后的民贸政策是什么样，需要大家从现在开始就注意着手研究。

（二）加快企业改革步伐，积极支持和引导民间资本进入民族贸易和民族用品生产领域

要根据解放和发展生产力，坚持和完善公有制为主体、多种所有制经济共同发展的基本经济制度的要求，按照建立现代企业制度的目标，放手推进民族贸易和民族用品生产企业的产权制度、管理制度改革。当前，民族贸易和民族用品生产企业改革，要注意两个方面的导向。一是企业经营管理体制的市场化改革方向。这一点似乎大家都没有问题。二是企业的所有制改革。党的十六大提出，“必须毫不动摇地巩固和发展公有制经济”，“必须毫不动摇地鼓励、支持和引导非公有制经济发展”，“坚持以公有制为主体，促进非公有制经济发展，统一于社会主义现代化建设的进程中”。要积极发展壮大国有经济，这主要是在一些关系国计民生的领域。而民族贸易和民族用品生产领域，是我国最早进入市场的领域，是竞争程度较高的领域。因此，各地、各部门要结合实际，积极创造条件，利用民贸政策资源对资本要素的导向作用，研究制定有效的配套措施，吸引民间资本首先是国内民间资本更多、更快地进入民族贸易和民族用品生产领域。运用资本重组的方式引入民间资本，对于帮助那些历史包袱沉重的“老”民贸企业尽快走出困境，尤其具有现实意义。

（三）利用现代技术和手段推动民族贸易和民族特需用品生产的发展

党的十六大提出，要大力发展现代流通业，走新型工业化的路子，用高新技术和先进适用技术改造传统产业。这为民族贸易和民族用品生产发展指明了前进方向。根据全面建设小康社会目标的要求和今后民贸工作的任务，要考虑布局合理，有利于发展现代流通业、加快工业化和城镇化进程，符合国家产业政策，有市场前景等等因素，把民族贸易和民族用品生产的发展放在经济全球化背景下来考虑，充分利用国内外成熟的现代技术和手段，推动民族贸易和民族用品生产的发展。今后民族贸易和民族用品生产技改贴息贷款项目工作，要把建设现代流通业、民族特需用品生产企业的现代技术改造、运用新型商业组织形式建设边远农村牧区民贸网点、能够带动少数民族地区经济发展的民贸民品龙头企业作为政策扶持的重点，给予倾斜照顾。

（四）充分发挥民族贸易和民族用品生产对于培育市场、引导消费、拉动内需的作用

要用新的理念、新的思路来开拓市场，特别是农村牧区消费市场，拓宽消费领域，打破行业垄断和地区封锁，建立与少数民族地区农村牧区经济发展水平和群众生产生活特点相适应的商品流通体系。要利用民族贸易企业的主渠道带动作用和民族特需用品生产企业的特色优势，培育、发展一批有一定规模和品牌知名度的区域性、专业化特色市场，使之成为民族地区经济发展的“窗口”。对少数民族地区商品供应品种和民族特需用品品种不能减少。还要根据少数民族地区生产力发展水平和人民群众生活水平的提高，结合民族地区产业结构调整，发挥比较优势，不断研究、开发和生产新品种，注意把民

族文化传统与新的消费时尚结合起来，为少数民族消费者和旅游市场不断制造新的“卖点”，培育新的经济增长点。

（五）加大监管和整顿力度，规范民族贸易市场经济秩序

建立良好的民族贸易市场经济秩序，直接关系到少数民族的切身利益和民族地区的安定团结。要按照党的十六大关于整顿和规范市场经济秩序、健全社会信用体系的要求，坚持在发展中规范，在规范中加快发展。做到一手抓扶持，一手抓监管，两手都要到位。只有通过优惠政策的扶持，推动民族贸易和民族用品生产发展起来，丰富市场供应，才有可能实施有效监管。只有实施了有效监管，才能使市场活而有序，有良好的发展环境，实现更快发展。政府有关部门要从关心少数民族群众生活的角度，依法规范市场秩序，打击假冒伪劣，维护少数民族的消费权益。

企业要处理好经济效益和社会效益的关系，既要坚持以经济效益为中心，又要更好地为各民族群众服务，要把经济效益寓于更好地为少数民族群众提供更好的服务、更好的产品之中。民族贸易和民族用品生产企业有享受优惠政策的权利，同时也有体现政策意图的义务。要形成“政府为企业服务，企业为政府分忧”的良好氛围。

行业中介组织要发挥连接政府与企业的纽带作用，处理好自身与政府、与企业的关系，及时传达政府意图，规范行业竞争行为，搞好行业自律。

（六）大力培养造就高素质的民贸工作骨干队伍

民贸工作是一项政策性、业务性和敏感性都很强的工作，从事这项工作要求具备更高的政治和业务素质。当前，首要的是要学习领会好党的十六大精神，用“三个代表”重要思想武装头脑。要重点学习领会好关于“发展要有新思路，改革要有新突破，开放要有新局面，各项工作要有新举措”的论述；关于“用发展的办法解决前进中的问题”的论述；关于“全面建设小康社会的目标”的论述；关于“走新型工业化道路，推进产业结构优化升级，服务业全面发展”的论述；关于“深化流通体制改革，发展现代流通方式”的论述；关于“进一步扩大商品和服务贸易、实施‘走出去’战略”的论述。这些论述在十六大报告中虽然文字不多，但是具有非常丰富的内涵。希望同志们全面学习，多动脑子，结合实际深刻领会。

要重视加强对各级民委经济工作干部和民贸企业管理人员的培训，造就一支过硬的民贸工作骨干队伍。从做好民贸工作的角度来讲，首先是要加强民贸政策培训，要熟悉政策内涵，严格政策界限、严格操作程序、严格审核、严格筛选。既不能打折扣，又不能随意扩大和放宽政策范围。要做到创造性地贯彻落实各项民贸政策。其次是要加强经济管理知识和现代科技知识的培训，民族工作部门从事民贸工作的同志，要懂得一些现代贸易经济理论知识和当代最新科技知识。第三是要善于向实践学习。要学会在工作实践中不断学习、不断增长才干和提高能力；学会通过观察事物发展变化的表象看到事物发展变化的趋势，掌握工作的规律性；学会不断积累、总结工作中成功的做法和好的经验，并加以积极推广。

（七）有关部门要通力合作，充分发挥职能作用

《中华人民共和国民族区域自治法》对国家扶持民族贸易和民族用品生产发展做出了明确规定。各级政府和部门都要做依法行政的模范。民贸工作是一项政策性、敏感性很强的工作，地方各级政府领导要高度重视，有关部门要积极关心、支持和配合，共同做好工作。

民族工作部门承担牵头协调落实民贸政策的工作，是国务院赋予的职能。各级民委要以更高的标准、更新的思路、更好的精神状态、更大的力量推进工作。

要不断创新、完善协调机制。已经建立了协调机构的，要真正发挥作用。没有建立协调机构

的，要尽快建立。协调工作可以形式多样，可以定期开会、座谈、通报情况，解决问题，也可以经常就某些重大问题组织调查研究。要明确职责，民委既不能越俎代庖，代替和干涉其他部门的业务职能，也不能不负责任、争功诿过。其他部门牵头负责但又涉及民贸政策落实方面的工作，各级民委要主动协调，加强沟通，积极配合。

民族工作是全党、全社会的工作。要做好民贸工作，离不开国家有关部委、有关行业组织和企业的大力支持。借此机会，我代表国家民委向长期关心、支持民族工作的同志们、朋友们，表示崇高的敬意和诚挚的感谢。

同志们，尽管民贸工作面临着许多前进中的困难，我们有党中央、国务院的高度重视和全国各族人民的关心、支持，有党的民族政策指引，我们有信心、有决心，一定能在新世纪新阶段开创民贸工作新局面。

再过两天，我们将迎来新世纪的第三个新年。新的一年，是我们实现全面建设小康社会奋斗目标非常重要的一年。让我们紧密团结在以胡锦涛同志为总书记的党中央周围，以党的十六大精神和"三个代表"重要思想为指导，按照中央经济工作会议和全国民委主任会议的要求，与时俱进，开拓创新，振奋精神，扎实工作，以优异的成绩向人民交出一份满意的答卷。

祝大家在新的一年身体健康，工作顺利，生活幸福！

谢谢大家。

国家民委副主任杨健强在全国人口较少民族扶贫开发规划工作现场会暨规划实施培训班上的讲话

（2003年8月27日）

同志们：

国务院扶贫开发办和国家民委联合召开这次人口较少民族扶贫开发规划工作现场会暨规划实施培训班，目的是学习贯彻中央关于扶贫开发和扶持人口较少民族发展的有关指示精神，研究和部署人口较少民族扶贫开发规划的编制和实施，进一步打好人口较少民族的扶贫攻坚战，推动人口较少民族的经济和社会发展。

这次会议既是一次工作会，又是一次现场会，还是一次培训班。会议选择在云南省西双版纳傣族自治州景洪市召开，主要是学习考察云南省扶持人口较少民族扶贫开发的做法和经验。刚才云南省的领导介绍了他们开展人口较少民族扶贫开发工作情况，使我们很受启发。云南省是一个多民族、边疆、山区、发展不平衡的省份。近年来，他们把100个民族特困乡作为扶贫开发的重点，特别是对基诺山乡、布朗山乡、独龙江乡、三台山乡等人口较少的特困民族乡采取了一系列的特殊扶贫政策，取得了明显的成效，积累了许多宝贵经验，很值得我们学习借鉴，我们对云南省委、省政府高度重视民族工作和扶贫开发工作表示感谢和敬意。这次会议还采取以会代训的方式，参加会议的既有省区扶贫办和民委的同志，也有重点县和自治县的同志，还有民族乡的负责同志，大家在一起学习中央的有关政策，分析人口较少民族扶贫开发工作的特殊性，听取有关专家的意见，研讨扶持人口较少民族经济社会发展的具体措施，为科学制定规划，抓好规划实施，推动人口较少民族扶贫开发开好头，起好步。

长期以来，国务院扶贫开发办对民族工作高度重视，与民族工作部门密切合作，共同推进少数民族和民族地区扶贫开发，取得了明显的成效。明天，鸿宾同志还要就如何编制和实施好人口较少民族扶贫开发规划发表重要意见，明确工作要求。下面，我先从民族工作的角度，讲几点意见。

一、充分认识扶持人口较少民族发展的重要性和紧迫性

我国是一个统一的多民族国家，55个少数民族人口有近1.1亿人。其中，人口在10万以下的民族有22个，总人口63万人，主要聚居在西部和边疆地区的70个县（旗、市）、209个乡（镇）、587个行政村，其中有13个民族与国外同一民族相邻而居。新中国成立以来，在党和国家的帮助下，这些民族政治上得到了翻身解放，经济和社会发生了深刻变化，人民生活水平有了很大提高。但由于这些民族地处偏远、自然条件恶劣、社会发育程度较低、人口少，各方面力量都薄弱等原因，至今发展水平比较落后，面临诸多困难，需要政府及全社会特别关注。

党中央、国务院高度重视和关心支持人口较少民族的发展。国家“十五”计划把扶持人口较少民族发展作为国民经济和社会发展的一项重要任务。2001年，国务院办公厅下发了关于扶持人口较少民族发展问题的复函（国办函［2001］44号，以下简称国办44号函）明确要求各有关部门和地方对人口较少民族给予更多的支持和照顾，促进其加快发展。回良玉副总理在国务院扶贫开发领导小组第一次全体会议上指出，解决人口较少民族的温饱问题意义很大，要做好调查研究，提出针对性强、能加快脱贫致富的有效办法。这是新阶段民族工作和扶贫开发工作的一项重要任务。因此，我们要按照党中央、国务院的要求，从贯彻落实“三个代表”重要思想，发展民族团结进步事业，全面建设小康社会的高度充分认识扶持人口较少民族发展的重要性和紧迫性。

第一，扶持人口较少民族加快发展，是学习贯彻“三个代表”重要思想的必然要求。

“三个代表”重要思想是新世纪新阶段全党全国人民继往开来、与时俱进，实现全面建设小康社会宏伟目标的根本指针，也是做好民族工作和扶贫工作的根本指针。“三个代表”重要思想的本质是立党为公、执政为民，学习贯彻“三个代表”重要思想必须以最广大人民群众的根本利益为根本出发点和落脚点，时刻把群众的安危冷暖放在心上，带着深厚的感情，帮助解决群众生产生活中面临的困难和问题。由于历史和自然条件等原因，我国人口较少民族的整体发展水平同其他民族相比还有较大差距。据全国人口较少民族农村社会调查，人口较少民族相对聚居的587个行政村中，有22%的村没有通公路，11%的村没有通电，56%的村没有安全饮用水，54%的村没有卫生室，39%的村没有小学，30%的村不能接收电视节目，42%的村没有通电话，43%的村没有通邮，比例均高于全国的平均水平。因此，我们要按中央关于群众利益无小事的要求，高度重视我国人口较少民族发展中的问题，加强工作，努力加以改变，用实际行动践行“三个代表”重要思想。

第二，扶持人口较少民族加快发展，是发展民族团结进步事业的必然要求。

各民族共同团结奋斗、共同繁荣发展是新世纪新阶段民族工作的主题。围绕这一主题，进一步做好民族工作就必须大力发展民族团结进步事业，建立平等、团结、互助的社会主义民族关系，促进各民族共同发展。民族的团结、祖国的统一、社会的稳定，是我们做好民族工作的根本原则，也是全国各族人民根本利益之所在。我国人口较少民族大多居住在边疆地区，如果能够使这些民族的经济社会发展和收入水平得到提高，对于加强国家的凝聚力和巩固边防，将起到积极的作用。民族实现团结的基础是民族平等。而要实现民族平等就必须帮助一切民族实现民族平等权利，逐步缩小经济社会发展的差距。尤其要对弱小民族给予权益上的特殊照顾和权利上的特别保护。我国少数民族跨越不同的社会制度和发展阶段进入社会主义后，历史上形成的各民族之间发展不平衡的状况还没有完全消除。这既包括少数民族与汉族之间，也包括少数民族之间，还包括同一民族内部之间。我国人口较少的少数民族尽管人数不多，但涉及我国三分之一以上的民族，是中华民族不可缺少的一员。只有加快人口较少民族经济社会发展、不断提高各族群众生活水平和质量，才能增强各民族大团结的物质基础和中华民族的凝聚力，才能增强抵御渗透、反分裂斗争的实力，才能把各民族的智慧和力量凝聚到全面建设小康社会的奋斗目标上来。

第三，扶持人口较少民族发展，是全面建设小康社会的必然要求。

党的十六大明确提出了全面建设小康社会的奋斗目标和行动纲领。少数民族和民族地区在全面建设小康社会的进程中，面临着既要解决群众温饱，又要实现全面建设小康社会的双重历史任务。因此，全面建设小康社会重点在农村、难点在贫困地区特别是少数民族贫困地区。目前，我国农村尚未解决温饱和低收入人口还有几千万人，贫困地区群众的生活水平与全国差距很大。就人口较少民族来说，这些差距就更大。必须深刻认识，没有扶贫开发的胜利，就无从实现全面建设小康社会的目标。扶贫开发是关乎贫困群众生存和发展的大事，是全面建设小康社会宏伟事业的重要组成部分。新世纪新阶段扶贫开发目标与全面建设小康社会目标是一致的。如果没有贫困地区的加快发展，没有扶贫开发的胜利，必然要拖全国全面建设小康社会的后腿。而人口较少民族的脱贫致富奔小康又是扶贫工作的重点和难点。因此，贫困仍然是当前人口较少民族经济社会发展中普遍而突出的问题，扶贫开发是扶持人口较少民族发展工作的重中之重，也是首要的任务。

总之，做好扶持人口较少民族发展工作，关系改革开放和现代化建设的顺利进行，关系实现全面建设小康社会的宏伟目标，关系民族团结、社会稳定和祖国统一，关系中华民族的伟大复兴，还关乎我国对外关系和国际形象，具有重大意义。我们要充分认识开展扶持人口较少民族发展工作与实践“三个代表”重要思想的一致性，与实施西部大开发战略、实现全面建设小康社会目标的一致性，与加强民族团结、实现共同发展的一致性，与立党为公、执政为民，履行政府职能的一致性，不断推进扶持人口较少民族发展工作的深入开展。

二、实事求是地制定好人口较少民族扶贫开发规划

国办44号函下发以来，在各有关部门和地方的大力支持下，扶持人口较少民族发展工作有了新的进展，并取得初步成效。国务院扶贫开发领导小组第一次全体会议已把扶持人口较少民族加快脱贫致富步伐列入今后扶贫开发工作的重点，明确要求在安排资金、实施项目方面，对人口较少民族地区给予重点倾斜，争取早日解决他们的温饱问题。在国务院扶贫开发办的高度重视和具体指导下，各有关省区以村为基础，初步制定了人口较少民族扶贫开发规划，为进一步推动人口较少民族扶贫开发工作奠定了基础。我们这次会议就是要在前段工作的基础上，进一步修改完善和组织实施各省区人口较少民族的扶贫开发规划。为了实事求是制定好人口较少民族扶贫开发规划，需要我们认真抓好三项工作。

第一，实事求是地分析人口较少民族扶贫开发面临的机遇和挑战。

正确地分析形势，这是科学制定规划的基础。要充分认识人口较少民族扶贫开发面临的难得机遇。一是党中央、国务院高度重视，国务院各部门大力支持。党中央、国务院始终关心和支持人口较少民族发展，国务院有关部门在本部门实际工作中充分体现对人口较少民族的特殊扶持和照顾。如，在中央对地方一般性财政转移支付中，考虑人口较少民族因素，增加人口较少民族所在省区的标准支出；对人口较少民族聚居地区的基础设施和社会公益性项目优先安排国债资金和专项资金；第二期国家贫困地区义务教育工程对人口较少民族聚居地区每年安排一定经费用于农村中小学骨干教师培训，为中小学生免费提供课本等。在交通扶贫、“十五”卫生专项建设、送电到乡、村村通、解决农村人畜饮水困难等工程和规划的项目安排中，尽力覆盖人口较少民族所在的县、乡、村。二是有关地方积极配合，工作主动。国办44号函下发以来，各有关地方政府成立了专门的机构，加强领导，部署了工作，制定了规划，落实了一批项目，按照优先、重点的原则积极促进人口较少民族经济和社会的发展。三是经过这些年的探索和实践，各地创造和积累了很多成功经验，探索出了符合实际的扶贫开发之路。我们要认真总结这些经验，典型引路，全面推进。四是各族干部群众积极响应和热烈拥护扶持人口较少民族发展工作。这项工作使群众得到了实惠，被称颂为中国共产党的“德政工程”。我们一定要抓住当前的有利时机，进一步推进人口较少民族扶贫开发工作。

我们同时要清醒地认识到人口较少民族扶贫开发的艰巨性。一是贫困发生率高、贫困程度深、解决温饱任务重，还有四分之一左右的人口尚未解决温饱，一些民族呈整体贫困；二是已经解决温饱的地方大多仍处于低收入水平，增收门路少，抵御自然灾害的能力薄弱；三是基础设施落后，生产生活条件还很差，人口、资源、环境的矛盾日益突出；四是科技教育卫生等社会事业发展落后，劳动者素质低，在一些深山区，地方病、传染病仍然危害着群众的生命和健康，传统民族文化保护和发展面临严峻挑战等。

我们还要看到人口较少民族扶贫开发的思想障碍和体制障碍。新世纪新阶段人口较少民族扶贫开发是在我国社会主义市场经济体制初步建立、现代化进程加快、小康社会建设全面启动的背景下进行的。不少民族地区干部群众中存在的小生产观念，封闭保守观念，等靠要观念，小富即安、不思进取观念阻碍了发展，而思想的解放和观念的更新更是一个长期而艰苦的过程。

第二，实事求是地确定人口较少民族扶贫开发的总体要求和目标。

人口较少民族扶贫开发的总体要求是：高举邓小平理论的伟大旗帜，以“三个代表”重要思想为指导，认真贯彻落实党的十六大精神，坚持开发式扶贫的方针，狠抓《中国农村扶贫开发纲要》的落实，紧紧围绕人口较少民族整体解决温饱的目标，按照优先、重点的原则，以贫困村为主战场，以贫困户为对象，以产业结构调整为突破口，采取集中扶持、整村推进的方式，大力发展特色产业，积极推进产业化经营，加强基础设施和生态环境建设，大力发展科技、教育、文化、卫生事业，努力提高劳动者素质，全面推进人口较少民族地区经济发展和社会进步，为实现全面建设小康社会的目标打好基础。

人口较少民族扶贫开发是一项艰巨而长期的任务，应该有阶段性的目标，这些目标要与各省区五年计划和扶贫开发规划确定的目标相统一。人口较少民族扶贫开发的目标是：力争用3至5年时间，整体上解决人口较少民族的温饱问题，使人口较少民族聚居区生产生活条件得到较大改善，经济社会发展达到或略高于当地平均发展水平。

第三，实事求是地确定人口较少民族扶贫攻坚的任务。

人口较少民族的自然、经济、社会状况千差万别，这些民族与其他民族，甚至同一民族内部都有明显的差距。因此，扶持人口较少民族的发展工作不能一刀切，不能一个模式，而应根据不同民族、不同地区的实际，因地制宜，因族举措，这是最重要的规划原则，也是实事求是思想路线在规划工作中的具体体现。虽然各地情况特殊，但有一些普遍的、共同的、重要的问题需要我们集中解决，主要有：

一是加强基础设施建设和生态环境建设，努力改善生产生活条件。人口较少民族地区基础设施建设的任务主要是改善生产生活条件。要通过几年的努力，使人口较少民族聚居的行政村基本达到“四通五有”，即实现通公路、通电、通广播电视、通电话；做到有学校、有卫生所、有人畜饮水、有安居房、有能解决温饱的基本农田地或草场。上述基本生产生活条件的改善本着缺什么补什么的原则，逐步完善提高，由各省（区）具体组织实施。加强生态环境的保护和建设是发展的重要内容，要植树造林种草，保护生态。对于生态环境恶化，丧失生存条件的地方，可以考虑易地搬迁扶贫，并确保搬迁贫困人口搬得出，稳得住，逐步富起来。

二是大力发展优势特色农业，努力增加贫困地区农民的收入。调整结构，增加收入是脱贫致富的主攻方向。既要重视种植业的调整，又要重视畜牧业的发展。人口较少民族聚居的乡村，既要尊重农民自主权，动员群众放手调整产业结构，又要正确引导群众围绕市场搞开发，围绕市场争优势，围绕市场创特色。以市场为导向，发挥优势，扬长避短，培植一项或几项能带动大多数农户致富的主导产业，大力发展农业产业化经营，采取“公司加农户”、“市场加农户”、“订单加农户”等各种形式，发展一村一品，一乡一业的特色农牧业。发展规模经济，将特色产业做强做大。要放开手脚，大力发展非公经济。要充分利用民族文化和自然风貌，发展第三产业。尤其是保护和弘扬民族文化与发展旅游经济结合起来，发展生态旅游，民族风情旅游和农家乐旅游，大力开发民族旅游商品。有条件的地方，还要注重发展边境小额贸易。

三是大力发展科技教育，努力提高劳动者素质。要优先发展教育事业，继续加大教育投入，提高教育质量，认真做好普及九年制义务教育和扫除青壮年文盲的工作。要从实际出发，培养一大批能带动当地群众脱贫致富的能人，支持专业户、重点户，大力发展能人经济。结合特色经济的发展和主导产业的培育，广泛开展实用技术培训，使每个家庭中，至少有一位科技明白人，不断提高各族群众整体素质。

三、认真研究和落实人口较少民族扶贫开发的政策措施

政策措施既是规划的内容又是规划实施的保障，要按照“政府主导，社会参与，自力更生，开发扶贫”的要求，认真研究并扎扎实实落实好各项政策措施。

第一，加强领导，大力协同。人口较少民族扶贫开发工作政策性强、涉及面广，是一项直接关系改革、发展、稳定大局的重要工作，是新时期民族工作和扶贫开发工作的一项特殊任务。国务院确定的以省为主，扶贫到村，落实到户的领导责任制要层层落实。扶贫开发是政府行为，人口较少民族地区的各级政府，要切实把这项工作摆上议事日程，精心部署，精心组织，一级抓一级，加强督促检查，确保各项政策措施落到实处。抓落实，最终要体现在落实项目上、体现在落实资金和措施上。有关地方各部门要积极采取措施加大扶持力度，切实把帮扶措施落实到基层，确保这项工作取得实实在在的成效。

做好人口较少民族扶贫开发工作，需要各方面紧密配合、共同努力。有关部门和地方，要密切协作、形成合力。作为扶贫开发的特殊任务，人口较少民族扶贫开发工作理所当然由扶贫部门牵头负责，各级民族工作部门要充分发挥扶持人口较少民族发展工作的综合协调作用，为扶贫开发调动更多的积极因素、凝聚更大的力量。积极主动配合扶贫工作部门开展工作。我们通常讲，各级民委是党委和政府在民族工作上的参谋，是兄弟部门的助手。当好参谋，做好助手，就必须搞好服务。各级民族工作部门，要不断增强协调和服务意识，在人口较少民族扶贫开发工作中，积极、主动为党委、政府服好务，为扶贫工作各部门服好务，为少数民族和民族地区服好务。

加强领导、大力协同，必须完善工作机制。人口较少民族扶贫开发的省（区）需要建立“五项工作机制”，即建立主管副省长（副主席），分管副秘书长亲自抓，一年一次扶贫开发领导小组专题会议研究部署的领导机制；省（区）扶贫办牵头抓，省级有关部门分工负责的责任制；省（区）民委综合协调服务机制；市（州）、县（旗）、乡（镇）各级政府层层落实的联动机制；年初计划、年中督查、年底验收的奖惩激励机制。以充分发挥省（区）政府的领导作用、省（区）直有关部门的职能作用和有关市（州）、县（旗）、乡（镇）政府的主体作用，形成省（区）政府推动，地方各级政府联动，扶贫开发领导小组各成员单位主动参与的良好氛围。

第二，政策倾斜，重点扶持。人口较少民族是我国农村人口中比较贫困的特殊群体。由于人口少、基础差、底子薄，这些民族中很大一部分很难完全靠市场和自身的力量脱贫致富奔小康。必须采取特殊政策，优先、重点扶持，既要投入更多的资金，又要给予更优惠的政策，集中人力物力财力，整体推进。

这些年来，特别是国家实施扶贫开发和西部大开发战略以来，中央制定了一系列的政策措施扶持民族贫困地区发展，已经取得了明显的成效。支持民族地区发展是中央的既定方针。今后不仅已有的政策不会取消，支持的力度不会减弱，而且随着经济的发展和财力的增强，还会出台新政策措施，不断加大支持的力度。希望各省（区）认真贯彻国家扶贫开发和西部大开发的政策，将政策用好用足。除了中央的政策支持外，各省（区）也要认真研究本省区的扶持政策。各省（区）扶贫开发领导小组的各成员单位都要从各自的职能出发，制定实施一系列切实有效的扶持政策，向人口较少的民族地区倾斜，帮助人口较少民族解决各种实际困难，千方百计促进人口较少民族加快发展。

第三，自力更生、艰苦奋斗。搞好人口较少民族的扶贫开发必须充分发挥当地干部的积极性、主动性和创造性，外部的支持帮助只有与内部的艰苦努力结合起来，才能真正发挥作用。通过多年的扶贫开发，少数民族贫困地区的干部群众，从苦干中尝到了甜头，从变化中看到了希望，过去一些陈旧的观念和意识有了很大的改变，涌现出一大批自强不息、艰苦创业、摆脱贫困的先进典型。在扶持人口较少民族发展工作中，我们必须继续发扬这种精神。要帮助人口较少民族的干部群众解放思想，更新观念，树立发展意识、市场意识、竞争意识、科技意识、开放意识，充分发挥积极性、主动性和创造性。要加强人口较少民族地区的基层组织建设，选好脱贫致富的带头人，依靠他们团结带领广大群众，不等不靠，苦干实干，在国家和有关部门的帮扶下，主要依靠自身的力量改变贫困落后的面貌，以奋发有为的实际行动创造更加美好的明天。

第四，全社会参与，舆论支持。扶持人口较少民族发展，既要发挥政府的主导作用，又要动员社会各界广泛参与，调动一切积极因素，不断为人口较少民族发展增添新力量。要把动员和组织全社会力量，支持和参与扶持人口较少民族发展作为一项重要措施，以原有对口支援为基础，组织和引导发达城市与人口较少民族结对，开展多层次、多形式、多渠道、多领域的帮扶和合作，将城市与深山老林、草原牧区紧密联系起来，促进共同发展。

要使扶持人口较少民族发展工作深入人心，要让全社会都关心、重视和支持人口较少民族扶贫开发工作，还必须高度重视舆论宣传工作。我们要组织动员新闻媒体，宣传扶持人口较少民族发展工作的重要意义，宣传扶贫规划实施中出现的好的典型，宣传扶贫开发的重点建设项目，宣传扶贫开发给人口较少民族地区人民群众带来的实惠。只有形成支持人口较少民族发展的强大舆论氛围，才能促成这项工作的社会化，才能调动各个方面的积极性，形成合力，不断开创工作新局面。

今明两年，国家民委、国务院扶贫办将与新

华社合作，编辑出版中国人口较少民族画册，全面反映人口较少民族政治、经济、文化的发展变化。这是一件很有意义的事情。近期新华社将组织有关记者到人口较少民族地区进行采访。为了确保这项工作的顺利进行，请各级民委和自治地方积极给予配合和支持。

民族工作特别是少数民族和民族地区扶贫开发工作取得今天这样的成绩，离不开国务院扶贫开发办和各级地方政府的关心与支持。这次会议和培训班得到了云南省、西双版纳州的大力支持。在此，我代表国家民委向国务院扶贫开发办、云南省和西双版纳州及各省区的同志表示衷心的感谢！

同志们，我国人口较少民族扶贫攻坚战的号角已经吹响，让我们紧密团结在以胡锦涛同志为总书记的党中央周围，高举邓小平理论伟大旗帜，认真实践“三个代表”重要思想，振奋精神，开拓创新，扎实工作，开创人口较少民族扶贫开发工作新局面，为早日实现各民族共同富裕和繁荣而努力奋斗。

预祝会议和培训班圆满成功！

谢谢大家。

国家民委副主任杨健强在全国民族地区电脑农业推广工作现场会上的讲话

（2003 年 10 月 17 日）

同志们：

全国民族地区电脑农业推广工作现场会今天就要结束了。这次会议是十六届三中全会刚刚闭幕之际，我委召开的一次重要的全国性经济工作会议，是实践“三个代表”重要思想的实际步骤，是贯彻落实十六大精神和十六届三中全会精神、促进民族地区加快全面建设小康社会步伐的重要举措，是推广湖北经验、把民族地区电脑农业推广工作推向新阶段的具体行动，也是加强和改进新时期民族经济工作的体现。

会议期间，我们听取了湖北省政府、省民委、恩施州政府和三个试点县的经验介绍。这些经验内容丰富，非常宝贵。大家还观看了电脑农业成果展和各类多媒体演示，听取了有关专家的讲座，实地考察了电脑农业推广企业、基地和示范户，亲眼目睹了内陆贫困山区农民点击鼠标管理和经营农业生产的动人情景，亲身感受到了少数民族和民族地区农业信息化春天的气息。湖北民族地区推广电脑农业的干劲、速度及成效，极大地鼓舞和鞭策了每一位会议代表。大家在讨论中一致认为，湖北省结合民族地区的实际，创造性地开展电脑农业推广工作，大力推进农业信息化，促进农业跨越式发展和加快全面建设小康社会进程的经验和做法，值得各地认真学习和借鉴。大家感到，现场会开得必要、开得及时，是一次进一步提高思想认识、明确目标的会议，是一次开阔眼界、拓宽思路的会议，是一次鼓舞士气、振奋精神、坚定信心的会议。会议开得很好，富有成效，达到了预期目的。下面，我讲几点意见。

一、会议的主要收获

这次会议主题明确，内容丰富，收获很多。

第一，提高了认识。通过这次考察学习，大家进一步认识到，电脑农业是推广先进农业技术的有效载体，体现先进生产力，对改变民族地区传统落后的生产方式，解决“三农”问题、促进民族地区跨越式发展和加快全面建设小康社会进程有重要的意义。大家认为，电脑农业在湖北民族地区显示了巨大威力，推动了经济结构调整，加快了农业技术推广，扩大了信息交流，壮大了龙头企业，增加了农民收入，造就了一批新型的农民，促进了“三个”文明建设。大家表示，湖北的实践使我们彻底打消了推广电脑农业是不是小题大作？民族地区能不能走农业信息化道路？民族工作部门要不要抓电脑农业等疑虑。

第二，学习了经验。大家认为，湖北推广电脑农业的突出特点是“三高、三快”。“三高”就是认识高、起点高、标准高，“三快”就是推广快、转化快、见效快。湖北经验既有工作思路的创新，又有工作方法上的改进，既有机制的创新，又有技术的升级，既有点上的经验，又有面上的效果。这些经验是实践中总结出来的，实实在在，生动感人，非常宝贵。它凝聚着湖北为民族地区加快发展和民族团结进步事业不断创新、奋力拼搏的心血和汗水。湖北求真务实，与时俱进，走出了切合实际的新路，为把全国民族地区电脑农业推广工作推向新阶段探索了路子。

第三，拓宽了思路。湖北从民族地区的实际出发，确定了推广电脑农业的总体思路，努力探索切合实际的新的推广模式，并采取分类指导的办法抓住重点，重点突破，收到显著成效。我国民族地区情况千差万别，大家都感到要使电脑农业推广工作向深度和广度发展，必须因地制宜，抓住重点，突出特色，集中一段时间，集中财力、物力和领导能力，重点突破，推动全局工作。只要我们根据各自的实际，解放思想，开拓创新，与时俱进，还会有更好的办法。有了宽阔的思路，事业才会有广阔的前景。只要我们积极发挥主观能动性，路子会越走越宽，成效会越来越明显，工作会越来越深入。

第四，增强了信心。湖北民族地区开展电脑农业推广工作有自己的优势，也有困难。湖北民族地区各族人民，具有光荣革命传统，拥有自然资源、民族文化底蕴厚重等优势。但同其他民族地区一样，生产力水平、文化发展水平、群众生活水平“三个相对落后”状况还没有得到根本改变；贫困面大，基础设施落后，财政困难；不少地方存在着不利于生产力加快发展的思想障碍和体制障碍。在这些困难面前，湖北积极创造条件，把电脑农业推广工作搞得有声有色，使大家深受启发，备受鼓舞，增强了进一步推进电脑农业推广工作的信心。大家表示，要向湖北学习，迎头赶上，以这次会议为一个新起点，把电脑农业推广工作提高到一个新水平。

二、湖北经验给我们的启示

湖北推广应用电脑农业的做法，虽然介绍的角度不一样，但经验具有共性，有普遍的指导意义，值得全国民族地区认真学习借鉴。这些从实践中得来的宝贵经验，同样给我们丰富而深刻的启示。

经验之一：统一思想，提高认识，更新观念。湖北把电脑农业推广工作作为实践“三个代表”重要思想的载体和具体行动，作为解决民族地区“三农”问题、促进跨越式发展和加快全面建设小康社会进程的重要途径，作为加强民族经济工作、促进民族团结进步事业的切入点来认识，全省上下统一了思想，迅速兴起了推广应用电脑农业的高潮。

这条经验启示我们：做好电脑农业推广工作，必须首先要充分认识推广电脑农业的重要性、必要性和紧迫性。统一思想、提高认识、更新观念，是做好电脑农业推广工作的前提。推广应用电脑农业，对于多数民族地区和民族工作部门来说是一项全新的工作。因此，在电脑农业推广应用的起步阶段，最关键最紧要的不是资金、技术，而是思想认识。从某种意义上说，这是电脑农业推广中意义重大、任务艰巨的一场攻坚战，事关推广应用工作的成败，必须引起高度重视。因此，我们必须以统一思想、提高认识、更新观念为先导，从贯彻落实“三个代表”重要思想，发展民族团结进步事业，全面建设小康社会的高度来认识电脑农业推广工作。党的十六大把“三个代表”重要思想确立为党必须长期坚持的指导思想，明确提出了全面建设小康社会的奋斗目标和行动纲领。“三个代表”重要思想是做好各项工作的根本指针。共同团结奋斗、共同繁荣发展，是我们新世纪新阶段民族工作的主题。围绕这个主题，必须加快少数民族和民族地区发展。少数民族和民族地区在全面建设小康社会的进程中，面临着既要解决群众温饱，又要实现全面建设小康社会的双重历史任务。民族地区全面建设小康社会重点和难点都在农村。如果没有民族地区农业产业和生产力的突破性发展，民族地区乃至全国的小康社会无从谈起。千方百计加快民族地区农业现代化、繁荣农村经济、增加农民收入，是关系实现全面建设小康社会、加强民族团结、国家长治久安的大事。因此，必须敏锐地把握先进生产力发展趋势和要求，以最广大人民群众的根本利益为根本出发点和落脚点，倍加关注农村，倍加关心农民，倍加支持农业，把解决好民族地区“三农”问题作为我们工作的重中之重，不断用先进科技改造和提升农业，努力实现生产力发展的跨越，更好地帮助群众解决生产生活中面临的困难和问题。电脑农业作为推广农业先进技术的载体，是先进生产力的体现。做好电脑农业推广工作，对于建设现代农业、发展农村经济、增加农民收入，促进民族地区跨越式发展具有重大意义。我们要充分认识开展电脑农业推广工作与实践“三个代表”重要思想的一致性，与实施西部大开发战略、实现全面建设小康社会目标的一致性，与加强民族团结、实现共同发展的一致性，与立党为公、执政为民，履行政府职能的一致性，不断推进电脑农业推广工作的深入开展。

经验之二：明确思路，突出特色，搞好结合。湖北省电脑农业推广工作以调整产业结构为主线，围绕支柱产业、优势产业、特色产业，推进农业产业化发展，形成了市场引导龙头、龙头带基地、基地连农户的产业化运行机制，实现农业增效、农民增收、财政增税目标。搞好“结合”文章，延伸了电脑农业推广应用工作效应，做大了电脑农业推广应用这篇文章，促进县域经济的快速、高效发展。

这条经验启示我们：做好电脑农业推广应用工作，必须以创新思路探索工作新路。发展要有新思路，推广电脑农业更需要新思路。当前我国农业和农村经济正处在新的发展阶段。新阶段农业和农村经济发展的中心任务，是推进农业和农村经济结构的战略性调整。少数民族和民族地区结构调整难的重要原因，是缺乏先进技术的支撑和保障、缺乏市场信息服务。因此，电脑农业在民族地区结构调整中大有作为。只有服从和服务于结构调整这个中心任务，电脑农业推广工作才有更加广阔的发展空间和更加美好的前景；只有围绕农业产业化、专业化、企业化，电脑农业推广工作才能不断巩固和扩大成果。电脑农业推广工作既是一项政府行为，也是一项社会化、市场化的运作实践。在农业科技水平和集约化经营水平低、农村经济新体制还不健全的民族地区推广电脑农业，更要以改革创新精神推进工作，用市场的办法来谋划，用经济的办法来管理。千万不能用传统的办法来倡导和推广这项工作。实际上新思路、新机制、新模式、新办法，促进了湖北电脑农业推广工作的“三快”，夯实了电脑农业的发展基础，拓展了电脑农业发展空间。在这个过程中创新起了重要的作用。

经验之三：狠抓软件开发，加强培训，强化服务。湖北省以提高应用软件的针对性为重点，狠抓软件开发，建立信息平台搞好指导，强化技术服务的及时性和便捷化。高度重视技术队伍建设，实施农科教统筹，建立培训网络，加强对技术骨干的培养和对农民的培训，造就了一批技术骨干。整合资源，优化推广网络，注重推广渠道的多样性。从而保证了电脑农业推广工作的深入发展。

这条经验启示我们：做好电脑农业推广工作，软件开发是核心，培训是关键，服务是根本。授人以鱼不如授人以渔。电脑农业实现了高科技“平民化、普及化、本地化”，因而深受民族地区干部群众的青睐。被称为“留下不走的专家”、“生产管理的好帮手”、“脱贫致富的金钥匙”。开发先进实用的智能化农业信息技术软件，是开展电脑农业推广工作的一项关键性的基础工作。我国民族地区地域辽阔，自然、经济、社会情况千差万别，科技应用水平低。所以软件开发必须以应用为主导，注意因地制宜、突出特色，有针对性地开发农业专家系统，满足群众需要。千万不能急功近利，不要幻想一口气能上一个完整的大而全的系统，而是要注意按照应用需求，一步步解决问题。避免单纯为提高技术水平而采用新技术、铺摊子，相互攀比。要使推广应用工作可持续发展，关键在于提高推广应用队伍和群众的素质，特别是造就一批技术骨干队伍。要在充分整合、利用现有资源上下功夫，优化培训网络和推广网络。实行农村基础教育、职业教育、成人教育“三教统筹”和“农科教结合”，探索农村科教与当地经济社会发展相结合之路。推广应用电脑农业，服务工作非常重要。特别是在社会主义市场经济条件下，推广先进农业技术，更要服务到位。没有服务，就没有新产品的开发、产品的销售、产业的效应，以致挫伤企业和群众的生产积极性。

经验之四：因地制宜，分类指导，典型引路。湖北民族地区推广电脑农业，从思路到软件开发品种，都结合本地实际，有所侧重，各具特色。坚持试点先行，典型引路，确定了一批电脑农业推广示范县、乡、村、户和试点产业、企业及基地，培植亮点。

这条经验启示我们：做好电脑农业推广工作，必须坚持因地制宜，分类指导，典型引路的原则。在民族地区推广电脑农业，既要注重工作的统一性，也要注意差异性。针对不同地区、不同民族、不同产业的实际和特点，区别不同情况，制定符合实际的推广思路和措施，坚持因地因族因业制宜，实行分类指导，才能使我们的工作更富有成效。试点先行，典型引路，是我们开展工作的重要方法。少数民族群众大多居住在偏远、闭塞、交通不便的乡村，加上一些民族从原始社会一步跨入社会主义社会，不少干部群众中存在的小生产观念、封闭保守观念、等靠要观念、小富即安、不思进取的观念阻碍了发展。所以电脑农业的推广应用，必须要有看得见、摸得着的示范、典型来引导和带动群众，推动推广应用工作的向前发展。这些群众最相信的是身边的事实。典型引路，让参与试点示范的地区、企业及农户尝到了甜头，让其他地方、企业和农户看到了盼头。激发了他们的自力更生的精神，主动参与脱贫致富奔小康的工程。这种内在的动力使电脑农业推广应用工作在一个较长时间内巩固其成效。

经验之五：加强领导，强化措施，狠抓落实。湖北省建立强有力的工作机制，加强领导、通力合作、强化责任，采取政策推动、投入拉动、服务促动的办法，使电脑农业推广工作落到实处，扎扎实实推进工作。

这条经验启示我们，做好电脑农业推广工作，必须完善工作机制，狠抓落实。江泽民同志曾经指出，作出决策和制定政策，事情只是做了一半，另一半而且是更重要的一半，就是努力贯彻实施。实践证明，落实是决策的归属，落实出效益，落实出生产力，落实是一切正确决策的生命线。抓落实贵在创新机制和制度。抓好电脑农业推广工作的落实，完善工作机制是关键环节。从湖北的实践来看，民族地区需要建立“七项工作机制”，即建立省政府主管领导亲自抓，电脑农业推广小组会议研究部署的领导机制；省电脑农业推广领导小组办公室牵头抓，各相关部门分工负责的责任制；民委综合协调服务机制；市（州）、县（旗）、乡（镇）各级政府及村委会层层落实的联动机制；课题管理、绩效挂钩、责任到人的奖惩激励机制，依托科研院校，以农函大、农职校、乡镇科普文化学校为阵地的培训机制；以县乡涉农技术部门为主体的推广机制。以充分发挥省（区、市）政府的领导作用、省（区、市）相关部门的职能作用和市（州）、县（旗）、乡（镇）各级政府及村委会的主体作用，形成省（区、市）政府推动，地方各级政府联动，各涉农部门和单位主动参与的良好氛围。

总之，湖北经验很丰富，好做法还很多，很值得认真研究总结，并在实际工作中加以借鉴。希望大家回去后，真正把湖北经验学到手，应用到推进电脑农业推广工作当中去，使这些好的经验，在全国各地开花结果。

三、下步工作要求

大力推动电脑农业推广工作，是新时期民族工作的一项重要任务。自云南现场会议以来，民族地区电脑农业推广工作有了良好的开端，取得了显著成效。目前，重庆、四川等省（市）推广应用工作进展较快，云南省在原有基础上有了新的提高，全国有近六分之一的民族自治地方县（旗、市）推广应用了电脑农业。但总体上看，民族地区电脑农业推广应用工作刚刚起步，各地认识程度和工作进展还很不平衡，推广应用水平和规模有待于进一步提高。我们这次会议就是要在前段工作的基础上，进一步提高认识，加强工作，把电脑农业推广工作推向一个新阶段。为此，我再强调几点：

第一，认真学习推广湖北经验。这次会议就是学习推广湖北经验的动员会。各省、区、市民委同志回去后要向一把手汇报，首先要使省级民委在开展电脑农业推广工作上进一步统一思想，提高认识，达成共识。要认真总结本省区开展电脑农业推广工作的情况，结合本地农业信息化规划，提出进一步做好电脑农业推广工作的方案。在此基础上，向省政府汇报，积极争取领导的重视、支持和指导。各级民委要切实把电脑农业推广工作，作为新时期民族经济工作的一项重要内容来抓，作为转变政府职能、加强作风建设的大事来抓，做到认识到位、责任到位、措施到位、经费到位。要把电脑农业推广与参与西部大开发和新阶段扶贫开发工作结合起来，与推动兴边富民行动和扶持人口较少民族发展工作结合起来，与加强散杂居地区民族经济工作和民族乡工作结合起来，丰富这项工作的内涵，做大推广应用文章，推动这项工作再上新台阶。

第二，切实搞好试点工作。目前，电脑农业推广第二阶段的工作已经全面展开，工作重点要在全面总结试点经验的基础上，加快区域化推广步伐，使更多的民族地区和群众尽快受益。西部民族地区两年来的试点工作成效是显著的。有关省、区和试点县要认真抓好试点工作，进一步巩固和扩大试点成果，争取重点突破。试点的目的在于探索规律，在于突破，在于带动和促进面上的工作。一定要注意通过试点及时总结出经验教训，用来指导面上的工作。对那些积极性不高、工作进展不大、没有改进措施的个别试点县，可以考虑调整。东部和中部地区要根据自己的情况，选择合适的县、乡、村作为试点，尽快启动这项工作，探索适合本地实际的路子。各地在抓试点工作时，一定要结合自己的情况，推出自己的典型，以身边的事实教育和引导群众。在中科院的大力支持下，武陵山区电脑农业区域化推广试点工作已经启动，有关地方要抓好落实，扎扎实实推进工作。

第三，认真研究和落实支持电脑农业发展的政策措施。党中央高度重视民族地区发展和农业信息化，出台了一系列扶持政策，已经取得了明显的成效。支持民族地区发展和农业信息化是中央的既定方针，今后不仅已有的政策措施不会取消，支持力度不会减弱，而且随着经济的发展和财力的增强，还会出台新的政策措施，不断加大支持的力度。希望各省（区、市）认真贯彻国家有关的政策，将政策用好用足。除了中央的政策支持外，各地要认真研究本地区的扶持政策。一些省（区）划出一定的专项资金，专门用于民族地区电脑农业推广，效果很好。各地方涉农部门都要从各自的职能出发，制定实施一系列切实有效的扶持政策，向民族地区倾斜，帮助民族地区解决各种实际困难，千方百计促进民族地区农业信息化加快发展。

第四，加强领导，大力协同。电脑农业是涉及多部门、多学科的综合性系统工程。没有政府的引导和推动，民族地区推广应用工作是很难开展起来的，也是很难开展好的。民族地区的各级政府，要切实把这项工作摆上议事日程，精心部署，精心组织，一级抓一级，加强督促检查，确保各项政策措施落到实处。抓落实，最终要体现在落实项目上，体现在落实资金和措施上。有关部门和地方要积极采取措施加大扶持力度，切实把帮扶措施落实到基层，确保这项工作取得实实在在的成效。各部门要密切协作、形成合力。民族地区电脑农业推广工作，要与国务院有关部门和地方相关部门实施的金农工程、国家863计划、消除数字鸿沟行动、数字农业科技行动、西部行动计划、科技扶贫等相衔接、相结合，共同促进电脑农业推广工作的加快发展。各级民族工作部门要不断增强协调和服务意识，在电脑农业推广工作中积极主动为党委、政府服好务，为涉农部门和有关科研院校服好务，为少数民族和民族地区服好务。加强领导，大力协同，必须完善工作机制。各省（区、市）要结合实际建立和完善相应的工作机制。

第五，加强舆论宣传工作。要使电脑农业推广工作深入人心，要让全社会都关心、重视和支持电脑农业推广工作，还必须高度重视舆论宣传工作。我们要组织动员新闻媒体，宣传推广应用电脑农业的重要意义，宣传推广应用电脑农业中出现的好的典型，宣传推广应用电脑农业的重点项目，宣传推广应用电脑农业给各族人民群众带来的实惠。只有形成支持电脑农业推广应用的强大舆论氛围，才能促成这项工作的社会化，才能调动各个方面的积极性，形成合力，不断开创工作新局面。

民族工作特别是电脑农业推广工作取得今天这样的成绩，离不开国务院有关部门、各级地方政府及科研院校的关心和支持。这次会议得到了湖北省和恩施州及三个试点县的大力支持。在此，我代表国家民委向国务院有关部门和科研院校的同志、向湖北省、恩施州和三个试点县以及各省区的同志表示衷心的感谢！

同志们，我国民族地区农业信息化的号角已经吹响，让我们紧密团结在以胡锦涛同志为总书记的党中央周围，高举邓小平理论的伟大旗帜，认真实践“三个代表”重要思想，振奋精神，开拓创新，扎实工作，开创民族地区电脑农业推广工作的新局面，为早日实现各民族共同富裕和繁荣而努力奋斗！

谢谢大家。

国家民委副主任杨健强在全国兴边富民行动工作会议上的讲话

（2003年12月27日）

同志们：

这次全国兴边富民行动工作会议，是贯彻中央经济工作会议精神，推进边境民族地区加快发展的重要会议。这次会议的主要任务是总结交流三年来开展兴边富民行动的成绩和经验，表彰全国兴边富民行动先进集体；讨论国家民委、财政部《关于继续推进兴边富民行动的意见》，对今后一个时期推进兴边富民行动进行部署。继续推进兴边富民行动要以“三个代表”重要思想为指导，紧紧抓住西部大开发的历史机遇，进一步动员各方面的力量加大对边境民族地区的投入，促进边境民族地区经济持续快速健康协调发展和社会的全面进步，为富民、兴边、强国、睦邻做贡献，巩固祖国万里边疆。中央各部门对兴边富民行动大力支持。今天，兴边富民行动各顾问单位的负责同志亲临会议指导，对此，我们表示衷心的感谢！国家民委党组对兴边富民行动高度重视，会前进行了专题研究。下面，我根据党组讨论的精神，讲以下意见：

一、兴边富民行动取得明显成效

根据1999年中央民族工作会议关于大力推进兴边富民行动的部署，本着“试点先行、总结经验、逐步推进”的原则，国家民委和财政部于2000年在9个边疆省区确定了9个全国兴边富民行动试点县，2001年扩大到17个。为此，中央财政每年在少数民族发展资金中设立兴边富民行动试点资金5100万元，引导和带动了其他资金的投入。据不完全统计，截至2002年底，全国投入兴边富民行动的各类资金超过150亿元，兴建各类兴边富民项目2万多个，取得明显成效。

*一是加大向边境地区倾斜力度，改善了基础设施条件。*开展兴边富民行动以来，无论是中央各部门，还是地方各级政府，都利用兴边富民行动这个载体，从政策、资金、项目等方面向边境地区倾斜，重点帮助解决基础设施落后的问题。据初步统计，2000年到2002年年底，全国17个试点县固定资产投资年均增长率达27.7%，比开展兴边富民行动之前三年的年均增长率高21个百分点。吉林省政府将兴边富民行动列入年度工作要点并做出部署，大力实施“省级政府推动”，先后将边境民族地区的9个大型项目列入省“十五”计划重点项目，将59个中小型项目列入省直部门专项规划，累计对边境县投资超过50亿元，建设项目140多个。广西组织边境建设大会战，集中资金21.6亿元，加强边境地区交通等基础设施建设。其中，修建边境公路2700多公里，新建扩建800多所中小学，完成村村通电话工程，还新建了130个村委会办公用房和2500多个地面接收站，改造了1万多户茅草房，使广西边境地区行路难、饮水难、看病难、上学难、收听收看广播电视难、村委会没有办公用房等问题得到了较好解决。兴边富民行动激发了社会各界关心边疆、建设边疆的热情。解放军和武警部队先后出动官兵200多万人次，参加基础设施建设工程300多项，建成军民共用的边防公路1.2万公里，帮助边民修建饮水渠400多条，打井900多眼，建水窖4700多座，植树种草100多万亩，援建学校90所。沿海和中部省市也积极参与兴边富民行动，上海、湖北结合对口支援为边境地区做了不少有益的工作，福建、浙江动员社会各界向边境地区捐款献爱心，使边境地区的各族群众充分感受到社会主义大家庭的温暖。

*二是为群众办实事、解难题，各族群众得到了实惠。*在兴边富民行动中，各地都把群众的疾苦放在心上，为群众办了许多实事、好事，解决了许多长期困扰群众生产生活的难题。如云南省政府安排专项资金对边境一线行政村以下的约40万初中生、小学生实行“三免费”（免教科书费、杂费、文具费）教育，体现了党和政府对边境各族人民的特殊关怀，促进了边境民族地区教育事业的发展，同时在周边国家中产生了很大的反响，树立了良好的国际形象。甘肃省肃北县马鬃山镇，在兴边富民行动中建设饮用水净化工程和供电工程，解决了当地军、警、民喝水用电问题。新疆富蕴县是牧业大县，过去在乌伦古河200公里的河段上只有2座桥，转场牧民需绕行上百公里才能过河。开展兴边富民行动以来，他们新建了8座桥，方便了群众生产生活，这些桥被誉为“爱民桥”、“益民桥”、“惠民桥”。黑龙江省在实施兴边富民行动过程中，帮助赫哲族群众修路建桥、加固河岸、建设居住小区、接通程控电话和有线电视、完成赫哲族文化村建设，改善了群众生产生活条件。新疆

生产建设兵团89团在兴边富民行动中，建成了民族中学综合教学楼，改善了各族学生的教学条件；建成了饮水工程，使团直地区6000多人喝上了达标的自来水。西藏错那县门巴族居住的地方一直不通电，兴边富民行动为他们修了电站，使门巴族群众告别了昏暗的油灯，用上了明亮的电灯，他们激动地说，“是党和政府使我们在夜里也像白天一样看得清楚”。人民群众用朴素的语言感谢共产党、感谢人民政府。

三是加快农业产业化进程，增加了农牧民收入。在兴边富民行动中，各地围绕增收调结构，取得了可喜的成绩。内蒙古的达茂旗在兴边富民行动中把生态环境建设和结构调整相结合，在伊利、蒙牛、鄂尔多斯羊绒厂等龙头企业的带动下，利用试点资金作为启动资金，统一规划，统一建设，建设小尾寒羊繁育基地、集约化奶牛基地，建设家庭牧场和牧民新村，使牧民户均年收入可达到1.5万~3万元，人均纯收入5000~7000元，是过去收入的2~3倍，真正达到恢复生态、建设草原，牧业增效、牧民增收的目的。新疆霍城县利用本地独有的珍稀果品樱桃李为原料，大力发展特色种植业，开发生产出以饮料为主的系列产品，消化了人工种植樱桃李5万亩，使樱桃李种植户人均年收入达到8000元，同时，还带动了该县包装业、运输业、服务业、旅游业等相关产业的发展。辽宁宽甸县以农业产业化推进兴边富民行动，把建立食用菌生产基地作为重点扶持项目，生产的食用菌成功地打入了国际市场，项目辐射全县所有乡镇，带动约七分之一的农户从事食用菌生产，一般农户仅此项收入年均在4000元以上，好的可达万元。

四是促进了经济快速增长，巩固和发展了睦邻友好关系。兴边富民行动有力地促进了边境地区的经济发展。如广西的龙州县和靖西县，2002年国内生产总值比1999年分别增长了22.20%和23.83%，地方财政收入分别增长了18.39%和32.45%，农民人均纯收入分别增长了34.96%和13.57%；辽宁的东港市2002年国内生产总值比1999年增长35.5%，固定资产投资增长39%；内蒙古达茂旗2002年与1999年相比，国内生产总值增长50.43%，财政收入增长54.34%，固定资产投资增长7倍多，农牧民人均纯收入分别增长22.7%和15.3%，主要经济指标在内蒙古边境旗（市）的排名中大幅度前移。

随着兴边富民行动的深入开展，边境地区面貌发生了很大变化，与毗邻国家的往来日渐增多，加深了了解，促进了睦邻友好关系的发展。吉林省长白县开展兴边富民行动以来，发展速度明显加快，在修筑出县公路和鸭绿江沿线公路时，较好地处理与一江之隔的朝鲜惠山市的关系，朝方给予了大力支持与配合。新疆乌恰县与吉尔吉斯官方和民间往来频繁，该县开展兴边富民行动以来的新变化令吉方人员赞叹不已，双方经贸关系不断升温，截至2002年底，该县进出口贸易额达到2100万元，较上年增长8%，吉尔吉斯的燃煤在乌恰城镇已设有销售点，乌恰县的副食品及国内的家电产品亦销往异国他乡，为两国的睦邻友好关系奠定了基础。

兴边富民行动开展三年来的实践表明，兴边富民行动是边境民族地区加快发展的好形式，是顺民心、合民意的民心工程，对于促进边境地区全面建设小康社会，加强民族团结、维护社会稳定和巩固边防具有十分重要的意义。

二、继续大力推进兴边富民行动

开展兴边富民行动，现在面临着很好的机遇。一是党的十六大提出了全面建设小康社会的宏伟目标，国家继续实施西部大开发战略，特别强调要树立科学发展观，统筹区域协调发展，为实现各民族共同繁荣进步提供了体制保障，对边疆民族地区的发展将会给予更多的支持；二是党中央、国务院高度重视，连续两年的国务院《政府工作报告》都强调要继续推进兴边富民行动；三是开展兴边富民行动的良好社会氛围已经形成，中央有关部门大力支持，各级地方党委政府积极推进，各族干部群众热烈拥护。我们一定要抓住当前的有利时机，推进兴边富民行动不断向前发展。

财政部对开展兴边富民行动大力支持，将与国家民委联合制定颁发《关于继续推进兴边富民行动的意见》。这个文件进一步强调了新时期继续推进兴边富民行动的重大意义，明确了指导思想和目标任务，提出在总结试点经验的基础上，新确定全国兴边富民行动重点县37个，并继续给予政策和资金上的支持。同时在兴边富民行动的项目建设、人才培养、资金管理、组织领导和舆论宣传等方面提出了明确要求。这个文件是对国家民委提出的坚持“组织发动、政策推动、基础设施拉动、重点项目带动、改革开放促动、社会各界联动”的“六动”方针的深化，是今后一个时期继续推进兴边富民行动的指导性文件。希望大家在这次会议上对文件进行认真讨论并提出修改意见。会后，我们将根据大家的意见和建议作进一步的修改、完善。文件正式颁发后，要认真贯彻执行。

下面，我就继续推进兴边富民行动讲几点意见：

（一）开展兴边富民行动的认识要进一步提高。开展兴边富民行动是贯彻“三个代表”重要思想，促进边境民族地区全面建设小康社会的重大举措。党的十六大把“三个代表”重要思想确立为党必须长期坚持的指导思想，明确提出了全面建设小康社会的奋斗目标和行动纲领。“三个代表”重要思想是做好民族工作的根本指针。共同团结奋斗、共同繁荣发展，是新世纪新阶段民族工作的主题。千方百计加快民族地区经济社会发展，是关系全面建设小康社会、加强民族团结、巩固祖国边防的大事。兴边富民行动涉及祖国2.2万公里陆地边境线、135个边境县（旗、市、市辖区），涉及193万平方公里国土面积、2100万人口。边境兴则边疆兴，边境治则边疆治，边民富则边防固，实现边疆的稳定和发展，关键是要促进边境民族地区的稳定和发展。兴边富民行动是边疆少数民族地区贯彻落实西部大开发战略的重要载体，它的目的是通过动员各方面力量加大对边境民族地区的投入，重点解决基础设施和群众生产生活等方面的特殊困难，促进边境民族地区的经济和社会发展。由于历史和自然的原因，边境民族地区经济社会发展相对缓慢，群众生产生活存在不少困难，与发达地区差距继续拉大。因此，开展兴边富民行动，帮助边境民族地区加快发展，是树立科学发展观，促进区域协调发展的需要，是坚持立党为公、执政为民的必然要求，是各级政府的政治责任，不仅是一个经济问题，还是一个政治问题。总之，我们要从实践“三个代表”重要思想，全面建设小康社会，实施西部大开发战略，发展民族团结进步事业，巩固祖国边防和坚持立党为公、执政为民，履行好政府职能的战略高度来认识开展兴边富民行动的重大意义，继续大力推进兴边富民行动向纵深发展。

（二）开展兴边富民行动的组织领导要进一步加强。兴边富民行动是一项庞大的系统工程，涉及领域宽、时间跨度大、包含内容广、工作难点多。国家民委将在党组的领导下，继续动员全委的力量推进兴边富民行动。办公厅要与业务司积极配合，协调各方面的力量继续推进兴边富民行动；政策法规司要继续建立和完善民族法规政策体系，促进边境民族地区的稳定和发展；经济发展司要把开展兴边富民行动与扶持人口较少民族发展、推广电脑农业等工作结合起来，整体推进民族经济工作；教育科技司要把帮助边境县普及义务教育和提高劳动者素质作为一项重点工作；文化宣传司要支持边境县弘扬民族文化、发展旅游事业，加大对兴边富民行动的宣传力度；国际司要为边境县在吸引外资和开展对外合作方面多做工作；人事司要继续加强对边境县和新疆生产建设兵团边境团场的部分党政领导干部的培训工作。为从根本上保证兴边富民行动顺利推进，要逐步建立和完善“中央统一领导，分省区负责，以县为基础”的组织领导体制。在这里特别要强调的是，各省区都应进一步建立健全推进兴边富民行动的组织领导机构，为兴边富民行动提供有力的组织保障。现在各边疆省区都将兴边富民行动列入政府重要的议事日程，成立了以副省长、副主席为组长的兴边富民行动领导小组，开展了卓有成效的工作。下一步，要学习借鉴吉林省的经验，建立和完善“五项”机制，即主管副省长、副主席、分管副秘书长亲自抓的领导机制，省级部门分工负责的协作机制，省民委牵头的协调服务机制，边境地区各级政府组织实施的联动机制，年初计划、年中督查、年底验收的奖惩激励机制。建立和完善这些机制的目的，就是要充分发挥省政府的领导作用，省直有关部门的职能作用和边境地州、县、乡政府的主体作用，形成省区政府推动，地方各级政府联动，各成员单位主动参与的良好氛围。

（三）*兴边富民行动的建设项目要进一步抓落实。*项目建设是开展兴边富民行动的载体，兴边富民行动能否取得成效，最终也要通过选择和实施项目来体现。有了好的项目就有了加大投资的基础，建成一批好项目就能增强边境民族地区的造血功能和自我发展能力。开展兴边富民行动必须以推进项目建设为重点。目前正值“十五”计划实施的关键时期，“十一五”计划的前期工作也已开始，国家实施西部大开发战略的力度在不断地加大，振兴东北老工业基地战略也开始启动，这些都是我们抓项目建设的良好机遇。机不可失，时不我待，希望我们抓项目建设的力度要继续加大。一是认真做好项目论证、筛选和储备工作，要围绕加快基础设施建设、搞好生态环境保护、大力发展各具特色的县域经济、发展科技教育、以开放促发展等方面提出一批好项目。基础设施建设要坚持抓两头，一头是抓好重点项目，另一头是抓好与改善农牧民生产生活条件密切相关的中小项目。对一些经济发展明显落后、少数民族人口较多、国防或生态位置重要的贫困地区，要集中力量，连片建设，加快改变落后面貌。在发展工业项目中要注意防止盲目投资和低水平重复建设。坚持科学决策，加快前期工作，建立项目库。二是抓好重点项目的实施。有了好的项目就要争取国家支持，争取省级各部门支持。以财政性资金为引导，吸引各方面资金，落实建设条件，使重点项目早日开工建设，早日发挥效益。三是大力发展农业产业化经营。扶持龙头企业，力争达到上马一个项目，建设一个基地，发展一项产业，致富一方农民的效果。通过几年的努力，为边疆民族地区建成一批增强自我发展能力的好项目，使边境民族地区的经济社会发展水平跟上全国的发展步伐。

（四）*兴边富民行动的政策支持力度要进一步加大。*方针政策对党和国家工作的全局起指导和推动作用。继续推进兴边富民行动必须认真贯彻落实党和国家制定和实施的各项方针政策。这些年来，特别是国家实施西部大开发战略以来，中央制定了一系列政策措施加快民族地区的发展，已经取得了明显的成效。今后不仅已有的政策措施不会取消，支持力度不会减弱，而且随着经济的发展和财力的增强，还会出台新的政策措施。目前，国家正在研究和完善西部大开发的政策，国务院关于贯彻实施《民族区域自治法》配套法规的制定工作也正在紧张有序地进行。我们要增强政策观念，提高政策水平。认真落实中央制定的对边境民族地区的优惠政策措施，将这些政策用好、用活、用足；通过规划建设重点项目去争取政策，用项目建设争取国家和省在资金上的支持；通过抓好兴边富民行动重点县和全国扶持边境地区人口较少民族的发展，争取国家扶贫资金的支持。除了中央的政策支持外，各省也要认真研究本地区的扶持政策，使各方面的支持向边境民族地区倾斜，为各族群众多办实事，办好事，帮助边境民族地区解决各种实际困难，千方百计促进边境民族地区加快发展。

（五）*边境民族地区的人才培养要进一步重视。*培养各级各类人才，提高劳动者素质是加快边境民族地区发展的关键。要加大对教育的投入，合理配置教育资源，提高教学质量，调整农村教育结构，深化农村教育改革，认真做好普及九年制义务教育和扫除青壮年文盲的工作，使边境民族地区教育落后的状况得到根本性改变，为边境民族地区劳动者素质的提高创造条件。要加强科学知识普及和先进适用技术的推广应用工作，逐步提高边境民族地区干部群众的科技素质，促进生产方式的转变。要认真贯彻中央人才工作会议精神，制定更加优惠的政策，采取更加灵活的措施，营造更加良好的环境，真正把人才作为第一资源，凝聚各类人才真心实意为边境民族地区的发展贡献聪明才智。要努力建设一支德才兼备、全心全意为各族群众服务、受到各族群众爱戴的民族工作干部队伍。要从培养教育入手，可以通过办提高干部素质培训班、专项工作培训班、专门人才培训班等形式，加大干部培训力度。根据需要抓培训，以短期培训为主，部门联合培训为主，努力提高广大干部团结带领各族群众发展经济、脱贫致富奔小康的本领。

（六）*边境地区改革开放力度要进一步加大*。深化改革、扩大开放是促进边境民族地区加快发展的强大动力。在推进兴边富民行动过程中，要认真贯彻落实十六届三中全会通过的《中共中央关于完善社会主义市场经济体制若干问题的决定》。要进一步深化改革，大力改善投资环境，加强市场体系建设，切实保护生产经营者和投资者的合法权益，营造平等竞争和诚实守信的创业环境。加快国有企业改革、改组、改造的步伐，大力发展混合所有制经济、股份制经济和非公有制经济。边境民族地区地处边远，比较封闭落后。改革开放的春风使我们由对外开放的末端变为对外开放的前沿。我们要抓住机遇，发挥区位优势，大力发展边境贸易，在加快开放中促进发展。要利用边境口岸优势，利用经济上的互补性，发展转口贸易，把国内的机械设备、日用工业品销到国外，把国外丰富的资源，如木材、玉石、农产品、海产品销到国内。在有条件的地方，建立经济技术开发区，吸引外商投资，发展地方工业。建立蔬菜、畜产品等出口加工基地。利用自然风光、民族风情，发展特色旅游业，既吸引外国朋友来旅游，又组织国内的游客跨国旅游，相应发展第三产业和民族旅游业。还可以组织各族群众到国内外打工，搞劳务输出。要积极推进地区协作与对口支援，支持和鼓励各种所有制企业到边境民族地区投资。边境民族地区也要扩大对国内的开放，加强与全国各地的经济协作与合作。实践证明，封闭只能落后，开放才能发展。边境民族地区必须牢固树立“希望在开放，出路在开放，以开放促发展”的观念，在开放中大力推进兴边富民行动。

（七）*兴边富民行动的舆论宣传要进一步强化*。要使兴边富民行动深入人心，要让全社会都来关心、重视和支持兴边富民行动，必须高度重视舆论宣传工作。我们要组织动员各新闻媒体，宣传兴边富民行动的重大意义，宣传兴边富民行动的先进典型，宣传兴边富民行动中的重大建设项目，宣传兴边富民行动给边疆民族地区人民群众带来的实惠。通过在各新闻媒体设立“兴边富民行动”专栏、专版，组织新闻记者实地采访等方式，对兴边富民行动进行全方位报道。还可以与境外媒体联合报道，使兴边富民行动在海内外产生更强大反响，在边境民族地区更深入人心。争取多方支持，动员全社会参与，充分调动边境民族地区干部群众加快发展的积极性、主动性和创造性。只有形成开展兴边富民行动强大的舆论氛围，兴边富民行动才能深入持久地开展下去。

同志们，兴边富民行动是一项利国利民的伟大工程，是一项在新的历史条件下开创的崭新事业。让我们紧密团结在以胡锦涛同志为总书记的党中央周围，全面贯彻“三个代表”重要思想，与时俱进，开拓创新，以高度的责任感和使命感，努力开创兴边富民行动的新局面，推进边境地区全面建设小康社会的步伐。

概况篇

Survey

收录了少数民族和民族地区 2003 年度经济社会发展概况，以及国家和各省、自治区、直辖市民族工作概况。

Chapter of Survey compiles an overview of the economic and social development for the ethnic minorities and the regions in 2003 as well as an overview of the work on ethnic minorities at the levels of the State, provinces, antonomous regions and municipalities.

少数民族和民族地区经济社会发展

■2003 年全国少数民族和民族自治地方国民经济社会发展

2003 年，民族地区在党中央、国务院的正确领导下，以邓小平理论和“三个代表”重要思想为指导，全面落实党的十六大精神，以全面建设小康社会总揽经济建设全局，正确处理改革发展稳定的关系，积极实施西部大开发战略，努力克服非典疫情、地震、干旱和洪灾等各种自然灾害带来的不利影响，加快推进农业产业化、工业化、城市化进程，大力发展壮大县域经济，加快经济结构调整，国民经济实现快速增长，经济运行质量和效益创历史最好水平；同时，加强社会与经济的协调发展，各项社会事业全面进步，城乡居民生活水平稳步提高。

【全国民族自治地方经济发展】 2003 年，经国务院批准，四川北川羌族自治县于 10 月 25 日正式成立。截至 2003 年底，民族自治地方共有 155 个自治地方，包括 5 个自治区，30 个自治州和 120 个自治县。民族自治地方所属行政区划范围内共有 77 个地级行政区划单位，699 个县级行政区划单位。行政区划面积 613.33 万平方公里，占全国总面积的 63.89%。2003 年底，民族自治地方年底总人口 1.72 亿人，其中少数民族人口 8017 万人，占总人口的 46.57%。

1. 经济总量迈上新的台阶。2003 年全国民族自治地方生产总值完成 10382.02 亿元，这是民族自治地方首次超过万亿元大关，按可比价格计算，生产总值比上年增长 11.9%，增幅提高 1.7 个百分点。民族自治地方生产总值占全国的比重为 7.69%，比上年提高 0.05 个百分点。其中第一产业增加值完成2455.72亿元，比上年增长 5.9%，增幅提高 0.5 个百分点；第二产业增加值完成 4163.54 亿元，比上年增长 17.2%，增幅提高 4.8 个百分点；第三产业增加完成 3761.76 亿元，比上年增长 10.2%，由于受非典疫情的影响，增幅下降 1.1 个百分点。一二三产业构成由上年的 24.4∶38.1∶37.5 调整到 2003 年的 23.7∶40.1∶36.2。

在 5 个自治区中，内蒙古自治区生产总值增长速度达到 16.8%，居于全国 31 个省、自治区和直辖市的首位，广西壮族自治区、西藏自治区、宁夏回族自治区、新疆维吾尔自治区增速均比全国高。

2. 农业保持稳定发展。2003 年，民族自治地方完成农林牧渔业总产值 4014.59 亿元，比上年增长 5.8%，增幅提高 0.4 个百分点。

种植业结构调整继续推进。2003 年粮食播种面积比上年减少 105.5 万公顷，这也是自 1999 年民族自治地方调减粮食播种面积以来，粮食播种面积减少的最多的一年，粮食播种面积占总播种面积的比例也从 1999 年的 68.2% 下降到 2003 年的 61.5%。油料播种面积略有下降，棉花播种面积受市场调节作用影响比上年增加了

11.8万公顷。全年粮食产量6480.24万吨，比上年下降1.6%；油料、糖类和棉花继续增产。油料产量359.22万吨，比上年增长1.1%；糖类产量7972.26万吨，比上年增长19.8%，糖类产量已占全国总产量的82.7%，比上年提高7个百分点；棉花产量160.81万吨，比上年增长8.5%，占全国的比重达到33.1%，比上年提高2.9个百分点。

畜牧业和渔业生产发展较好。2003年大牲畜和羊年末存栏头（只）数分别为5797.61万头和14799.65万只，分别占全国的38.2%和49.5%，存栏头（只）数分别比上年增长4.1%和6.2%。全年肉类总产量达到996.95万吨，比上年增长5.7%，肉类总产量占全国的比重达到14.4%，比上年提高0.1个百分点。其中牛肉、羊肉和猪肉产量分别为152.46万吨、138.54万吨和589.18万吨，分别比上年增长15.9%、16.9%和1.2%。牛羊奶产量595.35万吨，比上年增长49.8%。

林业生产持续发展，以退耕还林还草为主的生态建设得到加强。全年完成造林面积291.78万公顷，比上年增长3.0%，其中退耕还林面积达到169.12万公顷，比上年增长14.0%。

农业生产条件进一步改善。年末民族自治自治地方农业机械总动力7369.8万千瓦，增长3.5%；全年农村用电量150亿千瓦小时，比上年增长4.3%；农田有效灌溉面积975.49万公顷，保持原有规模。

3. 工业经济在结构调整、效益提高的基础上实现快速增长，建筑业生长增长较快。2003年，民族自治地方工业增加值3132.84亿元，比上年增长14.9%。全年全部国有和年产品销售收入500万元以上非国有工业企业（简称规模以上工业，下同）有10499个，完成工业总产值5665.72亿元，比上年增长21.7%，增幅提高4.8个百分点。其中轻工业总产值1679.61亿元，增长17.4%；重工业总产值3986.11亿元，增长24.1%。

民族自治地方主要工业产品产量增长情况：机制纸及纸板219.68万吨，增长23.5%；糖产量823.95万吨，增长23.2%；原煤产量2.06亿吨，增长31.1%；原油产量2597万吨，增长5.6%；发电量2243.24亿千瓦时，增长14.6%；钢产量1082.34万吨，增长20.3%；生铁产量1156.93万吨，增长17.1%；水泥产量6700.81万吨，增长2.3%；木材产量1097.07万立方米，增长7.2%。糖产量占全国的76.0%，比上年提高3.7个百分点。原油产量占全国的15.3%，比上年提高0.6个百分点。

工业生产产销衔接良好，经济效益总体水平稳步提高。全年国有及年销售收入500万元以上非国有工业企业实现销售收入5555.68亿元，比上年增长25.7%；实现利税815.3亿元，增长41.6%。亏损企业亏损额94.78亿元，下降2.0%。盈亏相抵后实现净利润329.27亿元，增长74.2%。

建筑业生产增长较快。全年全社会建筑业完成增加值1030.70亿元，比上年增长23.9%。建筑业总产值完成1227.17亿元，比上年增长15.3%。实现利润总额25.93亿元，比上年增长70.6%。房屋建筑施工面积13420万平方米，比上年增加1873万平方米；房屋竣工面积7223万平方米，增加742万平方米。

4. 固定资产投资规模再上新台阶。全年固定资产投资一直保持高速增长势头，创下投资增量为历史最大、投资增幅为1999年以来最好的水平。2003年民族自治地方全社会固定资产投资完成4733.93亿元，比上年增长33.6%，是1994年以来最快增速，比上年加快12.6个百分点。与上年相比，增量达到1191.83亿元，首次突破1000亿元大关。其中，基本建设投资完成2836.93亿元，增长38.2%，比上年加快8.5个百分点；更新改造投资完成637.73亿元，比上年增长33.7%，比上年加快13.2个百分点；房地产开发投资完成447.92亿元，比上年增长37.6%。国有单位固定资产投资完成2652.59亿元，比上年增长21.2%。在五个自治区中，内蒙古自治区全社会固定资产投资规模已跃升为民族自治地方首位，突破千亿元大关，达到1174.66亿元，增长速度居全国首位，达到65.9%。广西和新疆的投资规模也都近千亿元大关，分别达到921.3亿元和973.39亿元，增长速度也分别达到22.8%和21.7%。宁夏回族自治区和西藏自治区的增长速度分别达到40.1%和25.7%。

重大项目建设进展顺利。内蒙古2003年一大批重点工业项目和基础设施项目开工建设或投产，全年完成投资超亿元的重点建设项目146个，完成固定资产投资457.39亿元，占城镇以上单位固定资产投资的40.8%。长庆气田至呼和浩特市输气管道工程建成投入使用，内蒙古大唐托克托发电有限公司一期工程2×60万千瓦发电机组建成投产，内蒙古上都发电有限责任公司和岱海电厂开工建设；包头稀土高新区希望铝业有限责任公司铝电一体化项目电解铝一期工程建成投产；锡林浩特市至桑根达来铁路全线建成交付运营。

广西全年累计新开工规模以上建设项目5399个，其中重大项目有200个。桂西氧化铝一期工程、钦州林浆纸一体化项目、长洲水利枢纽等重点项目正式启动，北海电厂一期工程、桂林和柳州过境公路等重点项目开工建设。龙滩水电站成功实现大江截流，百色水利枢纽工程等在建重大项目顺利推进。平果铝氧化铝二期工程、柳钢高速线材、六景至兴业高速公路、南宁至坛洛高速公路等重点项目竣工投产，高速公路通车里程突破1000公里，达到1011公里。2003年底，共有南宁等9个大、中城市贯通高速公路，有65个县通二级公路6844公里。农林水利、能源交通、城市基础设施、教育等一批国债项目建设进展顺利。

西藏在国家的大力支持下，重点项目建设进度明显加快。青藏铁路西藏段建设全线铺开，全年西藏段完成投资38亿元。拉萨火车站、直孔电站、金河电站、拉萨至贡嘎机场公路等一批重大项目相继开工。中央第四次西藏工作座谈会确定的“117”项目，已建成40个，在建73个，累计完成投资136.4亿元；“117”项目以外的32个重点项目，已建成8个，在建24个；中央确定的70个对口援藏项目已完成69个，总投资11亿元。此外，第三批对口援藏省市、中央国家机关和企业还投入援藏资金19.4亿元。安徽、吉林、黑龙江和15户中管国有重要骨干企业2003年全部到位，一年多来援藏工作力度也很大，已落实项目152个，投资4.7亿元。

宁夏重点建设项目进展顺利。全区在加大固定资产投资力度的同时，进一步突出重点建设项目建设，以重点项目带动重点行业。全年正式施工的23个重点建设项目完成投资67.4亿元，占全社会固定资产投资的比重为21.2%。

5. 消费品市场销售较为平稳。2003年民族自治地方社会消费品零售总额完成3108.98亿元，比上年增长0.5%。期中批发零售贸易业2541.97亿元，增长33.4%；餐饮业429.4亿元，增长12.7%。限额以上批发零售贸易企业法人企业为2045个，从业人员26.75万人，销售总额达到2127.86亿元，比上年增长19.1%。

企业资产合计达到1365.87亿元，比上年增长16.4%，所有者权益达到327.35亿元，比上年增长10.9%。

6. 对外贸易快速发展。2003年民族自治地方进出口贸易总额完成135.77亿美元，比上年增长34.4%，增幅提高1个百分点。其中，出口额78.43亿美元，增长42.5%，增幅提高5.8个百分点；进口额57.34亿美元，增长24.6%。民族自治地方年末实有外商投资企业3263个，全年实际利用外资20.05亿美元，比上年增长20.0%。

7. 交通运输和邮电通信业保持稳定增长。由于西部大开发战略的实施，民族自治地方交通基础设施状况得到进一步改善。2003年，民族自治地方国有铁路营业里程达到1.51万公里，比上年增长5.1%。公路线路里程达到54.78公里，比上年增长4.0%。民族自治地方铁路和公路完成货物运输周转量3151.63亿吨公路，比上年增长10.0%；完成货运量15.74亿吨，比上年下降3.8%；完成旅客运输周转量1309.57亿人公里，增长1.2%；完成客运量16.41万人次，比上年增长8.3%。

邮电通信业全年完成邮电业务总量524.81亿元，比上年增长19.9%。年末本地局用交换机总容量为3146.26万门，增长24.5%，长途自动交换机容量108.6万路端，比上年增长15.7%；固定电话用户达到2272.69万户，比上年增长25.2%。其中城市电话用户1532.09万户，比上年增长24.2%；移动电话用户达到2306.67万户，比上年增长45.0%，计算机互联网用户达到345.21万户，比上年增长53.6%。

国际国内旅游收入出现下降。全年民族自治地方国内旅游人次达到12332.54万人次，比上年增长2.9%，增幅下降8.7个百分点。国内旅游收入562.96亿元，下降25.0%。全年国际旅游人次215.09万人次，比上年下降68.3%。国际旅游外汇收入6.0亿美元，下降34.9%。民族自治地方共有国际旅行社186个，国内旅行社1112个。

8. 财政收入较快增长，金融运行健康平稳。2003年，民族自治地方完成地方财政收入673.97亿元，比上年增长13.3%，增幅提高4.2个百分点。地方财政支出2109.3亿元，比上年增长9.5%。其中，基本建设支出311.5亿元，文化、教育、科技和卫生事业费支出497.12亿元，社会保障补助支出97.98亿元。

金融和证券。金融机构存贷款稳定增加。2003年，民族自治地方各项存款余额11749.93亿元，比年初增长14.8%。其中，城乡居民储蓄存款余额7353.07亿元，比年初增长19.9%，增幅提高4.2个百分点。全部金融机构各项贷款余额9339.76亿元，比年初增长16.2%，增幅比上年提高5.9个百分点。

上市公司继续发展。截至2003年底，民族自治地方共有上市公司95家，比上年增加8家。其中A股上市公司94家，B股上市公司1家。2003年，上市公司总股本达到266.15亿股，其中可流通股本101.51亿股。资产总额达到1740.22亿元，净资产711.40亿元，主营业务收入、主营业务利润和净利润分别达到808.65亿元、185.04亿元和26.82亿元。

9. 城乡居民收入有较大提高。民族自治地方城镇居民人均可支配收入为7053元，比上年增长7.8%。全年城镇居民人均消费性支出为5462元，比上年增长5.8%。农牧民收入稳定增长，生活继续改善。民族自治地方农牧民人均纯收入为1895元，比上年增长7.0%。农民人均生活消费支出为1533元，比上年增长6.1%。城镇居民家庭恩格尔系数37.2%。农村居民家庭恩格尔系数50.3%，下降1.7个百分点。居民住房条件继续改善。城镇居民人均使用面积19.8平方米，农村人均住房面积22.9平方米。

社会保障进一步加强，社会福利事业继续发展。民族自治地方城镇最低收入标准以下的居民中有376.96万人纳入最低生活保障范围，乡村最低收入标准以下的居民中有60.89万人得到最低生活保障。2003年末民族自治地方城镇建立各种社区服务设施1.68万个，城镇便民、利民服务网点6.52个，农村社会保障网络数2015个。

【全国民族自治地方社会发展】 1. 科学研究与技术发展情况。科技队伍基本保持稳定，2003年末民族自治地方工业研究与开发机构653个，从业人员3.53万人，其中科学家及工程师1.35万人，研究与发展人员5800多人。科技经费收入总额232.91亿元，经费支出221.77亿元。科学研究与技术开发成果有了一定提高。拥有发明专利总数191件，比上年增加41件；专利申请量98件，比上年增加28件；专利授权量68件，比上年增加11件。发表科技论文5493篇，比上年增加344篇；出版科技著作176部，比上年增加15部。高新技术产业发展加快。2003年末，民族自治地方拥有包头、南宁、桂林、乌鲁木齐四个国家高新技术开发区，共有高新技术企业869家，比上年增加27家；职工人数11.91

万人，比上年增长28.7%；高新技术企业总收入456.10亿元，比上年增长50.0%；总产值398.88亿元比上年增长57.4%；出口4亿美元，比上年增长60.2%。

2. 教育事业稳步发展。2003年末民族自治地方共有普通高等院校135所，比上年增加19所；招生24.16万人，在校生68.42万人，分别增长19.8%和20.7%。普通中学11711所，招生374.46万人，增长1.7%；在校生1036.74万人，增长4.1%。普通小学70497所，招生287.22万人，在校生1738.25万人。

内蒙古2003年学龄儿童入学率99.4%，初中阶段毛入学率95.3%。广西小学学龄儿童入学率达98.93%。西藏“贫困地区义务教育工程”稳步推进，2003年共完成小学改扩建项目280个，适龄儿童入学率达91.8%，比上年提高了3.5个百分点，又有9个县通过“普九”验收，目前西藏全区通过“普九”验收的县已达17个。“扶贫助学工程”继续推进，以农牧区特困学生为主，受助的大中专学生已有450多名。宁夏已普及了初等义务教育，普及九年义务教育的县（市、区）已达16个，“普九”人口覆盖率68.3%，全区实现了基本扫除青壮年文盲的目标。新疆小学学龄儿童入学率98.3%，小学毕业生升学率96.5%；初中学龄儿童入学率83.8%，普通初中学生辍学率2.9%，初中毕业升入普通高中升学率40.9%。2003年扫除青壮年文盲3.3万人。

3. 文化事业继续推进。文化基础设施得到改善，文化活动健康活跃。至2003年末，民族自治地方有各种艺术表演团体513个，公共图书馆566个，文化馆642个，博物馆163个。全年报纸出版16.37亿份，各类杂志出版1亿册，图书出版4.3亿册（张）。共有电视台94座，广播电台73座。内蒙古广播人口覆盖率90%，比上年提高0.8个百分点；电视人口覆盖率87.5%，比上年提高2.6个百分点。广西电视、广播人口覆盖率分别达91.5%和86.7%。西藏西新工程进展顺利，广播电视人口覆盖率分别达到82.7%和81.3%。宁夏广播综合人口覆盖率91.2%，电视综合人口覆盖率89.0%，比上年提高1.3个百分点。新疆广播人口覆盖率92.8%，电视人口覆盖率92.5%。

4. 卫生保健工作得到进一步加强。民族自治地方公共卫生突发事件处理责任网、信息报告网、紧急救助网初步建立并发挥了作用。城镇医药卫生体制改革逐步深入，城市社区卫生服务网络初具规模。农村缺医少药的局面进一步改善，村设医疗点的覆盖率进一步提高。年末全区共有卫生机构（其中包括医院、卫生院、门诊部、疗养院所、专科防治所站、卫生防疫站、妇幼保健所站）15230个，医院、卫生院床位11768张；卫生技术人员463382人，其中执业医师和执业助理医师208246人。民族自治地方卫生机构50万元以下的设备共有112442台，50万元至100万元有4492台，100万元以上有1465台。

5. 社会保障进一步加强，社会福利事业继续发展。民族自治地方城镇最低收入标准以下的居民中有376.96万人纳入最低生活保障范围，乡村最低收入标准以下的居民中有60.89万人得到最低生活保障。2003年末民族自治地方城镇建立各种社区服务设施1.68万个，城镇便民、利民服务网点6.52个，农村社会保障网络数2015个。

内蒙古2003年末全区参加基本养老保险职工228.30万人，参加失业保险职工221.58万人，领取失业保险金人数为12.56万人，比上年减少5.33万人；全年有252.49万职工和64.49万离退休人员参加了基本医疗保险，2003年末全区各类社会福利院床位2.25万张，比上年增长1.8%，收养1.61万人；城镇建立起各种社会服务设施5995个，其中建起星光老年之家408个。全年筹集社会福利资金2326万元，接受社会捐赠5341万元。广西2003年末全区参加失业保险职工人数219.07万人；领取失业保险金人数14.36万人，增长40.5%。年末参加城镇基本养老保险职工人数264.97万人，增长

3.0%；参加基本养老保险的离退休人员人数66.23万人，增长4.3%；2003年末参加城镇基本医疗保险人数235.04万人，增长16.5%。基本养老金社会化发放率为98.1%。至2003年末，广西全区各类福利院床位2.59万张，比上年末增长12.12%；福利院收养人数1.77万人，增长18%。全年筹集社会福利资金3.68亿元，增长18.71%。接受社会捐赠0.133亿元。新疆有135.12万职工参加了失业保险，比上年增长2.9%；有158万职工参加了基本养老保险，增长3.6%；有38万离退休人员参加了基本养老保险，增长2.7%；有176万职工参加了基本医疗保险，增长18.8%。全区有各类社会福利院508个，床位12950张，收养人数9799人。社会销售福利彩票6.15亿元，筹集社会福利资金2.15亿元，接受社会捐赠1.60亿元

6. 环境保护工作力度加大。全年完成环境污染限期治理项目1279个，总投资14.92亿元。7482家企业工业废水排放达标量157237万吨，6713家企业工业固体废物综合利用量5158万吨，"三废"综合利用产品产值39.03亿元。生态保护得到加强。民族自治地方建成国家级自然保护区79家。

（撰稿　冯常海　审稿　乐长虹　王海青）

【全国少数民族社会文化事业】　1. 民族教育。全国教育系统少数民族的教职工人数不断增长，2003年普通高校少数民族教职工和少数民族专任教师分别达到6.77万人和3.63万人，分别比上年增长8.7%和8.4%；普通中学少数民族教职工和少数民族专任教师分别达到39.97万人和33.35万人，分别比上年增长4.3%和5.2%；职业初中少数民族教职工和少数民族专任教师分别达到3529人和2993人；少数民族小学少数民族教职工和少数民族专任教师分别达到62.70万人和57.09万人。

全国少数民族在校学生较快增长。2003年全国普通高校少数民族在校学生达到65.52万人，比上年增长25.1%，占全国在校生的5.9%，比上年提高0.1个百分点；普通中学少数民族在校学生达到654.46万人，比上年增长6.7%，占全国在校生的7.6%；小学少数民族在校生达到1120.7万人，占全国在校生的9.6%，比上年上升0.1个百分点。

国家为培养少数民族的专门人才而设立的民族学院蓬勃发展。2003年，全国民族学院（大学）共有13所，包括中央民族大学、内蒙古民族大学、大连民族学院、中南民族大学、湖北民族学院、广西民族学院、西南民族大学、贵州民族学院、云南民族大学、西藏民族学院、西北民族大学、青海民族学院、西北第二民族学院。（大学）教职工人数达到13691人，专任教师7223人，其中具有正高级职称的人达到638人，比上年增长16.8%，具有副高级职称的人2272人。2003年共招生36530人，在校学生达到115966人。

2. 少数民族文化和广播电视事业不断进步。2003年，全国少数民族文字出版的图书达到4787种，印数达到5034万册，其中新出2275种；少数民族文字出版的杂志205种，总印数达781万册；少数民族文字出版的报纸88种，总印数达到13130万份。

主要少数民族语言无线广播、电视播出情况。无线广播台播送蒙古语共有40套节目，朝鲜语3套节目，藏语7套节目，维吾尔语36套，哈萨克语12套节目。蒙古语在内蒙古、辽宁、吉林、黑龙江和新疆覆盖人口数达到470.32万人，蒙古语广播覆盖率达到78.9%；朝鲜语在吉林和黑龙江覆盖人口数307.81万人，覆盖率达到94.0%；藏语在四川、西藏、甘肃、青海和新疆覆盖人口数415.66万人，覆盖率达到74.3%；维吾尔语在新疆覆盖人口数787.15万人，覆盖率达到94.7%；哈萨克语在新疆覆盖人口数91.2万人，覆盖率达到82.51%。

电视台播送蒙古语共有30套节目，藏语10套节目，维吾尔语45套，哈萨克语15套节目。蒙古语在内蒙古、吉林和新疆覆盖人口数达到234.5万人，蒙古语电视覆盖率达到55.76%；

朝鲜语在吉林覆盖人口数83.52万人，覆盖率达到91.7%；藏语在四川、西藏、甘肃和青海覆盖人口数380.54万人，覆盖率达到70.0%；维吾尔语在新疆覆盖人口数767.52万人，覆盖率达到90.8%；哈萨克语在新疆覆盖人口数91.2万人，覆盖率达到82.5%。

3. 民族医疗卫生和体育。民族医疗卫生事业和体育事业稳步发展。2003年全国民族医院157个，床位5751张，卫生技术人员6714人，其中医生3276人。2003年，少数民族优秀运动员达到1063人，少数民族一线在队教练员达到239人。

我国于2003年9月6日至13日在银川市和石嘴山市举行了全国第七届少数民族传统体育运动会。来自全国31个省、自治区、直辖市及中国人民解放军、新疆生产建设兵团、台湾省等34个代表团的55个少数民族的运动员参加了本届民族运动会。按照总规程规定，整个运动会共设竞赛和表演项目两大类。竞赛项目有花炮、珍珠球、毽球、蹴球、木球、秋千、龙舟、民族式摔跤、押加、武术、陀螺、高脚竞速、马术、射弩等14大项，表演项目有125项。这些竞赛表演项目，从不同的侧面生动反映了各民族的历史、文化、风俗及生产活动，全面展示了我国55个少数民族传统体育的特色和当代水平。这对于继承和发展少数民族传统体育，促进全民健身计划的实施，增强各族人民体质具有积极的推动作用。经过7天152个单元的比赛，在14个竞赛项目中，共决出金牌93枚、银牌93枚、铜牌93枚，34个代表团中，有25个代表团获得金牌。多姿多彩的表演项目，显示了少数民族传统体育的盛况。125个表演项目全部获奖，其中一等奖51个，二等奖41个，三等奖33个。34个代表团、103个运动队和810名运动员获得了体育道德风尚奖。

（撰稿　冯常海　审稿　乐长虹　王海青）

■2003年各省、自治区、直辖市少数民族经济社会发展

北　京　市

【民族经济】　2003年，北京市民族经济工作在市委、市政府的领导下，以贯彻落实党的民族政策和《北京市少数民族权益保障条例》为主线，以深入基层调研为切入点，加大少数民族经济发展专项资金的投入，加快农业产业结构调整，加强清真饮副食网点建设，对少数民族经济发展起到了显著推动作用。

1. 加大政府扶持力度，民族乡村经济稳步增长。2003年，600万元少数民族经济发展专项资金，用于扶持民族乡村经济发展，主要以5个民族乡和低收入民族村为重点，在与市农委等部门深入调研的基础上，确定了22个发展项目。其中，320万元用于基础设施建设，280万元用于种、养殖业的发展。例如，怀柔区喇叭沟门满族乡拥有生态自然保护区资源，但地处偏远，基础设施建设薄弱，严重制约了经济发展。在去年投入200万元专项资金修建13.5公里旅游环线公路的基础上，今年继续投入120万元，用于该乡环线二期13公里的道路建设，以促进民族乡村民俗旅游业的发展。再如，扶持怀柔区长哨营满族乡60万元专项资金，用于肉鸡养殖扩大规模贷款贴息。今年，新建肉鸡养殖小区5个，大棚鸡舍50栋，全乡实现年人均增收800元。

2003年，民族乡村以市场为导向，以效益为中心，以科技为依托，以专项资金扶持为动力，积极调整产业结构，农民人均收入稳步增长。5个民族乡乡镇增加值51200万元，比上年增长15%；地方财政收入8088万元，比上年增长27.6%；人均收入5604元，增长16%。109个民族村人均收入6360元，增长20%。

2. 加强清真饮副食网点建设，满足少数民

族生活需求。加强清真饮副食网点建设，是满足少数民族生活需求的基础，是促进民族经济发展的有效途径。2003 年，360 万元民族经济发展专项资金，以少数民族聚集区为重点，在深入调研的基础上，与市商委共同研究确定了 10 个重点扶持项目。其中，340 万元用于扶持清真饮副食网点建设，20 万元用于推动清真餐饮行业发展。例如，2002 年，投入 50 万元专项资金扶持宣武区建牛街清真超市，该超市占地 2400 平方米，经营品种达 6000 多个，自开业以来，日均销售额 8 万余元，产生了良好的经济和社会效益，受到了牛街及全市穆斯林群众的赞誉。今年，继续投入 80 万元专项资金扶持牛街清真超市扩大规模，有效促进了清真食品企业的发展。又如，丰台区清真餐饮网点相对较少，今年，投入 30 万元专项资金，支持其利用清真寺地产新建清真餐饮网点，一方面满足了少数民族生活需求，一方面又解决了清真寺自养问题。

3. 促进全国民族用品定点生产企业的发展。2003 年，投入 40 万元民族经济发展专项资金，扶持北京市月盛斋清真食品有限公司和北京市珐琅厂贷款贴息。例如，北京市月盛斋清真食品有限公司，承担着本市及全国大型活动、重要会议等方面的清真食品特供任务。扶持 30 万元专项资金用于贷款贴息，完善公司清真食品物流配送中心基础设施建设，使其充分发挥国有少数民族生产加工企业主渠道作用，以保障少数民族群众生活需求。

（撰稿　徐来春　审稿　马中璞）

天　津　市

【民族经济】　天津市有两个民族乡，54 个民族村。两个民族乡是：东丽区么六桥回族乡，建于 1983 年；蓟县孙各庄满族乡，建于 1985 年。54 个民族村中有回族村 35 个，满族村 19 个，分布在 9 个区县。

1. 少数民族乡村人均收入逐年增长。改革开放以来，民族乡村经济和全市农村一样，有了长足的发展，1994 年全市民族村人均收入 1513 元，1995 年增长到 2140 元，1996 年增长到 2600 元，到 1997 年全市民族村人均收入增长到 3344 元，1997 年底全市民族村已全部进入小康村行列，其中有 6 个村达到明星小康村的标准。1999 年两个民族乡完成社会总产值 8.5 亿元，人均纯收入达 3479 元。2000 年人均纯收入达到 4180 元，2001 年 4 799 元，2002 年 5283 元，2003 年 5868 元。

2. 清真食品市场得到规范发展。1995 年 4 月颁布了《天津市生产经营清真食品管理办法》以来，天津市清真食品行业蓬勃发展，市场规范有序，经营规模和档次不断扩大、提高，极大地繁荣了市场，方便了各族群众的生活。1997 年底，全市共有清真食品行业企业 1868 家。至 2003 年底，全市清真食品行业企业两千多家。目前，我市清真食品市场主要有三个特点：一是饮食行业发展迅速；二是私营个体企业发展较快；三是布局进一步趋于合理。

3. 全市被国家批准为民族用品定点企业的数量，由“八五”期间的 4 家，增加到“九五”期间的 11 家。去年，在全国各省市定点企业数量大多被削减的情况下，国家“十五”期间确定的我市定点企业又增至 14 家，企业实力也有了质的变化。这些企业为满足民族地区各族群众的生产、生活做出了应有的贡献。

【社会发展】　1. 少数民族人口增长情况。天津是一个多民族聚居的城市。据统计，全市有 50 个少数民族成分，人口 26.69 万人，比第四次全国人口普查时增加了 6.43 万人。各少数民族人口比重由第四次全国人口普查时占全市总人口的 2.28% 上升到 2.67%，增长了 0.39%。其中，回族人口最多，为 17.24 万人。此外万人以上的民族有满族、蒙古族、朝鲜族，千人以上的有壮族、土家族、苗族、藏族等。

2. 少数民族分布情况。天津的少数民族在分布上具有大分散、小聚居的特点，各区县各行业都有少数民族。人数较多的几个少数民族，如回族、满族、朝鲜族等，大都有相对的聚居区。回族主要聚居在红桥区西北角一带和大红桥两侧，河北区的于厂、金家窑，北辰区天穆村，武清区的杨村、河西务，东丽区的么六桥，津南区的葛沽镇等地；满族主要分布在蓟县、和平区、河西区等；壮族主要分布在武清区、宁河县。

3. 天津市已初步形成了包括幼儿教育、基础教育、职业教育在内的少数民族普通教育网络。目前全市有2所高等院校设有少数民族大专班，有民族中学5所，民族职专1所，民族小学11所，民族幼儿园3所。其中，红光中学在培养西藏少数民族学生工作中，取得了突出成绩，藏族学生的升学率连年处于全国同类学校中的前列。红桥区第五中学自2000年还开办了为新疆维吾尔自治区培养人才的新疆班。

4. 天津具有悠久的民族体育传统。1953年11月第一届全国民运会就是在天津举行的，当时称为全国民族形式体育运动会。天津回族花键队、回族花样大刀队、满族珍珠球队在全国民族传统体育竞赛中都非常著名。为了促进天津民族传统体育活动开展，1990年6月天津市举办了第一届民族传统体育运动会，1995年5月举办了天津市第二届民族传统体育运动会。1998年9月举办了天津市第三届民族传统体育运动会，该项活动被列为1998年天津市市委、市政府20件实事之一。2002年9月，成功举办了天津市第四届民运会，吸引了近万人参与，赛场内外始终洋溢着团结和睦、积极向上的气氛，充分展示了津城52个民族儿女的风采，达到了展示民族团结，突出民族特色，迎庆中秋、国庆，为党的十六大胜利召开营造良好氛围的效果。

5. 文化卫生等事业发展情况。1957年建立的天津市民族文化宫是全国最早建立的综合性多功能少数民族文化活动场所，位于红桥区大丰路东侧，面积6654.42平方米，建筑呈浓郁的少数民族风格。1956年建立的民族医院是一所占地面积34146平方米，建筑面积20953平方米，拥有340张病床的二级甲等综合性医院。目前，民族医院已成为天津医科大学总医院协作医院，并正在进行改扩建。为了解决回民安葬问题，天津市1958年在北辰区赵庄子建立了天津市回民公墓，占地528亩。1985年新建了第二回民公墓，占地254亩，同时恢复了“天津市回民安葬服务站”，专门办理回、维吾尔等10个民族丧葬业务。

6. 少数民族政治权益得到充分的保障。在市、区、县历届人民代表大会和政治协商会议的代表和委员中，少数民族代表和委员所占比例，都高于少数民族在市、区、县总人口中所占比例。

天津市历届人民代表大会少数民族代表数

届次	代表总数	少数民族数	比例数%
第十届	799	40	5.00
第十一届	719	42	5.80
第十二届	718	35	4.90
第十三届	708	37	5.20
第十四届	706	38	5.38

天津市历届政协少数民族委员情况

届次	委员总数	少数民族数	比例数%
第七届	739	38	5.14
第八届	743	49	6.59
第九届	757	56	7.40
第十届	780	64	8.21
第十一届	780	60	7.69

（撰稿　薛腾　审稿　马　竞）

河　北　省

【民族经济】　河北省共有民族自治县6个，享受民族自治政策待遇的县2个（民族自治县和享受民族自治政策待遇的县合称为民族县，下同）。截至2003年年底，河北省民族县共有总人口为2697389人，其中少数民族人口为1549358人，占总人口的57.4%；乡镇总数为165个，村委会2040个。

2003年全省民族县实现地区生产总值1396353万元，比上年增长16.0%，低于全省增长速度0.77个百分点；人均国内生产总值为5176.6元，仅为全省平均水平的49.26%；一、二、三产业增加值结构之比为25.3∶41.2∶33.5，与上年基本一致（2001年为25.3∶37.7∶37），第二产业比重比上年提高3.5个百分点，2003年，由于受“非典”影响，第三产业比上年下降3.5个百分点。城镇居民可支配收入为5468元，是全省平均水平的75.5%（全省为7239元）。大厂回族自治县城镇居民可支配收入为8316元，相当于全省平均水平的1.15倍；城镇居民可支配收入最少的是丰宁满族自治县，仅为4436元，相当于全省平均水平的61.3%。城镇居民消费性支出为3642.2元，是全省平均水平的66.96%。

农民人均纯收入为1656元，是全省平均水平的58.04%（全省为2853元）。农民人均纯收入最高的县是大厂，为4635元；最少的是青龙，仅为1156元，相当于全省平均水平的40.52%。

财政总收入为76906.9万元，比去年增加13198.9万元，同比增长20.72%，增速高于全省4.32个百分点。其中增长速度最快的是青龙，达到43.96%，增长速度较慢的是围场，增长幅度仅为3.2%。人均财政收入285.1元，是全省平均水平的32.69%（全省人均财政收入为872元）。一般预算支出为146492万元，占全省一般预算支出总量的2.31%。人均财政支出543.1元，是全省平均水平的60.61%。

【社会发展】　河北民族县教育、医疗卫生情况。共有8所农业中等技校，在校人数13156人。初高中、小学学校共有1977所，在校生总数为405151人；教师总数为27201，其中有61名民办教师尚未转为公办教师。县乡村三级医疗卫生机构共有2737个，医务人员7910人，其中具有高级职称的有269人。

（撰稿　马靖）

内蒙古自治区

【民族经济】　2003年，内蒙古自治区各族人民在自治区党委、政府的领导下，以“三个代表”重要思想为指导，认真贯彻落实党的十六大和十六届三中全会精神，紧紧抓住发展第一要务，努力扩大区内需求，大力优化开放环境，不断深化各项改革，战胜了突如其来的非典疫情和地震、洪涝、干旱、森林火灾等多种自然灾害带来的不利影响，国民经济持续快速健康发展，人民生活水平继续提高，各项社会事业取得新进展。

1. 综合。国民经济持续快速增长。全年实现生产总值2150.42亿元，按可比价格计算，比上年增长16.8%，经济增长率创1985年以来的最高水平。全年人均生产总值达到8975元，比上年增长16.2%，按当前汇率折算，约为1084美元。

产业结构呈现“二、三、一”产业增长格局。全年第一产业增加值421.10亿元，增长5.9%；第二产业增加值973.94亿元，增长27.9%；第三产业增加值756.38亿元，增长11.2%。全区生产总值中一、二、三产业比重由上年的22：41.6：36.4调整为19.5：45.3：35.2，其中第二产业比重比上年提高了3.7个百分点，第一、三产业比重分别下降了2.5个和1.2个百分点，全区工业化进程步伐明显加快，二、三产业继续保持快速发展。

市场物价有所回升。全年居民消费价格总水平比上年上涨2.2%。分项目看，食品类价格上涨2.8%，服务类价格上涨8.3%，其他消费品类价格均比上年有不同程度下降。生产和建设领域价格有所上涨，工业品出厂价格和原材料、燃料及动力购进价格分别比上年上涨3.2%和2.9%，固定资产投资价格上涨2.6%。

劳动就业保持基本稳定。年末全区城镇单位就业人员244.5万人，比上年末减少2.8万人。劳动就业结构变化明显，私营企业和第三产业从业人员增加。年末城镇登记失业率为4.5%。

财政收入增长快于支出。全年财政总收入258.03亿元，比上年增长24.8%。其中，地方财政收入138.72亿元，地方财政收入中一般预算收入138.39亿元，分别增长22.9%和26%；上划中央税收收入95.32亿元，增长33.9%。财政支出明显扩大，全年地方财政支出447.26亿元，比上年增长13.6%。在地方财政支出中企业技改、医疗卫生、行政管理费和抚恤及社会福利救济支出分别增长46.7%、38.9%、20%和49.4%。

国民经济和社会发展中存在的主要问题是：经济基础仍然薄弱，经济总量偏小；经济结构不够合理，第三产业发展不足，优势产业尚未得到充分发挥；东西部盟市发展不平衡问题日益显现；非公有制经济发展相对缓慢，对外开放力度不大，城乡居民收入水平仍比较低，就业和再就业压力增大。

2. 农业。第一产业在结构调整中稳步发展。第一产业依据市场需求变化呈现多元化发展，农牧业产业化进程进一步加快。全年农林牧渔业增加值420.10亿元，比上年增长5.9%，增幅比上年提高1.1个百分点。

种植业受灾减产。全年农作物总播面积575.28万公顷，比上年减少13.42万公顷。粮食作物播种面积有所减少，油料和以青饲料为主的其他作物种植面积继续扩大。粮食作物、经济作物和以饲草料为主的其他作物种植结构由上年的73.8：17.7：8.5调整为70.5：18：11.5。受粮食作物播种面积减少、退耕造林种草以及呼伦贝尔市遭受严重干旱等影响，全年粮食总产量1360.70万吨，比上年减产45.38万吨，下降3.2%，其中玉米和薯类产量分别增长8.2%和3.6%；油料产量102.29万吨，下降6.1%；甜菜产量99.44万吨，下降49%；蔬菜产量846.76万吨，增长12.1%；瓜果类产量103.24万吨，下降14.5%。

林业生产继续保持较快发展。以退耕造林种草为主的生态保护和建设继续得到加强，全年完成造林面积83.61万公顷，其中完成退耕造林面积29.94万公顷，比上年增加6.65万公顷，增长28.6%；幼林抚育面积122.55万公顷，增长64.7%。

畜牧业获得丰收。牧业年度牲畜总增3258.39万头（只），比上年同期增加478.35万头（只），总增率44.9%，比上年提高5.9个百分点；牧业年度良种及改良牲畜总头数6930.21万头（只），比重为86.8%，比上年提高6.4个百分点。牲畜出栏头数明显增加，全年牲畜出栏3856.38万头（只），比上年增长21.6%。全年肉类总产量162.72万吨，比上年增长11.6%；奶类总产量312.21万吨，增长84.9%；山羊绒产量5338吨，增长17.8%；禽蛋类产量34.44万吨，增长24.5%。

渔业生产下降。全年水产品产量7.28万吨，比上年减产6.3%。

农牧业生产条件继续改善。年末全区农牧业机械总动力1616.61万千瓦，比上年增长7%；机耕地面积431.60万公顷，增长1.7%；机电井数量32.51万眼，增长7%；年内新增农田有效灌溉面积16.61万公顷，新增节水灌溉面积21.95万公顷；全年农村牧区用电量24.63亿千瓦时，增长4.4%；化肥施用量（折纯）93.19万吨，增长12.5%。

3. 工业和建筑业。工业生产保持快速增长。全年全部工业增加值721.59亿元，比上年增长20.8%，增速快于上年6.9个百分点。其中规模以上工业企业（全部国有及国有控股企业和年产品销售收入500万元以上的非国有工业企业）工业增加值509.74亿元，增长31.5%。在规模以上工业企业中，国有及国有控股企业增加值增长22.8%，集体企业增加值增长14.1%，股份合作企业增加值增长35.1%，股份制企业增加值增长31.8%，外商及港澳台投资企业增加值增长48.5%。在规模以上工业企业中，轻工业增加值160.72亿元，增长29.7%；重工业增加值349.02亿元，增长32.7%。

工业结构调整步伐加快。规模以上工业新产品产值和出口交货值保持较快增长，分别比上年增长43.4%和41%。以农畜产品加工为主的轻工业进一步加快发展，主要能源、原材料和电子信息及机械制造等产品产量增长较快。乳制品、液体乳、小麦粉、淀粉、软饮料、食用植物油和配混合饲料产量分别比上年增长37.3%、1.23倍、53.3%、62.1%、50.1%、46%和68.6%。电子信息产品制造业适应市场需求，生产规模进一步扩大，移动电话机产量222.6万部，增长1.22倍。重工业中的载货汽车增长1倍多，煤炭、天然气、发电量、钢、成品钢材、十种有色金属和电石等产量增长幅度较大。

工业经济效益显著提高。全年规模以上工业企业经济效益综合指数125.56，比上年提高18.7点；实现利润64.97亿元，比上年增长81.3%，其中国有及国有控股企业实现利润28.89亿元，增长93.9%；亏损企业亏损额比上年下降0.3%。产销衔接状况进一步好转，全年规模以上工业产销率98.7%，比上年提高0.7个百分点。

建筑业生产快速增长。全年建筑业增加值252.35亿元，比上年增长50%。全区具有建筑业资质等级的建筑企业施工的单位工程个数8620个，其中投标承包工程5470个，占全部施工单位工程总数的63.5%；房屋建筑施工面积2494.8万平方米，增长14.5%；竣工房屋面积1450.7万平方米，下降3.1%；全年具有建筑业资质等级的建筑企业实现利润5.56亿元，增长35.6%；实现税金10.55亿元，增长45%。

4. 固定资产投资。固定资产投资增势强劲。在建项目投资总规模进一步扩大，全年新开工基本建设和更新改造项目5251个，比上年增加1661个，增长46.3%；全年城镇规模以上固定资产在建项目投资总规模比上年增长83.9%。全年全社会固定资产投资总额1174.66亿元，比上年增长65.9%，增幅高于上年25.3个百分点。按投资管理渠道划分，基本建设投资750.73亿元，增长83.5%；更新改造投资173.59亿元，增长61.4%；房地产开发投资90.79亿元，增长25.2%；其他投资159.55亿元，增长34.4倍。投资市场机制作用明显增强，企业、地方自筹和民间投资比重显著提高。全年固定资产投资中自筹资金所占比重由上年的49.8%提高到56.8%。

投资重点进一步向生态、工业、交通和城市基础设施建设等方面集中。全年城镇以上单位固定资产投资中，第一产业投资（包括水利投资）93.96亿元，增长20.4%；第二产业投资500.03亿元，其中工业投资497.94亿元，均比上年增长1.15倍；第三产业投资429.12亿元，增长59.7%。西部大开发重点投资中用于生态建设投资40.49亿元，增长44.6%；电力煤气及水的生产和供应业投资179.46亿元，增长79.5%；交通运输业投资189.09亿元，增长83.4%；城市基础设施建设投资130.29亿元，其中用于社会服务业投资90.30亿元，增长94.1%。

重大项目建设进展顺利。年内一大批重点工业项目和基础设施项目开工建设或投产，全年完成投资超亿元的重点建设项目146个，完成固定资产投资457.39亿元，占城镇以上单位固定资产投资的40.8%。长庆气田至呼和浩特市输气管道工程建成投入使用，内蒙古大唐托克托发电有限公司一期工程2×60万千瓦发电机组建成投产，内蒙古上都发电有限责任公司和岱海电厂开工建设；包头稀土高新区希望铝业有限责任公司铝电一体化项目电解铝一期工程建成投产；锡林浩特市至桑根达来铁路全线建成交付运营。

投资效果明显提高。全年城镇以上各种经济类型单位全部建成投产项目4918个，项目建成投产率68%；新增固定资产764.90亿元，固定资产交付使用率68.2%。新增主要生产能力或工程效益有：原煤474.5万吨，生铁115.6万吨，炼钢50万吨，发电装机容量160万千瓦，新建公路3375公里，新建铁路153.4公里；城镇住宅竣工面积1009.1万平方米，其中商品房竣工面积481.79万平方米，商品房销售面积444.15万平方米。

5. 国内贸易。市场商品销售快速增长。全年社会消费品零售总额726.76亿元，比上年增长12.6%。分城乡看，城市消费品零售额449.46亿元，增长14.2%；县的消费品零售额166.53亿元，增长11%；县以下消费品零售额110.77亿元，增长9.9%。分行业看，批发零售贸易业零售额592.24亿元，增长12.9%；餐饮业零售额99.20亿元，增长21.3%；其他行业零售额35.32亿元，增长4.6%。

市场消费品结构升级步伐加快，批发零售贸易企业经济效益提高。全年限额以上批发零售贸易企业实现商品销售收入267.80亿元，比上年增长12.3%。其中，通信器材类零售额增长39.3%，家用电器类零售额增长16.7%，汽车类零售额增长1.1倍。全年限额以上批发零售贸易企业实现利润比上年增长12.1%。

城乡商品交易市场活跃。各类城乡商品交易市场成为城乡日用消费品和生产资料的重要集散地。年末全区商品交易市场1821个，全年商品成交额379.05亿元，比上年增长15.5%。涌入区内的区外大型连锁超市、各类购物中心、专卖店等新型商业发展势头强劲，商业竞争日趋激烈。

6. 对外经济。对外贸易快速发展。全年海关统计的外贸出口总额14.41亿美元，按可比口径计算，比上年增长43.2%。扣除中央企业煤炭出口，按进出口商品经营单位所在地统计的海关出口总额11.6亿美元，比上年增长43.3%。海关统计的进口总额16.73亿美元，比上年增长2.4%。

利用外资规模进一步扩大。全年新批准外商直接投资合同项目148个，比上年增长70.1%。合同使用外商直接投资额4.34亿美元，全年实际利用外商直接投资3.68亿美元，比上年增长61.4%。年末全区在工商部门注册的外商投资企业923户，比上年增加118户。

对外承包工程、劳务合作取得新进展。全年新签对外承包工程和劳务合作合同金额7510万美元，比上年增长0.9%；对外承包工程和劳务合作完成营业额2742万美元，比上年增长4.6%。

7. 交通、邮电和旅游业。交通运输货运生产加快增长，客运受非典疫情影响下降。全年各种运输方式完成货运量50045.80万吨，比上年增长4.5%。其中，铁路12288万吨，增长10.6%；公路38532万吨，增长3.5%。全年各种运输方式完成货物周转量1218.22亿吨公里，比上年增长7.6%。其中，铁路918.4亿吨公里，增长8.6%；公路241.91亿吨公里，增长4.5%。全年各种运输方式完成客运量23520.80万人，下降7.3%。其中，铁路2768万人，下降9.8%；公路20831万人，下降7.1%。全年各种运输方式完成旅客周转量222.06亿人公里，比上年下降6.2%。其中，铁路82.7亿人公里，下降7.9%；公路122.10亿人公里，下降6.6%。

邮电通信业快速发展。全年邮电业务总量108.36亿元，比上年增长25.3%。年末局用电话交换机总容量366.90万门，增长5.9%；年末本地网固定电话用户427.7万户，增长37.4%。其中，城市电话用户342.8万户，增长41.3%；乡村电话用户84.9万户，增长23.8%；公用电话点16.70万处。年末移动电话用户479.10万户，增长51%。全区电话普及率（包括固定和移动电话）38.3部/百人，增长47.3%。年末全区计算机互联网用户54.71万户，增长59.1%。

旅游业发展受“非典”疫情影响下降。全年共接待国内旅游人数994.14万人次，比上年下降13.8%；国内旅游收入83.29亿元，增长1.3%。全年共接待旅游、访问、从事商务考察及其他有关活动的国际旅游人员41.36万人次，比上年减少2.58万人次，下降5.9%。全年旅游外汇收入1.38亿美元，比上年下降7.4%。

8. 金融和保险业。金融机构存贷款规模进一步扩大。年末全区金融机构各项人民币存款余额2090.98亿元，比上年末增加355.82亿元，增长20.5%。其中企业存款余额544.24亿元，比上年末增加121.68亿元，增长28.8%；储蓄存款余额1355.66亿元，比上年末增加217.35亿元，增长19.1%，储蓄存款增速比上年回升3.5个百分点。年末全区金融机构各项人民币贷款余额1924.13亿元，比上年末增加273.64亿元，增长16.6%。其中，短期贷款余额982.99亿元，比上年末增加76.34亿元，增长8.5%；中期流动资金贷款余额81.41亿元，比上年末增加0.20亿元；中长期贷款余额794.75亿元，比上年末增加162.18亿元，增长25.7%；居民消费贷款继续较快增长，年末个人消费贷款余额143.29亿元，比上年末增加30.85亿元，增长27.6%，占同期各项新增贷款总额的比重为11.3%。全年金融机构现金收入7539.70亿元，现金支出7733.61亿元，分别比上年增长28.8%和28%，收支相抵，货币净投放193.91亿元，增长2.7%。

保险事业快速发展。全年保险业保费收入42.31亿元，比上年增长24.7%。其中，财产险收入10.65亿元，增长9.7%；人寿险收入28.23亿元，增长28.9%；健康险和意外伤害险收入3.43亿元，增长47.7%。全年保险业赔付额9.42亿元，增长10.6%。其中，财产险赔付5.54亿元，增长16.7%；寿险赔付2.67亿元，增长3%；健康险和意外伤害险赔付1.21亿元，增长2.5%。

【社会发展】 2003年，内蒙古自治区社会各项事业稳步发展，主要体现在以下几个方面：

1. 教育改革和发展稳步推进，少数民族教育得到加强。2003年末全区共有普通高等学校27所，全年招收学生5.95万人，比上年增长33.4%；年末在校学生15.76万人，比上年末增长30.5%，其中少数民族在校学生4.20万人，在少数民族在校学生中有蒙古族3.52万人，分别增长32.3%和30.9%。年末研究生培养单位8个，全年招收研究生0.17万人，比上年增长47.6%；年末在校研究生0.38万人，比上年末增长40.1%，其中少数民族在校研究生0.13万人，在少数民族在校学生中有蒙古族研究生0.11万人，分别增长23.9%和21.4%。年末中等职业技术学校258所，招收学生6.40万人，比上年增长1.9%；年末在校学生17.43万人，比上年末下降4.8%。年末普通高中381所，全年招收学生16.60万人，比上年增长15.3%；年末在校学生42.01万人，比上年末增长15.4%，其中少数民族学生11.70万人，增长16.9%。年末普通初中1552所，全年招收学生38.55万人，比上年下降7.6%；年末在校学生122.78万人，比上年末下降1.1%，其中少数民族学生29.10万人，下降2.6%。全区初中阶段毛入学率95.3%，普通初中辍学率1.2%。年末有小学7763所，全年招收学生29.50万人，比上年下降19.4%；年末在校学生173.40万人，比上年末下降5.5%。全年学龄儿童入学率99.4%，小学学生辍学率0.86%。

2. 科技事业稳步发展。2003年末全区城镇单位各类专业技术人员达72.91万人，比上年增加1.88万人。科技经费投入力度继续加大，全年地方财政用于科技支出比上年增长10.6%。科学研究与技术开发成果显著，全年共取得重大科技成果340项，重大科技成果中基础理论成果18项，应用技术成果311项，软科学成果11项；荣获国家级奖励科技成果1项，自治区级奖励科技成果80项；全年专利申请1393项，授权专利817项，分别增长15.9%和20.3%；年内签订各类技术合同679项，技术合同成交金额10.85亿元，其中向区外输出技术成交金额0.85亿元，分别比上年增长86.4%和2倍。

3. 文化新闻事业稳步发展。2003年末全区有艺术事业机构162个，从业人员5923人；艺术表演团体113个，其中乌兰牧骑59个。年末全区有电影事业机构1149个，从业人员4223人；制作故事片20部，制作蒙语译制片35部。年末各类电影放映单位1047个，拥有文化馆104座，公共图书馆108座，博物馆28座，档案馆146座，已开放各类档案128.52万卷。年末全区拥有广播电台13座，中短波广播发射台和转播台55座，广播人口覆盖率90%，比上年提高0.8个百分点；拥有电视台13座，一千瓦以上电视发射台和转播台80座，电视人口覆盖率87.5%，比上年提高2.6个百分点；有线电视用户165.43万户，比上年增长6%。自治区和盟市两级出版报纸24185万份，其中蒙文版1657万份；各类杂志出版量1754万册，其中蒙文版122万册；出版图书5631万册，其中蒙文版526万册。

4. 卫生事业进一步发展。2003年末全区共有卫生机构3595个，其中医院、卫生院1819个，农村牧区有1334个，疾病预防控制机构146个，妇幼卫生机构117个。年末全区医疗卫生单位拥有病床6.51万张，其中医院、卫生院拥有病床6.04万张，乡镇卫生院拥有病床1.29万张，妇幼卫生机构拥有病床1920张。年末全区拥有卫生技术人员10.10万人，其中医院、卫生院拥有7.34万人，乡镇卫生院拥有卫生技术人员1.87万人；执业医师、助理医师3.31万人，注册护士2.13万人。全区疾病预防控制机构拥有卫生技术人员6918人，妇幼卫生机构拥有卫生技术人员4542人；拥有乡村医生和卫生员1.56万人。

5. 体育事业成绩喜人。2003年内全区体育健儿在国内外重大竞赛中获奖牌108枚，其中国外获奖牌3枚，国内获奖牌105枚，破自治区记录9项。在校学生《青少年体育健康标准》达标率89.9%。

6. 环境和自然保护工作取得新成绩。全区确定的自然保护区184个，比上年增加22个；自然保护区面积1496.28万公顷，比上年增加202.14万公顷。其中国家级自然保护区18个；自治区级自然保护区50个，比上年增加22个；已建成环境噪声达标区49个，环境噪声达标区面积258.10平方公里；年内新建成烟尘控制区70个，新建成烟尘控制区面积460.60平方公里。全区监测的12个城市空气质量达到良好的6个，较好的2个，轻污染的2个，中污染的1个，极重污染的1个。

重点流域、生态环境和区域污染防治和治理力度进一步加强，生态环境综合治理投入明显增大，城市污水处理建设步伐加快，城市污染得到进一步治理。

7. 人口增长保持较低水平。全年出生人口

21.98 万人，人口出生率 9.24‰；死亡人口 14.68 万人，人口死亡率 6.17‰；人口自然增长率 3.07‰，比上年下降 0.61 个千分点。年末全区总人口 2379.61 万人，比上年增加 1.02 万人，其中蒙古族人口 412.17 万人。城镇人口 1064.64 万人，比上年增加 16.7 万人，乡村人口 1314.97 万人，比上年减少 15.68 万人；男性人口 1228.26 万人，女性人口 1151.35 万人。在总人口中，65 岁及以上老年人口比重为 6.28%，比上年提高 0.3 个百分点，年末全区老年人口达 149.41 万人。

8. 居民生活继续改善。随着国家和各地区出台各项增加居民收入措施的落实，企业经济效益明显提高，农畜产品价格上涨，以及农村牧区税费改革的全面推进，城乡居民收入明显增加。全年城镇居民人均可支配收入 7012.94 元，比上年增加 962.10 元，增长 15.9%，考虑价格因素实际增长 14.2%。全年农牧民人均纯收入 2267.66 元，比上年增加 181.66 元，增长 8.7%，考虑价格因素实际增长 6%。城乡居民生活水平继续得到改善，农村牧区居民家庭恩格尔系数（即居民家庭食品消费支出占家庭消费总支出的比重）为 41.3%，比上年下降 2.1 个百分点；城镇居民为 31.5%，与上年持平；城乡居民每百户耐用品拥有量有不同程度增长。

9. 社会保障事业进一步加强。2003 年末全区参加基本养老保险职工 228.30 万人，参加失业保险职工 221.58 万人，领取失业保险金人数为 12.56 万人，比上年减少 5.33 万人；全年有 252.49 万职工和 64.49 万离退休人员参加了基本医疗保险，全年共有 70.46 万城市居民得到最低生活保障救济，比上年增长 8.7%。

社会福利事业继续发展。2003 年末全区各类社会福利院床位 2.25 万张，比上年增长 1.8%，收养 1.61 万人；城镇建立起各种社会服务设施 5995 个，其中建起星光老年之家 408 个。全年筹集社会福利资金 2326 万元，接受社会捐赠 5341 万元。

（撰稿　额尔敦　审稿　张德斌）

辽 宁 省

【民族经济】　2003 年是实施振兴东北老工业基地战略的起始年。辽宁省委、省政府在实施这一战略中，坚持统筹兼顾，协调发展，把加快民族自治县发展作为一项重要任务，采取有力的政策措施，不断加大了支持力度。3 月以来，省领导多次到民族自治县考察、调研和现场办公，并由省民委会同省计委组成联合调研组深入 8 个民族自治县进行调研，7 月份，省政府下发了《关于促进辽西北地区省扶贫开发工作重点县和民族自治县经济与社会发展的政策意见》（辽政办发［2003］65 号），文件从 9 个方面提出了优惠政策。这些政策具有很高的“含金量”和很强的操作性，切实为民族自治县的加快发展注入了生机和活力。2003 年 11 月 3 日，省政府召开“全省加快民族自治县经济社会发展座谈会”。省长薄熙来和应邀专程来参加会议的国家民委副主任周明甫同志分别发表了重要讲话。省政府召开专门会议研究加快民族自治县发展问题，这在辽宁省历史上还是第一次，极大地调动了民族自治县各族干部群众大干快上的积极性，使各自治县出现了加快发展的喜人形势。

1. 国民经济继续保持快速增长。2003 年，辽宁省民族自治地方国内生产总值达到 234.6 亿元，比上年增长 12.8%，人均国内生产总值 7031 元，增加 717 元，比上年增长 11.3%。第一产业增加值 51.2 亿元，比上年增长 8.0%，第二产业增加值 104.3 亿元，比上年增长 14.1%，第三产业增加值 79.1 亿元，比上年增长 14.1%。农民人均纯收入 2492 元，比上年增长 11.0%。

2. 农业在结构调整中稳步发展。全年完成农业总产值 102.9 亿元，粮食作物播种面积 308.8 千公顷，比上年减少 12.8 千公顷，油料作物播种面积 63.9 千公顷，比上年增加 6.6 千公顷，全年粮食总产量 153.6 万吨，比上年增加 6.1 万吨。畜牧业稳步发展，全年肉类总产量为

29.2万吨，增长21.2%，其中猪肉产量17.4万吨，牛肉产量5.6万吨，分别比上年增长15.6%和9.6%。

3. 工业生产持续快速增长。2003年，辽宁省民族自治地方国有及规模以上非国有工业企业335个，实现工业总产值78.8亿元，比上年增长21.1%，产品销售产值76.4亿元，比上年增长20.7%，本年应交增值税3.6亿元，比上年增长33.2%，其中利润总额3亿元，比上年增长74.3%。规模以下非国有工业企业实现工业总产值345.1亿元，比上年增长2.2%。

4. 固定资产投资力度加大。全年完成全社会固定资产投资总额47.5亿元，比上年增长17.1%。其中基本建设投资完成22.1亿元，比上年增长9.9%，更新改造投资完成7.1亿元，比上年增长76%，房地产开发投资完成9.1亿元，比上年增长65%。

5. 财政金融平衡运行。全年地方财政收入7.3亿元，与上年持平，财政支出为21.8亿元，比上年增长20.4%。加大对科学、教育事业资金投入，全年科学事业费支出0.04亿元，比上年增长80%，教育事业费支出5.9亿元，比上年增长21.8%。全部金融机构各项存款189.5亿元，比上年增长14%，城乡储蓄存款160.9亿元，比上年增长13.8%。全部金融机构各项贷款余额130.3亿元，比上年增长9.9%。

【社会发展】 1. 积极推进民族学校的布局调整。2003年按照“以规模保质量，以质量促发展”的思路，提高民族学校的教育质量，辽宁省民委同教育部门和有关地区密切配合，努力促进民族学校的布局调整，建立了一批寄宿制学校，改善了办学条件，扩大了学校规模，提高了师资水平。同时，在民族学校大力推进素质教育，教育教学质量有了明显提高。8个自治县共有普通中学232所，教师14767人，在校学生161574人；小学1677所，教师21707人，在校学生261010人，全年共计投入教育经费支出5.9亿元，比上年增加1亿元。

2. 继续推进民族文教工作“星光计划”。2003年是实施“星光计划”的第三年。辽宁省民委总结三年来的工作情况，对55个单位进行检查验收和分类指导，落实了今后两年的工作规划，并代表5个厅局为合格单位授予了牌匾。本年度投入140万元资金，继续扶持了一批具有示范意义的窗口式民族学校、民族文化馆、民族艺术团和民族传统体育项目训练基地，使它们的工作条件有新改善、事业有新发展。

3. 参加第七届全国少数民族传统体育运动会取得好成绩。第七届全国民运会于9月6日—13日在宁夏银川市举行，辽宁省少数民族体育健儿克服各种困难和意外情况，勇夺1块金牌、5块银牌、3块铜牌；表演项目分别获得一、二、三等奖；10名运动员、2个运动队获体育道德风尚奖，9人获优秀运动员奖；辽宁省代表团被评为精神文明代表团。

（撰稿　辽宁省民委经济处　审稿　杨丰陌）

吉林省

【民族经济】 2003年，吉林省民族自治地方在省委、省政府的领导下，围绕工业省、科教省和生态省建设，积极推进经济结构调整，深化各项改革，落实扩大内需方针和各项政策，一手抓防治非典，一手抓经济建设，国民经济保持了持续快速健康发展。全年民族自治地方完成生产总值275.3亿元，比上年增长11.1%。其中第一产业增加值60.3亿元，增长11.8%；第二产业增加值122.1亿元，增长11.5%；第三产业增加值92.9亿元，增长10.0%。人均国内生产总值8311元，比上年增长11.7%。

1. 农业结构调整成效显著，农业产业化步伐不断加快。全年农林牧渔业总产值完成105.62亿元，比上年增长5.1%。农作物总播种面积495千公顷，粮食作物、经济作物的种植结构由上年的83.18：16.92调整为82.81：17.19。全年粮食产量238.76万吨，比上年增产4.28万吨，增长1.8%。畜牧业生产稳步发展。2003年大牲畜、猪、羊年末存栏头数分别为99.09万头、93.55万头、80.49万头，分别比上年增长9.2%、6.5%和5.3%。

2. 工业生产持续增长，经济发展后劲不断增强。以老工业基地调整与改造为契机，加大产业结构和产品结构调整力度，工业经济运行质量不断提高。国有及规模以上非国有工业企业341个，工业总产值148.63亿元，比上年增长3.7%。其中轻工业总产值84.49亿元，增长12%；重工业总产值64.13亿元，下降7.8%。销售产值完成141.83亿元，比上年增长1.2个%。资产合计达到276.15亿元，利税总额15.52亿元，利润总额达到2.28亿元。

3. 服务业恢复增长，消费需求稳步提高。针对非典疫情突发的严峻形势，有关部门相继采取了一系列政策措施，从三季度开始，受影响较大的服务业和居民消费实现了恢复性增长。社会消费品零售总额实现104.92亿元，增长1.05%。交通运输、仓储、邮电通信业发展比较平稳。2003年公路和铁路完成货物周转量30亿吨公里，比上年增长8.9%；完成旅客周转量21.46亿人公里，比上年下降2.8%。金融机构存贷款稳定增加。全年民族自治地区全部金融机构各项存款余额355.15亿元，增长5.21%。其中，城乡储蓄存款年末余额280.65亿元，增长2.08%；全部金融机构各项贷款316.48亿元，增长6.99%。

4. 以项目建设为突破口，固定资产投资快速增长。认真贯彻落实国家扩大内需方针，加强项目前期工作，积极争取国债资金，重点建设项目进展顺利。2003年，民族自治地方全社会固定资产投资完成85.62亿元，增长16.42%。其中，基本建设投资完成39.78亿元，增长26.7%；更新改造投资完成15.38亿元，下降19%；房地产开发投资完成14.34亿元，增长15.03%。

5. 财政收支状况较好，金融运行保持平稳。坚持增收节支并举，积极培植财源，强化财政调控经济功能，财政收入保持较快增长。2003年，民族自治地方完成地方财政收入13.18亿元，比上年增长28.9%，地方财政支出44.14亿元，比上年增长21%。

其中，基本建设支出5.23亿元，文化、教育、科技和卫生事业费支出13.03亿元，社会保障补助支出3.8亿元。

6. 不断加强对外贸易，外贸出口实现高速增长。2003年，民族自治地方进出口贸易总额完成4.22亿美元，比上年增长19.3%。其中，出口总额2.92亿美元，增长26.8%；进口总额增长1.3亿美元，增长5.3%。年末实有外商投资企业747个，全年实际利用外资0.4亿美元。

【社会发展】 1. 科技综合实力增强，科学研究和技术开发取得新成果。2003年，延边朝鲜族自治州有2项科研成果获省科技进步奖，有204项发明创造申报国家专利。全州共有各类科学技术人员9.1万人，每万人拥有科技人员411人。国有科研机构21个，拥有科研人员471人。

2. 各级各类教育事业有了很大发展，教育实力得到增强。截至2003年末，民族自治地方拥有普通高等学校1所，在校研究生1495人，在校本、专科学生13914人。普通中学280所，招生72544人，在校生213817万人。普通小学975所，招生29968人，在校生227724人。全年教育经费支出11.48亿元。

3. 文化事业取得新成就，竞技体育取得好成绩。2003年，延边朝鲜族自治州文艺创作取得丰硕成果，推出了《父亲山、母亲江》、《祖国赞歌》等优秀文艺作品。共有4个文艺作品在全国文艺汇演中获奖。全州有表演艺术团体7个，公共图书馆9个，博物馆4个，广播电台8座，电视台8座。全年出版报纸3614万份，出版各类杂志74万册，出版图书3458万册。积极推进全民健身，广泛开展群众性体育活动。年末有24万人达到《国家体育锻炼标准》，达标率为85.9%。

4. 城乡居民收入水平不断提高，居住条件继续改善。2003 年末，民族自治地方总人口 331.25 万人，其中城镇人口 235.45 万人，乡村人口 95.8 万人。城镇人口比重为 71.6%。全年城镇居民人均可支配收入 8160 元，比上年增长 8.8%；人均消费性支出 6864 元，比上年增长 12.6%。全年农村居民人均纯收入 2681 元，比上年增长 12.8%。其中，居民用于交通与通讯、医疗保健、教育、文化娱乐等方面的费用增加较多，居民消费结构进一步优化。居民家庭恩格尔系数（即居民家庭食品消费支出占家庭消费总支出的比重），城镇为 23.8%，比上年降低 0.3 个百分点；农村为 42.8%，比上年降低 1.7 个百分点。城镇居民人均住宅使用面积为 21.24 平方米，农村居民人均住房面积为 19.11 平方米。

（撰稿　吉林省民委经济处　审稿　奎　速）

黑龙江省

【民族经济】　2003 年，黑龙江杜尔伯特蒙古族自治县上下坚持以“三个代表”重要思想为指导，认真贯彻县委十四届六次全委（扩大）会议精神，按照县人大十三届二次会议批准的 2003 年国民经济和社会发展计划，积极推进经济结构战略性调整，克服了非典疫情和多种自然灾害的不利影响，国民经济和社会事业长足发展。

1. 国民经济持续增长，效益不断提高。2003 年，杜尔伯特蒙古族自治县实现生产总值 14.6 亿元，同比增长 9.6%。实现工农业总产值 29.1 亿元，同比增长 13.3%。实现工业增加值 2.77 亿元，同比增长 46.1%。工业实现利税总额 2.7 亿元，同比增长 15.2%。经济效益综合指数提高了近 10 个百分点。

2. 结构调整效果明显，优势产业发展加快。在农业经济中，坚持“畜牧立县”方针，突出牧业主导地位。奶牛存栏达到 9 万头，同比增长 28.4%，实现牧业产值 9.4 亿元，同比增长 33.6%，牧业产值占农业总产值的 71%，居全市首位；在落实种植业计划中，经济作物达到了 43 万亩，饲料作物突破 50 万亩，粮、经、饲比例调整到 2.5：3.5：4。渔业生产克服了渴水问题，通过加大投入、提高单产，水产品产量达到 1.75 万吨；在工业经济中，食品加工业贡献大、地位突出，贡献率达到 20.9%，成为工业经济的主导力量；建筑业实现增加值 1.36 亿元，同比增长 14.8%；第三产业实现增加值 4.3 亿元，同比增长 2.3%；非国有经济发展加快，实现增加值 12.96 亿元，战全县经济总量的 72.2%。

3. 固定资产投资大幅度增长，城乡基础设施得到进一步改善。2003 年全社会固定资产完成 4.39 亿元，同比增长 65.0%

4. 市场消费日益扩大，财政收入稳步增长。社会消费品零售总额达到 3.51 亿元，同比增长 9.7%。消费指数上升，居民消费物价指数为 103.4%，同比上升 1.9 个百分点。通过努力培植财源，财税收入大幅增长，全口径工商税收实现 24041 万元，同比增长 26.1%，本级财政收入实现 10021 万元，同比增长 5.2%，财政收入首次突破亿元大关。城乡居民储蓄额达到 69291 万元，同比增长 8.6%。

5. 招商引资实现新突破，为县域经济发展注入强劲活力。2003 年全县共引进各类项目 55 个，合同引资额 5 亿元，到位资金 4.7 亿元，完成市下达 3.5 亿元指标的 134.5%。

6. 城乡居民收入增加，人民生活得到改善。城镇居民可支配收入实现 3948 元，同比增长 4.5%。农民人均收入因遭受大灾之年只有 958 元。城镇居民人均住房面积提高 0.5 个百分点，农村住房砖瓦化率提高 3 个百分点。全县 15 个村 5065 户贫困户实现脱贫目标。

2003 年全县经济和社会发展取得了一定成绩，但仍然存在一些不容忽视的矛盾和问题。一是农业基础设施相对薄弱，抗御自然灾害的能力低，农民收入增长缓慢。二是经济结构性矛盾仍没有得到根本解决。大农业逐年发展，工业迅速扩张，导致一、二产业逐步增加，第三产业发展滞后。三是市场发育体系还不完善，有场无市，有市无场现象依然存在。四是人才引进和人才培养程度不够，对经济发展的制约日益明显。五是社会保障压力大，就业再就业形势严峻。这些问题和矛盾有待于在今后工作中努力改进。

（撰稿　崔龙　审稿　包玉明）

江　苏　省

【民族经济】　2003年是全面贯彻党的十六大精神的开局之年，江苏省民族乡镇克服“非典”、特大洪涝灾害、持续高温天气带来的影响，努力发展民族经济。2003年，民族乡镇在经济发展速度、产业结构调整、对外招商引资、扩大民营企业、提升农副业经济等许多方面取得了较大的进展；一批少数民族特需用品生产定点企业，通过资产优化配置和管理重组、股份合作制改造后向具有一定生产规模的集团化发展，成为江苏发展较快、规模较大、竞争力较强、社会贡献突出的民营企业；全省新增15家有一定档次和规模的清真饭店和企业。

高邮市菱塘回族乡，围绕“实现重点突破、全面加快发展”的总目标，强势推进全乡三个文明建设，取得了可喜的成绩。全乡实现经济总量10.6亿元，同比增长31%。其中实现工业产值7.29亿元，农副业产值1.42亿元，建筑业产值1亿元，服务业增加值0.9亿元，同比分别增长36%、10%、42.8%和20.1%。全社会固定资产投资完成1亿元，同比增长7%。实现财政收入961万元。投入近1150万元，兴办有一定影响的实事40多件，完成改造道路、卫生饮水、有线电视和敬老院、卫生院、学校等工程项目。

工业经济通过招商引资和大力发展个体私营经济，突破了过去以电缆为主比较单一的行业局面，形成了电线电缆、服装、玩具、灯具和农副产品加工五大门类。工业园区建设投入500多万元，新增进园企业10家，落实引进项目36个，利用各类资金1.16亿元，到位资金8425万元，合同利用外资100万美元。个体私营经济发展加快，新办23家私营企业，新增99户个体工商户，投资总额9000余万元；16个市级企业产值和销售增长均在35%以上，其中龙头企业曙光电缆厂实现销售3.4亿元，同比增长21.4%。被国家、省批准列为新产品科技开发项目16项，获得拨款和科技贷款贴息近百万元。

农副业经济在养鹅业、林业、桑茧丝、水产、养鸭业等产业化方面进一步拓展，农民年人均纯收入3522元。全年共养鹅100万只、林业总面积达1万亩、建设10个农业园区。在3个村实施了土地整理复垦项目，净增耕地近460亩。

2003年，南京市六合区竹镇（享受民族乡待遇）党委、政府认真践行“三个代表”重要思想，深入学习李元龙同志（原竹镇镇大泉村党支部书记）先进事迹，带领全乡人民，不断开拓创新，扎实努力工作，取得经济建设发展的最好水平。

全年实现国内生产总值4.34亿元，增长26%；财政收入1816万元，增长31.3%；农民人均收入4020元，增长7.79%。

全社会固定资产投资1.21亿元，增长37.9%；工业上，实现技改投入5800万元，增长36%；南京双峰油泵油嘴公司、南京晨灿机械制造公司两家企业实现工业产值5700万元，销售收入3400万元，分别占全部工业产值的10%、22%；采矿企业实现产值5200万元，增长2.5倍；新增个体工商户120户、从业人员新增1800人、注册资金3000万元，增长170%。私营个体经济总人数达7500人；

农业上，全力打造种草养羊和退耕还林两大主导产业。肉羊饲养规模和种草面积大幅度上升，为羊农扶持小额贷款300多万元，贴息贷款27万元。肉羊加工企业已初步建成，种养业产值比高达3∶2；实施退耕还林9700亩，流转土地1.05万亩，建成观音坡苗木、金色瀛州葡萄园等4

个特色苗木基地,全镇杨树面积已达3.5万亩。

服务业上，完成美食街、超市连锁店、商贸中心、道路等重点设施建设，生态旅游开发项目开始启动。转移劳动力3550人，受训人员1990人，全镇转移劳动力总数达11152人，全镇增收近亿元。

【社会发展】 民族乡镇社会事业协调发展。菱塘回族乡以省委、省政府办理农村五件实事为契机，全面推进社会事业发展，共投入近1150万元，其中兴办有一定影响的实事40多件。实施了“八大工程”，即：兴菱路路灯建设工程、扬菱北路改造配套工程、团结东路改造建设工程、镇南路西段建设工程、清真路拓宽建设工程、工业园区配套建设工程、商业北街连接工程和敬老院建设工程；在道路建设上，规划从2003年开始，利用2年时间，实施“五纵七横”、41公里通村骨干道路灰色化工程，至目前已建设完成12.5公里；在改水工作上，乡财政投入15万元，帮助2个村改水；在卫生工作上，实施了全乡农村农民新型合作医疗制度，开展了“白求恩杯”行风建设竞赛活动，逐步提高了医疗技术和服务水平；在教育工作上，中心初中、中心小学顺利通过了扬州市合格学校的验收，中心初中被评定为高邮市现代教育技术实验学校，中心小学被评定为扬州市现代教育技术实验学校，教育教学质量稳步上升，位居高邮市先进乡镇行列；在文化、广电工作上，举办了第二届农民艺术节、第十二届群众体育运动会，新架设了通往公家村、老集镇等有线电视光缆，实现了有线电视村村通光缆，维修、改造广播线路20多公里，新发展点频广播200多只；在计划生育工作上，注重了宣传教育，强化了基础管理，开展了优质服务，建立了计划生育中心服务站；在科技工作上，被国家、省批准列为科技项目16项，获得新产品扶持拨款和科技贷款贴息近百万元。

六合区竹镇在基础设施建设方面，争取市以上16个部门和单位，落实帮促项目及申请项目16个，项目资金近987万元。修建了民族中学图书楼、民族幼儿园、希望小学；完成18个村、180个公里自来水管道铺设任务；20个村900户有线电视安装任务；改造危房70户；民族小区和部分新老镇区连接线亮化、绿化工程和通往回民聚集区的灰色化道路12公里、石子路面15公里道路建设；新建改建一批涵洞、电站、硬质渠。在社会保障方面，将1202人纳入最低生活保障；百人敬老院工程竣工使用，五保户生活费实行以镇统筹发放；社灾减发放占全年农业税的30%；3.34万人参加农村新型合作医疗保险，参保率达60%。

（撰稿　方汉民　审稿　翁振进）

浙　江　省

【民族经济】 2003年浙江省民族经济又有新的发展。浙江省民委始终把发展民族经济作为整个民族工作的中心任务来抓，争取各方支持，整合各种力量，采取有效措施，千方百计帮助少数民族地区发展经济。中央、省财政本年度继续安排民族发展资金700万元，结对帮扶民族地区欠发达乡镇的资金也已到位400多万元，对发展民族地区经济，促进少数民族脱贫致富起了很好的作用，使少数民族乡村面貌发生了新的变化。

1. 民族乡村经济发展加快，群众生活水平明显提高。2003年投入少数民族发展资金700万元，扶持种养业、加工项目82个，使种养业迅速发展，资金的合理开发和综合利用水平提高，农村工业特别是农产品的加工业相应发展。这一年，全省农村少数民族人均收入2377元，比上年增长10.3%；18个民族乡镇工农业总产值达到19.11亿元，比上年增长12.4%，人均收入2771元，比上年增长11.6%。群众生活质量进一步提高，少数民族行政村实现村村通电，85%的村改造了低压电网并实行城乡电费同价；电视空白村及危房、草房基本消灭；80%的少数民族的农户住进了砖瓦结构的新房，民族小学危房基本上得到改造，少数民族适龄儿童入学率达100%，群众就医难问题也得到初步解决，少数民族农民的健康水平逐步提高。少数民族下山异地脱贫成果显著。投入用于基础设施建设的发展资金400万元，兴建了一批少数民族移民点，有近万名少数民族人口下山异地脱贫，基本上实现移得出、稳得住、富得起的目标。

2. 开展帮扶结对工作，实施少数民族“欠发达乡镇奔小康工程”。浙江省民族地区原有12个乡镇列入省政府的“百乡扶贫攻坚计划”，此项“计划”完成之后，省政府紧接着实施新一轮的“欠发达乡镇奔小康工程”。经过省民委的努力争取，又新增民族地区10个乡镇，连同原来的12个乡镇，共有22个乡镇被列入此项工程，加上其他乡镇中的民族聚居村，涵盖了8万少数民族群众，约占全省农村世居少数民族人口的40%左右。省民委被确定为结对帮扶景宁畲族自治县欠发达乡镇的组长单位，会同省教育厅等16个单位与该县12个欠发达乡镇结对帮扶。各单位分别深入各自的结对乡镇，开展调查研究，落实帮扶项目，进行实地指导。省民委领导先后多次到结对帮扶的沙湾镇，与基层干部和群众共同研究帮扶思路，共商经济发展大计。目前，据16个帮扶单位统计，对沙湾等12个乡镇已投入资金477.4万元，落实扶持项目45个，派出科技人员、专家40余人次。半年多来，16个成员单位在结对帮扶中做了大量工作，涌现出不少动人事迹。如省教育厅除了投入65万元扶贫资金外，还先后多次组织教授和学者深入结对单位景宁县英川镇，开展科技培训、调研指导和项目服务等活动。7月下旬，组成由浙江大学、浙江林学院、浙江科技学院、浙江传媒学院和杭州商学院近20位专家教授参加的“教育厅帮扶英川工作组”，赴该镇进行现场指导，具体落实该厅今后5年的十大帮扶项目。在他们的精心帮扶下，已初见成效。如十大帮扶项目之一，英川镇第一批庭院式放养本鸡项目，国庆前夕喜获丰收，使贫困农户人均收入增加400余元。又如，温岭市结对帮扶景宁的澄照、间鹅两个乡，市领导带领有关部门负责人深入乡镇，实地考察当地的经济和社会情况，帮助制定发展规划，落实帮扶项目，提供了66.5万元资金和6万元的物资，重点投入基础设施、效益农业、科技项目等方面，成效明显，仅帮助澄照乡开发1000余亩茶叶基地一项，就可使该乡增加农业产值300万元。目前，这个乡的农业综合发展和工业经济发展呈现出可喜的势头。为了加大对景宁畲族自治县的帮扶力度，省民委经商省财政厅、省扶贫办，在有限的少数民族发展资金中专门拨出107万元，用于该县欠发达乡镇的开发农业、下山脱贫、科技培训、乡村道路和民族学校建设等方面。景宁畲族自治县在有关单位的帮扶下，经济发展形势喜人；念好“山海经”，种下“摇钱树”，使荒坡变“宝地”，茶叶面积发展到2.3万亩，产值达4000多万元；逐渐成为香菇之后又一支柱产业：发展特色农业，培育龙头产业，景宁农业搭上了“产业化快车”，竹笋两用基地发展到5万亩，形成生产、加工、销售一体化经营，带动效益农业走上产业化之路，利用当地资源，积极招商引资，借助外力，发展竹木等加工业，农产品附加值明显提高，如木材加工率就从10%提高到30%，仅此一项就增收7000万~8000万元。2003年全县实现生产总值11.4亿元，比上年增长11.4%，财政总收入1.69亿元，比上年增长12.5%，农民人均收入2397元，比上年增长10.6%。

3. 举办少数民族乡（镇）长培训班，提高基层干部抓经济工作的水平。为了提高少数民族乡领导干部的素质，使他们能更好地适应农业发展新阶段的要求，省民委举办了2003年度的少数民族乡镇长培训班。全省5个市、14个县（市、区）的民宗局长和18个民族乡镇长参加了这次培训。这次培训班为大家提供了一个学习交流的场所、获取信息的平台和提高工作水平的机会，使大家进一步解放思想，保持与时俱进、开拓创新的精神，为下一步做好民族工作，加快民族发展创造更好的条件。

（撰稿　王晓跃　审稿　陈智慧）

安 徽 省

【民族经济】 2003年，在省委、省政府的领导下，安徽省少数民族和民族地区认真贯彻“三个代表”重要思想和党的十六大精神，克服“非典”疫情和淮河严重洪涝灾害的不利影响，紧紧围绕“共同团结奋斗、共同繁荣发展”这个民族工作主题，求真务实，开拓进取，至2003年末，全省9个民族乡社会生产总值达88848万元，粮食产量63621吨，全省民族经济持续、快速、健康发展。

1. 基础设施建设和生态环境保护得到加强，为民族乡村经济社会全面、协调、可持续发展奠定良好基础。2003年6月，安徽淮河流域发生了严重洪涝灾害，沿淮的7个民族乡、96个民族村不同程度地受灾。全省各级民族工作部门会同地方政府，把民族乡村灾后重建和恢复生产作为工作的重中之重，充分利用国家和省里的优惠政策和项目资金，抓紧修复重建民族乡村水毁设施，保证了少数民族群众的正常生产生活需要。据不完全统计，全年共落实水利、交通、移民建房、退耕还林、卫生、教育等基础设施项目157个，投入各类资金2360万元，进一步改善了少数民族群众的生产生活条件和生态环境。五河县临北回族乡开挖一条宽8米、长5千米的渠道，新增灌溉面积1万亩，改善除涝面积1.8万亩，巩固了粮食生产的基础地位。长丰县孤堆回族乡用20万元少数民族发展资金，修通了大洼回民村4千米长的砂石路，解决了当地226户、1132名回族群众行路难问题。地处淮河行蓄洪区的寿县陶店回族乡灾后移民建房进展顺利，受灾少数民族群众如期迁住新居，解除了后顾之忧。

2. 农业产业结构调整取得明显进展，粮食生产得到加强。全省民族乡村面向市场，依靠现代农业科技，发展优质、高产、高效、生态农业，在稳定粮食生产的基础上，调整结构，着力发展经济效益明显的种养业项目，并正在努力向农产品区域化布局、专业化生产、规模化经营方向迈进，切实促进少数民族群众增收致富。凤台县李冲回族乡实施农作物品种全面优化工程，全乡9500亩小麦以郑麦9023、豫麦69为主，西瓜以丰抗2号，花生以鲁花9号为主；该乡并转换生产理念，使小麦种植实现了订单生产，西瓜花生产生了品牌效应，农业生产实现了增产增效，少数民族群众增收致富。定远县二龙回族乡花生种植面积已突破5000亩，全乡常年从事花生加工运销的农户有500多户，花生产业基本上实现了“龙头+基地+农户”的产业化经营模式；另外，该乡2003年集中购买波尔山羊种羊80只，采取“以羊扶持、以羊还”，其中100只以上的大户有8户，有效地促进当地回族群众脱贫致富。宁国市云梯畲族乡在大力发展早竹笋的同时，还积极利用当地山场发展养殖业，并培育出一批畲族养殖示范户，2003年，该乡畜牧总产值510万元，占农业总产值的28.6%。淮南市潘集区古沟回族乡更新观念，创新思路，创办了长波聂圩生态农场，种植的蔬菜出口东瀛，走出了一条民族乡发展外向型经济的新路子。

3. 各类民族企业和少数民族特需用品定点生产企业发展迅猛，经济效益显著。2003年全省有各类民族企业2000多家，少数民族工商户遍布全省城乡。其中9个民族乡有各类乡镇企业669家，从业人员6239人，年产值达60188万元，上交税金636.74万元，增强了民族乡经济实力。全省8家民族用品定点企业围绕为少数民族同胞服务的中心，在提高产品质量上做文章，在提升产品档次上下功夫，努力多生产适销对路且深受少数民族同胞喜爱的产品。安徽宏源纺织有限公司2003年在广西壮族自治区的销售额达1000多万元，其产品备受广大壮族同胞的青睐。芜湖皖南清真食品有限责任公司立足江淮，放眼西部，已在甘肃、宁夏等省区建立分厂，由于其产品质优味美，赢得了西部穆斯林群众的赞誉。

4. 民族乡村劳务经济成绩斐然，已成为民族经济发展新的增长点。2003年，全省各级政府及民族工作、劳动部门继续引导组织民族乡村的劳动力进行合理有序的流动和转移，把劳务经济打造成民族经济发展的一大支柱。据统计，全省9个民族乡有外出务工人员约11000人，以劳均创收3000元计，即达3300万元。遭受淮河洪涝灾害的长丰县孤堆回族乡实施灾后以工补农、以外补内办法，当年输出劳动力3000余人，实现劳务收入1200万元，比2002年增长98%，劳务收入已成为少数民族群众增收的亮点。

5. 加大招商引资力度，促进民族乡经济社会全面发展。9个民族乡把招商引资作为推动民族乡经济发展的突破口，优化经济发展环境，依托资源优势，科学整合资源，以农业开发、农产品深加工和为“三农”服务作为切入点，采取筑巢引凤、借船出海、借资生财等举措，简化手续，服务高效，吸引外地客商和企业来民族乡投资兴业，实现双赢。2003年，全省民族乡共实施招商引资项目16个，吸引各类资金810万元，有力推动了民族乡经济发展。肥东县牌坊回族满族乡针对当地奶牛养殖业发达和盛产优质稻米这一优势，通过招商，办起了奶制品加工厂和优质米加工厂，一举提高了牛奶和水稻的附加值，延伸了产业链，带动少数民族增收致富。五河县临北回族乡积极选好招商项目，建好引资载体，营造良好氛围，2003年共引进项目4个，资金近700万元，其中，由安徽大学杨家昌教授开发兴建的钙果育苗基地投资100万元；与安徽深井有限公司合作投资15万元，打深井3口，并完成了乡自来水厂的前期筹备工作；从凤阳县引资20万元，建成了乡有线电视网络，此举有力推动了该乡经济发展，少数民族群众受惠受益，从而实现了民族乡招商引资工作的新突破。

（撰稿　张旭东　审稿　马美红　杨巍）

福　建　省

【民族经济】　2003年，福建省民族工作认真贯彻落实省委、省政府有关重要决策，把民族地区经济发展作为第一要务，充分发挥省民族工作协调委员会的作用，加强各委员单位与民族乡的挂钩扶持工作，2003年各挂钩帮扶单位投放民族乡的扶持资金317万元，帮助部分民族乡改善了基础设施和社会公共设施，促进了民族乡经济发展。召开全省加快民族乡村经济发展现场经验交流会，总结推广福鼎市白琳镇牛埕下畲族村脱贫致富的成功做法。把霞浦县茶岗村、福安市仙岩村作为全省民族宗教系统开展扶贫工作的重点村，2003年共投入资金100多万元，着力改善生产生活条件，加快了两村经济社会发展。积极配合省委统战部、省工商联等部门在福安市、霞浦县的少数民族乡村开展“三个一”扶贫工程试点，福建省民营企业家出资77万元，扶持234户、1115位少数民族贫困群众发展种养业、转移农村富余劳动力，并资助特困生。继续协同有关部门组织实施少数民族群众“造福工程”，协调落实有关优惠政策，2003年完成少数民族造福工程搬迁634户2880人，增拨补助资金86.40万元。继续帮助民族村改善通村公路、饮水、有线电视等基础设施，继续做好民族村“五通”扫尾工作，帮助协调落实宁德市14个民族重点村村道硬化，按每公里15万元予以补助。帮助民族乡村发展种植养殖业等，有力地推动了民族地区经济社会事业的全面发展，少数民族群众收入稳步提高。据统计，2003年18个民族乡完成乡镇企业总产值60.9亿元，农林牧副渔产值12.4亿元，粮食产量13.2万吨，有效灌溉土地面积12471公顷，占民族乡耕地总面积的64.6%，农民人均纯收入3230元，比上年增长4.2%。18个民族乡通公路的村占93.5%，通自来水的村占74.4%，通电话的村占99.4%。18个民族乡实现村村通电和通邮。

【社会发展】　一年来，福建省民族宗教厅把民族教育摆在突出位置，进一步改善办学条件。协同省教育厅实施寄宿制民族中小学改扩建工作，今年重点改建和修建了少数民族边远山区民族寄宿制中小学38所。扩大民族预科班招生规模，认真执行少数民族考生有关加分政策，福建农林大学、福建师范大学民族预科班招收少数民族学生69人，全省少数民族考生被各大专院校录取1648人。拨出资金60万元用于帮扶200名少数民族特困大学生。9月福建省代表团参加在宁夏举行的第七届全国少数民族传统体育运动会，圆满完成了各项竞赛和表演任务，获得较好成绩。竞赛项目取得历史性突破，获得二金三银一铜，金、银牌总数居全国第14位；表演项目获得两个一等奖、两个二等奖和四个三等奖，取得历届最好成绩。代表团还获得本届民族运动会体育道德风尚奖。完成了《福建省志·民族志》（送审稿）和《南方回族古籍社会团体资料汇编（福建部分）》的编纂以及《福建省少数民族古籍丛书·满族卷》的校点、整理工作。省民委配合有关部门做好少数民族干部工作，在调研的基础上，向省委组织部提出《关于加强少数民族干部选配工作的建议》，协调有关部门做好少数民族人口万人以上县（市）党政领导班子中必须配备1名以上少数民族干部的有关事项，并配合有关部门选派6名少数民族地区干部到中央和国家机关挂职锻炼；推动部分少数民族乡开展录用少数民族公务员专项试点工作。

（撰稿　萨支农　审稿　钟安）

江　西　省

【民族经济】　2003年，江西省民族宗教事务局在国家民委的指导和省政府的领导下，全面贯彻和实践“三个代表”重要思想，围绕《江西省民族地区经济和社会发展“十五”规划》，全力推进民族工作社会化机制的实施，倾心服务少数民族和少数民族乡村的发展进步，2003年全省民族乡村经济社会事业开始出现全面、协调、持续发展的趋势。

1. 民族乡村经济效益明显，民族经济发展又呈新高。2003年通过各种渠道对全省少数民族乡村的资金投入达1400万元，继续保持了投入增长的良好势头；少数民族群众负担越来越轻，人均纯收入逐年增长，人均税费支出为40.5元，比上年下降近20%，人均纯收入1970元，比上年增加118元，且首次出现突破3000元大关的民族村；民族乡财政收入1286.2万元，与上年相比增长24.11%，民族乡GDP48721万元，增长3.32%，GDP增长已开始注重经济社会的可持续发展。贫困人口从1993年的2万减到5000余人。7个民族乡、61个民族村粮食播种面积为12121公顷，粮食产量为50624.5吨，与上年相比扩种976公顷，增产677吨。

2. 民族乡村基础设施得到极大改善。全省民族乡村在国家民委少数民族发展资金下达后，实行基础设施和特色支柱产业开发双轮启动，围绕少数民族群众增收寻找示范基地，依托民族小康村建设打造民族乡村发展新平台，精选53个项目进行扶持。

（1）基础设施项目进展顺利。吉安市2个民族乡龙冈至东固连通公路工程、30%左右的民族村等级公路建设、27个民族村卫生改水等项目均已进入实施阶段。全省7个民族乡、61个民族村全部通邮、通电，5个民族乡铺设了沥青路面，61个民族村95%已通公路。

（2）特色经济开发开局良好。全省10万亩高效油茶林新垦和低改、30万亩毛竹林低改、3000亩生态果园、2000亩特色花卉、苗木、药材基地效益逐年攀升。全省民族乡村现已形成一批绿色、生态、高效产业等新的增长点。赣州、宜春、抚州市的民族村特色农业开发，南昌、新余、九江市一些民族村民小组种养并举，上饶、赣州、吉安市的民族村成片农业低产田改造，以特色打造全省民族经济的品牌，逐渐使生态资源优势向经济优势和价值优势转化。

【社会发展】　2003年民族学校办学条件趋于完善，民族教育发展态势良好。目前全省少数民族乡村有民族中学7所，民族小学69所，其中完小49所，教学点20个。民族中小学在校生数16836人，少数民族在校生6062人，占学生总数的36% 。民族中小学教师705人，少数民族教师为139人，占教师总数的19.72%，小学教师中专或高中以上学历449人，占教师总数的90.89%，中学教师大专以上学历165人，占教师总数的78.20%。江西省发展民族教育的几点做法：

1. 发展民族教育措施上规划。2000年江西省少数民族地区建设工作领导小组成立以来，获得了全面推动民族教育向前发展的动力。2001年江西省民族宗教事务局会同省计委联合制定《江西省民族地区经济和社会发展“十五”规划》，规划明确要求“将逐步达到高标准普及九年制义务教育”、“全面完成民族地区8000平方米民族学校危房改造和维修”等等。在农村教育网点布局调整工作中，积极与有关部门协调，宣传民族政策，确保少数民族乡村教育网点因地、因民族制宜，方便和改善了少数民族乡村办学条件和教学质量的提高。全省民族学校适龄儿童入学率、升学率分别为97.42%和93%，与九五期末相比，均提高2%，而巩固率突升至99%，陡增15%。目前全省7个民族乡和59个民族村都通过省级评估验收，基本普及九年义务教育。从2000年开始，省教育厅在已下拨资金200多万元的基础上于2003年底又加拨资金82万元用于解决10所民族学校危房改造。

2. 发展民族教育办法进条例。《江西省少数民族权益保障条例》的颁布实施为民族教育发展奠定了法律基础。《条例》中对涉及民族高、中等教育的少数民族考生在加分、降分、择优录取上做出了一系列规定。为更多地保障少数民族考生接受高等教育的权利，江西省民族宗教事务局每年都主动参与全省招生工作，协助民族院校和其他院校做好少数民族考生的录取工作，随着民族院校在江西省的招生计划逐年增加，民族地区接受各类高等教育的比例逐年上升，截至2003年底，共为民族院校和各高等院校输送少数民族考生343人。

3. 发展民族教育扶持到社会。积极开展智力帮扶，开拓省际省内合作领域，民族教育合作共建方面进展顺利。一是积极同上海民族宗教界、省直部门以及社会各界捐资100多万元在江西少数民族乡村援建3所民族希望小学。省教育厅、林业厅、地税局等部门积极发动本单位干部职工捐款捐物，资助贫困少数民族学生，解决学生家庭实际困难。二是深入开展手拉手活动。以上海市普陀区回民小学为代表的上海市多所学校与江西省15名少数民族学生“手拉手”结对帮扶；机关工作人员和社会有关人员一起齐力帮扶贫困少数民族学生，使新余、九江市等地特困少数民族学生取得重返学校学习的机会，成绩也逐年上升。

（撰稿　施莉文　审稿　罗峻雄）

山 东 省

【民族经济】　2003年，山东省民委在国家民委及省委、省政府的正确领导下，认真学习邓小平理论和“三个代表”重要思想，积极贯彻落实党的十六届三中全会和省委工作会议精神，按照年度工作部署，解放思想，开拓进取，真抓实干，与时俱进，少数民族经济有了较快发展。

1. 加大产业结构调整力度。针对民族经济的现状，重点扶持少数民族发展种养业，引导其走产业化发展的路子。2003年省民委在泰安市举办了两期以奶牛和鲁羊养殖为主要内容的少数民族养殖技术骨干培训班，全省近150余名少数民族养殖骨干参加了培训。为了将“鲁羊扶贫工程”推向新阶段，加快“鲁羊扶贫”事业的发展，积极探讨鲁羊集中宰杀出口创汇问题，目前，山东省民委已协调有关企业着手进行这项工作。积极协调各方，在加快民族经济发展上下功夫。水利厅今年一次性下拨经费31万元，用于解决阳信县的大营、刘庙等5个民族村的人畜饮水问题。省扶贫办向张鲁和侯集两个回族镇投入扶持资金105万元，扶持民族乡村和民品企业贴息贷款2600万元。

2. 管好用好少数民族发展资金。根据历年来少数民族发展资金管理中的经验教训，制发了《山东省少数民族扶贫开发项目和资金计划表》，使资金管理工作更加科学化、规范化，确保了资金的使用效益。2003年全省少数民族发展资金总额为700万元。在资金分配中，按照项目库制度要求，对省民委连续扶持的重点项目予以适当倾斜。所扶持的项目共涉及12个市，62个县（市、区），107个乡镇办，145个民族村居。项目总数为133个，其中种养业29个，300万元（包括鲁羊扶贫工程160万元）；人畜饮水和水利工程项目57个，207万元；道路建设项目33个，140万元；架电项目5个，18万元；民族学校校舍改造9个，35万元。

3. 积极做好少数民族经济发展促进会工作。2003年民促会充分发挥自身服务协调作用，努力宣传少数民族企业形象，积极为企业内引外联，牵线搭桥，排忧解难。2003年10月，民促会组成了以部分少数民族干部及少数民族企业家为团员的观摩团，对河南省郑州、洛阳等6个市县的少数民族地区和优秀少数民族企业进行了考察学习。组织了德州扒鸡集团有限公司、山东百寿坊食品有限公司等5家有规模有影响的企业参加了全国首届清真食品博览会。5家企业在博览会期间共签订了300万元的销售合同，与全国20余家企业达成了合作意向。会议结束时，代表团获得了组委会设立的优秀组织奖，有3家企业的产品被评为首届中国清真食品博览会推荐名优产品。

4. 认真抓好少数民族特需用品定点企业工作。根据国家民委要求，2003年山东省民委对全省20家少数民族特需用品定点生产企业进行了认真的核定检查。全省20家民品企业有15家落实了优惠利息贷款，全年贷款总额达11亿元，享受优惠利息达3000多万元。为2家民品企业争取技改贴息贷款300万元，企业享受贴息16万元。筛选补充了12家各方面条件较好的企业上报国家民贸和民族用品联席会议办公室，13家企业被确定为少数民族特需用品清真食品类定点生产企业。使少数民族特需用品定点生产企业数量达到45个。

（撰稿　韩昌钦　审稿　马辉）

河　南　省

【民族经济】　2003年，河南省民族经济工作围绕全面建设小康社会，实现中原崛起的奋斗目标，把发展作为第一要务，以贯彻落实《省委办公厅、省政府办公厅关于帮助少数民族和民族聚居地区加快发展的意见》（豫办〔2001〕43号文件）精神，搞好项目带动为主线，以抓落实办实事为重点，克服了“非典”的不利影响，取得了新的成绩。

2003年，河南省3个民族区、21个民族乡（镇）实现生产总值44亿元。全省各类民族企业数量达20354家，其中非公有制企业已达19162家，占94%。被国家有关部门（国家民委、财政部、中国人民银行）批准的全国少数民族特需用品定点生产企业达39家。民族企业的规模和科技含量大大提高，在豫北的沁阳，豫南的项城、叶县等地，少数民族经济已经处于主导地位，涌现出一批出口创汇企业和科技型企业，出现了王守义十三香、天方方便面、邦杰食品、昆荣牛肉等知名品牌。涌现出了规模化的民族企业群和民族企业家群。平顶山市叶县，全县共有产值500万元以上的企业24家，仅马庄回族乡就占17家，占71%。项城市秣陵镇，少数民族创造的产值和利税已占当地90%以上。

1. 落实优惠政策，搞好项目带动。2001年11月，《省委办公厅省政府办公厅关于帮助少数民族和民族聚居地区加快发展的意见》（豫办〔2001〕43号，以下简称《意见》）出台。2002年，省民委会同省计委、省经贸委、省科技厅、省财政厅、省交通厅、省水利厅、省农业厅、省广电局、省畜牧局、省农行等十个部门出台了贯彻《意见》的具体措施。并提出了“以‘项目带动'为载体，落实《意见》，帮助少数民族和民族聚居地区加快发展”的工作思路。为实施项目带动工程，2003年初，河南省民委经过对基层民族工作部门和有关局委联合上报的项目进行筛选，向省计委等部门推荐了一批少数民族经济发展项目。王明义常务副省长和刘新民副省长对该批项目作出批示，要求有关部门给予支持。

在各级民族工作部门努力下，2003年共协调交通、水利、计划、卫生、畜牧等部门安排项目75个，资金1234万元。其中卫生项目6个，资金70万元，交通项目11个，资金约407万元；水利项目57个，资金554万元；畜牧项目1个（世界银行贷款），203万元。

2. 规范管理，把握投向，提高少数民族发展资金使用效益。2003年，河南省少数民族发展资金管理工作推出了几项新举措。

一是推进项目申报和资金分配规范化。省民委会同省财政厅制定了《少数民族发展资金项目申报标准文本》，详细规定了项目申报工作的要求，明确了10项要素内容，要求今后各地上报的项目一律按标准文本编制，10项内容逐项填写，不得遗漏，否则将不予受理。在资金分配时，坚持采用因素法，选取农村贫困人口、少数民族农业人口、农民人均纯收入、人均GDP、人均财政收入等因素进行测算，力图全面、客观、公正。

二是划定范围，明确扶持对象。作为散杂居地区，少数民族分布特点不是很明显，其他部门的资金扶持范围与民委的扶持项目存在交叉现象。为避免扶持过程中的重复或遗漏，省民委主动了解交通、扶贫、水利、卫生等部门的扶持政策范围，将已经列入他们扶持计划的少数民族项目剔除，集中少数民族发展资金，支持其他部门兼顾不到的少数民族贫困地方。目前已经确定，对已列入交通部门村村通公路名单的27个民族聚居村，少数民族发展资金不再安排修路项目；对已列入扶贫开发部门2003—2005年重点扶持名单的46个民族聚居村，不再安排基础设施项目。

三是加强协调，争取财政部门支持。继续保持良好的协作关系，争取到了财政部门的大力支持。特别是争取到了财政部门对电脑农业、扶贫养殖基地、扶贫培训基地三项试点工作的支持，使三项试点工作顺利实施。全年共为全省23个民族区、乡（镇）和部分民族聚居村安排各类项目150个。经与省财政厅协调，2003年度省级项目管理费3万元由省民委全额支配。2003年，通过调查核实，省财政厅主动提出，在下发项目和资金使用计划时不强求地方配套资金，主要用中央和省财政的资金来完成项目。

河南省民委和省财政厅在分工的基础上，积极加强情况沟通、协商配合，逐渐形成了上报项目联合审核、出现问题主动沟通、规模下达共同研究、竣工项目协同检查的良好的协作机制。

在2004年5月份召开的“全国少数民族发展资金管理经验现场交流会”上，河南省民委作了题为《科学管理求实效，积极服务促发展》的发言。

3. 多策并举，抓扶贫，促增收。河南省的一部分少数民族群众还没有脱贫。这些贫困人口大多居住在偏远山区、库区、滩区，自然条件差，脱贫致富难度大。全省21个民族乡（镇）中有3个是省扶贫开发工作重点乡，555个民族聚居村中有87个被省列入扶贫开发工作重点村。为打好扶贫开发攻坚战，需要立体作战、多策并举，省民委为此进行了一些积极探索和尝试。

（一）建好基础设施，增强发展后劲。2003年，省民委继续将少数民族发展资金重点用于贫困乡村的水利、道路等项基础设施建设，为其发展奠定基础。

（二）建好“三个基地”，创造增收手段。

一是电脑农业无公害蔬菜种植基地。河南是农业大省，在长期的生产实践中，群众积累了十分丰富的种植业生产经验，辅之以科学技术的指导，可以成为群众脱贫致富的一条重要途径。为此，省民委在襄城县颍桥回族镇建立了电脑农业试点基地，引导当地群众种植反季节无公害蔬菜。目前已开发出第一代无公害蔬菜种植技术指导软件，蔬菜大棚发展到近百个。种植的蔬菜已经上市，群众得到了实惠。据专家测算，该项目全部建成后，可年产无公害蔬菜150万公斤，实现销售收入500多万元。国家民委扶贫办领导于2003年12月莅临视察并给予肯定。

二是扶贫养殖基地。为将河南回族群众的养殖技术特长转化为经济优势，省民委在镇平县郭庄回族乡建立了种羊繁殖扶贫养殖基地。采取"基地加农户"的扶贫方式，已对78户少数民族贫困农民进行帮扶。预计2004年全年可带动800~1000户农民发展养殖业，每户可实现增收500~800元。

三是少数民族经济发展培训基地。2003年，省民委在年产值数亿元的澳皮加工专业村——孟州市桑坡村筹建了"河南省少数民族经济发展培训基地"。该中心建成后，可发挥四大效益：一是每年可接纳500~1000名少数民族贫困劳动力进行职业技能培训，并在桑坡村安排就业。二是对贫困民族乡村的人员进行手工艺技术培训，采取将桑坡村的半成品分散到户，来料加工、集中回收的方式帮助少数民族贫困户增收。三是进行农村基层干部培训，引导他们解放思想，开阔视野，积极带领少数民族群众致富。四是利用基地举办各类民族经济发展研讨会。

（三）协调小额贷款，鼓励群众创业。缺乏启动资金，是制约许多少数民族贫困农户脱贫致富的瓶颈。2003年，河南省民委积极与金融部门协调，发文部署少数民族农户小额贷款工作。经过各级民族工作部门努力，共协调小额贷款7935万元，扶持15000多少数民族农户发展种植业、养殖业、清真食品加工业、运输业、手工艺品制造业等，使相当一部分少数民族贫困农户增收或脱贫。

4. 认真监管，积极服务，做大做强清真食品产业。河南有回族人口90多万人，清真食品业是其传统产业，也是全省少数民族经济的支柱产业之一。目前全省共有各类清真食品生产经营者46000多家，广泛分布在全省城乡各地。河南省民委认为，对待清真食品业，应当监管与服务并重。一方面要发挥行业监管职能，搞好市场监管，保证少数民族群众吃上放心食品，另一方面要提供多方面优质服务，优化发展环境，扶持产业做大做强。

在监管方面，一是把好市场准入关，抓好清真牌、证发放工作。在严格审核的前提下，2003年共发放清真牌、证5205套。二是搞好年检和重大节日的检查整顿工作。全省共对20978家清真食品生产经营者进行年检，其中合格20281家，不合格697家（限期整改484家，取缔213家）。在国庆、中秋和元旦、春节等重大节日，适时安排部署全省的检查、整顿工作，净化市场，保障供给。在2003年11月召开的全国城市民族关系协调工作经验交流会上，河南省民委做了以清真食品管理为主题的典型发言。三是设立举报电话，及时受理群众投诉。省民委与各市及大部分县（市、区）民族工作部门向社会公布了清真食品监督举报电话，规定基层民族工作部门接到清真食品管理方面的投诉后，24小时之内必须赶到现场解决问题。

在服务方面，一是协调小额贷款，提供资金支持。在各级民族工作部门协调的7935万元小额贷款中，其中约有五分之一用于清真食品加工业。二是建立专业市场，发挥群块效应。在民族工作部门扶持、引导下，一些市、县建立了清真食品专业市场。例如开封市设立了"清真食品一条街"，洛阳市形成了清真烧烤专业村，使"散兵游勇，单打独斗"变为集中连片，共同发展，提高了知名度，聚集了人流和财富，发挥了群块效应。三是实地调研走访，具体帮扶企业。省民委采取一般号召与个别指导相结合的工作方法，调查走访清真食品生产企业，针对不同企业的具体情况，给予具体帮扶。2003年，先后走访了郑州天方集团有限公司、郑州哈桑清真食品有限公司、洛阳春都集团清真食品公司等企业，在原料供应、贷款申请、招商引资等方面为他们牵线搭桥。四是积极组织参赛，推介河南名牌。2003年，省民委与省贸易办联合组织、推选四名优秀厨师参加第五届全国烹饪技术比赛中的清真烹饪赛，获三枚金牌、一枚银牌，为河南清真菜在全国争得了荣誉，也为创立清真餐饮名牌奠定了基础。

5. 落实政策，强化服务，推动民族用品定点企业工作迈上新台阶。2003年，省民委将少数民族特需用品定点企业工作当成重点来抓，取得了较大成效。

一是完善监管制度。2003年年初，河南省民委协调中国人民银行济南分行、中国人民银行郑州中心支行落实定点企业贷款贴息优惠政策，协商完善监管机制，制定了《民族用品定点生产企业优惠利率贷款申请表》。为了用足定点企业优惠政策，避免资源浪费，省民委对原有定点企业进行跟踪考察，严格对照国家民委颁发的少数民族特需用品目录，实施动态管理。

二是加大协调力度，落实贷款。2003年共帮助定点企业获得一年期流动资金优惠利率贷款12300万元，帮助申请技术改造项目贴息贷款1850万元，两项数额均属历年最高。

三是抓住机遇，筛选上报清真食品类定点企业。河南是清真食品生产大省，省民委抓住国家民委关于清真食品类生产加工企业可以申报民族特需用品定点生产企业的政策机遇，在规定的极短时间内按时完成了上报任务。全省共审查、上报36家企业，获批26家。这一政策的实施，必将推动清真食品业的持续健康发展，有利于打造放心清真食品，维护少数民族群众合法权益。

通过民族用品定点企业这一工作手段，使民族工作部门与各类民族企业重新建立了工作联系，增加了民委抓经济工作的手段，拓宽了工作渠道。

6. 搞好民族统计，服务经济工作。河南省民委对民族统计工作一向高度重视。委主要领导和分管领导经常过问、督促该项工作，强调要保证统计数据的准确性和科学性，为民族经济工作提供翔实可靠的依据和参考。除按时完成国家民委交办的各项统计工作任务外，为加强统计工作的准确性和科学性，2003年省民委重点抓了以下几个方面：

一是抓培训，提高统计人员素质。2003年10月，省民委在驻马店市召开了全省民族统计汇总会，在总结交流2002年全省民族统计工作开展情况、安排部署2003年民族统计工作任务的同时，省民委采取以会代训的形式，邀请统计专家对参会人员进行培训，进一步提高省市两级民族统计工作人员的业务素质。

二是抓重点指标，建立统计台账制度。从纷繁复杂的统计报表中，省民委抽取出最重要的一些指标，设计出一套统计台账，要求基层在上报数据的同时进行年度对比，以避免误填、漏填现象。

三是抓统计分析，使统计数据“活起来”。多年来，省民委坚持要求各省辖市撰写统计分析，对统计数据进行分析利用，使枯燥的数据“活起来”，发挥作用。在此基础上，连续7年（1997—2003年）编印了《河南省民族经济统计汇编》，为各级领导提供了重要的决策依据。

四是抓部门衔接，真正使民族统计数据合法化。经过省民委积极的汇报、衔接，河南省统计局对民族统计报表进行了审定备案，有效期五年。这标志着河南的民族统计数据真正走向了正规化、合法化。

（撰稿　王召　审稿　钟蜀豫）

湖　北　省

【民族经济】　2003年，湖北民族自治地方在省委、省政府的正确领导下，认真贯彻党的十六大和十六届三中全会精神，坚持以“三个代表”的重要思想总揽全局，以发展为第一要务，紧紧围绕全面建设小康社会和省委、省政府提出的“一主三化”这个主题，狠抓国家实施西部大开发和新一轮扶贫开发的战略机遇，深化改革，开拓创新，使民族地区经济保持了持续、稳定、协调、健康发展的良好态势，取得了显著的成效。

1. 国民经济实现继续保持较快增长。全年完成生产总值180.18亿元，按可比价格计算，比上年增长6.9%。从三次产业看，第一产业完成增加值63.65亿元，增长4.1%；第二产业增加值62.54亿元，增长8.6%；第三产业增加值53.99亿元，增长8.3%。

2. 农业生产在结构调整中稳步发展。全州农林牧渔业总产值为97.54亿元，按可比价格计算，比上年增长6.0%。其中，农业产值59.35亿元，林业产值3.59亿元，牧业产值33.13亿元，渔业产值0.56亿元。全年粮食总产量174.08万吨，比上年增长4.6%；油料产量8.65万吨，增长9.4%；蔬菜产量113.64万吨，增长13.9%；茶叶产量2.2万吨，增长11.7%；水果产量11.16万吨，增长26.2%；烟叶产量7.16万吨，下降8.4%。

3. 工业生产持续快速增长。全年全部工业增加值50.54亿元，按可比价格计算，比上年增长7.9%。其中国有及规模以上非国有工业企业增加值17.55亿元，比上年增长13.2%。工业经济效益明显提高。国有及规模以上非国有工业企业实现销售收入41.11亿元；实现利税总额9.72亿元，比上年增长62.9%。

4. 固定资产投资保持较快增长态势。全社会固定资产投资完成额达到66亿元，比上年增长14.1%。其中，基本建设投资完成额42.82亿元，比上年增长9.3%；技术改造投资完成额7.85亿元，比上年增长1.1倍；房地产开发投资完成额2.03亿元，比上年增长1.33倍。

5. 对外经济发展较快。恩施土家族苗族自治州外贸进出口总额1685万美元，比上年增长78.9%。其中，外贸直接出口1497万美元，增长99.1%，进口188万美元，较上年减少2万美元。全州直接利用外资出现积极变化，全年直接利用外资98.3万美元，比上年增加81.3万美元。

【社会发展】 2003年，在省委、省政府的高度重视和关怀下，湖北民族自治地方的教育、文化、体育和卫生等各项社会事业获得了较快发展。

1. 教育事业稳定发展。2003年年末湖北民族自治地方共有普通高等学校2所，全年招收本专科生2663人，在校学生数8725人。九年义务教育不断巩固、提高。2003年共有普通小学1632所，招生5.68万人，在校学生42.29万人，毕业生7.48万人。普通中学239所，招生9.09万人，在校学生25.68万人，毕业生7.65万人。教育质量进一步提高。恩施州高考报名人数1.07万人，普通高考上省本科线的人数为0.39万人，比上年增加0.13万人，增长47.9%。

2. 广播电视事业快速发展。恩施州广播综合覆盖率92.67%，比上年提高2个百分点；电视综合覆盖率94.04%，比上年提高2.38个百分点。

3. 卫生事业发展加快。年末民族自治地方卫生机构126个，其中医院16个，卫生院58个，专科疾病防治院（所、站）3个，疾病预防控制中心（防疫站）9个。年末全州卫生机构实有床位0.45万张，其中医院床位0.28万张，卫生院床位0.16万张。全州卫生技术人员0.56万人，其中执业医师和执业助理医师0.40万人，注册护士0.32万人。

4. 城乡居民收入有所增长。民族自治地方单位从业人员平均劳动报酬17300元；城镇居民人均可支配收入7053元，比上年增加1631元；农村居民人均纯收入1536元，比上年增加38元。

5. 社会保障事业进一步加强。全年为国有企业下岗职工发放基本生活费1157万元，发放率达到100%；为参加基本养老保险的离退休人员按时足额发放基本养老金1.40亿元，支付率和社会化发放率达到100%。

（撰稿　唐启明　审稿　郭大孝）

湖 南 省

【民族经济】 2003年，湖南省民族自治地方完成生产总值157.77亿元，比上年增长8.9%，其中第一产业493.11亿元，与上年基本持平，第二产业50.25亿元，增长14.3%，第三产业58.41亿元，增长10.2%，一、二、三产业结构之比为31:32:37。地方财政收入7.4亿万元，比上年增长8%。

1. 农业生产平稳发展。农业产业结构调整步伐加快，农业产业化程度有所提高。2003年，全省民族自治地方农业总产值79.45亿元，增长3.3%。全年粮食总产量150.65万吨，减少4%，其他主要农产品产量中，油料13.06万吨，棉花496吨，麻类446吨，糖料2.1万吨，烟叶2.46万吨，茶叶956吨，水果48.8万吨，全年出栏肉猪293.18万头，羊69.45万只。全年水产品产量3.11万吨，增长3%。当年造林面积11.72万公顷，其中退耕还林面积10.09万公顷。农产品加工龙头企业影响扩大，市场辐射能力增强。

农村基础条件进一步改善，抗御自然灾害的能力有所增强。全省民族自治地方农田有效灌溉面积155.97千公顷，比上年增长1.4倍，农业机械总动力121.8万千瓦，增长3.3%。

2. 国有及规模以上非国有工业企业改革取得新的成效。2003年，全省民族自治地方完成国有及规模以上非国有工业总产值65.66亿元，比上年增长12.6%，其中国有工业22.44亿元，比上年减少17%，集体工业2.36亿元，比上年减少62%，股份合作企业和私营企业所占比重进一步增加。

3. 固定资产投资保持较快增长。2003年全省民族自治地方完成固定资产投资63.48亿元，比上年增长64%，占全省固定资产投资额的4%，所占比重比上年略有增加。其中，国家预算内资金8.16亿元，国内贷款8.88亿元，利用外资8419万元。

4. 交通运输邮电等基础设施得到加强。公路线路里程总计1.2万公里，其中等级公路3384.72公里，内河航道通程合计为753公里。全社会货物周转量为19.37亿吨公里，旅客周转量为37.5亿人公里。邮电通信能力继续增强，全年完成邮电业务总量7.59亿元，比上年增长15%，年末本地电话用户达40.92万户，移动电话用户42.51万户，国际互联网络用户8.4万户。

5. 消费品市场出现稳中趋升的良好态势。2003年，全省民族自治地方实现社会消费品零售总额68.4亿元，比上年增长5%；农民人均纯收入1453元，比上年增长4.6%；城镇居民人均可支配收入5257元，比上年增长6%；城乡居民储蓄年末余额116.97亿元，比上年增长18%，其中定期存款59.77亿元，活期存款57.19亿元。

【社会发展】 2003年，湖南省民族自治地方社会各项事业取得新的进步。

1. 开展了形式多样的民族文化宣传活动，优秀民族传统文化得到进一步弘扬。湖南省民族体育代表团、观摩团赴宁夏参加了第七届全国少数民族传统体育运动会，并取得1金3银4铜共8块奖牌，团体总分超过上届的好成绩，较好地展示了湖南省少数民族传统体育的风采。湖南省民委会同省文化厅等有关单位成功筹办了“湖南首届民族民间文化艺术博览会”。组织开展了“2002年全省民族题材好新闻”评奖活动，并与省委宣传部联合对获奖者进行了表彰。与湖南电视台公共频道联合摄制了大型电视系列专题片《千里瑶乡行》，让外界更多地了解瑶族地区改革开放以来发生的巨大变化。组织省民族歌舞团带大型民族舞蹈诗《扎花女》和《四季花儿开》赴香港、澳门演出，得到了香港观众的好评和国家民委的肯定。

2. 民族教育事业继续发展。2003年，全省民族自治地方共有普通高校2所，招生6467人，在校学生19265人；普通中专2所，招生153

人，在校学生355人；普通中学345所，在校学生31.70万人；职业中学39所，在校学生2.06万人；小学3437所，在校学生47.63万人，学龄儿童入学率达98%以上。

3. 卫生医疗条件进一步改善，三级卫生防保网络初具规模，医疗卫生防保服务体系基本形成。卫生工作重点仍在农村，坚持集体办医和合作医疗制度，卫生防疫和妇幼保健工作继续发展。

4. 城乡居民用于住房的支出继续增加，居住条件进一步改善，体育、科技、社会福利和保险事业也都有不同程度的发展。

（撰稿　梁芳　审稿　蒲祖泉）

广　东　省

【民族经济】　广东是一个56个民族成分齐全的省份。据2000年第五次全国人口普查统计，少数民族人口有127万人，占全省总人口8642万人的1.47%。其中少数民族户籍人口约60万人，居住在连南、连山、乳源3个自治县、7个民族乡的少数民族人口约20.5万人；居住在城市的约10万人；还有30万人散居在广东省50多个山区县（市）380多个民族村。其次是外省区到广东省内居住半年以上常住户籍户口的少数民族有近70万人。这些人主要分布在珠江三角洲城市，大部分人做小工，小部分人做小生意，居住分散，流动性大。

1. 经济增长较快，产业结构进一步得到调整，工业招商引资成效显著。据统计，2003年，连南、连山、乳源3个民族自治县国内生产总值达22.81亿元，比2002年增长12.5%。民族自治地方三大产业结构调整为27.6：44.7：27.7。工业增长加速，如乳源近三年来共吸引省内外106家企业到该县落户，引进资金25亿元人民币。仅乳源东阳光铝箔厂2003年一年实现销售额10亿元，上缴税收4800万元。目前，民族自治地方全国国有和年销售收入500万元以上非国有工业企业有51个。第三产业经济效益继续增加。2003年民族自治地方旅游人数达到27万人次，旅游收入6808万元。

2. 地方财政收入增加，人民群众生活水平提高。2003年，广东民族自治地方地方财政收入13091万元，比2002年增长12.98%。民族自治地方农村居民人均纯收入达到2572元。

3. 交通、通讯、能源等基础设施有了较大的改善。经过国家“八七”扶贫攻坚和2000年广东“两大扶贫会战”，广东民族自治地方实现了行政村“四通”，即村村通公路、通邮、通电话、通电。特别是京珠高速公路从南到北贯穿乳源境内58公里。2003年广东3个自治县100%乡镇和管理区通公路。大大改善了民族地区投资环境。民族地区通讯网络覆盖瑶村壮寨，数据通讯、移动通讯、宽带互联网进一步发展。到目前为止，3个民族自治县拥有小水电站535座，总装机容量61万千瓦，年发电量17.8亿千瓦时，发电收入4.72亿元，税收达6500万元。中高输变电网络逐步完善，形成了小水电开发“发、供、送”配套运行的良好局面。

【社会发展】

1. 民族教育事业进一步发展。据统计，2003年，3个民族自治县共有中小学275所，在校学生数80937人，教师队伍4630人，形成了比较完善的小学、初级中学、完全中学等基础教育体系。适龄儿童小学入学率、巩固率、毕业率均达到98%以上；小学教师学历达标率98%，初中教师达标率达90%以上，高中教师达标率为89%。3个民族自治县均于1996年前通过“普九”达标验收，实现普及九年义务教育。为了搞好民族教育，广东省政府下发了《广东省关于深化改革加快发展民族教育的通知》（粤府〔2003〕76号），并安排给3个民族自治县的教育专项资金达1.2亿元，用于提高寄宿制民族班生活补助标准、教育布局调整和薄弱学校的改造，每县兴建1所独立高中（其中乳源县兴办的高中已落成开学），减免少数民族贫困生义务教育阶段学杂费、购置计算机室、语音室设备、补助解决教育欠款。

2. 群众文化生活日益丰富。3个民族自治县均建有公共图书馆、文化馆、民族博物馆、民族影剧院和民族艺术团，每县都兴建了文化广场，乡镇均建有文化站，大部分村建有文化室，人民群众的文化生活日益丰富，形成了县、乡镇、村三级文化设施网络。

3. 医疗卫生条件进一步改善。广东省卫生厅每年都拨出一定专项资金支持民族自治地方发展卫生事业，乳源县政府投入300万元新建的妇幼保健院已投入使用。民族自治地方县、乡（镇）两级医疗卫生机构健全，已完成了“一无三配套”建设，医疗设备、病床和卫生人员不断增加。据统计，3个自治县每千人拥有病床1.6~2.5张，卫生技术人员2.72~3.5人，2003年抗击非典时，省卫生厅给3个自治县配备了工作急救车和相应急救器材，有效地防止非典和疑似病例发生。积极推进农村合作医疗，实现人人享有初级卫生保健的目标，2003年，连南、连山、乳源3个民族自治县分别已有70、68、83个社区和行政村建立了合作医疗站，配有乡村卫生人员，人口覆盖率达50%~65%，并积极改善农村卫生环境和水源卫生，80%以上的人口饮用上清净水。

此外，民族地区广播电视、计划生育、科普、体育等工作也取得了显著成绩。特别是在第七届全国少数民族传统体育运动会上，广东获9金5银5铜的好成绩，金牌总数并列全国第二名。

（撰稿　梁燕　审稿　罗木生）

广西壮族自治区

【民族经济】　2003年是贯彻落实党的十六大精神的第一年。广西壮族各族人民在自治区党委、政府的正确领导下，以邓小平理论和“三个代表”重要思想为指导，以解放思想再讨论为动力，深化改革，扩大开放，在投资增量、工业增速、农业增收、出口增效等方面下足功夫，努力克服非典疫情和长期干旱等自然灾害带来的不利影响，国民经济实现快速增长，经济运行质量和效益创历史最好水平；各项社会事业全面进步，城乡居民生活水平稳步提高。

1. 国民经济持续快速发展。2003年广西生产总值（GDP）为2733.20亿元，按可比价格计算，增长10.2%，成为“九五”以来快速增长的年份之一。其中，第一产业增加值628.20亿元，增长4.0%；第二产业增加值1005.90亿元，增长14.6%；第三产业增加值1099.10亿元，增长9.9%。三次产业对经济增长的贡献率分别为9.5%、52.2%和38.3%。产业结构不断优化。第一、二、三产业增加值占GDP的比重分别为23.0%、36.8%和40.2%，第一产业所占比重比上年下降1.3个百分点，第二产业所占比重比上年上升1.6个百分点，第三产业所占比重比上年下降0.3个百分点。人均GDP（按常住人口计算）5964元，增长9.4%。市场物价总水平小幅上涨。全年居民消费价格总水平上涨1.1%。其中城市居民消费价格和农村居民消费价格分别上涨0.9%和1.3%；八大类商品价格中有四大类上升，三大类下降，一大类持平，其中，食品类上涨2.9%，医疗保健及个人用品类上涨2.8%，居住类上涨2.3%，娱乐教育文化用品及服务类上涨0.6%；衣着类下降1.5%，家庭设备用品及服务类下降2.6%，交通和通讯类下降3.6%；烟酒及用品类持平。工业品出厂价格指数上涨2.8%，其中，轻工业价格指数下降1.2%；重工业价格指数上涨5.7%。原材料燃料动力购进价格指数上涨1.2%。固定资产投资价格上涨1.8%。就业和再就业工作取得新成果。年末全区就业人员2601万人，增长0.45%，其中城镇就业人员（含农村进城从业人员）656万人。城镇单位就业人员年平均劳动报酬11611元，增长10.7%，城镇单位在岗职工年平均工资11953元，增长10.9%。全年城镇新增就业人数17.5万人，其中下岗失业人员实现再就业

7.02万人。年末城镇登记失业率为3.6%。

财政收入较快增长。全年财政收入341.42亿元，按同比口径计算，增长11.8%。其中，一般预算收入203.66亿元，增长12.2%。一般预算支出439.38亿元，增长4.6%。财政收入占GDP的比重达12.5%。

2. 农业生产平稳增长。全年农林牧渔业总产值1030.89亿元，增长4.3%。其中，牧业产值342.83亿元，增长8.8%；林业产值53.8亿元，增长3.4%；渔业产值115.53亿元，增长3.8%；种植业产值500.82亿元，增长1.7%。林业生产持续发展，以退耕还林还草为主的生态建设得到加强。全年完成造林面积27.80万公顷，增长59.1%，其中完成退耕还林面积11.07万公顷，增长85.1%。肉类产量增长。生猪出栏3324.99万头，增长6.5%；家禽出栏52014.61万只，增长12.9%；肉类产量227.1万吨；牛奶产量3.82万吨，增长23.1%；蚕茧产量8.74万吨，增长17.7%；水产品产量264.61万吨，增长3.7%，其中淡水产品产量95.88万吨，增长8.1%。

农业结构调整继续推进。全年播种粮食面积比上年减少3.6%；经济作物种植面积2809.1千公顷，增长2.4%；粮食与经济作物种植之比由上年的1：0.80调整为1：0.85。优质稻种植占水稻种植面积的70%，比上年提高5.6个百分点；高产高糖甘蔗种植占甘蔗总面积的32.8%，比上年提高10.3个百分点；畜牧水产业产值占农林牧渔业总产值的比重由上年的44.9%提高到45.9%；农业产业化经营水平提高，乡镇企业加快发展。农业生产条件进一步改善。年末全区农业机械总动力1696.30万千瓦，增长3.5%；全年农村用电量31.17亿千瓦小时；农田有效灌溉面积151.67万公顷，保持原有规模。

3. 工业生产高速增长。在电力、汽车、机械、有色金属、制糖、食品等重点行业和优势产业的强力拉动下，全区工业生产保持快速增长势头。全年全部工业增加值811.48亿元，增长14.7%。国有工业企业及年产品销售收入500万元以上的非国有工业企业（简称规模以上工业，下同）增加值436.92亿元，增长17.6%，为“九五”以来最高增速。其中，国有及国有控股企业增加值276.64亿元，增长19.6%；大中型企业完成增加值303.31亿元，增长19.8%。分所有制看，国有企业增加值147.47亿元，增长10.5%；集体企业19.70亿元，增长0.1%；股份合作企业8.11亿元，增长6.6%；股份制企业168.37亿元，增长23.7%；外商及港澳台投资企业80.41亿元，增长24.3%；其他经济类型企业12.86亿元，增长24.0%。分轻重工业看，轻工业增加值163.36亿元，增长14.1%；重工业增加值273.57亿元，增长20.0%。全年规模以上工业总产值1436.43亿元，增长21%；规模以上工业产品销售率为97.4%；工业新产品产值191.77亿元，增长13.8%。工业结构调整取得新成效。铝工业、林浆纸一体化等优势产业的培育发展取得实质性进展，电力、汽车、机械、有色金属、制糖、食品等重点行业成为工业增长的主要力量。分行业看，全年全区电力热力生产供应业增加值66.27亿元，增长16.2%；黑色金属行业增加值27.35亿元，增长11.0%；有色金属行业增加值34.17亿元，增长29.6%；通用设备制造业增加值12.16亿元，增长21.3%；运输设备制造业增加值48.90亿元，增长30.5%，其中汽车制造业增加值46.34亿元，增长36.2%；制糖业增加值41.59亿元，增长19.5%。分产品产量看，发电量362.91亿千瓦小时，增长14.7%，其中，火电170.79亿千瓦小时，增长30.7%；水电192.12亿千瓦小时，增长3.5%。十种有色金属产量63.75万吨，增长4.5%；成品钢材产量242.23万吨，增长31.6%；内燃机产量2915万千瓦，增长18.9%；汽车产量20.90万辆，增长21.3%；化学原料药产量2962吨，增长32.9%；机制糖产量601.41万吨，增长25.3%；机制纸及纸板产量96.47万吨，增长11.3%；卷烟产量98.9万箱，增长11.2%。工业企业实现利润创历史最好水平。在黑色金属、有色金属、交通运输设备制造和烟草等行业利润大幅增长的推动下，工业企业实现利润创历史最好水平。初步统计，全年规模以上工业企业经济效益综合指数达121.6%，比上年提高15.6个百分点；实现销售收入1388.74亿元，增长20.9%；工业企业盈亏相抵后实现利润总额66.42亿元，增长74.4%。

建筑业持续快速增长。全年全社会建筑业完成增加值194.44亿元，增长14.0%。资质等级在三级及三级以上的建筑企业实现利润总额6.39亿元，增长48%；上缴税金11.18亿元，增长35.5%。全年施工单位工程25059个，增长4.4%，其中，投标承包工程14588个，增长22.4%；施工房屋建筑面积3791.7万平方米，增长26.4%；房屋竣工面积1721.7万平方米，增长29.9%。按施工产值计算的全员劳动生产率7.2万元，比上年提高16.5%。

4. 固定资产投资规模跃上新台阶。全年固定资产投资一直保持高速增长势头，创下投资增量为历史最大、投资增幅为1999年以来最好的水平。初步统计，全年全社会固定资产投资完成921亿元，增长22.7%，对经济增长的贡献率达到52.5%，成为拉动经济增长的强大动力。国有及其他经济类型完成投资723.97亿元，增长28.6%，其中，基本建设完成投资460.91亿元，增长28.7%，主要项目有龙滩水电站、百色水利枢纽工程、乐滩水电站、南宁至水任高等级公路、北海电厂等；更新改造完成投资146.84亿元，增长37.0%，主要有柳州钢铁集团、上汽五菱、南宁烟厂和北海银河高科技等重点技改项目；房地产开发投资大幅增长，全年房地产开发完成投资120.26亿元，增长59.8%，商品房销售面积490.67万平方米，增长44.5%，其中住宅销售438.12万平方米，增长44.9%。投资结构不断优化。从产业投资看，在国有及其他经济类型投资中，第一产业投资大幅提高，完成投资15.95亿元，增长100.8%；第二产业投资保持快速增长，完成投资254.41亿元，增长41.8%；第三产业投资继续增长，完成投资453.61亿元，增长21.1%。工业投资快速增长，全年全社会工业完成投资300亿元，增长37.3%；其中完成工业技改投资113.1亿元，增长67.6%，工业技改投资占技改总投资比重由上年的64%提高到79.2%；工业技改投资中，轻工、黑色金属、机械和有色金属为主的制造业投资完成94.2亿元，增长63.1%；电力、煤气及水的生产供应业投资完成17.75亿元，增长119.9%。技改投资主体实现民间资本占主导地位的新格局，国有单位完成技改投资66.82亿元，增长5%，占更改总投资的比重为46.8%；非国有单位完成技改投资75.92亿元，增长81.2%，占更改总投资的比重为53.2%。

重大项目建设加快推进。全年累计新开工规模以上建设项目5399个，其中重大项目有200个。桂西氧化铝一期工程、钦州林浆纸一体化项目、长洲水利枢纽等重点项目正式启动，北海电厂一期工程、桂林和柳州过境公路等重点项目开工建设。龙滩水电站成功实现大江截流，百色水利枢纽工程等在建重大项目顺利推进。平果铝氧化铝二期工程、柳钢高速线材、六景至兴业高速公路、南宁至坛洛高速公路等重点项目竣工投产，高速公路通车里程突破1000公里，达到1011公里。2003年底，共有南宁等9个大、中城市贯通高速公路，有65个县通二级公路6844公里。农林水利、能源交通、城市基础设施、教育等一批国债项目建设进展顺利。新增主要生产能力：大中型发电机组容量2.8万千瓦；11万伏及以上变电设备129.8万千伏安；新建公路2502公里，增长21.8%，其中新建成高速公路189公里；港口万吨级码头泊位新增吞吐能力187万吨；新增光缆线路长度46145芯公里，增长214.8%；新增数字蜂窝移动电话交换机容量240万户，增长26.3%。

5. 国内贸易消费市场活跃，消费热点持续见旺。全年实现社会消费品零售总额857.71亿元，增长9.6%。分城乡看，全年城市社会消费品零售额458.5亿元，增长12.1%；农村（县及县以下）消费品零售额399.21亿元，增长

7.1%。分行业看，批发零售贸易业零售额716.8亿元，增长13.6%；餐饮业零售额115.28亿元，增长9.2%。分商品看，汽车、通讯器材、文化办公用品、建筑及装潢材料等商品继续旺销，限额以上批发零售贸易业汽车类、通讯器材类、文化办公用品类、建筑及装潢材料类零售额分别为31.63亿元、2.72亿、4.20亿元和0.42亿元，分别增长334.7%、93.4%、78.9%和371.6%。

6. 外贸进出口高速增长。外贸出口在上年取得恢复性增长的基础上，一直保持强劲的增长势头，形成快进快出的良好格局。全年全区外贸进出口总额31.86亿美元，增长31.1%。其中，出口总额19.70亿美元，增长30.5%，出口额创1998年以来最好水平；进口总额12.16亿美元，增长31.7%。外贸出口呈现对欧盟、日本和美国市场出口持续加快、高附加值产品出口规模继续扩大、民营企业出口大幅增长的新特点。从出口方式看，一般贸易出口13.92亿美元，增长31.8%；加工贸易出口2.64亿美元，增长7.4%。从出口产品看，机电产品出口3.93亿美元，增长33.4%；高技术产品出口0.32亿美元，增长42.3%。从出口市场看，对美国出口2.19亿美元，增长39.1%；对日本出口1.81亿美元，增长49.7%；对欧盟出口3.54亿美元，增长48.3%；对东南亚国家联盟出口5.52亿美元，增长24.8%；对中国香港地区出口2.76亿美元，增长7.2%；对拉丁美洲出口0.43亿美元，增长20.8%；对非洲出口0.49亿美元，增长22.2%。在进口产品中，机电产品进口3.36亿美元，增长37.9%；高技术产品进口0.9亿美元，增长56.1%。中国—东盟博览会落户南宁，广西在全国对外开放格局中的地位进一步提高。利用外资情况良好。全年全区实际利用外资6.9亿美元，增长11.6%；其中外商直接投资额4.56亿美元，增长9.3%。全年有28家世界著名跨国公司在广西有合作项目。引进区外境内资金取得新进展。一批国内大集团和民营企业到广西合作开发，“百企入桂”有新的进展，初步统计，全年实施国内经济协作项目1700多项，引进区外境内资金110亿元。对外承包工程和劳务合作取得新成绩。全年新签对外承包工程和劳务合作合同金额0.39亿美元，增长48.9%；对外承包工程和劳务合作完成营业额0.22亿美元，增长22.3%。

7. 交通运输业克服非典疫情影响持续发展。全年交通运输和邮电通讯业增长加值243.03亿元，增长10.5%。各种运输方式完成货物周转量936.77亿吨公里，增长8.8%。其中，铁路527.2亿吨公里，增长13.2%；公路217.10亿吨公里，下降0.7%。完成货运量3.29亿吨，增长1.7%，其中铁路0.46亿吨，增长15.0%；公路2.42亿吨，下降0.7%。完成旅客周转量478.83亿人公里，下降4.7%。其中，铁路93.7亿人公里，下降9.6%；公路367.35亿人公里，下降4.0%。完成客运量4.36亿人，下降5.0%，其中铁路0.16亿人，下降11.1%，公路4.05亿人，下降4.6%。全区港口货物吞吐量4409万吨，增长18.2%，其中，外贸货物吞吐量1642.7万吨，增长31.6%。邮电通讯业高速增长。全年完成邮电业务总量（按2000年不变价计算）162.26亿元，增长27.0%。年末局用交换机总容量达到829万门，增长25%；固定电话用户达638.5万户，增长23.5%，其中，城市电话用户429.2万户，增长20.2%；乡村电话用户209.3万户，增长30.7%。电话普及率达到26.4部/百人，增长7.0部/百人。年末移动电话用户达650万户，增长50.2%，其中，本年新增207.3万户。年末计算机互联网用户达150.1万户，增长37.2%。旅游市场克服非典疫情影响得到逐步恢复。全年全区接待国内旅游人数4540.35万人次，下降7.1%；接待外国及港澳台过夜旅游人数64.53万人次，下降50.5%，其中，接待外国人32.87万人次，下降48.4%；接待港澳台同胞31.58万人次，下降52.4%。全年国内旅游收入193.36亿元，下降5.3%；国际旅游收入10.97亿元，下降49.7%。全年出境人数54.99万次，增长173.8%，其中因私出境53.85

万人次，增长195.8%。

8. 金融机构存贷款规模扩大，金融运行平稳。年末，全区金融机构人民币各项存款余额3175.34亿元，比年初增长14.1%。其中，企业存款余额791.00亿元，比年初增长16.4%；城乡居民储蓄存款余额1971.66亿元，比年初增长13.6%。金融机构人民币各项贷款余额2320.66亿元，比年初增长19.5%。其中，短期贷款1087.88亿元，比年初增长8.2%；中长期贷款1072.43亿元，比年初增长33.3%；个人消费贷款255.80亿元，增长62.3%。证券业继续发展。年末全区A股上市公司已达21家。上市公司股票市价总值达353.54亿元。全年通过发行、配售股票共筹集资金12.18亿元。保险事业快速发展。全年保费收入57.41亿元，增长18.4%。其中，财产险保费收入16.84亿元，增长12.4%；寿险保费收入34.49亿元，增长16.2%；健康险和意外伤害险保费收入6.08亿元，增长58.8%。全年赔付额13.13亿元，增长8.9%，其中，财产险赔款7.84亿元，增长17.4%；寿险给付3.31亿元，增长12.8%；健康险和意外伤害险给付1.98亿元，增长24.7%。

【社会发展】 1. 科学研究与技术开发取得新成果。科技队伍基本保持稳定，2003年末全区国有企事业单位共有各类专业技术人员77.01万人。科学研究与技术开发成果显著。全年共组织实施创新计划项目1784项；取得重大科技成果306项，其中应用技术成果287项，软科学成果13项；专利申请量2250件，授权专利1331件；共签订各类技术合同748项，合同成交金额4.18亿元。高新技术产业发展加快。到年末，全区高新技术企业已发展到373家。桂林、南宁、柳州、北海四个高新技术开发区总收入340.41亿元，利税36.23亿元，工业总产值292.78亿元，高新技术产品产值166.00亿元，分别增长30.8%、48.3%、32.5%和29.2%。

2. 教育事业稳步发展。2003年末全区共有普通高等院校45所；招生8.25万人，在校生22.73万人，分别增长20.5%和22.0%。研究生培养单位9个，招收研究生0.26万人，增长50.5%；在校（学）研究生0.58万人，增长43.6%。中等职业技术教育学校424所，招生12.82万人，增长4.9%；在校生32.41万人，增长1.0%。普通高中519所，招生21.68万人，增长5.3%；在校生58.51万人，增长13.4%。初中2471所，招生87.63万人，在校生244.99万人。普通小学16102所，招生77.08万人，在校生491.85万人。小学学龄儿童入学率达98.93%。特殊教育学校招生0.29万人，在校生1.59万人。幼儿园在园幼儿84.33万人。

3. 文化事业继续推进。实施文化精品战略取得丰硕成果，一批作品获国家级奖项。文化基础设施得到改善，文化活动健康活跃。至年末，全区有各种艺术表演团体118个，公共图书馆96个（不含乡镇部分），文化馆100个，博物馆41个，档案馆126个，已开放各类档案41.5万卷（件）。全年报纸出版3.4亿份，各类杂志出版0.62亿册，图书出版2.43亿册（张）。全区共有电视台15座，广播电台11座，中短波广播发射台和转播台21座，电视、广播人口覆盖率分别达91.5%和86.7%。

4. 卫生保健工作得到进一步加强。全区公共卫生突发事件处理责任网、信息报告网、紧急救助网初步建立并发挥了作用。城镇医药卫生体制改革逐步深入，城市社区卫生服务网络初具规模。农村缺医少药的局面进一步改善，村设医疗点的覆盖率进一步提高；常规孕产妇保健覆盖率扩大，计划免疫接种率保持较高水平。初步统计，年末全区共有卫生机构（其中包括医院、诊所、卫生所、医务室、社区卫生服务站、村卫生室）27130个，其中医院、卫生院1748个，妇幼保健院（所）103个，专科疾病防治院（所、站）76个，卫生所和医务室共有1644个，社区卫生服务站125个。医院、卫生院床位81267张；卫生技术人员104081人，其中执业医师和执业助理医师42837人，注册护士37660人。全区疾病预防控制中心（防疫站）105个，卫生技术人员4542人。卫生监督执法力度加大，食品卫生、化妆品、公共场所等卫生监督合格率稳中有升。年末全区共有卫生监督检验机构11个，卫生技术人员443人。

5. 体育事业取得新成绩。在国际重大比赛上，广西体育健儿共获得世界冠军8个；1人1次2项创亚洲纪录。在国内重大比赛中，获金牌44枚，银牌47枚，铜牌40枚。体育基础设施和群众运动场所增加，群众健身活动蓬勃开展，各族人民体质进一步增强。

6. 城市基础设施建设取得新成绩。全年城市（县城以上）基础设施完成投资100.82亿元，增长43.1%。日自来水供水综合生产能力890.65万立方米，增长2.0%；日污水集中处理能力59.05万立方米，增长2.1%；污水集中处理率和生活垃圾无害化处理率分别为6.3%和37.7%。城市燃气普及率达61.2%，提高1.7个百分点；城市道路长度为6760.94公里，增长5.3%。公共交通运营车辆4709辆，增长17.1%。新建了一批绿地广场和游园绿地，城市公共绿地面积6110公顷，增长10.7%，人均公共绿地面积4.75平方米，增长4.9%。

7. 环境保护工作力度加大。全年完成环境污染限期治理项目196个，总投资4503.2万元，增长6.8%。城市环境综合治理取得新成绩。到年末全区建成城市烟尘控制区77个，增加9个，面积达992.8平方公里，增长16.7%；建成城市噪声达标区53个，面积达410.5平方公里，增长10.5%。生态保护得到加强。全区建成各类自然保护区67个，其中，国家级11个，增加2个；自然保护区面积147万公顷。生态示范区建设试点地区和单位个数共9个，增加2个。

8. 人口保持低速增长。2003年全区出生人口67万人，人口出生率为13.86‰；死亡人口32万人，死亡率为6.57‰；全年净增人口35万人，人口自然增长率为7.29‰，上升0.29个千分点。年末全区总人口4857万人，增长0.73%。其中，城镇人口1411万人，占总人口29.06%；乡村人口3446万人，占总人口70.94%。在总人口中，男性人口2542万人，占52.34%；女性人口2315万人，占47.66%。0~14岁人口1122万人，占总人口23.1%；15~64岁人口3317万人，占68.3%；65岁及以上人口418万人，占8.6%。

9. 城乡居民收入继续增加。全年城镇居民人均可支配收入达7785元，增长6.4%；2003年全区农民人均纯收入2095元，增长4.1%。

10. 生活质量继续提高。城镇居民人均消费性支出5763.5元，增长6.5%，其中，食品类支出2305.9元，增长4.8%；家庭设备用品及服务类支出376.8元，增长3.9%；医疗保健类支出322.7元，增长33.5%；居住类支出801.1元，增长45.1%；杂项商品和服务类支出177.1元，增长3.9%；娱乐教育文化用品及服务类支出797.8元，下降8.2%；衣着类支出373.6元，下降8.7%。城镇居民家庭恩格尔系数40.0%，下降0.7个百分点。农村居民家庭恩格尔系数51.3%，下降0.6个百分点。

11. 居住条件不断改善。全年城镇竣工住宅面积0.28亿平方米，增长12.9%；农村竣工住宅面积0.32亿平方米，增长7.5%。城镇居民人均居住面积21.6平方米，比上年增加0.6平方米；农村居民人均居住面积26.1平方米，增加1.2平方米。

12. 社会保障和福利事业进一步发展。2003年末全区参加失业保险职工人数219.07万人；领取失业保险金人数14.36万人，增长40.5%。年末参加城镇基本养老保险职工人数264.97万人，增长3.0%；参加基本养老保险的离退休人员人数66.23万人，增长4.3%；年末参加城镇基本医疗保险人数235.04万人，增长16.5%。基本养老金社会化发放率为98.1%。全区有58.7万人享受城镇最低生活保障。至年末，全区各类福利院床位2.59万张，比上年末增长12.12%；福利院收养人数1.77万人，增长18%。全年筹集社会福利资金3.68亿元，增长18.71%。接受社会捐赠0.133亿元。

（撰稿　梅　菊　审稿　粟永华）

海　南　省

【民族经济】　2003年，海南省民族自治地方（指白沙黎族自治县、昌江黎族自治县、乐东黎族自治县、陵水黎族自治县、保亭黎族苗族自治县和琼中黎族苗族自治县）在省委、省政府的领导下，认真实践“三个代表”重要思想，贯彻落实党的十六大精神和海南省经济工作会议精神，抓住机遇，扩大内需，推进经济结构的战略性调整，加快体制创新，提高对外开放水平，改善发展的软环境，着力解决经济生活中的突出矛盾，进一步夯实产业基础，国民经济保持持续快速健康发展的良好势头，实现速度与结构、质量、效益协调发展。据统计，全年完成生产总值（GDP）62.01亿元，按可比价格计算，比上年增长8.7%。其中，第一产业增加值34.40亿元，比上年增长7.2%；第二产业增加值9.91亿元，比上年增长11.2%；第三产业增加值17.70亿元，比上年增长10.3%。从三次产业构成看，第一产业所占比重有所下降，第二产业和第三产业所占比重有所上升。第一产业增加值占生产总值的比重由上年的57.9%下降到55.5%，下降2.4个百分点；第二产业增加值占生产总值的比重由13.7%提高到16.0%，上升2.3个百分点；第三产业受非典疫情影响，其增加值占生产总值的比重由28.4%提高到28.5%，上升0.1个百分点。从三次产业对经济增长的贡献率看，第一产业对经济增长贡献率为47.9%，拉动GDP增长4.2个百分点；第二产业对经济增长贡献率为18.7%，拉动GDP增长1.6个百分点；第三产业对经济增长贡献率为33.4%，拉动GDP增长2.9个百分点。

1. 农业生产稳步发展。全年完成农业增加值34.40亿元，按可比价格计算，比上年增长7.2%；完成农林牧渔业总产值54.59亿元，按可比价格计算，比上年增长3.3%。粮食、油料、糖料、瓜菜、水果等主要农产品结构进一步优化。全年粮食产量45.04万吨，比上年下降1.8%；油料产量2.47万吨，比上年下降18.3%；糖料产量75.81万吨，比上年增长4.0%；瓜菜产量52.15万吨，比上年增长1.7%；水果产量34.24万吨，比上年增长8.2%。畜牧业保持较快增长。全年肉类总产量5.37万吨，比上年增长13.8%，其中，猪牛羊肉总产量4.38万吨，比上年增长7.3%。年末生猪存栏量53.19万头，比上年增长5.6%；牛存栏量36.20万头，比上年下降17.5%；羊存栏量14.93万头，比上年下降4.8%。渔业得到较快发展。水产品产量16.22万吨，比上年增长8.5%。农业生产条件继续得到改善。年末农业机械总动力36.88万千瓦，比上年增长10.4%；农用化肥施用量（折纯量）5.66万吨，比上年增长6.2%；农村用电量3706.19万千瓦小时，比上年增长24.0%；地膜使用量73吨，比上年增长9.4倍；农田水利有效灌溉面积3.93万公顷，比上年下降6.7%。

2. 工业生产增长加快，经济效益大幅度提高。全年完成工业增加值5.87亿元，按可比价格计算，比上年增长11.7%。全部国有及规模以上非国有工业企业完成总产值14.20亿元，按可比价格计算，比上年增长9.5%。分轻重工业看，轻工业完成总产值3.41亿元，比上年增长5.6%；重工业完成总产值10.79亿元，比上年增长12.8%。分经济类型看，国有企业完成总产值10.32亿元，比上年下降6.2%；股份合作企业完成总产值0.03亿元，比上年增长3.0倍；外商及港澳台投资企业完成总产值0.16亿元，比上年增长57.6%；其他经济类型企业完成总产值3.70亿元，比上年增长1.5倍。在国有及规模以上非国有工业企业中，工业产品销售利润率达－0.35%，比上年提高2.83个百分点；利润总额由上年的－3662万元提高到－494万元，增加3168万元；实现利税1.25亿元，比上年增长59.5%。亏损企业单位数由上年的45个下降到28个，亏损企业亏损总额由上年的6699万元下降到4229万元，减亏2470万元。工业产品结构不断调整优化。在主要工业产品产量中，原盐13.83万吨，比上年增长75.8%；食糖11.08万吨，比上年增长25.3%；发电量2.09亿千瓦小时，比上年下降1.6%；水泥137.2万吨，比上年增长9.5%。

3. 固定资产投资增长较快。全年全社会固定资产投资15.97亿元，比上年增长7.1%。其中，基本建设完成投资8.99亿元，比上年增长0.3%；更新改造完成投资0.65亿元，比上年增长55.6%；房地产开发完成投资0.75亿元。从资金来源渠道看，自主性投资的比重不断提高。在基本建设投资中，自筹资金3.49亿元，比上年增长8.9%；国内贷款0.4亿元，比上年下降10.0%；债券资金0.07亿元，比上年下降76.4%；其他资金来源1.82亿元，比上年增长38.6%。年内，县乡公路改造工程、县乡电网改造工程等一批重点建设项目相继建成投入使用，为经济总量扩张增添新的活力，为增强经济发展后劲提供有力支撑。

4. 旅游业在非典疫情冲击下仍然保持快速发展。全年接待旅游过夜人数170.2万人次，比上年增长14.7%。实现旅游总收入8549万元，比上年增长17.3%。旅游景点项目开发建设取得新进展。年内，琼中黎族苗族自治县百花岭风景区开发工程全面启动。中国环球公司投资3500多万元在陵水黎族自治县兴建潜水旅游项目。加快旅游服务设施建设。年内，保亭七仙岭金凤凰温泉泥浴度假村、乐东尖峰岭旅游度假区开工建设。举办旅游节庆活动。保亭黎族苗族自治县举办七仙岭温泉嬉水节，大力推介保亭黎族苗族自治县的旅游品牌和旅游特色。旅游产品不断推新。在第四届中国海南岛欢乐节期间，陵水黎族自治县以“欢乐猴岛，迎接猴年”为主题，保亭黎族苗族自治县以“美丽七仙与您同乐，山野温泉伴您健康”为主题，推出一系列丰富多彩的特色旅游项目，深受海内外游客欢迎。保亭黎族苗族自治县、琼中黎族苗族自治县推出“海南腹地风情游”系列特色旅游项目，如“黎苗民俗体验游”、“山珍野蔬美食游”、“山野温泉康体游”等，大力宣传海南“无疫区、生态岛、健康岛”的旅游品牌。

5. 交通运输和邮电通信业保持较快增长。全年交通运输和邮电通信业完成增加值4.14亿元，按可比价格计算，比上年增长16.7%。全年公路运输完成货物周转量7.16亿吨公里，比上年增长12.5%；公路运输完成旅客周转量9.73亿人公里，比上年增长6.8%。邮电业务总量1.87亿元，比上年增长65.0%。全年本地局用电话交换机容量19.40万门，比上年增长29.7%。年末本地固定电话用户16.41万户，比上年增长21.6%，其中，城市电话用户7.01万户，比上年增长15.9%；农村电话用户9.40万户，比上年增长26.2%。电话普及率为每百人10.8部，比上年增加1.8部。

6. 财政金融保持稳定健康发展。全年地方财政收入3.80亿元，比上年增长16.6%；地方财政支出11.31亿元，比上年增长16.3%。年末全部金融机构各项存款余额61.57亿元，比上年增长22.1%；年末全部金融机构各项贷款余额36.43亿元，比上年增长0.8%。城乡储蓄存款年末余额46.16亿元，比上年增长17.3%。

7. 消费品市场保持活跃，城乡居民生活水平继续改善。全年社会消费品零售总额15.01亿元，比上年下降6.0%。分行业看，批发零售贸易业零售额11.88亿元，比上年增长14.2%；餐饮业零售额2.38亿元，比上年增长43.3%；其他行业零售额0.75亿元，比上年下降80.9%。城镇居民年人均可支配收入6218元，按可比口径计算，比上年增长15.5%；农村居民年人均纯收入1998元，按可比口径计算，比上年增长4.4%。年内，民族地区茅草房改造工作取得好成绩，共改造茅草房8018户，建成砖瓦房和平顶房面积60.93万平方米，少数民族受益人口达4.09万人。

【社会发展】 2003年，海南省民族自治地方（指白沙黎族自治县、昌江黎族自治县、乐东黎族自治县、陵水黎族自治县、保亭黎族苗族自治县和琼中黎族苗族自治县）在省委、省政府的领导下，坚持以“三个代表”重要思想和党的十六大精神为指导，与时俱进，开拓创新，加快推进科技、教育、文化、卫生、体育、环境保护等各项社会事业全面协调发展，取得了显著成绩。

1. 科技事业持续发展。围绕“创新＋产业化”的发展方针，加快科技创新和成果转化。保亭黎族苗族自治县充分发挥科技在农业和农村经济发展中的支撑作用，大力推广“两优128”和“两优培九”水稻新品种，平均亩产量比一般杂优稻增产50公斤至100公斤，实米率达98.8%，米质达国家一级米。五指山市重视农艺技术更新和推广工作，在冬季瓜菜种植中大力推广塑料薄膜覆盖、塑盘育苗、无土栽培等新技术，普及使用有机肥料、微量元素肥料、酵素肥料等新型生态高效肥料，提高了农产品的市场竞争力。白沙黎族自治县改变传统农业耕作方式，大力推广机耕作业，并在政策、资金、技术等方面实行倾斜。组织实施科技培训工程，大力开展职业技能培训。2月，陵水黎族自治县聘请日本农业专家为农民现场传授农作物育苗技术、土壤消毒技术、病虫害防治技术、农药使用方法等农业科技知识。11月，乐东黎族自治县组织科技小分队开展送科技下乡活动，在九所镇4个村庄向农民赠送农业科技图书870册，传授瓜菜、香蕉、芒果、橡胶、荔枝、龙眼栽培技术，培训人数达278人次。年内，琼中黎族苗族自治县共举办各类农村实用技术培训班289期，受训人数逾2万人次，有1/3农民已掌握1～2门实用技术，有186名农民获得农村实用技术员职称。白沙黎族自治县共举办各类农村实用科技培训班123期，培训内容包括荔枝、龙眼种植“控梢促花”新技术，橡胶栽培技术、水稻旱育稀植技术、超级水稻栽培技术等，受训人数达1.2万人次。举办“科技周”和“妇女科技月”活动，组织科技下乡，开展科普宣传教育和技术咨询服务。在5月17日至23日海南省举办“科技活动周”期间，海南省民族自治地方以“依靠科技，战胜非典”为主题，组织开展一系列科普宣传活动，如开辟抗击非典科普专栏，派出科普小分队深入社区、村镇分发抗击非典的科普资料等，向广大少数民族群众宣传防治非典的科学知识和科学方法，教育群众树立防治非典的科学态度和依靠科学战胜非典的坚定信心。在“妇女科技月”活动期间，海南省妇联、海南省农业厅、海南省科技厅、海南省科协共同组织实施“千万农家女百项新技术推广培训计划”，聘请海南省农科院校的有关专家，开动“农村妇女科技致富直通车”，深入到保亭、陵水等贫困市县，对农村妇女进行农业科技培训、科技指导和科技咨询，帮助贫困地区农村妇女掌握科技致富本领。

2. 教育事业蓬勃发展。为加快推进民族教育的改革与发展，2月，海南省人民政府召开第二次全省民族教育工作会议，研究部署今后一个时期加快海南省民族教育改革发展的工作任务。3月，海南省人民政府颁布施行《贯彻〈国务院关于深化改革加快发展民族教育的决定〉的实施意见》，明确提出海南省民族教育发展的目标任务和加快民族教育事业改革与发展的政策措施。设立奖学金制度，鼓励少数民族学生攻读硕士、博士研究生。5月，海南省民族宗教事务厅、海南省教育厅、海南省财政厅联合颁布《关于鼓励琼籍少数民族考生报考和攻读研究生的办法》，对2004年1月1日后获得硕士、博士学位的海南籍黎族、苗族和回族考生给予奖励，获得硕士学位者，每人一次性奖励人民币4000元，获得博士学位者，每人一次性奖励人民币6000元。加强少数民族地区教师队伍建设。海南省设立边远乡镇教师特别津贴，按不同等级标准提高民族地区教师待遇。华南热带农业大学从2003年起每年为少数民族地区学校培养农村职业技术教育专业教师40名。7月，海南省教育厅和美国国际教育交流协会（IEEA）在白沙黎族自治县首次合作举办少数民族市县中小学英语教师培训班，9个市县的80多名英语教师参加了培训。8月，乐东黎族自治县向社会公开招聘录用246名中小学教师，全部安排到缺编缺岗的乡村小学和城镇中学任教。11月，海南省启动“助训工程”，专门对全省国家级和省级贫困市县的中学教师进行轮训，以提高贫困地区教师队伍素质，培养骨干教师和学科带头人，琼中、白沙、保亭、陵水等6个市县的250名市县级中学骨干教师接受首轮培训。高等院校民族班办学规模进一步扩大。继海南大学、海南师范学院之后，海南医学院从2003年秋季起开设少数民族预科班，主要招收少数民族聚居地区的少数民族应届考生，每年计划招生名额为40人。加大教育投入，改善中小学校办学条件。海南省决定从2003年起每年投入710万元资金用于发展民族教育，其中500万元用于为少数民族地区和贫困地区义务教育阶段的特困学生免费提供教科书，210万元用于提高民族寄宿班学生的生活补助标准和扩大民族班办学规模，至2003年底，全省共有61686名少数民族学生免费获得教科书。琼中黎族苗族自治县、保亭黎族苗族自治县、陵水黎族自治县和白沙黎族自治县获得世界银行贷款第四个基础教育发展项目资助，用于实施义务教育和改善办学条件。乐东黎族自治县大力改造中小学校危房和兴建教师宿舍楼，建筑面积达1.5万平方米。开展多种形式的经常性助学活动，资助贫困学生上学。海南省为少数民族市县义务教育阶段的特困学生免费提供教科书，共有6万多名少数民族特困学生获得资助。德国驻广州总领事馆无偿捐赠6万元人民币，帮助保亭黎族苗族自治县加茂镇界水小学维修教室。中国证监会海口特派办为保亭黎族苗族自治县什那小学捐赠电脑、投影仪、体育器材等教学设备，价值2万余元。中国海洋石油总公司出资230万元，帮助陵水黎族自治县3所中学新建学生宿舍楼，解决近700名少数民族学生住宿难问题；出资174万元帮助保亭黎族苗族自治县3所学校兴建学生宿舍楼和学生食堂，建筑面积达2770平方米。昌江黎族自治县商会会长林添喜先生捐资80多万元，为昌江黎族自治县王下村新建一所学校，解决王下村120多名儿童上学难问题。香港知名人士邵逸夫先生无偿捐资15万元，帮助保亭黎族苗族自治县六弓乡田岸小学兴建教学楼。香港神舟集团主席卢业木梁 先生捐资38.31万元人民币，资助海南省“春蕾助学行动”，昌江、白沙、乐东等6个市县的238名贫困儿童获得资助。

3. 文化事业繁荣发展，民族文化保护工作取得新成果。4月，中国少数民族音乐家学会会员、海南省音乐家协会理事王文华编著的《黎族乐器集锦》一书由中国文联出版社出版发行，这是海南省第一部系统介绍黎族乐器的专著。10月，“海南省黎族传统棉纺织工艺”被国家文化部列入中国民间文化保护工程第一批试点项目，标志着海南黎族文化研究进入一个新阶段。文艺创作取得新成绩，涌现出一批优秀文艺作品。4月，海南省黎族作家龙敏编写的长篇小说《黎山魂》正式出版发行，填补了我国黎族没有长篇小说的空白，标志着海南黎族文学作品开始走进我国56个民族的文学殿堂。为隆重纪念在琼崖革命史上具有里程碑意义的“白沙起义”60周年，白沙黎族自治县民族歌舞团创作编排历史舞剧《白沙丰碑》，并于8月11日在白沙黎族自治县举行首场演出。11月，海南省书法家协会、海南省美术家协会、海南诗书画联谊会在乐东黎族自治县黄流镇联合举办“黄流风”书画作品展，共展出海南省书画家的106件作品。黎族歌舞诗剧《达达瑟》获得第九届中宣部“五个一工程”入选作品奖和海南省优秀精神产品奖。文化产业化工程取得新突破。12月，保亭黎族苗族自治县民族歌舞团正式成立，标志着保亭黎族苗族自治县民族传统文化开始走向产业化的发展道路。文化交流活动十分活跃。6月，海南省召开琼台少数民族发展研讨会，琼台两岸少数民族代表、企业家、专家学者近40人就进一步加强琼台两岛少数民族在经济、文化等领域的交流与合作进行深入研讨。8月，台湾少数民族参访团一行80余人在海南省民族地区参观访问，与海南省少数民族同胞进行密切接触，开展少数民族民间文化交流，进一步增进琼台两岛少数民族间的相互了解和友谊。文化创建工作取得好成绩。3月，乐东黎族自治县黄流镇、琼中黎族苗族自治县上安乡被国家文化部命名为“中国民间艺术之乡”。在全国第二届“四进社区”文艺展演中，保亭黎族苗族自治县的刘项棠获社区文化辅导员奖。年内，乐东黎族自治县文化馆被中宣部、文化部授予“全国服务农民服务基层文化工作先进集体”称号，保亭黎族苗族自治县文体局被中宣部、文化部等14部委授予“全国文化科技卫生‘三下乡’先进集体”称号。

4. 卫生事业加快发展。2003年上半年，全国24个省、自治区、直辖市先后发生非典疫情，海南省民族自治地方无非典疫情发生。新型农村合作医疗试点工作取得新进展。陵水黎族自治县认真贯彻落实中共海南省委、海南省人民政府《关于进一步加强农村卫生工作的决定》，加强农村药品供应网络建设，成立了农村药品配送中心，为农村医疗卫生机构和零售药店提供药品配送服务，有效地防止伪劣药品流入农村，确保农民用药安全有效。积极开展医疗卫生下乡活动。7月，海南医学院大学生志愿者组成“防治非典实践服务团”，赴昌江黎族自治县开展防治非典宣传教育、免费义诊和送医送药活动。8月，海南中豪药业有限公司向琼中黎族苗族自治县红十字会捐赠价值20万元的药品，帮助边远山区的受灾群众防病治病。9月，海南省卫生厅组织开展“汽车流动扶贫医院”活动周，派出医疗卫生专家在民族地区各乡镇巡回开展医疗下乡扶贫活动，免费为群众义诊，培训当地医疗卫生技术人员，宣传《突发公共卫生事件应急条例》和《传染性非典型肺炎防治管理办法》等卫生法规。11月，海南省“视觉第一中国行动”二期项目活动正式启动，海南省人民医院、海南医学院附属医院、海南省农垦总局医院等9个单位的21名眼科专家和医务人员组成首批医疗队，先后在陵水、保亭、昌江、白沙等地开展为期一个月的防盲治盲工作，共为1088名白内障患者施行复明手术。疾病预防工作取得新成绩。11月，保亭黎族苗族自治县在全县范围内实现了消除丝虫病，成为海南省第12个宣告消除丝虫病的市县。加快医疗卫生基础设施建设。9月，国家安排中央预算内专项资金（国债）支持乐东、保亭、陵水、白沙4县加强疾病预防控制中心业务用房建设，海南省安排财政预算内基本建设资金支持琼中、昌江2县疾病预防控制中心建设。加强卫生执法监督工作。2月，保亭黎族苗族自治县率先在全省投入使用药品“110”社会化报警联动系统，以加强对制售假冒伪劣药品违法行为的打击和查处力度。

5. 体育事业稳步发展。在国内和国际各项体育比赛中取得好成绩。在2003年海南省少年田径锦标赛上，乐东黎族自治县、白沙黎族自治县分别获得团体总分第5名和第6名。在海南省第十届中学生篮球赛上，乐东中学获男子组比赛第6名，保亭中学、白沙中学男队获体育道德风尚奖。在海南省少年儿童游泳锦标赛上，保亭黎族苗族自治县代表队获得男子组第4名和女子组第2名，琼中黎族苗族自治县代表队打破10岁组男子4×50米自由泳接力纪录，保亭黎族苗族自治县代表队刷新10岁组女子4×50米自由泳接力纪录。在2003年全国田径锦标赛上，海南省黎族女选手王海兰以5970分的优异成绩夺得女子七项全能银牌。在全国青少年帆板锦标赛上，白沙黎族自治县刘会娇获得女子甲组米氏特拉级团体冠军，保亭黎族苗族自治县黄怡凯获得男子乙组米氏特拉级团体冠军。来自乐东黎族自治县的黎玉强在第六届全国残疾人运动会上获得乒乓球TT10级女子单打比赛亚军，在第四届远南乒乓球锦标赛上获得TT10级别赛女子单打冠军。体育创建工作取得新成果。海南省黎族传统体育舞蹈项目《跳竹竿》在第七届全国少数民族传统体育运动会上获得表演一等奖，并入选中国少数民族传统体育集锦。乐东黎族自治县人民政府被国家民委、国家体育总局授予“全国民族体育先进集体”称号。乐东黎族自治县文体局获得国家体育总局颁发的“2003年全民健身周活动优秀组织奖”。

6. 环境保护工作取得新进展。自然保护区建设取得新成绩。4月，以保护天然林资源和生物多样性，改善生态环境，实现天然林资源的可持续经营为内容的大型林业持续发展项目在全国正式启动，海南省霸王岭林区和尖峰岭自然保护区被选定为天然林管理项目实施区和保护区管理项目实施区，涉及面积达7.42万公顷，并分别获得欧盟330万欧元和全球环境基金125万美元的援助。10月，经国务院批准，霸王岭国家级自然保护区由原来的66.26平方公里扩大到299.8平方公里，进一步改善了濒危野生动物海南长臂猿的栖息环境，有效地恢复和保护了热带天然次生林。开展打击破坏生态环境违法行为专项行动，加强生态环境综合整治。3月，在海南省“生态卫士”大行动中，琼中、保亭、乐东、陵水、白沙和昌江6县以保护天然林与野生动物、填塘还林和整治木材流通为重点，在自然保护区和重点林区严厉打击各种违法行为，有效地保护了森林资源和野生动物资源。乐东黎族自治县被国家环保总局确定为全国生态环境监察试点县后，加大对旅游开发建设项目环境管理情况、旅游经营活动生态环境保护情况等方面工作的监察力度，在全县范围内开展整治“五乱”（乱砍滥伐森林、乱毁林开荒、乱建虾塘、乱捕杀野生动物、乱倒放垃圾）专项行动。9月，白沙黎族自治县生态环境建设综合治理第二期工程完成，南渡江源头生态环境保护工作取得重大进展。环境保护创建工作再创佳绩。6月，经国务院审定，五指山自然保护区晋升国家级自然保护区，成为海南省第八个国家级自然保护区。11月，海南省批准建立鹦歌岭省级自然保护区和猴猕岭省级自然保护区。年内，白沙黎族自治县建设与国土环境资源局被评为2003年度全国保护“母亲河”行动先进集体，琼中黎族苗族自治县李远胜、白沙黎族自治县王文被评为2003年度全国保护“母亲河”行动先进个人。

（撰稿　符彦还　审稿　王庆良）

重 庆 市

【民族经济】　2003年，重庆民族地区在市委、市政府的正确领导下，坚持以邓小平理论和“三个代表”重要思想为指导，紧紧围绕加速构建“渝东南特色经济走廊”和“武陵山区少数民族地区的经济高地”，全面建设小康社会的战略目标，大力实施经济结构调整，着力培育新的经济增长点。在克服“非典”疫情和自然灾害等不利的影响，国民经济保持稳定协调发展的良好态势，经济运行质量和效益显著改善，人民生活水平不断提高，社会事业有了长足进步。

2003年，民族自治地方实现生产总值69.91亿元，比上年增长12.2% 。其中：第一产业增加值24.01亿元，增长6.7%%；第二产业增加值22.88亿元，增长21.3%；第三产业增加值23.02亿元，增长10.0%。

1. 农村经济稳步增长，农业结构调整步伐加快。2003年，农林牧渔业总产值41.72亿元，比上年增长5.4%。粮食作物播种面积278.6千公顷，比上年减少6.71%。全年粮食总产量114.7万吨，减少1.20%。油料播种面积44.65千公顷，油料产量6.52万吨，增加21.78%。烟叶产量3.51万吨，增长5.66%。全年肉类总产量15.08万吨，比上年增长5.25%。水产品产量3202吨，比上年增长7.38%。

2. 工业生产较快增长，经济效益稳步提高。全年国有及规模以上非国有工业总产值14.79亿元，比上年增长65.9%。其中：轻工业实现产值3.67亿元，比上年增长22.8%；重工业实现产值11.12亿元，比上年增长87.9%。

规模以下非国有企业及个体企业，实现工业总产值总计20.56亿元，比上年增长17.08%。上缴税金总计7087万元。

建筑业平稳增长。全年完成建筑业总产值6.42亿元，增长31.5%。。建筑施工面积134.70万平方米，竣工面积88.84万平方米。

3. 固定资产投资大幅增长。全年完成全社会固定资产投资65.94亿元，比上年增长21.15%。其中：基本建设累计完成投资48.09亿元，增长17.55%；更新改造累计完成投资1.8亿元，增长215.22%；房地产开发投资1.4亿元，增长46.24%。

4. 交通运输业稳步发展。由于受“非典”疫情的影响，全年完成公路客运量1829.22万人，比上年减少20.78万人，下降2.44%。公路旅客周转量9.87亿人公里，下降2.44%。完成公路货运量719.48万吨，增加71.48万吨，增长11.03%。公路货物周转量5.18亿吨公里，增长3.34%。

5. 邮电通信业继续保持较快增长。全年完成邮电业务总量2.58亿元，比上年增长17.08%。本地电话年末用户达19.51万户，增长21.79%。移动电话用户达到17.78万户，比上年增加2.12万户。国际互联网用户11450户，比上年增加3911户，增长51.88%。

6. 旅游业平稳增长。旅游业虽受“非典”疫情的影响，由于加强旅游产业结构调整和基础设施的完善，充分利用当地丰富的自然资源，大力发展各具特色的旅游，旅游收入明显增加。全年共接待旅游人数达到45.68万人次，旅游总收入1.24亿元。

7. 消费市场稳步增长。消费市场因“非典”疫情的影响,一度波动较大,但全年仍增长态势。全年实现社会消费品零售总额35.6亿元,比上年增长18.66%。分行业看:批发零售贸易业实现30.87亿元,增长40.29%,餐饮业实现3.84亿元,增长41.53%。其他行业实现0.89亿元。

8. 财政收支持续增长，金融运行平稳。2003年末，实现财政总收入4.57亿元，比上年增长29.69%。其中：地方财政收入3.13亿元，增长28.82%。地方财政支出13.7亿元，比上年增长2.45%。

金融机构存贷款稳定增长。年末金融机构各项存款余额达60.23亿元，比上年增长16.59%。各项贷款余额达45.9亿元，增长11.82%。

保险业持续发展。2003年，全年保费收入1.26亿元，比上年增长22.8%。其中：财产保险费收入3202万元，增长7.0%；人寿保险费9444万元，增长29.2%。全年保险赔付款3339万元，比上年增长14.3%。其中：财产保险赔付款1779万元，比上年下降3.8%；人寿保险赔付款1560万元，比上年增长45.8%。

9. 城乡居民收入继续增加，生活水平不断提高。随着城乡居民收入的增加，储蓄存款大幅度增加，年末余额达44.91亿元，比上年增长20.44%。农村居民人均纯收入1576元，比上年增长8.32%。城镇人均住房使用面积20平方米，农村人均住房使用面积27平方米。

【社会发展】 2003年，重庆民族自治地方继续贯彻落实“科教兴渝”战略和市委、市政府在渝东南民族自治地方召开的第三次经济社会现场办公会议精神，认真组织实施“53233”民心工程，在稳定巩固“普九”成果基础上，全面推行素质教育，在教育、卫生、体育等各项社会事业取得了长足发展。

1. 教育事业稳步发展。2003年，民族自治地方有中等专业学校1所，普通中学100所，职业中学6所，小学1306所。年末在校学生：中等专业学校1362人；普通中学128393人；职业中学5015人；小学314821人。专任教师：中等专业学校99人；普通中学6247人；职业中学362人；小学11538人。

高考升学保持佳绩。民族自治地方有5255人参加全国高等教育考试，被各类高等院校录取4230人。

2. 文化广电体育事业蓬勃发展。2003年，民族自治地方有广播、电视台8座，卫星地面接收站5308座，广播覆盖率51.58%，电视覆盖率86.76%。拥有公共图书馆4个，馆藏书达17.4万册。极大丰富了人民群众的文化精神生活的需求。

文艺创作成果斐然。摄制的电视散文《大树下的春草》在中央电视台播出，荣获全国百家电视台节目展铜奖，并被辑入中国国际广播出版社出版的全国电视散文精品集。创作的长篇小说《啊，沉香木》获2003年重庆市政府奖，诗歌《花朵还未走到秋天》、散文《拜师》获2003年重庆市政府提名奖。2003年酉阳自治县被重庆市文化局授予“民歌之乡”的称号。

竞技体育稳步发展，群众体育活动丰富。民族地区代表重庆市参加在宁夏回族自治区举办的第七届全国少数民族运动会上，夺得射弩项目4块金牌、2块银牌、3块铜牌。夺得蹴球项目男女混双金牌、男单第六名。夺得陀螺项目女子团体金牌、女单第八名。荣获奖牌总数第二名的好成绩。全年举办“交通枢纽杯”元旦万人长跑活动，第三届武陵山登山比赛，“水电杯”全民健身活动等。逐步形成全民健身，人人参与的良好态势。

3. 卫生事业进一步发展。2003年末，民族自治地方拥有各类医疗卫生机构170个，拥有病床2848张，卫生技术人员3923人。其中：执业医生1984人，注册护士772人。医疗卫生基础设施和卫生保健系统建设得到进一步完善，处置突发性公共卫生事件的能力进一步增强。

4. 社会保障体系进一步健全和完善。2003年末，民族自治地方城镇保障资金2195万元，共有44070人享受城镇低保人员最低生活保障。社会救济总人数达到123108人，其中：城镇救济对象57774人，农村救济对象65334人。建立了17个城镇社区服务设施，31个城镇便民和利民服务网点以及32个农村社会保障网络。

5. 环保意识增强，生态环境保护和建设工作取得实效。在发展经济的同时，民族自治地方更加注重生态环境的保护和综合治理，认真实施“天保”和退耕还林工程，有力地促进了生态环境质量的改善和经济、社会、环境的协调发展。2003年末，共实施退耕还林39330公顷，植树造林面积48280公顷。安排污染治理项目30个，污染治理项目投资额1155万元，“三废”综合利用产品产值1662万元。

（撰稿　龙德庆　审稿　谭建祥）

四　川　省

【民族经济】　2003年，在省委、省政府的正确领导下，四川省民族自治地方深入贯彻党的十六大精神，围绕全面建设小康社会的奋斗目标，以邓小平理论和“三个代表”重要思想为指导，紧紧抓住中央实施西部大开发战略的机遇，积极推进“三个转变”，进一步加大产业结构调整力度，特色产业快速发展，经受了“非典”疫情的严重考验，战胜了泥石流、雪灾、干旱等各种自然灾害，国民经济持续、健康发展，民族团结，社会稳定，人民生活继续改善。2003年经国务院批准，四川省新成立了我国惟一的羌族自治县——北川羌族自治县，使我国民族自治县达到120个。2003年民族自治地方年末总人口639.7万人，占全省总人口的7.4%，其中少数民族人口354.2万人；辖区面积30.5万平方公里，占全省土地面积62.9%。

2003年，四川民族自治地方共实现生产总值308亿元，比上年增长12.5%，增幅比上年提高1.2个百分点，高出全省平均水平0.7个百分点。其中，第一产业增加值93.5亿元，增长4.8%，对经济增长的贡献率由去年的12.8%提高到13.0%；第二产业增加值107.8亿元，增长20.4%，对经济增长的贡献率由去年的52.2%提高到55.1%；第三产业增加值106.7亿元，增长11.9%，对经济增长的贡献率由去年的35.0%回落到31.9%。民族地区经济在持续稳定发展的基础上，三次产业结构由上年的32.1：32.9：35.0调整为30.3：35.0：34.7，第一产业比重下降1.8个百分点，第二产业比重提高2.1个百分点。

农业和农村经济稳步发展。2003年，民族自治地方积极调整优化农村产业结构，农牧业继续保持稳定增长的良好态势。全年粮食总产量222.2万吨，增长0.6%。猪牛羊肉产量57.5万吨，增长11.2%；年末大牲畜存栏704万头，增长2.0%；生猪存栏510.7万头，增长2.8%；

羊存栏800万只，增长3.0%。

工业持续增长。全部工业实现增加值70.9亿元，增长19.3%，工业对经济增长的贡献率为34.7%。其中，国有及年销售收入500万元以上非国有工业企业增加值45亿元，增长23.4%。

投资规模继续扩大，邮电通讯和旅游业平稳增长。2003年，在国家积极财政政策和西部大开发等有利因素的作用下，民族自治地方固定资产投资增长较快，投资规模不断扩大。九寨黄龙机场竣工通航，三州4276公里通县油路已建成通车；紫坪铺水库、西昌至攀枝花高速公路等在建大中型项目进展顺利。全年全社会固定资产投资165.9亿元，增长33.9%。从经济运行情况分析，投资仍然是拉动经济增长的主要动力。2003年末公路通车里程3.4万公里，比上末新增115公里。实现邮电业务收入7.5亿元，增长41.5%，全年新增移动电话用户11.8万户，达到53.4万户，增长28.4%；接待游客536.1万人次，实现旅游收入28.7亿元，增长2.1%。

消费品市场稳定增长，人民生活水平继续改善。随着“非典”不利影响逐渐消除，市场逐渐活跃。全年社会消费品零售总额90.9亿元，增长15.0%。城乡居民储蓄存款余额173.5亿元，增长15.1%。在岗职工平均工资13646元，增长8.5%。农牧民人均纯收入1614元，比上年增加150元，增长10.2%。

【社会发展】 2003年四川民族地区紧扣全面建设小康社会的奋斗目标，围绕“共同团结奋斗、共同繁荣发展”主题，奋力推进民族地区跨越式发展和长治久安，民族教育、文化、卫生、体育事业进一步发展，人民安居乐业，民族团结，社会稳定进步。

随着科普宣传工作的深入开展，民族地区群众的科技素质有了很大提高。三州共有州县两级科协单位51个，工作人员337人；已有州级协（学）会126个，会员25906人；县级协（学）会（不含凉山州）279个，会员15613人；各地还建有乡镇科学技术协会、农民技术学校等，初步形成了以州、县科协龙头，乡镇科协和农民技术学校为主体，村科普小组和科技示范户为基础的三级科普网络系统；经过多年努力，民族地区已建立了一大批科普示范基地：甘孜州有省级科普基地1个和州级基地6个，凉山州有省级和州级科普基地各1个，阿坝州有省、州、县三级基地55个。结合自己的实际情况，民族地区将每年3月或4月作为科普宣传月，以“普及科学知识、传播科学思想、倡导科学方法、弘扬科学知识”为主题，利用少数民族节日等开展形式多样的科普活动：“金秋科普”、“科普大篷车展”、“科技挂图展”、建科普图书阅览室和赠送优良种子等活动，其中声势最大、效果最好的是“科技之春”和以送“科技、文化、卫生”下乡为内容的“三下乡”活动。全面普及和发展各级各类教育，民族地区群众受教育水平不断提高。2003年，民族地区教育发展十年行动计划继续实施，安排项目301个。民族自治地方51个县（市）中，48个县完成普及初等教育，14个县完成“普九”，45个县（市）扫除青壮年文盲；完成“普初”、“普九”和青壮年文盲扫盲任务人口数占总人口的比例分别为97.9%、33.5%和95%。7至12周岁学龄儿童入学率总体上达到93%。普通高等学校3所，在校本科、专科学生20829人，毕业生3743人。中等专业学校19所，在校学生9140人。普通中学315所，在校学生221096人。职业中学29所，在校学生8414人。小学校5066所，在校学生731794人。文化事业不断发展。2003年召开了第五次全省少数民族文学创作会议和民族语言文字工作会议，提出了今后的工作方向。组织选编出版了一套全面反映四川省少数民族作家创作成果的文学丛书《四川少数民族作家选集》。在国家民委民族文化工作联系点工作会议上，四川省普格县等7个单位被确定为国家民委首批民族文化工作联系点。进一步加强对民族地区基层文化阵地和队伍建设的扶持，继续投入100万元资金补助民族地区10个县的业余文艺演出队；组织、举办各种民族特色的群众性文化活动和送文化下乡演出活动，群众文化生活丰富多彩，城乡文化日益活跃，不断丰富人民群众的精神文化生活。凉山州第三届文学创作“山鹰奖”获奖作品23件，甘孜州全年创作歌舞节目10台。民族卫生事业稳步发展，医疗条件进一步改善，地方病防治工作和民族医药的挖掘、整理、开发、利用工作得到进一步加强，流行病、地方病得到有效控制，卫生机构和人员基本稳定。2003年凉山州投入620万元的疾病预防控制中心业务大楼已经开工，该州还投入400万元对40所乡镇卫生院进行改造。面对突如其来的“非典”疫情，各地坚决贯彻执行党中央、国务院关于防治“非典”工作的部署和决策，把群众的身体健康和生命安全作为一项重大任务来抓，凉山州紧急安排地方财政815万元专项资金，为当地防治工作提供了资金保障。民族体育事业蓬勃发展，努力实施“全民健身计划”大力开展群众体育和民族体育活动。在第七届全国少数民族传统体育运动会上，四川代表队夺得比赛项目的9枚金牌、7枚银牌、3枚铜牌和表演项目的3个一等奖、2个二等奖、1个三等奖，获得国家民委、国家体育总局授予的“体育道德风尚奖”称号，获得的金牌总数在全国34个代表团名列第二。凉山州举办县及县级以上运动会63场次，参加运动员24.3万人次；州业余体校在校学生1811人，为各级体育单位和高校输送体育人才57人；甘孜州开展县级以上群众性体育竞赛活动142次，常年参加体育锻炼的人数占全州总人口的31%。

（撰稿　刘康蓉　审稿　蔡世勤　唐伯华）

贵　州　省

【民族经济】　2003年，贵州全省各族人民在中共贵州省委、省政府的正确领导下，坚持以邓小平理论和“三个代表”重要思想为指导，全面贯彻落实党的十六大和省委九届三次、四次全会精神，努力克服前进中遇到的各种困难，加快西部大开发建设步伐，全面完成了国民经济和社会发展的奋斗目标。全省国民经济持续快速健康发展，社会事业全面推进，人民生活继续改善。

1. 经济总量再上台阶。2003年全省完成生产总值1356.11亿元，比2002年增长10.1%，创1988年起16年以来的新高，高于全国水平1个百分点，全省整体经济实力进一步提升。2003年，贵州民族自治地方完成生产总值407.97亿元，比2002年增长11.6%，增幅比上年提高3个百分点，占全省GDP的比重为30.1%。与全省水平相比，三次产业均高于全省水平，分别高于全省水平3.1、0.7.3.8个百分点。

2. 农业保持稳定发展，主要农产品获得丰收。全省粮食产量为1104.30万吨，比上年增长6.8%，实现恢复性增长；由于遭受自然灾害以及种植面积调减，部分农产品产量有所下降，烤烟产量为28.72万吨，比上年下降6.3%，油菜籽产量为64.01万吨，比上年下降0.1%。种植业结构进一步调整，蔬菜、水果、茶叶、药材等特色农作物种植面积扩大，其中蔬菜种植面积为41.49万公顷，比上年增长6.3%，马铃薯为51.94万公顷，比上年增长2.1%，药材类为22.99万公顷，比上年增长25.9%。畜牧业和渔业发展势头较好。全省肉类总产量为156.99万吨，比上年增长8.3%；牛奶产量为3.38万吨，比上年增长33.6%；禽蛋产量为9.12万吨，比上年增长15%。全年水产品产量为7.96万吨，比上年增长6.7%。

农业生产条件有所改善。全年新增农田有效灌溉面积1.38万公顷；新建沼气池9.7万口。农业物质装备水平继续提高，年末全省农业机械总动力为76.20亿千瓦，比上年增长8.9%。

2003年，贵州民族自治地方实现农业总产值241.22亿元，比2002年增长9.8%。主要产品产量中，粮食产量505.70万吨，增长16.8%；油料增长0.7%；烟叶下降7.4%；肉类总产量

74.65 万吨，增长 9.2%；大牲畜年末存栏 491.09 万头，比上年增长 2.9%。

3. 工业经济在结构调整、效益提高的基础上实现快速增长。全省工业增加值完成 457.12 亿元，比上年增长 13.3%，其中，全部国有及年产品销售收入在 500 万元以上非国有工业企业（以下简称规模以上工业企业）完成增加值 346.49 亿元，比上年增长 13.5%。在规模以上工业中，重工业增势明显，重工业完成增加值 229.77 亿元，轻工业完成增加值 116.72 亿元，分别比上年增长 14.6% 和 10.2%。

37 个工业行业大类中，生产实现增长的有 34 个，特别是煤炭、冶金、化工、电力、制药、通信及其他电子设备制造业等行业对经济增长的带动作用较强。原煤、发电量、水泥、铝、铁合金等产品产量增长势头强劲，增幅均在 16% 以上。

工业企业总体经济效益继续提高。全省工业经济效益综合指数为 107.5，比上年提高 14.2 个百分点。规模以上工业企业实现利润 37.52 亿元，比上年增长 32.8%，其中国有及国有控股企业实现利润 28.16 亿元，比上年增长 28.7%。

建筑业稳步发展。全省建筑业实现增加值 122.19 亿元，比上年增长 13.2%。在全部建筑业中，具有资质等级的独立核算建筑企业实现利润总额 4.55 亿元，比上年增长 75.0%；实现税金总额 6.96 亿元，比上年增长 0.1%。施工房屋建筑面积为 2519.79 万平方米，比上年增长 9.1%；竣工房屋建筑面积为 980.28 万平方米，比上年下降 7.0%。

全省立足于“以市场为导向、以企业为主体”，对传统产业进行改造升级，加快高新技术产业的建设，电子信息、医药生物技术、航空航天领域的高新技术产业群得到了发展。

2003 年，贵州民族自治地方完成工业总产值 197.46 亿元，比 2002 年增长 22.1%，增幅高于上年 6.3 个百分点，高于全省 4.9 个百分点。部分产品产量中，原煤产量 1624.19 万吨，增长 45.9%；发电量 188.01 亿千瓦时，下降 1.2%。

4. 固定资产投资继续保持较快增长，投资总量再上新台阶。2003 年，全省全社会固定资产投资完成 754.13 亿元，比上年增长 19.2%。

从投资主体看，国有经济投资完成 457.1 亿元，比上年增长 7.8%；集体经济投资、其他投资分别完成 39.26 亿元、257.77 亿元，分别比上年增长 108.2%、35.9%。

从投资管理渠道看，基本建设投资完成 384.81 亿元，比上年增长 23.1%；更新改造投资完成 140.54 亿元，比上年增长 16.4%；房地产开发投资完成 104.95 亿元，比上年增长 26.4%；其他投资完成 123.83 亿元，比上年增长 6.7%。

从产业投向看，第一产业完成投资 24 亿元，比上年增长 18.5%；第二产业完成投资 245 亿元，比上年增长 20.5%，其中，电力工业完成投资 145.13 亿元，比上年增长 32.7%；第三产业完成投资 491.37 亿元，比上年增长 20.2%。

一批重点建设项目陆续建成。“西电东送”方面，第一批“四水四火”电源项目有 11 台机组建成投产，全年新增电力装机容量 266 万千瓦，装机总容量达到 868 万千瓦，向广东送电负荷达到 180 万千瓦；以构皮滩水电站正式开工为标志，第二批“四水六火”电源项目建设全面启动；配套电煤基地和输电通道建设步伐加快。生态建设方面，以退耕还林为重点的林业六大工程建设力度加大，共完成营造林任务 686 万亩，其中，退耕还林 260 万亩，荒山造林 306 万亩，封山育林 120 万亩，生态建设工程质量明显提高。建成农村沼气池 10 万口。水利建设方面，“滋黔”一期工程中部分项目开工，新增有效灌溉面积 20 万亩，解决了 112.5 万农村居民饮水困难。城镇基础设施建设取得新的进展。

全年主要新增生产能力：新建公路 538.13 公里，其中高速公路 7.82 公里；新增发电机组容量 266 万千瓦，11 万伏及以上变电设备能力 171.6 万千伏安。

2003 年，贵州民族自治地方共完成固定资产投资128.13亿元，比2002年增长26.5%，增幅高于全省水平2.6个百分点。其中，基本建设、更新改造、房地产开发投资分别增长24.1%、17.3%和45.3%。

2003年，全省民族自治地方拥有农用机械总动力310.62万千瓦，农村用电量近5亿千瓦时，有效灌溉面积284.55千公顷。

5. 克服“非典”影响，省内消费品市场和对外贸易实现同步活跃。全省完成社会消费品零售总额458.76亿元，比上年增长10.2%。分城乡看，城市消费品零售额为271.95亿元，增长11%；县及县以下消费品零售额为186.81亿元，增长9.2%。分行业看，餐饮业增长较快，比上年增长15.8%；批发零售贸易业增长9.3%；其他行业增长4.4%。

住房、汽车、通信等逐步形成消费热点。销售商品房面积434.16万平方米，商品房销售额为53.89亿元，分别比上年增长20%和23.7%。

价格总体水平回升。受大米、植物油、肉类、鲜菜、干鲜瓜果等农产品和医疗保健服务、水、电、燃料价格大幅度上涨的影响，居民消费价格由降转升，全省居民消费价格总水平比上年上涨1.2%，其中城市上涨0.9%，农村上涨2%。

农业生产资料价格上升幅度较大。由于化肥、幼禽家畜、大牲畜、农药器械、农用机油等价格大幅度上涨，全省农业生产资料价格总水平比上年上升4.1%。

在消费、投资等因素的拉动下，全省工业品出厂价格上涨3.4%，原材料、燃料、动力购进价格上升6%，固定资产投资价格上涨3.8%。

随着住房货币化的全面实施，居民收入的较快增长及生产资料价格的大幅度上升，全省房屋销售价格上涨1.3%，土地交易价格上升0.3%，房屋租赁涨价1.6%。

全年完成外贸进出口总额9.85亿美元，比上年增长42.4%。其中，进口完成3.96亿美元，增长58.8%；出口完成5.88亿美元，增长33.2%。

招商引资力度加大。全省新批外商投资企业69个；招商引资到位资金108.5亿元，比上年增长79%；实际利用外商直接投资0.56亿美元，比上年增长52.1%。

对外经济技术合作有所突破。全年对外承包工程和劳务合作完成营业额0.64亿美元，比上年增长2.3倍。

旅游业发展受到非典疫情影响，旅游人数出现下降。全年共接待国内旅游人数1835.21万人次，比上年下降16.6%；接待境外旅游人数7.7万人次，比上年下降66.2%，其中外国人2.4万人次，下降71.6%，港、澳、台同胞5.3万人次，下降63.1%。

2003年，贵州民族自治地方实现社会消费品零售总额109.74亿元，比2002年增长13.8%，高于全省水平3.6个百分点。

6. 第三产业快速发展。继1999年全省第三产业占国内生产总值比重首次超过第一产业之后，又连年提升，2003年第三产业占GDP的比重达到35.5%，“二三一”的产业格局已经形成并呈稳定发展态势。在传统行业稳步发展的同时，基础行业发展加快，新兴行业迅速崛起，房地产、旅游、信息服务、广告、社区服务等行业发展迅速，就业人员快速增加。

2003年，贵州民族自治地方三次产业比为36.2：33.4：30.4，继续维持“一二三”的产业格局。2003年民族自治地方第三产业完成增加值124.16亿元，比2002年增长13.9%，增幅继续高于全省水平。

7. 财政收入较快增长，金融运行健康平稳。继2002年全省财政总收入突破200亿元后，2003年，扩大到236.64亿元，增长16.6%。地方财源不断扩大和巩固，地方财政收入2002年突破100亿元大关，从57.9亿元增加到114亿元，年均增长14.5%。2003年完成124.56亿元，增长15.0%。支农支出、教育支出、重大项目配套支出逐年增加，财政支出结构优化，支持了经济的较快发展。金融运行平稳。年末全省金融机构本外币各项存款余额为1917.38亿元，人民币各项存款余额为1898.62亿元，比年初增加345.6亿元，同比多增133.19亿元。其中，城乡居民储蓄存款余额为912.84亿元，比年初增加153.87亿元，同比多增36.33亿元。贷款投入力度加大。年末全省金融机构本外币各项贷款余额为1726.95亿元，人民币各项贷款余额为1714.04亿元，比年初增加309.87亿元，同比多增121.59亿元，其中中长期贷款余额为882亿元，比年初增加226.86亿元，同比多增115.79亿元。

2003年，贵州民族自治地方财政收入为22.61亿元，增长10.7%，增幅比上年提高7.2个百分点，但低于全省水平14.6个百分点；财政支出85.04亿元，增长11.7%，高于全省7.1个百分点。同时，金融运行状况良好。2003年，贵州民族自治地方金融机构各项存贷款余额分别达到358.83亿元和279.04亿元，比2002年分别增长21.1%和2.2%。银行呆坏账、不良贷款均有不同程度减少。其中民族自治地方城乡居民储蓄余额为222.49亿元，比2002年增长19.7%。

8. 城乡居民收入有较大提高，脱贫奔小康工作稳步推进。城镇居民收入较快增长，生活水平进一步提高。全省城镇居民人均可支配收入为6568.91元，比上年实际增长9.5%，增幅比上年提高0.5个百分点。全年城镇居民人均消费性支出为4947.62元，比上年实际增长6.6%。城镇居民家庭每百户拥有家用电脑16.58台，比上年增长42.9%；空调4.04台，增长25.5%；移动电话78.13部，增长34.2%。

农民收入稳定增长，生活继续改善。全省农民人均纯收入为1564.66元，比上年实际增长4.7%，增幅比上年提高0.4个百分点。农民人均生活消费支出为1185.17元，比上年实际增长4%。农村居民家庭每百户拥有摩托车、彩色电视机、固定电话和移动电话分别为9.64辆、39.2台、24.29部，分别比上年增长11.3%、15.7%、67.4%。

1998年以来，贫困地区基本生产生活条件从根本上有了改善，48个国家级贫困县整体越过温饱线，农村贫困人口由789万人减少到300万人左右，扶贫攻坚工作取得可喜的成绩。全省有三分之一以上的农户生活水平总体达到小康，城镇居民生活水平总体达到小康。同时，随着退耕还林还草工作的全面铺开，植树造林和天然林保护力度加大，城乡环境和生态有较大改观。

总的来看，2003年贵州经济社会发展取得了辉煌的成就，民族自治地方在国家扩大内需和实施积极财政政策，以及西部大开发的各项重大发展机遇中共沐春风共享发展的成果。但也应该看到，民族自治地方经济自发增长的内在动力还不强，经济持续增长的基础还不稳固；传统产业升级困难，结构性矛盾仍然存在并制约着经济发展，突出表现在两个方面：一是在粮油烟等主要农产品调减的情况下，尚没有足够的后续产业能弥补其对农业增长产生的影响；二是工业产品竞争力仍显不足，具有资源优势的产品其市场潜力仍未充分挖掘。就业和再就业形势依然严峻，居民收入绝对水平仍较低，部分群众生活较困难。

展望未来，全省经济社会发展任重而道远，全面建设小康社会的奋斗目标催人奋进，在抢抓机遇、乘势而上、加快发展、缩小差距的共识下，经过全省各民族儿女的艰苦奋斗，贵州经济和社会发展一定会创造新的辉煌。

【社会发展】 在经济快速发展的支持下，贵州全省科教文卫体等各项社会事业全面发展，精神文明建设继续加强。在教育发展的同时，科技投入加大，科技体制改革深化，科技进步对经济增长的贡献率进一步提高，各类专业技术人员队伍不断壮大。相继开工和建成一批重点文化、体育设施项目，文化、体育事业进一步发展。2003年，全省实现“普九”的县（市、区）达到57个，比上年增加15个，“普九”人口覆盖率为65.1%，比上年提高17.4个百分点。年末普通小学在校学生为476.87万人，比上年下降1.5%，学龄儿童入学率为98.2%，与上年持平。普通中学在校学生继续增加，其中普通初中在校生达到201.34万人，普通高中在校生达到38.31万人，分别比上年增长8.3%和22%。

高等教育规模继续扩大。全省普通高校招生数为5.33万人，比上年增长28.1%，在校学生达到14.94万人，比上年增长21.8%。研究生教育发展较快，新增博士点3个、硕士点41个；研究生招生1500人，比上年增长66.7%；在学研究生3000人，比上年增长50%；毕业研究生400人，比上年增长33.3%。成人教育加快发展，成人高等教育学校毕业人数为3.83万人，比上年增长66.5%。

科技投入力度有所加大，科技进步总体水平提高。全年科学研究与实验发展经费支出达到8.9亿元，其中基础研究经费为2.9亿元。各类专业技术人员队伍不断壮大，年末国有企事业单位各类专业技术人员为55.29万人，比上年增长1.5%。全年获得省部级以上科技成果73项。知识产权保护力度加大，全年专利申请1245件，比上年下降0.9%，其中授权专利719件，增长16.7%，技术合同成交额1.79亿元。

2003年，贵州民族自治地方高等学校在校学生2万人，比2002年增长9.8%，中等学校和小学在校学生分别为94.62万人和199.94万人，普通高等学校有7所，中等专业学校有39所，普通中学954所，小学6599所。2002年共投入文教卫生事业费30.91亿元、科学事业费1609万元。

（撰稿　杨伟）

云　南　省

【民族经济】　2003年云南民族自治地方经济发展趋势良好，各项主要经济指标发展速度不同程度高于全省。总体而言，经济运行向高质量、优结构发展，改革累积效应逐步显现。

2003年民族自治地方实现生产总值905.4亿元，比上年同期增长11.0%，增幅高于全省2.4个百分点。其中第一产业、第二产业、第三产业分别比上年增长7.7%、18.1%、7.3%，第二产业仍为支撑GDP高增长的主要动力，增幅高于全省7.7个百分点。人均国内生产总值4316元。三次产业结构从上年的30.2：33.9：35.9调整为29.8：36.0：34.2，第二产业比重进一步提升，产业结构更趋合理。

1. 农林牧渔业总产值稳步增长。2003年民族自治地方实现农业总产值425.8亿元，比上年增长5.7%。粮食总产量为706万吨，较上年增长0.6%，增幅低于全省2.6个百分点。

2. 工业经济发展态势良好。2003年民族自治地方全部国有及规模以上非国有工业总产值425.7亿元，比上年增长15.3%，全部国有及规模以上非国有工业增加值215.6亿元，比上年增长15.1%，增幅高于全省5.5个百分点。

3. 国内需求拉动较为强劲。2003年民族自治地方全社会固定资产投资达320.6亿元，比上年增长31.9%，增幅高于全省8.4个百分点，比全国低0.3个百分点。国有单位固定资产投资达201.1亿元，比上年同期增长21.1%，增幅高于全省18.7个百分点。个体及其他经济投资增幅明显高于国有经济投资。二是消费增长开始回升，增幅近两年来首次高于全省，全年实现社会消费品零售总额262亿元，同比增长7.4%，增幅与全省持平，消费增长对民族自治地方经济发展起到积极拉动作用。

4. 财政收入快速增长，金融运行情况良好。2003年民族自治地方实现地方财政收入66.2亿元，比上年增长16.9%，增幅高于全省6.2个百分点，高于全国3.7个百分点。地方财政支出194.7亿元，比上年增长15.4%，增幅高于全省3.8个百分点。金融机构存款余额1039亿元，同比增长16.2%，增幅高于全省2.4个百分点；金融机构贷款余额727亿元，增长15.6%，增幅低于全省0.8个百分点。

5. 人民生活进一步改善。2003年民族自治地方城镇居民人均年可支配收入7396元，比上年增长5.1%，增幅高于全省0.9个百分点，低于全国3.1个百分点；平均每人消费支出5833元，增长9.1%，高于全省7.1个百分点。农民人均纯收入1479元，比上年增长45.0%，与全省增幅一致。

随着改革的推进及其效应的累积，创新的发展思路，经济结构、产业结构的不断调整，数量增值向效益增值的转变，对经济市场化认知度和参与能力的提高，以及信息化的来临，成为经济增长的源泉，改革累积效应的释放，使民族自治地方经济呈现高速增长的态势。

2003年民族自治地方经济发展呈现较为明显的追赶型特征：经济总量提高增速；产业结构调整幅度增大，与上年相比，二产占GDP比重上升2.1个百分点；经济增长的质量和效益明显提高。

宏观经济中突出的亮点有三：一是工业大幅增长，工业效益增强，市场参与能力提高；二是民间投资空间进一步拓展，民间投资增势良好，增幅高于国有经济投资；三是财政增收能力增强，自给能力有所提高。这三点表明我省民族自治地方经济增长的内生性增强，经济自主能力有所提高。

【社会发展】 2003年民族自治地方加大对民族地区基础教育、职业教育的投入扶持，大力培养选拔少数民族干部和各类专业技术人才，深化改革，扩大对外开放，加大扶贫攻坚力度，进一步改善人民群众基本生产生活条件，各项社会事业全面发展。

1. 民族教育、科技、文化等社会事业有了较大发展。通过加大对民族地区基础教育、职业教育的投入扶持，加强民族各类院校建设，举办特有民族大中专班、普通高校预科班等措施，加快民族教育发展。“三免费”教育范围扩大到边境沿线乡镇、七个人口较少特有民族和臧区的31万名贫困中小学生，使民族贫困地区中小学生入学率、巩固率大为提高。目前，全省各级各类学校少数民族在校生达237万人，占全省在校生的33.7%，全省已有100个县市区普及九年义务教育，其中民族自治地方占“普九”县的54%，少数民族适龄儿童入学率达到94.9%。民族地区各种实用技术不断推广普及，电脑农业等高新技术在民族地区逐步推广；省民委所属文化事业单位在民族传统文化的抢救保护、开发和宣传等方面成效显著，为推进云南民族文化大省建设做出了积极贡献。

2. 民族干部和人才队伍不断壮大。认真贯彻中央、省委、省政府关于培养民族干部的政策措施，大力培养选拔少数民族干部和各类专业技术人才。到2003年底，全省少数民族干部已有27.4万人，占全省干部总数的26.3%；少数民族专业技术人员17.6万人，占全省总数的24.4%，其中高级专业技术人员达3382人，比1995年增加1641人。特别是实现了“全省5000人以上的25个少数民族在省直各部门都有一名副厅级以上领导干部”的目标。民族干部素质不断提高，结构不断改善。为建设边疆，巩固边疆造就一支忠诚于党和人民事业的民族干部队伍。

3. 深化改革，对外开放形成新格局。民族地区始终把改革作为发展的动力，利用独特的地缘优势，利用国内外两个市场，两种资源，发展开放性经济，积极开展边境贸易，推进与周边国家的区域经济合作，增加有特色的产品出口。同时，积极探索东中西部地区合作的新方式，实行对内对外开放，优势互补，外引内联，相互促进，共同发展，形成全方位开放的新格局。2003年全省边贸进出口总额完成4.2亿美元，比上年增长13.2%。

4. 扶贫攻坚成效显著，基础设施进一步改善。加大对云南人口在10万人以下的7个特有民族的扶持力度，加快脱贫发展步伐。通过在民族贫困地区实施基础设施建设、小额信贷、安居温饱工程、易地开发、科教扶贫等工程，及少数民族特困乡综合扶贫开发、边境民族乡综合扶贫开发工程，2003年全省绝对贫困人口减少了40万人，低收入人口减少了50万人，其中大部分是少数民族群众。民族自治地方实现了乡乡通公路和96%的行政村通公路，95%的行政村通电，89%的行政村通电话，87%的行政村通自来水，基本生产生活条件得到进一步改善。

（撰稿 李鸿雁 审稿 李 勇 徐畅江）

西藏自治区

【民族经济】 2003年，西藏自治区在党中央、国务院的亲切关怀和正确领导下，在全国人民特别是对口援藏省市、企业的大力支持下，以"三个代表"重要思想和十六大精神为指导，深入贯彻落实中央第四次西藏工作座谈会精神，全区各族人民谋跨越、奔小康的热情空前高涨，跨越式发展的势头十分强劲。

1. 经济继续保持了快速发展的好势头，呈现出一些好苗头。在克服非典影响、战胜各种自然灾害和疫情的情况下，全区生产总值连续三年保持了12%以上的增长速度，经济形势很好。主要表现在，经济发展的速度和市场化进程同时加快，硬环境和软环境同时改善，投资和消费的拉动作用同时增强，经济社会发展的水平和人民生活水平同时提高。

2. 农牧区建设力度加大，农牧民增收步伐加快。加强了涉农资金的整合，强化了"三农"工作的督促落实，提出为农牧民办"12件实事"，汇总落实24亿元资金，加大了农牧区通路、通广播电视、人畜饮水等方面的工作力度，修建乡村公路2000多公里，新建广播电视收转台2000座，解决了18万人、215万头（只、匹）牲畜饮水困难，取得了显著成效，农牧区建设力度加大，改善了农牧区发展条件，促进了农牧民增收，各地及有关部门紧紧抓住工程项目不断增多的机遇，通过组织引导、能人带动、技术培训等综合措施，使全区的劳务输出又上了一个新台阶，全年农牧民劳务输出达40多万人次，劳务总收入5亿多元。农牧民人均收入达到1690元，比上年增长11%以上，近年来增幅最大的。在稳定和保护粮食综合生产能力的前提下，农牧业结构调整稳步推进，优质品种面积扩大，农牧业产业化经营迈出可喜步伐，农区和城郊畜牧业、乡镇企业、多种经营发展加快，农牧业的质量和效益不断提高。全区粮食总产达97万吨，连续4年保持在95万吨以上；油菜总产量达4.9万吨，比上年增长1.4%。

随着援藏工作向纵深发展，18个对口援藏省市、15户中管固有重要骨干企业和中央国家机关有关部委，在援藏项目规划和资金投向上，逐步向农牧区倾斜，向增加农牧民收入转变。除中央确定的对口援藏项目外，投向县及县以下农牧区的新增援藏资金约8亿元，农牧民群众得到了更多实惠。去年9月，中央组织部、人事部在成都召开第三次对口支援干部工作座谈会后，各地市加强了与对口援藏省市、企业的衔接工作，在考虑第四批援助项目时，进一步加大了向基层、向农牧区倾斜的力度。

3. 重点项目建设进展顺利，固定资产投资大幅增长。2003年全区固定资产投资在前两年不断加大的基础上，继续保持了强劲的增长势头，全社会固定资产投资达134亿元，比上年增长公25.2%，上年的投资规模比"八五"期间投资总额高出34.8%，相当于"九五"投资总额的58.5%。投资规模大幅增加为全区经济保持12%以上增长速度提供了有力支撑。

在国家的大力支持下，重点项目建设进度明显加快。青藏铁路西藏段建设全线铺开，全年西藏段完成投资38亿元。拉萨火车站、直孔电站、金河电站、拉萨至贡嘎机场公路等一批重大项目相继开工。中央第四次西藏工作座谈会确定的"117"项目，已建成40个，在建73个，累计完成投资136.4亿元；"117"项目以外的32个重点项目，已建成8个，在建24个；中央确定的70个对口援藏项目已完成69个，总投资11亿元。此外，第三批对口援藏省市、中央国家机关和企业还投入援藏资金19.4亿元。安徽、吉林、黑龙江和15户中管国有重要骨干企业2003年全部到位，一年多来援藏工作力度也很大，已落实项目152个，投资4.7亿元。

4. 消费逐步趋旺，消费对经济增长的拉动作用有所增强。2003年，受非典的影响，第三产业增幅有所回落，但全区消费仍保持了较好势头。按支出法测算，消费对GDP的贡献率仍然达到40%左右，在经济增长中发挥了重要作用。全社会消费品零售总额达到58亿元，比上年增长9.3%。城市居民每百户汽车拥有量由上年的1辆增加到2辆；交通通讯消费增长迅猛，人均消费已超过1000元；家庭设及各用品的消费已成为新热点。农牧区消费也出现了可喜迹象，用于购买生产性机械的消费增长了47.4%。用于农房改造和交通通讯的支出增长18.5%，用于文化娱乐的消费继续保持稳定增长。

5. 产业结构进一步优化，自我发展能力有所增强。2003年，全区生产总值达到184亿元，按可比价格计算，比上年增长12.1%。其中：第一产业增加值40亿元，增长3.4%；第二产业增加值48亿元，增长34.7%%；第三产业增加值96亿元，增长6.9%。第二产业增加值首次超过第一产业，产业结构发生了重大变化，由原来的“三一二”变为“三二一”（一二三产业的比重调整为22.2：26.1：51.7）。第二产业快速增长，主要是建筑业的迅猛发展，建筑业的增加值已占到第二产业的70%以上，同时能源、建材、食品饮料、藏药、高原生物资源开发等也迅速发展，已经成为新的经济增长点。旅游业在受到非典影响的情况下，仍然取得了较好成绩，旅游收入首次突破10亿元大关。

6. 经济体制改革不断深化，经济运行的质量和效益明显提高。以产权制度为核心的国有企业改革稳步推进，国有企业的活力明显增强。

7. 对外开放进一步扩大，经济发展的活力增强。随着全区对外开放力度的不断加大，市场配置资源的基础性作用进一步发挥，非公有制经济继续保持快速发展的良好势头，全区个体私营企业从业人员已达10.9万人，比上年增长12%；注册资金42亿元，比上年增长16%。招商引资势头看好，据不完全统计，协议资金额达20多亿元，实际到位资金4亿元。边境贸易进出口总额完成6262万美元，同比增长26%。对外经济技术交流与合作得到加强。

【社会发展】 2003年，按照统筹兼顾、协调发展的要求，加大了对社会事业的政策、资金倾斜。为实现拒非典于区门之外的目标，在国家对西藏投入1000万元的基础上，西藏财政投入3900万元用于防抗非典工作，加强了疾病预防控制、突发公共卫生事件医疗救治、重大疫情信息网络和卫生执法监督“四个体系”的建设。“贫困地区义务教育工程”稳步推进，2003年共完成小学改扩建项目280个，适龄儿童入学率达91.8%，比上年提高了3.5个百分点，又有9个县通过“普九”验收，目前全区通过“普九”验收的县已达17个。“扶贫助学工程”继续推进，以农牧区特困学生为主，受助的大中专学生已有450多名，西新工程进展顺利，广播电视人口覆盖率分别达到82.7%和81.3%。全区新建县级精神文明和文化活动中心18个，新建乡村文化站（室）194个。

（撰稿　次仁卓玛　审稿　尼玛次仁）

甘　肃　省

【民族经济】 2003年是认真贯彻落实党的十六大精神的第一年，也是甘肃省加快全面建设小康社会进程的重要一年，面对突如其来的“非典”疫情、地震和洪灾等各种自然灾害，甘肃省民族地区在省委、省政府的正确领导及国家民委的具体指导下，认真学习贯彻党的十六大、十六届三中全会和省委十届四次全委扩大会议精神，高举邓小平理论伟大旗帜，紧紧围绕“共同团结奋斗、共同繁荣发展”这一新世纪新阶段民族工作的主题，团结一致，克服困难，开拓进取，扎实工作，为促进全省少数民族和民族地区经济社会的发展做出了新的贡献。

1. 西部大开发战略全面推进，基础设施建设步伐加快。民族地区紧紧围绕西部大开发战略，立足州、县实际，理清思路，抓住机遇，积极争取项目和资金，促使农电改造、人畜饮水、交通、通讯、城市基础设施建设等一批项目相继上马，使西部大开发成为民族地区经济社会发展的主导力量。2003 年临夏回族自治州已建成有效灌溉面积 53.2 万亩，节水灌溉面积 41.3 万亩；建成各类人畜饮水工程近 5.8 万处，解决了 87.8 万人、48 万头（只）牲畜的饮水困难；建成小水电站 37 座，装机容量 3.9 万千瓦，年发电量 1.2 亿度；建成 25 条共 819 公里的县级公路，56 条共 260 公里的通乡公路；城市供水、供暖、污水处理等公共设施得到一定改善。甘南藏族自治州公路铺油改造、水电开发、农牧区电网改造、农牧业基础设施建设和城镇建设全面展开，新建的夏河、头道河等四座水电站进展顺利。完成退耕还林还草 2.9 万亩，玛曲等三县的草原植被恢复与建设项目已经启动，卓尼、迭部等五县已列入天然草场退牧还草范围。

2. 经济保持稳定增长，整体素质进一步提高。2003 年甘肃民族自治地方实现生产总值 75.69 亿元，按可比价格计算，比上年增长 10.4%，略高于全省平均水平。甘肃省对民族自治地方加大投资力度，以投资拉动经济增长的决策已经产生效力。其中第一产业完成增加值 23.4 亿元，比上年增长 0.4%；第二产业完成增加值 25.1 亿元，比上年增长 13.0%；第三产业完成增加值 27.2 亿元，比上年增长 18.0%。

3. 农牧产业结构调整迈出新的步伐，呈现出良好的发展势头。在农区着力培育和发展“高效农业”、“优势工业”、“民族商贸业”、“特色旅游业”、“ 高原特色农业”等产业，初步建成了以羔羊、肉牛、洋芋、药材、双低油菜、花椒、豆类、花卉等为主的特色产业基地。在牧区积极推进草畜承包，发展畜产品加工，以畜产、矿产、水电、藏药和山野珍品等优势资源的开发为重点，发展以资源为依托的特色产业。在城镇、交通沿线及条件较好区域放手发展民营经济，使民营经济逐步成为经济发展的主导力量，临夏回族自治州民营经济增加值已经占到国内生产总值的 62%，税收占到 42%，农牧民收入中占到 51%。

4. 对外开放不断扩大，招商引资成效显著。随着西部大开发战略的实施和我国加入 WTO，民族地区对外开放的领域和范围进一步扩大。通过完善招商引资优惠政策，采取“旅游搭台，经济唱戏”等形式，积极参加和举办各种商贸旅游节活动，进行项目洽谈，加强经济技术合作，努力招商引资。2003 年临夏回族自治州出口额达 320 万美元，同比增长 23%，甘南藏族自治州出口额达 1036 万美元，同比增长 141.5%。招商引资工作取得突破性进展，临夏州三年来高起点规划了 16 个经济园区，累计投入资金 3.9 亿元，已有 765 家企业入驻园区，从业人员达 1.4 万多人。甘南州三年来共签约招商引资项目 40 个，引进资金 3.88 亿元，开工建设了舟曲县两河口等水电站及旅游景区基础设施建设项目，成功引进草原兴发集团等一批优势企业参与资源的开发，为地方经济注入了活力，培植了新的经济增长点。

5. 扶贫开发成效明显，人民生产水平显著提高。坚持开发式扶贫，通过兴水改土、加快人畜饮水工程建设、推动农村产业结构调整等措施，大力改善了贫困地区广大群众的生产生活基本条件，农民人均纯收入达到 1260 元，比上年净增 66 元。各民族州、县基本解决了温饱问题，其中阿克塞、肃北、肃南三个自治县农牧民人均纯收入分别达到 4866 元、4679 元、4040 元，正在逐步向富裕型小康过渡。

【社会发展】 2003 年，甘肃省民族自治地方在省委、省政府的正确领导下，紧紧围绕民族团结和进步两大主题，认真贯彻落实党的民族政策和法律法规，积极推进科技、教育、文化、体育、卫生等各项社会事业全面发展，少数民族各项社会事业取得了新成绩。

1. 民族教育事业进一步发展。2003 年甘肃省民委以筹备召开全省民族教育工作会议为重点，大力促进民族教育等社会事业的发展。针对甘肃省民族地区教育落后的现状，会同省教育厅对民族地区基础教育的发展现状及制约因素进行了专题调研，起草了《进一步加强甘肃省民族教育工作的意见》，并上报省政府。对尚未实现普初任务的民族县进行专题调研，明确了普初工作任务。

2. 体育事业成绩显著。精心组团参加第七届全国少数民族传统体育运动会，获得了3金2银2铜共7个奖牌的历史最好成绩。民族地区全民健身活动继续广泛开展。

3. 文化事业进一步繁荣。精心组织陇原民族情艺术团深入民族地区慰问演出和甘肃省少数民族歌舞团赴台湾进行交流演出，受到了民族地区群众和台湾各界人士的欢迎和好评，同时在沿海各地进行巡回展演，宣传了甘肃少数民族和少数民族文化。少数民族语言文字和古籍整理工作取得新成绩，对甘肃省藏族、蒙古族、哈萨克族民族语文和双语教学情况进行调研，积极开展了争取将“同元藏文信息技术”确定为国家重点扶持高科技项目并在甘肃省建立示范区工作。《中国少数民族古籍总目提要·甘肃藏族卷》编目已从简目登录转入总目提要编目阶段。成立了《少数民族古籍总目提要·甘肃藏族卷》拉卜楞寺藏书编目工作领导小组和编审组。出版了《甘肃蒙古族文化形态与古籍文存》、《甘肃土族文化形态与古籍文存》和《枳香山房诗草选注》。加大了对民族工作的宣传力度，民族研究工作取得新成效。在办好《甘肃民族宗教》、《甘肃民族研究》、《安多研究》等刊物的同时，根据不同时期工作的需要，印发民族、宗教政策宣传材料，在甘肃日报、省电视台等媒体开展专题宣传报道，使全社会更多的人了解民族工作，了解党的民族政策。端正研究方向，加强现实研究，把选定课题同指导工作结合起来，出了一批有影响的研究成果，圆满完成了国家民委《在小康社会进程中关于培养少数民族干部的研究》课题，首次在全省民族工作系统开展了民族调研成果评奖活动，推动了民族研究工作。成功地举办了甘肃民族宗教文化学术研讨会。

4. 民族团结进步事业健康发展。民族地区以贯彻落实《民族区域自治法》、开展民族团结进步宣传周、加强民族法制建设为重点，积极推动民族团结、社会进步事业。认真组织开展了全省第七个民族团结进步宣传周活动。在《甘肃日报》创办民族团结进步宣传周专版，介绍了党的民族政策和全省民族工作取得的伟大成就。向各市、州、地、省直有关部门和大专院校、大型厂矿企业印发了宣传材料，加大了对民族工作和民族政策的宣传。积极开展民族团结进步创建活动。省民委与省委统战部共同研究，积极起草了甘肃省委、甘肃省人民政府关于开展民族团结进步创建活动的决定及实施意见，并以此为载体，进一步推动民族地区的物质文明、政治文明、精神文明建设。加强了民族法制建设。向省委、省政府上报了关于修改《甘肃省实施民族区域自治法若干规定》的意见，经省委常委会议专题研究，成立了由政府分管省长任组长的修改起草小组，并两次召开全体会议，制定计划安排，明确任务职责。以州、县庆活动为契机，抓住机遇，推动民族地区的团结进步。筹备了省政府召开的州、县庆项目协调会，为甘南藏族自治州、张家川回族自治县协调争取建设资金1亿多元，达到了搞庆典、办实事、促发展的目的。认真开展了对国外藏胞工作，定期帮扶和慰问定居藏胞，组织定居藏胞及亲属到外地参观，爱国教育深入人心，按规定开展了国外藏胞回国探亲的审批接待工作。

（撰稿　成自强　审稿　万凌云）

青海省

【民族经济】　2003年青海民族自治地方高举邓小平理论和“三个代表”重要思想伟大旗帜，坚持与时俱进，正确处理改革发展稳定的关系，认真实施西部大开发战略，全面完成了国民经济和社会发展的各项任务。

2003年民族自治地方实现生产总值217.35亿元，比上年同期增长12.0%，增幅略低于全省。其中第一产业、第二产业、第三产业分别比上年增长8.8%、11.3%、15.6%。人均国内生产总值6901元。三次产业结构从上年的18.7:52.5:28.8调整为18.3:52.3:29.4。

1. 农林牧渔业总产值稳步增长。2003年民族自治地方实现农业总产值59.84亿元，比上年增长10.4%。粮食总产量为58.7万吨，比上年有所下降；油料产量19.7万吨，比上年增长11.0%；年底大牲畜、羊和猪的存栏头数分别为201.74万头、58.0万只和528.3万只，分别比上年增长8.8%、6.8%和13.7%；肉类产量23.8万吨，比上年增长27.2%。农业生产条件进一步改善。2003年农业机械总动力达到192.2万千瓦，比上年增长25.0%；农村用电量1.8亿千瓦时，比上年增长49.0%。

2. 工业经济发展态势良好。2003年民族自治地方全部国有及规模以上非国有工业总产值188.4亿元，比上年增长14.2%，全部国有及规模以上非国有工业资产合计413.66亿元，利润总额3.6亿元。原盐产量达到66.4万吨，比上年增长6.7%，几乎是全省的全部产量，占全国产量的1.9%；原油产量220.0万吨，比上年增长2.8%；天然气产量15.41亿立方米，比上年33.9%，也近全省产量；发电量115.3亿千瓦小时，比上年17.7%，占全省的88.4%。原油、天然气和发电量不仅是全省的基地，也已成为全国重要的能源生产基地。

3. 国内需求拉动较为平稳。一是固定资产投资平稳增长，2003年民族自治地方全社会固定资产投资达118.3亿元，比上年增长14.9%。其中，基本建设投资87.8亿元，比上年增长8.9%；更新改造投资13.8亿元，比上年增长49.9%。二是消费增长平稳，全年实现社会消费品零售总额38.9亿元，比上年增长4.0%。

4. 财政收入快速增长，金融运行情况良好。2003年民族自治地方实现地方财政收入9.1亿元，比上年增长14.6%，增幅高于全省0.8个百分点。地方财政支出34.8亿元，比上年增长34.4%，增幅高于全省30.5个百分点。金融机构存款余额166.7亿元，同比增长26.4%，金融机构贷款余额173.0亿元，增长60.0%。

5. 人民生活进一步改善。2003年民族自治地方城镇居民人均年可支配收入6529元，比上年增加493元，平均每人消费支出5511元；农民人均纯收入1721元，比上年增加142元。

（撰稿　冯常海　审稿　王海青）

宁夏回族自治区

【民族经济】　2003年，宁夏回族自治区各族人民在自治区党委、政府的领导下，以邓小平理论和“三个代表”重要思想为指导，全面落实党的十六大精神，紧紧围绕自治区确定的各项预期目标和工作任务，以全面建设小康社会总揽经济建设全局，加快推进农业产业化、工业化、城市化进程，大力发展壮大县域经济，加快经济结构调整，积极应对国内外形势新变化，努力克服“非典”疫情、农业缺水、工业缺电、运力紧张以及社会就业压力增大等不利因素的影响，使国民经济呈现持续快速增长的良好势头，经济增长质量进一步提高，各项社会事业全面进步，人民生活继续改善。

全年实现生产总值385亿元，比上年增长12.2%，增幅同比提高2个百分点，比全国增幅高3.1个百分点，总体运行呈现不断加快发展的良好态势。分产业看：第一产业增加值55.5亿元，增长2.4%；第二产业增加值191.7亿元，增长18.8%；第三产业增加值137.8亿元，增长8.4%。产业结构继续调整，三次产业增加值占自治区生产总值的比例由上年的16.1：45.9：38.0调整为14.4：49.8：35.8。第一产业比重下降1.7个百分点，第二产业比重上升3.9个百分点，第三产业比重下降2.2个百分点。

市场价格总水平小幅上扬。2003年居民消费价格总水平比上年上涨1.7%。其中，城市上涨1.5%，农村上涨2.0%。服务项目价格上升5.9%。商品零售价格总水平比上年下降0.5%。其中，城市下降0.8%，农村上涨0.1%。农业生产资料价格下降0.6%。全部工业品出厂价格与上年同期相比上涨5.6%，原材料、燃料、动力购进价格同比上涨6.8%。

财政收入增势良好。全年完成一般预算收入50.7亿元，比上年增长14.1%。全年地方一般预算收入30亿元，比上年增长16.3%。其中，增值税5.0亿元，增长15.0%；营业税10.9亿元，增长17.3%；个人所得税1.3亿元，增长12.5%。全年地方财政支出105.7亿元，比上年下降7.6%。其中，基本建设支出20.36亿元，下降20.2%；农业支出5.1亿元，增长10.4%；企业挖潜改造资金支出4.4亿元，增长34.6%。

2003年农业虽受粮食减产10.5%的影响，但在种植业结构优化、畜牧业发展势头良好等有利因素带动下，总体上仍实现了稳步发展，农林牧渔业总产值103.4亿元，完成增加值55.5亿元，同比分别比上年增长5.9%和2.5%。

全区农村经济结构不断调整，农业产业化经营继续推进，农、林、牧、渔业都得到了较快发展。据统计，全年粮食产量270.2万吨，比上年下降10.5%；油料产量13.2万吨，增长21.2%；水果产量23.1万吨，增长37%。

继续实施退耕还林还草工程，林业生产成效明显。全年完成退耕地造林草12.7万公顷；造林合格面积29.5万公顷，分别比上年增长1.5倍和61.7%。

畜牧业保持良好的发展势头。其中，全年猪牛羊肉产量19.9万吨，增长23.2%；禽肉产量2.7万吨，增长14.2%；禽蛋产量8.7万吨，下降3.7%；水产品产量5万吨，增长3.7%。农业生产条件进一步改善，大力发展节水灌溉，努力扩大灌溉面积。新增农田有效灌溉面积3186公顷，累计有效灌溉面积41.3万公顷，比上年增长0.8%；年末农业机械总动力486.34万千瓦，增长8.7%；农村用电量8.6亿千瓦小时，增长4.9%。

全年完成工业增加值143.3亿元，比上年增长16.3%。在国有及年销售收入500万元以上非国有工业企业中，轻工业增加值22.0亿元，增长27.4%；重工业增加值100.8亿元，增长17.2%。

主要工业产品产量和增长情况：原煤2194.8万吨，比上年增长20.7%；发电量206.1亿千瓦时，增长20.5%；铝锭26.9万吨，增长3.1%；化肥74.8万吨，下降0.4%；轮胎外胎241.5万条，增长7.7%；轴承391.5万套，下降25.1%；水泥494.1万吨，增长31.0%；钢丝绳3.8万吨，增长17.8%；金属切削机床1953台，增长7.5%。

工业生产产销衔接良好，经济效益总体水平稳步提高。全年国有及年销售收入500万元以上非国有工业企业实现销售收入420.3亿元，比上年增长35.2%；实现利税32.8亿元，增长41.3%，其中，实现税金21.3亿元，增长18.7%。盈利企业盈利额16.5亿元，增长42.4%；亏损企业亏损额5.0亿元，下降21.1%；盈亏相抵后实现净利润11.5亿元，增长1.2倍，其中，国有及国有控股企业实现净利润5.3亿元，增长79.8%。全年工业经济效益综合指数96.7，比上年上升5.5个百分点；总资产贡献率6.3%，比上年上升0.6个百分点，资产负债率63.9%，比上年上升6.4个百分点；流动资产周转率1.5次，比上年提高0.1次；成本费用利润率2.8%，比上年上升0.9个百分点；工业产品销售率97.2%，比上年降低1.6个百分点。

建筑业生产快速增长，劳动生产率和建筑产品质量不断提高。建筑企业全年实现建筑业增加值48.4亿元，增长27.1%；完成总产值108.1亿元，比上年同期增长28.7%。房屋建筑施工面积1119.8万平方米，增长34.2%，房屋建筑竣工面积578.7万平方米，增长34.3%，全员劳动生产率61352元/人，增长7.7%。装修装饰业逐步成为建筑行业内新的经济亮点，全年实现产值2.5亿元，增长17.6%。

在国家积极的财政政策支持下，全区继续加大了对基础产业和设施、生态环境、科技教育等的投入，使固定资产投资继续保持快速增长势头。全年全社会固定资产投资总额318亿元，比上年增长40.1%。其中，基本建设投资162.7亿元，增长33.7%；更新改造投资40.8亿元，增长61.9%；房地产开发投资50.9亿元，增长64.7%。从投资主体来看，国有单位投资156.1亿元，增长16.9%；非国有单位投资162.1亿元，增长66.6%。

投资结构进一步优化。在全社会固定资产投资中用于农、林、牧、渔水利业投资35.6亿元，增长34.3%，用于交通、邮电通信业投资38.9亿元，下降7.7%，以城市基础设施建设为主体的社会服务业投资32.7亿元，增长75.5%；教育、文化设施投资6.2亿元，下降9%；原材料工业投资34.5亿元，增长1.2倍；能源工业投资34.5亿元，下降6.7%。

重点建设项目进展顺利。全区在加大固定资产投资力度的同时，进一步突出重点建设项目建设，以重点项目带动重点行业。全年正式施工的23个重点建设项目完成投资67.4亿元，占全社会固定资产投资的比重为21.2%。

在基本建设和更新改造投资项目中，施工项目1455个，比上年增加139个。其中，新开工项目1118个，增加97个。建成投产项目840个，项目建成投产率57.7%。全社会新增固定资产232.2亿元，固定资产交付使用率达到73%。其中：新增的主要能力有：造林面积479.4万亩，新建高速公路156公里，长途电缆线路长度170公里，城市道路扩建长度77.7公里等。

努力改善消费环境，不断加快布局结构和经营业态调整，积极开拓城乡市场，商业企业的聚集、辐射能力明显增强。全年实现社会消费品零售总额121亿元，增长11%。其中，农村消费品市场保持稳定，实现消费品零售额39.5亿元，增长8.1%；城市市场趋于活跃，实现消费品零售额81.5亿元，增长12.4%。

分经济类型看，股份制经济零售额快速增长。全年股份制经济实现消费品零售额23亿元，比上年增长30.5%，增幅居各种经济类型之首，高于全区社会消费品零售总额增幅19.5个百分点。比国有经济、集体经济增幅高24.9个百分点。比私营、个体经济增幅高23.7个百分点。所占社会消费品零售总额份额继续扩大，由上年的16.5%扩大到19.4%，提高了2.9个百分点。

分行业看，批发零售贸易业零售额98.8亿元，增长10.4%，其中，限额以上贸易企业零售额34亿元，增长38.3%；餐饮业继续走旺，实现零售额19.6亿元，增长14.8%。城乡集市贸易成交额108亿元，增长66%。

分类别看，全区限额以上贸易企业商品销售额中，食品、饮料、烟酒类零售额增长48.4%，服装类增长23.4%，化妆品类增长21.9%，洗涤用品类增长36.7%，家用电器和音像器材类增长37.4%。文化办公用品类、通讯器材类、汽车类零售额分别增长2倍以上。

全年外贸出口创历史新高。据海关统计，全区进出口总额达到6.5亿美元，增长47.4%。其中，出口总额5.1亿美元，增长56%；进口总额1.4亿美元，增长23.1%。在外贸出口总额中，国有企业出口3.7亿美元，占出口比重的72.5%，增长55.1%，拉动全区出口增长40.2个百分点；一般贸易出口4.4亿美元，同比增长91.2%，占全区出口总额的85.5%，比上年提高16.8个百分点。

从出口地区看，对各大洲出口全面增长。其中，对亚洲出口3.0亿美元，同比增长62.0%，占全区出口额的59.0%，是宁夏主要的出口市场；对欧洲出口1.1亿美元，同比增长69.8%；对北美洲出口0.6亿美元，同比增长27.8%。

从主要贸易伙伴来看，列全区出口额前五位的国家和地区是，日本（9804万美元，同比增长71.7%）、韩国（7576万美元，增长149.5%）、美国（6020万美元，增长30.5%）、香港（4885万美元，增长170.7%）、荷兰（2370万美元，增长73.2%），其出口增量占出口总增量的76.9%，拉动全区出口增长43个百分点。

从出口的主要产品看，铝制品出口8304万美元，增长42.9%；硅铁出口7843万美元，增长227.4%；钼制品出口3908万美元，增长20.7%；金属镁出口3894万美元，增长43.4%；无毛绒出口2699万美元，增长60.9%；轮胎出口2252万美元，增长1.4%；双氰胺出口2074万美元，增长150.8%。

利用外资进展顺利。全区实际利用外资7186万美元，新签利用外资协议项目37个，新签利用外资投资额3.3亿美元。年末全区拥有注册的三资企业481个，比上年增加27个。

交通运输生产平稳增长。全年交通运输和邮电通信业完成增加值27亿元，增长7.5%。

年末全区公路通车里程已达11916公里，比上年末净增671公里。其中，高速公路526公里，一、二级公路2140公里。全年完成货物周转量：公路63.1亿吨公里，增长2.7%，铁路181.4亿吨公里，增长1.1%；航空176.5万吨公里，下降6.8%。完成旅客周转量：公路33.5亿人公里，下降5.7%；铁路17.5亿人公里，下降1.7%；航空2.1亿人公里，增长30.5%。

邮电通信业持续快速发展。全年新增长途光缆946公里，长途光缆长度达到6519公里；新增本地局用交换机容量12.4万门，达到169万门。互联网络注册户数22万户，增长26.4%。

全年邮电业务总量28.5亿元，增长30.1%。年末本地电话用户达到100.3万户。其中，城市电话用户72.2万户，乡村电话用户28.1万户。移动电话用户123万户。全区电话普及率达到39.2部/百人。其中，城市固定电话普及率达到43.6部/百人。

由于"非典"疫情对旅游业影响较大，入境旅游、国内旅游均有所下降。全区全年共接待入境旅游者3049人次，下降49.3%，外汇收入100万美元，下降37.9%；接待国内旅游者274万人次，下降10.2%，国内旅游收入10.21亿元，下降14.9%。

金融形势运行平稳，稳健的货币政策促进了社会经济的健康发展。2003年末，金融机构各项存款余额761.4亿元，比年初增长28.7%。其中，企业存款余额247.7亿元，比年初增长31.7%。金融机构各项贷款余额691.4亿元，比年初增长31.8%。其中，短期贷款余额288.0亿元，比年初增长24.8%；中长期贷款余额403.4亿元，比年初增长32.7%。

2003年末，金融机构现金收入1871.1亿元，现金支出1893.2亿元，收支相抵净投放现金22.2亿元。

2003年末，全区上市公司11家。证券交易营业部12家，全年交易额357.5亿元，比上年增长10.4%。

保险事业快速发展。保险险种增加，保险收入大幅度提高。全年保费收入10.7亿元，同比增长22.4%。其中，财产险收入2.9亿元，增长25.6%；人身险收入7.8亿元，同比增长22.6%。全年共支付共赔款及给付2.4亿元，增长4.5%。其中，财产险赔付金额1.3亿元，人身险赔款及给付金额1.1亿元（含退保金额）。

【社会发展】 全面实施素质教育，调整高校布局结构。地方普通高校继续扩大招生规模，发展速度加快。普通高校12所，招生数11237人，在校本（专）科学生35134人，增长19.9%，毕业生5461人。研究生培养单位2个，年内招收研究生290人，增长60.2%，在校研究生591人，毕业研究生90人。

2003年，各级各类学校3486所，在校学生127万人，教职工75089人。其中，专任教师64356人。小学2816所，招生128779人，小学在校生669503人，增加5961人，小学学龄儿童入学率97.5%；普通中学446所，招生128757人，在校学生377078人。中等职业教育（职高、普通中专、成人中专）38所（不含技工学校），招生18014人，在校学生45017人，其中，普通中等专业学校11所，在校学生27346人。成人高等教育在校学生38540人，增长4.7%；成人中等教育在校学生5799人，减6.1%。

全区已普及了初等义务教育，普及九年义务教育的县（市、区）已达16个，“普九”人口覆盖率68.3%。全区实现了基本扫除青壮年文盲的目标。

技术市场持续发展。全年认定技术合同332项，合同金额10047万元；申请专利441件，专利授权338件。全区拥有各类科学研究开发机构51个，其中，自然科学研究机构17个，人文社会科学研究机构6个，科技情报与文献机构4个，已转制的科研机构24个，自治区级重点实验室4个。全区地方国有单位各类专业技术人员14万人。

群众文化事业蓬勃发展，文化市场秩序进一步得到清理和规范。全区艺术表演团体14个，公共图书馆21个，文化馆22个，博物馆5个。

加强广播电视基础设施建设，不断扩大广播电视覆盖率，继续巩固发展“村村通”工程，积极推进有线电视入户。2003年末，有广播电台5座，节目23套，中短波广播发射台和转播台8座，广播综合人口覆盖率91.2%；电视台5座，节目54套，电视发射台和转播台108座，电视综合人口覆盖率89.0%，比上年提高1.3个百分点。

全区地方出版报纸19种，出版量7549.06万份；出版杂志24种，出版量123.17万册；出版图书447种，出版量1480.8万册。

卫生工作以城镇医疗卫生体制改革为重点，整顿和规范医疗卫生市场秩序，重点作好疾病的预防和控制工作，为保护人民健康做出了积极贡献。全区卫生机构1499个，床位15728万张；卫生技术人员23105人，其中，执业医师、执业助理医师10650人，注册护士7272人。卫生防疫、防治机构39个，卫生技术人员1307人；妇幼保健机构25个，卫生技术人员1147人；农村卫生院279个，卫生技术人员3326人。创建卫生城市、卫生县城工作卓有成效。

努力实施《全民健身计划》，开展全民健身活动，特别是成功举办的第七届少数民族运动会，让全国人民进一步了解宁夏的同时，大大促进了全区城乡群众体育活动的深入开展。在亚洲青年锦标赛上我区运动员获得自行车比赛银牌1枚；全国比赛获金牌5枚，银牌10枚，铜牌13枚；在全区单项运动会上获金牌107枚，银牌96枚，铜牌89枚。

全区进一步加大生态环境保护和建设力度，继续巩固工业污染源达标排放成果，围绕“大银川”和城镇化建设，城市环境综合整治取得新的成效。全区环境保护系统人员670人，各级环境监测站14个，环境监测人员257人。环境污染限期治理项目59个，完成投资9479.5万元；竣工绿色工程规划项目1项，完成投资10791万元。全区烟尘控制区30个，面积150.3平方公里，噪声达标区30个，面积108.1平方公里。全区自然保护区12个，面积53.3万公顷；国家级自然保护区5个，生态示范区单位2个。

据人口变动情况抽样调查，2003年全区出生人口9.03万人，人口出生率为15.68‰，比上年下降0.74个千分点；死亡人口2.72万人，人口死亡率为4.73‰；人口自然增长率10.95‰，全年净增人口6.31万人，年末总人口580.3万人。

2003年末，全区城乡就业人员290.6万人，比上年末增加9.1万人，增长3.2%。城镇单位在岗职工60.2万人，比上年末减少0.4万人，下降0.7%，其中，国有单位减少4.6万人，集体单位减少1.1万人。城镇私营企业和个体从业人员20.6万人，比上年末增加3.2万人。乡村从业人员208.4万人，比上年末增加5.2万人。2003年全区通过各种渠道实现就业和再就业的失业人员4.5万人，年末城镇登记失业人数3.8万人，登记失业率4.4%。

城镇居民收入稳步增加，生活水平进一步提高。2003年，全区在岗职工工资总额80.8亿元，增长11.7%；在岗职工平均工资13056元，增长11.4%。城镇居民人均可支配收入6530元，增长7.6%；人均消费性支出5330元，增长4.4%，其中，城镇居民用于交通与通讯、医疗保健、教育、文化娱乐等方面的费用增加较多，居民消费结构进一步优化。全年食品消费占总消费支出比重为36%，比上年提高1.2个百分点；衣着消费占11.0%，下降0.3个百分点；交通和通讯消费占11.0%，提高0.1个百分点；教育消费占6.0%，下降1.6个百分点；居住消费占10.5%，提高了1.0个百分点。

全区农民人均纯收入突破2000元，达到2043.3元，增收125.9元，增长6.6%。农民从非农产业获得的收入888.9元，增长10.7%，其中，工资性收入达到592.3元，增长12.5%。由于政策性扶持收入增加较多，农民人均转移性收入126.3元，增长81.6%。农民人均生活消费支出1637.1元，增长15.4%。其中，人均食品消费支出680.2元，比上年增长7.4%，恩格尔系数由上年的44.6%下降为41.5%，下降3.1个百分点，是近年来下降幅度最大的一年。

2003年末，城乡居民储蓄存款余额377.7亿元，比年初增长23.1%。其中，活期储蓄存款余额134.2亿元，比年初增长26.1%；定期储蓄存款余额243.5亿元，增长21.5%。

（宁夏回族自治区民委供稿　审稿　李岚）

新疆维吾尔自治区

【民族经济】　2003年，新疆维吾尔自治区认真贯彻落实“三个代表”重要思想及党的十六大和十六届三中全会精神，坚持以经济建设为中心，正确处理改革发展稳定的关系，积极实施西部大开发战略，努力克服非典、地震等灾害带来的不利影响，抢抓机遇，奋发图强，保持了国民经济持续、稳定的增长，呈现出经济发展、社会稳定、民族团结的良好局面，为实现全面建设小康社会的宏伟目标迈出了坚实的一步。

1. 国民经济增速加快，综合实力显著增强。全区实现生产总值1878亿元，比上年增长10.8%。其中，第一产业增加值413亿元，增长8.2%；第二产业增加值797亿元，增长12.1%；第三产业增加值668亿元，增长10.5%。新疆人均生产总值9700元，增长9.1%。

2. 农业生产稳步增长，产业结构调整取得新进展。全年农林牧渔业总产值688.32亿元，比上年增长6.3%。其中农业产值482.76亿元，增长5.2%；牧业产值161.98亿元，增长8.7%；林业产值13.69亿元，增长20.7%；渔业产值3.21亿元，增长1.7%。全年粮食播种面积130.70万公顷，下降12.5%；棉花播种面积103.71万公顷，增长9.9%；油料播种面积22.64万公顷，增长5.3%；全年粮食产量801.64万吨，下降7.2%；棉花产量160万吨，增长6.7%；油料产量50.13万吨，增长13.0%；年末牲畜存栏头数为5026.54万头（只），比上年增长5.1%；牲畜出栏3201.99万头（只），增长11.2%；肉类总产量110万吨，增长9.8%；绵羊毛产量7.84万吨，增长5.4%；年末农业机械总动力972.72万千瓦，比上年增长5.8%。农村用电量29.95亿千瓦小时，增长6.0%。

3. 工业生产增长加快，经济效益持续上升。全区工业增加值571亿元，比上年增长11.2%。其中轻工业增加值88亿元，增长7.1%；重工业增加值483亿元，增长12.0%。全年原油加工量1133.91万吨，增长7.1%；原煤1800万吨，增长12.5%；原油2120.39万吨，增长5.2%；天然气49.84亿立方米，增长8.2%。全年规模以上工业企业经济效益综合指数为172.72，比上年上升35.6点。工业企业实现利润139.71亿元，增长81.2%，创历史新高。

4. 固定资产投资高速增长，交通邮电运输业持续发展。全社会固定资产投资973.39亿元，比上年增长21.7%。全年施工的基本建设和更新改造项目5482个，比上年增加947个；其中本年新开工项目4464个，增加880个。截至2003

年底，铁路营业里程3009公里，与上年基本持平；公路通车里程8.36万公里，增长0.8%；民航通航里程14.15万公里，增长6.8%。全年各种交通工具完成货物周转量837.04亿吨公里，增长10.2%，其中铁路383亿吨公里，增长12.0%；公路253亿吨公里，增长17.3%；完成旅客周转量342亿人公里，增长3.4%，其中铁路88.5亿人公里，增长0.8%；公路161亿人公里，增长12.3%。全年完成邮电业务总量114.88亿元，比上年增长18.7%。其中电信业务总量107.28亿元，增长22.0%；邮政业务总量7.60亿元，增长5.9%。年末固定电话普及率为21.3%，移动电话普及率为21.8%，互联网用户60.79万户。

5. 市场需求旺盛，消费热点突出。全年社会消费品零售总额421.16亿元，比上年增长11.1%。分城乡看，城市消费品零售额311.33亿元，增长12.9%；农村消费品零售额109.83亿元，增长6.5%，城市比农村快6.4个百分点。汽车类、家用电器类、通讯器材类等销售旺盛，住房、装修、休闲、娱乐及教育性消费市场活跃。

6. 对外贸易增势强劲，旅游事业得到一定发展。全年海关进出口总额47.72亿美元，比上年增长77.3%。其中出口总额25.42亿美元，增长94.3%；进口总额22.30亿美元，增长61.2%。全年新签外商直接投资合同额16147万美元，增长4.6%；对外承包工程和劳务合作合同金额18910万美元，增长9.2倍；完成营业额6742万美元，增长70.3%。全年接待国内游客1011.5万人，增长4.5%；国内旅游收入88.69亿元，增长5.7%。接待国际游客17.05万人，下降38.1%，其中港、澳、台同胞2.06万人，下降50.4%；国际旅游外汇收入4900万美元，下降50.7%。

7. 财政收入继续增长，金融保持平稳运行。全年地方财政一般预算收入128.22亿元，增长10.1%；地方财政一般预算支出368.47亿元，增长2.0%。年末金融机构各项存款余额2661.65亿元，比年初增加415.79亿元，其中企业存款余额763.49亿元，增加57.66亿元；城乡居民储蓄存款余额1371.59亿元，增加233.81亿元。各项贷款余额2099.09亿元，比年初增加296.48亿元，其中短期贷款增加76.49亿元，中长期贷款增加167.98亿元。全区已有上市公司27家，总市值584.49亿元，总股本74.22亿股，累计募集资金104.39亿元。全区保费收入62.18亿元，比上年增长20.2%；其中财产险19.12亿元，增长16.0%；人身险43.06亿元，增长22.2%。各项赔款和给付总额17.46亿元，其中财产险10.36亿元，人身险7.10亿元。

【社会发展】 2003年，新疆维吾尔自治区在伴随着经济快速发展的同时，也注重了加大对社会各项事的投入，推动了社会事业的发展，提高了各族人民的生活水平。

1. 教育事业持续发展。全区普通高等学校26所，本专科招生4.31万人，比上年增长3.3%；在校学生14.76万人，增长11.6%，其中少数民族学生6.51万人，增长6.0%。研究生培养单位9个，招生1664人，增长50.7%；在校学生3629人，增长45.5%，其中少数民族学生332人，增长42.5%。普通中等专业学校78所，在校学生7.15万人，下降14.8%；职业中学在校学生4.53万人，下降10.7%。普通高中500所，招生12.62万人，增长11.3%；在校学生31.52万人，增长15.7%；普通初中在校学生113.34万人，增长6.3%；小学在校学生228.91万人，下降2.9%。小学学龄儿童入学率98.3%，小学毕业生升学率96.5%；初中学龄儿童入学率83.8%，普通初中学生辍学率2.9%，初中毕业升入普通高中升学率40.9%。成人高等本、专科在校学生8.78万人，比上年下降31.3%；成人中等专业学校在校学生0.82万人，下降53.2%。全年扫除青壮年文盲3.3万人。

2. 科技事业取得新进步。全区拥有各类专业技术人员38.57万人，比上年下降0.5%。已登记的重大科技成果232项，其中基础理论成果9项，应用技术成果214项，软科学成果9项。共受理专利1472项，授权专利751项。签订技术合同1516项，增长12.3%；成交金额12.04亿元，增长19.6%。

3. 文化广播电视事业健康发展。全区共有艺术表演团体88个，文化馆91个，公共图书馆84个，博物馆23个，档案馆135个，已开放各类档案42.33万卷。广播电台6座，电视台16座，中短波广播发射台和转播台40座，一千瓦以上电视发射台和转播台64座。全区广播人口覆盖率92.8%，电视人口覆盖率92.5%；有线电视用户130.27万户；译制少数民族语故事片70部。出版各种报纸3.38亿份，其中少数民族文字占38.0%；各类杂志1418万册，其中少数民族文字占35.0%；图书7838万册，其中少数民族文字占40.0%。

4. 医疗卫生条件明显改善。全区共有卫生机构9434个，其中医院、卫生院1471个，妇幼保健机构88个；拥有病床7.28万张，其中医院、卫生院拥有床位6.98万张。卫生技术人员9.58万人。乡镇卫生院832个，卫生技术人员14383人，其中乡卫生技术人员12055人。

5. 体育事业再创新佳绩。全区运动健儿在国际、洲际比赛中获冠军3个（即在中国新疆国际拳击公开赛中获64公斤级、69公斤级和91公斤级拳击比赛冠军），获第二名4个，获第三名4个。在全国比赛中，获冠军12个，获亚军12个。

6. 环境保护工作取得明显成效。据环保部门统计，全年二氧化硫排放量控制在22.33万吨，比上年增长15.7%；烟尘排放量控制在10.95万吨，增长11.7%；工业粉尘排放量控制在15.8万吨，比上年增长68.6%；工业固体废物排放量控制在88.19万吨，增长28%；废水中化学需氧量排放量控制在23.03万吨，增长12.3%；主要污染物中，生活污染物所占比例与上年基本持平。全区空气质量为一、二级的天数占63.4%，上升5.3个百分点；三级占17.8%，下降3.9个百分点；四、五级占18.8%，下降1.4个百分点。全区已建成各类自然保护区26个，其中国家级自然保护区7个，即新疆阿尔金山自然保护区、新疆巴音布鲁克天鹅自然保护区、新疆喀纳斯自然保护区、新疆西天山自然保护区、新疆甘家湖梭梭林自然保护区、新疆托木尔峰自然保护区和新疆罗布泊野骆驼自然保护区，自然保护区总面积20.42万平方公里；已批准国家级生态示范区8个，生态示范区建设试点地区和单位8个；烟尘控制区58个，面积351.9平方公里，增长0.2%；环境噪声达标区39个，面积315.2平方公里，增长5.0%。

7. 人民生活水平不断得到提高。据抽样调查推算，全区城市居民人均可支配收入7174.54元，扣除不可比因素，比上年增长6.9%；农村居民人均纯收入2106.19元，增长13.0%。年末城市居民人均住房使用面积17.77平方米，与上年基本持平；农村居民人均居住面积18.62平方米，增长0.3%。在岗职工平均货币工资13255元，增长14.2%，扣除物价因素，实际增长13.6%。

8. 社会保障和福利事业得到一定发展。全区有135.12万职工参加了失业保险，比上年增长2.9%；有158万职工参加了基本养老保险，增长3.6%；有38万离退休人员参加了基本养老保险，增长2.7%；有176万职工参加了基本医疗保险，增长18.8%。各种城镇社区综合服务中心150个。城乡居民得到最低生活保障救济人数57.80万人，国家抚恤、补助各类优抚对象3.58万人。全区有各类社会福利院508个，床位12950张，收养人数9799人。社会销售福利彩票6.15亿元，筹集社会福利资金2.15亿元，接受社会捐赠1.60亿元。

（撰稿　姜国利　审稿　陆健）

纪事篇

Events

分“民族经济”、“民族乡（镇）”、“兴边富民行动”、“扶贫开发”、“扶持人口较少民族发展”、“电脑农业推广工作”、“民族贸易和民族特需用品生产”、“清真产业发展”、“民族统计工作”、“少数民族发展资金管理”、“调研工作和报告”11个类目，收编了国家民委和各省、自治区、直辖市有关民族经济工作和民族地区经济发展情况。

Chapter of Events consists of eleven, they are Ethnic Economy, Ethnic Villages and Towns, The Action of Prosperous Borders and Wealthy People, Anti-Poverty and Development, Support the Development of Small-Scale Population Ethnic Group, Computer Agriculture Extend Work, Ethnic Trade and Producing of Ethnic Specific Daily Necessities, Development of Muslim Industry, Ethnic Statistic Wouk, The Management of Minority Ethnic Development Fund, Research and Report. It collects information on the wouk of Ethnic Economic and the Development of Economic in Ethnic Areas at the level of State, Provinces, Autonomous Regions and Municipalities.

民族经济

【2003年民族地区经济运行情况】 2003年，民族地区认真贯彻“三个代表”重要思想和党的十六大精神，克服“非典”疫情、自然灾害影响以及经济发展中重重困难，保持了国民经济持续上升的势头。总的来看，民族地区全年国民经济运行质量良好，经济增长率逐季攀升，整体经济增势强劲。

一、国民经济快速增长，但与沿海发达地区发展差距扩大的趋势尚未扭转，继续扩大。

2003年民族地区（指5个自治区和云南、贵州、青海3个多民族省，下同）完成生产总值11524亿元，比上年增长11.1%，成为“九五”以来的最高速度。

经济运行总体上呈现如下特点：一是地区生产总值跃上新台阶。2002年民族地区生产总值首次突破万亿元大关，2003年又突破11000亿元，这也是“九五”以来，民族地区年生产总值增量首次突破1000亿元。继2003年内蒙古国内生产总值跃过2000亿元后，民族地区各地区经济总量形成三个方阵，内蒙古、广西、云南三个省区排在第一方阵，GDP在2000亿元以上；贵州、新疆形成第二方阵，GDP在1000亿元以上；西藏、青海、宁夏列第三方阵，GDP均不足500亿元。二是大多省区呈现快速增长的势头。内蒙古、广西、贵州、西藏、青海、宁夏和新疆7个省区的增速均超过10.0%，其中内蒙古增速达16.8%，居全国第1位，西藏、青海、宁夏增速排在全国前10位 。三是超过一半省区经济增长快于上年。只有广西、西藏和青海全年的经济增长速度低于上年。四是经济总量仍很低，与沿海发达地区发展差距扩大的趋势尚未扭转，继续拉大。2003年民族地区GDP增速比东部地区低1.6个百分点，比2002年扩大1.2个百分点；GDP占东部地区的比重仅为14.1%。民族地区全面小康实现程度与全国的差距很大。2003年全国农村全面小康实现程度为16.9%，比上年提升4.4个百分点，其中，东部地区为35.6%，比上年提升了4.8个百分点；而以民族地区为主的西部地区则为-9.7%，虽比上年提升4.4个百分点，但距总体小康还差1/10的路程，全面小康建设任重道远。从全国各省、自治区和直辖市农村全面小康实现程度来看，民族地区除内蒙古自治区排在全国第20位，其他省区均排在全国后8位。

二、固定资产投资保持较快增长，投资仍是拉动经济快速增长的主要方式

2003年，民族地区全社会固定资产投资完成5584亿元，比上年增长30.7%。

民族地区投资有以下几个方面特点：一是增长速度快，贡献大。全社会固定资产投资增幅比上年提高12.4个百分点，增幅比全国高4.0个百分点。内蒙古、广西、云南、西藏、青海和宁夏的全社会固定资产投资增速位于全国前10位，均超过22%。内蒙古高达65.9%，列全国第1位。内蒙古投资增速是改革开放以来的最高水平，广西投资对经济增长的贡献率超过50%，西藏今年的投资是近五年来投资最大、建设项目最多的一年，宁夏因全国少数民族传统体育运动会场馆和高速公路建设等工程的带动，投资高速增长。二是增量大，三个省区突破1000

亿元。2003年民族地区固定资产投资比2002年净增加近1312亿元，这也是民族地区固定资产投资增量首次突破亿元大关，创历史最高纪录。内蒙古和云南的投资均首次突破1000亿元。三是自筹资金和民间投资比例和增速显著提高，投资主体多元化格局正在形成。内蒙古自筹资金所占比重由1999年的46%提高到56%左右；云南和贵州自筹资金增速分别为38%和26%左右，均高于国家预算内资金和其他资金的增幅；宁夏自筹资金增长90.6%，所占比重提高8.9个百分点；青海民间投资增速为26%，占固定资产投资的36.8%，增速高于国有投资增长速度。四是房地产投资仍以较高速度增长。西藏、宁夏和青海的房地产投资增长速度均超过34%，排在全国前10位。西藏增速超过60%，居全国第2位。

民族地区固定资产投资的加快主要得益于国家实施的西部大开发战略，2003年国家在西部地区新开工14项重点工程，总投资1300多亿元。

三、进出口贸易大幅增长，但面临新的压力

2003年民族地区进出口保持快速增长，进出口总额达到156亿美元，比上年增长38.6%，为“九五”以来的最高纪录，增幅比上年提高14.7个百分点，比全国高1.6个百分点。其中，出口91亿美元，增长51.0%，进口65亿美元，增长24.3%。

民族地区进出口贸易有如下特点：一是增长速度加快，增量大。新疆、青海、宁夏、贵州的进出口增速均超过40%，新疆、青海分别达到77.3%和72.9%，居全国第1、2位；新疆、青海、宁夏、西藏、内蒙古的出口增速超过40%，新疆高达94.3%，位于全国第1，青海高达81.5%，位居全国第2；新疆、贵州、青海的进口增速均超过40%。2003年民族地区进出口贸易总额增量超过40亿美元，创历史最高。二是总量小，占全国的比重呈现下降趋势。虽然民族地区进出口总额快速增长，但由于总量小，因而对民族地区经济的拉动作用仍然有限。2003年民族地区进出口总额占全国的比重只有1.8%。民族地区进出口总额占全国的比重在“八五”、“九五”和“十五”三个阶段一直呈现逐步下降趋势。“八五”期间占全国的比重约为3%，“九五”期间2%以上，到目前“十五”期间不到2%。西藏和青海的进出口总额均不足4亿美元，西藏只有1.6亿美元，不到广东的0.06%，进出口总额最大的省区是新疆，虽达到47.7亿美元，但不到广东的1.7%。三是出口产品结构单一，资源性产品突出。民族地区出口产品结构单一，多是资源性初级产品和科技含量较低的产品，竞争优势也不明显。另外，2003年国家调整了出口退税政策，取消或降低部分资源性产品的出口退税，无疑对出口产品结构单一的民族地区外向型企业来说会产生很大影响。2004年国家将建立中央和地方财政共同负担出口退税的新机制，由中央与地方按75：25的比例分别负担。这对于财力很有限的民族地区政府来说，是一个不小的负担。

四、社会消费品零售总额稳步增长，新型消费呈现较快增长势头

消费品市场稳定增长。2003年民族地区实现社会消费品零售总额3529亿元，比上年增长10.1%，为“九五”以来的最高增速。按当年价格计算，青海增长1.7%，西藏增长9.6%，其他五个省区的增速均达到两位数，其中内蒙古达到19.9%。从总量看，广西社会消费品零售总额居民族地区第1位，达到857.7亿左右，约占民族地区的24.3%。民族地区与全国各地区相比，消费需求差异不大。特别是随着城市居民收入的逐步提高，以汽车、住房、电子通讯、家政服务、非义务教育消费等为代表的新型消费在民族地区开始呈现较快增长势头，成为带动民族地区消费增长的主要动力。

五、工业生产快速增长，效益提高，但企业核心竞争力不强

工业生产快速增长。2003年民族地区规模以上工业企业完成增加值2673亿元，比上年增长15.7%，增幅提高4.2个百分点，其中内蒙古的增速达到31.5%，居全国第1位。工业企业生产效益大幅度提高。规模以上工业企业盈亏相抵后累计实现利润421亿元，同比增长61.2%，比全国平均增幅高18.5个百分点，其中贵州、内蒙古和广西的增速分别达到89.3%、81.3%和74.4%，均居全国前6位。亏损企业亏损额为117亿元，比上年下降3.2个百分点，下降幅度比全国高1.3个百分点，其中广西、贵州和宁夏的降幅均超过10%以上，广西达到21.3%。

民族地区工业发展呈现如下特点：一是资源性产品生产是推动民族地区工业生产增长和效益提高的主要力量。如煤炭采选业、电力热力生产供应业、食品制造业、烟草加工业、制糖工业、化学原料及化学制品制造业、医药制造业、有色金属和黑色金属冶炼及压延业、石油和天然气开采业、石油加工及炼焦业等。二是加大企业技术进步力度，增强了工业发展的内在力量。广西2003年完成工业技改投资113.1亿元，比上年增长67.6%，占技改总投资比重由上年的64%提高到79.2%。贵州工业行业完成更新改造投资106亿元，同比增长25.9%，增幅比全省更新改造投资高6个百分点。宁夏前11个月新开工技术改造项目222个，投资总规模58.14亿元。2003年国债对宁夏技改项目的支持力度明显大于往年，已有12个项目得到1.1亿元国债贴息资金。三是民族地区工业企业大多规模小，新增长点少，产品适应居民消费结构升级的品种不多，产业链较短，核心竞争力不强。

六、农业生产稳步增长，结构调整力度加大，但农民增收的基础仍很薄弱

2003年，民族地区成功抵御了严重自然灾害等不利因素的冲击，保持了农业生产稳定增长。农业生产总产值达到3891亿元，比上年增长5.6%，比全国平均增幅高1.7个百分点。农业生产总值占全国的比重达到13.1%，为1993年以来的最高。农业种植结构进一步调整，粮食、糖料播种面积减少，棉花、麻类、药材和蔬菜等经济作物种植面积扩大。粮食产量6630万吨，比上年下降0.7%，但占全国的比重达到15.4%，比上年提高0.8个百分点；棉花产量161万吨，比上年增长8.4%，占全国的比重达到33.1%；糖料产量7114万吨，占全国的比重达到73.8%，比上年提高5.8个百分点。但民族地区农牧业基础地位仍不稳固，农村经济发展和农牧民增收困难依然较多。一是农业基础脆弱。由于民族地区特殊的条件，农业生产和农民生活受自然灾害频繁发生的影响较大。如今年以来，各种自然灾害频繁发生，严重程度是历年少见的。二是农业和农村经济的组织化程度低。三是农民增收渠道少。农村劳动力转移还面临种种障碍等原因，来自非农产业收入占农民人均纯收入的比重明显低于全国。

虽然民族地区经济快速发展，取得了可喜的成绩。但还存在的不少困难和问题。

1. 贫困状况仍很严重。在国家扶贫开发工作重点县592个县中，民族自治地方县有267个，占45.1%。西藏73个县级单位全部被纳入国家扶贫开发重点范围。据内蒙古农调队2003年最新调查结果，在内蒙古的33个牧业旗（市）中，“极端贫困牧户”约占总牧户数的18.7%。根据国家民委调研，民族地区还有相当一部分群众生活处在极端贫困状态。在22个人口较少的少数民族中，有1/4左右人口尚未解决温饱问题，一些民族呈整体贫困状态。部分偏远地区贫困群众常年遭受结核病、高氟病、大骨节病困扰，因病致贫现象突出。

2. 结构调整任务大。产业结构仍不合理。2003年民族地区一二三产业增加值占生产总值之比为20.8∶42.0∶37.2，全国为14.6∶52.3∶33.1，与全国相比，民族地区第一产业比重偏大，第二产业比重偏低，工业化进程缓慢。

3. 自然灾害频繁，损失严重。截至2003年10月底，我国大陆地区共发生5级以上的地震20多次，全在民族地区。其中内蒙古1次，西藏1次，新疆12次，青海海西州1次，四川凉山州1次，云南楚雄州2次，青藏交界地区5

次。这些地震有9次造成人员伤亡和财产损失，累计造成294人死亡，约230多万人受灾，直接经济损失超过30多亿元人民币。广西、贵州的洪涝灾害、内蒙古局部地区的旱灾比较严重，一些地区的虫灾、雹灾等也造成一定损失。

4. 吸引外资难逐渐显露。近几年来，民族地区吸引外资不仅没有呈现上升趋势，反而出现下滑局面。1997年民族地区外商直接投资12.1亿美元，到2003年下降到6.9亿元，下降了42.6%，全国上升18.2%。另外，民族地区占全国份额极小，并呈现下降趋势，从1997年的2.7%下降到2003年的1.3%。

5. 财政收支矛盾突出，自我发展能力弱。民族地区财政收入占全国地方财政收入的比重逐步下降，“八五”期间为11%，“九五”期间为10%，“十五”期间不到10%，2003年仅为全国地方财政收入的9.0%。财政收支不平衡，并且呈现逐步扩大的态势，收支差额从1996年的467亿元上升到2003年的1666亿元。财政支援经济建设、调控经济运行的力度明显不够。

（撰稿　冯常海　审稿　乐长虹　王海青）

【2003年民族自治地方上市公司发展情况】　自我国建立证券市场以来，民族自治地方上市公司从无到有，从小到大，逐步发展成为促进民族自治地方发展的一支重要力量。截至2003年底，按照上海证券交易所和深圳证券交易所统计，民族自治地方上市公司共有95家，比上年增加8家。其中A股94家，B股1家。按照省区分类，五个自治区内蒙古、广西、西藏、宁夏和新疆分别为20家、21家、8家、11家和27家；30个自治州中延边州、湘西州、凉山州、阿坝州、大理州、红河州和海西州等7个自治州各拥有上市公司1家；120个自治县中只有云南的景谷傣族彝族自治县拥有1家上市公司。

2003年民族自治地方上市公司总股本达到266.15亿股，其中可流通股本101.51亿股。资产总额达到1740.22亿元，净资产711.4亿元，主营业务收入808.65亿元，主营业务利润185.04亿元，净利润达到26.82亿元。

（撰稿　冯常海　审稿　乐长虹　王海青）

【河北省召开民族地区全面建设小康社会座谈会】　2003年，河北省以贯彻十六大精神、全面建设小康社会为主题，召开了自治县、民族县县长座谈会。会议期间组织代表参观考察、座谈讨论，开阔思路，互相启发、互相交流、互相促进。主管副省长出席会议，和自治县、民族县县长及民族工作部门的同志共商发展大计。省政府按照分类指导原则，对自治县和民族县提出不同的全面建设小康社会的目标要求：地处经济较发达的廊坊市的大厂回族自治县、秦皇岛市的青龙满族自治县要率先实现全面建设小康社会的目标；地处经济基础较好的沧州市的孟村回族自治县要提前实现全面建设小康社会的目标；地处经济基础薄弱的承德市的丰宁、宽城满族自治县，围场满族蒙古族自治县和滦平、隆化民族县要如期实现全面建设小康社会的目标。对省政府率先、提前、如期的目标要求，各自治县、民族县县长立下“军令状”，郑重承诺。县长们反映，会议开得好，明确了目标任务，学到了好的经验，鼓舞了工作士气。

（撰稿　马　靖　审稿　牛明顺）

【河北省继续推进民族工作社会化】　河北省民委在落实2002年年底赴孟村回族自治县现场办公帮扶项目经验的基础上，2003年又组织协调省直37个部门赴围场满族蒙古族自治县现场办公，主管副省长带队，28位厅级干部参加，在深入调查研究基础上，共帮扶公共基础设施建设和农业产业化龙头项目97个，解决各种资金（含贷款）1.75亿元。一些辖有自治县、民族乡的设区市也组织有关部门到自治县、民族乡现场办公，承德市到丰宁满族自治县现场办公，解决实际问题50多个，落实帮扶资金7000多万元。石家庄市到高头回族乡现场办公，帮扶项目12个，落实资金150多万元。现场办公在河北省已形成制度，是民族工作社会化一种重要的实现形式，很受少数民族地区的欢迎。

（撰稿　马　靖　审稿　牛明顺）

【辽宁省高度重视民族自治地方经济社会发展】辽宁省委、省政府一直十分关心加快民族自治县发展，促进全省经济协调发展问题。2003 年 3 月以来，省委、省政府领导多次到民族自治县考察、调研和现场办公，明确提出要充分认识加快民族自治县发展在全省经济社会发展全局中的战略地位，把它作为一项十分重要的任务认真抓好。省长薄熙来提出要针对民族自治县实际制定切实的、可操作性强的政策措施，支持民族自治县加快发展，并要求有关部门抓紧研究制定政策。7 月，省政府下发了《关于促进辽西北地区省扶贫开发工作重点县和民族自治县经济与社会发展的政策意见》（辽政办发[2003] 65 号），文件中提出了 9 个方面的支持政策：从财政共享收入增量返还政策；转移支付补助政策；免缴新增建设用地有偿使用费政策；支持农业产业化和技术改造项目贴息政策；支持教育和农村公共卫生事业发展政策；专项资金减免配套政策；实行财政周转金缓还政策；建立健全激励发展的监督考评机制。这些政策具有很高的“含金量”和很强的操作性，切实为民族自治县的加快发展注入了生机和活力。

（撰稿　辽宁省民委经济处　审稿　杨丰陌）

【全国少数民族参观团考察浙江省非公有制经济】　全国少数民族参观团 10 月 31 日至 11 月 3 日到浙江省进行了为期 4 天的参观考察。参观团成员主要由来自全国 22 个人口较少的少数民族聚居地区的县处级领导干部组成。参观团先后到温州、杭州等地考察了非公有制经济发展情况，参观了正泰工业园和报喜鸟集团、强强集团、东方打火机有限公司等企业。11 月 2 日晚，省委、省政府举行欢迎招待会，省委副书记梁平波、副省长巴音朝鲁分别代表省委、省政府对参观团的到来表示热烈欢迎，并向参观团介绍了浙江省的基本情况。3 日上午，参观团成员听取了浙江经济和社会发展情况介绍。参观团团长、国家民族事务委员会（以下简称“国家民委”）副主任吴仕民说，此次考察，对少数民族干部来说意义重大，收获颇丰，使大家更深刻地了解到改革开放以来浙江省经济发展取得的成绩和经验。他希望民族地区的干部群众抓住机遇，与日才俱进，因地制宜，加快发展。

（撰稿　王晓跃　审稿　陈智慧）

【浙江省少数民族经济稳步提高】　据对景宁畲族自治县和全省 18 个民族乡（镇）的统计，2003 年全省少数民族经济持续增长，工农业生产稳步发展。一是全年农牧渔业生产总值达到 98978 万元，比上年 93006 万元增长了 6.42%。其中 18 个民族乡（镇）实现农牧渔业生产总值 53102 万元，比上年 49435 万元增长了 7.41%；二是 18 个民族乡（镇）工业总产值达 143290 万元，比上年 118273 万元增长 21.15%；三是民族地区群众人均收入在上年的基础上又有了新的提高。景宁畲族自治县和 18 个民族乡（镇）分别达到 2397 元和 2770 元，分别比上年提高了 10.6% 和 11.6%。

（撰稿　王晓跃　审稿　陈智慧）

【浙江省民族地区 22 个乡（镇）纳入省“欠发达乡镇奔小康工程”扶持范围】　2003 年，浙江省委、省政府认真贯彻落实省第十一次党代会提出的奋斗目标，进一步加快全省欠发达地区的发展，在原“百乡扶贫攻坚计划”的基础上，实施“欠发达乡（镇）奔小康工程”。这项工程在原民族地区 12 个乡（镇）的基础上，新增了泰顺、苍南、莲都、龙泉、云和 5 县（市、区）的 6 个畲族乡（镇）及景宁畲族自治县的 4 个乡（镇），共计 10 个乡（镇）。到目前为止，共有 22 个乡（镇）列入这项工程。其中，景宁舍族自治县 24 个乡（镇），共列入了 12 个，全省 18 个民族乡（镇）共列入了10 个，加上其他乡（镇）中的民族聚居村，基本上涵盖了 8 万多少数民族群众，约占全省农村世居少数民族人口的40%左右。

（撰稿　王晓跃　审稿　陈智慧）

【浙江两年投资新疆四十五亿元】　2001年以来，浙江省组织、引导社会各界力量，按照市场规律和机制，积极参与新疆开发建设，有力促进了两地资源优化配置和经济共同发展。浙江在新疆投资新建、扩建500万元以上的合作项目达52项，总投资45.5亿元。目前，浙江在新疆年经营额百万元以上的企业有近千家，投资共40多亿元，年销售额70多亿元；浙江在新疆创办的各类市场和大型销售中心80多个，年交易额80多亿元。浙江、新疆已建立经济技术合作项目联合协调会议制度，对项目进行跟踪、协调和服务，目前项目履约率和资金到位率均达90%以上。

（撰稿　王晓跃　审稿　陈智慧）

【景宁发展“五大基地”全面推进小康建设】　2003年，景宁畲族自治县根据省委、省政府做出“把欠发达地区作为新的经济增长点来加以培育”和“主动接轨上海，全面融入长江三角洲”的两大战略性决策，提出转变观念、树立信心，准确定位、主动接轨，进一步强化生态环境和特点文化两大支撑，把景宁建设成为“长江三角洲”城市群的“五大基地”。一是依靠生态、气候、品牌、山区优势，建设绿色农产品基地；二是凭借良好的生态环境、山水风光和民族风情，建设旅游休闲基地：三是依托突出的小水电资源优势，加快小水电业发展，建设电力能源基地；四是把劳务输出作为解决“三农”问题的重点，不断加大劳动力转移力度，建设“长江三角洲”劳务输出基地；五是积极发挥“全国惟一的畲族自治县和华东地区惟一的少数民族自治县”的优势，弘扬畲族特色文化，努力打造畲族文化基地。

（撰稿　王晓跃　审稿　陈智慧）

【浙江省景宁股份制催生“小水电之乡”】　景宁畲族自治县动员和引导全社会力量“多家办电”，开发股份制水电站。一是政策优惠扶持开发。相继出台了《关于加快发展小水电事业的若干规定》、《关于加快开发小水电资源的意见》；二是发挥民族政策优势，鼓励和引进县内外企业和个人以股份制形式搞开发。共吸引本地、外地资金10亿多元投入电站开发；三是改革水电建设投资机制。按照“谁投资、谁所有、谁受益”的原则，建设小水电站107座，总装机容量17.841万千瓦，设计年发电量5.28亿千瓦时，在建电站33座；四是强化服务功能。抓好小水电开发的规划、组织、实施及管理工作，制定全县水电建设“十五”规划及2010年发展规划和项目库；五是向西部延伸，至2003年11月底已在西部地区建成、在建电站共104座，总装机96万千瓦，总投资41亿元，投资涉及10个省47个县。

（撰稿　王晓跃　审稿　陈智慧）

【北京“景宁超市现象”拉动畲乡4万人劳务输出】　景宁畲族自治县外出人员在北京所办超市总数已达400多家，被称为“景宁超市现象”。在北京的景宁人数已相当于整体搬迁了景宁的一个中等乡镇。目前，景宁全县有4万劳动力输出，在京办超市的4000余人中，个人资产100万元以上的有10余人，年纯收入10万元以上的有200多人。

（撰稿　王晓跃　审稿　陈智慧）

【景宁县在推进城镇一体化进程中坚持“三突出”】　景宁畲族自治县在推进城镇一体化进程中坚持“三突出”：一是突出过度阶梯设计。依托“百乡扶贫攻坚计划”和“欠发达乡镇致富奔小康工程”，把下山移民、中心村和集镇建设、农业基地开发和农产品加工业作为城镇一体化的“阶梯”来培育。引导和鼓励农民下山集聚、进城创业。该县已有20个中心村、4个集镇，建立惠明茶、厚朴、笋竹、高山蔬菜等基地30多个，发展壮大以奇尔惠明茶公司和大自然食品有限公司为龙头的农产品加工企业。二是突出农村资源整合和优化配置。推进农村经营体制改革，利用民族自治县的优惠政策引导在家农民进行资源集约经营，解决农村在城镇一体化过程中出现的土地大量闲置问题。目前，该县上千户农民的土地已流转，涉及土地面积7500余亩。三是突出农民利益保护。制定相关政策、制度切实保护下山脱贫点、中心村和集镇的农民利益。着力解决好进城农民居住、子女就学等问题，分批把“贫、病、灾”农民纳入城镇社会保障体系，享受与城镇居民同等待遇，降低农民进城门槛。

（撰稿　王晓跃　审稿　陈智慧）

【景宁县着力构筑“青山碧水蓝天绿地”生态旅游格局】　景宁畲族自治县依托当地资源优势，把生态旅游和畲族风情作为经济发展的切入点和新兴支柱产业来抓，力争成为华东地区独树一帜的风情旅游名城。一是实施旅游精品战略，着力形成一批精品景点和精品线路。目前已建成以宗教文化、茶文化为特色的惠明寺、“华东第一漂”的大均溪漂流、高山盆地的“云中桃源”大际等三大品牌。同时着手对九重际生态旅游区、中华畲族园“山哈寨”、小佐梯田等进一步开发，形成了该县生态旅游和畲族风情的鲜明特色。二是通过节会运作、招商引资等，提高档次，打造精品。从2000年以来，每年春节、“五一”、“十一”三个黄金周以及畲乡景宁风情节活动，极大地推动了该县生态旅游建设上规模、上档次、上品位，初步展示了以“青山、碧水、蓝天、绿地”为特色的生态旅游风貌，树起独特的畲族风情旅游的品牌。2003年全县接待国内外游客16.1万人次，旅游综合收入达4730万元，分别比上年增长了38%和41%。

（撰稿　王晓跃　审稿　陈智慧）

【浙江景宁县被定为国家级生态示范县】　2003年，浙江省景宁畲族自治县被定为国家级生态示范县，极大地促进了该县发展绿色生态农业的发展积极性。目前，该县已初步形成了高山蔬菜、蜜梨、茶叶、竹笋、药材等五大无公害绿色食品主导产业，种植面积分别比去年同期增长15%以上，并全部实现优质化。2003年上半年全县农民人均收入达1150多元，其中绿色食品主导产业收入就达750多元，绿色生态农业已成为景宁农民增收新亮点

（撰稿　王晓跃　审稿　陈智慧）

【江西省实施民族地区“十五”规划进展顺利】

2001年初，江西省少数民族地区建设工作领导小组审议通过了《江西省民族地区经济和社会发展“十五”规划》（以下简称《规划》），把解决少数民族乡村发展的瓶颈问题、促进民族经济发展和社会进步的重大问题、解决少数民族群众生产生活的迫切问题集束起来，限时分步实施。《规划》切合少数民族乡村实际，不贪多求全，注重操作性，总投入7000万元左右，各类项目130多个；《规划》突出了五大工程：即“基础设施工程、经济支柱工程、产业示范工程、民族文化工程和清真窗口工程”，体现了三点特色：一是着眼开放，引进一批项目，推动少数民族乡村新发展；二是围绕市场，发展特色产业，提高民族经济竞争力；三是立足生产、生活条件改善，逐步使少数民族群众实现小康目标。实施三年来，在培植“人无我有，人有我优，人优我特”的民族经济优势，缩小发展差距方面，作用明显。

2003年是《规划》实施的第三年，江西省民族局围绕规划确定的总体目标和重点项目，突出“五大工程”建设项目的落实，积极协调各项目牵头单位，从政策上、资金上抓落实，确保工程进度。少数民族乡村40多个项目开工启动，投入资金达450多万元。公路交通、水电设施等基础工程、特色产业开发、扶贫示范基地建设等重点项目进展顺利，初步形成了全省少数民族乡村赣南生态果园、赣中油茶林、赣东北毛竹三个支柱产业带的格局，一批项目已经开始

产生经济效益，并逐步形成少数民族乡村新的经济增长点。

（撰稿　马徽江　施莉文　审稿　罗峻雄）

【湖北召开民族地区全面建设小康社会战略研究座谈会】　2003年5月21日，湖北省民宗委、湖北省社科院在武汉联合召开湖北民族地区全面建设小康社会战略研究座谈会。湖北省人大民宗侨外委主任张洪伦，省民宗委主任郭大孝、副主任尤习贵，省社科院副院长刘玉堂以及省民族地区全面建设小康社会战略研究课题组全体成员参加了会议。

座谈会由省民宗委副主任尤习贵主持。在座谈会上，省社科院副院长刘玉堂就如何开展对湖北民族地区全面建设小康社会战略研究发表讲话。刘玉堂说，要从战略高度研究中西部民族地区实现现代化的战略目标、战略重点、战略步骤和战略举措问题，为党委和政府制定政策提供智力支持和决策依据，从而加快湖北民族地区全面建设小康社会的步伐，是一项十分必要、十分艰巨的工作。

在座谈会上，省民宗委主任郭大孝就如何开展好民族地区全面建设小康社会课题研究发表了很好的意见。他说，湖北民族地区全面建设小康社会战略研究课题，对民族地区的发展具有战略意义，省政府领导非常重视，希望大家在研究课题时要注意一些问题。开展湖北民族地区全面建设小康社会战略研究，其目的既是为省委、省政府出台新政策提供决策依据，也是帮助民族地区在新时期、新形势下形成科学的经济发展思路，实现民族地区经济跨越式发展。

省人大民宗侨外委主任张洪伦等也在座谈会上也发表了讲话。

（撰稿　唐启明　审稿　郭大孝）

【湖北举办“双民双赢”招商洽谈会】　2003年1月16日湖北省民宗委、省工商联，恩施自治州政府、州民宗委、州招商局，武汉市民宗委、市经济协作办、市工商联等在武汉联合举办了“双民双赢”招商洽谈会。来自武汉等地20多家知名民营企业参加了会议。

洽谈会上，省民宗委党组书记郭大孝发表了讲话。他说，开展“双民双赢”活动，是民族经济工作贯彻党的十六精神的具体实践，是贯彻落实党的十六报告关于“要支持少数民族地区加快发展，必须毫不动摇地鼓励、支持和引导非公有制经济发展”的实际行动。并要求主办单位今后要竭诚为民族地区和民营企业的合作牵线搭桥，排忧解难，协助解决各方面的困难和问题，做好服务工作。恩施土家族苗族自治州州委常委、常务副州长任振鹤介绍了恩施土家族苗族自治州的资源优势和政策优势、发展状况和发展前景，并热忱欢迎企业家们到恩施这片亟待开发的热土共谋发展，实现双赢。湖北省工商联，恩施土家族苗族自治州政府、州招商局，武汉市民宗委、市经济协作办、市工商联等单位的领导就各自的工作范围，开展活动的状况、招商项目推介等发了言。

在洽谈会中，武汉部分民营企业家根据恩施土家族苗族自治州招商局介绍的开发项目进行了咨询和洽谈。武汉海联集团、哥特集团等企业还对收购、兼并、联营利川清江制药厂，开发建材市场等内容进行了交流洽谈，并达成初步意向。

（撰稿　唐启明　审稿　郭大孝）

【湖北长阳土家族自治县“双民双赢”活动呈现“五大特点”】　2003年，在长阳土家族自治县县委和县政府的高度重视下，认真贯彻党的十六大和十六届三中全会精神，扎实开展“双民双赢”活动，并取得了显著的成效。长阳土家族自治县的“双民双赢”活动主要呈现五大特点：

一是投资环境优。为吸引发达地区民营企业到长阳来投资办企业，长阳土家族自治县出台了一系列优惠政策，努力改善投资环境和提高服务质量，加大对外招商引资的力度，拓宽招商渠道。在实践工作中坚持领导联系项目制度，实行重点项目由一名领导负责、一个部门管、一个专班抓的工作机制，形成了齐抓共管的良好氛围；坚持承诺守信，及时帮助客商解决项目建设和生产经营中的困难，为客商提供优质、快捷、高效的服务；加大依法保护力度，整顿企业周边环境，对重点建设项目和企业实行重点保护，依法保护客商的合法权益。

二是投资领域广。长阳自治县为民营企业投资打开的广阔的领域。近年来，民营企业重点对长阳的水电业、矿业、药业、纸业、农产品加工业等支柱进行了投资。如湖南湘潭锰业公司万吨金属锰项目、湖北三源水泥公司180万吨水泥项目等。同时还继续保持了对长阳的商业、旅游业、餐饮业、交通运输业以及高科技、环保等项目进行了投资。

三是投资形式多。民营企业在长阳投资形式多样化。如办独资企业的有180万吨新型干法水泥项目等；实行整体购买的有武汉安能投资控股公司，以1500万元，购买四方洞电站组建水电企业集团；租赁经营的有枝江私营老板高泽雄，与县酒厂签订了8年经营合同，可年实现销售收入5000万元，年创利税500万元。

四是投资规模大。民营企业投资长阳自治县在1000万元以上的项目明显增多，有的项目投资甚至过亿元。如重庆清源环保治理工程有限公司天然有机高分子Q絮凝剂项目投资3000万元，浙江三源水泥有限责任公司新建年产180万吨水泥项目，投资高达4亿元。

五是投资效益好。在长阳自治县已投产的项目经济项目显著，如珠海建鑫生物产业有限公司实行500万元的年经济收入，并带动了300多农民致富。正在兴建的项目工程投资拉动效应已经开始显现，投产后也将取得预期的经济效益。如锰矿项目投产后可年产新产值7000万元，新增利润747万元，新增税收533万元，安排当地就业300人。

（撰稿　唐启明　审稿　郭大孝）

【湖南省即将实施西部大开发】　2003年，湖南省委书记、省人大常委会主任杨正午等领导在湘西土家族苗族自治州考察工作时指出，湖南省即将组织实施涵盖湘西自治州、张家界、怀化、邵阳部分地区在内的西部大发开，今后“大湘西”地区要在交通、生态建设、退耕还林、电力、电信、旅游等方面整合资源，统筹安排考虑，要以湘西自治州为中心，把国家对西部的优惠政策辐射到周边地区，促进大湘西地区的协调发展。

（撰稿　梁　芳　审稿　蒲祖泉）

【湖南省召开落实民族政策经验交流会】　湖南省民委认真贯彻落实民族政策法规，切实维护民族团结和社会稳定。2003年，筹备召开了全省贯彻落实民族政策经验交流会。帮助7个少数民族人口过半的县区争取享受了部分民族优惠政策。会同省人大民侨委、省教育厅、省卫生厅等部门对全省贯彻落实《中华人民共和国民族区域自治法》和《湖南省贯彻实施〈中华人民共和国民族区域自治法〉的若干规定》的情况，尤其是教育、卫生方面的情况进行了调查，并受省政府委托专门向省人大常委会作了汇报。积极帮助通道侗族自治县筹备50周年大庆。

（撰稿　梁　芳　审稿　蒲祖泉）

【首届湖南西部农博会在怀化举行】　2003年11月29日，首届湖南西部农博会在怀化隆重举行。省委副书记戚和平、省政协副主席王汀明等省市领导同志出席了开幕式，来自18个省（市、区）的500多个单位的客商参加了这次活动。参展商品中既有瓜果、茶叶等绿色农产品，又有步耕机、观赏瓜果栽培等新设备、新技术。“西博会”开幕前三天，所有700多个展位全部销售一空。开幕式当天就有马鞍洞水电站扩建、造纸原料林基地建设、雪峰乌骨鸡开发等44个项目签约，共引进资金8亿元。

（撰稿　梁　芳　审稿　蒲祖泉）

【广西开展东巴凤三县基础设施建设大会】　东兰、巴马、凤山三县是广西农民运动的发源地，是邓小平同志领导的百色起义腹地和左右江革命根据地的重要组成部分。三县土地面积6124平方公里，总人口70.48万人，其中少数民族人口占82.52%。在革命战争年代，东、巴、凤三县人民做出了重大牺牲和巨大贡献，被追认为革命烈士的就有3905人。解放以来，各级党委、政府对东巴凤三县给予了极大的关怀和支持，东巴凤的经济、社会和群众生活状况发生了深刻变化。但由于自然条件恶劣等多方面的原因，三县的经济社会发展水平至今仍然很低，群众生活困难突出，基础设施落后。2002年，东、巴、凤三县人均国内生产总值1996元，农民人均纯收入1167元，分别占全区水平的41.4%和57.7%。

为了尽快改变东、巴、凤三县的落后面貌，告慰先烈，造福子孙，自治区党委、政府决定，从2003年4月起，利用今明两年时间，集中人力、物力、财力，开展东、巴、凤三县基础设施建议大会战。东、巴、凤基础设施建设大会战共安排投资21亿多元，为每县办好34件事。其中，县级办好7件事，即二级公路、县际公路、县党校、县高中、县人民医院、县广播电视、县城防洪排涝；乡级办好9件事，即乡柏油路、乡初中、乡中心小学、乡医院、乡计生所、乡文化站、乡自来水、乡农贸市场、乡通电话；村级办好9件事，即村四级公路、村完小、村广播电视、人畜饮水、地头水柜、沼气池、退耕还林、村屯通电、村级办公用房（包含村卫生室、村计生室）；办好其他9件事，即县革命烈士纪念公园、乡敬老院、县级光荣院、县级福利院、县看守所用房、县检察院技侦用房、县法院审判楼及法庭、乡镇司法所用房、县送变电工程。按部门分类，大会战共安排交通、教育、卫生计生、文化、广播电视、水利人饮、生态建设、民政福利、政法基本建设、电信、电力、市场建设共12类34项75285个具体项目。

截至2004年1月31日，大会战项目开工率达83.36%，竣工率达76.43%。根据计划，到今年底，除县县通二级公路项目外，其他项目可以全部竣工。大会战的目标任务完成后，东巴凤三县基础设施、公共设施总体上达到或超过全区“十五”期末的计划目标，达到或超过全区的平均水平，从根本上改变三县基础设施长期落后的面貌，为脱贫致富、建设小康社会打下坚实的基础。

（撰稿　梁孟雄　审稿　秉永华）

【海南省举办民族地区经济发展理论研讨会】2003年8月15日，海南省民族地区经济发展理论研讨会在保亭黎族苗族自治县举行，这是海南省建省以来首次专门针对民族地区经济发展问题召开的理论研讨会。在研讨会上，与会专家学者提出，海南省民族地区经济发展必须立足实际，坚持“以市场为导向，宜农则农，宜林则林，宜畜则畜”的指导方针，在保护生态环境的基础上，合理开发利用民族地区丰富的自然资源，发展有特色的农业经济；必须加强民族地区的科技培训，开展多种形式的职业教育；必须培养少数民族群众自强自立的精神，树立商品意识，增强市场经济观念。

（撰稿　符彦还　审稿　王庆良）

【海南省民族地区退耕还林工程闯出新路子】2003年，海南省民族地区因地制宜，推行多种造林模式，积极探索退耕还林新机制，全力推进退耕还林工程。三亚市根据农户经济状况、种植习惯和土地的立地条件，推行“农户自行造林”、“公司承包造林”、“大户+农户”、“公司+农户”等多种造林模式，全年完成退耕还林任务42579亩。白沙黎族自治县坚持保护森林资源和营造人工林相结合，坚持退耕还林与生态建设相结合，走“生态建设产业化，产业发展生态化”的路子，以路带城旁为中心，两江一河一库为重点，大力营造生态林。至2003年底，全县已恢复天然林144.5万亩，营造人工林86.1万亩。陵水黎族自治县按照“一山一海一基地”的规划布局，在群英乡、隆广镇、本号镇等贫困山区重点种植橡胶等生态林，在沿海乡镇结合沙化土地治理重点营造木麻黄、加勒比松等生态林，在中部乡镇重点种植槟榔、芒果、荔枝、龙眼、腰果等经济林，发展连片水果基地。2003年全县完成退耕还林面积30353亩。琼中黎族苗族自治县结合山区特点，提出“宜林则林，宜果则果，宜胶则胶”的大林业可持续发展战略，不仅在荒山荒岭上成片种植水果林、橡胶林、槟榔林等，而且还积极引导农民间种益智、竹藤、花生等经济作物，使林业结构实现从单一用材林经营向多种林木综合经营，从传统低效林业向现代高效林业转变，走出一条既能改善生态环境，又能发展经济增加农民收入的发展道路。

（撰稿　符彦还　审稿　王庆良）

【海南省民族自治地方4市县城市总体规划通过专家评审】　2003年，经海南省有关方面专家评审，《东方市城市总体规划》、《保亭黎族苗族自治县城市总体规划》、《昌江黎族自治县城市总体规划》和《三亚市城市总体规划》获得通过。《东方市城市总体规划》把东方市划分为滨海综合经济区、中部农业经济区和东部生态保育区三个功能区域，并提出东方市城市发展的总体目标，即把东方市建设成为全国重要的海洋油气化工和能源供应基地，发展成为海南省主要的港口工业城市，到2020年，人均GDP达到3000美元以上，市区人口达28万人，达到中等城市规模。《保亭黎族苗族自治县城市总体规划》提出的城市发展目标是：加快城市化进程，把保亭黎族苗族自治县建设成为海南省中南部地区充满活力的生态示范城市，具有完善城市服务设施的旅游服务基地和热带高效农业产品加工基地。《昌江黎族自治县城市总体规划》按照“林中有城，城中有林”的设计理念，以人民路及其延长段昌江大道为城市发展轴，以石碌河、保梅河绿化带和保梅岭生态公园为界划分成四个功能区域，以保梅岭和保梅河为核心创建生态公园，形成“一轴、四组团、两生态园”的带状城市布局结构。《三亚市城市总体规划》以三亚湾路和迎宾路为主轴线，把三亚市主城区划分成城市旅游发展和城市生活发展两大区域，同时对全市各城镇的主要功能及其发展方向进行定位，即把天涯镇发展成为城市西部旅游服务基地和热带滨海风光的旅游城镇，把海棠湾镇发展成为观光度假旅游、农产品加工运销、农业科技服务的综合型城镇，把凤凰镇发展成为以旅游服务、商贸为主的综合城镇，把崖城镇发展成为以南山片区后勤服务和区域物流集散为主要功能的西部中心集镇。《三亚市城市总体规划》提出的城市发展目标是把三亚市建设成为国际性热带海滨风景旅游城市，到2010年，全市总人口达到71万人。

（撰稿　符彦还　审稿　王庆良）

【台湾少数民族经济文化考察团在海南省考察】

2003年9月17日至22日，应海南省民族发展促进会邀请，台湾少数民族经济文化考察团一行19人抵达海南省，在昌江黎族自治县、东方市、三亚市、琼海市、海口市等地进行考察，先后参观昌江工业开发区、东方八所港、三亚凤凰国际机场、琼海伊甸园、粤海铁路海口火车轮渡码头，重点了解海南省民族地区的投资环境和优惠政策，寻求投资合作项目。期间，琼台合资企业海南古越民族产业发展有限公司与昌江黎族自治县人民政府签订框架协议书，在昌江工业开发区内设立“琼台少数民族外向型高新科技工业园”。

（撰稿　符彦还　审稿　王庆良）

【乐东黎族自治县出台水利工程五年发展规划】

为切实改善贫困乡村的农业生产条件，解决边远地区农村群众的饮水困难问题，乐东黎族自治县于2003年4月制定出台水利工程五年发展规划。规划包括人畜饮水工程、病险水库工程、江海堤防治理工程、农村水利工程、节水灌溉工程和乡村随渠公路工程等六个部分，计划总投资48496.9万元。其中，人畜饮水工程项目122个，总投资1901.9万元，重点解决全县11

个镇131个自然村15.55万人的饮水困难。病险水库工程主要解决大安水库、三曲沟水库除险加固配套等。节水灌溉工程包括渠道防渗节水改造工程和喷灌、管灌工程两个部分，渠道防渗节水改造工程计划在中型以上水库灌区改造渠道412.1公里，喷灌、管灌工程主要解决6000亩高效农业种植基地的灌溉问题。

（撰稿　符彦还　审稿　王庆良）

【三亚市出台优惠政策发展新型工业】　为加快荔枝沟工业开发区、田独新兴工业走廊、南山港口加工区、梅山工业开发区的开发建设，广泛吸引外来投资发展现代新型工业，三亚市委、三亚市人民政府于2003年2月颁布《关于加快新型工业发展的决定》，提出三亚市新型工业的发展方向、发展重点和政策措施。其发展方向是在今后一个时期内，在不污染环境和破坏资源的前提下，按照“布局合理、规模经营、技术先进、提高效率”的要求，努力培育高起点、高档次、高新技术、高附加值的新型工业产业。其发展重点是：（1）农产品深加工工业；（2）旅游工艺品、旅游食品开发；（3）生物医药工业；（4）电子信息产业；（5）海洋生物资源加工业；（6）太阳能和天然气的开发利用工业。同时，三亚市制定出台一系列优惠政策，扶持加快新型工业发展。主要有：（1）实行工业项目登记备案制。凡符合国家、海南省和三亚市的产业政策，资金由企业自筹解决，生产和建设条件能自行平衡，投资额在三亚市审批权限内的工业建设项目，经环境评估并报有关部门备案后，20天内无异议的，即可开工建设。（2）建设用地优惠政策。经省级或省级以上科技主管部门鉴定，达到国家或世界先进水平，投资额在1000万元人民币以上的高新技术项目；固定资产投资在1000万元人民币以上的旅游工艺品、海产品深加工生产项目；固定资产投资在1亿元人民币以上的项目，均免缴地租。固定资产投资在1000万元至1亿元人民币的其他项目，减缴50%地租。（3）财政扶持政策。设立三亚市工业发展专项资金，支持工业重点项目建设。专项资金以有偿使用、无息贷款、技术改造项目贴息、协议投资等方式投入，重点用于对三亚市工业产业升级或结构调整优化具有重要作用的工业项目，以及有利于开发新产品、增加品种、提高质量、降低成本、扩大出口创汇的工业项目。对于新办工业企业和企业开发新产品，根据企业对地方财政的贡献大小，部分或全额支持企业进行技术改造和新产品开发。（4）引进人才优惠政策。对工业企业引进的高级专业技术人才，可免费办理其配偶和未婚子女随迁手续；属农业户口的，根据本人要求，可免费办理三亚市城镇居民户口；其子女可就近安排入学等等。

（撰稿　符彦还　审稿　王庆良）

【乐东黎族自治县南繁育种创新高】　2003年春，来自湖南、江苏、四川、江西、广东、广西6省区的2633支制种队伍在有“天然温室”之称的乐东黎族自治县进行南繁育种，遍布全县9个镇78个村委会，繁育面积达4.5万亩，是迄今为止乐东黎族自治县南繁育种人数最多、繁育面积最大的一年。其中，“威优77”、“金优191”等近20个杂交水稻育种面积为4.24万亩，占全省杂交水稻南繁育种面积的一半多。

（撰稿　符彦还　审稿　王庆良）

【三亚大隆水利枢纽工程通过国家立项】　2003年3月，经国务院批准，三亚大隆水利枢纽工程通过国家发展和改革委员会立项。三亚大隆水利枢纽工程是海南省“十五”计划重点建设项目，工程静态投资为7.39亿元，总投资为7.75亿元，其中，中央预算内水利基建投资3亿元，国家开发银行贷款2.5亿元。三亚大隆水利枢纽工程水库总库容为4.65亿立方米，按Ⅱ等工程的标准和一百年一遇洪水的要求设计施工，工程建设期为3年7个月。三亚大隆水利枢纽工程建成后，具有防洪、供水、灌溉、发电等综合利用功能，可使宁远河下游流域的防洪标准提高到20年一遇，对改善当地重要基础设施的防洪条件，保证三亚市城镇用水和国防用水，缓解下游灌区干旱缺水状况，为国家南方良种繁育基地提供可靠的灌溉水源将起到重要作用。

（撰稿　符彦还　审稿　王庆良）

【三亚市出台下岗人员小额担保贷款实施细则】

为妥善解决下岗失业人员再就业问题，三亚市人民政府于2003年10月出台《三亚市下岗人员小额担保贷款实施细则》。《实施细则》规定，小额担保贷款对象是具有三亚市城镇户口，年龄60岁以下，身体健康，诚实可信，具备一定劳动技能，通过自谋职业、自主创业、合伙经营与组织起来就业，其自筹资金不足，需要小额担保贷款的下岗失业人员。申请小额担保贷款的具体条件是：（1）必须持有三亚市劳动保障部门核发的《再就业优惠证》，并具备相应专业技能。（2）必须有自谋职业或自主创业的项目（国家限制的行业除外）。（3）必须有下列三种反担保措施之一：财产抵押；企业或自然人提供反担保；三户及三户以上编组联保。（4）必须有相对固定的经营场所。《实施细则》还规定，小额担保贷款额度一般控制在2万元左右，贷款总额不得超过10万元，贷款期限一般不超过两年。

（撰稿　符彦还　审稿　王庆良）

【三亚市通过农村经纪人加快农产品流通】　三亚市通过发挥农村经纪人在瓜菜种植户与内地市场之间的穿针引线作用，加快农产品流通，每年90%以上的农产品销售通过依靠农村经纪人来完成，至2003年底，全市农村经纪人队伍发展壮大到2500多人。三亚市农村经纪人的运作方式主要有：（1）以中介的形式运作，即向产销双方及时提供市场供求信息，使双方在价格、品种、规格上达成协议，并从中收取佣金；（2）以个体户的形式运作，即为购销商提供固定的收购场所和所需器械，提供必要的人力支持，并从中收取佣金；（3）以公司的形式运作，即以公司的名义向产销双方及时提供市场供求信息，为购销方提供一条龙服务，并从中收取佣金。

（撰稿　符彦还　审稿　王庆良）

【东方市农村实现村村通电】　东方市从1999年起开始实施农村电网改造，至2003年6月，全市农村新建35KV输变电工程7项，10KV线路工程199项，线路总长度达668.4公里，新增和改造变压器278台，改造低压线路659公里，实现了村村通电的目标，有力地促进了农村经济的发展。东方市农村电网改造工程分两期进行，项目计划总投资8879.4万元，其中，第一期工程计划投资5327.3万元，已于2001年12月顺利完成；第二期工程计划投资3552.1万元，截至2003年6月，除了第五批低压线路工程正在紧张施工外，其余工程都已全部竣工并投入使用。

（撰稿　符彦还　审稿　王庆良）

【东方市出台优惠政策鼓励民营经济发展】

2003年8月4日，东方市委、东方市人民政府颁布《关于鼓励和加快民营经济发展的决定》，为加快民营经济发展出台一系列的优惠政策。主要包括：（1）民营企业新办的符合城乡建设总体规划的生产性工业项目和商业性项目，其建设用地优先审批，地价按同年同类最低价格出让，政府地租、市政设施配套费减半收取。（2）符合有关条件新办的民营企业和民营企业新上马项目，除按照国家和海南省有关政策法规给予优惠外，从投产（开业）之日起，头两年内缴纳的所得税、增值税、营业税，由财政部门按本级财政所得的30%返还企业。（3）民营企业连续经营3年以上，累计上缴税额（含国税、地税）3万元以上，或者连续经营5年以上，累计上缴税额4万元以上，或者购房面积80平方米以上，给予投资者本人或者其直系亲属办理5名东方市城市户口，免收城市增容费，其子女入学择校给予优先安排。此外,《决定》还对成立民营经济工作领导小组、优化民营企业管理服务环境、建立民营经济工作监督机制等方面作出具体规定。

(撰稿 符彦还 审稿 王庆良)

【四川民族地区11个镇纳入全省首批省级重点镇】 2003年7月,四川省政府为推动全省县域经济发展和城镇化进程,促进一二三产业互动、城乡协调发展,将101个镇批准为首批省级重点镇(“关于加快重点小城镇建设的若干意见”川府发[2003]21号),其中民族地区有11个镇:阿坝州九寨沟县永乐镇、理县杂谷脑镇、小金县美兴镇、松潘县川主寺镇,甘孜州康定县炉城镇、泸定县泸桥镇、康定县姑咱镇、凉山州德昌县德州镇、会东县会东镇、冕宁县泸沽镇、西昌市安宁镇。凡经批准列为省级重点镇的,在享有原有省级试点镇符合国家、省现行规定的优惠政策的基础上,省政府在基础设施投入、用地政策、融资体制等方面制定了进一步的扶持政策和措施。

(撰稿 刘康蓉 审稿 蔡世勤 唐伯华)

【四川省北川羌族自治县成立】 经国务院批准北川羌族自治县于2003年10月25日正式成立,由此,四川省自治县由3个增加为4个自治县。北川羌族自治县位于四川盆地西北边缘,隶属绵阳市,是“革命老根据地”,幅员面积2869平方公里。辖3镇17乡,其中6个藏族乡。2003年总人口16.1万人,其中少数民族人口9.5万人(羌族9.1万人,藏、回等少数民族0.4万人),占全县总人口的59%。

北川县是传统的农业县,粮食生产畜禽养殖历来是农村经济的主要产业。该县有丰富的水利资源,电站35座,装机容量4.8万千瓦,各乡镇和行政村已全部通电,1990年已达到国家初级农村电气化标准。依托本地资源,大力发展地方工业,已形成水电、建材、采矿、食品加工、竹木加工等五大工业行业。全县基本普及九年义务教育,开通了程控电话,广播电视覆盖率85%以上,金融机构遍布各乡镇,农村初级卫生保健达到国家标准。已形成了纵贯南北的成(都)青(川)公路、横穿东西的成(都)阿(坝)公路和境内省、县、乡、村公路相互连接的交通网络。

(撰稿 刘康蓉 审稿 蔡世勤 唐伯华)

【贵州省加大对民族地区的基础设施建设投入】 贵州省民委一直以来坚持对民族地区的基础设施投入力度。2003年,安排少数民族发展资金2400万元,帮助民族地区改善水、电、路等基础设施,其中5万元以上的项目有244个;安排省财政扶贫资金400万元,扶持重点扶贫开发县基础设施项目63个;安排少数民族贫困户建房资金300万元,解决1184户、5185人各族群众住房困难(其中少数民族户占98.5%;少数民族人口占93.2%);安排省级民族经费75万元,对民族地区进行专项经济扶持;安排省级民族经费35万元,补助“麻山、瑶山”两山地区基础设施建设;安排民族教育经费430万元,其中380万元主要投向全省50个寄宿制高中民族班,30万元补助“三校”建设,20万元补助有关高校发展民族预笠教育;安排省级经费民族文化发展专项资金100万元,主要投向民族地区基层文化建设;安排省级民族经费民族村镇保护与建设资金100万元,帮助11个民族村镇的建设.

(撰稿 王渝飞 审稿 杨东胜)

【陕西省民委举办全省民族经济管理人员培训班】 为了使全省民族经济管理人员正确认识WTO下的政府、企业与市场运行之间的关系和规律,做到依法行政,了解少数民发展项目申报程序及管理要求,研究探讨如何进一步加强对清真食品的管理,2003年9月23日至25日,陕西省民委在西安举办了全省民族经济管理人员培训班。来自全省10市和杨凌示范区,以及部分县(区)的民族、工商、质监等工作部门干部和部分民族企业的厂长、经理等70余人参加了学习。

苏凤华副主任在开班动员讲话时强调，加快发展民族经济就是全省各级民族工作部门的第一要务，要坚持用“三个代表”重要思想统领新世纪新阶段我省的民族经济工作，大力营造聚精会神搞建设、一心一意谋发展的良好氛围，通过培训，要进一步理清发展思路，落实发展措施，推动我省民族经济快速、健康持续发展。

培训班邀请国家民委、省级有关部门的领导，以及从事经济理论研究、教学的教授，分别讲授了“如何做好散杂居少数民族经济工作”、“WTO体制下的中国政府与企业”、“《合同法》与市场管理”、“质量是企业赖以生存和发展的生命线”、“依法行政与行政执法”、“依法加强对清真食品的管理”、“有关少数民族发展项目申报程序及管理要求”等方面的内容。

培训班结束时省民委专职委员马克尔做总结讲话，他勉励大家一是要加强学习，不断提高对党的民族政策的认识和市场经济理论水平，适应新时期民族经济发展对管理人员的新要求。二是学以致用，将培训中学到的新知识、新理论运用到实际工作中去，不断探索发展民族经济的新思路、新办法，开创工作新局面。三是要进一步树立和增强WTO规则及民族法规意识，严格照法律和规则处理民族经济发展中出现的新情况、新问题，实现由注重依靠行政手段管理民族经济向注重运用法律手段管理民族经济的转变。

（撰稿　海建宇　审稿　刘开岚）

【陕西省民委组织少数民族企业家赴外省市考察】　为借鉴其他省市发展民族经济、开发国内、国际清真食品市场的经验，加强民族企业间技术交流与合作，寻求发展商机，2003年7月28日至8月8日，陕西省民委组织部分民族企业家一行13人赴吉林、辽宁、天津等市学习考察。

考察组一行对吉林、辽宁、天津等3省市的两个开发区，一个出口加工区，五家少数民族企业进行了参观考察。通过考察，使这些民族企业的经营者开阔了视野，拓宽了思路，看到了自身发展中的差距，增强了企业在发展中的危机感、紧迫感和使命感，促进了他们经营理念的转变。大家表示，一定要与时俱进，解放思想，开拓创新，将看到的、学到的应用到实践中去，为企业谋划发展良策，为全省民族经济的发展多做贡献。考察期间，还分别与当地就如何加强清真食品管理、依法维护少数民族合法权益、维护社会稳定等问题广泛交换了意见。

（撰稿　海建宇　审稿　刘开岚）

【陕西省人大代表视察民族企业】　为深入了解和掌握西安市少数民族企业经济发展情况，充分调动和发挥少数民族在全省西部大开发中的作用，推动全省民族企业发展，2003年6月24日至27日，省人大常委会副主任陈再生，带领部分省人大常委会委员、省人大代表和省人大民宗侨外工委组成人员一行15人，对西安市部分少数民族企业经济发展情况依法进行了视察。

省人大视察组分别听取了省民委主任马尔立和西安市政府常务副市长陈宝根就全省和西安市少数民族企业发展情况及政策建议的汇报后，在西安市人大副主任鲁城、市民委主任马希泉等陪同下，视察了西安“三宝双喜”集团、陕西怡兰企业集团、西安同盛祥饭庄、西安自力药业有限公司、西安长军武术院等8家民族企业，并对四家企业进行了暗访。视察及走访期间，视察组成员对全省特别是西安市少数民族企业在改革发展中取得的成绩、对社会及全省经济的贡献给予了高度赞扬和肯定。对企业在发展中缺乏现代化管理人才、产品科技含量和高附加值底、重复生产和低层次竞争等问题与企业员工一起进行分析，共商对策，研究发展思路，并提出了一些针对性很强的建设性意见。对一些少数民族经济发展具体扶持政策不配套、优惠政策不到位，政府有关部门个别公务人员服务意识淡薄、衙门作风甚至出现吃、拿、卡、要等不正之风提出严肃批评，并责成有关部门尽快认真查处。

针对视察中少数民族企业及群众反映的问题，省人大视察组建议各级政府在今后的工作中，应紧紧围绕发展和团结这个民族工作的主题，不断加强对民族经济发展工作的领导和指导；转变办职能，更新观念，提高服务意识和水平，不断适应社会主义市场经济发展的要求；抓紧研究和制定新形势下的民族经济发展优惠政策，不断加大政策扶持力度，切实把少数民族优惠政策落到实处；改善投资环境，努力营造企业发展的良好氛围；重视企业人才的培养和培训工作，结合企业实际，做好牵线搭桥、信息服务、政策引导等工作，切实为少数民族企业多做实事，多做好事，多做大事。

省人大视察组还建议西安市政府，要把全市少数民族聚居地区的环境改造工作做好，争取把回民聚居区建成具有民族风情的商贸旅游区，通过环境改造让少数民族兄弟得到实惠和发展。

（撰稿　海建宇　审稿　刘开岚）

【青海省海南州兴海县河卡镇建成全国面积最大的有机畜产品生产批发基地】　海南州兴海县河卡镇是青海省民委于2000年底建立的工作联系点之一。在联点期间，省民委认真贯彻省委、省政府关于调整优化农牧业结构，培植地方特色经济，千方百计增加农牧民收入的战略决策，经过反复调研，科学论证，结合当地特殊的气候资源、原始半原始的自然生态，利用较丰富的天然野生中藏药材资源和畜牧业优势，提出了在该镇建立有机畜产品（含中藏药材）生产批发基地的设想。

经过近三年的努力，兴海县河卡镇《青海省青藏高原有机（天然）畜产品资源生产批发基地》已注册成立，辖区内的牦牛、绵羊和野生中藏药材已经中国国家环保总局有机食品发展中心检测，颁证委员会审核，确认符合《OFDC有机认证标准》，并于2003年2月10日正式颁发了《有机农场证书》和《证明商标准用证》。农作物经检测、审核，也颁发了《有机农场转换证书》。至此，河卡镇已成为全省第一家目前全国面积最大（面积为2372平方公里）的有机畜产品（含中藏药材）生产批发基地。

（青海省民委经济处供稿　审稿　李巷秀）

民族乡（镇）

【全国民族乡镇发展情况】　2003年，全国部分省市由于乡镇合并、调整因素，民族乡镇数变化较大。全国民族乡由2002年的1190个调减为2003年的1173个。如海南省撤销了仅有的4个民族乡镇，云南省民族乡镇数由上年的185个调减为175个，重庆市增加了4个民族乡，甘肃省由上年的39个民族乡调减为36个。我国没有设立民族乡镇的省、自治区和直辖市由山西、上海和宁夏等3个增至包括海南在内的4个。在设立民族乡镇的27个省、自治区和直辖市中，重庆市和江西省近两年的民族乡镇数在增加。贵州的民族乡镇数达到253个，湖南、四川和云南的民族乡镇数在100个以上，河北、辽宁、黑龙江、广西的民族乡镇数在50个以上。

全国民族乡经济社会进一步发展，基础设施建设进一步加强，人民生活进一步改善。我国民族乡镇共有12412个村民委员会，其中已通公路的村11109个，占89.5%；已通自来水的村6844个，占55.1%；已通电的村12060个，占97.2%；已通电话的村9238个，占74.4%；已通邮的村9191个，占74.0%。民族乡面积157.96万平方公里，占全国总面积的16.5%，总人口1716.13万人，其中少数民族人口883.2万人，占民族乡总人口的51.5%。

全国民族乡镇共有乡镇企业186385家，从业人员101万人，乡镇企业总产值821.87亿元，其中工业总产值520.42万元，乡镇企业年净利润总额58.42亿元，乡镇企业实交税金13.23亿元。

2003年，民族乡镇年末实有耕地面积242.06万公顷，有效耕地面积82.78万公顷。农作物总播种面积359.57万公顷，粮食播种面积230.17万公顷，占总播种面积的64.0%。2003年民族乡镇粮食产量达到792.69万吨，肉类产量达到126.36万吨。民族乡镇实现农林牧渔业总产值398.29亿元。

2003年，民族乡镇财政收入达到23.56亿元，财政支出28.90亿元，农民人均纯收入1740元，比上年增加129元。

2003年，民族乡镇共有集贸市场1603个；学校16343所，在校学生总数249.63万人，教师总数14.51万人；图书馆、文化站1266个；医院、卫生院2308个，其中医生17357人，病床15064张。

（撰稿　冯常海　审稿　乐长虹　王海青）

【北京市副市长孙安民到通州区于家务回族乡调研】　2003年，孙安民副市长到通州区于家务回族乡调研。孙副市长在充分肯定了聚富苑民族工业开发区优越的地理位置和科学的管理机制后指出："聚富苑民族工业开发区要认真总结经验，充分发挥区位和资源优势，努力突出民族、民营、民办的特点，通过高水平规划、高质量运作，使民族乡村经济、社会全面发展。

（撰稿　沙　丽　审稿　马中璞）

【北京市政协副主席王长连视察怀柔区民族乡经济发展情况】　2003年，市政协副主席王长连率民宗委部分委员分别视察了怀柔区喇叭沟门、长哨营满族乡的肉鸡养殖小区、民俗旅游接待户等经济发展项目。委员们充分肯定了两乡民族经济发展取得的成绩，并希望今后进一步处理好发展与环保、规划与特色、经济发展与人才培养等方面的关系。

（撰稿　沙　丽　审稿　马中璞）

【北京市召开民族乡村经济发展工作会】　2003年，北京市民委与市农委共同召开了区县民委、农委负责人参加的民族乡村经济发展工作会，重点对如何促进民族乡村经济快速发展进行了认真的研究、分析和探讨。工作会使民族乡村进一步明确了发展目标：一是，充分利用区位、资源优势，确立、培育主导产业。二是，充分挖掘民族文化优势，发展休闲观光旅游业。三是，要发展科技农业、引入科技项目，提高农民科技素质。

（撰稿　沙　丽　审稿　马中璞）

【北京市举办第三期民族乡村干部培训班】　2003年，北京市民委为进一步拓宽我市民族乡村干部的工作思路，增强科技素质，举办了第三期民族乡村干部培训班。请中国人民大学、中国农业大学教授、市农委领导，重点从郊区经济发展、农村小城镇建设和农业产业结构调整等方面，对40名民族乡村干部进行了专题培训。至此，完成了2001年至2003年全市近120名民族乡村干部的三年培训规划，进一步提高了科技致富、科技兴农意识，促进了交流，对推动民族乡村经济发展起到了积极作用。

（撰稿　沙　丽　审稿　马中璞）

【天津市积极为民族乡村经济发展服务】　天津市民委为了摸清民族乡村的农民收入，对全市2

个民族乡、34个回族村和20个满族村进行情况统计，深入8个民族村进行抽样调查，了解情况总结经验。在么六桥回族乡建乡20周年庆祝活动中，市民委捐赠1万元资助该乡回、汉族困难学生。另外，积极组织有关企业赴孙各庄满族乡进行投资考察，邀请旅游部门对该乡开发农家旅游问题出谋划策，提出合理化建议。

（撰稿　薛　腾　审稿　马　竞）

【河北省出台加快民族乡发展的政策性文件】
2003年年初，河北省民宗厅组织精干力量对全省民族乡发展现状进行了深入调研，针对民族乡发展中存在的实际问题，向省直20多个部门、8个辖有民族乡的地级市及23个县政府征求了政策意见，在此基础上，形成省委、省政府关于加快民族乡发展若干政策意见草稿，共4个方面20条具体政策。2004年2月6日以省委省政府的名义下发执行，省直部门、各有关市反映很好。这个政策意见的出台，不仅完善了河北省民族政策体系，也使民族乡工作就有了政策依据。

（撰稿　马　靖　审稿　牛明顺）

【吉林省召开民族乡（镇）长座谈会暨民族乡（镇）长培训班】　2003年6月15日，吉林省在长春召开民族乡镇工作座谈会暨民族乡镇长培训班。全省34个民族乡（镇）长、辖有民族乡镇的市州民委主管领导、民族科长、自治县民委领导参加了会议。

会议采取以会代训的方式，专门邀请省农委和省体改办的同志讲授吉林省农业十大工程和农村小城镇建设等问题，并参观了长春市种牛繁育中心、长春经济技术开发区和长春皓月集团。

为加快民族乡镇经济和社会事业的发展，会议从三个方面提出了指导性意见：一是要从贯彻十六大精神和"三个代表"重要思想的高度，充分认识民族乡镇工作的重要性，巩固和发展民族乡制度。二是认真贯彻执行民族政策法规，落实和完善对民族乡镇的优惠政策。三是立足民族乡镇实际，解放思想，扎实工作，促进我省经济发展战略的实施。会议还从民族工作部门的角度提出了五点建议：1. 围绕县域突破和生态省建设，继续搞好农业产业结构调整。2. 审视乡情，立足实际，确立发展思路。3. 突出特色，运用政策因素推动民族乡镇经济社会事业协调发展。4. 加大工作力度，使民族乡镇群众尽快脱贫解困。5. 搞好培训，加强民族乡镇干部队伍建设。

（撰稿　吉林省民委经济处审稿　奎　速）

【浙江省举办全省乡（镇）长培训班】　浙江省民族乡（镇）长培训班于10月20日至27日在杭州举办，参加这次培训班的有来自全省18个民族乡（镇）的乡（镇）长和所属市、县及景宁舍族自治县的民宗局负责人，共计65人。各畲族乡（镇）代表在大会上发言，进行工作情况交流。钟小毛主任到会讲话，李绍瑛副主任作培训班总结。期间，省民宗委组织大家赴山东省寿光市等地考察，听取了寿光市在推进农业产业化经营，实行标准化生产等方面的经验介绍，还重点参观了寿光市的全国最大的高科技示范园区，使大家受益匪浅。

（撰稿　王晓跃　审稿　陈智慧）

【安徽省民委推动民族乡外向型经济的发展】
安徽省召开安粮国际发展有限公司基地办经理与肥东牌坊、长丰孤堆两个民族乡、合肥市民委、长丰县民宗局负责人参加的座谈会，相互交流情况，传递信息，共同探讨农业产业化经营和合作开发的新方向及可能性，转变农业生产经营理念，加快民族乡外向型经济发展。潘集区古沟回族乡建立了出口蔬菜生产基地—长波聂圩生态农场和牛皮加工运销、粮食、养殖、无籽西瓜、粉皮、酥糖等6个农民行业协会组织，并尝试以工业化理念经营农业生产。在省民委指导下，其他各民族乡也已开展起这一工作。

（撰稿　张旭东　审稿　马美红　杨巍）

【安徽省民委兼职单位积极为民族乡办实事】安徽省农委、省水利厅、省林业厅向民族乡下拨27万元，用于江淮分水岭的治理；省科技厅、省卫生厅、省工商局等部门也安排了项目，帮助少数民族和民族地区解决具体问题。据初步统计，2003年兼职委员单位共为民族乡村落实项目74个，下达资金2654.93万元，有利推动了民族地区经济和社会事业的发展。

（撰稿　张旭东　审稿　马美红　杨巍）

【四川省民族乡发展情况】　2003年，四川省绵阳市北川县经国务院批准为羌族自治县，该县原15个民族乡调整为6个藏族乡（其中9个羌族乡自动取消）；平武县新成立3个民族乡；截至2003年底，全省民族乡由2002年的108个调整为102个，面积1.64万平方公里，分布在全省11个市（州），27个县（市、区），占全省总面积的3.4%。村民委员会660个，其中：已通公路的村528个，已通自来水的村330个，已通电的村618个，已通电话的村325个，已通邮的村393个。总人口55.2万人，其中少数民族人口26.8万人，占全省少数民族人口的6.6%左右。乡镇企业总产值18.69亿元，农林牧渔业总产值12.11亿元，粮食产量24万吨，农民人均纯收入18.45元。有集贸市场43个，学校517所，在校学生79924人，图书馆、文化站90个，医院、卫生院117个。

（撰稿　刘康蓉　审稿　蔡世勤　唐伯华）

【云南民族乡镇发展情况】　2003年，云南民族乡国民经济、社会进一步发展，基础设施建设进一步加强，人民生活进一步改善。云南省现有175个民族乡，1263个村民委员会，其中已通公路的村1219个，占96.5%；已通自来水的村1030个，占81.6%；已通电的村1232个，占97.6%；已通电话的村1111个，占88%；已通邮的村1165个，占92.2%。民族乡面积4.76万平方公里，占全省总面积的12.4%，总人口300.85万人，占全省总人口的6.88%，其中少数民族人口182.38万人，占民族乡总人口的60.62%，占全省少数民族总人口的14.38%。乡镇企业总产值58.5亿元，较上年（186个民族乡）增长14.89%，乡镇企业年净利润总额4.23亿元，较上年增长5.5%，农林牧渔业总产值50.66亿元，粮食产量108.8万吨，财政收入4.36亿元，财政支出6.74亿元，农民人均纯收入1102元，比上年增加40元。有集贸市场321个，学校4156所，在校学生总数45.6万人，图书馆、文化站181个，医院、卫生院257个。

（撰稿　李鸿雁　审稿　李　勇　徐畅江）

【陕西省委、省政府领导四下回族镇】　为了加快回族镇的社会、经济事业发展，2000年，省委提出三个回族镇“三年大变化，五年实现基本富裕”的扶贫开发目标，并从2000年到2002年，省委副主管领导连续三年深入三个回族镇，落实开展扶贫开发工作，三年累计落实扶贫开发项目50多个，资金7000多万元，经过三年的扶持，三个回族镇的面貌发生了很大的变化，群众的生产生活条件得到了一定的改善，经济发展环境有了一定的改观，一批支柱产业正在形成，民族团结进一步加强，基本实现了“三年大变样”的目标。2003年，省委、省政府的分管领导有所变化，为了保持此项政策的连贯性，加快少数民族地区脱贫致富奔小康的步伐，2003年3月31日至4月1日，省委副书记袁纯清和副省长张伟带领省级17个部门负责同志，深入三个回族镇检查扶贫开发项目的实施情况，并在江口回族镇组织召开了回族镇扶贫开发工作座谈会，为三个镇又安排了20多个扶贫开发项目，投资1000多万元。

袁纯清副书记和张伟副省长先后视查了西口回族镇的西口中学、集贸市场、卫生院，检查了退耕还林，茅坪回族镇的移民搬迁，镇政府办公楼建设，铁湖公路，江口回族镇的过境公路改造，飞播造林，小流域治理等扶贫项目的实施情况，并分别走访了项目点的群众，询问近几年来他们工作生活的有关情况。当了解到几年来当地的面貌和群众的生活情况有了明显的改善，2002年人均收入已达到了1275元后，袁纯清、张伟十分高兴，要求省级有关部门和市、县各级领导继续贯彻落实省委民族工作会议精神，善始善终做好3镇的扶贫开发工作，确保实现省委提出的“回族镇5年基本富裕”的目标。

4月1日下午，在江口镇召开的全省回族镇扶贫开发座谈会上，袁纯清、张伟认真听取了镇安、宁县两县扶贫开发情况汇报及省级14个部门和商洛、安康两市负责同志发言后，发表了重要讲话。袁纯清对3个回族镇三年来的扶贫开发工作给予了充分肯定，同时要求省、市、县各级进一步提高认识，切实把少数民族村镇的发展作为一项重要的政治任务来完成，摆到全面建设小康社会、建设西部经济强省优先发展的重要位置，对少数民族村镇发展的有关事项一定要优先立项，优先安排资金，政府应投入的资金要优先到位，确保少数民族村镇与全省其他地方同步发展，同步进入小康。他强调对回族镇的扶贫开发项目一定要以县为主、合理规划、统筹安排、分期推进，提高扶贫开发的科学性；要立足当地资源；发展主导产业，进一步改善生产生活条件，增强扶贫开发的主动性；要强化市场配置，建立政府支持、多方运作的新机制，充分调动社会各方面扶贫开发的积极性；要发扬自力更生、艰苦奋斗精神；切实增强少数民族群众脱贫致富的内在动力，依靠群众自己的努力过上富裕文明的小康生活；要加强领导，狠抓落实，保证扶贫开发的有效性；要站在实践“三个代表”，推动民族地区稳定发展，各民族共同繁荣共同富裕的高度，做好少数民族村镇的扶贫开发工作，把全省少数民族聚居地方的建设搞得更快一点，更好一点。张伟在讲话中指出，少数民族的经济社会发展，事关大局，事关长远。各地各部门要把民族地区的扶贫开发当作一件大事来抓，加强协调，通力协作，通过几年的艰苦努力，力争使全省少数民族聚居地方的基础设施和生态环境有大的改观，经济和社会各项事业有较快发展，少数民族群众的生活水平有显著提高。

（撰稿　海建宇　审稿　刘开岚）

兴边富民行动

【全国兴边富民行动工作会议】　2003年12月27日，国家民委在北京召开了全国兴边富民行动工作会议。中央统战部、财政部、外交部、国家发展改革委、教育部、科技部、公安部、交通部、农业部、商务部、文化部、国务院西部开发办、国务院扶贫办、总参谋部、总政治部、武警总部等中央有关部门的代表，边疆9省区民（宗）委、新疆生产建设兵团民宗委分管民族工作的领导和经济处处长，全国兴边富民行动试点县（团场）有关领导参加了会议。

国家民委副主任杨健强在会上作了重要讲话，系统总结了三年来开展兴边富民行动的成绩和经验，对今后一个时期推动兴边富民行动进行了部署。杨健强在讲话中指出，截至2002年底，全国投入兴边富民行动的各类资金超过150亿元，兴建各类兴边富民项目2万多个，取得明显成效。一是加大向边境地区倾斜力度，改善了基础设施条件。二是为群众办实事、解难题，各族群众得到了实惠。三是加快农业产业化进程，增加了农牧民收入。四是促进了经济快速增长，巩固和发展了与周边国家的睦邻友好关系。兴边富民行动开展三年来的实践表明，兴边富民行动是边境民族地区加快发展的好形式，是顺民心、合民意的民心工程，对于促进边境地区全面建设小康社会，加强民族团结、维护社会稳定和巩固边防具有十分重要的意义。他还强调指出，开展兴边富民行动，现在面临着很好的机遇。一是党的十六大提出了全面建设小康社会的宏伟目标，国家继续实施西部大开发战略，特别强调要树立科学发展观，统筹区域协调发展，为实现各民族共同繁荣进步提供了体制保障，对边疆民族地区的发展将会给予更多的支持；二是党中央、国务院高度重视，连续两年的国务院《政府工作报告》都强调要继续推进兴边富民行动；三是开展兴边富民行动的良好社会氛围已经形成，中央有关部门大力支持，地方各级政府积极推进，各族干部群众热烈拥护。就继续推进兴边富民行动，杨健强同志提出了七点要求，即认识要进一步提高，组织领导要进一步加强，建设项目要进一步抓落实，政策支持力度要进一步加大，边境地区的人才培养要进一步重视、改革开放力度要进一步加大，舆论宣传要进一步强化。

财政部部长助理张少春出席会议并作了题为《加强资金管理，提高资金使用效益，积极推进兴边富民行动顺利开展》的讲话。他指出，兴边富民行动是践行“三个代表”和落实民族政策的重要举措，要进一步推动这项工作的深入开展。在既是国家扶贫工作重点县，又是边境少数民族地区的地方，要处理好兴边富民行动与扶贫的关系，通过完善机制推进兴边富民行动。兴边富民资金是中央财政扶贫资金的一部分，要逐步健全项目管理和资金管理制度，保证资金传递环节上的安全性和使用环节上的效益性：一是结合《财政扶贫资金管理办法》和《少数民族发展资金管理办法》制定相应的兴边富民行动资金管理办法。二是在资金使用环节上要逐步实行报账制管理。三是在项目选择和安排过程中要推行参与式和公示制。要发挥兴边富民行动资金“四两拨千斤”的作用，整合各类投入边境地区的公共资源，落实好兴边富民各项政策，促进边境地区经济社会全面发展。张少春表示，财政部与国家民委在推动兴边富民工作中协调配合非常好，保证了兴边富民工作的顺利进行。今后，财政部门还将继续支持民委部门的工作，把兴边富民工作做得有声有色，取得更大成绩。

（撰稿　齐乐平　审稿　李春林）

【国家民委表彰兴边富民行动先进单位】　在2003年12月27日召开的全国兴边富民行动工作会议上，国家民委兴边富民行动领导小组对10个全国兴边富民行动先进单位进行了表彰，颁发奖牌、奖金和证书。受到表彰的先进单位分别是：广西、吉林、辽宁、云南、内蒙古等省区兴边富民行动领导小组办公室（简称“兴边办”），新疆霍城县、黑龙江同江市、西藏洛扎县、甘肃肃北县、新疆生产建设兵团农五师89团等县（市、团场）“兴边办”。几年来，各地“兴边办”在各级党委、政府的领导下，认真贯彻落实党中央、国务院关于推进兴边富民行动、加快边境地区发展的部署，充分发挥主动性、创造性，积极协调和动员各方面力量，不断加大对边境地区的扶持力度，使兴边富民行动取得了明显成效，积累了丰富经验，为实现富民、兴边、强国、睦邻做出了贡献，受表彰的10个先进单位是它们中的突出代表。国家民委兴边富民行动领导小组希望获得表彰的单位再接再厉，不断进取，为继续推进兴边富民行动做出新贡献。同时号召各有关单位以此次受表彰的先进单位为榜样，努力开拓创新，为实现兴边富民行动的宏伟目标做出更大贡献。

（撰稿　齐乐平　审稿　李春林）

【国家民委进一步加强对兴边富民行动的领导】　2003年12月18日，国家民委党组听取了经济发展司《关于继续开展兴边富民行动的情况汇报》，对继续推进兴边富民行动进行了工作部署。在委党组的领导下，要求各单位要继续把推进兴边富民行动作为一件大事来抓。办公厅要与业务司积极配合，协调各方面的力量继续推进兴边富民行动；政策法规司要继续建立和完善民族法规政策体系，促进边境民族地区的稳定和发展；经济发展司要把开展兴边富民行动与扶持人口较少民族发展、推广电脑农业等工作结合起来，整体推进民族经济工作；教育科技司要把帮助边境县普及义务教育和提高劳动者素质作为一项重点工作；文化宣传司要支持边境县弘扬民族文化、发展旅游事业，加大对兴边富民行动的宣传力度；国际司要为边境县在吸引外资和开展对外合作方面多做工作；人事司要继续加强对边境县和新疆生产建设兵团边境团场的部分党政领导干部进行培训工作。

同时，鉴于国家民委领导分工的调整和有关人员的变动，决定对兴边富民行动领导小组和办公室成员进行调整。国家民委党委书记、主任李德洙担任组长，国家民委副主任杨健强担任副组长，成员是国家民委办公厅主任李文亮、政策法规司司长毛公宁、经济发展司司长葛忠兴、文化宣传司司长金星华、教育科技司司长俸兰、国际司司长王泉利、规划财务司司长武翠英、人事司司长董文良。国家民委兴边富民行动领导小组办公室设在经济发展司，具体业务由财经处负责，发挥政府行政部门的职能作用，协调财政部等中央部门加强政策研究、组织和指导各地“兴边办”推动兴边富民行动。“兴边办”主任由经济发展司司长葛忠兴兼任，副主任由经济发展司副司长李春林、中华民族团结进步协会副会长兼秘书长赵保中、经济发展司财经处处长孙青友兼任。

（撰稿　齐乐平　审稿　李春林）

【全国兴边富民行动重点县发展情况】　全国兴边富民行动重点县（简称边境重点县，下同）共有37个，包括新巴尔虎右旗、科右前旗、二连浩特市、乌拉特中旗、阿拉善左旗、宽甸县、东港市、图们市、龙井市、安图市、和龙市、同江市、爱辉区、逊克县、饶河县、靖西县、那坡县、龙州县、宁明县、绿春县、富宁县、西盟县、潞西市、贡山县、沧源县、扎达县、米林县、亚东县、聂拉木县、错那县、肃北县、博乐市、额敏县、哈密市、奇台县、乌什县、阿图什市。行政区划面积52.44万平方公里，边境县长度5856公里。边境一类口岸21个，二类口岸18个。

重点边境县共有435个乡镇，其中民族乡镇46个。2003年，总人口734.59万人，少数民族人口411.54万人，占总人口的56.0%；农村人口有515.4万人，占总人口的70.2%，边境乡镇农村人口178.35万人。

在重点边境县中，国家扶贫开发工作重点县16个，省定贫困县5个。重点边境县未通公路的乡有20个，未通电的乡有28个，未通电话的乡18个。贫困面仍很大，共有贫困人口180万人，占总人口的24.6%。饮水十分困难的村和人畜比例还比较大。饮水困难的村有2360个，人畜饮水困难的人口113.75万人，占总人口的15.5%。饮水困难的牲畜有673.15万头（只）。

2003年，重点边境县完成生产总值434.58亿元，比上年增长13.2%。完成地方财政收入22.15亿元，比上年增长14.3%；地方财政支出65.58亿元，比上年增长17.0%，财政赤字达43.43亿元。全社会固定资产投资134.30亿元，比上年增长28.4%。外贸进出口总额21.94亿美元，实际利用外资4.32亿美元。

2003年重点边境县城镇居民可支配收入6066元，农牧民人均纯收入1924元。

共有学校5206所。从各个县适龄儿童入学率看，所有县都超过95%，其中13个县达到100%；文盲半文盲人口30万人，占总人口的4.1%。医院卫生院681所，各类专业技术人员12.45万人。

（撰稿　王红文　审稿　李春林）

【内蒙古深入开展兴边富民行动】 经过自治区民委积极努力，自治区政府于2003年6月13日下文，批准成立自治区“兴边富民行动”领导小组，主管主席任组长，22个厅局主管领导为成员，从而进一步加大了自治区对“兴边富民行动”领导和支持的力度。2003年8月，成功的召开了全区“兴边富民行动”试点工作总结交流会。国家民委副主任杨健强同志亲临会议指导。会议期间，组织与会同志赴“兴边富民行动”试点旗进行了现场参观考察，会议总结推广了试点旗的经验和做法，杨主任和自治区政府主管领导做了重要讲话。使与会的有关厅局和边境旗市的领导受到很大的促动和启发，对全区的“兴边富民行动”的深入开展起到了推动作用。会后，杨健强副主任对内蒙古“兴边富民行动”试点旗进行了认真考察，对内蒙古的“兴边富民行动”工作给予了高度的评价和肯定。

内蒙古自治区积极做好参加全国“兴边富民行动”工作会议的准备工作，组织试点旗进行了试点工作开展情况的总结，向国家民委上报了自治区“兴边办”及三个试点旗“兴边富民行动”总结材料及试点旗经济发展的有关统计数据，向国家民委推荐了自治区的“兴边富民行动”先进单位，在这次会议上，张德斌同志代表自治区介绍了自治区“兴边富民行动”的开展情况，内蒙古的“兴边富民行动”工作受到了国家民委的表彰奖励。

2003年共向试点旗安排“少数民族发展资金”项目16个，投入资金620万元；向边境旗（市）安排项目66个，资金1000万元。占资金总额的31.25%。在资金安排上做到了向边境旗（市）和“兴边富民行动”试点旗倾斜。在工作中，把“兴边富民行动”工作的重点放在推动和深化试点旗的工作上，加快边境地区的经济发展和社会进步，促进三个试点旗的全面建设，对增强民族团结，维护社会稳定，巩固边防等方面产生了十分积极的作用。试点旗在上级的领导和支持下，较好地发挥了典型示范作用，使经济取得了长足的发展，走出了一条发展旗域经济，推进“兴边富民”的路子。“兴边富民行动”开展以来我们体会到，加强组织领导，健全工作机制，是搞好“兴边富民行动”的保障；确立正确思路，抓好重点项目，是实施“兴边富民行动”的有效途径；积极筹措资金，加大投资力度，是实施“兴边富民行动”的关键；坚持为民谋利，赢得群众支持，是实施“兴边富民行动”的根本保证；各级民委积极主动地开展工作，发挥好党委政府的参谋助手作用，是开展好“兴边富民行动”的重要因素。

（撰稿　额尔敦　审稿　张德斌）

【兴边富民行动促进辽宁省边境地区加快发展】 兴边富民行动，是加快边疆少数民族发展，实现“富民、兴边、强国、睦邻”的伟大工程。兴边富民行动使辽宁省丹东市宽甸满族自治县、东港市的经济与社会各项事业取得了长足的发展，边疆各族人民的生活水平有了明显提高。东港市实现国民生产总值203.1亿元，财政收入达到22.94亿元，农民人均纯收入达到3260元。外贸出口完成8.9亿美元，边境贸易额2.22亿美元，外商直接投资7547万美元。在城镇建设方面，基础设施建设不断完善，小城镇建设初具规模。沿江边防公路和旅游路列入“十五”规划，正在抓紧落实。在教育方面，新建和改建了一批民族中、小学校舍和广播电视基础设施项目，丹东市朝鲜族中学新校址落成并正式启用。丹东地区旅游景区旅游质量不断提高，旅游品味不断提升。兴边富民行动促进了东港、宽甸两市、县的农业产业化基地建设，使民族地区逐步形成了一村一业，一乡一品，公司加农户、市场带农户的发展格局，少数民族群众得到了实实在在的实惠。

（撰稿　辽宁省民委经济处　审稿　杨丰陌）

【吉林省召开第五次兴边富民行动项目协调会议】 吉林省兴边富民行动领导小组于2003年2月22日召开兴边富民行动项目协调会议。省计委、经贸委、民委等10个成员单位的负责同志、边境县（市、区）和4个国家扶贫开发工作重点县的领导参加了会议。会议由省政府副秘书李军同志主持。副省长李锦斌在会上作了重要讲话。对今后的项目建设提出了三点要求，一是有关部门和地区要高度重视，在总体工作上力求取得实效。重点抓好项目规划、前期工作，制定目标责任制，抓好抓实项目的承办工作。二是在资金筹错上力求广开渠道，充分调动有关方面的积极性。三是在项目的选择上力求四个突出。即突出基础设施建设项目、突出高效益、广就业的项目、突出优势产业和特色产业项目、突出教育、广电等社会事业项目。省计委副主任曹家兴同志对2002年边境地区的项目建设总体情况进行了汇报，安排部署了下一步工作。会上边境地区提出了有关农林水利、交通建设、城乡基础设施、社会事业等方面的项目共60个。省农委、经贸委、交通厅、水利厅、教育厅、科技厅、财政厅等单位分别就本部门的项目提出了实施意见，明确了项目落实的具体办法，对不符合国家投资政策或当地不宜发展的项目作了详尽的答复，并对今后项目的安排提出了指导性意见。

（撰稿　吉林省民委经济处　审稿　奎　速）

【吉林省举办兴边富民行动研讨班】　2003年3月24日至27日，吉林省举办了全省兴边富民行动研讨班，来自全省10个边境县市以及相关县市州民委、计委的负责同志共计65人参加了研讨班。吉林省兴边富民行动领导小组副组长、省民委主任金华同志就如何把兴边富民行动不断推向深入提出了具体要求。

研讨班以加强项目建设为主题，采取交流研讨、解惑答疑的方式，邀请省计委、省水利厅等有关厅局负责同志讲解国家及省里相关政策及各方面建设项目的动作程序、规则和具体要求，并就如何有效利用有关政策，启发学员深入思考，取得了较好的效果。

（撰稿　吉林省民委经济处　审稿　奎　速）

【吉林省民委加强兴边富民行动项目建设】　吉林省民委为进一步推进兴边富民行动，促进边境地区的经济发展，积极协调省计委、经贸委、财政厅、水利厅、交通厅等10余个相关部门，对民族地区特别是边境民族地区上报的60个项目进行考察论证，协调对接，争取省直相关部门的帮助与支持。

（撰稿　吉林省民委经济处　审稿　奎　速）

【上海市民宗委积极关心兴边富民行动】　按照市委、市政府“对口支援”工作的目标和要求，上海市民宗委响应国家民委“兴边富民行动”，结合本市民族宗教系统的特点，确定了“积极参与、拾遗补缺、牵线搭桥、联系协调、热情服务、注重实效”二十四字工作方针，通过各种形式的宣传教育，充分发挥上海民族宗教界的优势，在“动真情，办实事，重效果”上下功夫，加大为少数民族地区服务的力度，进一步把上海民族宗教界重视、关心民族地区的经济建设、社会发展的积极性调动起来，把上海民族宗教界的优良传统发挥出来，把民族宗教系统内各方面的力量发动好，引导好，组织好。

首先，市民宗委加强与国家民委经济发展司和市政府国内合作交流办公室的联系，了解中西部地区情况和“对口支援、兴边富民行动”的工作要求，把工作做在“点”上；第二，加强与中西部地区民族工作部门和西部省区驻沪办事处的联系，市民宗委与云南、宁夏、江西等地民委签订了“友好合作协议”，与新疆、内蒙古、吉林、广西、贵州、云南等地民委保持了密切联系，相互加强信息传递和情况沟通，积极发挥“牵线搭桥”的功能；第三，加强工作的规划性，制订了本市民宗系统“兴边富民”、“对口支援”的工作规划和工作目标，经常召开会议，和有关单位和部门研究情况，解决问题。

（撰稿　金　彦　审稿　周富长）

【上海市民宗委召开对口支援、兴边富民表彰大会】 2003年1月21日，市民宗委召开全市民宗系统对口支援、“兴边富民行动”表彰大会，表彰了一批先进个人和先进集体，以此推动工作向前发展。市民宗委主任杨奇庆在会上充分肯定了上海民族宗教界积极响应党中央西部大开发的伟大战略，根据上海的特点，发挥宗教界的优势，做出自己贡献，体现了宗教界与社会主义社会相适应的重要方面。杨主任指出了在新形势下进一步做好为民族地区服务工作方向，新时期的对口支援、兴边富民活动，要在“三个代表”重要思想指导下，紧紧围绕全面建设小康社会的目标，按照市委、市政府关于上海对口支援工作的目标任务和国家民委“兴边富民行动”的要求，进一步为少数民族地区做好服务工作：

（撰稿　金　彦　审稿　周富长）

【上海市民宗委与吉林省民委开展两地友好合作共建项目】 由上海市委统战部副部长、市民族和宗教委主任杨奇庆、黄浦区统战部副部长、民宗办主任沈涛以及上海市道教协会会长史孝进、上海市道教协会副会长吉宏忠、上海市民宗委副处长顾廷芳等一行五人于2003年7月15日至19日访问吉林省民委，进一步开展两地友好合作共建项目，并举行了捐赠活动。吉林省副省长李锦斌会见了杨奇庆主任等一行。

7月17日，上海市民宗委与汪清县民族宗教局在龙井市政府举行了捐赠医疗器材签约仪式，同时，上海市黄浦区民族宗教办公室与龙井市民族宗教局签署了援师助教协议。

上海静安寺捐资10万元帮助汪清县春阳镇卫生院购置医疗器材，改善当地少数民族医治条件。上海道教城隍庙购置了价值13.5万元的X－光机、B超、心电图机、电动洗胃机等一批医疗器材，帮助龙井市三合镇中心卫生院改善医治条件，提高诊断准确率，使病人得到及时、有效的治疗。在九十二岁的观性老师太带领下，上海尼众道场沉香阁和慈修庵各捐资1.5万元，资助龙井市三合镇九年一贯制学校的十名贫困教师和十名贫困学生。

（撰稿　金　彦　审　稿　周富长）

【上海市天主教光启电脑进修学校捐赠30台电脑给边境地区】 2003年，上海天主教光启电脑进修学校为响应中央西部大开发战略和国家民委“兴边富民行动”的号召，将学校教学设备更新中换下来的30台586电脑捐到市民宗委，这是该校继2002年捐出20台电脑后再次向西部少数民族地区捐赠，市民宗委已把这些电脑分别捐到黑龙江齐齐哈尔市梅里斯区达斡尔民族小学和云南玉溪市峨山彝族自治县第一中学。

（撰稿　金　彦　审稿　周富长）

【云南省“兴边富民行动”取得新进展】 “兴边富民行动”是深入贯彻中央和全省民族工作会议精神的重要举措，是西部大开发战略的重要组成部分。云南省民委加强对绿春、麻栗坡两个国家民委试点县，12个试点乡镇和兴边富民文明示范村的工作，加大对试点的扶持，确保了试点工作顺利进行。除继续抓好麻栗坡、绿春二个试点县的工作外，全面完成了以富宁县田蓬镇沙仁寨和马关县金厂镇罗家坪村等“兴边富民”文明示范村和以沧源县芒卡、潞西市三台山乡集贸市场为代表的兴边富民边贸市场示范工程工作。重点实施了“边境扶贫温饱”、“边境免费教育”、“边境科技推广”和“边境文化扶贫”四大工程。根据国家民委的工作要求，2003年8月，深入麻栗坡、绿春县，对两县的兴边富民行动项目实施情况进行了检查验收，两县的试点工作达到了验收标准。在抓好试点的基础上，根据全省民委主任会议精神，新确定了文山、思茅、西双版纳、保山、德宏5个“兴边富民”示范点，每个点安排资金40万～45万元，启动了新的试点建设。会同省财政厅对3年来“兴边富民行动”工作情况进行了全面总结，形成了《抓住机遇，开拓创新，加快边境地区发展——云南省开展兴边富民行动工作总结》上报国家民委、财政部。

（撰稿　李鸿雁　审稿　李　勇　徐畅江）

【云南省启动国家863计划远程教育项目】　云南省列入国家863计划“缩小数字鸿沟——西部行动”的远程教育项目启动。该项目是以国家CPU构建的网络计算机为终端，以国家操作系统和软件为核心，采用国产高性能服务器进行网络管理，融入因特网及国产地面卫星数字化接收系统建立起的远程教育与农村科技教育的综合服务系统。它通过网络传输克服时空界限，能为我省边疆民族地区提供优质的教育资源和农业专家系统，充分满足教学和农技推广的需要。目前，云南各地有12所民族中学纳入了该项目。

（撰稿　金建昌　审稿　李　勇　徐畅江）

【甘肃省推进兴边富民行动向纵深发展】　2003年，甘肃省民委在委党组领导下，深入边境民族地区调查研究，认真分析制约边境地区发展的困难和原因，帮助“兴边富民行动”试点县—肃北蒙古族自治县理清发展思路，制订中长期规划，协调发展项目和资金，推动了“兴边富民行动”向纵深发展。

1. 深入调研，共同努力，帮助自治县定好发展规划。为了帮助边境县加快发展，本着规划先行的原则，2003年，甘肃省民委一班人两次赴肃北蒙古族自治县，对边境地区经济社会发展的优势、有利条件、制约因素进行了逐项分析，并就肃北蒙古族自治县扬长避短，发挥优势，以资源开发带动工业兴县、以畜牧产业化带动牧民增收、以定居点建设改善农牧民生产生活条件、以基础教育加大乡土人才培养力度为重点，帮助县上制订了兴边富民行动规划，并以项目为纽带，制订了中长期发展目标。截至2003年，规划中已有29个项目实施，占总任务的19.6%。

2. 选好项目，加大投入，拉动肃北蒙古族自治县经济社会全面发展。项目建设是兴边富民行动的载体，抓好了项目，就抓住了兴边富民行动的牛鼻子。为此，甘肃省民委在项目建设上狠下功夫，一是帮助制订切实可行的《规划》；二是参与重大项目的策划和论证；三是积极协调，用有限的“兴边富民行动”专项资金，调动国债资金、边境建设资金及民间资金的投入。三年间，肃北蒙古族自治县累计投入各类资金3000万元以上，有40多个项目得到了各类资金不同程度的支持，其中5个项目由国家资金全额完成，到2003年，“兴边富民行动”规划项目已完成固定资产投资3.2734亿元，占总投资的25.5%，建成或正在建设的项目70个。投入的增加，有力地拉动了肃北蒙古族自治县经济社会的全面发展。2003年，全县完成国内生产总值22214万元，比上年增长10%。完成固定资产投资15493万元，比上年增长8.8%。完成财政收入2501万元，比上年增长9.9%。农牧民人均纯收入达到4679元，比上年增长140元。

3. 强化管理，严格检查，推进“兴边富民行动”向纵深发展。2003年8月，甘肃省民委赴肃北蒙古族自治县，深入马鬃山边防，对近年来兴边富民项目进行了逐个检查，并对2003年准备建设的项目进行了实地考察。同时，在肃北蒙古族自治县马鬃山镇召开省、市、县三级工作会议，对今后加强管理，选好项目，用好各类资金并使之发挥最大效益进行了认真探讨，并达成了共识，大家一致认为，“兴边富民行动”已使甘肃省边境地区初步实现了小康，肃北蒙古族自治县政府要咬定青山不放松，自力更生，扎实工作，不辜负国家的期望，人民的重托，把肃北蒙古族自治县建设成全面实现富裕型小康的新肃北。

（撰稿　成自强　审稿　万凌云）

【新疆兴边富民行动呈现新面貌】　2003年，在国家民委的统一部署和安排下，在相关部门的大力配合下，新疆民委认真履行组织协调职能，结合实际，开拓进取，重点抓好兴边富民行动的宣传、试点工作，抓好项目库的建设，促使这项工作呈现出新的面貌。

1. 加强领导，健全机构，理顺各方面的工作关系。为解决各地因人员更迭出现的工作断档、信息不畅等问题，新疆民委在2003年初及时向自治区人民政府汇报“兴边富民行动”开展情况，提出了相关建议。自治区人民政府调整了自治区“兴边富民行动”领导小组组成人员，健全了领导小组工作制度。各有关地州也据此做了相应的调整，充实了领导小组的人员力量，加强了对“兴边富民行动”的领导，进一步理顺了各方面的关系，为“兴边富民行动”向纵深开展提供了组织保证。

2. 积极组织，主动协调，发挥牵头作用。及时了解和掌握边境地区社会经济发展情况、开展“兴边富民行动”情况，分析边境地区经济发展存在的问题，提出相关政策建议，向政府及有关部门提供决策的参考依据。继续发挥联系、沟通、协调、桥梁和纽带作用，为边境地区和各领导小组成员单位做好服务工作，及时通报“兴边富民行动”工作开展的最新情况以及国家新近出台的有关政策等，使边境地区和领导小组成员单位对开展“兴边富民行动”工作的重要性有了更深入的了解。

3. 制定规划，储备项目，扎实做好基础工作。在自治区民委的牵头组织下，通过边境地区和领导小组成员单位的努力，新疆“兴边富民行动”规划（草稿）已初步完成，待有关部门做进一步的论证。自治区“兴边富民行动”项目库已建立，一些重点项目正在逐步落实。边境县市也已基本完成了规划的制定及项目库的建立，为有计划、分步骤地开展工作奠定了基础。

4. 开展调研，总结经验，全面推开试点工作。会同有关部门制定了“兴边富民行动”试点县验收标准，与自治区财政厅和扶贫办共同组织两个调研组，分赴南北疆，按照验收标准，对全区第一轮试点县进行了全面的考核验收。对申报第二轮试点的县市进行调查了解。在此基础上拟写了新疆“兴边富民行动”试点县总结材料，提出了第二轮试点方案，及早为新疆深入开展“兴边富民行动”试点工作做了充足的准备。

（撰稿　姜国利　审稿　陆健）

扶贫开发

【内蒙古自治区积极做好少数民族扶贫开发工作】　2003年，内蒙古自治区民委进行了全区少数民族贫困调研，进一步摸清了全区少数民族贫困的原因、人数及主要分布的地区等情况。充分发挥民委作为自治区扶贫开发领导小组成员单位的作用，参与全区扶贫开发政策的制定，积极向国家及自治区有关部门为内蒙古少数民族聚居的边境地区、牧区、三个自治旗等争取扶贫开发政策。积极开展少数民族扶贫工作，在安排少数民族专项经费时，重点向少数民族贫困地区倾斜。参加并支持自治区农村牧区新能源通电工程工作，解决农村牧区用电问题。

按照自治区党委、政府的部署，自治区民委从2002年开始帮扶锡盟的一个贫困嘎查。两年共投入帮扶资金94.5万元，实施了19个帮扶项目。其中2003投入54.5万元，实施了10个项目。帮扶工作在自治区直属机关工委和盟、旗党政的领导和支持下，紧紧依靠嘎查的广大党员干部群众，配合苏木、嘎查开展工作，根据呼格吉勒图嘎查连续多年遭灾，草牧场严重沙化、退化，草场产草能力严重下降，草畜矛盾日益突出，牧民生产生活非常困难的实际，依据《自治区民委对阿巴嘎旗呼格吉勒图嘎查帮扶工作规划》，认真安排了2003年的帮扶工作，以改善嘎查牧民群众的基础设施和生产、生活条件为重点，以提高牧民群众的收入水平为目标，在认真调研的基础上确定了10个帮扶项目，帮扶工作队在嘎查工作60天以上。协调有关方面，在苏木、嘎查领导的支持下，配合嘎查群众认真进行帮扶项目的实施，高标准地完成了2003年度帮扶项目建设，为牧民群众办实事、办好事，收到了良好的效果。嘎查党支部、村委会带领牧民建设小康社会的能力有了很大的提高，嘎查牧民的生产生活条件和生态环境得到了有效的改善，牧民的抗灾能力得到了加强，科技知识的应用和科学养畜在牧业生产中发挥了一定的作用，牧民的收入水平有了一定的提高，牧民人均纯收入由帮扶前的1167元，2003年达到1980元。2003年9月9日至13日，自治区党委、政府召开了自治区直属机关企事业单位帮扶锡盟工作经验交流现场会，在这次会议上，自治区直属机关工委表彰了53个先进单位，自治区民委的帮扶工作受到了表彰，并在大会上做了典型发言，会议代表参观了自治区民委的帮扶项目。

（撰稿　额尔敦　审稿　张德斌）

【辽宁省制定少数民族扶贫实施意见】　加大对少数民族和民族地区开发式扶贫工作，是根据辽宁少数民族和民族地区经济社会发展的实际开展的。为了搞好开发式扶贫工作，辽宁省民委在全省少数民族和民族地区进行深入调查的基础上，制定了《辽宁省少数民族贫困村开发式扶贫实施意见》，使开发式扶贫工作更加具体化、规范化。

（撰稿　辽宁省民委经济处　审稿　杨丰陌）

【辽宁省充分发挥少数民族农业产业化示范基地的拉动和辐射作用】　为了进一步搞好开发式扶贫，辽宁省在全省建立了15个少数民族农业产业化示范基地。通过对基地的资金投入和建设，发挥基地的示范和拉动作用。如，辽宁万鑫蚕丝业集团是省15个基地之一，地处岫岩满族自治县的民营企业。该集团从栽桑养蚕转变农民观念入手，先后投入37万元，组织400多人次到江苏、山东等地学习桑树栽植、桑蚕放养技术，又投资1000万元购买桑苗、蚕药、蚕具发放给农民，聘请专家作技术指导，坚持及时收购，不打白条，极大地调动了农民种桑养蚕的积极性。全县栽桑2万多亩，有10个乡镇，98个村，6800户农民从事桑蚕产业。仅此一项，户均增收4000多元，使24个少数民族贫困村整体脱贫。其他基地也都较好地发挥了辐射和拉动作用，推动了全省开发式扶贫工作的开展。

（撰稿　辽宁省民委经济处　审稿　杨丰陌）

【辽宁省民族工作部门积极推动开发式扶贫滚动式发展】　主要立足于当地的资源优势，在种植业、养殖业、林果业方面下大力气，做大文章。辽宁辽西地区的朝阳、阜新等地气候干燥，十年九旱，根据这一实际，农民选择了种植大扁杏项目，大扁杏抗旱性强，销路好，一亩年收入800～1000元，如果一个三口之家种3亩大扁杏，就有3000元左右的收入。种植大扁杏已得到了农民的认可，发展势头良好。在畜牧业方面，辽西地区荒地多、草场多，非常适合发展养殖业，在总结了经验的基础上，全省推广了滚动式发展养羊项目，收到了很好的效果。滚动式发展养羊就是由民委集中资金购买小尾寒羊，在贫困村选定100户有责任心的养羊户，民委、村委会、养羊户签订有关的协议，每户发放4只基础母羊，第二年养羊户向村返还4只母羊，将上交的母羊再发放到其他户，实行滚动式发展，达到整村推进整体脱贫的目标。这一做法深受贫困户的欢迎，少数民族群众盛赞这一作法是德政工程。

（撰稿　辽宁省民委经济处　审稿　杨丰陌）

【辽宁省民委在开发式扶贫中增加科技投入】 在开发式扶贫工作中，辽宁省民委充分发挥省少数民族技术服务站的优势，建立科技网站，传递科技信息，加强与农业高校的沟通与联系，解决技术难题，向农民推广农业科普知识，培训乡、村技术鼓干，培养农村“明白人”，使少数民族贫困户都能掌握1~2门专业技术，有了稳定的经济收入。

（撰稿　辽宁省民委经济处　审稿　杨丰陌）

【吉林省开展民族地区脱贫解困情况调研】 2003年7月，吉林省政协社会法制宗教委员会会同省民委等部门，组织政协委员先后深入延边州、前郭县、长白县、伊通县和白城市就脱贫解困情况进行了调查。为了更深入、全面地了解和掌握少数民族和民族地区的贫困情况，调研组先后听取了有关政府领导的汇报并进行了座谈，视察了一些扶贫开发项目，并深入到边境乡镇贫困村屯进行了地调查走访。在调查研究的基础上形成了《关于辽宁省少数民族县（市）、乡（镇）脱贫解困情况的调查报告》，此报告经省政协九届十一次主席会议审议通过，正式上报省委、省政府，受到省委、省政府领导的肯定。

（撰稿　吉林省民委经济处　审稿　奎　速）

【黑龙江省召开全省少数民族扶贫工作现场经验交流会】 2003年10月8日－10月11日，黑龙江省在杜尔伯特蒙古族自治县和富裕县召开少数民族扶贫开发工作现场经验交流会。

会议紧紧围绕“共同团结奋斗，共同繁荣发展”这一新世纪、新阶段民族工作主题，全面贯彻省委九届四次会议精神，把思想统一到“努力快发展，全面建小康”的要求上来，明确了今后一个时期少数民族扶贫开发工作的指导思想、主要任务、近期目标和政策措施，增强推动少数民族和民族地区加快发展实现小康目标的责任感、使命感和紧迫感。

会议现场参观考察了富裕县友谊达斡尔、满、柯尔克孜族乡登科村奶牛规模养殖一条街、奶牛养殖高标准示范园区，三家子村奶牛模式户一条街、新民村机械化榨乳站，塔哈满、达斡尔族乡吉斯堡村赵忠民家庭奶牛场、省光明松鹤乳品有限责任公司及杜尔伯特蒙古族自治县伊利乳业集团、克尔台蒙古族乡烟屯村“滚动养牛”、“滚动养羊”扶贫模式户。

省政府副秘书长赵文洲出席会议并讲话，省民委主任洪英华作了工作报告，总结了近三年来的工作，部署了下一步工作任务。省政府扶贫办主任陈华介绍了全省扶贫工作情况和实施少数民族扶贫开发工作的政策措施。省民委副主任关立卓做了会议总结。省农委、省畜牧局的有关领导和全省13个市（地）的民委主任、经济科（民族科）科长，部分县（市、区）民委主任及部分民族乡书记（乡长）共90余人参加会议。

通过这次会议，大家提高认识、统一了思想、学到了经验，开阔了视野。同时，明确了任务、方向、目标，理清了思路，增强了信心。会议开得好、及时、成功，为进一步推动全省少数民族和民族地区的扶贫开发工作奠定了坚实的基础。

（撰稿　崔　龙　审稿　包玉明）

【黑龙江各级民族工作部门完成专项帮扶任务】 黑龙江省各级民族工作部门按照省委、省政府部署的专项帮扶任务，采取有效得力措施，全力筹措资金，加大投入力度，很好地完成了佳木斯锅厂的“一帮一”帮扶任务，认真开展了与明水县育林乡重灾区对口支援和杜尔伯特自治县的定点帮扶工作，以实际行动贯彻落实了省委提出的“十项利民行动”和“办好33件实事”的要求。

（撰稿　崔　龙　审稿　包玉明）

【上海各区积极开展对少数民族贫困地区的对口支援活动】　上海市金山区把帮扶助困作为一项重要工作来抓，为加快边疆地区群众脱贫致富，产生了良好的社会与经济效益。2003年初，即与云南思茅地区进行广泛深入的交流与协调。在达成共识的基础上，依据其经济和社会发展的实际需要，制定了具体帮扶项目。该区与思茅地区的有关领导，确定了“以调动当地农民求富致变的积极性，促进农民增收”的指导思想，逐项论证，对所有项目都制定出详细、可操作性的方案。通过考察调研，双方还确定了劳务输出的扶贫思路。在区政府的重视与支持下，与有关单位协调，共吸纳了来自思茅地区共181名劳务人员。

上海市奉贤区根据市委、市府的要求，帮扶云南红河地区。结合区的实际与对口地区的情况，确定了帮扶协作项目11个，共投入帮扶资金270万元。主要方法：1. 狠抓教育，提高贫困地区人口素质。2. 改善医疗卫生条件，缓解贫困山区人民就医难的突出矛盾。3. 建设白玉兰温饱试点工程，发挥项目集聚效应。4. 开展科技培训，推广农村适用技术。5. 找准帮扶突破口，加大社会帮扶力度。

上海市松江区在落实《中国农村扶贫开发纲要》的基础上，坚持帮扶优先，积极推进，突出重点，注重实效，分别对西藏日喀则地区、云南文山州、新疆阿克苏地区援建22个项目，资金400多万元。

上海市卢湾区民宗办为恢复上海天山回民食品店，考察了宁夏石嘴山市惠农枸杞子生产基地、平惠乐清真食品有限公司等13个企业。在考察、交流的基础上，与当地三个企业签订了意向合同，当地政府在做好交流的同时，抓住商机，发掘本地资源。

上海市普陀区在市民宗委的关心和支持下，由普陀区少数民族联合会主办，成立了上海市民族进修学院，该院以为开发西部地区和少数民族服务为宗旨，以提高少数民族的整体素质和培养少数民族人才以及举办适应社会需求的各类技术培训班为办学方向，积极探索服务全国，培养少数民族的新路子。到2003年，已为新疆巴音郭楞蒙古自治州的教育行政管理干部和业务骨干教师举办了三期，共一百多名学员参加的研修班。

（撰稿　金　彦　审稿　周富长）

【上海市圆明讲堂资助100名云南贫困地区孤儿】　2003年春节到来之际，圆明讲堂慈善办公室汇款人民币2万元到云南省接受救灾办公室，向新平彝族傣族自治县和鲁甸县的100名孤儿每人资助200元。新平县世居着彝、傣、汉、哈尼、拉祜、回、苗、白等八个民族，少数民族人口占全县总人口的70%，由于历史、地理、环境更方面的原因，经济处于落后状态，圆明讲堂慈善办公室帮困扶贫的无私奉献精神使当地少数民族学生深受感动，表示要刻苦学习，以出色的成绩报答上海人民的深厚情谊。

（撰稿　金　彦　审稿　周富长）

【江苏省采取有效措施加大对少数民族的扶贫】　江苏省每年从云南、贵州等民族地区婚进迁人的少数民族妇女约7000人，需要扶贫的约有5000人。各地把农村婚进迁入和因灾返贫的少数民族群众作为扶贫工作的重点，全省还有少数民族贫困人口1.5万多人。全省各地认真贯彻省政府办公厅转发的《关于加强少数民族扶贫开发工作的意见》，力争到2005年，江苏省少数民族基本脱贫，60%以上达到或超过当地平均生活水平，民族聚居地方基础设施明显改善，社会事业进一步发展，少数民族群众的生活质量和综合素质有较大的提高。紧紧抓住省政府从2003年开始用三年时间，为全省人民办成通自来水、村村通公路、危房改造、医疗统筹、费改税的5件实事的战机，把少数民族扶贫纳入其中，使少数民族分享5件实事的实惠。各地民族工作部门积极争取将少数民族扶贫规划纳入政府扶贫的总盘子，协调发计委、财政、交通、教育、卫生等10多个相关部门制定出相应的规划。无锡、徐州、常州、南通、淮安、连云港、盐城、泰州、宿迁等一批省辖市市政府办公室以及部分县（市）委、政府相继转发了当地制定了2003－2005年的三年实施脱贫目标的计划。苏南地区的经济发达的市、县、区，力争2004年内实现少数民族全部脱贫。南通市实施“千户少数民族扶贫工程”、连云港市采取市、县、乡、村四级联动结对帮扶等成效显著。南京市在对全市重点帮扶的8个乡镇中，把竹镇镇列为首位扶持对象，投入资金800多万元用于基础设施改造。苏州、扬州、常州武进市民族部门为少数民族争取提高最低生活保障标准，市政府出台了将少数民族家庭成员低保标准增加15%至50%，在农村村级公益费、教育学杂费、卫生医疗费、房屋改建费和水、电、有线电视初费实行减免等9项优惠政策；协调省有关部门为泗阳县5个民族村争取有关部门资金100多万元，协调银行、信用社发放小额贷款220多万元，用于发展民族经济等社会各项事业。8月份省民委召开了全省少数民族扶贫开发工作会议，检查各地贯彻落实分阶段实施脱贫的目标计划，明确今后一段时期工作任务。

（撰稿　方汉民　审稿　翁振进）

【浙西南扶贫大通道景泰公路全线开通】　2003年10月下旬，总投资3.8亿元、全长69公里的从景宁畲族自治县至泰顺县的景泰公路全线开通，即将进入工程验收阶段。该工程于1996年10月开始建设，建设标准为山岭重丘二级公路，建成后比原来缩短了57公里，是目前景宁畲族自治县交通史上公路等级最高的一条大通道。

（撰稿　王晓跃　审稿　陈智慧）

【浙江温州加强民族地区扶贫工作的六项做法】温州市是浙江省民族工作重点地区，当地民族工作部门以创新的思路，采取六项措施，进一步加强民族地区扶贫工作。一是办好开发基地。利用当地资源优势，组织和引导少数民族群众实施农业综合开发，解决少数民族群众农技、销售等方面的困难。在苍南和文成两县建立养殖基地，充分利用山区丰富的自然资源，以“公司＋科技＋基地＋农户”的基地模式，按政府规划、企业出资、科技支撑、统一管理、分户承包的办法，实现基地发展、群众受益、企业赢利，引导带动少数民族群众走脱贫致富路。二是抓好教育扶贫工作。在少数民族比较集中的司前畲族镇，资助50名少数民族初中生免费上学。选送40名少数民族学生免费上温州职业技术学院，专门设立少数民族班，培养少数民族学生的职业技能。三是集中资金实施“动人”扶贫。将部分边远山区的少数民族贫困户迁移到山下生活条件较好的地方，实行下山异地扶贫，进一步改善少数民族群众的生活质量，改变传统的就业方式，提高基础设施的共享性。四是建立健全民族扶贫资金和项目的监管机制。对民族地区发展资金的使用和项目管理做出明确规定。规范少数民族和民族地区的资金使用、项目管理，提高“民补”资金使用效益。五是做好民族重点县换届中少数民族干部的配备和使用。协助选送民族乡镇的领导干部到经济发达乡镇挂职锻炼，学习先进经验，更新观念。六是着力提高民族村集体经济实力。落实资金13万元作为泰顺县司前镇和庄村、林山村两个民族村在当地水电站的股份，通过股份分红的稳定收入来壮大村级集体经济。

（撰稿　王晓跃　审稿　陈智慧）

【浙江省对口帮扶新疆和田地区成效明显】
2003年8月22日，省委书记习近平率团赴新疆和田地区考察，并无偿援助资金1200万元，其中900万元用于修建和田地区科技文化中心。6年来，浙江省先后派出4批127名干部援助和田，并援助资金、物质折合人民币3000万元，引进民营资本投资近亿元。

（撰稿　王晓跃　审稿　陈智慧）

【景宁县到中西部地区投资小水电成为一股新潮】　到中西部地区投资开发小水电，已成为景宁畲族自治县一股新潮。至2003年11月底，该县已在中西部建成、在建和确定电站的项目共104个，总装机95.95万千瓦，总投资40.99亿元，投资涉及10个省47个县。

（撰稿　王晓跃　审稿　陈智慧）

【安徽省民委扎实开展沿淮民族地区的抗洪救灾工作】　2003年6月下旬以来，安徽淮河流域发生了历史罕见的特大洪涝灾害，沿淮7个民族乡、97个民族村均程度不同地受灾，受灾人口19.56万人，农作物绝收17.79万亩，倒塌房屋7669间，冲毁桥梁、涵洞等设施792处，直接经济损失3.37亿元。安徽省民委领导深入受灾严重的民族乡村，慰问受灾少数民族群众，指导抗洪救灾和重建家园工作，同时要求市、县两级民族工作部门，积极按照当地党委政府的统一部署，全力以赴投入到抗洪救灾工作中去，指导民族乡村做好生产自救工作，保持灾区社会稳定，维护民族团结。同时还广泛动员社会各界力量，积极向受灾民族地区捐款捐物，奉献爱心，帮助少数民族群众渡过难关，重建家园。据不完全统计，全省民族工作系统共为民族地区争取救灾经费和物资折合人民币达3000万元，结合治理淮河工作，有力推动了民族乡灾后重建。

（撰稿　张旭东　审稿　马美红　杨巍）

【福建省民宗厅积极采取措施帮扶少数民族贫困村】　福建省民族宗教厅认真贯彻省委副书记梁绮萍提出的落实扶贫措施“五到位”要求，根据厅党组提出的“一年基础，二年起步，三年变样，四年脱贫”的目标，把霞浦县茶岗村、福安市仙岩村作为全省民族宗教系统开展扶贫工作的重点村，2003年共投入资金100多万元，在促进两村加快经济社会发展、改善生产生活条件等方面取得了成效。一是着力扶持重点村基础设施项目，突破制约发展的“瓶颈”。两个村共投入25.1万元，完成3条3.5公里村道硬化，1条1.2公里的机耕路建设；总投资69万元，群众自筹54万元，实施造福工程搬迁23户、118人，投资自来水项目6.8万元，受益群众达30户145人。二是实施基础教育项目，提高人的素质。为了改善贫困村办学条件，让贫困户子女都能接受正常教育，经多方筹资137万元，仙岩村建成了民族实验小学综合楼1000平方米；茶岗村民族小学新建了教学楼340平方米，维修旧教学楼及操场硬化400平方米，均已投入使用。还发动社会各界人士献爱心，开展“一对一”助学帮扶行动，资助200名贫困学生完成学业。三是突出主导产业，整合致富资源；加大农业投入，增加农民收入。根据两村的地理条件，因地制宜，投资13.5万元，发展茶园240亩，受益群众100多户1000多人；发动150户农民自发种菜，种植面积达200亩；126户养猪560多头；150户养鸡鸭3000多只。帮助贫困村加快劳动力转移，外出打工劳动力达300多人，增加了农户收入。

（撰稿　萨支农　审稿　钟安）

【江西省少数民族扶贫情况】　随着民族工作社会化机制逐步健全，江西省民族工作受到省委、省政府的高度重视和社会各界的广泛关注。2003年，省政府已就民族工作专门召开了全省民族宗教会议，黄智权、吴新雄、凌成兴几位省政府领导同志分别参加会议并作了重要讲话。省少数民族地区建设工作领导小组各成员单位的负责同志怀着对少数民族群众深厚感情，深入开展对口支援，大力扶持民族乡村经济和各项事业建设。2003年，通过各种渠道对全省少数民族乡村的资金投入达1400万元，继续保持了投入增长的良好势头。其中预算内360万元，以工代赈120万元，交通建设50万元，对口支援400多万元，对口支援部门调剂100多万元，教育经费150万元，社会筹资150万元，水利建设40万元，卫生改水10万元。

（撰稿　施莉文　审稿　罗峻雄）

【江西省民族宗教事务局领导走访慰问少数民族贫困户】　2003年1月，江西省民族宗教事务局局长陈卫民、副局长罗峻雄、张国培分别带领三个小组下到上饶市弋阳县葛溪乡雷兰畲族村、抚州市崇仁县礼陂镇左坊村和乐安县金竹畲族乡联村走访慰问少数民族贫困农户。

省民族宗教事务局领导在走访慰问贫困农户过程中，非常关心当地少数民族经济发展情况。每到一地，都深入实际调查，了解他们的生产、生活情况，帮助他们总结过去发展经济的好经验、好做法，激励他们奋发图强，再接再厉，尽快实现脱贫致富的目标

（撰稿　施莉文　审稿　罗峻雄）

【江西省民宗厅积极开展少数民族扶贫搬迁工作】　为了改善深山区的少数民族群众生产生活条件，彻底解决脱贫问题，2003年，江西省民族宗教事务局争取省委、省政府重视，积极开展少数民族异地搬迁扶贫工作。一是进行调研。向各地市下发有关文件，局领导亲自带队，组织对全省少数民族乡村少数民族贫困群众生产生活进行调查，征求基层政府和少数民族群众的意见，经过几个月的摸底调查，确定了搬迁对象；二是向省政府报告。结合全省深山区、库区搬迁规划，及时向省政府有关领导请示，向省政府书面报告调查情况，江西省省长黄智权在2003年的全省民族宗教局长会议明确指示，同意将全省部分少数民族贫困群众搬迁工作纳入全省总体规划；三是召开江西省少数民族地区建设工作领导小组第四次会议，通过省政府下发会议纪要，部署搬迁工作，对省直有关部门及各地市政府在少数民族异地搬迁工作中提出明确要求，为少数民族搬迁扶贫工作提供有力的组织保障。

江西省少数民族扶贫搬迁工作，涉及35个县（市、区）1064户4989名贫困少数民族群众，其中14个国定贫困县370户1816人，20个非国定贫困县694户3173人。省政府决定2004年先期实施国定贫困县内少数民族贫困人口的搬迁工作，2005年实施非国定贫困县贫困少数民族人口的搬迁工作。

（撰稿　施莉文　审稿　罗峻雄）

【“鲁羊扶贫工程”结硕果】　鲁西小尾寒羊是山东省鲁西南人民经过千百年驯化而形成的，简称鲁羊。山东省民委经过多年深入调查研究，针对山东省少数民族群众（其中80%左右是回族）擅长养殖业的特点，自1996以来，在全省少数民族贫困乡村实施了“鲁羊扶贫工程”。经过数年的发展，我省少数民族鲁羊养殖业不断发展壮大，并取得丰硕成果。

1. 市场运行机制建立。山东省民委在总结以往经验教训的基础上，将市场竞争机制引入“鲁羊扶贫工程”。一是增设鲁羊良种调拨基地，引入市场竞争机制。在原有基地的基础上，增设2处调拨基地，使调羊基地由原来的县内竞争，成为跨市县的竞争；二是对调羊基地进行年度颁证审核制度。制定新的基地管理办法，建立年终考核制度，对基地逐一认证，合格者颁发证书。三是改革结算方式。为保证资金及时到位及抑制羊价上出现地方保护主义，结算方式采取报账式，被扶持单位选择调羊点，调羊点凭调拨单和有客户签署意见的进行结算。市场竞争机制的引入为“鲁羊扶贫工程”注入了新的活力，使其步入把良性发展的轨道。

2. 服务体系更加完善。山东省民委少数民族经济发展促进会，为基地、龙头加工企业间建立了信息灵通、反应敏捷的养殖、加工、流通等市场信息服务网络，为分散的养殖户提供了及时准确的市场行情、技术咨询及营销服务。引导一些少数民族企业在加大鲁羊市场开发力度及精深加工方面进行探索，为“鲁羊扶贫工程”的深入开展打下良好的基础。

3. 加快产业结构调整，促进了社会稳定。

市场经济条件下，农业生产的结构调整已成不当务之急。畜牧业产业链长，是承农启工的中轴产业。在我省农村产业结构大调整中，畜牧业的独特优势正在不断显现，尤其是我国加入WTO后，畜牧业正面临着前所未有的发展机遇。由于我们找准了切入点，鲁羊养殖业正逐步在我省少数民族群众中成为脱贫致富的新兴产业，成为新的经济增长点。由于“鲁羊扶贫工程”的实施，使广大少数民族群众得到了实惠，在物质上得到了保证，促进了精神文明建设，群众赌博的少了，打架的少了，上访的少了，致富的多了，保证了社会的稳定。

“鲁羊扶贫工程”实施以来，累计投入资金1050多万元，近5万少数民族群众受益。成为广大少数民族群众心中的“富民工程”。取得了丰硕成果。

（撰稿　韩昌钦　审稿　马辉）

【山东省开展少数民族帮扶工程】 2003年山东省民委落实少数民族发展资金总额为700万元，扶持项目共涉及12个市，62个县（市、区），107个乡（镇、办），145个民族村（居）。项目总数为133个，其中种养业29个，300万元（包括鲁羊扶贫工程160万元）；人畜饮水和水利工程项目57个，207万元；道路建设项目33个，140万元；架电项目5个，18万元；民族学校校舍改造9个，35万元。省农业厅对民族乡（镇）及少数民族用品定点生产企业投入无偿资金105万元，贴息贷款2600万元。省水利厅一次性下拨经费31万元，解决阳信县的大营、刘庙等5个民族村人畜饮水问题。侯集回族镇被纳入省重点扶持乡镇。省扶贫办除向张鲁、侯集回族镇投入105万元扶持资金外，还扶持民族乡村和民品企业贴息贷款2600万元。交通厅结合“村村通工程”，从今年起对民族村的道路建设扶持予以倾斜。2003年全省有25家企业被国家批准为少数民族用品定点生产企业，民品定点企业总数达到45家。其中，15家企业落实了优惠贷款利息，全年贷款总额达11亿元，享受优惠利息3000多万元；2家企业落实技改贴息贷款300万元，享受贴息16万元。

（撰稿　袁　澍　审稿　杨晓龙）

【河南省少数民族扶贫工作取得显著成效】 2003年，河南省民委把做好少数民族扶贫工作，作为全面建设小康社会、实现中原崛起的一项重要内容，立体作战、多策并举，取得显著成效。

1. 建好基础设施，增强发展后劲。省民委坚持将少数民族发展资金重点用于贫困乡村的水利、道路等项基础设施建设，为其发展奠定基础。2003年少数民族发展资金共扶持修路115公里；建水利工程28处，受益人45103人，解决4800亩耕地灌溉问题。

2. 推广电脑农业，推进农业现代化。2003年下半年，省民委在襄城县颍桥回族镇建立了电脑农业无公害蔬菜示范基地，引导当地群众种植反季节无公害蔬菜。利用少数民族发展资金，对每个大棚补助2000元。当地政府为种植户每建一个日光温棚协调小额贷款2000万～5000元。县镇两级政府共为农民协调小额信贷30多万元，无偿扶持20余万元。

省民委委托中国科学院合肥智能研究所开发出了电脑农业专家系统——无公害蔬菜种植技术指导软件。在该系统指导下，一座大棚平均收益达到5000元。目前已有103户农民在园区承包了203座大棚，全镇有800多农户从事大棚生产。“发家致富靠科技”成为当地农民的普遍共识。

在颍桥回族镇试点成功的基础上，2003年11月，省民委在郏县姚庄回族乡、镇平县郭庄回族乡、临颍县繁城回族镇三个民族乡（镇）建立了牛羊养殖、花卉苗木和烤烟种植电脑农业示范点。国家民委扶贫办领导于2003年12月莅临河南视察电脑农业工作，给予充分肯定。

3. 建立养殖扶贫基地，引导贫困农户发展养殖业。为将河南回族群众的养殖特长转化为经济优势，省民委在镇平县郭庄回族乡建立了种羊繁殖扶贫养殖基地。采取“基地加农户”的扶贫方式，已对78户少数民族贫困农民进行帮扶。预计2004年可带动800—1000户农民发展养殖业，每户可实现增收500—800元。

4. 建立培训基地，发挥四大效益。2003年，省民委在年产值数亿元的澳皮加工专业村——孟州市桑坡村筹建了“河南省少数民族经济发展培训基地”。截至年底，基地建设已初具规模。

该基地今后将发挥四大效益：一是每年可接纳贫困少数民族劳动力500—1000人进行职业技能培训，并在桑坡村就地上岗就业。二是对少数民族贫困人员进行手工艺技术培训，将桑坡村的半成品分散到户，“来料加工，集中回收”，帮助少数民族贫困农户增加收入。三是进行农村基层干部培训。引导他们解放思想，开阔视野，积极带领少数民族群众致富。四是利用基地举办民族企业界、经济界和民族乡（镇）村的经济发展研讨会。

5. 协调小额贷款，支持群众创业。2003年，河南省各级民族工作部门共协调小额贷款7935万元，扶持15000多少数民族农户发展种植业、养殖业、清真食品加工业、运输业、手工艺品制造业等，使相当一部分少数民族贫困农户增收或脱贫。

（撰稿　王　召　审稿　钟蜀豫）

【湖北省委办公厅、省政府办公厅转发省扶贫办《关于加大对恩施自治州扶持力度的意见》的通知】　恩施自治州是湖北省扶贫开发的重点地区和惟一的少数民族自治州，也是湖北省惟一被纳入国家西部大开发范围的地区。近年来，在省委、省政府的正确领导和省直各部门的大力支持下，恩施自治州经济建设和社会发展取得了显著成就。但由于恩施自治州基础薄弱，交通不便，信息不灵，经济社会发展水平与省内发达地区相比仍有较大差距。为深入贯彻“三个代表”重要思想和党的十六大精神，更好地实施新阶段扶贫开发和西部大开发战略，加快恩施自治州经济和社会发展，2003年9月22日，湖北省委办公厅、省政府办公厅以鄂政发［2003］49号文件批转了省扶贫办《关于加大对恩施自治州扶持力度的意见》，要求各市、州、县党委和人民政府，省直各单位认真贯彻执行。

（撰稿　唐启明　审稿　郭大孝）

【湖北民宗委全力帮扶洪湖市老湾回族乡发展经济】　湖北洪湖市老湾回族乡是湖北扶贫开发重点乡镇之一。近年来，湖北民宗委领导多次深入到洪湖市老湾回族乡，与乡党委一班人共商民族经济发展大计。一是帮助大力整治环境。对全乡四条主要排灌渠进行洗宽洗深，从根本上解决了全乡农田排灌问题；二是指导合理调度资金。对全乡9个行政村的主要村道进行建设，为脱贫致富再次拓宽通道；三是帮助解决人畜饮水。筹措资金150多万元，兴建2000吨的自来水厂，使全乡大部分群众饮用上了长江水；四是引导产业结构调整。在种植业上重点抓了“两改一推广”工作，即改造低产沙地、改变传统种养方式、推广集约化经营。同时，采取新开挖和改造相结合，扩大了水产养殖规模，使群众的经济得到较快发展。

（撰稿　唐启明　审稿　郭大孝）

【湖北恩施土家族苗族自治州启动“消除茅棚工程”】　为消除农村特困户住茅棚问题，2003年，湖北省恩施土家族苗族自治州及其各县市相继成立了消除农村特困户住茅棚工作领导小组。全州采取层层签订责任状、积极筹措资金、开展试点工作、进行检查督办等措施，全面启动了“消除茅棚工程”。

恩施土家族苗族自治州建州以来，各级党委和政府始终把解决农村特困户住房困难问题作为一件大事来抓，经过多年努力，一大批住房困难户的居住条件得到了改善，这对促进农村经济发展，密切党群、干群关系起到了积极作用。但是，近年来由于洪涝、地质滑坡、泥石流、暴雨、冰雪等自然灾害及其他原因，使一大批困难群众的住房遭受严重损失，有的特困户又住进了茅草棚或岩洞。

为进一步解决困难群众的居住条件，恩施州委、州政府决定：在建州20周年（即2003年11月30日前），全州基本解决农村特困户住茅草棚和住岩洞的问题。州政府并就此下发了关于解决农村特困户住茅草棚和住岩洞问题的《通知》，要求各县、市和州直机关有关部门，提高认识，增强责任感和使命感。从实践“三个代表”重要思想的高度，解决住茅草棚、住岩洞的困难，以促进全面建设小康社会的需要。

（撰稿　唐启明　审稿　郭大孝）

【湖北恩施土家族苗族自治州五千多特困户告别茅草棚】　2003年10月31日，湖北恩施土家族苗族自治州民政局局长刘述宣在解决农村特困户住茅草棚、住岩洞工作新闻发布会上郑重宣布：全州已全面完成2003年农村特困户住茅草棚、住岩洞工作任务，基本解决了全州农村特困户住茅草棚和住岩洞的（简称“消茅”）问题。

“消茅”之前，全州农村住茅草棚、住岩洞的特困户共5793户，17821人。2003年初，州政府将解决农村困难户住茅草棚、住岩洞的问题列为2003年州政府“9＋1”件实事之一。截至9月30日，全州共解决农村特困户5593户共17707人，除利川市尚有30%的特困户经州政府同意明年完成外，全州超额完成了目标任务，基本解决了农村特困户住茅草棚、住岩洞的问题，比实施方案规定的时间提前一个月。

（撰稿　唐启明　审稿　郭大孝）

【湖北恩施土家族苗族自治州民宗委重视扶贫联系点工作】　湖北恩施土家族苗族自治州民宗委把利川市柏杨坝镇栏堰村作为扶贫联系点，开展整体帮扶工作，用实际行动认真贯彻落实党的十六大精神。恩施州民宗委经过对柏杨坝镇栏堰村深入调查发现：一是该村农业产业化没有形成，产业结构调整刚刚起步；二是村级集体经济薄弱，没有带动能力强的龙头企业；三是交通等基础设施落后。根据栏堰村的实际情况，恩施州民宗委采取九条措施帮扶栏堰村发展村级经济：一是积极开展科技培训，向农户发放科技资料，为每个农户培训一名科技致富当家人。二是大力推广和应用先进的农业技术，促农产品增产增收。三是大力发展生态农业，并进行产业的多层开发、多级利用。四是组织好劳务输出，对外出打工人员进行建卡登记保持联系，并积极创造条件吸引外出打工人员回村搞开发、办企业。五是扎实搞好扶贫帮困，促进平衡推进，共同富裕。对特困户建卡立档，采取一名党员帮一个特困户、联系单位干部职工与特困户结对等形式，促其早日脱贫致富。六是运用典型引路，样板示范的方式，促进产业结构调整。村干部及驻村工作队员分别抓一个联系点，把联系点办成示范户。七是大力发展庭院经济，重点搞好庭院养殖业，力求把猪、鸭、鸡盘成农户增收的重点项目，把房前屋后建成“花果山”，把住宅院建成致富园。八是狠抓社会治安综合治理，建立“三长”（村长、组长、家长）责任制，及时化解矛盾，调解纠纷，确保不出现刑事案件和大的治安案件，做到小事不出组，大事不出村，确保一方平安，人民群众安居乐业。九是加强精神文明建设和计划生育工作，持久开展“十星级文明农户”评选活动。一年来，恩施州民宗委在栏堰村开展整体帮扶工作取得显著成效，全村群众得到了实惠。

（撰稿　唐启明　审稿　郭大孝）

【湖北长阳土家族自治县采取措施确保特困群众过好节】　2003年春节前夕，湖北长阳土家族自治县采取三条得力措施，确保特困群众过好节。一是多方筹措资金近500万元，将5000多名国企下岗职工、离退休人员、失业职工的生活费、救济金提前足额发放，拨付到位；二是开展“一对一”、“手拉手”等送温暖献爱心活动，形成了立体式帮扶网络。县文明委、总工会、民宗局、扶贫办、民政局、劳动局等县直部门开展了对口“手拉手”等送温暖活动，将实惠送给困难群众；三是落实扶贫帮困的各项政策措施。劳动和社会保障部门积极为下岗失业职工办理《再就业优惠证》，并落实相关优惠政策，抓好医疗保险参保者的医疗待遇兑付；积极为重点优扶对象解决“三难”问题，县政府为企业下岗的二等乙级以上伤残军人解决医疗费5万元，安排生活救济费5万元，千方百计确保困难群众过好年。

（撰稿　唐启明　审稿　郭大孝）

【湖北建始县重视少数民族群众饮水解困工程】

通过湖北省水利厅对恩施土家族苗族自治州建始县第一期民族地区农村饮水解困工程检查验收显示：建始县已建水窖5113口、建引水工264处、组织劳力60.5万个、安装引水主管道130公里。工程覆盖全县30个乡镇的328个村，受益农户达到8516户，解决了4.15万人的饮水难题。

建始县在饮水解困工程建设中，一是做到把抢抓西部大开发和新一轮扶贫开发等历史机遇结合起来，把解决农村饮水困难问题作为“三三”发展战略和小康示范村建设的主要内容来抓，切实维护好人民群众的根本利益；二是县、乡两级成立解困工程领导小组，建立设计施工组、检查验收组、资金筹措组、资料整理组，全县上下形成了有领导管、有专人抓的解困工程建设领导机制和工作机制；三是水窖、水池和引水工程的解困对象确定后，一律建档建卡，实行名册管理。为确保工程建设质量达标，杜绝领导意志工程、关系工程和面子工程，严格推行验收制度；四是坚持管好、用好项目资金，确保有限的资金能够发挥巨大的效益。对已建成的工程加强后续管理，让解困工程最大限度地发挥使用效能。

（撰稿　唐启明　审稿　郭大孝）

【湖北荆州市科技局重视对口扶贫洪湖老湾回族乡】　湖北荆州洪湖市老湾回族乡是全省扶贫开发工作重点乡镇。为加快民族乡的扶贫开发步伐，荆州市科技局根据荆州市市长李春明2002年12月率荆州市市直15个委、办、局的主要负责人到洪湖市老湾回族乡召开扶贫现场办公会上“对口支援，扶贫帮困”的要求，迅速与老湾回族乡商定用科技扶贫方式，建立4000亩优质稻科技示范基地，由科技局出资，丰乐种业公司供种，保证质量、提供技术，种植后的稻谷由丰乐种业公司包销售。4月25日，荆州市科技局将价值13万元的种子送到了老百姓手中。农技专家在对农民进行“国丰一号”优质高产栽培技术规程培训时，回汉群众感激地说：“这一次扶贫真是扶到家了，给了种子，又给技术，种出的谷子还包销售，解决了我们的后顾之忧，我们致富有望了”。科技局的领导和技术专家当场表示，他们以后还将进行全程技术跟踪指导。

（撰稿　唐启明　审稿　郭大孝）

【湖南省副省长许云昭到古丈开展科技扶贫活动】　2003年夏季，湖南省副省长许云昭、省教育厅厅长蒋作斌率省内十二所高校和长沙市一中负责人冒着酷暑赴湘西土家族苗族自治州古丈县开展科技扶贫活动。在座谈会上，针对古丈县教育落后，人才缺乏这一实际，省教育厅和各高校决定给古丈县无偿帮助解决教育发展资金800万元，其中每所院校解决20万元，其余部分由省教育厅负责解决落实。各院校表示同意在为古丈解决议定的教育发展资金的基础上，再帮助扶持1—2个产业开发项目，并每年通过定向招生和短期培训等多种形式，为古丈培养科教和各类管理人才。

（撰稿　梁　芳　审稿　蒲祖泉）

【湖南省民委启动“连心工程”】　为落实“讲原则、讲效益、突出重点”的扶贫资金管理要求，从今年开始，湖南省民委正式启动了旨在促进少数民族和民族地区社会发展的“连心工程”，即调整民委系统财政扶贫资金投向，集中安排资金，重点扶持有关少数民族群众生产生活、有一定规模、见效快、受益面大的社会发展项目。通过用好民委系统财政扶贫资金，让少数民族和民族地区切实感受到党的民族政策的温暖，加强党和政府与少数民族和民族地区人民群众的血肉联系，推进民族团结进步事业。根据民族地区卫生设施比较差，学校建设滞后，民族文化急需挖掘保护的实际，省民委将教育、卫生、民族文化作为今后“连心工程”的扶持重点，全年共安排资金800多万元，支持17个民族县重点建设13所乡镇卫生院、10所村级小学、7个民族文化站（基地）。

（撰稿　梁　芳　审稿　蒲祖泉）

【湖南湘西州扶贫开发来势好】　一是产业扶贫来势好。全州新开发橙柚3.5万亩，猕猴桃3.5万亩。推广种草养畜和草食牲畜圈养新技术，开展山羊品种的改良。二是基础设施扶贫来势好。全州共包村扶贫755个村，重点支持特困村的水、电、电视、医疗卫生、学校、住房基础设施和支柱产业建设。三是科技扶贫来势好。举办贫困村规划实施情况监测培训班，重点对电脑实用技能和贫困村规划实施情况临进行培训。同时对科技大户进行集中培训。四是项目扶贫来势好。预计今年可争取到财政扶贫资金7000万元以上，扶贫贷款2.5亿元。退耕还林后续增收工程财政扶贫资金2500万元。武陵山区支援贷款项目资金规模由原来的3800万美元增加到5800万美元。

（撰稿　梁　芳　审稿　蒲祖泉）

【中直机关和省辖六市对口扶贫湘西州6亿元】
80年代初，自国家对湘西土家族苗族自治州实施大规模的扶贫开发以来，财政部、农业部、中国光大集团、中国石化集团等中直单位和长沙、株洲、湘潭、岳阳、衡阳、常德六市对湘西自治州实施对口扶贫。20年来，这些单位派出干部下点扶贫，长年不懈，已累计投入6亿多元，帮助湘西州完成“长沙路”、“岳阳大侨”等20多个重点建设项目：援建学校、医院50余所：救助贫困学生3000多名：推广以地膜农业为核心的农业“白色革命”，并以此为契机，全面提高当地的粮食生产水平，从根本上结束了口粮要外调的历史：还发展了以椪柑、猕猴挑为主的林果业，以山羊、生猪为主的养殖业，以烤烟、茶叶、中药材为主的特种经作业，以农产品加工为主的加工业，实现农业结构由单一的种植业向种植、养殖和农副产品加工多方发展民模式。2002年，湘西州农民人均纯收入1325元，是1985年的4.25倍。

（撰稿　梁　芳　审稿　蒲祖泉）

【广东省加大对少数民族地区扶贫的支持力度】
2003年，广东省召开了扶贫工作会议，提出了“协调发展”的战略，对民族地区的扶贫工作，继续落实各项优惠政策，在财力上加大扶持力度促发展。主要措施是：

1. 加大财政转移支付力度。2003年3个自治县财政收入为13091万元，支出60809万元，地方财政入不敷出。广东省财政厅针对民族自治县财政状况，采取一般性转移支付实行“基数不动，提高递增比例”，2003年，省财政给予14%的政策性增支补助，共12592万元，其中，连南5308万元、连山4234万元、乳源3050万元。有效地缓解了3个自治县的财政压力，确保党政机关工作的正常运转。

2. 扶持3个民族自治县加快公路建设。在广东省委、省政府的重视支持下，省交通部门加大对3个民族自治县公路建设的扶持力度，促进了公路交通大发展，2003年京珠高速公路从南到北贯穿乳源全境达58公里，3县国道建设均由省里包干负责建设，乡镇通管理区的公路每公里补助8万元，现在3县国道均达到了三级及以上标准，国道G323线广东省连南县城出省至广西贺州，广东连南至连山路段正在按二级公路标准改建。所以管理区已通公路。广东省交通厅根据省委、省政府《关于加快山区公路建设的实施意见》为加快3个民族自治县公路建设，做到给予优先立项和最高标准补助。在省的统一部署下，省交通厅对3个民族自治县县到镇未达三级以上的公路纳入县通镇公路建设计划，按每公里80－100万元的标准给予补助，其补助力度已基本能满足需要。据统计，连南、连山、乳源分别为78.2公里、52公里、40.7公里，省交通厅给予补助资金分别为4650.5.4176.2410万元。县通镇公路现已陆续动工改建，计划于2005年底达到三级以上公路标准。

3. 移民搬迁工作进展顺利。2003年初，在广东省召开的扶贫工作会议上，提出要用3－5年时间，完成干旱石灰岩地区和高寒山区缺乏生产生活条件的农户实行举家搬迁的决定，广东省已将3个自治县近3000户仍需移民搬迁的少数民族纳入省的移民搬迁规划。广东省民族宗教委十分重视这项工作，发动全省宗教界捐款300多万元帮助连南瑶族自治县金坑镇竹新、泥楼、鱼岔坑以及大坪镇村4个村山体滑坡较严重的228户少数民族贫困户移民搬迁建新居。

省扶贫办拨款600万元帮助始兴县贫困瑶区367户少数民族移民进行异地搬迁安置。到2003年为止，该项移民工程资金共投入740多万元，其中省已投入资金380万元，当地政府配套资金360万元。完成安置建房228套，剩余139户正筹备迁移入住。第二期移民工程已正式启动，省拟再拨款220万元，计划2004年底完成。

4. 认真做好对口扶持工作。2003年，按照省政府的要求，继续由佛山市辖顺德区、高明市分别对口扶持连南、连山，东莞市对口扶持乳源。对广东始兴县深渡水瑶族乡、连州市三水瑶族乡、瑶安瑶族乡、阳山县秤架瑶族乡、龙门县蓝田瑶族乡、怀集县下帅壮族瑶族乡、东源县漳溪畲族乡7个民族乡解决对口扶持问题。由省民族宗教委协调有关单位已落实了深圳市盐田区、肇庆市端州区和惠州市惠城区分别对口扶持东源县漳溪畲族乡、怀集县下帅壮族瑶族乡、龙门县蓝田瑶族乡3个民族乡。其余4个民族乡的对口扶持工作仍在落实之中。

5. 采取措施力促民族地区劳动力转移。近年来，省每年安排200万元用于连南、连山、乳源3个民族自治县农村青年劳动力劳动技能培训，促进民族地区农村劳动力转移，到目前为止，已转移在外就业人员7.7万人，其中2003年共培训23074人，据统计，现每年劳务收入达4.6亿元，相当于3个民族自治县2002年GDP的23%，劳务收入占农民年纯收入的41%。2003年，省领导批示安排30万元专项经费由省民族宗教委组织帮助连南金坑镇4个瑶族村移民户60名青年进行劳动技能培训，已走上就业岗位，使他们移得下、稳得住、快致富。

6. 开展旅游扶贫。2003年上半年，省民族宗教委与省旅游局在广州联合召开加快民族地区旅游发展座谈会。省旅游局安排了450万元旅游扶贫经费用于民族地区旅游景区建设。其中，乳源南岭国家森林公园50万元、乳源大峡谷50万元、东源黄龙岩50万元、连山大旭山100万元、连南南岗“千年古寨”100万元、阳山第一峰100万元。

（撰稿　梁　燕　审稿　罗木生）

【广西壮族自治区扶贫工作取得新的成效】 2003年，在党中央、国务院的正确领导下，在各部门、各方面的大力支持下，广西各级干部群众按照《中国农村扶贫开纲要（2001－2010）》的要求，以贫困村为新阶段扶贫开发工作主战场，以提高贫困群众收入为中心，全面实施扶贫规划，扶贫工作取得了新的成效。

1. 基础设施和生态建设得到加强，群众生产生活条件得到进一步改善。2003年，共投入扶贫资金5亿元，在贫困村新建和扩建通村四级公路3892公里，通自然屯公路4659公里；在贫困村建设沼气池13.36万座；解决和改善了55.6万群众的饮水困难问题；建设基本农田2.14万亩；新增和改善灌溉面积16.1万亩；退耕还林100万亩。进一步改善了贫困群众的生产生活条件。

2. 优势产业得到发展，群众稳定增收的基础进一步增强。2001年以来，广西投入扶贫资金30亿元，扶持贫困地区进行产业结构调整，新建、续建有区域特色和优势的水果、经济作物、药材、林纸等生产基地126万亩，扶持建设了一批制糖、水果、茶叶等主导产业项目和161个科技扶贫项目，支持了45个扶贫龙头企业的发展，增强了贫困群众稳定增加收入的基础。据扶贫部门统计，2003年底，全区28个国家扶贫开发工作重点县农民人均纯收入为1430元，比上年增加90元，增长6.7%，增幅高于全区4.1%的平均水平。未解决温饱的贫困人口从上年度的108万人下降到96万人，低收入人口从上年度的650万人下降到493万人。

3. 东兰、巴马、凤山三县（简称东巴凤）基础设施大会战进展顺利，加快了三县脱贫致富的步伐。东兰、巴马、凤山三县是广西最贫困的重点县，是百色起义的腹地。2003年初，自治区党委政府决定开展东巴凤三县基础设施建设大会战，计划投入资金21亿多元，实施12大类、34项75298个项目，用近两年的时间，使东、巴、凤三县基础设施总体上达到或超过全自治区平均水平。截至2004年元月31日，大会战项目开工率达83.36%，竣工率达76.43%。到今年底，除县县通二级公路项目外，其他项目可以全部竣工。

4. 继续完善、巩固异地安置场点。2003年，投入扶贫资金2600万元，对异地安置场的基础设施建设进行补缺补漏，继续安置农户发展生产，使进场的50280户异地安置户安居乐业。

5. 扎实开展扶贫培训工作。2003年，共安排扶贫培训资金1300万元，共培训党政领导和扶贫部门领导360人次，培训贫困村村干部1080人次，培训贫困群众40多万人次。通过培训，使贫困地区的科技种养水平和干部群众的综合素质不断提高。

6. 认真做好社会扶贫。2003年，广东省、广州市、东莞市政府和社会各界无偿援助广西扶贫资金1.27亿元。两广经贸协作广东方到位资金21.54亿元。广东方面还帮助广西贫困地区输出劳务12万人左右，劳务收达3亿多元，两广扶贫协作仍走在全国扶贫协作的前列。全自治区有6586个机关单位到4060个贫困村开展定点扶贫。

7. 启动和推进扶贫统计监测工作。为全面、及时、准确掌握广西的贫困现状和扶贫开发进展情况，为扶贫项目、资金安排和扶贫开发奖惩提供科学依据，2003年，开展了对全区4060个贫困村的全面统计监测工作。一是由统计部门牵头，从4060个贫困村中，抽取351个贫困村，每村抽取10户进行经济收支情况调查，以测算贫困村的农民人均纯收入等相关经济指标；二是由扶贫办牵头，对全区4060个贫困村的项目实施、资金使用、基础设施建设等160多项指标进行统计，以全面掌握贫困村扶贫开发的动态进程。

（撰稿　梁孟雄　审稿　粟永华）

【海南省少数民族扶贫情况】 2003年，海南省民族地区各级党委和政府认真贯彻落实省委、省政府《关于贯彻落实〈中国农村扶贫开发纲要（2001－2010年）〉的意见》，按照《海南省农村扶贫开发规划》的要求和部署，以贫困县（市）、贫困村为单位，认真组织实施县（市）、村两级扶贫开发规划，全面推进扶贫开发工作。一是大力调整优化农村产业结构，积极引导和扶持农民种植橡胶、南药、绿橙、荔枝、龙眼、芒果、石榴、胡椒、香蕉、瓜菜等经济作物，饲养“三鸟”、猪、牛、羊等家禽家畜，加快种养业发展。二是加强农村基础设施建设，重点加强水、电、路、房等与群众生产生活密切相关的基础设施建设，有效地改善贫困地区农村的生产生活条件。三是加大科技扶贫力度，在贫困地区推广应用新技术、新品种，聘请专家学者和技术人员现场传授农业科技知识，举办各种农业实用技术培训班，采取科技联结扶贫方式开展对口帮扶，办好“小康班”、“9＋1”职教班和少数民族青年技术骨干专修班，提高民族地区广大农民群众的科学种养水平。四是深入开展联手扶贫活动，全省共有108个单位派出工作队在民族地区31个贫困乡镇驻点，开展以“帮思想、帮门路、帮资金、帮技术”为主要内容的联手扶贫工作，增强扶贫合力。五是实施易地扶贫模式，将一些贫困村庄从深山老林中搬出来，到一些条件比较好的地区落户，拓宽扶贫新渠道。通过采取一系列的有效措施，海南省民族地区贫困农村和贫困户的造血功能和自我发展能力不断得到增强，贫困农村的生产条件得到明显改善，贫困群众的生活水平得到进一步提高。2003年海南省民族地区共投入扶贫资金1.65亿元，解决了145个贫困村1.31万贫困人口的温饱问题，农村贫困人口从上年的5.64万人减少到4.33万人，农村贫困率由3.5%下降到2.8%，低收入人口由41.16万人减少到38.28万人。

（撰稿　符彦还　审稿　王庆良）

【海南省民族地区民房改造工作取得良好成绩】 2003年,海南省民族地区各级党委、政府在省委、省政府的领导下，从全面贯彻落实“三个代表”重要思想，全面建设小康社会的高度，进一步提高对民房改造工作重要性的认识，把民房改造工作切实摆到党委和政府工作的重要议事日程，当作一件为民办实事的“民心工程”来抓，当作民族地区农村扶贫攻坚的一项重要工作来抓，从健全工作机构、充实工作队伍、完善工作制度、强化工作措施入手，全面加强对民房改造工作的组织领导，认真组织制定民房改造工作实施方案，坚持大力发展农村经济和广泛发动社会力量参与两者并重并举的方针，按照“一户一户的改造，一个村庄一个村庄的突破”的工作思路，团结和带领广大干部群众，脚踏实地，真抓实干，全力推进民房改造工作，取得了良好成绩。全年共改造茅草房8018户，建成砖瓦房和平顶房面积60.93万平方米，少数民族受益人口4.09万人，超额完成全年8000户的民房改造工作任务。

（撰稿　符彦还　审稿　王庆良）

【海南省开展联手扶贫工作】 2003年，海南省民族宗教事务厅共派出12名工作队员，驻琼中黎族苗族自治县什运乡开展以“帮思想、帮门路、帮资金、帮技术”为主要内容的联手扶贫工作。在联手扶贫工作中，海南省民族宗教事务厅坚持把为群众办实事办好事，切实解决群众实际困难作为切入点和落脚点，真帮实扶，注重实效，开展形式多样的帮扶活动。一是帮助什运乡调整农村经济发展思路，加快产业结构调整。海南省民族宗教事务厅从实际出发，经过调查研究，提出了以增加农民收入和加快产业结构调整为目标，以护林造林，扩种橡胶、水果、瓜菜、南药，发展家庭养殖为主攻方向，立足山区资源优势，加强生态保护建设，大力发展特色经济的发展思路。2003年，什运乡共植树造林15.3万株，橡胶、香蕉、荔枝、龙眼、芒果、瓜菜等经济作物种植面积达20765亩，猪、牛、羊和“三鸟”饲养量达4.9万头（只），初步形成了具有山区特色的农村经济产业结构。二是多方筹集资金，帮助什运乡加强水、电、路、农田水利等基础设施建设。海南省民族宗教事务厅筹措资金156.3万元，修建便文村委会柏保一什统公路6公里，修建南平山塘渡槽和牙训水利灌溉工程，解决了牙训、什益岸、牙好3个自然村1100亩基本农田的灌溉问题。同时还帮助什运、方根、牙训、青祖湾4个自然村的农户安装了电话，解决农村通讯落后问题。三是扶持加快小城镇建设。海南省民族宗教事务厅筹措资金198万元，帮助什运乡先后建成乡卫生院门诊大楼、乡政府招待所、乡政府职工宿舍楼和乡农贸市场，加快了什运乡的小城镇建设步伐。四是抓好文明生态村建设。海南省民族宗教事务厅按照“文明生态村”创建工作的要求，共投入资金30万元，重点支持方根、方训、南办3个自然村的“文明生态村”建设。五是开展“送温暖”活动。海南省民族宗教事务厅先后两次组织全厅干部职工到什运乡开展“送温暖”活动，共向20个贫困户赠送价值达5000元的慰问品，使贫困农民真正感受到党和政府的关怀和温暖。

六是协助什运乡抓好计划生育、“普九”教育、农民科技培训等工作。在计划生育工作方面，海南省民族宗教事务厅重点协助什运乡做好计划生育宣传工作，共印发计划生育宣传材料800份，出办计划生育宣传专栏墙报4期，组织举办计划生育骨干培训班2期，开展婚育新风进万家访谈活动，使什运乡的计划生育率达96.22%，计划外多孩控制率达1.88%，均达到县下达的控制指标。在“普九”教育工作方面，海南省民族宗教事务厅的工作队员深入到各家各户开展家访，动员家长送孩子返校读书，同时积极发动社会各界捐资助学，使什运乡中小学校的入学率分别达到97%和100%，巩固率达100%。在农民科技培训方面，海南省民族宗教事务厅协助什运乡举办水果、橡胶管理技术培训班30期，培训人数达3368人次，提高了什运乡农民科学致富的本领。

（撰稿　符彦还　审稿　王庆良）

【陵水黎族自治县开展科技联结扶贫取得明显成效】　陵水黎族自治县与国营南田农场开展科技联结扶贫工作以来，坚持做到承诺到户、措施到户、技术指导到户、资金扶持到户、经济效益到户，使参加科技联结扶贫的农民真正得到实惠。至2003年6月第一期科技联结扶贫工作结束时，共有350多户农民参加，种植芒果1340多亩，总收入达200多万元，平均每户收入达5700元，其中收入在6000元以上的农户达217户。2003年8月，陵水黎族自治县第二期科技联结扶贫工作正式启动，参加科技联结扶贫的范围由第一期时的英州镇扩展到英州、群英、本号3个乡镇的38个自然村，参加农户从350多户增加到1050户，受技术承包指导的芒果面积从原来的1340多亩扩大到5500多亩。

（撰稿　符彦还　审稿　王庆良）

【四川省民委做好对口帮扶工作】　阿坝州松潘县是四川省民委的对口帮扶县，省民委为了继续做好对口帮扶工作，2003年对该县不仅在村道建设、人畜饮水等基础设施项目资金上给予支持，还投入100万元启动了该县调整农业经济结构重点项目——淀粉食品深度加工基地；同时，积极牵线搭桥，将省内国基实业有限公司介绍到松潘投资建基地，促进农业产业化的发展。2003年7月，“非典”疫情刚结束，省民委主任敬全林和其他委领导就带领党员干部深入阿坝州松潘县，开展“权为民所用、情为民所系、利为民谋”的“三为民”下基层主题活动，深入到进安回族乡贫困农户开展访贫问苦，向贫困农户送慰问金。经过调查与县委县政府共同研究，决定将藏族聚居的川主寺镇传子沟村作为“民族地区小康示范村”建设和省民委民族文化工作的联系点，给予项目资金的重点支持，以典型示范积极推进四川民族地区全面建设小康社会。

（撰稿　刘康蓉　审稿　蔡世勤　唐伯华）

【贵州省民委加大对民族贫困地区的民族专项资金扶持力度】　坚持促进发展，使民族地区的基础设施建设更加深入人心。安排少数民族发展资金2400万元，帮助民族地区改善水、电、路等基础设施，其中5万元以上的项目有244个；安排省财政扶贫资金400万元，扶持重点扶贫开发县基础设施项目63个；安排少数民族贫困户建房资金300万元，解决1184户、5185人各族群众住房困难（其中少数民族户占98.5%；少数民族人口占93.2%）；安排省级民族经费75万元，对民族地区进行专项经济扶持；安排省级民族经费35万元，补助“麻山、瑶山”两山地区基础设施建设；安排民族教育经费430万元，其中380万元主要投向全省50个寄宿制高中民族班，30万元补助“三校”建设，20万元补助有关高校发展民族预笠教育；安排省级经费民族文化发展专项资金100万元，主要投向民族地区基层文化建设；安排省级民族经费民族村镇保护与建设资金100万元，帮助11个民族村镇的建设.

（撰稿　王渝飞　审稿　杨东胜）

【贵州省民委补助少数民族住房困难户建房】本着政府补助、地方支持、群众自筹的原则，2003年验收的2002年下达的补助少数民族住房困难户建房任务超额完成，并深得民心，2002年底，贵州省民宗委共下达建房资金300万元，计划安排1000户，实际完成1184户。其中少数民族住房困难户占93.5%；受益人口5185人，其中少数民族住房困难人口占93.2%；建筑总面积达89577平方米；建房总投资1360.12万元，其中：国家补助300万元，群众自筹64382万元，占总投资的47.34%；地方政府帮助417.50万元，占30%。贵州省的补助民族建房已由过去的单纯建纳入了当地的小城镇规划，并和改水、改厕、供水、供电配套建设和保护民族文化遗产结合起来。

（撰稿　王渝飞　审稿　杨东胜）

【云南省民委积极协调有关部门，加大对民族地区扶贫工作】　根据《云南省农村扶贫开发纲要（2001—2010年）》，少数民族和民族地区已成为扶贫开发的重点，云南省民委始终把扶贫作为民族经济工作的重要内容来抓。积极协调，配合有关部门，努力把少数民族和民族地区的扶贫开发纳到全省扶贫开发总体盘子之中。会同省扶贫办，认真做好全省扶贫安居工程规划，并安排1000万元民族专项资金用于扶贫安居工程；编制并组织实施100个民族特困乡的扶贫开发规划，在“十五”期间每年启动20个乡，每乡给予400万元的扶持；会同省计委共同编制了100个边境民族贫困乡的综合发展规划，在“十五”至2010年期间，国家对100个边境民族贫困乡给予重点扶持。根据省政府的统一部署，会同有关处室队完成了省民委挂钩扶贫县—澜沧县2个重点扶持村“十五”综合扶贫开发规划。作为云南省“向绝对贫困宣战”行动的主要发起单位之一，会同省扶贫办等有关部门，制定实施方案，积极参加活动筹备工作，组织全省民委系统积极参与。

（撰稿　李鸿雁　审稿　李　勇　徐畅江）

【陕西民委“两联一包”扶贫工作成绩斐然】“两联一包”，既“联县联乡包村扶贫”的简称，是陕西省为了加快农村贫困地区发展，发挥省直机关、企事业单位及驻陕单位的优势和能动性，所采取的一种扶贫方式。从1997年到2003年，陕西民委连续两届作为扶贫团组织牵头单位，在全省少数民族比较集中的镇安县包村扶贫。八年来，扶贫团先后包扶了23个行政村，共为包扶村投入资金500多万元，捐赠衣物3.9万件、粮食138.4吨公斤，修建饮水工程281处，帮助修建基本农田1974亩，开发荒山荒坡5150亩，修建乡村公路187.3公里，架设农电线路69.3公里，有效地解决了375户1524人的温饱问题，使包扶村的面貌发生了显著的改善，生产生活水平有了明显的提高，思想观念有了明显的更新，对镇安县的整体脱贫工作起到了具大的推动作用。尤其是2003年，在全国遭遇“非典”和镇安县遭遇“8.29”特大暴雨泥石流灾害的情况下，省民委和现参扶的7个单位克服种种困难，分别从帮助群众抗洪救灾、改善生产生活和帮助调整产业结构等方面入手，多方筹措资金，加大扶贫开发力度，先后为包扶村投入扶贫资金117.8万元，修建和改造公路58.5公里，农网改造8公里，新修学校4所，维修学校3所，捐赠课桌凳105套、图书2050册、文具和体育用品130套。同时，向镇安受灾群众捐款14.2万元，大米10吨，面粉13.45吨，实用油600公斤，方便面50箱，棉被653床，衣服14635件，药品32箱，文具329套，在危难时机帮助群众渡过难关，增强了他们战胜灾害、重建家园，开展生产自救的信心，为整个扶贫团树立了良好的形象。

（撰稿　海建宇　审稿　刘开岚）

【陕西民委积极做好救灾工作】　2003年8月28日至9月2日，陕西连续出现大范围、长历期、高强度的降雨过程，全省多处发生泥石流、滑坡、长时间大面积高位积水等严重灾害。其中包括少数民族居住比较集中的三个回族镇等地。

为了帮助灾区少数民族群众抗灾自救，9月2日，省民委主任办公会专题研究救灾工作，制定了五条紧急措施救助：第一，省民委立即组成两个救助工作组，分别由由省民委副主任姜晓阳和专职委员马克尔带队，分赴三个回族镇和受灾少数民族比较集中的地区查看灾情，慰问受灾群众，把政府对少数民族群众的关怀带给群众。第二，及时向国家民委和有关方面通报灾情。第三，在省民委经费紧张的情况下拿出部分资金，用于三个回族镇救助安置受灾的少数民族群众生活急需。第四，向全省民族宗教界发出倡议，争取社会各界为灾区群众献出一片爱心。第五，及时向省民委牵头的省级赴镇安县“两联一包”扶贫工作团的八个参扶单位通报镇安县灾情，并发出倡议，要求各参扶单位做好各自包扶村的灾情排查及救助工作。

经过机关全体人员的努力，全年累计为渭南、镇安、宁陕等灾区协调组织捐款近38万元，大米、面粉、棉被、衣服、文具、药品等救灾物资59.3万元。同时，完成爱德基援助的金会灾后重建项目的实施工作。建成灾民建房175户525间，修建铁索桥4座，小水利2个，学校2座，总投资138.3万元。

（撰稿　海建宇　审稿　刘开岚）

【甘肃省民族地区扶贫开发工作】　2003年是全面贯彻党的十六大精神，努力开创甘肃省民族地区扶贫开发工作新局面的一年，一年来，甘肃省民族地区扶贫开发工作在省委、省政府的正确领导下，在各级扶贫部门、民族工作部门和地方政府的共同努力下，按照国家和省委、省政府对新阶段扶贫工作的总体要求，积极调整思路，坚持不断创新，狠抓各项扶贫措施的落实，顺利完成了全年的各项任务。

1. 正确把握新阶段扶贫工作大局，坚持扶贫开发与小康建设相结合，为全面建设小康社会打基础。2003年，根据变化了的形势，民族地区各地政府，开展了深入的调查研究，对州情县情乡情进行了再认识，对正确处理扶贫开发与小康建设关系和遵循市场经济规律、改革传统扶贫模式等理论和实践问题，进行了大胆探索，初步探索出了符合新阶段扶贫工作要求和贫困地区实际的工作思路和具体措施。在扶贫机制和制度创新上，全省民族地区注意了以市场经济为导向，尊重基层的首创精神，积极加以引导，不断完善和拓宽新内容，促进了扶贫工作的深入发展。

2. 突出工作重点，坚持因地制宜，走扶贫开发并重之路。甘肃民族地区地域辽阔，经济类型不同，贫困情况也有很大差别。2003年在扶贫工作中，各地根据各自实际情况，选定了重点和突破口。以甘南藏族自治州为代表的牧业县，普遍存在经济社会发育程度低，基础设施差，社会事业滞后等问题，为此各牧业县把实行牧民定居，加快教育卫生事业发展，作为工作的重点。以临夏回族自治州为代表的农业地区，普遍存在产业结构单一，群众增收困难等问题。为此，他们把调整种植业结构放在首位，大力推进适用先进科技，发展农村“六小”，改善群众生产生活条件。同时，广大乡村干部还有计划的组织了移民和劳务输出，促进了农民收入的增长。2003年，临夏回族自治州完成国内生产总值37.14亿元，同比增长9.2%，农民人均纯收入达到1182元；甘南藏族自治州完成国内生产总值18.8亿元，同比增长11.9%，农民人均纯收入达到1341元。

3. 积极开展社会帮扶，集全社会之力，帮助民族地区脱贫致富。2003年初，省民委主要领导亲自带队，对定点帮扶的张家川回族自治县扶贫开发情况进行了调研，在调研的基础上，确定了一批制约张家川回族自治县经济社会发展、民委又力所能及的项目，安排扶贫资金270万元。2003年，适逢张家川回族自治县建县五十周年庆典，在省民委指导协调下，张家川回族自治县以县庆为契机，广泛争取项目，共争取项目资金8000多万元，大大地促进了县域经济的发展。2003年底，甘肃省民委被张家川回族自治县推荐为全省帮扶先进单位。

（撰稿　成自强　审稿　万凌云）

【宁夏回族自治区民委加大对包扶村的扶贫工作】　自治区民委包扶西吉县沙沟乡东庄村。扶贫组对东庄村包扶工作进行了调研，与村党支部、村委会、村民共同研究制定了《东庄村2002—2006年扶贫开发规划》。2003年春耕季节，自治区民委领导和业务处先后4次到扶贫点调查摸底，召开动员会，并带着专业技术人员，送上优质苜蓿种子深入东庄村农户，适时指导东庄村做好退耕还草种植工作。由于春雨及时，2003年播种的1500亩苜蓿长势良好，为包扶村下一步发展养殖业，脱贫致富奠定了基础。山区8县民宗局也积极开展了包村扶贫工作。川区大多数市县也开展了民族乡、村试点工作，取得了较好的效果。自治区民委积极与上海民委协调联络，加强“东西合作”，利用当地少数民族群众对贫困地区的捐款，决定在西吉县沙沟中学进行教学基础设施的改善，先期建设学生宿舍，以改善在校学生住宿条件。

（撰稿　王芸萍　审稿　李岚）

【新疆维吾尔自治区民宗委积极做好少数民族扶贫工作】　2003年，新疆民委按照自治区人民政府的统一安排，主要完成了以下几项扶贫任务：一是继续牵头做好定点帮扶塔什库尔干县塔吉克阿巴提镇的工作。从少数民族发展资金等专项资金中安排部分资金帮助解决该镇文化教育等公益事业面临的困难，改善少数民族群众生产、生活条件，帮助贫困群众早日摆脱贫困。派人进驻该镇进行蹲点，深入了解经济社会状况，帮助他们做好相关工作。二是调查研究，及时了解全区扶贫工作情况，提出具体政策建议。对贫困县社会经济发展、扶贫开发方面的问题进行专题研究，对贫困问题进行深入分析，提出建设性的调研报告，得到政府及有关部门的重视。提出了关于扶持民族乡经济发展的建议，加大对人口较少民族聚居的贫困乡村进行重点扶持的建议等。与自治区扶贫办加强联系，积极参与自治区的扶贫工作，想方设法为贫困地区多办实事。三是完成国家民委交办的各项工作任务。根据国家民委通知要求，及时向国家民委上报了新疆2002年扶贫工作总体情况，为国家制定少数民族地区扶贫相关政策提供依据。电脑农业试点工作在新疆区已取得一定进展，有关地州部门参与积极性较高，各项配套政策已开始逐步落实。

（撰稿　姜国利　审稿　陆健）

扶持人口较少民族发展

【关于扶持人口较少民族发展工作情况】　扶持人口较少民族发展是新时期民族工作的一项重要任务。自2001年《国务院办公厅关于扶持人口较少民族发展问题的复函》（国办函〔2001〕44号，以下简称国办44号函）下发以来，扶持人口较少民族发展工作有了新的进展，并取得初步成效。在新修改施行的《民族区域自治法》中，对人口较少民族的发展问题做出了相应的规定；国家“十五”计划明确提出把扶持人口较少民族发展作为国民经济和社会发展的一项任务。特别是十届全国人大一次会议上通过的《政府工作报告》中，进一步强调要加大对人口较少民族的扶持力度，促进各民族的共同繁荣进步。国家民委和有关部委加大了对人口较少民族的扶持力度。

（国家民委扶贫办供稿）

【国家民委积极落实扶持人口较少民族政策】 近两年来，国家民委坚持把扶持人口较少民族发展作为新时期民族工作的一项重要任务，紧紧围绕贯彻落实国办44号函精神，开展了一系列的工作。主要是：成立了领导小组，以协调、指导扶持人口较少民族发展工作；摸清人口较少民族聚居地区社区基本情况，组织了“贯彻落实国办44号函情况的调研”，对各地开展扶持人口较少民族发展工作进行了检查和督促；召开了两次会议，交流各地贯彻落实国办44号函的情况，研究部署新阶段的工作；专题研究“十五”期间人口较少民族“普九”工作，采取政策措施加大扶持力度；组织人口较少民族党政领导干部挂职锻炼和培训，开展了“送文化下乡”活动；在国家民委管理的资金中安排专项开展试点，搞好国务院各有关部门和地方的协调和联系，配合有关部门制定专项规划等。

（国家民委扶贫办供稿）

【国务院有关部门大力支持人口较少民族发展】 国家发展改革委对人口较少民族聚居地区的基础设施和社会公益性项目优先安排国债资金和专项资金，在“广播电视村村通”、“中小学危房改造”、“农村卫生三项建设”、解决农村人畜饮水困难、“送电到乡”等工程项目安排中，尽力覆盖人口较少民族所在的县、乡、村。教育部在“中小学危房改造工程”中对人口较少民族给予重点倾斜；在第二期“国家贫困地区义教工程”中，对人口较少民族聚居地区予以特殊照顾，并每年安排一定经费用于人口较少民族贫困地区农村中小学骨干教师培训、为中小学生免费提供课本；对相对聚居并未“普九”的人口较少民族在工程专款分配上给予倾斜，并根据当地具体情况扶持兴建一批寄宿制学校；从贫困学生助学金专款中拿出一部分用于人口较少民族家庭困难学生的学杂费减免和寄宿制生活补助。财政部在中央对地方一般性财政转移支付中，考虑对人口较少民族义务教育扶持因素，增加人口较少民族所在省区的标准支出，相应增加一般性转移支付额。交通部对包括人口较少民族在内的少数民族省区，在交通发展规划、建设、资金等方面制定和实施了一系列特殊优惠政策，在全国农村公路发展规划和交通扶贫工作计划中，尽量覆盖不通公路的人口较少民族聚居乡镇、行政村。卫生部在“十五”卫生专项建设规划中安排人口较少民族聚居地区贫困县县医院、农村乡镇卫生院、县级妇幼保健院、地方病防治所、血吸虫病防治所等基本建设项目65个。国务院扶贫办和国家民委按照优先、重点的原则，组织有关省区制定“十五”期间人口较少民族扶贫开发规划，力争在“十五”期间整体解决人口较少民族的温饱问题。广电总局对人口较少民族在内的西部地区新通电行政村的村村通广播电视工程予以专项补助。

（国家民委扶贫办供稿）

【有关省区高度重视扶持人口较少民族工作】 有关省区在扶持人口较少民族发展工作中，坚持从各民族的实际出发，按照因族举措、分类指导，优先、重点扶持，整体推进的原则，采取特殊政策，动员全社会力量全面推进人口较少民族经济社会事业发展。主要表现在：

一是高度重视，加强领导。各有关省区及相关地（州）、县的党委、政府，都对扶持人口较少民族发展工作给予高度重视，做了统一部署，明确了相关部门和地方的责任和任务，加强协调配合，形成合力。一些省区建立了专门领导机构和工作制度，有的把扶持人口较少民族发展工作纳入党委、政府工作督查范围。

二是摸清底数，制定规划。各地积极开展调查研究，进一步摸清人口较少民族的底数，理清了工作思路，明确了工作任务，并结合本地实际制定实施扶持人口较少民族经济社会发展的规划或纲要。一些地方把扶持人口较少民族加快发展纳入当地经济社会发展规划和年度计划，分阶段、有步骤地实施，并与西部大开发、兴边富民行动、扶贫开发规划有机地结合起来，落实到年度项目安排中。

三是落实项目，重点支持。有关省区以落实项目为重点，积极为人口较少民族办实事，改善生产生活条件，使人口较少民族得到实惠。各地确定项目的重要特点是：提高群众的生活水平，提高民族素质，抓住西部大开发的机遇，抓干线公路、乡间公路等基础设施建设。

四是以人为本，提高素质。有的省区把贯彻落实国办44号函精神，同大力培养人才，加强少数民族干部队伍建设相结合。始终以发展教育为切入点，以加强民族干部队伍为关键点，扶持人口较少民族提高素质。

五是政策推动，因族举措。一些地方采取“一族一策”、“一族多策”等措施，加大对人口较少民族的政策倾斜，集中一定人力财力物力，优先、重点扶持人口较少民族的发展。

六是政府主导，社会参与。一些地方把国家扶持、社会参与和内部挖潜有机地结合起来，调动一切积极因素，不断为人口较少民族发展增添新力量。如实施对口帮扶，采取领导帮户、部门包村、全县（市）包乡、各类经济组织吸收贫困户等办法，整合、凝聚社会力量，以扶持人口较少民族加快发展。

总的看，扶持人口较少民族发展已经列入有关省区政府的工作日程，有了良好开端，并取得初步成效。各族干部群众，对人口较少民族的扶持政策由衷地拥护和支持，焕发出空前高涨的热情。一些多年来一直想办而没有办成的事，在国家的重点扶持下已经或正在变成现实，人口较少民族群众直接享受到重点扶持带来的实惠和好处，更加坚定了全面建设小康社会和走中国特色社会主义道路的信心。

（国家民委扶贫办供稿）

【内蒙古自治区下发《内蒙古自治区三个人口较少民族聚居地区“十五”经济社会发展规划》】

2003年，内蒙古自治区民委会同发改委根据有关部门的扶持规划，制定了《内蒙古自治区三个人口较少民族聚居地区“十五”经济社会发展规划》，明确了内蒙古人口较少民族发展目标。内蒙古自治区政府办公厅2003年9月以内政办字149号文件批转下发。

（撰稿　额尔敦　审稿　张德斌）

【内蒙古自治区民委积极落实《内蒙古自治区三个人口较少民族聚居地区“十五”经济社会发展规划》】　为将《内蒙古自治区三个人口较少民族聚居地区“十五”经济社会发展规划》落到实处，搞好项目的对接，2003年11月，自治区民委主管领导带领有关人员到呼伦贝尔市，深入到人口较少民族聚居的旗、乡，村进行调研，并和当地党政领导进行座谈，研究如何把这项工作落到实处。为抓好扶持项目的落实，自治区民委向自治区政府提出工作建议。自治区政府办公厅根据建议于2003年12月12日下发了《关于报送2003年度扶持人口较少民族发展工作有关情况的通知》，要求自治区有关部门将2003年扶持人口较少民族发展项目的落实情况，下一年工作安排在年底前以书面的形式报自治区民委，由民委汇总后上报自治区政府办公厅。

（撰稿　额尔敦　审稿　张德斌）

【黑龙江省人口较少民族生产生活条件进一步改善】　黑龙江省民委认真贯彻落实国办函［2001］44号文件精神，对全省赫哲、鄂伦春、鄂温克、俄罗斯等四个人口较少民族经济社会情况进行了全面细致的调研，并配合省扶贫办制定了《2003——2005年黑龙江省人口较少民族扶持发展规划》。协调省直有关部门和有关市（地）、县（市）政府对人口较少民族聚居地区的基础设施建设、文化教育卫生事业发展、生产生活条件改善等方面加大投入力度，完成了一批建设项目，促进了人口较少民族的加快发展。

实施了《全省人口较少民族扶贫开发规划》。配合省扶贫办为14个村共落实资金1925万元，其中省扶贫办1200万元，省民委725万元。

（撰稿　崔　龙　审稿　包玉明）

【福建省人口较少民族基本情况】　福建省人口较少民族为高山族，是全国22个人口较少民族之一。根据全国第五次人口普查统计，福建省高山族人口416人，为高山族在大陆人数较多的省份之一。据2003年调查统计，全省高山族共有188户、432人（含流动人口和新增人口），分布于全省8个设区市，44个县（市、区）。全省高山族中（按家庭户分类），从事农、林、牧、渔的劳动者28户、67人，约占15.5%；企业生产工人、运输工人、商业、供销人员88户、199人，约占46.1%；国家机关工作人员40户、80人，约占18.5%，无固定职业、临时打工、待业32户、71人，约占16.4%；流动人口15人，约占3.5%。福建省高山族同胞总体上生活比较稳定，他们的温饱问题基本能够解决，一部分已步入小康。但高山族同胞居住比较分散，经济收入差距较大。其中一部分居住在农村的高山族同胞，因没有什么特长，收入不稳定，家庭经济比较困难。还有20世纪80年代招工的高山族同胞，目前因企业不景气，相当部分已下岗；少数老一辈的高山族同胞因年老体弱，贫病交加，生活较为困难。

（撰稿　萨支农　审稿　钟安）

【福建省采取五项新的举措帮助高山族发展】 2003年9月，在云南召开的人口较少民族扶贫工作现场会之后，福建省对进一步抓好高山族同胞的扶贫工作，采取了五项新的举措帮助高山族同胞发展。

1. 重点扶持居住在农村较为贫困的高山族同胞。在调查摸底的基础上，根据其贫困程度，制定扶贫开发规划，做到一户一策，帮扶到户。对居住较为集中的漳州市华安县高山族农户帮助他们发展特色产业，扶持规模开发铁观音茶生产，种植优质铁观音茶叶246亩。

2. 帮助解决高山族同胞子女的教育问题。为确保高山族同胞完成九年义务教育和进高中、大学学习。在原有两所中学的基础上，增设华安县一中和华安县第一实验小学为高山族学生教育基地。使高山族子女能够就近学校安排入学。对家庭困难的，由当地政府有关部门采取免收学杂费和助学金形式对贫困学生予以困难补助。

3. 对农村高山族同胞优先实行低保。福建省将农村高山族人均收入1000元以下的贫困户在2004年底前全部纳入低保。

4. 优先解决高山族下岗工人再就业。各级政府及有关部门从多方面关心、照顾下岗的高山族职工，优先安排再就业。同时，鼓励高山族下岗职工兴办、领办个体私有企业，工商、税务等部门将予以提供各方面的方便和优惠政策。

5. 实行城镇“医保”和“养老保险”工作。对年老体弱，生活比较困难的老一辈高山族同胞，当地政府为他们提供医疗保险，使他们安度晚年，

（撰稿　萨支农　审稿　钟安）

【江西省各级政府和社会各界共同扶持来自越南的少数民族】　江西省宜春市上高县敖山洋林民族村少数民族来自上个世纪80年代初越南的侨民，有瑶族、京族等少数民族人口361人。2000年以前，该村少数民族群众人均收入不足1000元，居住在低矮潮湿的房屋里，全村仅有的200亩橘园因遭天灾，没有收成，一年到头就等着慰问金的发放。近几年，省民族宗教事务局、省民政厅、省侨办加大扶持力度，共投入资金近百万元，帮助该村改善生产生活条件，发展经济。一是兴建饮水工程，接通自来水，解决了多年来积累的“老大难”问题；二是启动少数民族新居工程，省有关部门及当地政府共同出资，每户补助12500元；三是调整产业结构，对少数民族优先照顾、优惠收费，实行果园承包经营、发展养猪养蚕业。

在各级政府的关心帮扶下，社会各界的关注下，2003年，该村目前2000平方米的生猪养

殖基地、200亩的蚕桑基地开始初现成效，全村少数民族群众人均收入首次突破2000元大关，最高接近6000元。少数民族20幢新居已破土动工，年底少数民族就可喜迁新居。

（撰稿　马徽江　施莉文　审稿　罗峻雄）

【广西人口较少民族扶贫情况】　2003年广西民委安排给环江毛南族自治县、东兴市人口较少民族发展补助资金500万元，根据扶贫资金的管理使用有关文件规定，自治区民委做好了资金的投放、使用和管理，保证项目工程按质按量按时完成。

1. 资金到位情况。2003年安排人口较少民族发展补助资金500万元，其中：环江毛南族自治县300万元；东兴市200万元，已于2003年底全部到位。

2. 项目实施情况。2003年安排实施项目27个，截至2004年3月中旬，完成（竣工）工程项目9个，16个项目正在抓紧实施当中。

（1）改善人口较少民族地区交通难的状况，有效地促进人口较少民族地区经济发展。广西两个人口较少民族（毛南族、京族）地处边远山区和边境线，自然条件恶劣，大部分村屯运输仍靠户挑背驮。2003年安排修建村、屯道路11条；共投入资金168万元，道路总长58.7公里，受益群众11.3756万人。

（2）改变人口较少民族地区文化教育、卫生落后面貌。2003年在环江毛南族自治县驯乐乡投资30万元兴建一栋建筑面积600平方米钢筋混凝土卫生院综合楼。在东兴市京族聚居的江平镇投资93万元新建医疗服务站及购置医疗设备、药品。投资20万元和25万元元分别修建环江毛南族自治县川山镇茶江村小学教学楼和东兴镇茶山村小学；投资15万元修建环江毛南族自治县下南乡仪凤小学围墙改善教学环境。投资51万元，为东兴市江平镇京族中学电教室购置电教设备。江平镇新建400平方米京族文化活动中心一座等。

（3）初步缓解人口较少民族生活生产用水问题。为环江毛南族自治县上南乡上南社区翁里片和大安乡环界村板勇屯兴建人畜饮水工程二处。投资23万修建环江毛南族自治县大安乡才平村外京渠道工程。该渠道全长6.5公里，灌区覆盖5个自然屯3个村民小组，总人口810人，劳动力325人，其中毛南族人口占36%，耕地面积835亩。从根本上改变该灌区用水紧张状况，提高水资源的利用率的同时，解决了长期困扰当地人畜饮水难的问题。

（4）开展农村实用技术培训。开展农村实用技术培训为毛南族、京族群众脱贫致富提供了科学手段。2003年投资25万元为人口较少民族群众无偿提供农村实用技术培训，为毛南族、京族群众提供了一条新的谋生之道。

3. 资金管理及使用情况

（1）为了使人口较少民族发展补助资金发挥应有的经济效益和社会效益，环江毛南族自治县、东兴市严格按照《广西壮族自治区财政扶贫资金管理办法实施细则》和自治区财政厅财农［2001］93号文件的规定进行管理。

（2）县（市）财政局、民族局密切配合，加强对项目实施单位资金使用进行监督、检查，发现问题及时纠正，做到专款专用，确保资到项目单位。

（3）项目实施单位成立领导小组，督促项目的顺利实施，做到“三个保证”，即保证质量，保证安全，保证进度。

（撰稿　李静　审稿　粟永华）

【云南省扶持人口较少民族脱贫发展效果明显】

2003年继续贯彻落实《中共云南省委办公厅、云南省人民政府办公厅关于采取特殊措施加快我省7个人口较少特有民族脱贫发展步伐的通知》（云办发〔2002〕19号）文件精神，成效明显。一是提前完成了省直机关7个人口较少特有民族厅级领导干部的配备。二是制定了特殊倾斜政策，切实加大7个人口较少特有民族公务员、专业技术人员、经营管理人员的培养和培训。三是对7个民族聚居地区64011名中小学生实行“三免费”教育，落实资金1039万元。四是对列入边境民族贫困乡、特困民族乡、重点扶持贫困村、安居温饱村、科技综合开发示范村扶持规划的7个民族聚居乡村，优先安排了项目和资金。五是对7个民族聚居地区开始实施以消灭茅草房、杈杈房为目标的安居温饱工程。六是编制完成了7个民族脱贫发展规划。七是对7个民族未通公路村委会公路建设制定了扶持计划。八是完成了7个民族聚居乡（镇）、村的人畜饮水和“五小”工程规划。九是对7个民族聚居地区优先安排了天然林保护工程，退耕还林，生态防护林、干果基地、速生丰产用材林基地、农村能源建设等项目。各地集中资金、整合项目、重点扶持，逐见成效。2003年，西双版纳州基诺山、布朗山人均纯收入分别达到1483元和931元，分别比2000年增加了683元和381元，基本解决了基诺、布朗两个人口较少特有民族的温饱问题。

（撰稿　杨林黎　审稿　李　勇　徐畅江）

【甘肃省扶持人口较少民族发展工作】　2003年，根据国务院扶贫办和国家民委在云南景洪市联合召开人口较少民族扶贫开发规划工作现场会暨规划实施培训班的会议精神，为了进一步做好甘肃省人口较少民族发展工作，甘肃省民委高度重视这项工作，多次赴积石山县和肃南县，对本省三个人口较少民族聚居社区经济社会发展现状进行了调查摸底，在深入调研的基础上，省民委主任马永孝就做好本省扶持人口较少民族发展工作向省政府做了专题汇报，并提出了政策性建议：

1. 鉴于保安族、撒拉族主要分布在国扶贫困县积石山保安族东乡族撒拉族自治县，扶持工作应以扶贫为主，通过改善积石山县各族群众生产生活基础条件，提高两个民族群众的生产生活水平。裕固族主要分布在肃南裕固族自治县和酒泉市黄泥堡裕固族乡，基本上实现小康，扶持以加快城镇化步伐、促进二、三产业发展及畜牧业产业化为主。

2. 建议成立专门机构，由省扶贫开发领导小组兼职，协调领导全省人口较少民族扶持工作。按照云南会议精神，人口较少民族扶持工作省级层面由政府领导，扶贫办牵头，民委协调。

3. 由省扶贫办牵头，各级民委配合按“四通五有”要求修订好两县一乡已有的规划。

4. 设立甘肃省扶持人口较少民族发展配套资金，按少数民族发展资金中人口较少民族专项1：1配套。

5. 扶贫资金向人口较少民族倾斜，使更多的人口较少民族聚居村纳入扶贫开发整村推进重点村。人口较少民族聚居县乡的投入高于其他同类地区，力争5年达到“四通五有”。

6. 把酒泉市肃州区黄泥堡裕固族乡纳入扶贫开发范围。

（撰稿　成自强　审稿　万凌云）

电脑农业推广工作

【全国民族地区电脑农业推广工作情况】　利用电脑高速运算处理农业信息技术研发的农业专家系统，是科技含量高、综合效益好，易推广，群众易掌握的现代农业生产管理技术，群众形象地称之为“电脑农业”，为民族地区改造传统农业，促进产业结构调整提供了有力的技术支持。近年来，针对民族地区农业生产自然条件地域差异大，生产力水平低，且人口居住分散，交通不便，信息不灵，先进的农业科技知识很难到达农户等特点，国家民以中科院合肥智能机械研究所为依托，在民族地区推广电脑农业专家系统软件，使农业信息技术直接进村入户，加快了农业科学技术向生产力的转化，实现了农业信息技术为农民服务、为农村服务，为农业生产服务的宗旨。

自2001年国家民委在西部12省区16个县（旗、市）开展试点以来，电脑农业在民族地区得以迅速推广，取得了显著成效。2003年，国家民委在湖北省恩施州召开了“全国民族地区电脑农业推广工作现场会”。会后，民族地区各级政府认真贯彻落实会议精神，制定工作方案，安排有关资金，加大电脑农业推广工作力度，电脑农业推工作在原由试点基础上有了突破性进展。据不完全统计，到2003年底，民族地区115个县（2002年为100个），767个乡（2002年为573个），5622个行政村（2002年为4712个）推广了电脑农业；投入资金总额2294万元；举办培训1万多次，参训人数达109万人次，其中培训技术骨干1.9万多人次；开发应用软件107个（比2002年增加了29个）；种植业推广面积485万亩，养殖业达27.2万多头（只）；推广应用农户131万多户；新增产值85亿多元。

实践证明，依靠科技进步，推广电脑农业，是西部民族地区实现加快发展的一个良好的切入点和重要的突破口。电脑农业的推广应用，富裕了农民，稳定了农村，发展了农业，达到了农民增收、农业增效、财政增税的目的，推动了民族地区全面建设小康社会的进程，经济社会效益都十分显著。云南省2003年水稻、玉米、小麦三种粮食作物电脑农业专家系统推广面积达340多万亩，增产1亿多公斤，按今年粮食平均综合价格计算，新增产值近1亿元。湖北省在民族地区10县（市）的48个乡172个村推广电脑农业，推广应用农户户均收入增长457元，增长27%；鹤峰县试点乡1200户示范户通过推广应用茶叶、板栗、山羊、生猪、香菇五个产业专家系统，2003年共增收1230万元；五大产业收益同比分别提高17%、22%、25%、18%、100%。电脑农业推广应用显著的经济效益对相关产业的发展壮大产生了较强的拉动作用，促进了配套龙头企业的发展和农村生产经营方式的多元化，推动了产业结构的调整、。例如，湖北省在电脑农业推广过程中，以公司+基地+农户+信息技术的形式，在依靠电脑农业实现产品规模化、标准化生产的基础上，发展特色农业、效益农业，一批以试点产业系列产品开发为内容的龙头企业也应运而生，极大的促进了当地产业结构的调整和农村经济的发展。2003年，该省电脑农业推广应用企业12个，新增产值667万元，利税223万元，收益增长117%。电脑农业不仅给农民带去了实用技术，更重要的是广大农民在电脑农业的推广应用过程中潜移默化地受到现代观念的教育，促进了思维方式的转变和观念的更新，整体素质不断提高，成为掌握现代科学技术的新一代农民。

电脑农业深受少数民族地区干部群众的欢迎。广大农村干部群众称赞电脑农业专家系统是“乡村不走的农业专家”、“生产管理的好帮手”，“脱贫致富的金钥匙”。国家民委根据民族地区的需要，正在继续实施民族地区电脑农业推广工程，进一步扩大在民族地区的推广范围。

（国家民委扶贫办供稿）

【内蒙古推动电脑农业试点工作】 2003年国家民委和自治区民委把巴林右旗和翁牛特旗作为西部民族地区“电脑农业”专家系统推广工作试点，为做好这项工作，自治区民委和市（旗）民委认真部署，精心组织，采取多种有力措施，推进试点工作。一是认真调查研究，确定试点。在调查摸底的基础上，把电脑农牧业试点项目安排到了巴林右旗、翁牛特旗的8个苏木乡镇、14个嘎查村中。项目区内的苏木乡镇、嘎查村都是少数民族聚居地区，项目区内总人口7146人，少数民族人口占95%以上。二是因地制宜、科学规划，坚持从民族地区扶贫开发实际出发，坚持因地制宜，规划先行的原则认真制定试点旗电脑农业规划，并抓好规划的实施。在试点工作中，自治区民委坚持围绕农牧业增产、农牧民增收这个中心，为农牧民群众提供产前、产中、产后的技术服务，组织动员群众开展新技术的应用推广。通过扎实工作，取得了显著的经济效益和社会效益。电脑农牧业试点工作，得到了巴林右旗、翁牛特旗党委、政府的高度重视和大力支持。电脑农牧业体系建设试点项目区的旗委、旗政府和各苏木乡镇党委、政府，都把电脑农牧业推广工作纳入重要的议事日程，作为科技兴农兴牧的重大措施，自上而下的加强领导。巴林右旗旗委、政府成立了以旗人民政府旗长为组长的电脑农牧业推广体系建设领导小组，设置了办公室，配备了专业技术骨干和有关设备，组织工程项目的实施工作。制定了规划、方案；做好两个“电脑农业”试点旗的人员培训和软件的本地化工作；2003年从“少数民族发展资金”安排了45万元，用于电脑农业推广工作，请有关专家编排了“电脑农业”软件系统。恩施会议后，与会人员及时向党组和政府领导进行了汇报，确定了学习先进、扩大试点、总结经验、典型引路的工作思路。

（撰稿　额尔敦　审稿　张德斌）

【福建省循序渐进地推广电脑农业】　自2003年10月全国民族地区电脑农业推广工作现场会之后，福建省民族宗教厅把开展电脑农业推广应用工作作为贯彻落实国家民委工作部署，推进少数民族地区农业现代化进程的重要事项，摆上厅党组重要议程，结合福建省民族地区实际，坚持试点先行，典型引路，确定了首批电脑农业试点单位和产业，并循序渐进地推动这项工作的开展。

一是领导高度重视，深入调研指导。福建省民族宗教厅十分重视电脑农业的推广工作，厅党组先后两次召开专题会议，研究电脑农业试点工作。1. 厅党组强调，电脑农业是今年本厅落实国家民委工作部署，推进民族地区农业现代化进程的一项重要工作，必须以所在县乡领导高度重视、有工作积极性、有工作基础、有一定经费、有专门人才为前提条件，在多方论证的基础上，精心筹划，加强协调，跟踪督察，抓好落实。2. 把电脑农业现场会的有关精神传达至市县民族宗教局和民族乡，并在《福建民族》、《福建民族宗教信息》等有关刊物上宣传湖北经验。3. 以呈阅件形式向省政府分管副省长汇报，争取省政府支持。

2003年年初，厅党组书记、厅长林文斌等领导分率有关处室同志深入试点乡调研，在认真听取县、乡领导对开展电脑农业试点工作的汇报后，林文斌厅长要求各试点乡务必高度重视，明确任务，抓好落实。有关业务处的同志也分批专程到试点民族乡调研，实地参观有关乡农村社会联动网站，并与有关市、县民宗局、科技局等单位负责人和所在县政府分管副县长座谈，研究具体实施电脑农业试点工作有关事宜，根据当地产业优势，进行可行性研究。确定了霞浦水门、漳浦湖西和上杭庐丰这三个民族乡的优势产业，即在当地具有一定规模的茶叶、香蕉、烤烟叶作为电脑农业专家系统开发项目。

二是建立领导责任机制，逐步推动试点工作。有关市、县民族宗教局和县、乡政府领导十分重视电脑农业试点工作。县里成立了以副县长为组长、县民宗局、县科技局、县农业局、气象局和民族乡等有关部门主要负责人为成员的电脑农业推广应用工作领导小组，就电脑农业工作进行协调部署。由分管副县长牵头，召集相关部门的同志和专家开会，制定电脑农业的实施方案，三个试点乡所在县分别以县政府名义下发了《关于电脑农业专家系统项目实施方案的通知》，对推广应用电脑农业工作的指导思想、目标任务、组织机构、主要措施等方面均提出具体要求，实行领导责任与工作目标相挂钩。

三是筹集部分资金，提供必要投入。试点工作经费以县、乡筹措为主，省民宗厅给予一定的补助。主要用于软件开发、硬件配置和技术培训等。

（撰稿 萨支农 审稿 钟 安）

【江西省电脑农业项目开始启动】 为促进少数民族乡村实现跨越式发展，2003年江西省民族宗教事务局向省政府提出2004年底在全省7个民族乡、10个民族村和部分民族学校启动电脑农业工程，把电脑农业作为少数民族乡村扶贫新举措，作为产业结构调整新平台，让少数民族群众通过信息获得专家指导，科技引导，弥补农技人员短缺问题，着手培养新一代信息农民，用先进技术改造传统产业，推进产业结构换代升级。建议省财政一次性扶持启动资金150万元，用于购置电脑100台，演示设备24套、授课、信息汇总、资料论证和工作经费等。这一建议得到省政府领导的肯定。省政府常务副省长吴新雄在11月4日的全省少数民族地区建设工作领导小组会议上要求：民族、农业、林业、财政等部门通力合作，密切配合，整体联动，搞好服务，共同重视这个建议，在创造条件、抓好市场开发、注重效益的前提下，实施好这个建议。

（撰稿 施莉文 审稿 罗峻雄）

【河南省民委积极推广电脑农业】 2003年河南民族聚居地方电脑农业以实现农业增效、农民增收，促进民族经济的快速发展为目的。在国家民委湖北全国民族地区电脑农业推广工作现场会后，河南省积极贯彻会议精神，加强领导，在进一步理清电脑农业推广工作思路基础上，采取因地制宜、突出特色、抓住重点，使我省开展电脑农业推广试点工作取得了一定成效。

1. 提高认识，加强领导，理清思路。全国民族地区电脑农业推广工作现场会后，河南省民委党组认真听取了与会同志的情况汇报，并研究决定，把推广电脑农业作为全省民族聚居地方农业结构调整的突破点，民族乡村经济发展的支撑点，少数民族群众收入的增长点，力争“推广电脑农业”成为全省民族工作的一个新的亮点。同时结合全省民族聚居地方乡村实际，在学习湖北经验的基础上，根据杨健强主任“把电脑农业推广与加强散杂居地区民族经济工作和民族乡工作结合起来”的指示精神，进一步明确了电脑农业推广工作思路。

2. 以发展规模经济、产业化为方向，选好试点。为切实搞好电脑农业试点工作，按照先试验、再示范、后推广的工作思路，河南省民委在选择试点时积极与已初步形成规模的产业相结合，以产业结构调整为主导，以规模经济为发展对象，以扩大群众受益面为出发点，努力进行电脑农业推广。通过调研，选定在襄城县颍桥回族镇作为电脑推广试点，建立了电脑农业无公害蔬菜示范基地。去年全国民族地区电脑农业推广工作现场会后，省民委在原试点逐渐成熟的基础上，另在郏县姚庄回族乡、镇平郭庄回族乡、建立了牛羊养殖、花卉苗木和烤烟种植电脑示范点，探索在散居地区电脑推广工作新路子。

3. 分类指导，因地因业多元化模式推广电脑农业。颍桥回族镇试点在短短半年的时间里，积极搜集农情资料，多次聘请中科院教授来豫授课，讲授电脑农业知识，制作了农业专家系统软件。对于无公害蔬菜生产技术问题，群众既可亲自操作触摸式显示屏查询，也可直接咨询电脑室技术员，通过专家系统查找解决，甚至通过拨打电话也可方便咨询。昼夜为群众服务。目前专家系统为菜农解决各类问题1000余个，群众受益明显。电脑农业给农民打开了致富之门，电脑农业专家系统已成为菜农离不开的贴心朋友，被群众称为“电脑技术专家”。同时电脑操作员还及时有效地从互联网上下载最新价格行情、商业信息，预测市场效应等，并把这些以板报的形式送到田间地头，帮助种植户进行生产、销售。同时政策拉动。协调农户小额信用贷款，为“电脑农业无公害蔬菜”种植户每建一个日光温棚提供2000～5000元小额贷款，同时镇政府还从项目款中无偿补助2000元，在优惠资金政策帮助下，农户发展一个大棚自己实际只需投资现金1000～2000元，使群众受益匪浅。目前，县镇两级政府共为农民协调小额信贷30多万元，政府无偿扶持20余万元。

颍桥回族镇电脑农业试点“围绕市场搞种植，培育特色调结构”，大力发展电脑农业无公害蔬菜种植，通过蔬菜园区带动，建立了以园区为龙头，各村组大棚种植为龙身，群众零散大棚为龙尾的“一条龙”无公害蔬菜产业链条，形成了市场引导龙头、龙头带动基地、基地连接农户的产业化运行机制，延伸了电脑农业推广应用范围，为在我省其他民族乡（镇）试点推广电脑农业摸索了很好的经验。

目前，三个试点发展态势良好。颍桥回族镇全镇有800多名群众从事大棚生产，并吸引了周边5个乡镇的群众主动到指导站接受指导和培训，无公害蔬菜电脑农业推广工作已覆盖到2320家农户。郏县姚庄回族乡花卉苗木和烤烟种植已发展2500亩，农情资料后期搜集结束，专家系统软件开发正在运作。郭庄回族乡养殖基地研究开发软件并建立了电脑技术档案。

（撰稿　金艳华　审稿　钟蜀豫）

【湖北省委省政府领导重视民族地区电脑农业推广工作】　2003年上半年由省民宗委、省社会科学院组成的联合调查组对湖北民族地区电脑农业推广应用情况进行了深入的调研，形成了《民族地区全面建设小康社会的重大创新—湖北民族地区推广应用电脑农业的经验与启示》的专题报告并呈报给省有关领导。

省委副书记邓道坤看了专题报告后批示：“电脑农业不仅在民族地区，就是在比较发达地区都有推广价值，是推广农业先进技术的载体，是农业先进生产力的体现，对改变落后的传统生产方式、促进民族地区小康建设进程有重要意义，要大力支持，积极稳妥推广。”

省人民政府副省长蒋大国看了专题报告后批示：“鹤峰、五峰、长阳等地以电脑农业促进农业产业结构调整、特色产业升级和基地的形成，帮助农民增收的经验值得在全省大力推广。请省民委认真总结，不断完善，大力推广。”

2003年10月14日至17日全国民族地区电脑农业推广工作现场会在恩施召开以后，湖北省民宗委将本次会议情况向罗清泉省长作了书面汇报。省长罗清泉看了书面汇报后批示（给分管民族工作的副省长蒋大国）：“大国同志：应进一步采取措施，帮助恩施成为全国这方面工作的示范区”。

省委、省政府领导的批示，既是对全省民族地区推广电脑农业工作所取得成绩的肯定，也是对下阶段全省民族地区开展电脑农业推广应用工作提出的新要求。

（撰稿　唐启明　审稿　郭大孝）

【湖北电脑农业工作得到国家民委扶贫办肯定】
2003年8月31日至9月4日，国家民委扶贫办主任曲木林古一行在湖北省民宗委巡视员牟廉玖等同志的陪同下，对湖北民族地区电脑农业推广应用工作情况进行了检查。

曲木林古一行深入到恩施土家族苗族自治州，先后听取了湖北省、恩施自治州、宣恩县、鹤峰县以及宜都市潘家湾土家族乡电脑农业推广应用工作情况和湖北省、恩施自治州、宣恩县、鹤峰县对全国民族地区电脑农业推广工作现场会筹备工作情况的汇报。并实地视察了宣恩县高罗乡白柚基地，鹤峰县太坪乡养猪中心示范户、仁发牧业公司、长友农业公司、世为茶叶公司、木耳山茶场；观看了电脑农业多媒体汇报片。

曲木林古对湖北民族地区电脑农业推广应用情况和全国民族地区电脑农业推广工作现场会的筹备工作给予了充分肯定。他说，湖北的电脑农业推广应用工作领导重视，狠抓落实，虽然起步晚，但成效快，有形的电脑带来了无形的变化，它改变了民族地区农民的生产、生活方式。湖北电脑农业的实施实现了农业增效，农民增收，财政增税的目标，加快了民族地区脱贫致富的步伐，推动了民族地区全面建设小康社会进程。湖北电脑农业推广有特色，经验值得在全国推广。

（撰稿　唐启明　审稿　郭大孝）

【湖北民宗委探讨电脑农业推广对策】　2003年1月9日，湖北省民宗委副主任、省民族地区电脑农业推广应用领导小组办公室副主任尤习贵一行赴安徽与中国科学院合肥智能研究所共同探讨湖北民族地区电脑农业推广对策，并就有关问题进行了座谈。

座谈会上，尤习贵代表湖北省民宗委、省电脑农业推广应用办公室感谢中国科学院合肥智能研究所2002年对湖北电脑农业专家系统推广应用工作的支持，并赠送了锦旗。尤习贵说，在中国科学院合肥智能研究所的技术支撑下，湖北民族地区电脑农业专家系统推广应用工作在较短的时间里成效十分明显：一是带来了民族地区干部群众观念上的变革，提高了干部群众的整体素质；二是富裕了农民，电脑农业专家系统的推广使用，见效快，使老百姓真正得到了实惠；三是抓住了产业结构调整，为民族地区探索出了一条致富之路。

为更好地加强合作，进一步把湖北民族电脑农业推广应用工作引向深入，中国科学院合肥分院院长谢纪康说，2003年中国科学院合肥智能研究所可以与湖北民宗委、省电脑办一起在武汉建立一个“虚拟实验室”，把湖北省的农业专家和相关科研单位吸收进来，形成一个相对稳定的班子和农业信息化队伍，作为湖北省电脑农业推广应用工作的技术支撑，使湖北民族地区电脑农业推广应用工作再上一个新台阶。

（撰稿　唐启明　审稿　郭大孝）

【湖北电脑农业推广工作进展迅速】　2002年底，湖北民宗委确定2003年在全省民族地区各县市全面推广电脑农业推广工作后，2003年初，先后在长阳土家族自治县、五峰土家族自治县、鹤峰县和恩施土家族苗族自治州召开全省民族地区电脑农业推广应用经验交流会和举办电脑农业专家系统推广应用培训班，使电脑农业推广工作迅速在民族地区各县市全面展开，并呈现以下特点：

一是领导高度重视，建立健全组织网络。全省电脑农业经验交流会后，各县市党委和政府高度重视电脑农业推广应用工作，各地先后成立了由县市领导为组长的电脑农业推广应用工作领导小组，并设立办公室，抽调人员专门负责此项工作；每个试点乡镇也相继成立电脑农业办公室，试点村成立咨询站，形成了健全的网络体系。咸丰县政府还为县电脑农业办公室配备了2个编制。

二是多方筹措资金，及时配备硬件设施。为了使电脑农业推广应用工作进展顺利，各县市多方筹措资金，为各试点乡镇村配备了计算机等硬件设施。巴东县政府、建始县政府分别为县电脑农业办公室解决8万元、2万元，作为电脑农业的启动资金。

三是确定试点乡镇，选准优势特色产业。根据当地实际各县市确定了电脑农业试点乡镇村。与此同时，他们还结合产业结构调整选定优势特色产业优先进行电脑农业软件开发。来凤县电脑办在确定试点乡镇时，紧密结合民族团结示范村建设，把基础条件好，群众素质高，交通条件好的村作为电脑农业试点，使电脑农业试点有一个好的开端。建始县电脑办把“龙头企业＋基地＋农户”的模式引入电脑农业，选准3个乡3家企业作为电脑农业的试点。

四是部门密切配合，软件开发进展迅速。各县市电脑办成立后，有关成员单位分工合作，工作积极主动，密切配合，农情资料收集顺利，软件开发进展迅速。先后有宣恩、恩施、利川、建始等4个县市已把农情资料发送到了中科院合肥智能所。6月底，宣恩的白柚、恩施的柚子、利川的梨等电脑农业专家系统可在当地用于指导农业生产。

（撰稿　唐启明　审稿　郭大孝）

【湖北召开民族地区电脑农业推广应用经验交流会】 2003年3月3日至5日湖北民族地区电脑农业推广应用经验交流会在长阳、五峰、鹤峰召开。省民宗委主任郭大孝、副主任尤习贵，省社会科学院副院长刘玉堂以及恩施土家族苗族自治州、宜昌市民宗委（局）主任（局长）和全省民族地区各县市分管民族工作的县市长、民宗局长参加了会议。

会议的主要目的旨在总结工作、交流经验、表彰先进，从而进一步推动电脑农业专家系统在湖北民族地区各县市的推广应用。经验交流会上，省民宗委副主任尤习贵对湖北民族地区电脑农业推广应用试点工作进行了总结。鹤峰、五峰土家族自治县、长阳土家族自治县等3个试点县电脑推广应用农业办公室分别汇报了一年来电脑农业推广工作情况。鹤峰县政府、长阳土家族自治县农业局、五峰土家族自治县五峰镇分别介绍了推广电脑农业工作经验。会议还对成绩突出的鹤峰县电脑农业办公室等3个先进集体、杨明寿等15名先进个人、李传文等3名模范责任人和刘守鹤等7名模范示范户进行了表彰，并颁发了奖牌、奖状和奖金。与会人员还参观了各试点县电脑农业办公室培训点、咨询站和农业专家系统支持的示范龙头企业、示范户。

会议闭幕时，省民宗委主任郭大孝作了总结讲话。郭大孝说，2002年是全省电脑农业推广应用工作起步的一年，也是积累经验、成效显著的年，应该说，全省的电脑农业推广工作有了一个良好的开端，它不仅受到了民族地区广大干部群众的欢迎，而且也得到了上级有关部门的关心、支持和好评。为了进一步做好电脑农业推广应用工作，郭大孝强调，2003年电脑农业将在全省民族地区全面推广，大家一定要以“三个代表”重要思想和党的十六大精神为指导，高度重视电脑农业推广应用工作，充分认识这项工作的必要性和紧迫感，增强使命感，责任感，要统一思想，加强领导，使全省民族地区电脑农业推广工作再上一个新台阶，以实际行动迎接全国民族地区电脑农业推广工作现场会在湖北召开。

（撰稿　唐启明　审稿　郭大孝）

【湖北举办电脑农业专家系统推广应用培训班】2003年4月1日至2日湖北民族地区电脑农业专家系统推广应用培训班在恩施州举行。恩施州及所辖各县市民宗委（局）、农业局、县电脑农业推广应用办公室和宜昌市及其宜都市民宗局（办）的负责人、农艺师、农技人员等60人参加了培训。

培训班上，湖北省民宗委副主任尤习贵作了讲话。尤习贵要求学员在培训期间：一是要努力提高认识，投入工作热情，抓好电脑农业推广工作；二是要通过培训学习，了解电脑农业的基本知识，掌握电脑农业农情资料收集方法，熟悉电脑农业专家系统的基本操作；三是要以认真、负责、刻苦的精神，努力为湖北民族地区电脑农业再上一个新台阶做出贡献。

中国科学院合肥智能研究所张建教授等就电脑农业专家系统的基本知识和电脑农业专家系统的使用、开发等内容进行了授课。恩施州鹤峰县民宗局副局长周世位为结合工作实际，向学员介绍了在电脑农业推广应用工作中如何选定产业以及农情资料收集的方法和经验。

培训班采取听课与操作相结合、讲授与演示相结合、座谈与分县指导相结合等方法，使学员了解了电脑农业的基本知识，懂得了农情资料的收集方法，掌握了电脑农业专家系统的使用方法。

（撰稿　唐启明　审稿　郭大孝）

【湖北举办民族乡电脑农业培训班】 2003年7月21至23日，湖北省民宗委在宜昌市举办了全省民族乡电脑农业系统推广应用培训班。来自全省散杂居7个民族乡的乡（镇）长、农技人员以及所在市、县的民宗局长参加了培训。

培训班旨在为散杂居7个民族乡（镇）推广电脑农业，加速民族乡的经济发展，加快民族乡（镇）农业信息化的进程。省民宗委副主任尤习贵在培训班发表讲话。尤习贵要求学员们：一要提高认识，明确电脑农业推广工作的重大意义。要把推广电脑农业看成是实践“三个代表”重要思想的具体体现，是民族乡实现农业现代化的客观要求，是民族乡实现跨越式发展的迫切需要，是新一轮扶贫开发的有效途径。二要扎实做好电脑农业推广工作。要加强领导，科学规划，抓好样板，稳步推进，确保实效。三是每位学员要珍惜机遇，集中精力，学好电脑农业知识，积极启动民族乡电脑农业推广工作。

中科院合肥智能研究所教授张建等为学员重点讲解了电脑农业专家系统的基本知识及其使用方法，如何结合实际进行农情资料的收等，学员们还赴长阳参观了电脑农业信息网、白氏坪电脑农业基地、建鑫生物产业有限责任公司以及龙舟坪镇厚丰溪村电脑农业推广情况。

（撰稿　唐启明　审稿　郭大孝）

【湖北五峰土家族自治县规划电脑农业推广工作】　2003年2月25日，湖北五峰土家族自治县县委副书记王仁俊，县委常委、副县长李传文在专门听取县民宗局党组汇报全省民宗委（局）主任（局长）会议精神后强调，五峰的民族经济工作必须以党的十六大精神为指导，以发展为第一要务，集中精力，花大力气，认真搞好电脑农业推广应用工作。一是高起点修订完善电脑农业推广应用规划，2003年试点工作扩大到全县8个乡镇，办好一批重点示范村，调整充实县乡电脑农业领导小组及办公室，进一步细化县乡电脑办公室及相关部门的职责；二是电脑农业是山区发展的趋势，必须紧紧围绕茶叶、土豆、药材、魔芋等支柱产业和特色产业，加大推广力度。扩充每个产业的责任专家和技术人员，针对病虫害防治，集中力量攻难关，解难题，让农民在推广应用电脑农业专家系统过程中得到实惠，进一步增强农民的科技意识和信息意识；三是少数民族资金、市缺农业专款围绕县支柱产业和电脑农业项目申报；四是筹建一个电脑农业网站和局域网，与县直相关部门、乡镇电脑办、重点示范村以及民营经济大户联网，形成县、乡（镇）、村三级工作网络，使之成为电脑农业的主要阵地和推销农副产品的窗口。

（撰稿　唐启明　审稿　郭大孝）

【湖北长阳土家族自治县采取措施加大电脑农业推广】　长阳土家族自治县是湖北省第一批3个电脑农业推广应用试点县之一。2003年以来，为把电脑农业推广工作引向深入，长阳土家族自治县采取五项措施，进一步加大电脑农业推广力度：一是长阳土家族自治县民宗局投资13万元为电脑农业试点乡镇及部分村组配备电脑和打字机，并安装专家系统，使电脑农业推广应用在全县顺利铺开。二是长阳土家族自治县民宗局和磨市镇共同投资10万元在磨市镇建设电脑农业示范镇，全镇12个村全部推广了电脑农业，并兴建了网站。三是加大农业专家系统开发力度，长阳土家族自治县电脑农业推广应用办公室、县农业局组织县内农业专家，开发生猪、柑橘、药材、蔬菜、植保等农业专家系统，以满足广大农民对农业技术的需求，并决定对有贡献的专家系统开发人员给予一定的奖励。四是扩大电脑农业的使用功能，实施上网工程，要求所有乡镇电脑办和具备条件的村电脑农业咨询站、电脑农业龙头企业、种养大户的电脑都要上因特网，以获取更加广泛的农业及市场信息，指导全县农业结构调整，增加农民收入。五是在县民宗局建立的“长阳土家族”网站内开辟电脑农业专家在线，用于指导全县的电脑农业推广应用工作。

（撰稿　唐启明　审稿　郭大孝）

【湖北建始县首期电脑农业专家系统推广应用培训】　在电脑农业专家系统推广应用工作中，专业技术的培训是关键。建始县电脑农业推广工作启动后，以电脑农业技术培训为切入点，大力培养电脑农业明白人。县民宗局筹资10万元，用于购置电脑、数码摄影机、照像机等设备，并对每个电脑农业示范户给予1000元补助用于购买电脑，保证了推广工作的顺利进行。2003年7月22日建始县电脑农业推广试点工作在花坪乡启动时，只安排150人的会场，一下子涌进200多人，长达6个小时的动员培训会秩序井然，台上讲得深入浅出，通俗易懂，台下听得全神贯注，不时报以热烈掌声。

在培训会上，县电脑办工作人员结合农民群众提出的疑问当即进行现场演示，请“电脑农业专家”作答，参训大户当场道出欣喜之言：“家里有‘电脑专家’，就不愁不发财。”11个电脑农业示范户当场买回了电脑。到会培训的人员既有各类种养大户，也有普通农民群众，还有数名民企经理。

（撰稿　唐启明　审稿　郭大孝）

【湖北宣恩县电脑农业推广应用工作见成效】 2003年4月全省民族地区电脑农业专家系统推广应用培训班后，宣恩县立即行动起来，扎实开展电脑农业推广工作，立足实效，实行“市场+公司+基地+农户”的经营管理模式，狠抓电脑农业示范样板工程，建起了白柚、良种生猪电脑专家系统示范基地。

宣恩白柚示范基地使用电脑专家系统后，对白柚园进行科学管理，运用配方施肥、修剪整形、病虫害防治、保花保果等综合技术，基地员工和示范户的科技水平和管理水平明显提高，有效提高了白柚品质。该基地面积1430亩，涉及农户291户，200亩白柚已挂果，长势喜人。电脑专家系统在生猪示范基地的应用也深受公司和广大养殖户的欢迎。2003年，企业已实现收入150万元，创利税25万元，受益农民8000余人，人均增收240元。

（撰稿　唐启明　审稿　郭大孝）

【湖北利川市立足特色资源开发电脑农业专家系统】 湖北利川市独特的高山气候孕育了利川特色品种优势，该市电脑农业工作启动后，十分注重适用软件的开发，他们根据利川独特的地理、气候环境和生物资源优势，结合当地农业产业化发展现状，制定了电脑农业专家系统开发及推广应用规划，选定了“优质梨专家系统”、“鸡爪黄连专家系统”、“莼菜专家系统”、“山药专家系统”、“优质水稻专家系统”、“优质鸭养殖专家系统”6个软件开发项目。项目确定后，他们全面搜集专家、技术人员的先进技术和广大农民多年来积累的成功经验，认真分析当地气候特点，实地进行考察，短短一个月时间就完成了“优质梨专家系统”一期开发农情资料的搜集、整理和传输工作。目前电脑优质梨专家系统软件已投入使用，软件包含的文字、图片、影像等资料十分丰富、适用，深受该市优质梨老产区和新种植区广大农民的欢迎。

（撰稿　唐启明　审稿　郭大孝）

【湖北鹤峰县对乡镇电脑农业推广工作进行检查验收】 2003年12月初，湖北鹤峰县政府办公室召集县电脑农业办公室、县科技局、县统计局、县人事局等相关部门组成联合检查小组，对全县乡镇2003年度电脑农业推广工作进行为期一周的检查，期间，检查组人员听取了各乡镇2003年度电脑农业推广工作总结报告，深入实地进行了考察，对照年初签订的目标考核责任状进行逐项评分。

检查组认为鹤峰各乡镇对推广电脑农业积极性很高，重视程度很高，工作开展的水平很高，全县的电脑农业推广工作取得了很大的进展，取得了很好的效益。目前，各乡镇的验收检查评分已经统计完毕，《2003年度乡镇推广电脑农业工作检查情况通报》以基本出台，正在报送县政府审查。

（撰稿　唐启明　审稿　郭大孝）

【湖南湘西州电脑农业示范工程取得重大进展】 2003年，湘西自治州认真实施“智能化农业信息技术应用示范工程”。目前已开发出《湘西自治州水稻专家系统》；举办了12期电脑农业技术培训班，共培训1200人次，其中干部、农业技术人员220人次，科技示范户与农户980人次；建立了3个水稻专家系统示范点，面积430亩，推广3000亩。各示范点认真按照水稻专家系统播种育苗、移栽大田，加强肥水管理与病虫害防治，禾苗普遍长势良好，丰收在望。预计，今年示范点可产稻谷210吨，亩产600公斤，增产10%左右。

（撰稿　梁芳　审稿　蒲祖泉）

【广西电脑农业推广试点工作取得阶段性成果】广西的德保、平果两县2001年被列为全国民族地区推广电脑农业试点县。三年来，德保、平果两县电脑农业从小范围、小面积、单品种的试验示范发展到现在大面积、大范围、多品种的试验，已取得了试点阶段性的成果，显示了电脑农业以信息化带动产业化，促进民族地区经济快速发展的神奇效应。德保、平果两县均集老、少、边、山、穷于一体，自然条件恶劣，石山面积分别占总面积70%和64.5%，是典型的喀斯特地貌，耕地面积分别为34万亩和31万亩，其中旱地面积分别占耕地面积56.3%和54.8%，总人口分别为34.03%万人和45.65%万人。由于土地贫瘠，干旱缺水，粮食种植产量很低，资源开发有限，科技应用缺乏，土地综合生产力不足等诸多因素严重制约两个县的农村经济发展。

德保、平果两个电脑农业试点县结合本县实际，紧紧围绕支柱产业、引进了玉米、水信息服务、管理咨询等为一体的综合信息服务平台，重点扶持缺粮乡村，解决农户温饱问题。

2003年，德保县在前两年取得较好成效的基础上将玉米、水稻、烟叶、八角、水果等品种分别扩大种植面积为1000亩、5000亩、3000亩、10000亩和500亩，经验收玉米产量、平均亩产452.1公斤，比传统种植方法平均亩产增产52.5%；其他几个品种也取得较好的经济效益。

2003年，平果县示范点扩大种植玉米400亩，平均亩产439公斤，比传统种植方法亩产308公斤增产131公斤，增长42.53%。

实践证明，电脑农业专家系统在我区的推广应用，起到很大的作用。一是更新了传统观念、培养了农民的农业生产创新发展意识；二是促进农业产业结构调整；三是提高农业科学种植水平，打破了传统的耕作制度；四是提高农业部门的服务意识和服务质量；五是加快了农民脱贫致富步伐。

（撰稿　张家成　审稿　粟永华）

【重庆市电脑农业推广工作受到民族地区人民群众的赞扬】　2003年，重庆民族地区“电脑农业”推广应用，在国家民委的指导下，引进中科院合肥智能研究所研制的“电脑农业”专家系统，通过各方紧密合作，推广应用工作取得了良好的经济效益和社会效益，受到人民群众的赞扬，称为“农业生产的好帮手”、“洋专家”，并得到了重庆市委、市政府有关领导的高度重视和充分肯定。

根据民族地区农业发展的实际，结合重庆市农业产业化“百万工程”的统一规划，按照国家民委实施“电脑农业”推广应用工作的总体部署，市民宗委与市级有关部门研究确定在民族地区五区县实施推广应用“电脑农业”专家系统。共投入资金总额度670.3万元，其中：地方投入资金446.3万元，少数民族发展资金117万元，市级民族工作经费107万元。为区县电脑办、试点镇乡、业务部门配置完备的电脑、打印机、扫描仪等35台（套），开发使用“电脑农业”专家系统软件三大类22个品种。推广范围覆盖20个镇乡、89个村、32293户。

1. “电脑农业”的推广应用，取得了较好的经济效益。

①中药材类：黄连推广种植面积10000亩，推广农户1150户，户均收入增长12.4%；青蒿推广种植面积500亩，推广农户150户，户均收入增长16%；白术推广种植面积2000亩，推广农户500户，户均收入增长6%；山茱萸推广种植面积5000亩，推广农户500户，正在实施中。

②种植业类：魔芋推广种植面积4180亩，推广农户3912户，户均收入增长30%；畜草推广种植面积550亩，推广农户63户，户均收入增长6.5%；柑橘推广种植面积4000亩，推广农户50户，户均收入增长11%；烤烟推广种植面积500亩，推广农户100户，户均收入增长11.4%；水稻推广种植面积1000亩，推广农户250户，户均收入增长3.7%；生姜推广种植面积2000亩，推广农户800户，户均收入增长16.9%；荞麦推广种植面积300亩，推广农户150户，户均收入增长8.8%；油菜、大蒜、红薯、杨树、布朗李、核桃、烤烟等正在实施中。

③养殖业类：肉牛养殖数6500头，新增产量246头，推广农户3714户，户均收入增长11%；长毛兔养殖数170000只，新增产量10000只，推广农户966户，户均收入增长10%；山羊养殖数5700只，新增产量798只，推广农户371户，户均收入增长14%；桑蚕推广养植面积12000张，推广农户3800户，户均收入增长26.5%；生猪等正在实施中。

2003年，推广试点产品基本达到预期效果，为当地农民创造了良好的经济效益，也为提升民族地区传统农业提供了一种有力手段。

2.“电脑农业”的推广应用，转变了干部群众的观念，增强了学习应用科技知识的意识。

电脑农业专家系统是信息技术在农业生产上的具体实践，是农业科技推广上的一次革命，在加速传统农业改造，大幅度提高农业生产效益、管理水平和生产经营决策水平，促进民族地区经济发展，特别是农业经济持续、稳定、高效发展显现出良好的前景。针对民族地区的实际，加强培训和宣传，是做好电脑农业推广应用工作的基础，先后共召开了2次现场会和1次总结表彰会，举办了5次市级培训班，分别对试点县农业、畜牧、医药等技术推广工作负责人和试点乡镇农技推广人员进行培训，共培训500余人次。各试点县、乡镇分别召开现场会、培训会等共150余次，培训人员38000余人次，培养技术骨干445人。定期在场镇、乡村以“科技赶场”、“科技下乡”等形式召开演示会、提供现场咨询，印发宣传资料40000余份，到各级电脑办咨询的农民累计达15万余人次，在场镇、街道创办电脑农业信息墙，开辟宣传栏，及时提供农业供求信息，使电脑农业逐渐深入人心。

通过实施“电脑农业”的宣传和推广应用，为农民朋友所接受，使农民朋友逐渐认识到科学技术在农业生产方面应用的重要性，更新了过去落后的思想观念、生产意识和传统的生产习惯，逐步从依靠老天吃饭、相信传统经验和原始的耕作方式，向学习科技知识、应用科技手段进行农业生产的转变。电脑农业专家系统的推广应用，被农民朋友称为“农业生产的好帮手”、“洋专家”。

（撰稿　龙德庆　审稿　谭建祥）

【四川电脑农业推广工作取得新的进展】 2003年，四川省民委认真贯彻国家民委在湖北恩施州召开的电脑农业推广工作现场会精神，总结经验，进一步加大工作力度，电脑农业推广工作取得了新的进展。（1）扩大电脑农业推广面。在抓好西昌市、汶川县两个推广点工作的基础上，将甘孜州泸定县德威乡和凉山州越西县等16个县纳入推广示范点。2003底，四川民族地区有18个县、99个乡镇、616个村开展了电脑农业推广工作，覆盖农户14.7万户。全年投入资金61.9万元，增收节支2500多万元。（2）重视抓好培训工作。我们在推广工作的实践中认识到，培训工作是电脑农业推广应用的基础，要常抓不懈。2003年与凉山州电脑农业推广领导小组编印了《凉山电脑农业专家系统》一书和《电脑农业在凉山》光盘作为学习、培训和推广教材，先后在凉山州16个县市、甘孜州泸定县举办了42期培训，培训各类人员18330人次。（3）整合资源，扩大电脑农业覆盖面，提高电脑农业推广使用效益。一是利用有关县市正在建设的农经网与电脑农业平台相连，二是将电脑农业与乡镇有线电视连接，使电脑农业进村进户。一方面通过电脑农业指导广大农户进行农业生产，另一方面使广大农户及时了解国家有关政策和各地农产品市场信息，为农业适用技术的推广和农产品的销售提供了快捷的发布平台和广阔的市场。

（撰稿　刘康蓉　审稿　蔡世勤　唐伯华）

【贵州省麻江县电脑农业专家系统试点工作取得成效】　2003年是麻江县电脑农业试点示范工作的关键之年，面临总结经验、寻求突破的压力。在认真总结和分析上一年试点工作成绩、经验、不足的同时，调整和完善了各级领导小组，强化了目标管理，细化了目标实施日程与分工负责制，加强了农技人员田间管理指导与农户指导卡使用培训，在麻江县委、县政府的大力支持下，试点示范工作扩大到了6个乡镇30个行政村8000农户，占全县9个乡镇的2/3；试点面积从1350亩扩大到了5000亩核心示范面积、3万亩推广面积，并结合麻江县农业产业结构调整的需要和烤烟生产下滑严重的实际情况，在今年4月份麻江县获得农业部授予的“中国麻江锌硒米之乡”、“中国红蒜之乡”称号的有利基础上，选准了烤烟、优质米、红蒜为突破口，采用县电脑办自行开发的“烤烟专家系统软件”，将烤烟试点示范面积从50亩增加到了5000亩，扩大了优质米的试点覆盖面积，红蒜软件的开发提上了重要日程。

经过一年的努力，2003年麻江县电脑农业试点田块，经省民宗委、省科技厅组织课题组专家进行同田对比、实割实测现场验收，取得了烤烟每亩增产17.5%、增收420元，水稻亩产增收33.66%、增产124公斤，玉米亩产增产28.25%、增收61.1公斤的可喜成绩。

（撰稿　王渝飞　审稿　杨东胜）

【云南电脑农业推广工作又取得好成绩】　2003年，云南省电脑农业推广工作按照“稳定推广面积，调整推广结构，提高推广质量和效益”的工作方针，通过巩固健全推广体系、完善应用系统开发、强化技术培训、狠抓试验示范和建立信息网网络等步聚，顺利完成了国家“863”计划智能化农业信息技术应用示范工程第三轮示范区项目任务，并进入第四轮示范区项目；新开发了马铃薯、青稞专家系统；当年下达65个推广县236万亩的推广指导面积，实际完成330万亩，全县有454个乡（镇），2915个行政村（办事处），103万农户参加了电脑农业专家系统推广应用，占全乡镇的三分之一和总农户的七分之一。仅水稻、玉米、小麦累计增产粮食1亿多公斤，新增产值近亿元。

（撰稿　金建昌　审稿　李　勇　徐畅江）

【甘肃省积极开展电脑农业试点工作】　2003年，根据国家民委在湖北恩施召开的全国民族地区电脑农业推广工作会议精神，为进一步推进甘肃省电脑农业工作，提高少数民族群众的科技素质，针对甘肃省民族地区农业产业结构调整步伐加快，散杂居民族乡畜牧业正在做大做强的实际，甘肃省民委认真学习和借鉴云南、湖北两省的经验，把电脑农业推广工作作为新世纪甘肃省民族地区科技扶贫的新举措，以科技带动农民增收，以科技带动农业产业化经营，扎扎实实开展了电脑农业试点工作。

1. 提高认识，加强组织领导。自国家民委在云南、湖北两省先后召开电脑农业工作现场会后，2003年，甘肃省民委始终把电脑农业的推广工作作为民族部门参与经济工作的切入点和新时期扶贫工作的重要措施，委党组高度重视电脑农业推广工作，明确了责任分工，制定了工作计划和目标，并把这项工作列入年度委（局）目标责任任务中，确保了电脑农业推广工作顺利进行。

2. 完善推广网络，提高服务质量。电脑农业试点县—广河县电脑农业领导小组亲自牵头，把县、乡、村各级行政部门及有关单位都协调组织起来，各司其责，各负其责，共同参与推广实施工作，具体由技术指导小组指导，建立以县乡农技推广站为中心，以农民技术员、科普员示范户为基础的农技推广网络。形成了县、乡、村体系有机结合，干群结合，专群结合工作机制，强化职能，充分发挥了专业技术人员的骨干作用，利用科普协会的团体优势，初步形成了电脑农业专家系统推广应用的“平民化”组织体系，为高新技术的应用发挥重要的作用。

3. 发展优势产业，推广高效农业，为电脑农业信息化健康发展创造条件。电脑农业试点乡—平凉市白庙乡在深入分析和研究全乡的经济状况、优势产业及其发展潜力的基础上，把发展畜牧业特别是发展红牛经济作为实施电脑推广工作的重点行业，截至2003年，全乡畜牧业总收入达到1465万元，人均畜牧业收入达到630元，占人均纯收入1757元的36%，实现了以农业信息化带动农业产业化发展的新格局。

5. 实行目标管理，加强考核，全面完成年度电脑农业推广任务。为了使电脑农业推广工作落到实处，甘肃省民委把电脑农业专家系统推广工作纳入有关市、州工作目标责任制中进行考核，同时各地又层层落到县、乡，主要领导为第一责任人，明确目标和职责，把任务分解量化，落实到村，具体到户，实行奖罚合同，引入激励机制，保证各项措施的落实。

电脑农业项目的实施和推广，给甘肃省广河县和平凉市白庙回族乡农业带来了新的科技气息和发展的良好机遇，通过智能化农业信息技术的推广应用，把广河县、平凉市白庙回族乡农业经济发展转移到依靠科技进步和提高农民素质的轨道上来，实现了传统农业向现代农业、粗放型农业向集约型的转化，提高了经济增长的质量和效益，加快了甘肃省民族地区脱贫致富奔小康的步伐，促进了经济和社会的协调发展。

（撰稿　成自强　审稿　万凌云）

【宁夏回族自治区开展电脑农业推广活动】　国家民委确定吴忠市利通区为“电脑农业”试点县。自治区民委会同自治区科技厅结合我区的实际，又确定了利通区杨马湖乡、泾源县新民乡为国家科技部、国家民委“电脑农业”试点乡。2003年上半年，自治区民委先后3次到联系点调研，积极协调科技厅、农牧厅进行科技帮扶，主要做了基础性的工作：一是在调研分析两个乡农牧副业现状的基础上，和自治区有关单位合作，开发养牛、养羊、养蚕等专家系统应用软件，已投放试点乡进行应用试验。二是举办电脑培训班。采取走出去，请进来，集中办班等形式，培训软件应用骨干人员和电脑农业技术人员。三是为试点乡配置了电脑农业专家系统设备，为“电脑农业”在试点乡的全面实施奠定了基础。四是组织试点乡的农业技术人员参加全国民族地区电脑农业推广工作现场会，向国家民委汇报了全区近年来电脑农业实施情况，同时也参观学习了外省区推广电脑农业的先进经验，拓宽了眼界，开阔了思路。

（撰稿　王芸萍　审稿　李　岚）

民族贸易和民族特需用品生产

【国家民委增补少数民族特需用品定点生产企业】　国家民委、国家经贸委、财政部、中国人民银行、国家税务总局等部门于2002年确定了1387户少数民族特需用品定点生产企业。为进一步保证少数民族特需用品的生产供应，在新形势下进一步落实好民族贸易和民族用品生产有关优惠政策，根据国务院对国家民委《关于延长“九五”期间民族贸易和民族用品生产优惠政策执行期限的请示》批示精神和对少数民族特需用品定点生产企业实行动态管理的原则，国家民委、财政部、中国人民银行等部门于2003年底审定增补了468家少数民族特需用品定点生产企业，其中包括345清真食品定点生产企业，使“十五”期间少数民族特需用品定点生产企业的总数达到1855户。

此次确定少数民族特需用品定点生产企业工作，是以《少数民族特需用品目录（2001年修订)》为依据，在不超过“九五”期间少数民族特需用品定点生产企业数量的前提下，在对全国各地上报的企业进行严格审查、选优择强并反复协商后确定的。

此次将345家清真食品生产企业确定为少数民族特需用品定点生产企业，享受有关优惠政策，促进了清真食品产业的发展，保证了2000多万穆斯林群众生活特需品的生产供应，使民贸工作有了新突破。

（国家民委经济发展司民贸处供稿）

【国家民委组织民族用品生产企业参加加拿大“国际家庭生活用品展览会”】 为使少数民族用品生产企业进一步开展国际合作交流，开拓国际市场，扩大产品出口，国家民委经济发展司组织有关民族用品生产企业于2003年10月赴加拿大参加了加拿大“国际家庭生活用品展览会”，取得良好效果。

来自北京、江苏、山东、河南4省市共8家民族用品生产企业参加本次展览，涉及轻工、纺织、机械等行业，重点推动带有一定民族文化特点的产品，包括地（壁）毯、绸缎等针纺织品、各类用品的五金工具、独具特色的仿古家具以及各种工艺和质地的丰富多彩的工艺美术品。参展期间，我民族用品生产企业共结识新增客户120户，潜在客户331户，签订意向性协议金额434万美元，成交的商品主要有民族工艺品、民族服饰面料、民族皮毛、皮革、五金机械等。

通过此次展览，不仅使民族用品生产企业增长了见识，学习了国外的先进经验，而且向国际社会充分展示我国民族地区生产的特色优质产品，增进了国际社会对中国民族产品的认识和了解，在国际市场上树立了中国民族产品的新形象，取得了良好的展示和成交效果，对民族用品生产企业走向世界，扩大产品出口、开拓国外市场起到了积极的作用。

（国家民委经济发展司民贸处供稿）

【少数民族用品生产企业预算内投资项目情况】 少数民族用品生产企业预算内投资项目自上世纪70年代延续至今，体现了党和国家对少数民族用品行业的关心和重视。国家发展和改革委员会2003年继续下达了少数民族用品生产企业预算内投资项目共500万元，共有14家定点生产企业享受到这项政策。这些企业和项目是：

1. 河北省丰宁县龙腾艺术馆布糊画项目；

2. 内蒙古自治区杭锦后旗民族刺绣厂民族刺绣服装项目；

3. 辽宁省本溪龙宝集团参茸有限公司中成药项目；

4. 吉林省前郭尔罗斯蒙古自治县民族服装厂民族服饰项目；

5. 黑龙江省杜尔伯特蒙古自治县围栏制造有限公司围栏网项目；

6. 广西壮族自治区昭平县木器制品厂竹碳系列产品项目；

7. 海南三亚福月民族工艺品有限公司民族藤竹、椰雕项目；

8. 四川省马边彝族自治县仙马木制工艺品厂木制根雕、仿古茶具项目；

9. 重庆市秀山县锅铧厂稀土铸铁锅项目；

10. 贵州省黄平县黄飘民族刺绣工艺厂绣制品项目；

11. 西藏自治区拉萨市城关区家具三厂民族

家俱项目；

12. 甘肃省肃南裕固族自治县裕龙民族工艺有限责任公司民族饰品项目；

13. 青海省乐都县民族塑料制品厂（挤）奶桶、背水桶项目；

14. 宁夏回族自治区石嘴山市民族瓷业有限责任公司伊斯兰民族特色瓷器项目。

（国家民委经济发展司民贸处供稿）

【中国少数民族用品协会制帽专业委员会成立】 中国少数民族用品协会制帽专业委员会成立暨第一次会员代表大会，于2003年11月28日在北京召开。中国轻工业联合会副会长杨自鹏、国家民委经济发展司副司长曲木林古等领导同志到会致辞。本次大会共吸收会员43家，约占全国重要制帽企业总数的20%，成员的广泛性系组建制帽专业委员会的重要指导思想。专业委员会将代表并维护全国制帽行业整体利益的专业性行业组织，承担为企业服务、为行业服务、为政府服务的职责，协助政府部门及协会加强行业管理的职能。制帽专业委员会的重要任务，是提升行业整体竞争力。

（国家民委经济发展司民贸处供稿）

【中国少数民族用品协会毯业专业委员会成立】 中国少数民族用品协会毯业专业委员会成立暨第一次会员代表大会于2003年12月19日在北京召开，中国轻工业联合会副会长杨自鹏、国家民委经济发展司处长彭泽昌及北京东城区的领导到会致辞。副理事长刘天水代表协会作了题为《适应市场经济规律为提升民族毯业整体竞争力而奋斗》的工作报告，报告中指出，要努力把行业协会建成符合市场经济规律的服务组织，对协会工作要有正确的理解和认识，牢固树立为企业服务、为行业服务、为政府服务的观点，服务是协会工作的核心，而行业自律是协会最基本的属性，要努力适应我国加入世贸组织后的形式，保护自己最好的手段是拉升自身的竞争力。在这方面毯业专业委员会要根据实际情况紧紧把握住，要以民族性作为工作的指导方针，把民族的牌子打响，用足。这是其他同类协会所没有的条件，也是最明显的优势。

（国家民委经济发展司民贸处供稿）

【北京市民委审批流动资金贴息贷款额度5334万元】 2003年，北京市民委为落实国家有关民族用品定点生产企业优惠政策，在深入调研基础上，共为七家企业审批流动资金贷款额度5334万元，解决了企业流动资金不足问题。

（撰稿　沙　丽　审稿　马中璞）

【天津市民贸民品生产】 按照国家民委关于上报少数民族特需用品（清真食品类）定点生产企业要求，本着择优扶强的原则，天津民委及有关区县民委干部深入到全市清真食品生产加工企业中，既向企业讲明国家的优惠政策，又严格把握政策尺度，最终筛选出19家清真食品生产加工企业及福亚实业有限公司、春合体育用品厂2个企业一同申报民族定点企业，报请国家民委审批，成为享受国家贷款贴息政策的民族定点企业。另外，对华龙珠宝首饰有限公司、第二塑料制品厂等“十五”期间第一批定点企业的贷款额度根据企业的生产经营情况进行了适度地调整。

天津市14家定点企业的年产值从近2个亿增至4.8个亿；总贷款额度由“九五”期间的8975万元，达到了“十五”的1.58个亿；享受优惠利率的贷款额度“九五”期间2900万元，“十五”达到9477万元，已享受贴息额累计达373.73万元。在工作中，天津民委始终坚持哪个企业坚持为少数民族群众服务，就把政策给哪个企业的宗旨，坚持做到谁服务谁享受。坚决杜绝有名无实、靠国家政策混饭吃的企业。对在发展中规模小、效益低、生产跟不上市场，产品转型、停产、倒闭等不能再为少数民族服务的定点企业不断地予以更替。

（撰稿　薛　腾　审稿　马　竞）

【山西省民宗局加快落实民贸民族用品生产优惠政策】 2003年，山西省民宗局以国家民委制定的有关生产少数民族特需用品的优惠政策为依托，积极为企业牵线搭桥，加快落实优惠政策，增强少数民族特需用品生产企业的市场竞争力。

继国家民委等五部委核定山西省"十五"期间第一批少数民族特需用品定点生产企业后，为使各项优惠政策落到实处，一年来，省民宗局一方面要求各有关市、县（区）民族工作部门抓好落实，一方面主动与省经贸委、省财政厅、中国人民银行天津分行、省工商银行、省农业银行等部门和单位协调，加强沟通，积极运作，及时按规定落实优惠政策。截至2003年底，山西省已有7家企业落实了优惠政策。

（撰稿　张　茹　审稿　魏奔雷）

【山西长治回民化学有限公司荣获"保护消费者杯"】 中国保护消费者基金会举办的"保护消费者杯"在全国广大消费者中有着很大影响和很高的知名度。山西长治回民化学有限公司在生产经营中树立了"顾客满意是我们不懈的追求"精神，严格执行《产品质量法》、《消费者权益保护法》等有关法律法规。该企业参加"保护消费者杯"第十二届（2003年度）的评选，经评审委员会严格评选，荣获了中国保护消费者基金会最高奖"保护消费者杯"。

（国家民委经济发展司民贸处供稿）

【河北省民族贸易和民族用品生产政策得到很好落实】 河北省认真贯彻国家民族贸易和民族用品生产政策。2003年河北省5个民贸县的民族贸易企业发挥民族地方商品流通主渠道作用，努力为少数民族群众服务。2003年共实现全社会商品销售额34.2亿元，根据有关政策，河北省国税系统落实增值税优惠先征后返和免征政策共231.6万元，人民银行落实流动资金贷款优惠政策186万元。2003年河北省民族用品定点生产企业实现产值16.2亿元，落实流动资金贷款优惠政策2133万元。在有关职能部门的积极配合下，国家的民族贸易和民族用品生产政策在河北省得到了很好的落实。

（撰稿　马　靖　审稿　牛明顺）

【内蒙古自治区认真贯彻落实民族贸易和民族用品生产政策】 2003年，内蒙古自治区民委及时向各盟市传达贯彻全国民族贸易和民族用品生产工作会议精神，转发了国家民委《关于进一步作好民族贸易和民族特需用品生产工作的意见》，对做好"十五"后三年的民族贸易和民族用品生产工作提出了新的要求。编辑印发了《"十五"期间民族贸易和民族特需用品生产相关政策文件汇编》，重点突出民族贸易政策的内容、范围界限和操作程序，以通俗易懂、简明规范、系统完整的特点，成为指导内蒙古民贸企业和民贸战线干部职工的工具书。在2003年年初内蒙古自治区民委主任会议上，自治区民委领导对民贸政策的贯彻落实工作提出了具体要求，在深入盟市旗（县）调研时，把民贸工作作为一项重要内容进行检查，并利用各种机会宣传，做到民贸政策有关领导知道、业务部门知道、民贸企业知道。2003年，向国家民委、财政部申报民贸贴息贷款项目，批复项目4个，享受贷款贴息34万元，支持了4个民族用品生产企业的技改工作。按照国家民委的要求，审核上报了内蒙古38家清真食品类生产企业，争取列入少数民族特需用品生产企业，从2004年享受民贸有关政策。

（撰稿　额尔敦　审稿　张德斌）

【辽宁省民委为民贸民族用品生产企业做好服务工作】 为贯彻落实国家民委民族贸易和民族特需用品生产工作会议精神，辽宁省民委对全省59家少数民族用品定点生产企业和民族贸易企业情况进行调研，并按照国家民委将清真食品列入《少数民族特需用品目录》的要求，调整"十五"期间少数民族特需用品定点生产企业，将一些生产少数民族用品规模大、效益好、有热情为少数民族和民族地区服务的企业（包括清真食品生产企业）纳入民族用品生产企业序列，辽宁省呈请国家民委新批准10家少数民族特需用品定点企业、17家清真食品生产定点企业。为做好返税、返息、贴息工作，协调财政部驻辽宁专员办公室，在岫岩满族自治县召开了民贸企业退税工作现场办公会，帮助协调落实民贸企业退税有关政策问题。2003年为民贸企业和民贸县返税、返息、贴息总计1800多万元。

（撰稿　辽宁省民委经济处　审稿　杨丰陌）

【吉林省召开民贸和民族特需用品生产工作会议】　为贯彻落实国家民委召开的全国民贸和民族特需用品生产工作会议精神，进一步加强民贸政策的宣传和贯彻执行工作，保障少数民族特需用品的生产和供应，吉林省民委于2003年2月26日在敦化市召开全省民贸和民族特需用品生产工作会议。参加会议的有延边州、白山市、松原市民委主任，民贸县民委、经贸局、供销社的负责同志，民族特需用品定点生产企业法人等70余人。延边州委副书记陈凯峰同志参加了会议并讲话。国家民委经济发展司副司长李春林同志专程到会并讲话。省工商银行、省农业银行有关处室的负责同志也应邀参加了会议。会上，省民委主任金华、副主任奎速同志分别作了讲话。金华主任在讲话中进一步强调了民贸和民族特需用品生产工作的重要性，对今后落实民贸政策提出了希望和要求。奎速副主任在讲话中介绍了民贸和民族特需用品生产政策的由来，总结了吉林省“九五”以来民贸和民族用品生产优惠政策的落实情况，部署了今后工作。延边州民委、延吉百货大楼、延边龙韩实业股份有限公司、图们龙吉民族陶瓷厂等单位介绍了充分利用优惠政策，促进企业发展的经验。

（撰稿　吉林省民委经济处　审稿　奎　速）

【上海市民宗委积极做好民贸和民族特需用品生产协调服务工作】　根据国家民委确定的“十五”期间少数民族特需用品定点企业名单，上海的民族定点企业分别是：上海民族乐器一厂、上海第三制线厂、上海老凤祥有限公司、上海同仁药业有限公司、上海大江肉食品厂、大江肉食品四厂、上海市牛羊肉公司、上海爱普食品工业有限公司、上海东亚食品工业有限公司、上海新食品工业有限公司等十家企业。按照国家民委《关于印发〈国家民委关于进一步做好民族贸易和民族特需用品生产工作的意见〉的通知》的要求，上海市民宗委积极协调各有关部门，做好政策落实工作。国家民委等五部委文件下发后，市民宗委及时与市财政局、市人民银行、市农业银行、市中国银行等单位联系和协调，共同研究落实政策的措施。至2003年年底，上海第二制线厂、上海民族乐器一厂已获得优惠政策贴息共计48.7万元。由于民族特需用品定点生产企业贷款优惠利率政策得到了落实，使上海市2004年民族特需用品生产有了很好的发展基础，企业积极性大大提高，为少数民族地区群众服务的能力得到加强。同时加强服务和管理，民族用品生产发展随着西部大开发战略政策的不断深入，与西部地区和其他少数民族地区的联系、沟通和贸易往来日益增多，在做好市场调研的基础上，改进、开发更适合各少数民族地区的产品，使民族用品生产企业更好地为少数民族和民族地区服务，更大程度满足少数民族群众的需要。

（撰稿　金　彦　审稿　周富长）

【江苏省民贸和民族用品生产工作】　江苏省少数民族民族用品定点生产企业，经过十多年的发展，生产的产品由原来的几十种增加到了上百种，随着改革开放的不断深入，一批企业通过资产优化配置和管理重组、股份合作制改造后向具有一定生产规模的集团化发展。为适应新形势的发展，省民委认真贯彻全国民族贸易和民族特需用品生产工作会议精神，2003年6月，江苏省民委举办了由全省28家民品定点企业负责人和所在市民族工作部门干部参加的“全省少数民族特需用品定点生产企业负责人培训班”，传达国家民委民族贸易和民族特需用品生产工作会议精神，邀请国家民委经济发展司民贸处领导讲授国家有关优惠政策及其操作方法，解答大家提出的问题。南京、苏州两市民族工作部门和3家民族定点生产企业介绍了经验。为全省28家定点企业颁发了“全国少数民族特需用品定点生产企业”铜牌。江苏省民委翁振进主任在讲话中强调：民品生产，既是一项经济工作，又是一项民族工作；既关系到少数民族和民族地区的切身利益，又关系到少数民族群众的日常生产和生活。因此，既要将它融入地方的经济工作，又要融入地方的民族工作；既要在服务中求发展，又要在发展中多服务。今后的民品生产要重点解决好三个问题：一是要用足政策；二是要搞好定位；三是要练就内力。各地积极抓住有利时机，树立政策也是资源的观念，以落实优惠政策为切入点，积极向有关部门宣传国家对民品企业生产的优惠政策，加强与有关部门之间的联系，召开相关部门协调会议。宿迁市在“十五”期间实现零的突破，新列入当地属较大型的2家民品企业，市分管领导召开了市民宗局、工商、银行、企业等有关单位负责人协调会，帮助企业贷款流动资金近5千万元；苏州市有9家民品企业，是江苏省民品企业最多地区，丝织、工艺品、剧装戏具等产品，仅丝绸就达170余种，畅销十多个民族地区；连云港海州工艺品公司生产竹编地毯深受民族地区欢迎，并远销到国外，充分利用流动资金贷款开发新产品，并申请国家专利，抵御了外来假冒产品的冲击；南京云锦素有“东方瑰宝”的美誉，有1500年的手工织造历史，为打好这一独特的民族品牌，现已启动申报世界文化遗产程序。江苏省民委还根据国家民委的要求，用发展的观念对定点企业进行调整，将产品质量好、生产规模大、产品在民族地区具有市场竞争能力的强势企业补充到民品企业中来。同时，将13家规模较大、效益较好的专门生产清真食品的企业申报定点企业，给予优惠政策进行扶持。2003年，民族特需用品定点生产企业落实流动资金贷款1亿多元，争取技改贴息贷款300万元。扬州纪元纺织有限公司等一批民族特需用品定点生产企业，积极参与当地的少数民族扶贫和社会公益事业活动，帮助少数民族贫困家庭子女，解决学费和生活费，安置贫困少数民族就业，受到了社会各界的赞誉。

（撰稿　方汉民　审稿　翁振进）

【安徽省民委指导和帮助全省少数民族特需用品定点生产企业落实好有关优惠政策】 2003年3月，安徽省民委召开全省民族用品定点生产企业会议，传达贯彻国家民委民贸工作会议精神，布置了全年的工作。全省5家民族用品定点生产企业及所在市、县民宗局负责人参加了会议，中国人民银行合肥中心分行负责人及有关部门负责同志应邀出席了会议并讲话。国家民委对安徽此项工作给予了充分肯定。2003年5月，省民委会同省财政厅将寿县正阳关绣品总厂技改项目贷款贴息申请上报国家民委。9月，国家民委、财政部以民委发［2003］120号文下达给安徽寿县正阳关绣品总厂贴息贷款200万元。此举加快了该厂的技术改造，使其产品上规模、上档次，更好地为少数民族服务。

（撰稿　张旭东　审稿　马美红　杨　巍）

【江西煌上煌烤卤有限公司等被确定为民族特需用品定点生产企业】 根据国家民委发［2003］128号文要求，江西省民族宗教事务局会同省伊斯兰教协会对省内各地申报的要求列为全国少数民族特需用品清真食品类定点生产企业进行了严格审查，经国家民委、财政部、中国人民银行共同审查、核准，确定江西煌上煌烤卤有限公司、江西环珠食品有限公司为“十五”期间第二批少数民族特需用品定点生产企业。

江西煌上煌烤卤有限公司是一家民营企业，创立于1993年，2002年通过ISO9001国际质量体系认证；正在建设的煌上煌小蓝食品工业园已被国家发展和改革委员会列为全国农产品深加工示范基地；目前总从业人数1080人，其中有回族职工12人；企业年产值17500万元，年上缴税金500万元；该企业在南昌县小蓝工业园开办的食品加工场地经南昌市伊协审查符合清真食品生产要求。

江西环珠食品有限公司也是一家民营企业，2003年初在南昌县小蓝工业园登记立户；目前总从业人数130人，其中回族职工3人；企业年产值5000万元，现属于优惠定税企业；经南昌市伊协审查，该企业在小蓝工业园的生产场地符合清真食品要求。

（撰稿　施莉文　审稿　罗峻雄）

【山东省“十五”前期民族特需用品定点生产企业发展情况】　“十五”前间，山东省少数民族特需用品定点生产企业数量由过去的13家发展为现在的45家，其中清真食品企业13家，其他民品企业32家。所涉及城市由原来的9个到现在的12个。2003年全省民品企业贷款111456.125万元，实现贴息3209.9364万元，有力的支持了少数民族特需用品定点生产企业的生产发展，为少数民族地区经济发展和西部大开发、兴边富民行动做出贡献。

（撰稿　韩昌钦　审稿　马　辉）

【河南省民委采取多种措施做好民贸和民族用品政策服务工作】　河南省少数民族特需用品定点生产企业（以下简称定点企业），坚持按特需用品组织生产，认真贯彻落实党的民族政策，满足少数民族群众的特殊需要。国家对列入“全国少数民族特需用品定点生产企业”的企业给予贷款贴息优惠政策，为确保国家优惠政策顺利贯彻执行，使企业真正受益，促进少数民族特需用品生产，省民委帮助少数民族用品定点生产企业出主意想办法，与财政厅、中国人民银行郑州中心支行协调流动资金和技改资金落实及项目的考察评估。积极采取多种措施，做好政策服务和具体协调工作。

1. 完善监管制度。2003年，河南省民委协调中国人民银行济南分行、中国人民银行郑州中心支行落实企业贷款贴息优惠政策，协商完善监管机制，制定了《少数民族特需用品定点生产企业优惠利率申请表》。为了用足定点生产企业优惠政策，避免资源浪费，对原有定点企业进行跟踪考察，严格对照国家民委颁发的少数民族特需用品目录，实施动态管理。

2. 强化协调，落实优惠利率贷款。积极主动协调省财政厅、中国人民银行郑州中心支行，在较短时间内与两部门会签了《关于规范少数民族特需用品定点生产企业贷款贴息工作的通知》，将部门协作管理、贷款贴息申报上划程序进一步规范化、简约化，配套了国家优惠政策，为定点企业顺利实现贷款贴息奠定了基础。在做好政策服务工作的同时，河南省民委跟踪企业提供服务。积极协调金融部门，帮助新增定点企业解决异地贷款、跨行贷款贴息申报等以往工作中未曾遇到的具体问题，通过点面结合跟踪服务，2003年共帮助定点企业获得一年期流动资金优惠利率贷款12300万元，落实国家贴息143万元。

3. 抓住有利时机，扩大定点企业数量。为了加强清真食品生产供应，国家民委2003年将清真食品列入《少数民族特需用品目录》，将清真食品生产加工企业纳入少数民族特需用品生产企业管理范围。河南是清真食品生产大省，为此河南民委紧紧抓住国家民委关于清真食品类生产加工企业可以申报民族特需用品定点生产企业的机遇，上下共同努力，各企业通过逐级上报，省民委审核、筛选，在国家民委规定的时间内按时审查、上报36家清真食品生产加工企业。争取到清真食品类定点企业26家。同时，还抓住“十五”期间第二批全国定点企业即将确定的时机，及时申报，新增加针纺织类、服装类、药类、生产工具类定点企业6家，目前“十五”期间第一、二批全国少数民族特需用品定点生产企业全省有39家企业被确定为全国少数民族特需用品定点生产企业，其中清真食品类定点企业26家。

（撰稿　金艳华　审稿　钟蜀豫）

【民贸和民族用品生产政策促进广东民贸企业发展】　近几年来，广东省财政对3个民族自治县民贸企业贷款贴息补贴采取了倾斜的政策，2003年，省财政给予3个民族自治县民贸企业贷款贴息补贴款共90万元（2001年43万元，2002年增加到63万元），有效地促进了民族地区商业、供销企业制度的改革，增强了民贸企业助农增收的实力，搞活民族地区商贸流通，加快其经济的发展。

广州番禺梦都美地毯有限公司是广东省重新审核确定的“十五”期间第一批国家民贸定点生产企业。注册资本8500多万元，经营范围集制造、加工、销售纺织品、针织品、化工产品为一体。该公司生产的“红粉佳人”、“佳居相伴”地毯、地垫系列产品，在国内国际市场享有很高声誉，产品远销美国等32个国家、地区，部分销往国内少数民族地区。该公司拥有总资产3亿元，年产值3亿元，年税后利润达到5000万元人民币。2003年，省民族宗教委协调人民银行和工商银行帮助该公司办理优惠贷款8000多万元，支持该企业发展生产。

（撰稿　梁　燕　审稿　罗木生）

【广西民族贸易和民族用品生产工作取得成效】“十五”期间，广西有34个民族贸易县，民族用品定点生产企业136家。2003年，广西全区民族贸易和民族用品企业流动资金优惠利率贷款4.91亿元，贷款额比上年增长2.89倍，落实贴息额共计606.83万元。2001年5月至2003年12月底，广西落实民族贸易企业增值税按缴纳增值税额346.76万元，按50%返还额173.38万元，其中：中央国库返还75%，130.04万元；从地方国库返还25%，43.35万元。

（撰稿　梅　菊　审稿　粟永华）

【广西民贸和民族用品生产企业贷款出现较快增长】　与前几年相比，近年以来广西民族贸易和民族用品生产企业贷款出现了较快的增长，表现出几个新的特点：

1. 四家承贷银行的积极性明显高涨，2002年只有工行一家发放民贸民品优惠贷款，2003年不仅工行扩大了贷款投放的力度和范围，而且农行、中行也都发放了优惠贷款，建行也与一家民品定点生产企业达成贷款意向。

2. 越来越多的民贸和民品企业享受贷款利率优惠，如南宁市享受优惠政策的定点企业从2002年的4家增至2003年的6家；柳州共有27家民品定点生产企业，2003年已有7家企业获得了银行的优惠贷款支持。

3. 借助民族信贷政策，支持了成长良好的工业企业，并将形成民族工业新的支柱产业，如南宁百会药业集团有限公司、广西金嗓子有限责任公司、广西花红药业有限责任公司、柳州两面针洗涤用品厂等企业均为闻名乃至全国企业，由于得到金融部门的大力支持，将使制药行业成为广西新的支柱产业。

4. 商业银行对民贸民品企业贷款严格按照信贷管理原则审核，在支持生产少数民族用品企业的同时也注意防范信贷风险，因此，其贷款对象均为有市市场、有效益、信誉较好的企业，避免了以前的优惠利率贷款总陷入逾期的怪圈。

通过落实优惠政策，促进民族贸易和民族用品生产经济，这些民族企业为了满足少数民族生产生活特殊需要，繁荣民族地区经济发展，保持社会稳定做出了较大贡献，多数企业在贯彻执行中得到发展，成为了当地经济的重要组成部分。

（撰稿　梅　菊　审稿　粟永华）

【贵州省抓民贸政策落实初见成效】　2003年，为加大对全省民族贸易与民族用品定点生产企业优惠政策的落实力度，经贵州省人民政府同意，省民宗委与省财政政府同意，省民宗委与省财政厅、经贸委、中国人民银行贵阳中心支行等八个部门联合下达了“关于贯彻落实民族贸易与民族用品定点生产企业优惠政策的意见”,狠抓了民族特需用品定点生产企业的政策落实兑现力度,全省仅16家民族药业就有11家享受了优惠政策照顾。

（撰稿　王渝飞　审稿　杨东胜）

【云南省民委认真落实民族贸易和民族用品生产政策】　把民族贸易和民族用品生产作为民族经济工作的重要组成部分，积极主动与财政、税务、计委、工行、农行等部门加强工作联系，认真落实各项优惠政策。为支持民族贸易网点建设和民族用品生产企业的发展，确保民族地区商品流通渠道畅通，满足少数民族群众生产生活的特殊需要，2003年省级财政安排专项资金200多万元用于民族贸易网点建设和民族用品生产企业技术更新改造贷款贴息。在完成重新核定188户企业为“十五”期间少数民族特需用品定点生产企业的基础上，按照国家民委的有关工作通知要求，认真做好申报“十五”期间第二批定点企业和清真食品定点生产企业工作，组织了60多户企业上报；会同省财政厅认真组织申报2003年度民族贸易网点建设和民族用品生产定点企业技术改造贴息贷款项目工作，争取到了广南县民族用品厂技术改造等6个项目600万元的贴息贷款规模和34万元的财政贴息资金。组织了昆明、玉溪等清真食品生产企业参加在郑州举办的“全国清真食品博览会”。

（撰稿　李鸿雁　审稿　李　勇　徐畅江）

【陕西民委召开全省民族特需用品生产定点企业联席座谈会】　2003年3月28日，陕西省民委在西安召开全省民族特需用品生产定点企业联席座会。省民委、省经贸委、省财政厅、中国人民银行西安分行、省国税局、省工商银行、省农业银行省级七家部门业务负责人，西安、安康、榆林等三市民委（民宗局）主管干部，五家少数民族特需用品生产定点企业的厂长（经理）共20余人参加了会议。这次会议传达贯彻了全国民贸民品生产工作会议精神，总结了“九五”以来全省民族特需用品生产工作的成绩和经验，研究了新时期进一步推动全省民族特需用品生产工作新举措、新途径，进一步调动了各生产厂家的积极性，用活、用足国家优惠政策，谋求民族全省特需用品生产的更大、更快发展。

（撰稿　海建宇　审稿　刘开岚）

【甘肃省提出进一步加强新时期民贸工作的意见】　“十五”期间是甘肃省民族贸易发展的重要时期，根据国家民委提出的“十五”后3年民贸和民族用品生产工作总的要求，2003年，甘肃省民族贸易和民族用品生产领导小组办公室按照国家民委要求，以“三个代表”重要思想为指导，结合甘肃实际，把维护少数民族群众的利益作为民贸工作的出发点和落脚点，提出了做好全省民族贸易和民族用品生产工作的意见：

1. 加强协调指导，认真落实民贸优惠政策。各级民委要进一步明确所担负的任务，发挥职能作用，不断创新、完善工作协调机制。协调工作既要制度化，又要灵活多样，属于其他部门的业务职能但又涉及民贸政策落实方面的工作，各级民委要主动协调，加强沟通，积极配合。要重点配合协调有关部门落实民贸网点建设和技改贴息贷款项目，协调有关银行对民贸企业贷款在法定基准利率基础上，按政策规定给予优惠，要加强对企业落实民贸优惠政策的指导，及时提供政策咨询、信息服务，帮助民贸县和民贸企业用好、用足、用活民贸优惠政策。

2. 强化监督管理，切实维护少数民族群众利益。把维护少数民族群众的利益作为民贸工作的落脚点，坚持在发展中规范，在规范中加快发展，做到一手抓政策扶持，一手抓市场监管，保证两手都要到位。要及时掌握少数民族特需商品的生产供应状况，发现问题及时加以协调解决。要积极配合、协调有关部门加大市场监管和整顿力度，打击假冒伪劣，规范民族贸易市场秩序，维护少数民族群众的消费权益。

3. 加大宣传力度，使党对少数民族的关怀深入人心。要认真学习领会国家优惠利率、增值税返还等优惠政策，运用各种渠道，加大宣传力度，让党和政府的优惠政策深入人心，尤其要加强在民贸县和执行政策部门做好政策宣传工作。

4. 加强调查研究，完善优惠政策的配套措施。各级民委要加强调查研究，进一步了解当地民贸优惠政策的落实情况，抓住少数民族群众真正关心的、涉及他们生产生活等切身利益的重大问题，进行深入研究，提出有针对性的意见和建议。树立优惠政策也是生产力的观念，协调、指导有关部门和民贸县出台优惠政策和配套措施。

（撰稿　成自强　审稿　万凌云）

【宁夏回族自治区采取得力措施，落实民贸民族用品生产政策】　按照国家民委民族贸易和民族特需用品生产工作会议精神，宁夏回族自治区民委多次与相关部门进行协调，采取得力措施，为民族贸易和民族用品生产优惠政策在宁夏得以切实落实做了大量基础性工作。一是为了加强对基层民族工作部门和企业落实民族贸易优惠政策的指导，2003 年初将国家有关部委关于民族贸易优惠政策的文件汇编成册，发送到各市、县（区）民宗局和民贸民品企业，为基层落实优惠政策提供了依据，受到了好评。二是重点配合协调有关部门落实了民贸网点和技改贴息贷款中由省级财政配套贴息资金。宁夏雄鹰皮草集团有限公司、宁夏富盛机械制造有限公司、灵武市商务总公司三家民贸和民族用品定点生产企业专项贷款 650 万元取得中央财政 50% 贴息 18 万元后，经过多次联系，反复磋商，自治区财政也给予 25% 的贴息 8.9 万元，取得了突破性进展；三是为了争取国家财政专项贴息，在银川、石嘴山、吴忠、固原四市申报的基础上，自治区民委向国家民委报送了宁夏红旗服装（集团）有限公司等 4 家民族用品定点生产企业的技改项目贷款相关材料，请国家民委、财政部审查，给予贴息扶持。四是自治区民委就“九五”以来民族贸易和民族用品优惠政策的落实情况，在全区范围内做了大量调查研究，调研中发现存在着一些不能用好、用足、用活各项优惠政策的情况，并据此起草了“关于进一步贯彻落实国家民委民族贸易和民族用品生产优惠政策的请示”上报自治区人民政府，建议成立“宁夏民族贸易和民族用品生产领导小组”，加强组织领导和协调工作，认真贯彻国务院批准的“三项优惠政策”，切实做好宁夏“十五”期间后三年民族贸易和民族用品生产工作。

（撰稿　王芸萍　审稿　李岚）

清真产业发展

【国家民委将清真食品列入少数民族特需用品目录】　清真食品是我国回、维吾尔、哈萨克、东乡、柯尔克孜、撒拉、塔吉克、乌孜别克、保安、塔塔尔 10 个少数民族（以下简称“回族等少数民族”）的生活特需品。为加强清真食品生产供应工作，充分尊重少数民族风俗习惯，保证回族等少数民族群众吃上“放心食品”，国家民委于 2003 年 10 月将清真食品列入《少数民族特需用品目录》，并将清真食品生产加工企业纳入少数民族特需用品定点生产企业管理范围，享受国家对少数民族特需用品定点生产企业的有关优惠政策。

清真食品列入少数民族特需用品目录，对促进清真食品产业发展，做好清真食品生产供应工作，保证回族等少数民族群众生活的特殊需要起着积极的意义，为促进民族团结、维护社会稳定打下坚实的基础。

（国家民委经济发展司民贸处供稿）

【首届中国清真食品博览会暨第九届郑交会取得丰硕成果】 首届中国清真食品博览会暨第九届郑交会，于2003年11月2日在郑州举办，国家民委专职委员铁木尔同志和中国伊斯兰教协会马云福副会长到会祝贺。本次展会以发展民族经济，加强民族团结为主线，以规范、推广和发展清真食品为目的。全国共有21个省市自治区的300余家企业参展，本届展会总交易额近30亿元人民币，实现了购销两旺。

在本次展会上，穆斯林国家马来西亚派出了由诸多知名工商界人士组成的庞大的中原投资考察团莅会观摩，并与参展的清真食品企业广泛交流，对河南省和郑州市的投资环境做了深层的考察。目前国内已有十余家厂商接受邀请，参加马来西亚即将举办的大型展会，推广我国民族产品。

展会期间，大会组织邀请了国内外80多名知名学者、专家、官员、企业家，举办了清真食品推广与发展高峰研讨会，探讨了我国清真食品业的发展思路，为我国清真食品业的规范和发展做了一次意义深远的探索。

本次博览会及时抓住了加快民族地区对外开放和实施西部大开发的战略机遇，为国内民族食品企业作大作强提供一个交流的平台，对中国清真食品的发展与推广将产生积极的影响。

（国家民委经济发展司民贸处供稿）

【北京市召开民族政策培训暨规范化清真食品经营专柜总结大会】 2003年，为宣传党的民族政策，巩固、推广、宣传规范化清真食品经营专柜，北京市召开了全市民族政策培训暨规范化清真食品经营专柜总结大会。来自18个区县民委、商委和151个规范化清真食品专柜95家企业的负责人、规范化清真食品经营专柜代表近150余人参加了大会。进一步宣传、推广了典型经验，起到了积极示范作用。市民委领导宣讲了党的民族政策，使之在社会上充分形成尊重少数民族风俗习惯的氛围。

（撰稿　徐来春　审稿　马中璞）

【第三届全国清真烹饪技术比赛北京代表团成绩优异】 2003年，第三届全国清真烹饪技术比赛自11月21日至26日在陕西省西安市举办。北京市代表团由聚德华天饮食集团公司、东来顺集团公司、白魁老号、南来顺等10家清真老字号饭庄的29名选手组成。北京参赛选手刻苦训练、顽强拼搏、克服各种不利因素影响，参加了热菜、冷荤、面点、服务摆台等项目的比赛，荣获金牌10枚、银牌12枚、铜牌6枚，取得了此次比赛金牌总数第一、奖牌总数第一的优异成绩。

（撰稿　徐来春　审稿　马中璞）

【北京市召开第三届全国清真烹饪技术比赛北京代表团总结表彰大会】 2003年，北京市民委、市商务局、北京烹饪协会共同召开了第三届全国清真烹饪技术比赛北京代表团总结、表彰大会。中国伊协会长陈广元、市人大民侨委、市民委、市商务局、市政协民宗委、北京烹饪协会等有关领导，为获奖单位和获奖选手颁奖并讲话。

（撰稿　沙　丽　审稿　马中璞）

【天津市积极促进清真食品产业发展】 2003年，天津市民委牢牢把握发展这个第一要务，树立科学的发展观，坚持统筹兼顾，把清真食品产业发展纳入全市民族经济整体发展大局去思考，充分利用民族工作优势，为企业搭建平台，搞好服务，积极配合有关部门，引导民族企业以市场为导向，通过参加全国清真食品博览会、洽谈会、学习考察等各种渠道，加强与兄弟省市经济交流与合作，吸引社会资本和国内外清真产业集团资金以参股等形式，对本市国有清真企业进行优化配置、整合重组改造，促进企业经营机制转换，培育构筑了一批实力雄厚、市场竞争力强、发展态势良好的清真企业，。

截至目前，全市共有2000余家清真企业，不仅数量稳步增加，而且规模不断扩大，档次不断提升，像“桂顺斋”、“耳朵眼”、“宴宾楼”这样的老字号继续保持发展势头，一大批名店、名师、名品脱颖而出，涌现出了“鸿起顺”、“伊利”、“中敖”、“大红碗”这样的龙头企业和纳税大户。强强联合的伊利康业冷冻食品有限公司仅2003年销售额达3亿元，目前正在投资兴建北方最大的冷食加工基地，总投资1.432亿元，年设计生产能力将超过8万吨，销售额将突破5亿元；鸿起顺连续几年保持着位居我市餐饮业前列的地位，在两次世界中餐大赛和五次全国清真烹饪大赛中金牌和奖牌总数名列全国榜首，在2003年全国清真烹饪大赛中取得五金四银一铜的优异成绩，受到市政府表彰。

为保障清真食品供应，解决“放心清真牛羊禽肉”问题。2003年，市民委向市政府上报了《关于发展清真食品产业解决天津市回族、维吾尔族等少数民族吃上放心牛羊禽肉的请示》，力求通过政府扶持，配合有关部门在全市范围内合理布局放心牛羊肉经营网点，让全市少数民族吃上放心牛羊肉。在市政府的大力支持下，市民委配合有关部门积极支持民营企业新建清真牛羊禽屠宰加工基地，2003年9月，中敖集团引进澳大利亚设备建立了清真牛羊屠宰厂。另一方面，积极开展招商引资活动，吸引全国人大代表、吉林省长春皓月清真肉业集团董事长、总裁从连彪来津，考察了食品三厂、连锁经营网点、天津空港物流加工区，就投资兴建清真肉制品深加工项目同二商集团进行了深入磋商，并初步拟定了合作意向。2003年底，引进长春皓月集团放心牛羊肉和系列产品，打入20家大型超市，丰富了元旦、春节清真食品市场供应，满足了少数民族群众的需求，全市清真食品市场呈现出繁荣发展的良好态势。

（撰稿　常志欣　审稿　马　竞）

【河北省积极扶持清真食品行业健康发展】　清真食品加工业属弱势行业，也是敏感行业。为促进清真食品行业加快发展、健康发展，河北省民宗厅组织56家清真食品企业参加了国家民委和中国伊协支持的、郑州市人民政府主办的首届中国清真食品博览会。通过宣传、洽谈，有43家省外经销商与河北省建立了供销合作关系，合同签约15家、意向签约28家，涉及金额1.24亿元。新加坡、马来西亚等7家企业拟到河北省投资合作办厂开发新产品。博览会期间，河北省零售清真产品36.5万元。参会企业普遍反映，参加本次博览会，开阔了视野，广交了朋友，找到了新市场，省民宗厅办了一件好事。

（撰稿　马　靖　审稿　牛明顺）

【河北省加强清真食品市场管理，消除影响民族团结的苗头和隐患】　河北省民宗厅认真贯彻落实《河北省清真食品管理条例》，加大宣传培训力度，提高执法人员的依法行政意识和行政执法能力，提高清真食品从业人员的民族团结意识和守法经营意识。会同工商等有关部门加大了对清真食品市场的专项检查，对假冒清真饮食摊点进行了查处，对不符合《河北省清真食品管理条例》规定的企业摊点提出了限期整改意见。孟村回族自治县汲取“12·12”事件教训，认真贯彻清真食品管理条例，确保尊重少数民族风俗习惯政策落到实处。经县委、县政府同意，县编办核准，成立了县清真食品监察大队，归县民宗局管理，收到了很好效果。2003年7月，省民宗厅在沧州市召开了全省清真食品管理工作现场经验交流会，推广了沧州市和孟村的经验，有力促进了清真食品管理工作的有效开展。

（撰稿　马　靖　审稿　牛明顺）

【山西省民宗局加大对清真产业的扶持力度】 2003年，为弘扬清真饮食文化，促进清真食品上规模、上档次，山西省民宗局加大对清真产业的扶持力度，使清真产业得到了较快的发展。

1. 加强清真食品管理，规范和加大年检力度。省民宗局于2003年11月通知各市对清真食品饮食业进行年检，并要求在当地报纸公布年检结果，以加大社会的监督力度。通过年检，全省共有526家企业合格。12月11日至14日，省民宗局组织各市民宗局负责同志对长治、晋城的清真食品生产经营情况进行了抽查。检查组高度评价了长治市伊和轩等大型民营清真饮食业，对当地整体少数民族经济的发展所起的龙头带动作用和晋城市率先在大型超市开辟清真专柜，方便穆斯林群众购物的做法。

2. 打造名牌，提升清真产品的市场竞争力。绛县金绛食品有限公司是清真肉食加工的科技型企业，公司生产的“金绛牌”五香牛肉、五香熏蛋等系列产品，多次在全国、省国际展销会和博览会获“山西名牌产品”“金奖产品”等荣誉。文水县贤美肉制品厂是山西省的清真名牌厂家，固定资产863万元，总资产1233万元，产品多次被中国国际农博会认定为名牌产品。近年来贤美牌清真产品始终坚持忠于消费者、满足消费者需求，不断开发新产品，赢得了市场高信誉，产品一直畅销不衰。山西粟海集团有限公司是我国中西部地区规模最大的肉鸡饲养、加工、出口一体化外向型龙头骨干企业，是农业产业化国家重点龙头企业，公司全套引进荷兰先进的全电脑控制孵化、屠宰、饲料和废弃物处理设备，年可屠宰肉鸡2500万只，加工肉鸡系列产品5万吨，生产的粟海牌清真系列肉鸡产品被评为全国质量信得过食品和山西省名牌产品。近年来，公司的清真肉鸡产品除大部分供应中西部少数民族地区外，还远销国内20多个省市，供应中西部地区肯德基市场份额达73%以上，并出口阿联酋、沙特阿拉伯、日本、韩国等国。2003年该公司共实现销售收入3.9亿元，实现利润3617万元。

3. 适应市场需求，保证清真肉食供应。省民宗局利用少数民族发展资金，帮助晋中市榆次区、吕梁文水县贤美肉制品厂分别建立羊、牛屠宰点，保证太原市的清真肉源供应。

（撰稿　张　茹　审稿　魏奔雷）

【太原市设立标准化清真肉食专柜进一步规范清真肉食市场】 太原市共有少数民族近3万人，包括回族、满族、蒙古族、朝鲜族、藏族等45个少数民族成分，其中回族2万人，占太原市少数民族总数的67%。为了保障省城清真肉食的供应，从去年下半年以来，太原市民族宗教局多次对全市的清真肉食市场进行广泛深入的调研，并结合清真标牌的发放，对全市清真肉食网点进行认真细致的摸底，严格按照“位于穆斯林集中居住区，业主信誉度高，企业经营效益好”的原则，进行统一规划布局，首批在回族群众集中居住的三个城区建立8家标准化清真肉食专柜。在太原市民宗局的指导下，各城区在资金预算、使用方面精打细算、严格把关，从店面招牌、墙面、地面、门面、设备到从业人员服装都进行了详细核算，全过程实施，使有限的资金发挥了最大的效益。在规范运作方面，他们严把清真肉食的进货、储存及运输环节，与各网点负责人签订了“设立标准化清真食品专柜协议书”。由于工作扎实，目前，统一规范的8家清真肉食专柜以崭新的姿态展现在省城广大穆斯林群众面前。此项工作的展开还促进了经营者的积极性，有的网点推出了自己的特色食品，如马家酱鸡店的酱鸡、半坡街清真肉店的牛羊肉馅、手工水饺等，受到了广大穆斯林群众的喜爱。

2003年7月，太原市民族宗教局对这8家首批定点规范的标准化清真肉食专柜进行了检查验收。对店面招牌标志、经营场所卫生、从业人员着装、配证上岗等方面逐项验收，全部合格。验收中，各清真网点的负责人纷纷表示，感谢政府、感谢各级民族宗教部门对广大穆斯林群众的关心和厚爱，表示一定不辜负各级政府的期望，保质保量提供优质服务，以诚信经营为原则，办好清真专柜，使它真正成为太原市净化清真肉食品市场的一个靓丽景点。

（山西省民族处供稿　审稿　魏奔雷）

【辽宁省颁布清真食品生产经营管理规定】 2002年12月18日辽宁省第九届人民政府第116次常务会议讨论通过了新修改的《辽宁省清真食品生产经营管理规定》（以下简称《规定》），以辽宁省人民政府令155号发布，自2003年3月1日起施行。原《规定》是1994年颁布实施的，许多内容已无法适应市场经济发展新形势下的需要。修改后的《规定》着重加强了对清真牛羊肉源头的管理，规定设立清真牛羊屠宰场的，应当统一向省民族工作部门申领《清真食品准营证》和清真标志。生产、经营清真肉类产品应当附有清真标识。尽而从源头上杜绝“清真不清”现象的产生。同时加强了对清真食品生产经营活动行为的管理。规定生产经营清真食品的从业人员应当经清真专业培训后持证上岗。《规定》还首次增加了“清真商业食品协会受民族工作部门委托，参与清真食品生产经营的监督管理”的新举措。《规定》的通过和实施必将有力地促进辽宁省清真食品生产经营行业的发展，使回族等广大穆斯林少数民族群众真正吃上“放心肉”。

（撰稿　辽宁省民委经济处　审稿　杨丰陌）

【辽宁省民委认真贯彻落实《辽宁省清真食品生产经营管理规定》】 辽宁省有回族、维吾尔、哈萨克、东乡、撒拉、塔吉克、乌孜别克和塔塔尔八个有清真饮食习惯的少数民族，其中回族人口27万人。辽宁省民委为认真贯彻落实省政府下发的《辽宁省清真食品生产经营管理规定》，积极做好清真食品生产经营管理工作，于2003年6月30日召开了全省清真食品生产经营管理工作会议，全面部署了清真食品生产经营管理工作。会议分析了近几年辽宁省清真食品生产经营状况，总结了工作经验，指出了问题，布置了今后工作，使广大干部进一步体会到党和政府维护少数民族合法权益的坚定决心，增强了积极贯彻落实省政府155号令的信念，依法维护少数民族合法权益的意识，为全省回民群众能够吃上放心清真肉打下了法律基础。新《规定》颁布后，辽宁省民委又先后下发了《辽宁省清真食品生产经营管理规定实施办法》、《关于贯彻落实〈辽宁省清真食品生产经营管理规定〉有关问题的通知》、《关于清真食品专用车辆管理有关事宜的通知》、《关于加强清真饮食管理防止继续发生不尊重穆斯林风俗习惯问题的通知》等相关文件14个，为搞好全省清真食品生产、经营活动的管理提供了法律依据，也为民族工作部门依法行政创造了良好的法制条件。

（撰稿　辽宁省民委经济处　审稿　杨丰陌）

【上海市清真食品管理工作取得新的发展】 清真食品管理工作是民族工作的一项重要工作。保障清真食品供应、严格清真食品管理、推进清真食品行业发展，涉及少数民族切身利益和社会稳定，涉及上海国际化大都市的形象。上海市民宗委十分重视这项工作，委领导亲自带队到杨浦、闸北、徐汇等区开展清真食品工作的调研，检查部分清真食品企业。在市委、市政府的领导和关心下，在历处工作的基础上，2003年本市清真食品管理工作取得新的发展。

上海市民宗委与市商委、市财政局召开清真食品工作小组会议，规划清真企业装修改造计划，已完成数家清真企业的装修改造；经市、区民族工作部门的努力，通过与各级政府职能部门的协调，恢复了回风楼、翠文斋等清真食品品牌企业的经营。

（撰稿　金　彦　审稿　周富长）

【上海市人大常委视察本市清真食品工作】 为进一步推动《上海市清真食品管理条例》（以下简称《条例》）的贯彻执行工作和新一轮政策措施的落实，市人大常委会主任龚学平和部分常委会组成人员于2003年11月19日对本市清真食品工作开展专题视察。委员们听取了市经委副主任陈海刚、市民宗委副主任马定华关于贯彻《条例》的情况汇报，视察了普陀区京城清真饭店和卢湾区农工商超市第119店清真副食品专摊以及明珠大饭店大西洋清真餐厅。委员们在视察中了解到，《条例》颁布实施三年来，在市委、市政府的重视下，在市民宗委、市经委、市财政局和各区县有关部门的共同努力下，清真食品工作取得了明显的经济效益和社会效益。本市共规划设置清真食品基本供应点180个，其中副食品网点110个，清真饮食网点50个，清真食品网点20个，重点加强了少数民族居民相对集中的居住区、新建小区及交通枢纽和商业中心的基本供应点规划设置。目前全市已设置了清真食品基本供应点138个，其中挂牌的有117个。但当前清真食品行业在发展中还存在协调机制不够完善、扶持政策尚未得到有效落实等问题，致使清真食品基本供应点设置还未全部到位，已有的供应网点发展不够稳定，有的因经营困难，改变了服务方向。此外，还存在“清真不清”和假冒清真食品的现象。

龚学平同志指出，要从尊重和保护少数民族权益的角度出发，充分认识做好清真食品工作的重要性，从建成国际大都市和迎接世博会的高度，进一步搞好清真食品工作。要根据不同地区、不同层次以及少数民族的不同要求，加强对本市清真食品网点设置的规划；要加大依法行政、依法监督的力度，严格执行《条例》有关规定，保障清真食品网点动迁的后续落实工作；有关部门和清真食品企业负责人要探索扶持本市清真食品行业发展的新思路，积极推动清真食品产销的体制、机制创新，走出一条有特色的发展新路。

目前，上海的清真食品供应网点的布局设置趋于合理，经营环境明显改善，经济效益有所提高，全市已有十四个区，114家清真食品供应点实行了挂牌经营。12个中心城区全部建立了清真监督员队伍和信息反馈机制，加强对清真行业的日常检查和监督，保证了清真食品供应的健康发展。

（撰稿　金　彦　审稿　周富长）

【上海市召开高校清真食堂管理会议】 2003年1月，在华东理工大学召开《上海高校清真伙食工作交流会》，上海市40余所大学，100余名后勤部门负责同志参加了会议，复旦大学、上海师范大学、上海大学、华东理工大学、上海高校伙食管理专业委员会等单位作了交流发言，市民宗委副主任马定华、市教委副主任薛沛建等领导作了讲话。会议下发了由上海市教育委员会、上海市民族和宗教事务委员会联合制定的《关于进一步加强学校清真伙食管理的意见》，以此规范管理各校的清真食堂。

（撰稿　金　彦　审稿　周富长）

【上海召开清真专柜颁牌大会】 上海市民宗委召开了本市清真食品工作经验交流现场会暨清真副食品“示范专柜”颁牌大会，授予普陀区龙泉商场等36家清真副食品专柜“示范专柜”；同时，市民宗委还加强了对基层清真食品管理人、监督员和从业人员的培训工作。

（撰稿　金　彦　审稿　周富长）

【上海举办清真菜肴烹饪技术展示会】 2003年11月5日，上海清真行业举办了清真菜肴烹饪技术展示会。这是《上海市清真食品管理条例》实施以来的首次会议。上海市经委副主任陈海刚、上海市民宗委副主任马定华、市烹饪协会会长沈忠明等有关方面领导出席了清真菜肴烹饪技术展示会。这次展示会共有洪长兴、明珠大饭店、雅叙居、回风楼清真饭店等15家清真企业参加，展示的品种有热菜、面点、冷拼、果雕等四大类56个品种，代表了上海清真菜肴烹饪技术的最高水平。这次展示活动还邀请了饮食行业五名国家级评委对展示的作品逐一进行点评，并形成书面意见反馈参展单位。通过专家点评和交流学习，各参展单位收益匪浅，不仅提高了自己拳头产品的技术含量，同时还开阔了视野，学习和吸收了兄弟单位的优秀作品。各区民族宗教部门组织部分少数民族代表和清真企业的相关人员观摩学习。

（撰稿　金　彦　审稿　周富长）

【上海清真企业赴郑州参加首届清真食品博览会】　2003年10月市民宗委与市伊协组织上海5家清真食品企业赴郑州参加由国家民委、中国伊协和郑州市人民政府主办的中国首届清真食品博览会。上海清真食品公司、上海大江食品股份有限公司、上海东亚食品工业公司、上海新食品工业公司、上海星日兄弟食品公司代表上海参加展销会。展销期间上海清真食品深受欢迎，特别是东亚的康元清真饼干销售情况良好，其余4家清真企业销售情况也较好。这次上海市参展的宗旨是让上海的清真食品走出去，给参展企业创造一个学习和了解的好机会。出发前民族二处的有关同志曾专门对参展企业的领导和有关人员进行民族知识和清真食品政策的培训，上海的企业家们通过参加这次博览会深有感触，对清真食品的认识有了很大的提高，对上海清真食品的发展前景看好。

（撰稿　金　彦　审稿　周富长）

【上海市民宗委举行全市清真食品监督员座谈会】　在《上海市清真食品管理条例》实施三周年之际，上海市民宗委于2003年10月16日在明珠大饭店召开全市清真监督员座谈会。会上，黄浦、卢湾、普陀、闵行、虹口、杨浦等区的清真食品监督员和区民宗办分管清真食品工作的同志交流了工作经验。市民宗委副主任马定华作重要讲话，强调发展是清真食品行业惟一的出路，清真食品管理工作要在新形势下注入新机制，开拓新思路。清真食品监督员要肩负起监督检查的职责，督促清真食品企业严格把好清真关，加强情况反馈制度，进一步推进上海清真食品工作向前发展。

（撰稿　金　彦　审稿　周富长）

【上海市出台《上海市清真食品从业人员须知》】

为尊重少数民族的风俗习惯，严格清真食品行业的管理，根据《上海市清真食品管理条例》有关规定，规范清真食品行业的从业人员行为，上海市出台了《上海市清真食品从业人员须知》。

（撰稿　金　彦　审稿　周富长）

【上海市黄浦区建立清真企业负责人联席会议制度】　上海市黄浦区民宗办在洪长兴餐饮食品有限公司召开会议，建立黄浦区清真企业负责人联席会议制度。这是全市清真行业首次建立的区域性清真企业负责人联席制度。“联席会议”以推动清真饮食文化，提高清真烹饪水平、促进清真食品行业发展、维护少数民族合法权益、增进民族团结进步为宗旨。明确了“联席会议”的性质、活动、成员、组织等内容。洪长兴餐饮食品有限公司、翠文斋清真食品公司、万有全（集团）有限公司等10家清真单位成为“联席会议”首批成员单位。

会上各成员单位负责人介绍了本企业情况和经营特色；会议通过了联席会议制度；产生了联席会议主任、副主任和秘书长；确定了下半年“联席会议”活动的主要内容。

（撰稿　金　彦　审稿　周富长）

【上海市杨浦区召开清真工作联席会议】　2003年7月30日，杨浦区民宗办和区商委联合召开区清真工作联席会议。出席会议的有区宗民办、区商委、区民族联、阳普集团公司、环球公司的领导以及有关职能部门的干部十余人。

会议总结了杨浦区贯彻《上海市清真食品条例》（以下简称《条例》）的情况：全区规划设置清真食品基本供应点16个，现已设立并对外营业13个，对7家专柜和2家饭店进行了装修改造，基本供应点享受优惠政策后经济效益明显提高，平均增幅达23.3%。少数民族群众和清真单位经营者对政府落实优惠政策非常满意。

会议研究了尚未改造的4家单位的装修改造事宜，分别提出改造意见；与会同志对这些企业的转制问题作了探讨，认为转制是必然趋势，但实施时要慎重、谨慎。借鉴一心斋成功转制的经验，能否给予特殊政策，区别对待，个案解决，尚需作进一步研究。会议还对尚未落实的3个专柜作了部署，对2个有困难的专柜做出调整，争取年内完成本区10个专柜的布点工作。

洪伟明主任充分肯定了杨浦清真工作取得的成绩，对相关单位支持清真供应工作表示感谢。同时，还要求继续认真贯彻《条例》，做到“三个”到位：基本供应点规划布点到位；优惠政策落实到位；对清真企业的管理主要是对经营者的培训、清真单位的挂牌、清真食品的检查监督到位。希望与会各单位认真履行职责，互相支持配合，共同做好工作，向区人大代表、区政协委员交出满意答卷。

（撰稿　金　彦　审稿　周富长）

【上海市委领导到杨浦区视察清真网点】　2003年4月，上海市民宗委杨奇庆主任、马定华副主任到杨浦区民宗办进行清真食品管理工作调研，与区统战部张患珠部长、民宗办洪伟明主任进行座谈。在听取有关工作汇报和实地视察后，杨主任、马副主任对杨浦区的工作给予充分肯定。杨主任指出，杨浦区的清真工作抓得很认真，工作有突破，力度大，考虑周全，一定要认真总结经验，向全市推广。

在区政府的领导的关心重视下，杨浦区在贯彻《上海市清真食品管理条例》工作中，做了7方面的工作，一是专题向区委、区政府作了汇报；二是在分管区长带领下开展清真食品管理工作调研的基础上召开了全区清真食品工作会议；二是成立了区9个职能部门清真食品管理工作联席会议制度；四是召开了一次清真食品管理工作联席会议；五是落实区政府对清真食品约50万元补助资金；六是建立了清真食品监督员队伍；七是基本完成清真网点的规划。对下一步进一步落实好《上海市清真食品管理条例》又提出了具体措施，清真工作做到“三个到位”，规划网点到位，区财政政策措施到位，检查、执法、监督到位。

（撰稿　金　彦　审稿　周富长）

【江苏省进一步加强清真饮食网点建设促进清真产业发展】　2003年3月，江苏省民委依法加强清真食品管理，组织开展对全省清真网点检查，按照《江苏省少数民族权益保障条例》和《关于加强我省清真饮食网点建设的意见》的要求，对清真食品的企业经营者的民族成分、清真厨师数、生产经营范围、清真食品原料、经营场所、清真标志、管理体制等方面情况进行检查。重点检查未经批准挂牌经营、挂清真标志却不经营清真食品、清真食品与非清真食品混合经营等突出问题。南京市人大、市政府组织部分人大常委、代表和有关部门负责人，对部分农贸市场、超市和清真饭店、清真食品企业进行执法检查。徐州市人大颁布了《徐州市清真食品监督保护条例》，对全市的各大商场、农贸市场、超市等清真专柜的清真食品进行执法检查，确保穆斯林群众吃上放心食品；由澳大利亚外商投资3000万元，按照国际标准，建成徐州澳华肉食品有限公司，年加工波尔羊与黄淮山羊杂交改良品种的羊羔30万~50万只，并通过了清真食品审核；常州市按市场规律办事，以人为本，管理体制不断创新，建成总投资158万元的清真牛羊肉加工基地，改变了每年需大量从西部地区运来冷冻清真牛羊肉的历史，形成养殖、屠宰、餐饮产业链的市场运作形式，解决了常住少数民族、少数民族流动人口和大众群体的饮食需求，走出了了生产、加工、销售和清真饮食网点一体化的新路子。目前全省有137家清真网点和生产企业悬挂清真标志牌，小规模清真网点

380多家，新增15家有一定档次和规模的清真饭店和企业，为当地创建模范旅游城市做出了贡献。

（撰稿　方汉民　审稿　翁振进）

【南昌市伊斯兰教协会和江西煌上煌集团在昌举行新闻发布会】　2003年12月4日下午，江西省南昌市伊斯兰教协会和江西煌上煌集团在南昌共同签订了清真食品监制意向协议。这将大大促进全省清真食品的生产和管理。

据悉，煌上煌集团将在集团工业园区单独划出一块厂房，建立清真食品加工厂，严格按照清真食品的各项规定，生产加工清真食品，这对于进一步改善穆斯林群众的饮食，提高穆斯林群众的生活质量，维护社会稳定，促进经济发展也有着重要的意义。

（撰稿　林剑卫　洪跃明　审稿　罗峻雄）

【山东代表团参加中国清真食品博览会暨第九届郑州全国商品交易会】　2003年10月30日至11月2日，首届中国清真食品博览会暨第九届郑州全国商品交易会在郑州市举行，山东省少数民族经济发展促进会和山东省伊斯兰教协会联合组成的山东代表团获博览会组委会设立的优秀组织奖，德州扒鸡集团和蓝山食品有限公司、青州新奥食品厂参展产品被评为博览会推荐名优产品。5家参展企业签订销售合同300余万元，与全国20余家企业达成了合作意向。

（撰稿　袁澍　审稿　杨晓龙）

【河南省积极做好清真食品管理工作】　清真食品业是河南回族的传统产业，也是河南少数民族经济的支柱产业之一。全省各类清真食品生产经营单位（户）46000多家，分布在全省各地，从业人群20余万人。河南省民委立足服务于群众吃上“放心、满意”清真食品，坚持管理与发展两手抓。一方面充分发挥行业监管职能，做好市场监管工作，确保少数民族群众吃上放心清真食品；另一方面积极引导服务，优化发展环境，扶持产业做强做大，保证清真食品供给，使少数民族群众吃上满意清真食品。

清真食品市场监管工作方面：（1）免费发放清真食品生产经营许可证、清真食品信誉标牌，把好市场“准入关”。在严格资质审查的前提下，2003年，全省共免费发放清真牌证5205套。（2）开展全省清真食品市场大检查。2003年1月—3月，在省民委统一部署下，市、县两级民族工作部门对辖区内清真食品市场进行了全面检查整顿，共检查清真食品生产经营单位（户）20978家，其中合格20281家，不合格697家（限期整改484家，取缔213家）。各级民族工作部门在检查整顿工作中，坚持做到五个结合：一是检查整顿工作与宣传教育工作相结合，以多种形式大力宣传清真食品管理政策法规、科普知识；二是将年度普查与突出重点、资质年审相结合，重点检查综合性批发市场、生产厂家、饮食行业，解决了一批突出的热点、难点问题；三是将民族工作部门牵头与相关职能部门配合检查相结合，许多市、县都成立了政府分管领导挂帅，政府办、工商、技术监督、公安、卫生、民族等相关职能部门参加的检查整顿工作联合小组；四是将政府检查与群众参与相结合，组织热心清真食品管理监督工作，有一定政策水平的伊协会员、少数民族人士、清真寺社首等作为清真食品生产经营义务监督员，配合政府检查整顿工作；五是将年度检查与制度建设相结合，理顺部分地方市区管理体制，成立专门事业管理组织。（3）各地结合实际，在节日来临或重大活动开展之际，进行区域市场检查整顿工作。（4）设立举报监督电话，接受社会监督。省、市及大部分县级民族工作部门向社会公布了清真食品生产经营监督举报电话，受理群众投诉，接受社会监督。

支持清真食品业发展方面：（1）协调小额贷款，提供资金支持。2003年，全省各级民族工作部门共协调1500多万元小额农户信用贷款，支持清真饮食业、加工业发展，解决清真食品生产经营户资金短缺问题。（2）在民族聚居地方建立清真牛羊禽定点屠宰和清真食品专业市场，服务商户和群众。为保障清真肉食供应，解决市区群众“吃肉难”问题，郑州市以招标形式确定了市清真牛羊禽定点屠宰及加工企业，漯河、商丘等市协调优惠条件，在市区建立了清真肉食专业市场；开封市在市区设立了“清真食品一条街”，通过扶持，洛阳市郊形成了多个烧烤专业村，使“散兵游勇、单打独斗”变为集中连片，提高了名气，聚集了人流和财富。(3) 深入清真食品生产企业调研，协调争取优惠政策。省民委采取一般号召与个别指导相结合的方法，调查走访清真食品生产企业，具体帮扶。积极抓住国家民委关于清真食品类生产加工企业可以申报全国民族特需用品定点生产企业的政策机遇，积极审查、上报36家企业，获批26家。(4) 积极组织参赛，推介河南名牌。与省贸易办联合组织、推选四名优秀厨师参加第五届全国烹饪技术比赛清真赛个人赛，荣获3金1银，展示了河南清真菜烹饪技艺，为清真豫菜在全国争得了荣誉。

（撰稿　刘　宾　审稿　钟蜀豫）

【湖北民宗委赴江苏考察清真饮食工作】 2003年1月11日，湖北省民宗委副主任尤习贵一行赴江苏南京学习考察清真饮食工作。在江苏民委副主任王波、顾传勇和南京市民宗局领导马荣恩的陪同下，尤习贵一行参观了南京市百年清真老店——安乐园。江苏省是全国清真饮食业行业的先进省份，清真饮食行业走在全国的前列。近几年，江苏省始终把加强清真饮食网点建设作为城市民族工作的重点，采取切实措施，加大投资和建设力度，使全省清真饮食网点布局趋于合理，档次得到提升，数量得到增多，使绿柳居、安乐园、奇芳阁、韩复兴等一批百年清真老店恢复了生计，满足了回族等少数民族清真饮食的需求。通过考察，尤习贵深有感触地说，湖北现有的清真饮食网点，无论从布局上、档次上、还是从数量上、规模上与江苏相比都有较大差距，考察回去后，湖北将把江苏及南京市兴办清真饮食网点的做法和经验在全省特别是武汉市等大中城市推广，并将组织人员到江苏及南京市进一步学习考察，把湖北的清真饮食办出特色。

（撰稿　唐启明　审稿　郭大孝）

【湖北老河口市清真大市场投入使用】 2003年3月28日，老河口市占地1350平方米、具有浓郁伊斯兰教建筑风格的清真食品集贸大市场正式投入使用。该市场的开业，缓解了当地穆斯林群众购买清真食品的需要。

该市现有4000多回族群众。长期以来，该市穆斯林群众为买到放心清真食品四处奔波，且原有市场存在着经营混乱，回汉群众聚在一起经营多次引发纠纷。对此，老河口市委、市政府十分重视，经多方征求意见，决定在清真寺后院处建设封闭式的清真大市场，既尊重了穆斯林群众的生活习俗，又满足了广大穆斯林群众生活需要。

（撰稿　唐启明　审稿　郭大孝）

【湖北宜昌市民宗局规范清真餐饮业管理工作】 为更好地贯彻落实《湖北省散居少数民族工作条例》，尊重少数民族风俗习惯，维护穆斯林消费者的合法权益，宜昌市出台了《宜昌市城区清真餐饮业管理工作规范》。

《规范》规定了申报清真餐饮业必须具备的条件：工商营业执照、税务登记证、卫生许可证等餐饮证件齐全；业主是回族、维吾尔族等具有清真饮食习惯的少数民族公民；从业人员中有清真饮食习惯的员工不少于50%；不得经营清真禁忌食品、调味品，不得使用穆斯林忌用物品；肉类原材料在清真肉类专营店进货。

《规范》明确了清真餐饮业的认定程序：业主填写《宜昌市城区清真餐饮业认证申报表》；城区清真寺民管会对清真餐饮业进行核查并签署意见；市民宗局复核对条件具备者予以确认。

《规范》还对清真标志的制发与管理做出具体规定。清真餐饮业认证证书、清真标志牌匾由城区清真寺民管会设计、制发；清真餐饮店必须挂牌经营，确保清真等。市民宗局会同城区清真寺民管会每年对清真餐饮店进行一次年检。年检合格者，由民宗局发给《清真餐饮业年检合格证》；对年检不合格者，限期6－15天进行整改，逾期仍不合格者，收回清真餐饮业认证证书和清真标志牌匾。

（撰稿　唐启明　审稿　郭大孝）

【陕西省七部门联手检查清真食品】　为进一步规范清真食品生产经营秩序，增强清真食品生产经营业主的法制观念，切实维护了穆斯林群众的合法权益，保障社会稳定，在各地市自查的基础上，2003年10月10日至15日，由陕西省民委、省教育厅、公安厅、卫生厅、工商局、质量技术监督局、省法制办等七部门组成联合检查组，对铜川、宝鸡、咸阳、西安等市10余家清真食品生产企业和4所高校内设清真食堂，以及群众反映问题比较集中的清真食品企业进行了检查。

从检查情况来看，各级党委、政府都能认真教训，高度重视清真食品生产经营的管理，认真贯彻执行党的民族政策和有关法律、法规，始终把维护广大少数民族群群众利益放在首位。在检查中也发现了一些不容忽视问题：一是个别企业、高校一味追求经济效益，而置国家有关规定和《陕西省清真食品生产经营管理办法》于不顾。对于这种情况，检查组已责令其停业整顿。二是个别生产企业、高校清真食品生产规章制度不健全，工作人员职责不清，监督人员形同虚设。对于这种情况，检查组已责令其完善制度，加强管理。三是地方民族工作机构不健全，增加了清真食品管理工作的难度。

（撰稿　海建宇　审稿　刘开岚）

【陕西省组团参加中国首届清真食品博览会】经省政府批准同意，陕西省组团参加了2003年10月30日至11月2日在河南省郑州市举办的首届“中国清真食品博览会”。

陕西团共有10家清真食品企业参展，产品包括：速冻食品、高低温熟制品、特色食品、方便食品、非酒精饮品等近30个品种。参展产品集中展示了陕西清真食品行业的最新成果。通过展销、洽谈活动，进一步加强了陕西清真食品行业与国内各省清真食品行业的交流，为做大做强陕西省清真食品，尽快尽早将产品走出陕西，走向全国，提供了机遇。同时，也为其他省份了解陕西少数民族饮食文化提供了一个良好的平台。博览会期间，全省30多家少数民族企业及10余名民族工作干部，实地进行了考察和观摩，洽谈合作项目，并初步达成了一批意向协议。陕西团被组委会授予“优秀组织奖”。

省政府对此次参加博览会给予了高度重视，组成了以张伟副省长为团长，省政府办公厅副主任杨志刚，省委统战部副部长、省民委主任马尔立等为副团长的清真食品博览会代表团。

（撰稿　海建宇　审稿　刘开岚）

【《甘肃省清真食品管理条例》实施】　2003年3月1日起，经甘肃省第九届人民代表大会常务委员会第三十一次会议通过并公布的《甘肃省清真食品管理条例》开始施行。这是甘肃省规范对清真食品生产经营管理的一个重要的地方性法规，也是全面贯彻《民族区域自治法》的一项重要举措。《甘肃省清真食品管理条例》的公布实施，充分体现了党和政府对少数民族风俗习惯的尊重和保护，同时也为加强全省清真食品生产经营的管理提供了法律保障，必将对全省经济发展、民族团结和社会稳定产生积极的影响。

为贯彻实施好《条例》，甘肃省民委在召开省人大民委、省政府政法处、省工商局、省卫生厅、省政协民宗委、省伊斯兰教协会有关负责同志参加协调会的基础上，以省民委下发了《关于认真贯彻甘肃省清真食品管理条例的通知》。就《条例》的学习宣传贯彻，对各地以往在清真食品生产经营管理中形成的各类规章和办法的清理，各级民族宗教、工商、卫生等行政主管部门联合执法，在清真食品生产经营的清真信誉方面充分发挥各地伊斯兰教协会的特殊作用等问题提出了具体要求。

（撰稿　成自强　审稿　万凌云）

【宁夏回族自治区民族工作部门依法加强对清真食品生产经营的管理】　2003年，宁夏全区民族工作部门紧紧围绕学习宣传贯彻实施清真食品管理条例，依法加强对清真食品生产经营进行管理，在群众中广泛宣传有关法律、法规和政策，提高全区各族群众对清真食品管理工作重要性的认识，促进了清真食品产业健康持久的发展，维护了我区民族团结、社会稳定。一是宁夏民委印制清真食品管理条例单行本2000册，印制宣传张贴页2000张，分配给各市、县（区）有关部门用于学习宣传。还充分利用广播、电视、报刊、座谈会、黑板报、印发张贴宣传材料，组织上街宣传、办学习班等各种形式做好清真食品管理条例的学习宣传贯彻工作。二是为进一步加强民族宗教法律法规宣传教育，提高广大干部群众对民族宗教法律法规意识，指导基层依法对民族宗教事务进行有效的管理，宁夏民委组织有关专家学者编写了《民族宗教法制知识问答》一书正式公开发行，目前已发行3000余册。三是为大力宣传清真食品管理工作，提高清真食品管理执法人员认真守法、依法行政的准确性和自学性，提高全区各民族同胞对清真食品的认识，增强全社会对依法监督管理清真食品重要性的认识，区民委组织专家学者编写了《清真食品管理概述》一书。

清真食品管理是切实尊重少数民族风俗习惯，事关宁夏民族团结、社会安定大局的一项重要工作。清真食品管理条例自颁布实施以来，自治区民委以及全区各市、县（区）人民政府和有关部门予以高度重视，加大了对清真食品管理工作力度。一是自治区人大民宗外侨委、民委、工商局、法制办四部门联合下发了《关于贯彻实施〈宁夏回族自治区清真食品管理条例〉的通知》，对全区认真学习和贯彻实施清真食品管理条例提出了明确要求。二是自治区民委组织召开宣传贯彻实施清真食品管理条例座谈会，并聘任了首批十一名清真食品管理特邀监督员。三是通过各市、县（区）民宗局对全区清真食品生产经营单位进行摸底，为确保清真食品规范管理，根据清真食品管理条例，自治区民委制作了新的清真食品标志牌、准营证，通过各市、县（区）民族工作部门核发到经营单位。同时，为统一标志，加强管理，自治区民委设计了清真食品管理标识，并向国家商标局申请注册，今后可用于宁夏清真食品标志、食品监制、出口证明等。四是接中央统战部办公厅《关于印有“清真”字样方便面不清真的通报》的电报通报，按照自治区党委、政府有关领导的重要批示，自治区民委立即发出紧急通知，明确要求各市、县（区）采取紧急措施进行检查清理。检查中共查扣所通报品牌方便面3268箱零18袋。五是自治区民委主任李岚带领有关负责同志到银川市进行调研，与银川市政府和三区两县及有关部门专题研究加强清真食品管理工作，有力地保护广大穆斯林群众的合法权益。

认真办理人大、政协有关清真食品管理工作议案、提案，切实维护人民群众利益。对群众反映的更改民族成分的申诉，自治区民委及时责成有关市县进行办理，维护了少数民族群众的合法权益。同时，认真办理了人大代表、政协委员关于“西部穆斯林文化园立项”及“成立宁夏清真餐饮监督检查协会”等2件议案和提案工作。

（撰稿　王芸萍　审稿　李岚）

民族统计工作

【国家民委召开2003年全国民族统计工作会议】 国家民委于2003年2月在福建省福州市召开了全国民族统计工作会议。来自全国30个省、自治区、直辖市民委统计员以及6个省、自治区统计局民族统计联络员共47人参加了会议。这次会议的主要任务是研究新阶段民族统计，总结和交流工作及成果，布置民族统计任务，培训统计、年鉴知识。胡毅力副司长在会上就如何进一步做好民族统计工作，更好地为民族工作服务、为少数民族和民族地区全面建设小康社会服务作了专题讲话。会议邀请了国家统计局综合统计司、统计设计司、统计科学研究所的同志和北京大学新闻与传播学院教授分别就国家统计发展现状与趋势，民族统计理论与方法，年鉴编撰理论与实践等做了专题讲座。会议期间还展示了各省、自治区编辑出版的各种统计成果。

会议从四个方面总结了近5年来，民族统计工作取得的成绩和经验。一是民族统计工作有了一个比较好的方法制度，初步形成了比较全面的民族统计体系。建立了包括少数民族人口、民族自治地方经济社会发展、民族工作部门等5大方面、近1100多个指标的特色鲜明、全面系统、初具规模的民族统计体系。

二是以满足民族工作和事业发展需要，适应国家统计改革的要求，建立了新形势下的民族统计新机制。研究制定的第一个《中国民族统计调查制度》，从制度上确定了民族统计的对象、标准，规范了指标解释及其内在逻辑关系，改进了统计调查方法，拓展了数据信息渠道；各级民委认真贯彻落实《国家民委关于进一步做好民族统计工作的意见》，民族统计新机制不断发展完善。

三是以《中国民族工作年鉴》为主体，统计工作成果日益丰富。《中国民族工作年鉴》是民族统计成果的重要体现形式。在各级民委的共同努力下，实现了一年一个新面貌，权威性、科学性和实用性不断增强，是我国惟一一部全面反映中国政府民族工作情况、全国少数民族和民族自治地方国民经济和社会发展的大型资料性工具书。各省区民委也组织出版了大量的民族统计资料、报告，成为本地区党政领导民族工作的第一咨询、决策资料。

四是有了一支好的统计队伍和工作网络。以各级民委统计员为骨干、专职与兼职相结合的民族统计队伍初具规模，与综合统计部门和其他部门之间的合作不断加强，形成了一个由国家11个有关部委及直属局、31个省市自治区及149个自治州、县（旗）民委组成的，纵横结合的民族统计网络。

会议同时分析了民族统计所面临的新的形势。新时期民族工作要求民族统计，不仅要不断完善统计指标体系，做好数据统计工作，还要围绕少数民族和民族地区发展中的重大问题，通过对统计数据的深入研究、分析，发现新情况、新信息、新问题，提出有针对性和可操作性的新建议；少数民族和民族地区全面建设小康社会是民族统计面临首要的新任务；随着我国社会主义市场经济体制的建立和改革开放的继续深入，尤其是在我国加入世界贸易组织的新形势下，各级领导机关、社会各界，甚至国际社会对民族统计信息的需求越来越多，对民族统计工作时效性和质量的要求也越来越高，民族统计工作面临新的挑战。

会议要求，民族统计工作要认真贯彻党的十六大精神，以全面推进新阶段民族工作为指导，积极探索新思路，开创新局面，实现新突破。在高标准高质量完成今年民族统计工作任务、准确及时完成年度报表和稿件编撰、推动民族统计上新水平的基础上，要进一步完善统计指标，充分挖掘并综合利用现有的统计数据，强化统计分析，提供有价值的统计资料和咨询意见，为党和国家提供更多定性和定量相结合、现实与预测相结合的统计分析报告；要突出重点，抓住新时期新阶段民族工作的重大问题，紧紧围绕民族工作中心任务，重点抓好跨越式发展与民族地区全面建设小康社会和新型工业化道路与民族地区发展研究，提出民族地区全面建设小康社会的政策建议；要强化质量，不断提高民族统计的准确性和时效性，实现民族统计工作的新突破；要强化信息服务意识，不断提高民族统计服务的水平，充分利用现代信息技术改造传统的统计工作方式，把丰富的统计信息资源开发好、整合好、管理好；要进一步办好《中国民族工作年鉴》，齐心协力打造好这一品牌，共同维护其权威性，使之真正成为中国民族工作第一书，成为宣传民族工作、宣传少数民族和民族地区经济社会发展成就的重要窗口。

（撰稿　冯常海　审稿　乐长虹　王海青）

【天津市进一步加强民族统计工作】　2003年，天津民委进一步加强统计工作，委（局）领导要求统计数据要能真实地反映出民族工作发展的趋势和走向，能为提供新信息，研究新动向，制定新措施做出有力的基础保障。继续坚持做好天津市民族村统计报表工作，下发天津市18个区县，从少数民族人口、社会总产值、乡（村）办企业、经济收入及人均收入等方面系统地汇总，形成规范性工作。

1. 领导高度重视，精心组织安排民族统计工作。天津地处东部沿海，有51个民族成分，少数民族人口26.69万人，占全市总人口的2.67%，使我们的工作在面上、线上都有了很大的延展性。随着改革的深入和对外开放的扩大，民族成分和少数民族人口增速较快。民族工作涉及领域越宽泛，工作任务越繁重。为了更好地发挥统计工作的作用，天津民委进一步加强了领导，精心组织，逐一落实民族统计的各项工作。（1）委领导负总责，办公室牵头，各相关处室配合，由民族一处汇总上报，共同做好统计年鉴数据和材料的下发、收集、整理、校验工作，将天津市的民族工作载入史册，确保数据的完整性、真实性、时效性、准确性。（2）加强统计工作网络建设，强化统计手段，做到层级落实。天津民委对市18个区县和所属单位的民族工作部门加强了协调，明确工作要求和职责，加强了基础工作和培训工作，提高各级民族工作部门和干部对民族统计工作的认识。

2. 增强责任意识，认真完成统计数据填报工作。2003年初，天津民委部署召开了全市区县和所属单位的民族工作干部会议，布置2003年统计工作任务。下发《2002年民族乡（镇）基层统计报表》、《2002年民族乡（镇）统计汇总报表》、《2002年地级政府民族工作部门统计报表》和《2002年民族村基本情况统计表》。之后，加紧督促催办，保证及时准确汇总上报。

3. 发挥统计数据的作用，为领导决策提供依据。清真食品管理工作在天津这个散杂居的大城市是维护社会稳定、尊重少数民族风俗习惯和生活需要以及促进整体经济的发展的重要方面。国家民委报表中没有涉及，为使统计工作客观全面地反映工作实绩，天津民委在依法加强生产经营清真食品的管理中，在坚持维护权益与促进发展的思路中不断地强化统计意识，以事实说话，真实地反映清真食品市场稳定、繁荣、发展的态势。对此，我们在统计中认真落实数据的准确性，为各级领导的决策和清真食品市场管理工作的开展提供了有力地保障。

在统计工作中真切地体会到，领导重视是做好统计工作的前提；各部门的通力合作是完成统计任务的关键；做好统计分析是领导科学决策的保证；载入史册并真实反映出社会的进步是目标。通过统计数据的准确反映，可以清楚看出少数民族的整体进步和少数民族人民生活水平的提高。可以在民族经济和文化的工作中总结经验、推广典型，促进民族事业的繁荣发展。

（撰稿　薛　腾　审稿　马　竞）

【河北省民宗厅高度重视民族统计工作】　省民宗厅坚持把民族统计工作作为民族工作的基础性工作来抓，2003年，按照国家民委要求，本着开拓、创新精神，顺利完成了全年的民族统计工作任务。

1. 2003年3月，河北省民族宗教事务厅和河北省统计局联合举办了少数民族统计培训班。参加培训班的有全省各市、自治县（民族县）的民族统计员和经济科长共35人。培训期间，河北省经贸大学的教授和省统计局政策法规处的同志分别授课，组织大家认真学习了《统计基础知识和统计务实》、《统计法基础知识》等科目。经考试35人全部合格，省统计局颁发了《统计证》，实现了国家民委、国家统计局持证上岗、依法统计的要求。

2. 2003年4月，河北进入"非典"高发期。为了完成2003年的民族统计任务，在抗击"非典"形势十分紧迫、不能像往年进行大规模人员集中开会审表的情况下，采取多项措施完成国家民委和河北省的统计工作任务。一是在全省范围内抽调4名优秀懂业务、会微机，多年从事统计工作的人员集中到石家庄，录入数据、综合检查；二是为了保证安全，要求抽调人员的所在市做好专车接送、保障通行安全的各项工作；三是做好在石家庄期间的防"非典"安全工作。主要有配备口罩、体温计，每天定时三次测量体温并填写体温登记表；单独用餐，不与外界进行人员接触；厅领导亲自到场慰问统计员，指示有关处室做好后勤保障工作等。

3. 统计工作坚持与时俱进，不断适应新形势下民族工作的需要。2003年河北省民族工作的一项重要任务是了解民族乡和民族村情况，出台民族乡经济社会发展政策性文件。为了掌握情况，在《河北省少数民族基本情况统计资料》中，对民族乡经济、财政收入支出、人口、乡镇产值等指标进行综合排序，增加了大量的有关民族乡民族村的统计内容，使各级各部门对民族乡和民族村的经济社会发展有了比较清楚的认识和了解，为出台政策文件提供了依据。

4. 完成了河北省统计资料校验表的编制工作。在国家民委经济司规划统计处的大力支持下，编制数据校验表，大大提高了河北省的民族统计工作质量。

（撰稿　马　靖　审稿　牛明顺）

【内蒙古自治区民族统计工作】　内蒙古自治区民委按照国家民委要求，按时、保质、保量上报了《2003年度民族自治地方国民经济与社会发展指标》等五套报表的数据收集和上报工作。会同有关部门积极参加了民族地区宏观经济运行的分析工作。

（撰稿　额尔敦　审稿　张德斌）

【辽宁省民委举办民族统计信息培训班】　为加强新时期的民族统计信息工作，服务于民族工作的大局，辽宁省民委举办了民族统计信息培训班，特邀省统计局和信息中心专家，就国民经济主要指标解释和小康目标测算、如何开展统计分析等内容进行了讲座。辽宁有8个民族自治县，78个民族乡，少数民族人口670万人，占全省总人口的16.02%。省委、省政府高度重视民族地区的发展，将民族地区经济社会发展纳入全省振兴辽宁老工业基地战略当中，加大了扶持力度。新的发展机遇，对民族统计工作提出了新要求、新内容。省民委领导要求各市、自治县民委的同志，要增强紧迫感和使命感，接受新知识、迎接新挑战，与时俱进，充分发挥统计信息的作用，当好各级政府的参谋和助手。培训班还结合统计信息工作进行了业务培训和经验交流。

（撰稿　辽宁省民委经济处　审稿　杨丰陌）

【黑龙江省民委召开全省民族统计分析会议】 2003年11月15—18日，黑龙江省民委在牡丹江市东宁县召开了全省民族统计分析会议。全省13个市（地）及杜尔伯特蒙古族自治县民委的统计员参加了会议。会议总结了全省民族统计工作，传达了全国民族统计工作会议精神；研究、分析了各地民族经济运行情况以及交流民族统计工作的成功经验和做法；研究部署了下一年民族统计工作。这次会议虽然时间很短，但主题明确，重点突出。经过与会人员的共同努力，会议达到了预期的目的。

（撰稿　崔　龙　审稿　包玉明）

【黑龙江省顺利完成民族统计工作任务】 虽然2003年民族统计报表表式、指标体系做了部分调整，加上"非典"影响，2003年报表下发时间比较晚，但是多数市（地）都能在时间紧，任务重的情况下，在较短的时间内，按时、保质、保量地完成了统计报表报送任务。

（撰稿　崔　龙　审稿　包玉明）

【黑龙江省民委系统交流统计分析成果】 民委系统统计员在全省民族统计分析会议上交流统计分析文章。从内容和质量上看，比上年有明显的进步。从内容上看，有7篇文章是分析当地民族乡村经济发展运行情况的；有1篇是分析民族乡镇私营经济发展现状的；有3篇是分析当地畜牧业发展情况的；其余3篇分别分析了当地扶贫、发展特色经济、劳动力转移情况。从质量上看，交流的统计分析文章基本能够从当地的实际情况和特点出发，紧紧围绕着当地乃至全省的热点、难点和突出问题，充分地运用了当地的统计资料数据进行对比分析，提出了具有建设性、方向性和操作性较强的建议和意见。统计分析文章有情况，有对比，有分析，有一定深度，各地充分依靠和运用统计数据，紧紧抓住省委提出的"努力快发展，全面建小康"的战略部署和"主辅换位"的要求，结合当地民族乡村当前的产业状况和特色，对制约本地民族经济发展的共性问题，从不同的角度和侧重点进行对比分析，全面、准确地论述了当地民族经济的发展方向，为制定政策措施提供了必要依据。

（撰稿　崔　龙　审稿　包玉明）

【2003年江西省民族统计工作】 江西省民族宗教事务局2003年民族统计工作在国家民委的悉心指导下，在省局领导的高度重视下，在各级民族工作部门的辛勤努力下，民族统计工作按期、按量、按质完成民族统计任务，并且在2003年全国民族统计会议上得到国家民委经济司表扬。

1. 领导重视是做好民族统计工作的组织保障。2003年2月，局召开局长办公会，就民族统计工作要求各业务处室认真组稿，密切配合，以高度的责任感完成统计任务。并就民族经济统计、组稿召开有关处室负责同志协调会议，由分管民族工作的副局长罗峻雄担任编委、审稿人，组稿、统计工作落实到个人，将责任层层分解，从而圆满完成任务。

2. 先进的电脑办公条件，是做好民族统计工作的重要手段。统计工作涉及数据的整理、计算，是一项内容繁杂、工作量大的事情，要求耐心、细致。ECEX软件的应用减少了计算的麻烦和检验结果的步骤。因此，充分掌握该软件的使用方法将使工作成效更加准确、高效。

3. 深入基层调查，了解掌握民族乡村经济社会发展状况是统计数据的真实、可靠、准确的必要前提。由于各种主客观原因，基层上报数据存在不实，指标值或夸大，或缩小，虚报情况严重。统计人员自身对民族乡村经济社会发展情况的了解将是对上报数据的真实性的有力检验。省局经常派员下到民族乡村，实地察看，查访乡村干部和群众，掌握第一手资料，因此在统计过程中能做到心中有数，以调研情况作参照，认真核实，以严肃认真的态度填报每一个数据。

4. 加强研究分析，是做好民族统计工作的重要环节。加强数据的纵横对比，及时发现问题，发现情况，形成少数民族乡村年度经济运行报告，为领导决策提供参考依据，这也是民族统计工作的根本宗旨。

由于基层民族工作部门机构的不健全，民族统计工作存在一些不足：一是基层民族工作部门对民族统计工作的重要性认识不足，迟报、缺报现象仍存在；二是基层统计人员素质参差不一，统计质量有待进一步提高。

（撰稿　施莉文　审稿　罗峻雄）

【河南省民委加强民族统计工作】　2003 年河南省民族统计工作紧紧围绕民族工作的中心任务，从河南省少数民族和民族聚居地方实际出发，开展了统计调查和统计分析，及时为各级领导和决策部门提供了信息服务，强调要搞好民族统计，服务经济工作。保证统计数据的准确性和科学性，为民族经济工作提供翔实可靠的依据和参考。充分发挥了统计信息、监督和服务作用，加大了参与经济工作的力度。

1. 按时完成国家民委部署的统计任务，并认真完成《中国民族统计年鉴》编撰和宣传工作。及时汇总了河南省民族经济、文化、教育等统计报表，并对全省少数民族聚居村情况及全省贫困少数民族情况进行调查统计。

2. 加强对各级统计人员的培训，提高统计人员的业务素质。为了搞好民族统计工作，省民委每年都拔出经费召开省民族统计汇总会，采取以会代训形式，对统计人员进行业务培训。2003 年 10 月召开了第八次全省民族统计汇总会，总结交流 2002 年全省民族统计工作开展情况、安排部署 2003 年民族统计工作任务的同时，省民委采取以会代训的形式，邀请统计专家对参会人员进行培训，进一步提高省市两级民族统计工作人员的业务素质。

3. 抓重点指标，建立统计台账制度。为了及时掌握每年统计报表数据情况，便于年度检查，省民委从纷繁复杂的统计报表中，抽取出最重要的一些指标，设计出一套统计台账，要求基层在上报数据的同时进行年度对比，以避免误填、漏填现象。

4. 统计分析工作质量进一步提高，使统计数据“活起来”。多年来，省民委坚持要求各省辖市撰写统计分析，充分利用统计成果，将统计工作与民族经济工作有机结合起来，有效发挥统计的“监督、督促”的功能。对统计数据进行分析利用，使枯燥的数据“活起来”，积极发挥统计工作的职能作用。在此基础上，连续 7 年（1997—2003 年）编印了《河南省民族经济统计汇编》，为各级领导提供了重要的决策依据。

5. 抓部门衔接，真正使民族统计数据合法化。为了规范统计报表，每年省民委都将本年度统计报表送省统计局审核。经过省民委积极的汇报、衔接，河南省统计局对民族统计报表进行了审定备案，有效期五年。这标志着河南的民族统计数据真正走向了正规化、合法化。

（撰稿　金艳华　审稿　钟蜀豫）

【广东省认真做好民族统计工作】　2003 年，广东省民宗委继续按照国家民委对民族统计工作的统一部署，认真贯彻国家民族统计调查制度和国家民委《关于进一步加强民族统计工作的意见》（民委发〔2001〕80 号），充分发挥统计“信息、咨询、监督”三大功能作用，顺利完成了国家民委、国家统计局联合下发的各类民族统计报表的填报、汇总上报和《中国民族统计》广东部分文稿的编撰等工作任务。

1. 认真学习，提高认识。全省民族统计工作人员以不同形式认真学习国家民委下发的《关于进一步加强民族统计工作的意见》，通过学习，深刻理解和掌握《意见》的主要内容，熟悉了自己的职责和权限，增强了对民族统计工作重要性的认识，牢固树立了依法办统计、依法治统计的意识。

2. 拟定编撰统计资料汇编计划。为了比较系统地反映1992－2002年广东省民族自治地方国民经济和社会发展的规模、速度、比例关系等，根据广东的实际，对编撰《广东省民族自治地方国民经济统计资料汇编》的工作正在计划开展之中。

3. 加强民族统计资料的调查研究工作。（1）为了做好穆斯林工作，2003年对广东省穆斯林人数分布、从事行业、回民墓地等基本情况进行了详细的调查，为做好穆斯林的各项管理工作提供了依据。（2）通过对广东粤东、粤西、粤北20多个县（市、区）农村散居少数民族生产生活状况的调查，为今后如何进一步贯彻落实《广东省散居少数民族权益保障条例》，做好农村散居少数民族工作，壮大民族村集体经济，加快少数民族群众脱贫奔康等问题在政府层面形成政策和制订具体措施提供了依据。

4. 筹备开展民族统计工作评优表彰活动。为了推动广东省民族统计工作的开展，提高统计工作质量和效率，省民族宗教委拟对2003年各市、县上报的各类统计报表按统计调查单位的数量、质量、完成时间等进行评选，并于2004年对按时、高质和高效率完成统计工作比较突出的先进单位和先进个人进行表彰。

（撰稿　梁　燕　审稿　罗木生）

【广西围绕新时期民族工作开展民族统计工作】　近几年来，在国家民委的指导下，广西民委认真学习和贯彻落实《国家民委关于进一步加强民族统计工作的意见》，紧紧围绕新时期民族工作主要任务，以发挥参谋助手作用为宗旨，以建立健全统计调查制度为保障，以现代技术建设为手段，以提高统计数据质量和统计分析水平为重点，扎扎实实地开展民族统计工作，较好地完成了国家民委布置的民族统计工作任务，发挥了统计的信息、咨询、监督三大作用，为民族地区经济发展起到了积极作用。

（撰稿　梅　菊　审稿　粟永华）

【云南认真贯彻落实《国家民委关于进一步加强民族统计工作的意见》】　贯彻落实《国家民委关于进一步加强民族统计工作的意见》和省民委、省统计局《关于进一步做好云南民族统计工作的实施意见》，积极开展与统计局等有关部门的工作协调，按照及时、准确、全面、完整的工作要求，完成国家民委下达的各项民族统计工作任务。撰写2002年云南民族自治地方经济社会发展述评。撰写、收集、整理提供给《中国民族工作年鉴》、《云南经济年鉴》、《云南年鉴》的有关文字、统计数字、图片资料。完成了云南民族自治地方2002年度快报和2003年度半年报，撰写了民族自治地方2003年1－6月经济发展综述和第三季度经济运行分析。为《云南省实施〈中华人民共和国民族区域自治法〉办法》协调组第二次会议提供民族自治地方经济社会发展统计背景资料。参与“云南民族自治地方小康社会建设”课题的资料收集整理工作。完成对“九五”以来民族自治地方、边境县、民族乡相关统计数字的整理，并完成对其进行纵向和与全省、全国的横向分析对比表，对相关统计指标实现小康发展速度进行计算和分析。

（撰稿　李鸿雁　审稿　李　勇　徐畅江）

【甘肃省民族统计工作】　2003年是全面落实“十五”计划，实施西部大开发的重要一年。甘肃省民族统计工作按照委党组“发展要有新思路，改革要有新突破，开放要有新局面，各项工作要有新举措”的总体要求，以“准确、及时、全面”为目标，重点抓好了以下四个方面工作：

1. 抓协调，抓落实。《国家民委进一步加强民族统计工作的意见》下发后，甘肃省民委高度重视《意见》的贯彻落实，组织有关处室进行了认真学习，根据《意见》精神，把民族统计工作纳入到全委的重要工作议程，明确要求各有关处（室）积极配合，共同完成年度的民族统计和《年鉴》编辑工作任务。

2. 进一步健全了民族统计工作队伍。经与省统计局协调，在省统计局确定了民族统计联络员，各市、州民族工作部门确定了专门的统计工作人员，通过多种形式，对民族统计人员进行了统计知识的培训，不同程度地提高了从事民族统计工作的能力和水平。

3. 进一步补充和完善了民族统计体系。近年来，随着我国加入世贸组织和全面实施西部大开发战略，国家和省上出台了一系列新的政策措施，各行各业发生了深刻巨变。为了及时、准确、全面的反映本省少数民族和民族地区经济社会发展的趋势及动态，按照国家民委对民族统计工作的总体要求，根据本省实际，在以往民族自治地方经济社会主要指标统计的基础上，2003年新增加了“人口较少民族社区基本情况统计”、“牧区基本情况统计”、“各民族人口统计”等内容，同时，建立了信息报送制度，对于民族经济社会发展中的有关信息及时报省委、省政府及有关部门。

4. 抓监测，抓分析。协同省统计局做好民族地区贫困状况的动态监测工作，关注民族地区西部大开发战略的实施情况，组织有关专家学者为民族地区经济社会发展会诊、把脉，及时地向有关部门反馈民族地区经济社会发展的信息，为省委、省政府提供决策依据。

（撰稿　成自强　审稿　万凌云）

【新疆维吾尔自治区民委民族统计工作】 2003年，新疆民委认真领会国家民委关于做好民族统计工作的意见以及有关政策，在各级统计部门的大力支持下，圆满完成了各项统计任务，为民族宗教工作提供了重要的参考资料。完成的主要任务有：

1. 及时准确完成了常规统计报表的审核和填报。2003年的民族统计工作做到了各项数据准确无误，统计质量明显提高。完成了民族自治地方国民经济及社会发展、民族乡、民族工作部门基本情况报表等的填报任务，为按时完成民族统计汇总任务提供了保障。在安排2003年统计任务时对以往出现的填报问题做了强调，要求各地杜绝问题重复出现；要求填报单位领导对统计数据的准确性承担责任；严格审核各项报表，认真验算数据平衡关系，仔细与上年同期数据进行对比，严把统计数据质量关。

2. 积极搜集民族工作史料，确保年鉴稿件的数量、质量。为高质量的完成《中国民族工作年鉴》新疆部分稿件的组稿任务，科学分解组稿任务，召开撰稿人会议，对稿件提出具体要求，全面地搜集材料，严格审核筛选。2003年的《民族工作年鉴》，新疆方面共组稿20多篇，近2万字，全部被《中国民族工作年鉴》（2003年）录用。

3. 认真做好民族工作年鉴的宣传发行工作，提高民族工作部门的知名度。新疆民委对《中国民族工作年鉴》的发行工作，历来十分重视。2003年在经费紧张的情况下，委机关仍然征订一定数量，用于对外赠送或内部使用。为积极做好宣传，自治区民委要求各级民委将《中国民族工作年鉴》作为必备的工具书订购，向全区各有关单位发出征订通知，尽可能扩大征订范围，促使征订数量不断增加。

4. 拓宽统计工作领域，提高统计服务水平。2003年，在搜集汇总各项统计数据，完成国家民委布置各项统计任务时，始终将提供统计服务作为做好民族统计工作的一个重要内容。为领导及有关单位提供统计数据和分析结果，解释统计指标。为配合“兴边富民行动”、“扶持人口较少民族发展”工作，注重搜集整理了有关这方面的统计数据，完成了边境县市基本情况统计报表，人口较少民族基本情况统计报表、民族专项资金统计报表等，为深入开展民族经济工作奠定了基础，为领导决策提供了依据。

5. 认真贯彻落实《国家民委关于进一步加强民族统计工作的意见》，加强民族统计队伍建设，提高民族统计工作水平。按照国家民委关于进一步做好民族统计工作的意见要求，及时安排各级民委认真学习，全面贯彻。结合自治区开展的统计执法大检查活动，全面总结统计工作成就和经验，增强各级民委对民族统计工作重要性的认识。针对民族统计人员变动频繁，专业素质不高等问题，新疆民委组织全区民宗系统民族经济干部就民族统计工作进行了专门培训，详细讲解了统计有关专业知识及统计工作的有关要求，使参加培训的学员对民族统计工作有了更深入的了解，民族统计工作意识得到加强，各项业务素质得到了一定的提高。

（撰稿　姜国利　审稿　陆　健）

少数民族发展资金管理

【少数民族发展资金】　少数民族发展资金是根据国务院关于进一步贯彻实施《中华人民共和国民族区域自治法》若干问题的通知（国发［1991］70号），于1992年设立。这个文件明确提出，中央财政预算已列的“支援经济不发达地区发展资金”，“八五”计划期间由目前每年八亿元逐步增加到每年十一亿元（原则上每年新增六千万元）。新增资金大部分用于民族地区基层的经济和社会发展，由财政部与国家民委协商确定资金投向，并切实管好用好。

1992年至1998年，少数民族发展资金规模从6000万元增加到3亿元，资金的性质为有偿使用。主要用于改善少数民族生产生活条件，重点用于安排民族地区乡村道路、人畜饮水、卫生保健、教育培训等公共基础设施项目。

1998年根据财政体制改革的要求，该项资金由中央财政扶贫资金中支出，名称由“新增发展资金”改为“少数民族发展资金”，资金的性质为无偿使用。1998年至2003年，中央财政共安排了21亿少数民族发展资金，实施项目5000多个。其中基础设施类（修建乡村公路，解决人畜饮水、生产生活用电、小型水利设施等项目）约占40%；特色产业类（发展种植、养殖和农副产品加工项目）约占20%；社会发展类（民族中小学校舍、医疗卫生院所、乡村文化站维修建设）约占30%；农业科技培训及其他类约占10%。资金重点投向大项目难以覆盖到的偏远闭塞的少数民族乡村和特困少数民族群众，取得了较好的经济、社会和生态效益，受到广大少数民族群众和民族地区的称赞。

少数民族发展资金的分配规模是根据少数民族人口状况、贫困县、贫困人口数量和当地经济社会发展水平等主要因素来确定的。经国务院扶贫开发领导小组审定后，分别下发至有关省财政厅和省民委。省民委负责项目的筛选、审查及组织实施，省财政厅负责项目资金的拨付及检查。

财政部和国家民委高度重视制度建设，为使少数民族发展资金的操作更加规范，联合下发“关于加强少数民族发展资金使用管理问题的通知”（财地字［1998］155号）文件，明确规定了少数民族发展资金的使用方向、使用范围和使用办法，对资金管理方面也有明确的要求。

随着中央财力的加大，特别是近年来在民族地区开展的“兴边富民行动”和“扶持人口较少民族”两项工作的日益深入，少数民族发展资金的规模不断增加。截止到2004年，少数民族发展资金规模已达到4.5亿元，少数民族发展资金的使用范围也由1992年的16个省区扩大到2004年的27个省、自治区、直辖市。

设立少数民族发展资金体现了党和政府对

民族地区的高度重视和对少数民族群众的特殊关怀，虽然资金数量不多，但对维护国家的稳定和加强民族团结起到了重要作用，少数民族发展资金有力推动了民族地区经济和社会的发展，深受少数民族群众的欢迎。

（撰稿　胡学竞　审稿　葛忠兴）

【北京市落实市政府60件实事，扶持少数民族经济发展】　2003年，北京市民委与市商委、市农委以少数民族聚居区为重点，以满足少数民族生活需求和推动民族乡村经济发展为原则，深入基层调研、考察基础上，共同研究、筛选，确定了34个重点扶持项目，投入1000万元少数民族经济发展专项资金，用于扶持清真饮、副食网点建设、全国民族用品定点生产企业贷款贴息、少数民族乡村基础设施建设和种、养殖业和民俗旅游业的发展。

（撰稿　徐来春　审稿　马中璞）

【河北省少数民族发展资金的使用取得很好效果】　河北省民宗厅和财政厅坚持每年为少数民族地方帮扶一批项目。2003年使用民族专项资金1300万元，其中落实少数民族发展资金800万元，本级财政配套扶贫资金500万元。帮扶贫困民族地方上项目113个，重点用于扶持帮助民族地方基础设施和社会公益事业建设项目，收到了很好的经济和社会效益。新一轮扶贫开发工作，河北省6个自治县除大厂自治县外，有5个均为国家扶贫开发重点县。54个民族乡有30个、1388个民族村有375个列为全省扶贫开发重点乡村。全省少数民族贫困人口较多，尚未解决温饱或初步解决温饱但还不稳定的低收入少数民族人口达117万，占河北省这两方面人口总数的23%，高出少数民族人口比例近19个百分点。并且，这些人口多居住在坝上高寒地区、深山地区和低洼盐碱地带，贫困程度深，脱贫难度大。扶贫开发工作面临的困难和问题仍然比较突出。

（撰稿　马　靖　审稿　牛明顺）

【山西省利用少数民族发展资金推动民族经济发展】　2003年，山西省民宗局坚持以“三个代表”重要思想和十六大精神为指导，紧紧围绕少数民族脱贫致富奔小康的目标。在2002年少数民族发展资金具体实施情况的基础上，深入调查研究、全面统筹考虑，利用国家民委下拨的100万元少数民族发展资金，继续推进少数民族聚居村和少数民族聚居区脱贫致富奔小康步伐，加大对少数民族企业的扶持力度，有力地推动全省民族经济的发展。

1. 首先解决少数民族聚居村生活中急需解决的困难。省民宗局为解决翼城县唐兴镇中石桥村饮水工程资金缺口，拨付资金15万元，彻底改善了该村26户、108名少数民族群众饮水困难问题。另外为闻喜县桐城镇东口村下拨资金5万元，用于维修旧井和安装自来水管。

2. 突出抓好少数民族聚居村基础设施建设。省民宗局投资5万元,用于永济市城北办事处赵伊村两条主巷道的道路硬化,在改善当地的交通条件的同时,促进了全市稳定发展的大好局面。

3. 改善教育设施，解决少数民族聚居村儿童上学难的问题。投入3万元为长治市城区童乐幼儿园购置教学设施，投入1万元为长治县东和乡东和村修缮校舍。

4. 重点扶持少数民族聚居村种植业、养殖业项目，使少数民族聚居村进入可持续发展的良性轨道上。与吉县政府共同投资，帮助该县壶口农牧业开发有限公司开发荒山、发展养殖业。带动少数民族聚居村辛村发展生产，扶持晋城市鑫元公司兴建2400平方米的西山养殖场，解决晋城市城区清真肉食供应。

5. 完善少数民族聚居村与聚居区清真饮食业的网点建设。继去年在太原市回族居住较集中的迎泽、杏花岭、万柏林区建立清真网点的基础上，2003年又投资7万元在太原市小店区、尖草坪区建立清真网点。帮助运城市盐湖区清真寺建起了清真肉食店，保证了当地回民聚居区的清真肉食供应。

（撰稿　张　茹　审稿　魏奔雷）

【内蒙古自治区民委积极做好少数民族发展资金管理工作】 内蒙古自治区民委按照国家民委和财政部的有关文件精神，依据盟市上报项目，确定了2003年"少数民族发展资金"项目234个，资金总额3200万元。其中，经济类项目142个，投入资金1940万元，占资金总额的60.62%；教科文类项目92个，投入资金1150万元；占资金总额的35.93。其中，向边境旗（市）安排项目49个，投入资金1000万元，占资金总额的31.25%；这些项目的实施，对少数民族和少数民族聚居地区的两个文明建设发挥了积极的促进作用。同时进行了2002年项目资金的跟踪检查工作，确保项目资金的足额按时到位。对五年来的"少数民族发展资金"的到位情况、效益情况等做了调查统计。

（撰稿　额尔敦　审稿　张德斌）

【辽宁省从制度上加强少数民族发展资金管理】

少数民族发展资金是国家为推动少数民族地区经济和社会各项事业的发展，促进民族团结、社会稳定而设立的专项资金。辽宁省2003年共安排少数民族发展资金1800万元，为了保证和发挥资金的使用效益，辽宁省民委与财政厅共同研究，将少数民族发展资金纳入农财专户管理，实行县级财政项目实施资金使用报账制，以防止民族专项资金迟迟不能到位或挪作他用的现象。同时资金分配体现了突出重点，兼顾一般的原则，重点投向少数民族农业产业化基地、"兴边富民行动"、少数民族贫困村开发式扶贫方面、少数民族科技培训以及部分社会公益事业，资金当年全部到位。

（撰稿　辽宁省民委经济处　审稿　杨丰陌）

【黑龙江省民委加强少数民族发展资金使用管理】 黑龙江省民委为切实管好用好少数民族发展资金，使其发挥更大的经济效益和社会效益，确保党和政府为支持少数民族和民族地区加快发展而特殊安排的政策资金真正落到实处，使少数民族群众真正受益，2003年，黑龙江省民委下发了《关于加强民族专项资金使用管理工作的意见》（黑族经发［2003］18号）。《意见》要求各级民委加强领导，明确责任，增强责任意识。对于民族专项资金下拨到位后，要跟踪问效，加强管理。对于民族专项资金分配使用，要实行政务公开，建立监督机制。各级民委要与财政部门密切配合，加强协商、协调，共同履行民族专项资金的管理职责。同时要求各级民族工作部门严格执行政策，杜绝违纪问题。

（撰稿　崔　龙　审稿　包玉明）

【浙江少数民族发展资金使用成效显著】 为发展民族经济、促进少数民族脱贫致富，浙江省财政加大对民族地区的扶持力度，1998年以来共安排少数民族发展资金2350万元，使少数民族和民族乡村经济和社会各项事业有了较大的变化，群众生活水平明显提高，取得了较好的经济和社会效益。一是民族乡村经济发展加快。1998年以来，省财政共投入900万元少数民族发展资金，扶持种养业项目200多个，使种养业迅速发展，农副业收入增多。民族乡镇的工农业总产值从1998年101222万元增加到2003年196391.22万元；少数民族的人均收入从1998年的1541元增加到2003年的2377元。二是民族乡村社会事业迅速发展。近五年来，少数民族发展资金扶持基础设施建设项目300多个，资金1050万元，民族乡村基础设施条件得到改善，特别是教育、卫生、电力、交通、水利、民政、扶贫等部门专项资金的投入，使民族地区面貌发生了较大的变化。目前，全省400多个少数民族行政村都已通电，85%的村进行了低压电网改造，实行城乡电费同价；民族行政村基本实现了村村通简易机耕路；电视空白村和危房、茅草房基本消灭，40%村还装上了闭路电视；80%的农户住进了砖瓦结构的新房；80%的少数民族饮上了清洁的自来水；10%的农户安装程控电话。教育、卫生事业也得到了发展，群众就医难问题得到了初步解决，群众健康水平提高。民族乡村校网调整力度加大，全省民族中小学危房基本上得到改造。

少数民族适龄儿童入学率达100%，巩固率逐年提高，基本达到九年制义务教育。民族传统文化、体育项目得到较好的继承和发扬。三是下山异地扶贫成果明显。少数民族发展资金用于下山脱贫基础设施建设400万元，建造了一些少数民族移民点，有近1万名少数民族人口实现了下山异地脱贫。下山异地扶贫工作基本上实现了移得出、稳得住、富得起的目标。

（撰稿　王晓跃　审稿　陈智慧）

【江西省少数民族发展资金使用管理情况】　江西是一个少数民族散杂居省份,共有51个少数民族成分,12.57万少数民族人口,设有7个民族乡、61个民族村、近400个民族村小组。2001年-2003年,国家民委下拨给江西省少数民族发展资金共500万元,用于扶持民族乡村经济社会发展事业。

1. 资金使用效益情况。三年来，江西省民族宗教事务局围绕《江西省民族地区经济和社会发展“十五”规划》，国家民委下拨资金主要用于基础设施和特色支柱产业。2001年，首批9个少数民族发展资金扶持的基础设施项目大部分提前一年时间竣工。加上筹措和配套资金，到2002年底，全省有5个民族乡铺设了沥青路面，水、电、路等制约民族乡村发展的基础设施开始得到改善。并启动经济开发项目，全省民族乡村以油茶、毛竹生态果业开发为主战场的特色支柱产业铺开。2002年-2003年，国家民委400万元少数民族发展资金下拨后，全省基础设施和特色支柱产业开发双轮启动，精选出80多个各类项目进行扶持。2003年，民族乡财政收入连续3年保持两位数字的增幅，少数民族乡村群众人均纯收入连续3年年均递增都在10%以上，高于全省农民人均纯收入的增长幅度，还有一些民族村短短3年内人均收入从1000多元增到3000多元。2002年和2003年，全省通过各种渠道筹措到的对民族乡村的扶持资金分别到1400多万元，涉及省直30个部门和社会各界相关方面。

2. 少数民族发展资金管理使用的做法。（1）责任是民族工作重要的考核标准。从国家民委2001年下拨100万元少数民族发展资金开始，江西省民族宗教事务局领导就十分重视，多次指示要从实践“三个代表”的高度求真务实地做好工作，对少数民族发展资金扶持的每一个项目，都要精打细算，科学论证，确保“资金出效益，工作出经验”。业务处室每年不定期召开民族乡村负责人会议，研究商讨资金使用方向、范围和实施的产业领域。并实地查看、综合评估，年度下拨资金计划提交局长办公会议研究。资金下拨后进专户，项目立标牌，实施定专人。明确规定：少数民族发展资金中的每一分钱都是“高压线”，每一分钱都是“责任状”。省、市、县相关部门不用一分钱作为工作、活动经费，民族乡村不能从项目中拿出一分钱用于支付财税任务、抵付各种债务。（2）创新是民族经济工作不竭的动力。对民族乡村把握实际，看准条件，找准发展方向，创新扶贫思路：坚持少数民族发展资金优先用于绿色生态资源综合开发；坚持“失德之富”不取的原则，实行可持续科学发展战略，不搞掠夺性开发；坚持将资金优势同民族乡村生态优势、资源优势和低成本优势相结合，一步步把特色支柱产业经济带工程建立起来。三年来，赣州、宜春、抚州市的民族村特色农业开发，南昌、新余、九江市的一些民族村民小组种养业并举，上饶、赣州、吉安市的民族村成片农业低产田改造等形成整村推动民族经济快速发展之势。（3）坚持正确的群众观是民族工作的根本要求。在项目开发的过程中，实施一乡一策推动，做到山上山下互动。对有果业种植开发条件的民族乡村，在建立生态果业示范园的同时，因地制宜引导家家户户实施“猪-沼-果”工程。几年示范，赣州市南康赤土畲族乡等一些民族乡村“猪-沼-果”工程已初成规模。“连点成线”、小庭院、新产业、大市场开始在民族乡村出现，对有油茶林种植传统的民族乡村，则通过引进新品种，实施山上新垦、低改同步，短期内让少数民族群众获得较好的收益。同时引导山下少数民族农户发展种养业。如永丰县龙冈畲族乡由乡政府统一孵化鹅苗后，少数民族群众“领养”数量不等的鹅仔分家放养。“由点成面”，许多少数民族群众仅此一项就达到600多元的收益；而毛竹林资源丰富的民族乡村，采取山上毛竹林成片低改，山下少数民族农户开展药材、花卉、苗木等方面的种植。“以上牵下”，许多少数民族群众主动自发对责任山上的毛竹进行低改。贵溪市樟坪畲族乡一个民族村一年内，少数民族群众从笋竹两用林开发中增加的收入就达到90多万元。(4) 求真务实是民族工作的最高准则。一是多方争取优惠政策支持。代省委、省政府草拟的“关于进一步加强民族工作的意见”已经省少数民族地区建设工作领导小组会议审议通过。多次就民族乡财政转移支付、民族乡村税费改革、民族乡异地办厂原地纳税等方面的问题同有关职能部门和基层政府基本上达成共识。二是尽力提高基层配套资金份额。根据实际把县、乡配套资金的原则同实施少数民族群众投工投劳、就地取材以及县级对民族乡的财税优惠和资金使用过程中的厉行节约结合起来。三是充分发挥民族工作社会化优势。主动同省财政等部门有关处室沟通，争取少数民族发展资金省级财政的配套份额和其他配套资金。2001年省财政配套24万元，2002年－2003年配套100万元。并协调省发展和改革委员会、省新闻出版局等部门积极开展对口支援工作。四是全力确保资金足额到位。每年10月前如数将少数民族发展资金下拨到指定项目，做到项目、资金、乡村三位一体相对应，资金不留机动，更不挪用一分钱。

（撰稿　施莉文　审稿　罗峻雄）

【山东省少数民族发展资金使用情况】　山东省是少数民族散杂居省份，少数民族人口64万人，占全省总人口的0.7%。1998年至2003年，国家民委和财政部下达给山东省“少数民族发展资金”累计达4700万元。

1998年以来，山东省民委根据少数民族发展资金使用要求，结合本省的实际情况，将该项资金重点投向少数民族种植业、养殖业，以及本省少数民族贫困乡村亟待解决的修路、人畜饮水、架电、学校等基础设施建设等项目上去。几年来，通过少数民族发展资金的投放，全省建立了十几处少数民族种植业、养殖业基地，扶持了180个民族村发展种养业，加快了民族乡村产业结构调整步伐，解决了全省249个少数民族贫困乡村的饮水、架电、学校等基础设施建设项目，解除了他们生产、生活中的主要困难，为他们走上致富之路打下了坚实基础。

少数民族种植业、养殖业。共投入资金1613万元，其中用于“鲁羊扶贫工程”935万元，解决了4万多少数民族群众的脱贫致富问题，产生了4000多万元的经济和社会效益；此外，山东省民委在部分民族乡村推广了冬枣、速生杨、经济林、大棚蔬菜种植，奶牛、鲁西黄牛、鸡、肉食鸽养殖，引导群众发展高产优质高效农业，不断提高农民收入。

道路交通及架电。共安排资金1403.5万元，项目91个，修建公路240公里、建桥涵21处，架设高压线路19000米，解决了部分少数民族乡村行路难、用电难的问题。

农田及水利建设。共投入资金1257万元，进行人畜饮水工程、农田水利建设和盐碱涝洼地改造，共打机井196眼，改造中低产田12.3万亩，解决了4万多人的饮水和13万头牲畜的用水问题。

技术培训。共安排资金95万元，培训技术人员2.5万人次，通过培训使他们拓展了视野，掌握了先进的生产技术，改变了传统的耕作方式，调整了种养结构，努力帮助他们走出一条依靠科技致富的路子。

教育卫生等。共安排资金331.5万元（含学校基础设施建设、幼儿园、敬老院、卫生院等项目的建设），改善了34所民族中小学校的办学条件，缓解了教师住宿难和部分学生上学难的问题，改善了医疗卫生服务条件。

（撰稿　韩昌钦　审稿　马　辉）

【河南省民委积极落实优惠政策】 2001年11月，河南省出台《河南省委办公厅省政府办公厅关于帮助少数民族和民族聚居地区加快发展的意见》（豫办〔2001〕43号，以下简称《意见》）。2002年，省民委会同省计委、省经贸委、省科技厅、省财政厅、省交通厅、省水利厅、省农业厅、省广电局、省畜牧局、省农行等十个部门出台了贯彻《意见》的具体措施。并提出了“以‘项目带动’为载体，落实《意见》，帮助少数民族和民族聚居地区加快发展”的工作思路。为实施项目带动工程，2003年初，河南省民委经过对基层民族工作部门和有关局委联合上报的项目进行筛选，向省计委等部门推荐了一批少数民族经济发展项目。王明义常务副省长和刘新民副省长对该批项目作出批示，要求有关部门给予支持。

在各级民族工作部门努力下，2003年共协调交通、水利、计划、卫生、畜牧等部门安排项目75个，资金1234万元。其中卫生项目6个，资金70万元，交通项目11个，资金约407万元；水利项目57个，资金554万元；畜牧项目1个（世界银行贷款），203万元。

（撰稿　王　召　审稿　钟蜀豫）

【河南省民委推出少数民族发展资金管理新举措】 2003年，河南省少数民族发展资金管理工作推出了几项新举措。

1. 推进项目申报和资金分配规范化。2003年，借鉴有关部门的资金管理经验，河南省民委会同财政部门制定了《少数民族发展资金项目申报标准文本》，详细规定了项目申报工作的要求，明确了10项要素内容，要求今后各地上报的项目一律按标准文本编制，10项内容逐项填写，不得遗漏，否则将不予受理。此举受到领导和基层的广泛肯定。在资金分配时，坚持采用因素法，选取农村贫困人口、少数民族农业人口、农民人均纯收入、人均GDP、人均财政收入等因素进行测算，力图全面、客观、公正。

2. 划定范围，明确扶持对象。作为散杂居地区，少数民族分布特点不是很明显，其他部门的资金扶持范围与民委的扶持项目存在交叉现象。为了避免重复扶持引起“旱涝不均”，省民委积极主动了解交通、扶贫、水利、卫生等部门的扶持政策范围，进行对照，将已经列入他们扶持计划的少数民族项目剔除，集中少数民族发展资金，支持其他部门兼顾不到的少数民族贫困地方。目前已经确定，对已列入交通部门村村通公路名单的27个民族聚居村，少数民族发展资金不再安排修路项目；对已列入扶贫开发部门2003—2005年重点扶持名单的46个民族聚居村，不再安排基础设施项目。

3. 建立较为完善的项目监督体系。要把项目落实好，仅靠民委和财政部门的监管是不够的。河南省民委和省财政厅为加大项目建设过程中的监督力度，要求项目施工所在地，聘请老党员、老干部和村民代表组成工程质量监督小组，对工程质量实施全过程跟踪监督。政府部门的监管和群众监督相结合，构成了一个比较完整的监督体系，有效防止了监督缺位问题，确保了项目建设质量，真正使群众受益。

4. 加强协调，争取财政部门支持。在省财政厅人员变动的情况下，继续保持了双方良好的协作关系，争取到了项目审批主动权，特别是争取到了财政部门对电脑农业无公害蔬菜种植基地、扶贫养殖基地、经济发展培训基地等三项试点工作的支持，使三项试点工作顺利实施。全年共为全省23个民族区、乡（镇）和部分民族聚居村安排各类项目150个。经与省财政厅协调，全额争

取到2003年度省级项目管理费3万元。2003年，通过调查核实，省财政厅主动提出，在下发项目和资金使用计划时不强求地方配套资金，主要用中央和省财政的资金来完成项目。

5. 点面结合，扩大群众受益面。河南省有21个民族乡（镇），但80%的少数民族人口分布在民族乡（镇）以外。省民委以民族乡（镇）为点，以民族聚居村为面，点面结合，由以点为主逐步转变到以面为主，扩大少数民族群众的

受益面。这一转变扩大了少数民族发展资金的覆盖面，使更多的少数民族群众受益。对较大的民族聚居村的扶持，可以使较多的人受益；对人口较少的民族聚居村的扶持，则使他们感受到党的民族政策的温暖。

（撰稿　王　召　审稿　钟蜀豫）

【湖南民委系统财政扶贫资金效益显著】　从1998年到2002年五年间，湖南共计安排民委系统财政扶贫资金13080万元，其中：中央财政和国家民委扶贫资金8100万元，省配套4980万元。省民委和省财政坚持“效益第一、贫困优先”的指导思想，管理使用这笔有限的资金，突出民族地区的贫困重点，集中资金办实事，搞好扶贫示范，发挥有限资金的最大效益，取得了可喜的成绩。

1. 扶持了民族地区基础设施建设。5年来，民委系统财政扶贫资金对民族地区的基础设施建设给予了重点关注和支持，共投入资金8087.5万元，新修和改造村级公路300多公里，新建桥梁30座；新建和改造输变电线路138.4公里；新修和改造灌溉水渠134公里；新开和改造低产田2000多亩；完成人畜饮水工程180多处。

2. 促进了民族地区农村经济的发展。据初步统计，5年时间投入2635.5万元，实施涉农项目346个，新开发山地4000多亩，培育林果苗木3000多亩，饲养家禽家畜6万多头（只），同时还在基础设施项目中投入近300多万元用于农村集贸市场建设。

3. 加快了民族地区文教卫生体育事业发展。5年共投入资金2295万元，实施项目347个，新建和维修了一批中小学校和乡镇卫生院；建了一批电视和广播接收站；同时还支持民族地区建设体育场、图书馆、民族民俗博物馆、民族文化活动中心。繁荣了民族地区的文教卫生体育事业，促进了少数民族和民族地区的两个精神文明建设。

4. 推动了民族地区各县市及其与周边省市边境地区的民族团结和社会稳定。5年来，我们注意将与民族团结密相关的项目纳入资金安排和投入的视野，帮助县、州、省边境地区解决生产、生活中的问题，安排资金近1000万元。有力地推动了当地及周边地区各民族的交流，促进了边界地区社会秩序的良性发展。

5. 支持了民委系统定点扶贫工作。五年时间，我们安排近1000万元资金支持全省民委系统开展定点扶贫。使全省民委系统的扶贫联系点成为当地的脱贫示范，使各级民委成为当地的扶贫先进单位。

（撰稿　梁　芳　审稿　蒲祖泉）

【湖南省民委采取措施切实加强民委系统扶贫资金管理】　为进一步加强民委系统财政扶贫资金管理，湖南省民委最近召开民委系统财政扶贫资金管理工作会，对五年来民委系统财政扶贫资金管理工作进行回顾总结，对今后资金管理工作进行了研究部署，在继续坚持有效管理模式的基础上，切实提出了规范管理必须“坚持三个原则、搞好三个结合、实现三个转变”的工作思路。

三个原则。一是要坚持集中使用管理。要求每县每年集中60%左右资金建设2～3个少数民族群众受益面宽的大项目，通过几年努力，为少数民族和民族地区办一批实实在在的民心工程、连心工程。二是要坚持效益第一的原则。要树立和强化资本意识，追求资本效益最大化。民委系统财政扶贫资金的使用管理既要讲究政治效益，也要追求经济效益。在安排项目时，选择民族地区“有利可图”的项目投资，确保资金投放不“打水漂”，选择特困乡村的项目投资，确保资金性质的体现，选择能够改善群众生产生活条件的项目投资，确保老百姓受益。三是坚持专款专用原则。要严格遵从财政扶贫资金的有关规定，规定不能扶持的项目坚决不扶持，规定不能使用的方向和范围坚决不突破。同时确保财政扶贫资金管理的严肃性。对省财政和省民委批复的资金项目不能随意变更。

三个结合。一是要与民族工作部门的职能相结合。各级民族工作部门要根据不同时期民族工作的中心工作和民族地区不同的情况，确定每年或一个时期的扶持重点，搞好示范。在民族地区形成由民委系统财政扶贫资金扶持的品牌，树立民族工作部门的新形象。同时民族工作部门要理足气壮地积极配合财政部门加强对民委系统财政扶贫资金的管理。二是要与旅游开发项目相结合。要适应民族地区旅游业正在逐步成为带动民族地区区域经济发展的主导产业的实际，转变资金使用观念，积极运用旅游扶贫的形式为民族地区的扶持一批发展项目，也就每年安排民族扶贫资金项目时，要选择一部分旅游开发项目予 以支持，要安排一部分资金用于民族文化产业建设，支持民族民间文化艺术事业，促进民族地区旅游业的发展。三是要与能人经济相结合。在加强监管的同时，要善于把民委系统财政扶贫资金运用与能人经济结合起来，利用能人管理运用好民委系统财政扶贫资金，采取“公司加农户”、“能人加农户”的形式壮大发展支柱产业，发展集体经济，从而带动和辐射周边群众共同致富。

三个转变。一是从民族专项资金向财政扶贫资金转变。随着国家对这块资金的明确定位，民族工作部门必须努力转变观念，强化扶贫资金意识，调整工作思路，严格按照财政扶贫资金的要求控制投向和加强管理使用。二是在帮扶的方式上要实现由放任式支持向参与式帮扶转变。各级民族工作部门要积极探索实行参与式帮扶模式，力争每年完成几个由民族扶贫资金独立扶持的项目，大项目都要直接参与组织实施和资金管理使用的跟踪监管，使民族扶贫资金专款专用，防止挪用、贪污和浪费，确保民族扶贫资金的效益，扩大影响。三是在资金的流向上要实现由基础设施建设向产业开发的转变。解决了基础设施，只是群众生存条件的暂时改善，不等于老百姓的脱贫致富，只有民族地区的优势资源开发成为支柱产业，才能从根本上引导少数民族群众脱贫致富。因此新时期民族扶贫资金的安排除继续用于改善基础设施外，资金应该逐渐向支柱产业的开发转移，通过以点带面的有效方式促进民族地区加快支柱产业的形成。

（撰稿　梁　芳　审稿　蒲祖泉）

【湖南省切实加强民族资金管理】　2003年，湖南省民委继续推进“资金效益管理年”活动，制定下发了《关于做好2003年民委系统财政扶贫资金管理工作的通知》，对民委系统财政扶贫资金的管理使用做出了明确规定，要求集中资金办大事，重点实施为民族地区贫困乡村建设卫生院和学校的“连心工程”及其建设支柱产业为内容的“示范工程”。认真组织了专项资金迎检迎审工作。

（撰稿　梁　芳　审稿　蒲祖泉）

【湖南省民委召开民族资金管理效益年流动现场会】　2003年月19－21日、23－26日，湖南省民族资金管理效益年流动现场会张家界片、湘西州片分别在桑植县、凤凰县召开。参加会议的有湘西州、怀化、张家界、邵阳、永州五州市分管经济工作的委领导和经济科长及片会所辖自治县民委的负责同志。省民委副主任彭秀琍出席了在凤凰召开的湘西州片会并讲话。

会议在认真回顾总结1998－2003年全省民族资金管理工作经验教训的同时，对如何进一步抓好今后民委系统财政扶贫资金的使用管理工作提出了具体要求。彭秀琍副主任指出，民委工作总的来说低调务实，不讲大话，实实在在。为了把民族资金用好用活，用出成效，为此，必须注意以下三点：一是效益。无论是哪项资金，哪项工作都要讲效益，要把效益体现到弱势群体中去，让他们得到真正的实惠。二是诚信。诚信是效益外延的客观体现，是人品的最高境界，没有诚信就干不好事。三是发展。发展是效益的必然选择，要珍惜国家给的资金，进一步把握国家的发展动向，严格民族资金管理，用好用活民族资金这笔钱，用到点子上，让民族资金在经济、政治、文化建设发展上发挥积极的作用。会议期间，桑植、永定、湘西州及吉首、古丈、凤凰等县市民委负责人向与会人员介绍了经验。并现场参观了桑植县上洞街综合养殖场、凉水口镇麻六湾村扶贫点，凤凰县阿拉中心医院民族住院部、黄合乡安井村民族小学等实施较好的项目及具有浓郁苗家风情的民族文化村。

（撰稿　梁　芳　审稿　蒲祖泉）

【湖南省召开全省民委系统财政扶贫资金管理工作片会】　2003年11月25－12月2日，湖南省民委先后在通道侗族自治县和城步苗族自治县召开全省民委系统财政扶贫资金管理现场会，总结过来民委系统财政扶贫资金使用管理情况，交流经验，研究部署今后的工作。湘西、怀化、张家界、邵阳、永州五州市民委分管经济工作的负责同志和经济科长，怀化、邵阳、永州市各自治县、少数民族人口过半县民委负责同志参加会议。省民委王德靖主任、彭秀琍副主任出席城步现场会。

在听取县市经验交流后，王主任充分肯定了过来各级民委为加强财政扶贫资金管理所做的工作，对如何进一步做好今后的资金管理工作提出了要求。她要求各级民委做到四个“增强”：一是增强责任感和使命感，树立民本思想。民族工作部门要清醒地认识到民族地区严峻的贫困形势以及民族工作部门的职责，提高认识、增强责任感和使命感、树立民本思想，在资金使用安排上要严格遵循财政扶贫资金的管理规定，强化扶贫资金意识，把有限的资金用到贫困的民族地区乡村和贫困少数民族群众身上，切实为少数民族群众办好事办实事。二是增强资本意识，树立效益观念。民委系统财政扶贫资金作为国家民族政策的具体体现，是国家投放到民族地区的一种资本，作为掌握资本的投放部门必须以追求资本效益的最大化为目标。这两年经济处组织实施“资金效益年”活动，收到了较好的效果，为少数民族和民族地区办了许多好事和实事，今后，我们要在不断总结提高的基础上，坚定不移地坚持下去。要继续增强资本意识，树立效益观念，既讲究政治效益，也要追求经济效益。要坚持效益第一的原则，坚持集中使用的原则，坚持专款专用的原则。在资金项目的安排上搞好考察和论证，选择民族地区“有利可图”的项目投资，确保资金投放不“打水漂”；选择特困乡村的项目投资，确保资金性质和设立宗旨的体现；选择能改善群众生产生活条件的项目投资，确保老百姓受益。三是增强部门职能意识，突出重点扶持。民族工作部门是党委和政府联系民族地区和少数民族的桥梁和纽带，促进民族地区经济和社会发展、保持民族地区的团结和稳定，是民族工作部门的重要职能。今后民委系统财政扶贫资金管理要在围绕职能和重点上下功夫，通过实施“连心工程”、建设“脱贫致富奔小康示范村”、推进“电脑农业”试点、建设民族文化村和民族体育重点训练基地等示范试点，为民族地区办一批精品工程，民心工程，为民族工作的开展创造良好条件，从而全面推进民族团结进步事业。四是增强竞争意识，培育激励机制。继续改革资金分配方式，学习借鉴外省民委系统和省扶贫办系统的做法，按照“稳定一块，搞活一块”的管理模式进行运作，“稳定一块”的资金仍然按照过来的做法安排，“搞活一块”则按照每年的民族工作整体部署进行操作。要严肃资金管理，严禁擅自更改省批复项目资金。对在审计中发现的问题进行处理，在资金分配上奖优罚劣。王主任还就做好民委经济工作、加强民委干部队伍自身建设提出了明确的要求和意见。

会议期间，与会人员参观了通道和城步县扶贫资金开发项目，并赴广西学习考察经济工作。

（撰稿　梁　芳　审稿　蒲祖泉）

【广东省利用少数民族发展资金扶持3个自治县发展】　2003年国家民委下达给广东省200万元少数民族发展资金和省配套150万元，共350万元，扶持发展经济和公益项目34个，对促进少数民族和民族地区的发展发挥了积极的作用。根据该项资金的管理使用原则，由省财政厅和民族宗教委共同按项目进行管理，资金实行无偿使用，相对集中投放在经济和社会发展较为落后的连南、连山、乳源三个少数民族自治县用于发展生产、改善基础设施建设等项目。同时也照顾到少数民族人口较多的市县，扶持这些地区尽快改变贫困面貌。少数民族发展资金具体安排如下：

1. 补助发展“三高”农业项目168万元，占资金总额的48%，其中：种桑养蚕2300亩；种植毛竹、雷竹、抚育幼苗等3800亩。

2. 补助小水电建设项目50万元，占资金总额的14.3%。

3. 补助乡村公路项目20万元，修建农村公路3条，占资金总额的5.7%。

4. 补助饮水项目38万元，占资金总额的10.9 %。修建自来水工程项目4宗。

5. 补助文教卫基础设施项目38万元，占资金额的10.9%。修缮学校1所。

6. 补助维修水利河堤项目6万元，占资金总额的1.7%。

7. 补助兴办海蜇加工厂、茶叶加工厂，以及民族工艺培训等项目30万元，占资金总额的8.6%。

（撰稿　梁　燕　审稿　罗木生）

【广东省少数民族发展资金的使用取得较好社会和经济效益】　1. 提高乡镇、村一级集体经济收入。1999年以前，3个自治县42个乡镇集体经济收入尚未达到30万元，许多行政村的集体经济收入不到3万元，通过少数民族发展资金重点扶持，兴办一些经济型项目，促使一批乡镇集体经济收入达到30万元以上。例如，连山壮族瑶族自治县原三水镇集体经济年收入不到20万元，省民族宗教委安排10万元少数民族发展资金扶持该镇政府发展尖舌唐竹基地500亩。此项目三年后初产，五年后进入盛产期，每年亩产竹笋50公斤，总产量达25吨，按目前收购价8000元/吨计，年总产值达30万元。

2. 增加了少数民族贫困人口的收入，加快了脱贫步伐。近几年，省民族宗教委在安排少数民族发展资金时重点扶持少数民族人口相对集中的乡镇、村用于发展农民增收的种养项目，帮助他们脱贫。例如，下拨给连南县金坑镇政府21万元，发动群众种植毛竹5000亩、板栗1000多亩。预计3－5年后，每年可增加收入100多万元，带动该镇860多户4300多人，每年每户增加收入1000多元。据2003年统计，广东省3个民族自治县1500元以下的贫困人口由1999年16万多人减少到8万多人，农村人均收入由1999年的2636元提高到2003年的2973元，增加了337元。

3. 一些小型的基础设施得到改善。如东源县漳溪畲族乡，省民族宗教委连续两年安排发展资金共11万元兴建上蓝、下蓝两个村的卫生站，改变该乡两个村无卫生站，群众看病需到3公里外圩镇就医的状况，解决了3562人看病难问题。

（撰稿　梁　燕　审稿　罗木生）

【广西少数民族发展资金使用情况】　2003年，国家民委和财政部共安排给广西少数民族发展资金2900万元，其中，兴边富民行动专项资金600万元，人口较少民族扶贫开发专项资金500万元。根据财政部、国家民委《关于加强“少数民族发展资金”使用管理问题的通知》精神，结合我区少数民族地区扶贫攻坚的具体情况，我区的少数民族发展资金主要投向自治县、民族乡、少数民族聚居的贫困乡、村，重点用于乡、村道路、人畜饮水等基础设施建设以及教育、卫生等社会发展项目。共安排了236个项目，总投资4639万元，其中，少数民族发展资金2900万元，地方配套现金（包括地方政府配套、各部门配套和群众自筹）1426万元，群众投劳折资313万元。

到2004年4月底，236个项目大部门已实施完毕，并产生了良好的经济效益和社会效益。据统计，共投入少数民族发展资金948万元（不含地方配套资金和群众投劳折款，下同)，为民族地区修建村屯公路76条，总里程193公里，解决了3.8万人的交通困难；投入少数民族发展资金761万元，修建人畜饮水工程69处，建饮水池37个，水池容量5852立方米，架设管网19.74万米，解决了2万多群众的饮水困难；投入少数民族发展资金162万元，修建小型农田水利7条，总长17.5公里，灌溉面积1.56万亩，每年可增产粮食234万公斤，可解决1.17万人的口粮；投入少数民族发展资金219万元，修建农贸市场4个，建筑面积1.23万平方米，共3.52万人受受；投入少数民族发展资金309万元，为45所中小学校修建校舍1.5万平方米，共解决了1.37万名学生上课难问题；投入少数民族发展资金138万元，为4个少数民族乡镇卫生院修建门诊楼4栋，建筑面积3700平方米，共69200人受益；投入少数民族发展资金134万元，扶持10个村群众种植经济林0.57万亩，育果苗40万株，饲养肉猪1000头；投入少数民族发展资金117万元，举办各种农村实用技术培训班79期，培训农民8700人次。

为了加强资金和项目管理，提高资金使用效益，广西壮族自治区民委积极探索新思路、新方法，不断提高管理层次和水平。主要做法是：

1. 摸清情况，编制规划。为了全面掌握少数民族地区的贫困情况，有重点、分步骤地解决民族地区存在的特殊困难和问题，从2001年起，我们以县（市）为单位，在进行大量调查研究的基础上，编制了三年项目规划，建立了三年备选项目库。该项目库是一个滚动项目库，每年调整一次，不断补充新的项目。

2. 考察论证，选准项目。为了确保扶持项目定项准确和实施成功，对各县（市）每年上报的项目都要进行实地考察和评估论证。申请少数民族发展资金在10元以下（不含10万元）的项目，由县级民委和财政部门组织有关人员进行实地调查和评估论证；10万元以上20万元以下（不含20万元）的项目原则上由市级民委和财政部门组织人员进行实地调查和评估论证；20万元以上的项目原则上由自治区民委和财政厅组织人员进行实地调查和评估论证。

3. 集中资金，突出重点。交通闭塞，饮水困难，教育落后，是我区民族地区存在的三大突出问题。我们把这三方面的项目作为少数民族发展资金扶助的重中之重，共投放少数民族发展资金1973万元，占全区少数民族发展资金总额的68%。

4. 建章立制，规范管理。针对部分县（市）在少数民族发展资金申报、实施、财务管理、档案管理等方面存在不规范的问题，2003年我们进一步强化了项目规范化管理。自治区委制定了《民族专项资金项目规范化管理暂行办法》，对项目申报中必备的材料，项目申报及审批程序，项目建议书、项目实施方案、施工合同、验收报告、归档资料的基本内容等做出了明确规定。对一些重点扶持项目，我们还单独制定相应的项目实施方案。

5. 密切配合，分工负责。少数民族发展资金是民委和财政部门共管资金，从项目的申报到审批，从资金的投放到项目实施，两家做到共同协商，密切配合。在具体工作中，双方责任各有侧重。民委部门重点负责项目的组织、评估、项目计划的编制和项目实施中的管理，财政部门重点负责项目计划的审核、项目资金的拨付和资金使用过程中的财务监督。

（撰稿　梁孟雄　审稿　粟永华）

【海南省不断提高少数民族发展资金使用效益】 2003年,海南省在“少数民族发展资金”使用管理工作中，从更好地为少数民族和民族地区发展服务的目标出发，认真贯彻执行财政部、国家民委《关于加强“少数民族发展资金”使用管理问题的通知》精神，各有关部门加强协调，密切配合，共同管好用好资金，不断提高资金的使用效益，加快了少数民族和民族地区经济和社会各项事业的发展，进一步改善了少数民族群众的生产生活条件。其主要作法是：（1）道路交通方面：共安排资金1202万元，项目31个，修建乡村公路105公里、涵洞11个和中小型桥梁20座，解决了26个乡镇6.3万人的行路难问题。（2）饮水方面：共安排资金229万元，建设饮水工程12宗，解决了11个乡镇14个村庄1.6万人的饮水难问题。（3）农田水利设施方面：共安排资金32万元，建设农田水利设施2宗，帮助2个乡镇2个村庄改善农业生产条件，恢复和稳定农田灌溉面积550亩，受益群众达2500人。（4）教育方面：共安排资金222万元，项目11个，新建中小学教学楼、师生宿舍、学生食堂4481平方米，改善了10个乡镇11所中小学校的办学条件，解决了27名教师住宿难，以及4200多名学生上课难、就餐难、住宿难问题。（5）卫生方面：共安排资金34万元，项目2个，新建卫生院、门诊部面积600平方米，帮助2个乡镇卫生院改善医疗卫生服务条件，解决了1.3万当地少数民族群众看病难问题。（6）文化方面：安排资金21万元，项目3个，加强少数民族文化的搜集整理工作，抢救和挖掘少数民族文化遗产，编辑出版了《黎族大辞典》、《中国黎族》、《黎族民间草药画册》等少数民族文化研究成果，使海南省少数民族传统文化得到进一步弘扬和传播。（7）农业实用技术培训方面：安排资金35万元，项目1个，举办农业实用技术培训班4期，培训人数达500多人次，提高了民族地区农民的科技种养水平。

（撰稿　符彦还　审稿　王庆良）

【贵州省少数民族发展资金管理及使用情况】 根据国家扶贫开发方针政策和2003年中央财政预算安排，2003年中央财政分配给贵州省少数民族发展资金2400万元。全省各级民族、财政工作部门严格遵照“少数民族发展资金”的使用管理规定，将资金投放到贵州广大民族贫困地区，主要用于改善少数民族贫困乡村水、电、路等基本生产生活条件，同时发展乡村基础教育、医疗卫生、文化、广播和电视事业。

2003年，共实施项目473个，投入资金2363万元。其中：修建人畜饮水工程项目96个，投入资金441万元：修建输电项目6个，投入资金31万元：修建或改造公路项目221个，投入资金1152万元：修建桥梁项目36个，投入资金166万元：实施教育项目58个，投入资金293万元：实施卫生项目8个，投入资金40万元；实施培训项目16个，投入资金68万元；实施其他项目32个，投入资金172万元。这些项目的实施对于改善贵州省民族地区广大少数民族的生产生活条件发挥了很大的作用，同时也为民族地区社会经济的发展打下了坚实的基础。

（撰稿　王渝飞　审稿　杨东胜）

【云南省总结民族专项资金项目管理工作】 为进一步提高民族专项资金管理水平，充分发挥资金使用效益，为民族地区全面建设小康社会服务，根据委党组的要求，多次深入边境地区、民族贫困地区、散杂居民族地区对五年来（1998—2002）民族专项资金的安排使用情况进行了专题调研和总结，形成了《围绕中心、服务大局、努力促进民族地区经济发展》的民族专项资金管理工作总结报告，从十三个方面总结了资金使用的主要成效，报省政府分管领导和财政部门。围绕年度委党组中心工作，深入到曲靖市和文山州进行了“民族团结”和“兴边富民”示范点（以下简称“示范点”）创建专题调研，形成专题调研报告，对“示范点”的创建活动提出了建议和意见，制定出台了云族发［2003］38号文件《关于创建“民族团结示范点”和“兴边富民示范点”工作的通知》，有效地指导了全省“示范点”创建活动的顺利开展。目前全前十六个地、州（市）共确定了11个“民族团结示范点”和5个“兴边富民示范点”，少数民族发展资金安排“示范点”创建活动的700万元项目资金已全部下达到位。根据省政府领导的指示精神和委党组的统一部署，为进一步加强基层民委的自身建设，通过调查统计，提出了《关于基层民委自身建设项目安排意见》，完成了五年统筹安排和2003年安排计划。经委主任办公会议研究决定后，安排办公自动化建设项目资金258万元，安排基层民委自身建设补助项目资金742万元，对33个民委部门的办公用房建设给予补助。

（撰稿　李鸿雁　审稿　李　勇　徐畅江）

【云南省民委进一步加强项目管理工作】　在编制计划过程中严格按规定程序办理。2003年云南省民委参与管理的资金总量达到13830万元。其中：按项目管理的7800万元（含省级民族机动金4000万元、散杂居民族专项经费800万元、少数民族发展资金3000万元）；少数民族地区补助费300万元；民族教育特殊专项130万元；电脑农业推广经费400万元；“三免费”教育经费5200万元。重点对民族地区基础设施建设、产业结构调整、社会发展事业、协调民族关系等进行了扶持，有力地促进边疆民族地区经济发展、社会稳定、民族团结、边防巩固，推进了民族团结进步事业的发展。

（撰稿　李鸿雁　审稿　李　勇　徐畅江）

【陕西省少数民族发展资金项目成效显著】　陕西是一个少数民族散杂居的省份，有54个少数民族成分，少数民族常住人口18万人，流动人口近30万人。为加快改善陕西少数民族聚居地区经济和社会发展比较落后的现状，从2001年起，国家民委开始向陕西投放少数民族发展资金，截至2003年底，共投放资金500万元。在此基础上，当地配套资金434.66万元，共完成项目45个。其中基础设施项目14个，先后修建了5处7个平板桥，1座铁索桥，新修道路50多公里，涵洞13个，硬化道路7020平方米；人畜饮水项目11个，修建抽水站和集水池9处、水窖124眼、铺设输水管道20000多米，解决了5200多人和3000多头大家畜的饮水困难；文化、教育项目15个，为12所民族小学和2所回民中学1个民族幼儿园改造危房，新建教学楼11座7910平方米，电教室3座400平方米，购置电脑60台，投影机2个，改造幼儿园活动场所1000平方米；医疗项目2个，购置麻醉呼吸机、X光机、B超仪各一台，生化分析仪两台；培训项目3个，举办培训班8期，培训1150人次。项目涉及全省10个地市中的9个，覆盖26个县区的20个乡镇，其中国家扶贫重点县17个，省级扶贫工作重点县5个，基本覆盖了全省农村的少数民族聚居乡、村、组。通过这些项目扶持，使少数民族聚居地方的生产、生活条件得到了一定的改善，有效地促进了当地经济和社会的发展，进一步推动了当地和全省的民族团结事业。

（撰稿　海建宇　审稿　刘开岚）

【甘肃省规范管理少数民族发展资金】　2003年，甘肃省民委根据国家民委和财政部《关于加强少数民族发展资金使用管理问题的通知》精神，会同省财政厅、省扶贫办、省计划委等扶贫专项资金管理部门，统筹兼顾，整合资金，集中有限的财力资源，坚持从项目申报、资金下达到监督检查等环节上对少数民族发展资金进行了严格管理，使少数民族发展资金发挥了应有的社会和经济效益，为民族地区经济社会发展起到了重要的推动作用。具体做法是：

1. 根据甘肃省实际，把少数民族发展资金纳入财政扶贫资金范围进行规范管理。2003年，甘肃省民委、财政厅、计划委、扶贫办、人民银行兰州中心支行等五个扶贫专项资金管理部门，针对财政扶贫资金管理工作中存在的困难和问题，确定天祝藏族自治县、东乡族自治县等一批重点贫困县作为试点单位，对全省财政扶贫资金的管理开展了“县级报账制试点”工作，五部门联合制定了《甘肃省财政扶贫资金专户管理办法》，下发了《甘肃省财政扶贫资金县级报账制实施细则》（试行）和《关于加强财政扶贫资金专户管理和及时足额到位的紧急通知》等专门文件，对少数民族发展资金在内的财政扶贫资金的管理进行了全面、系统、具体、明确、详细的规范。

2. 进一步加大了项目管理培训工作力度。为了切实保障各项管理办法和规定落实到位，提高管好用好财政扶贫资金的能力和水平，2003年，甘肃省民委、财政厅、计划委、扶贫办、人民银行兰州中心支行等五个扶贫专项资金管理部门，先后举办了多种形式的财政扶贫资金项目管理培训班，各级民族、财政、计划、扶贫等部门的领导和项目管理人员全部接受了项目管理培训，据不完全统计，受培训人员达2000多人，有效地提高了管理人员的基本素质。

3. 严格规范了项目管理的各个环节。根据甘肃省实际，会同省财政厅统一编制了《少数民族发展资金申请报告申报标准文本格式》，确定少数民族发展资金项目由省民委做出项目安排计划，商省财政厅同意后由省民委和省财政厅联合下达。

4. 高度重视跟踪督察，严肃查处违规违纪。2003年，我们对各州（市）管理和使用少数民族发展资金情况进行一次全面检查，其中对部分安排资金数额较大的重点项目，从资金到位、资金管理和资金使用效益等方面进行了跟踪督察。经过督查小组督查后，由省审计厅起草了《2003年度财政扶贫资金违规违纪情况的报告》，《2003年度违规违纪财政扶贫资金的纠正处理意见》。

（撰稿　成自强　审稿　万凌云）

【宁夏回族自治区进一步规范发展资金管理使用工作】　为使有限的少数民族发展资金用到实处，体现党的民族政策的温暖，宁夏回族自治区各地民族宗教局根据自治区民委限额申报的要求，本着“救急救难”的原则申报项目资金，突出解决贫困山区、移民吊庄以及少数民族聚居乡村群众就医饮水、道路建设、校舍建设和推动产业结构调整等方面存在的问题。自治区民委会同财政厅、扶贫办对2003年所申报的95个项目进行了汇总研究、考察，并根据今年实际情况，对项目的安排提出了意见，明确了资金扶持的环节。同时，为进一步规范少数民族发展资金的管理使用工作，对1998年以来的项目资金执行情况进行了检查，总体上执行情况比较好。不少项目单位在醒目的位置立下了“少数民族发展资金项目”的标志或“自治区民委赠”的字样，成为向广大干部群众进行民族政策教育的活教材。检查中，工作人员向各市、县（区）广泛宣传了少数民族发展资金新的申报程序、办法等，为进一步规范该项资金的管理使用奠定了基础。

（撰稿　王芸萍　审稿　李　岚）

【新疆维吾尔自治区少数民族发展资金使用及管理】　2003年，新疆共下达少数民族发展资金1955万元，项目管理费45万元。项目惠及全区80多个县市，100多个乡镇。为确保少数民族发展资金投放的科学性、合理性，提高资金的使用效益。同时，新疆民委和财政厅把加强少数民族发展资金管理的科学性、规范化作为工作重点，进行了深入研究，做了大量的基础性工作，取得了一定的成效。注意加强与相关部门的联系，既相互合作，又相互监督，共同管理，共同考察，共谋发展，充分发挥各部门的优势，提高项目管理工作的质量。认真总结经验，研究少数民族发展资金管理的新思路、新方法。加强了对少数民族发展资金使用成果的宣传，及时编报信息，在杂志上刊登介绍少数民族发展资金使用情况的文章，取得了较好的宣传成效。通过各级民委和财政部门的不懈的努力及认真扎实的工作，全年度的少数民族发展资金各项工作圆满完成。

（撰稿　姜国利　审稿　陆健）

调研工作和报告

【《清真食品行业发展调研报告》获国家民委三等奖】 由天津市民委马竞、常志欣、刘洪源撰写的调研报告《清真食品行业发展调研》，在2003年国家民委调研评比中获得三等奖，参加天津市统战系统第七届优秀调研成果评选。该调研就本市清真食品市场的历史沿革、发展现状和存在的主要问题进行了较为深入的分析和研究，并提出了今后工作的建议和对策。

（撰稿　常志欣　审稿　马　竞）

【辽宁省民委开展优秀调研报告、优秀工作成果评选活动】 2003年，辽宁省民委经济工作紧紧围绕民族地区全面建设小康社会的目标，以结构调整为主线，以项目牵动为核心，以科技服务为支撑，抓政策、抓调研、抓协调、抓服务、抓典型，在开展少数民族农业产业化项目开发示范基地建设、少数民族贫困村开发式扶贫、少数民族科技培训服务、兴边富民行动和民族贸易等项工作中发挥了重要作用，取得了可喜成果。2003年年初，下发了《关于评选全省民委经济工作“优秀调研报告”“优秀工作成果”的通知》（辽民族办发［2003］2号），组织全省民委经济工作干部深入民族地区调查研究，征集优秀调研报告、优秀工作成果，研究新情况、新问题，努力提高指导工作服务全局的能力和水平。全年共收到40多篇调研报告、20多项优秀成果。省民委组成评选小组，本着实事求是、公开公正公平的原则，评选出31篇优秀调研报告、11项优秀工作成果。

（撰稿　辽宁省民委经济处　审稿　杨丰陌）

【辽宁省民族研究所撰写论文获奖】 辽宁省所撰写的论文《西部大开发与中小企业发展》荣获辽宁省社科联、辽宁省法学会等发起的邓小平民主与法制思想理论研究优秀论文大奖赛2003年一等奖。

（辽宁省民族研究所　晏　路　审稿　杨丰陌）

【吉林省民委加强调研工作】 为加快少数民族和民族地区经济发展，吉林省民委组织有关专家、学者及相关部门的同志，深入到白城市等9个民族乡开展经济发展情况的调研，同时，就如何促进农牧业发展，增加农民收入，振兴民族乡经济，寻求新的发展思路进行了咨询论证。在此基础上，召开了民族乡镇工作座谈会，就民族乡镇经济发展问题进行研究和部署。针对少数民族和民族地区的贫困问题，会同省财政厅、省水利厅、省交通厅、省扶贫办等有关部门参加了由省政协组织开展的少数民族和民族地区贫困情况调研，形成了专题报告，就解决少数民族和民族地区贫困问题向省委、省政府提出了建议和意见。为加快延边州经济社会发展，实现全面建设小康社会目标，与省政府研究中心共同开展了“把延边州建设成为繁荣民族经济模范自治州”的专题调研，研究提出了有关政策性意见和建议，上报省政府和国家民委。

（撰稿　吉林省民委经济处　审稿　奎　速）

【上海市民宗委做好清真网点调研工作】 市民宗委副主任马定华带领民族二处有关同志对本市卢湾、普陀等区的清真网点开展调研。普陀区梅岭清真饮食店是一家由外来少数民族个体经营，由于政府的扶持政策，经过装修改造，该店营业额直线上升。“非典”期间，不但没受影响，反而因环境的干净，吸引了众多顾客，从原来每月千元左右的营业额上升至每天5000多元的营业额。为方便少数民族群众用餐，在附近少数民族和社区居民的要求下，现已24小时营业。这是一家从非基本供应点转为基本供应点的成功例子。

京城清真饭店是多年经营的老清真饭店，经过装修改造，经济效益迅速提高，该供应点由于地处沪西清真寺附近，前几年，由于各种原因，“清真不清”的问题时有发生，少数民族群众也提出意见，近年来在区民宗办的指导帮助下，经常开展民族政策和民族知识的培训，并请沪西清真寺有关人员担任饭店的清真顾问，饭店老板对进货渠道严格把关，特意从清真寺购进由阿訇宰的家禽，让少数民族放心食用。该店在把好清真关的前提下，搞出有特色的清真菜肴，提高清真饮食的层次，使之更适应上海清真餐饮的发展需要。

调研中还发现，除市商委、市民宗委规划的基本供应点外，还有一些不申请挂牌的清真食品企业，如外来人员经营的卢湾区伊斯坦布尔餐厅、长宁区艾尼巴依餐厅。他们以浓郁的异国风情和具有民族特色的食品吸引着国内外穆斯林消费者。这些企业成功经营的方法，为上海市民宗委引导清真企业走与市场经济相适应的道路，提供了很好的经验。调研中，马主任对普陀等区的清真食品情况较满意，他指出，对清真食品的管理要有与时俱进的创新意识，“清真要清”是必须的，“清真不便”，是需要去协调的。他强调，清真食品的发展一定要走市场经济的道路，改制是必须的，政府扶持是暂时，只有做好管理工作，认真执行《条例》，才能在上海新一轮的发展中把清真食品管理提高到新的层次。

（撰稿　金　彦　审稿　周富长）

【上海市税收政策改变使清真大众化早点面临困境】　为了支持和鼓励清真饮食行业的生存和发展，上海市财政局、地方税务局曾发文（沪财企二（1996）78号和90号文）规定，清真饮食行业参照本市大众化早点实行“先征后返”。从2003年开始，税务局将取消清真饮食业的退税政策。这将直接影响到清真饮食行业的生存和发展。

清真饮食行业是一个特殊行业，长期以来受到党和政府的关心和支持，为贯彻党的民族政策，维护少数民族合法权益和社会稳定工作做出了很大的贡献。如：黄浦区的湖滨清真饮食店，2002年利润53.6万元，退税12万元，占利润的22.4%；穆斯林饮食店，2002年利润18.6万元，返税7.7万元，占利润的41.4%；洪长兴餐饮有限公司2002年利润63万元，返税14.8万元，占利润的23.5%。由此可以看到清真饮食业所退税款占利润的1/4左右，而穆斯林饮食店由于经营大众化早点，比例接近50%，如果退税取消将会直接影响到清真饮食行业的经营效益，挫伤经营者的积极性，同时社会效益也会受到很大影响，民族工作部门和清真行业对此十分关注。

（撰稿　金　彦　审稿　周富长）

【江西省民族宗教局陈卫民撰写的民族工作社会化调研报告获奖】　2003年，江西省民族宗教事务局局长陈卫民撰写的《江西省民族工作社会化的实践与思考》在国家民委调研报告评比中获二等奖。该报告详细阐述了民族工作社会化这一新模式在江西的产生、运作及发展过程，较为深刻的揭示了民族工作社会化的内涵，全面分析了江西省民族工作在这一新机制下的开展情况，成功经验及不足之处，将江西民族工作的经验和方法提升到理论的层面，从而对在散杂居地区如何争取社会力量做好民族工作有所启示和帮助。

（撰稿　施莉文　审稿　罗峻雄）

【湖南省民委主任王德靖深入民族地区调研】2003年7月28日至8月9日，湖南省民委党组书记、主任王德靖率领有关处室负责人冒着盛夏酷暑，到湘西土家族苗族自治州的花垣、保靖、凤凰、吉首、泸溪等县市和和怀化市的麻阳苗族自治县、新晃侗族自治县、芷江侗族自治县开展调研。王德靖主任一行先后听取了有关市、州、县关于民族工作情况的汇报，深入到一些乡、村、学校和医院，调查了省民委和一些市县民委扶贫联系点的扶贫建整情况，走访慰问了部分特困群众，察看了一些县市民委系统财政扶贫资金项目的实施情况，就如何进一步贯彻落实党的民族政策、加强民族资金管理、推动少数民族和民族地区经济社会发展、加快民族地区全面建设小康社会的步伐、推进全省民族团结进步事业等问题进行了座谈。

（撰稿　梁　芳　审稿　蒲祖泉）

【四川民族地区实践“三个代表”推进“三个转变”调研报告】　四川省民委为贯彻2003年年初四川省委提出的推进四川发展新跨越实际的“三个转变”（即加快土地资源向土地资本转变，大力推进城镇化进程；加快民间资金向民间资本转变，大力发展民营经济；加快人才资源人才资本转变，大力实施科教兴川战略，充分调动和发挥科技人员的积极性和创造力）的战略决策，加快民族地区“三个转变”进程，省民委主任敬全林担任调研组组长，党组成员分别带领4个调研组，赴甘孜、阿坝、凉山三州和乐山市的民族地区对各地推进“三个转变”工作的进展情况、主要做法、存在的问题进行了深入了解和认真分析，指出了存在的问题并分析了原因，提出了切实推进“三个转变”是民族地区解决突出矛盾、加快发展的根本途径和现实选择。调研报告已在《四川信息》（增刊88期摘刊登，并获2003年度全国民委系统调研报告一等奖。

（撰稿　刘康蓉　审稿　蔡世勤　唐伯华）

【四川民族地区退耕还林还草的可持续发展调研报告】　《四川民族地区退耕还林还草的可持续发展调研报告》是四川省民委结合四川民族地区退耕还林还草工程的实施情况，对四川民族地区建立生态经济，达到可持续发展进行的专题调研。四川民族地区位于长江上游，其生态环境对长江流域具有重要的战略意义。1998年实施的天然林资源保护工程、退耕还林还草工程对四川民族地区的经济结构调整和可持续发展意义重大。调研报告通过对四川民族地区自1999年启动退耕还林还草工程以来的现状、存在的问题，结合建立生态经济系统的途径，进行了深入的调查和探讨，提出了推进四川民族地区退耕还林还草工程建立生态经济系统的对策措施：1. 遵循自然生态规律，渐次推进退耕还林还草工程。2. 遵循社会经济规律，稳步推进退耕还林还草工程。3. 遵循政府行为规范，发挥各级政府能动性。4. 遵循社会行为规律，调动广大农牧民积极性。5. 尊重民族地区实际，中央和省要加大地方财政的补助力度。6. 尊重农牧民意愿，建立对农牧民补助的投入和退出机制。7. 遵循系统原理，加强科学管理，确保工程质量。8. 加强技术推广应用，提高退耕还林还草工程的技术含量。9. 重视退牧还草，实施草地保护工程。《调研报告》获2003年度全国民委系统调研报告优秀奖。

（撰稿　刘康蓉　审稿　蔡世勤　唐伯华）

【《建立长效机制增强内在动力》调研报告】《建立长效机制增强内在动力》——川南两市三县民族工作调研报告是四川省民委主任敬全林对四川省宜宾、泸州两市如何加强散杂居民族工作尤其是民族乡的发展问题进行的专题调研的调研报告。调研报告指出散杂居民族工作面临诸多问题，不少地方的困难程度甚至超过三州自治地方。主要表现为：农村少数民族群众的生产条件差，经济收入低于当地平均水平，民族教育发展滞后，民族干部配备不够。提出六点建议：1. 加大政策投入，建立扶持的长效机制。

2. 加强基础建设，增强自我发展的能力。3. 完善发展思路，尽快步入良性循环轨迹。4. 加强人才培养，发挥民族干部的作用。5. 提高补助标准，增强安居工程的实效。6. 加强体系建设，提高民族工作部门的能力。

（撰稿 刘康蓉 审稿 蔡世勤 唐伯华）

【甘肃省民族地区全面建设小康社会问题的调研报告】 2003 年 3 月 5—22 日，新任甘肃省民族事务委员会（省宗教局）党组书记、主任马永孝同志，率领调研组赴临夏、甘南两州和陇南市就“民族地区小康社会建设”问题开展调查研究。期间与两州一市及 15 个县（市）的有关部门举行了 16 次座谈会，实地走访和参观考察各类企业 20 家，农牧民家庭 11 户，整村推进式扶贫工程点 10 处，各类学校、幼儿园等 17 所，医院 2 所，其他社会公共设施 5 处。

调研报告通过对甘肃省 2 个自治州、5 个自治县及有关市、州的调查研究，比较全面系统地分析和研究了民族地区全面建设小康社会的特殊性，从“民族地区全面建设小康社会的基础条件”、“民族地区全面建设小康社会制约因素”、“民族地区全面建设小康社会战略构想”、“民族地区全面建设小康社会的政策措施”四个方面，阐述了理论观点，提出了相应的政策措施建议。全文引用了大量的基础性数据，在充分吸纳基层领导意见和建议的基础上，提出了一些新的认识和观点，为省委、省政府推进民族地区全面建设小康社会步伐提供了政策性参考依据。此文获国家民委 2003 年度调研成果三等奖。

（撰稿 成自强 审稿 万凌云）

民族经济政策法规篇

Policies and Regulations on Ethnic Economy Part

收集了2003年有关省、自治区、直辖市政府部门颁发的关于少数民族和民族地区经济社会发展方面的文件、制度、法规等文献。

It Collects documents, systems, legal Regulations and other files related to the work on economic and social Developrnent in the ethnic minority and ethnic areas issued by govern mental offices at the levels of provinces, autonomous regions and munici palities.

辽宁省人民政府办公厅转发省财政厅关于促进辽西北地区省扶贫开发工作重点县和民族自治县经济与社会发展政策意见的通知

辽政办发［2003］65号

各市人民政府，省政府各厅委、各直属机构：

经省政府同意，现将省财政厅《关于促进辽西北地区省扶贫开发工作重点县和民族自治县经济与社会发展的政策意见》转发给你们，请认真贯彻执行。

关于促进辽西北地区省扶贫开发工作重点县和民族自治县经济与社会发展的政策意见

为加快辽西北地区省扶贫开发工作重点县和民族自治县经济发展，促进社会全面进步，加快实现全面建设小康社会的目标，现就支持辽西北地区省扶贫开发工作重点县和民族自治县经济与社会发展提出如下政策意见。

一、财政共享收入增量返还政策

为调动辽西北地区省扶贫开发工作重点县和民族自治县（以下简称19县）上项目、兴产业、促增收的积极性，对19县的增值税、营业税和企业所得税，以新体制确定的2002年为基数，从2003年起，5年内，增值税增量省分成的10%、企业所得税增量省分成的20%、营业税增量省分成的30%部分给予全部返还。企业所得税中央分成的60%部分，由省财政按每年的环比增量给予一并返还。

市级财政对19县集中的增值税、营业税、企业所得税增量部分是否返还，由所在市政府决定。

二、转移支付补助政策

调整和规范省对县转移支付办法，建立奖惩对称、鼓励发展、鞭策落后的转移支付激励机制。对19县国家规定的标准工资缺口和必需的刚性支出缺口，在财政供养人员实现存量调整、总量减员的前提下，省继续给予一般性转移支付和工资性转移支付补助。对实现缩编减人、降低财政供养系数的县，省财政将在正常转移支付补助以外给予以奖代补转移支付补助。

三、新增建设用地土地有偿使用费免缴政策

为改善招商引资环境，降低建设用地成本，促进19县经济发展，从2003年8月1日到2007年年底，新增建设用地土地有偿使用费上缴省财政的70%部分全部免缴。免缴的新增建设用地土地有偿使用费要实行收支两条线管理，缴入同级财政专户，建立县域经济发展基金，按专项资金使用方向实行专款专用。

四、支持农业产业化和技术改造项目贴息政策

省建立专项贴息资金，对科技含量高、辐射能力强、带动农民增收、吸纳社会就业、税收贡献率高的农业产业化龙头企业和对县域经济发展有牵动力的企业技术改造项目贷款给予贴息支持。

五、支持教育事业发展的政策

为解决农村贫困家庭子女义务教育阶段学习费用负担，由省、市共同出资，对19县农村年人均纯收入低于1200元的家庭子女，实行义务教育阶段免课本费和杂费的资助政策。贫困家庭由村民代表大会认定，并实行公示。

每个县选择4到5所基础条件好的乡镇初级中学，依附县级职业教育中心创办初级职教培训分校，并辐射周边乡镇，实施初中阶段3+1式教育，对未能升学学生和农民实施农业种植、养殖等地方特色农业职业技术培训。职教培训分校以电视教学为主，县级职业教育中心负责技术指导，由省负责配备电教设备和教材。每个初级职教培训分校由乡镇划拨不低于50亩的试验田。

六、支持农村公共卫生事业发展的政策

为保证及时有效地发现、处理、上报农村突发的公共卫生事件，保障农民身体健康和生命安全，省重点扶持县乡建立疫情报告系统、远程会诊系统及公共卫生应急机制建设。

七、专项资金减免配套政策

除国家有明确规定外，省下达的扶贫资金、农田水利、造林绿化、农业综合开发、教育等省以上专项，对19县实行分类减、免优惠政策，少配套或不配套，减轻县级支出压力。

八、实行财政周转金缓还政策

为缓解县财政压力，从2003年起，5年内，对19县欠省级的财政周转金实行缓还。

九、建立健全激励发展的监管、考评机制

建立扶贫资金监管机制。对省市用于支持县域经济和社会事业发展的财政一般性转移支付和工资性转移支付资金，科技、教育、文化、卫生、基础设施建设资金等大额专项支出全面推行国库集中支付；对社保、农业、林业、水利、开发式扶贫和农业综合开发等重点扶持资金实行专户管理、封闭运行。

全面推行县级报账制度。省市对县级支持经济和社会事业发展的各项资金一律实行报账制管理，由县级财政实行统一核算、统一支付、统一管理，并逐步向国库集中支付过渡。

建立扶持资金使用情况报告制度。市县要在年终或扶持项目竣工后，就资金使用、管理、效果及问题等情况进行全面、客观地总结评价，并逐级向省写出专题报告。

完善扶持资金的监督检查制度。充分发挥财政、审计等部门职能作用，坚持日常监督和定期检查相结合，对检查出的违规、违纪等问题，视情节给予内部通报、公开曝光、行政处罚等处理，以严肃财经纪律，确保扶持资金安全有效运行。

建立指标考核评价制度。制定GDP、财政收入、农民人均纯收入、扶持政策等预期目标值，省每年对19县进行一次综合评价，与省扶持政策挂钩。对实现预期目标的县，继续按政策给予支持；对未能实现预期目标的县，省将相应调减扶持政策。对截留、挪用上级扶持资金等违规违纪行为，要通过等额扣减财力方式给予处罚，并追究主要责任人的行政责任。

■辽宁省清真食品生产经营管理规定

（省政府第155号令）

第一条　为了尊重少数民族风俗习惯，加强对清真食品生产经营的管理，增进民族团结，根据国家有关规定，结合我省实际，制定本规定。

第二条　本规定所称清真食品，是指按照回、维吾尔、哈萨克、柯尔克孜、塔吉克、乌孜别克、塔塔尔、撒拉、保安、东乡等少数民族（以下简称回族等少数民族）风俗习惯和宗教信仰，生产、加工的食品。

本规定所称清真食品生产经营，是指清真食品的生产（不包括种植业和养殖业）、采集、收购、加工、储存、运输、陈列、供应、销售等活动，包括国家机关、社会团体、企业事业单位内部清真食堂从事的清真食品生产经营活动。

第三条　凡在我省行政区域内从事清真食品生产经营的单位和个人，均应遵守本规定。

第四条　省、市、县（含县级市、区，下同）民族工作部门负责本行政区域内清真食品生产经营的监督管理工作。

工商行政管理、质量技术监督、公安、卫生、商品流通、畜牧兽医等部门应当按照各自职责，加强对清真食品生产经营的监督管理。

清真商业食品管理协会受民族工作部门的委托，参与对清真食品生产经营的监督管理。

第五条　从事清真食品生产经营的，除具备《中华人民共和国食品卫生法》规定的条件外，还应当具备下列条件：

（一）单位负责人、个体工商户业主是回族等少数民族公民；

（二）主理厨师、采购人员、仓库保管人员等主要岗位的人员是回族等少数民族公民；

（三）回族等少数民族职工占本单位职工总人数的比例，生产单位不少于25%，经营单位不少于50%。

第六条　从事清真食品生产经营，应当向所在地县以上民族工作部门申领《清真食品准营证》和清真标志。设立清真牛羊屠宰场的，除履行有关审批手续外，还应当向省民族工作部门申领《清真食品准营证》和清真标志。

受理申请的民族工作部门应当在15个工作日内对申请者的条件进行审查。审查合格的，发给省民族工作部门统一监制的《清真食品准营证》和清真标志；不合格的，应当书面通知申请人并说明理由。

未取得《清真食品准营证》和清真标志的，不得生产经营清真食品，工商行政管理部门不得办理生产经营清真食品的营业执照。

第七条　清真食品生产经营单位和个人，应当在生产经营场所的显著位置悬挂《清真食品准营证》和清真标志。因故不再生产经营清真食品的，应当向原核发机关办理《清真食品准营证》注销手续，交回清真标志。

任何单位和个人不得伪造、出租、转让或倒卖《清真食品准营证》和清真标志。

第八条　生产经营清真食品的从业人员应当经清真专业培训后持证上岗。其中清真牛羊屠宰场的刀师傅和清真饮食行业的厨师、面点师，由市以上民族工作部门组织培训。

第九条　生产清真食品所需肉类原料，应当到持有《清真食品准营证》的牛羊屠宰场或者清真柜台、摊点采购。

第十条　清真食品生产经营单位和个人，不得生产经营回族等少数民族禁忌食品和伪劣清真食品。不得以非清真食品冒充清真食品销售。

生产、加工、储运、计量、包装、销售清真食品的器具、车辆、库房等应当专物专用、专人管理。

第十一条　清真牛羊屠宰场屠宰畜禽，应当按照动物防疫的有关规定实行同步检疫，严格遵守清真习俗，机械化屠宰时应当符合回族等少数民族习俗要求。生产、经营清真肉类产品应当附有清真标识。

第十二条　清真食品的包装物、标志以及清真食品生产经营单位的字号及其食品名称，不得含有回族等少数民族忌讳的文字和图像。

第十三条　从省外进入我省销售清真牛羊肉和其他清真食品，应当持有产地清真食品有效证明。

第十四条　任何单位和个人不得向清真食品市场供应非清真牛羊屠宰场生产的牛羊肉及其他非清真肉类产品。

任何人不得将回族等少数民族禁忌的物品带入清真食品生产经营场所。

第十五条　违反本规定，未领取《清真食品准营证》和清真标志擅自生产经营清真食品的，由县以上民族工作部门责令改正，并处以违法所得1倍以上3倍以下但最高不超过3万元的罚款。

第十六条　清真食品生产经营单位和个人不具备本规定所规定的清真食品生产经营条件的，由县以上民族工作部门责令改正；拒不改正的，收回《清真食品准营证》和清真标志，并处以1000元以上1万元以下罚款。

第十七条　生产经营清真食品的单位和个人违反本规定，有下列行为之一的，由县以上民族工作部门责令改正，并处200元以上3000元以下罚款：

（一）未在生产经营场所悬挂《清真食品准营证》和清真标志的；

（二）因故不再从事清真食品生产经营，未向原核发机关办理《清真食品准营证》注销手续并交回清真标志的；

（三）从业人员未按规定培训上岗的；

（四）无产地证明销售从省外购入的清真牛羊肉类和其他清真食品的；

（五）生产、加工、储运、计量、包装、销售清真食品与非清真食品混用器具、车辆、库房的。

第十八条　生产经营清真食品的单位和个人违反本规定，有下列行为之一的，由县以上人民政府民族工作部门责令改正，处以500元以上3000元以下罚款；情节严重的，处以3000元以上3万元以下罚款：

（一）生产清真食品所需肉类原料未到清真牛羊屠宰场或者清真柜台、摊点采购的；

（二）生产经营回族等少数民族禁忌食品的；

（三）清真食品的食品名称含有回族等少数民族忌讳的文字或图像的；

（四）清真牛羊屠宰场屠宰牛羊不符合清真习俗的；

（五）生产、经营清真牛羊肉类产品未附清真标识的。

第十九条　伪造、出租、转让或者倒卖《清真食品准营证》或清真标志的，由县以上民族工作部门收缴《清真食品准营证》或清真标志；有违法所得的，处以违法所得1倍以上3倍以下但最高不超过3万元的罚款；没有违法所得的，处以200元以上3000元以下罚款；构成犯罪的，依法追究刑事责任。

第二十条　向清真食品市场供应非清真牛羊屠宰场生产的牛羊及其他非清真肉类产品的由县以上民族工作部门责令改正，并处3000元以上1万元以下罚款。

第二十一条　生产经营清真食品的单位和个人违反本规定，以非清真食品冒充清真食品销售，或者生产经营伪劣清真食品的，由工商行政管理、质量技术监督、公安等部门按照国家有关生产、销售伪劣商品的规定处理。

第二十二条　将回族等少数民族禁忌的物品带入清真食品生产经营场所且不听劝阻的，由县以上民族工作部门处以200元以上500元以下罚款.

第二十三条　清真食品生产经营单位和个人违反本规定，情节严重的，由当地民族工作部门提请同级工商行政管理部门依法给予停业整顿、吊销营业执照的处罚。

第二十四条　清真食品生产经营单位和个人违反动物防疫法律、法规和规章的，由县以上畜牧兽医管理部门依法查处。

第二十五条　实施行政处罚，应当按照《中华人民共和国行政处罚法》的规定执行。罚款和收缴罚款，按照《辽宁省罚款决定与罚款收缴分离实施细则》的规定执行。

第二十六条　民族工作部门及清真食品行业管理组织工作人员在清真食品生产经营管理中滥用职权、玩忽职守、徇私舞弊的，由其所在单位或者上级主管部门给予行政处分；构成犯罪的，依法追究刑事责任。

第二十七条　本规定实施前已经从事生产经营清真食品的单位和个人，应当按照本规定重新申请领取《清真食品准营证》和清真标志。

第二十八条　本规定自2003年3月1日起施行。1994年6月3日辽宁省人民政府制定的《辽宁省清真食品生产经营管理规定》同时废止。

《黑龙江省人口较少民族（2003～2005）扶贫规划》

我省有10万以下人口较少民族4个，共10235人。其中赫哲族3727人，主要分布在佳木斯市的同江市、双鸭山市的饶河县，建有三个民族乡四个村；鄂伦春族3588人，主要分布在黑河市的爱辉区和逊克县，大兴安岭地区的塔河县和呼玛县，伊春市的嘉荫县，建有5个民族乡和6个村；鄂温克族2571人，主要分布在齐齐哈尔市的讷河市，建有一个民族乡和两个村；俄罗斯族329人，分散居住在全省各地，没有乡村建制。为贯彻落实国办函［2001］44号《国务院办公厅关于扶持人口较少民族发展问题的复函》精神，扶持我省人口较少民族加快发展，特制定《黑龙江省人口较少民族（2003——2005）扶贫规划》（以下简称《规划》）。

一、指导思想

按照国办函［2001］44号文件精神，以"三个代表"重要思想为指导，从人口较少民族的实际出发，立足于当前，着眼未来，以各级政府扶持为主，广泛动员全社会参与和支持，紧紧依靠各族干部群众自力更生，艰苦奋斗，争取用4年时间，使全省人口较少民族乡村基础设施条件得到明显改善，为进一步加快民族经济发展和社会进步奠定坚实的基础。

二、扶持原则

（一）坚持"完善设施、普遍受益"的原则。以扶持国办函［2001］44号提出的八个方面改善基础设施为主，为人口较少民族乡村各族人民群众普遍受益，加快发展各项事业创造有利条件。

（二）坚持"因地制宜、分类扶持"的原则。从人口较少民族自然环境、经济发展、社会进程等不同情况出发，实行不同政策、不同措施加以分类扶持。

（三）坚持"突出重点、统筹兼顾"的原则。突出受益面广、效益长远、投入少、见效快的项目为重点，同时兼顾非重点发展项目给予扶持。

（四）坚持"政府扶持、社会参与"的原则。扶持人口较少民族加快发展是各级政府的职责，但必须动员社会各界力量广泛参与，调动各族人民群众的积极性，发扬自力更生，艰苦奋斗的精神，增强人口较少民族的自我发展能力。

三、主要目标

通过四年的扶持，使全省人口较少民族乡村经济和社会基础设施条件得到明显改善。

（一）实现民族乡村通简易公路，部分乡村提高公路等级。

（二）实现民族乡村全部通电。

（三）实现民族乡村全部通广播电视，部分乡村实现播放有线电视。

（四）解决人畜饮水问题，部分乡村实现饮用自来水。

（五）进一步提高"普九"质量，改善教育教学条件，加强培训中小学教师队伍，进一步提高教学质量，为更多的人口较少民族进入大专院校创造条件。

（六）加快发展人口较少民族乡村医疗卫生事业，重点扶持改善乡村医疗卫生设施条件，提高防病治病水平。

（七）群众住房改造以群众自力更生为主，对居住公房的帮助建立新的管理机制，实现规范化管理。

（八）各级财政要加大专项转移支付力度，进一步扶持人口较少民族各项事业加快发展。

四、保障措施

（一）把人口较少民族发展和"兴边富民行动"结合起来，集中力量扶持、指导、推动人口较少民族乡村基础设施建设。

（二）把政府扶持和调动社会各界力量结合

起来，集中方方面面的资金扶持，提高投入效益，扩大经济和社会效益。

（三）把调动各族干部群众积极性和鼓励多方引进项目资金结合起来，发挥内部作用和自我发展能力，促进加快发展。

（四）对少数民族贫困村应该在同等条件下优先扶持。扶贫主管部门及其他有关部门都应对少数民族贫困村实行特殊关照的政策，在扶持资金、项目等各方面采取重点倾斜措施。

（五）把重点改善基础设施条件和推动经济社会全面发展进步结合起来，完善近期和中长期规划，使扶持人口较少民族工作有计划、有步骤、有目标地稳步推进。

■《上海市清真食品从业人员须知》

为尊重少数民族的风俗习惯，严格清真食品行业的管理，根据《上海市清真食品管理条例》有关规定，本市清真食品行业的从业人员必须做到：

1. 禁止经营或使用猪肉及其副产品。

2. 禁止经营或使用血液及其副产品、自死物等少数民族禁忌食品。

3. 经营或使用的畜禽必须符合清真要求并附有效证明。

4. 禁止携带清真禁忌食品、物品进入清真食品的专营场所。

5. 生产、经营清真食品的，其字号、招牌和食品的名称、包装和广告，不得含有食用清真食品少数民族禁止的语言、文字或者图像。

6. 经营或使用中的运输车辆、计量器具、储藏容器和加工、储存、销售的场地必须保证专用。

7. 从业人员应当接受专门部门举办的民族政策、法规的教育培训，业主持证上岗。

8. 应当接受有关部门和少数民族群众的监督、检查。

■《甘肃省清真食品管理条例》

（2002年12月7甘肃省第九届人民代表大会常务委员会第三十一次会议通过）

《甘肃省清真食品管理条例》已经2002年12月7日甘肃省第九届人民代表大会常务委员会第三十一次会议通过，现予公布，自2003年3月1日起施行。

第一条　为了尊重食用清真食品的少数民族的饮食习俗，加强对清真食品的管理，根据国家有关法律、法规的规定，结合本省实际，制定本条例。

第二条　本条例适用于本省行政区域清真食品的生产、加工、经营及其监督管理活动。

第三条　县级以上民族事务行政主管部门负责组织本条例的实施。

各级工商行政管理、卫生、检疫、质监等部门在各自的职责范围内负责清真食品的监督管理工作。

第四条　任何单位和个人都不得歧视和干涉食用清真食品的企业或单位，除具备有关法律、法规对食品生产经营所规定的条件外，还应当具备下列条件：

（一）企业或单位的主要管理人员中至少有一名食用清真食品的少数民族公民，监督人必须是食用清真食品的少数民族公民。

（二）从业人员中应有一定比例的食用清真食品的少数民族公民。

（三）生产、加工、经营场地、设备、仓储必须保证专用。

（四）屠宰、采购、操作等关键岗位，必须由食用清真食品的少数民族公民担任。

（五）清真肉食商品畜禽按有关规定实行定点屠宰，并依法接受检疫；清真肉食商品畜禽屠宰人员须持有县级以上民族事务行政主管部门或其委托的伊斯兰教协会等组织出具的资格证明。

第六条　清真包装食品，应当由省或市（州、地）民族事务行政主管部门或其委托的伊斯兰教协会等组织监制，并在清真食品外包装上印制监制单位名称。

生产、加工、经营清真食品的企业和个体工商户，印制标有“清真”字样的清真食品包装印刷品时，应当提供所在地县级以上民族事务行政主管部门审核批准的有效证明。

第七条　清真食品包装上，不得印有食用清真食品的少数民族禁忌的文字和图案，不得将清真食品包装物出售或者转让给非清真食品生产经营者使用。

第八条　在非专营清真食品区域内，清真食品的摊位、柜台，应当与非清真食品的摊位、柜台保持适当距离或者设置明显的隔离设施。

第九条　凡取得营业执照的企业、个体工商户，生产、加工、经营清真食品的，应当在开业前向所在地县级以上民族事务行政主管部门提出书面申请，经审查合格后，发给清真食品标志牌。

未取得清真食品标志的，不得生产、加工、经营清真食品。

第十条　清真食品标志牌由省民族事务行政主管部门统一

监制，由市（州、地）、县（市、区）民族事务行政主管部门发放。

清真食品标志牌必须放置在生产经营场所的醒目位置。」

禁止伪造、买卖、转让或者租借清真食品标志牌。

第十一条　申领清真食品标志牌的当事人，应当向县级以上民族事务行政主管部门提供本条例第五条所规定的相关材料。

县级以上民族事务行政主管部门应当在接到申请材料之日起15个工作日内作出批准或不予批准的决定。批准的，应当核发清真食品标志牌；不予批准的，应当说明理由。

第十二条　生产、加工、经营清真食品的当事人不再生产、加工、经营清真食品的，应当在停业后五日内向县级以上民族事务行政主管部门备案，并将清真食品标志牌交回原核发单位。

第十三条　从事清真食品生产、加工、经营的单位和个人，不得发布含有虚假内容的清真食品广告。

未取得清真食品标志牌的单位和个人，不得在生产、加工、经营场所及产品和包装上使用、张贴、悬挂带有“清真”、“穆斯林”、“回族”等字样或图案的标志物。

第十四条　县级以上民族事务行政主管部门负责对所在地生产、加工、经营清真食品的各类企业、个体工商户和宾馆、饭店、招待所、机关清真餐厅进行检查。

第十五条违反本条例第五条、第六条、第七条、第九条第二款规定的，由县级以上民族事务行政主管部门对当事人给予警告，责令限期改正；逾期不改的，处500元以上、2000元以下罚款。

第十六条　违反本条例第十条第三款、第十三条第二款规定的，由县级以上民族事务行政主管部门没收违法所得，并处1000元以上、5000元以下罚款。

违反本条例第十三条第一款规定的，由工商行政管理部门依法处罚。

第十七条违反本条例规定，经处罚后仍不改正的，由县级以上民族事务行政主管部门收回清真食品标志牌；情节严重、构成犯罪的，依法追究刑事责任。

第十八条　民族事务行政主管部门负责清真食品管理的工作人员有玩忽职守、滥用职权、徇私舞弊，或者利用工作之便索取财物行为的，由其所在单位或者上级行政主管部门依法给予行政处分；构成犯罪的，依法追究刑事责任。

第十九条　本条例自2003年3月1日起施行。

统计资料篇

Statistical Data

分“民族自治地方”、“全国少数民族发展情况”、“全国政府民族工作部门机构和人员情况”、“其他资料”等四部分。涉及的全国性统计数据均不包括台湾省和香港特别行政区、澳门特别行政区的资料。统计资料主要来源于国家政府主管部门、各级统计和民族工作部门。全部统计资料均经国家统计局国民经济综合统计司审核。

Statistical Data Part is composed of four parts. They are comprehensive Information on economic and social development in the Ethnic Minority Autonomous Area, Development of Nationwide Ethnic Minority, Institution and Staffs of the Governmental Agencies for Ethnic Affair, and Other Documents. It touches upon national statistical figures excluding Taiwan province, Hong Kong Special Administration Region, and Macao Special Administration Region. The statistical figures mainly come from the statistical and operational governmental agencies at all levels. All statistical figures have been examined and approved by the Statistical Department for the National Economy of the State Statistical Bureau.

民族自治地方

Ethnic minority
Autonomous Areas

行政区划和自然资源 1

Division of Administrative Areas and Natural Resources

1-1 民族自治地方行政区划

(2003年末)

省级		地级		县级		乡级
合计	行政区划单位	合计	行政区划单位	合计	行政区划单位	行政区划单位
5	5 自治区	77	31 地级市 13 地区 30 自治州 3 盟	699	74 市辖区 66 县级市 390 县 49 旗 117 自治县 3 自治旗	8 910
	河 北			6	6 自治县	117
	内蒙古	12	9 地级市 3 盟	101	21 市辖区 11 县级市 17 县 49 旗 3 自治旗	1 236
	辽 宁			8	8 自治县	159
	吉 林	1	1 自治州	11	6 县级市 2 县 3 自治县	116
	黑龙江			1	1 自治县	11
	浙 江			1	1 自治县	24
	湖 北	1	1 自治州	10	2 县级市 6 县 2 自治县	102
	湖 南	1	1 县级市	15	1 自治州 7 县 7 自治县	358
	广 东			3	3 自治县	34
	广 西	14	14 地级市	109	33 市辖区 7 县级市 57 县 12 自治县	1 324

*乡级行政区划单位不包括街道办事处。

1-1 续表

(2003 年末)

省级	地级		县级		乡级
行政区划单位	合计	行政区划单位	合计	行政区划单位	行政区划单位
海　南			6	6 自治县	59
重　庆			4	4 自治县	142
四　川	3	3 自治州	51	1 县级市 46 县 4 自治县	1 232
贵　州	3	3 自治州	46	4 县级市 31 县 11 自治县	726
云　南	8	8 自治州	78	7 县级市 42 县 29 自治县	898
西　藏	7	1 地级市 6 地区	73	1 市辖区 1 县级市 71 县	683
甘　肃	2	2 县级市	21	2 自治州 12 县 7 自治县	313
青　海	6	6 自治州	35	2 县级市 26 县 7 自治县	320
宁　夏	5	5 地级市	21	8 市辖区 2 县级市 11 县	188
新　疆	14	2 地级市 7 地区 5 自治州	99	11 市辖区 20 县级市 62 县 6 自治县	868

1－1 Administrative Division of Ethnic Minority Autonomous Areas

(End of 2003)

Provincial Level		Prefectural Level		County		Township and Town Government
Total	Administrative unit	Total	Administrative unit	Total	Administrative unit	Administrative unit
5	5 Autonomous regions	77	31 Cities at prefectural level 13 Prefectures 30 Autonomous prefectures 3 Mengs	699	74 District Under City 66 Cities at County Level 390 Counties 49 Qis 117 Autonomous counties 3 Autonomous qis	8 910
Hebei				6	6 Autonomous counties	117
Inner Mongolia		12	9 Cities at prefectural level 3 Mengs	101	21 District Under City 11 Cities at County Level 17 Counties 49 Qis 3 Autonomous qis	1 236
Liaoning				8	8 Autonomous counties	159
Jilin		1	1 Autonomous prefectures	11	6 Cities at County Level 2 Counties 3 Autonomous counties	116
Heilongjiang				1	1 Autonomous counties	11
Zhejiang				1	1 Autonomous counties	24
Hubei		1	1 Autonomous prefectures	10	2 Cities at County Level 6 Counties 2 Autonomous counties	102
Hunan		1	1 Autonomous prefectures	15	1 Cities at County Level 7 Counties 7 Autonomous counties	358
Guangdong				3	3 Autonomous counties	34
Guangxi		14	14 Cities at prefectural level	109	33 District Under City 7 Cities at County Level 57 Counties 12 Autonomous counties	1 324

1－1 Continued

(End of 2003)

Provincial Level		Prefectural Level		County		Township and Town Government
Total	Administrative unit	Total	Administrative unit	Total	Administrative unit	Administrative unit
	Hainan			6	6 Autonomous counties	59
	Chongqing			4	4 Autonomous counties	142
	Sichuan	3	3 Autonomous prefectures	51	1 Cities at County Level 46 Counties 4 Autonomous counties	1 232
	Guizhou	3	3 Autonomous prefectures	46	4 Cities at County Level 31 Counties 11 Autonomous counties	726
	Yunnan	8	8 Autonomous prefectures	78	7 Cities at County Level 42 Counties 29 Autonomous counties	898
	Tibet	7	1 Cities at prefectural level 6 Prefectures	73	1 District Under City 1 Cities at County Level 71 Counties	683
	Gansu	2	2 Autonomous prefectures	21	2 Cities at County Level 12 Counties 7 Autonomous counties	313
	Qinghai	6	6 Autonomous prefectures	35	2 Cities at County Level 26 Counties 7 Autonomous counties	320
	Ningxia	5	5 Cities at prefectural level	21	8 District Under City 2 Cities at County Level 11 Counties	188
	Xinjiang	14	2 Cities at prefectural level 7 Prefectures 5 Autonomous prefectures	99	11 District Under City 20 Cities at County Level 62 Counties 6 Autonomous counties	868

1－2 民族自治地方县(旗)、市分布

(2003年末)

地区	县(旗)、市数	县(旗)、市名称
合计	31地级市、66县级市、390县、49旗、117自治县、3自治旗	
河北	6 自治县	秦皇岛市:青龙满族自治县 廊坊市:大厂回族自治县 承德市:宽城满族自治县、丰宁满族自治县、围场满族蒙古族自治县 沧州市:孟村回族自治县
内蒙古	9 地级市 11 县级市 17 县 49 旗 3 自治旗	*呼和浩特市:土默特左旗、托克托、和林格尔、清水河、武川 *包头市:土默特右旗、固阳、达尔罕茂明安联合旗 *乌海市 *赤峰市:阿鲁科尔沁旗、巴林左旗、巴林右旗、林西、克什克腾旗、翁牛特旗、喀喇沁旗、宁城、敖汉旗 *通辽市:霍林郭勒市、科尔沁左翼中旗、科尔沁左翼后旗、开鲁、库伦旗、奈曼旗、扎鲁特旗 *呼伦贝尔市:满洲里市、扎兰屯市、牙克石市、根河市、额尔古纳市、阿荣旗、莫力达瓦达斡尔族自治旗、鄂伦春自治旗、鄂温克族自治旗、新巴尔虎右旗、新巴尔虎左旗、陈巴尔虎旗 *鄂尔多斯市:达拉特旗、准格尔旗、鄂托克前旗、鄂托克旗、杭锦旗、乌审旗、伊金霍洛旗 *乌兰察布市:丰镇市、卓资、化德、商都、兴和、凉城、四子王旗、察哈尔右翼前旗、察哈尔右翼中旗、察哈尔右翼后旗 *巴彦淖尔市:五原、磴口、乌拉特前旗、乌拉特中旗、乌拉特后旗、杭锦后旗 兴安盟:乌兰浩特市、阿尔山市、科尔沁右翼前旗、科尔沁右翼中旗、扎赉特旗、突泉 锡林郭勒盟:二连浩特市、锡林浩特市、阿巴嘎旗、苏尼特右旗、苏尼特左旗、东乌珠穆沁旗、西乌珠穆沁旗、太仆寺旗、镶黄旗、正镶白旗、正蓝旗、多伦 阿拉善盟:阿拉善左旗、阿拉善右旗、额济纳旗
辽宁	8 自治县	鞍山市:岫岩满族自治县 抚顺市:新宾满族自治县、清原满族自治县 本溪市:本溪满族自治县、桓仁满族自治县 丹东市:宽甸满族自治县 朝阳市:喀喇沁左翼蒙古族自治县 阜新市:阜新蒙古族自治县
吉林	6 县级市 2 县 3 自治县	四平市:伊通满族自治县 白山市:长白朝鲜族自治县 松原市:前郭尔罗斯蒙古族自治县 延边朝鲜族自治州:延吉市、图们市、敦化市、珲春市、龙井市、和龙市、汪清、安图
黑龙江	1 自治县	大庆市:杜尔伯特蒙古族自治县
浙江	1 自治县	丽水市:景宁畲族自治县
湖北	2 县级市 6 县 2 自治县	宜昌市:长阳土家族自治县、五峰土家族自治县 恩施土家族苗族自治州:恩施市、利川市、建始、巴东、宣恩、咸丰、来凤、鹤峰

注:1. 表中有*号为地级市,共31个。地级市辖区(相当于县级)本表未作统计。

2. 国务院2003年12月1日批准撤销乌兰察布盟和集宁市,设立地级乌兰察布市,乌兰察布市新设集宁区。

3. 国务院2003年12月1日批准撤销巴彦淖尔盟和临河市,设立地级巴彦淖尔市,巴彦淖尔市新设临河区。

1-2 续表1

(2003年末)

地区	县(旗)、市数	县(旗)、市名称
湖　南	1　县级市 7　县 7　自治县	邵阳市:城步苗族自治县 永州市:江华瑶族自治县 怀化市:麻阳苗族自治县、新晃侗族自治县、芷江侗族自治县、靖州苗族侗族自治县、通道侗族自治县 湘西土家族苗族自治州:吉首市、泸溪、凤凰、花垣、保靖、古丈、永顺、龙山
广　东	3　自治县	韶关市:乳源瑶族自治县 清远市:连山壮族瑶族自治县、连南瑶族自治县
广　西	14　地级市 7　县级市 57　县 12　自治县	*南宁市:邕宁、武鸣、横县、宾阳、上林、隆安、马山 *柳州市:柳江、柳城、鹿寨、融安、三江侗族自治县、融水苗族自治县 *桂林市:阳朔、临桂、灵川、全州、兴安、永福、灌阳、龙胜各族自治县、资源、平乐、荔浦、恭城瑶族自治县 *梧州市:岑溪市、苍梧、藤县、蒙山 *北海市:合浦 *防成港市:东兴市、上思 *钦州市:灵山、浦北 *贵港市:桂平市、平南 *玉林市:北流市、容县、陆川、博白、兴业 *崇左市:凭祥市、扶绥、大新、天等、宁明、龙州 *来宾市:合山市、象州、武宣、金秀瑶族自治县、忻城 *贺州市:昭平、钟山、富川瑶族自治县 *百色市:田阳、田东、平果、德保、靖西、那坡、凌云、乐业、田林、隆林各族自治县、西林 *河池市:宜州市、罗城仫佬族自治县、环江毛南族自治县、南丹、天峨、凤山、东兰、巴马瑶族自治县、都安瑶族自治县、大化瑶族自治县
海　南	6　自治县	白沙黎族自治县、昌江黎族自治县、乐东黎族自治县、陵水黎族自治县、保亭黎族苗族自治县、琼中黎族苗族自治县
重　庆	4　自治县	石柱土家族自治县、秀山土家族苗族自治县、酉阳土家族苗族自治县、彭水苗族土家族自治县
四　川	1　县级市 46　县 4　自治县	绵阳市:北川羌族自治县 乐山市:峨边彝族自治县、马边彝族自治县 阿坝藏族羌族自治州:汶川、理县、茂县、松潘、九寨沟、金川、小金、黑水、马尔康、壤塘、阿坝、若尔盖、红原 甘孜藏族自治州:康定、泸定、丹巴、九龙、雅江、道孚、炉霍、甘孜、新龙、德格、白玉、石渠、色达、理塘、巴塘、乡城、稻城、得荣 凉山彝族自治州:西昌市、木里藏族自治县、盐源、德昌、会理、会东、宁南、普格、布拖、金阳、昭觉、喜德、冕宁、越西、甘洛、美姑、雷波

注:1. 国务院2003年1月2日批准撤销梧州市市郊区,设立梧州市长洲区,调整梧州市市辖区和苍梧县的行政区划。

2. 国务院2003年7月6日批准撤销北川县,设立北川羌族自治县。

1－2 续表2

(2003年末)

地区	县(旗)、市数	县(旗)、市名称
贵州	4 县级市 31 县 11 自治县	遵义市:道真仡佬族苗族自治县、务川仡佬族苗族自治县 铜仁地区:玉屏侗族自治县、印江土家族苗族自治县、沿河土家族自治县、松桃苗族自治县 毕节地区:威宁彝族回族苗族自治县 安顺地区:关岭布依族苗族自治县、镇宁布依族苗族自治县、紫云苗族布依族自治县 黔西南布依族苗族自治州:兴义市、兴仁、普安、晴隆、贞丰、望谟、册亨、安龙 黔东南苗族侗族自治州:凯里市、黄平、施秉、三穗、镇远、岑巩、天柱、锦屏、剑河、台江、黎平、榕江、从江、雷山、麻江、丹寨 黔南布依族苗族自治州:都匀市、福泉市、荔波、贵定、瓮安、独山、平塘、罗甸、长顺、龙里、惠水、三都水族自治县
云南	7 县级市 42 县 29 自治县	昆明市:石林彝族自治县、禄劝彝族苗族自治县、寻甸回族彝族自治县 玉溪市:峨山彝族自治县、新平彝族傣族自治县、元江哈尼族彝族傣族自治县 丽江市:玉龙纳西族自治县、宁蒗彝族自治县 思茅市:普洱哈尼族彝族自治县、墨江哈尼族自治县、景东彝族自治县、景谷傣族彝族自治县、镇沅彝族哈尼族拉祜族自治县、江城哈尼族彝族自治县、孟连傣族拉祜族佤族自治县、澜沧拉祜族自治县、西盟佤族自治县 临沧市:双江拉祜族佤族布朗族傣族自治县、耿马傣族佤族自治县、沧源佤族自治县 楚雄彝族自治州:楚雄市、双柏、牟定、南华、姚安、大姚、永仁、元谋、武定、禄丰 红河哈尼族彝族自治州:个旧市、开远市、蒙自、屏边苗族自治县、建水、石屏、弥勒、泸西、元阳、红河、金平苗族瑶族傣族自治县、绿春、河口瑶族自治县 文山壮族苗族自治州:文山、砚山、西畴、麻栗坡、马关、丘北、广南、富宁 西双版纳傣族自治州:景洪市、勐海、勐腊 大理白族自治州:大理市、漾濞彝族自治县、祥云、宾川、弥渡、南涧彝族自治县、巍山彝族回族自治县、永平、云龙、洱源、剑川、鹤庆 德宏傣族景颇族自治州:瑞丽市、潞西市、梁河、盈江、陇川 怒江傈僳族自治州:泸水、福贡、贡山独龙族怒族自治县、兰坪白族普米族自治县 迪庆藏族自治州:香格里拉、德钦、维西傈僳族自治县
西藏	1 地级市 1 县级市 71 县	*拉萨市:林周、当雄、尼木、曲水、堆龙德庆、达孜、墨竹工卡 昌都地区:昌都、江达、贡觉、类乌齐、丁青、察雅、八宿、左贡、芒康、洛隆、边坝 山南地区:乃东、扎囊、贡嘎、桑日、琼结、曲松、措美、洛扎、加查、隆子、错那、浪卡子 日喀则地区:日喀则市、南木林、江孜、定日、萨迦、拉孜、昂仁、谢通门、白朗、仁布、康马、定结、仲巴、亚东、吉隆、聂拉木、萨嘎、岗巴 那曲地区:那曲、嘉黎、比如、聂荣、安多、申扎、索县、班戈、巴青、尼玛 阿里地区:普兰、札达、噶尔、日土、革吉、改则、措勤 林芝地区:林芝、工布江达、米林、墨脱、波密、察隅、朗县

注:1. 国务院2003年10月30日批准撤销思茅地区和县级思茅市,设立地级思茅市。

2. 国务院2003年12月26日批准撤销临沧地区和临沧县,设立地级临沧市。

1-2　续表3

(2003年末)

地区	县(旗)、市数	县(旗)、市名称
甘　肃	2　县级市 12　县 7　自治县	天水市:张家川回族自治县 酒泉市:肃北蒙古族自治县、阿克塞哈萨克族自治县 张掖市:肃南裕固族自治县 武威市:天祝藏族自治县 临夏回族自治州:临夏市、临夏、康乐、永靖、广河、和政、东乡族自治县、积石山保安族东乡族撒拉族自治县 甘南藏族自治州:合作市、临潭、卓尼、舟曲、迭部、玛曲、碌曲、夏河
青　海	2　县级市 26　县 7　自治县	西宁市:大通回族土族自治县 海东地区:民和回族土族自治县、互助土族自治县、化隆回族自治县、循化撒拉族自治县 海北藏族自治州:门源回族自治县、祁连、海晏、刚察 黄南藏族自治州:同仁、尖扎、泽库、河南蒙古族自治县 海南藏族自治州:共和、同德、贵德、兴海、贵南 果洛藏族自治州:玛沁、班玛、甘德、达日、久治、玛多 玉树藏族自治州:玉树、杂多、称多、治多、囊谦、曲麻莱 海西蒙古族藏族自治州:格尔木市、德令哈市、乌兰、都兰、天峻
宁　夏	5　地级市 2　县级市 11　县	*银川市:永宁、贺兰、灵武市 *石嘴山市:平罗 *吴忠市:青铜峡市、盐池、同心 *固原市:西吉、隆德、泾源、彭阳 *中卫市:中宁、海原
新　疆	2　地级市 20　县级市 62　县 6　自治县	*乌鲁木齐市:乌鲁木齐 *克拉玛依市 石河子市、阿拉尔市、图木舒克市、五家渠市 吐鲁番地区:吐鲁番市、鄯善、托克逊 哈密地区:哈密市、巴里坤哈萨克自治县、伊吾 阿克苏地区:阿克苏市、温宿、库车、沙雅、新和、拜城、乌什、阿瓦提、柯坪 喀什地区:喀什市、疏附、疏勒、英吉沙、泽普、莎车、叶城、麦盖提、岳普湖、伽师、巴楚、塔什库尔干塔吉克自治县 和田地区:和田市、和田、墨玉、皮山、洛浦、策勒、于田、民丰 昌吉回族自治州:昌吉市、阜康市、米泉市、呼图壁、玛纳斯、奇台、吉木萨尔、木垒哈萨克自治县 博尔塔拉蒙古自治州:博乐市、精河、温泉 巴音郭楞蒙古自治州:库尔勒市、轮台、尉犁、若羌、且末、焉耆回族自治县、和静、和硕、博湖 克孜勒苏柯尔克孜自治州:阿图什市、阿克陶、阿合奇、乌恰 伊犁哈萨克自治州:奎屯市、伊宁市、伊宁、察布查尔锡伯自治县、霍城、巩留、新源、昭苏、特克斯、尼勒克 塔城地区:塔城市、乌苏市、额敏、沙湾、托里、裕民、和布克赛尔蒙古自治县 阿勒泰地区:阿勒泰市、布尔津、富蕴、福海、哈巴河、青河、吉木乃

注:1. 国务院2003年12月31日批准撤销石嘴山市惠农县和石嘴山区,设立石嘴山市惠农区;撤销陶乐县,将其行政区域分别并入平罗县和银川市兴庆区。

2. 国务院2003年12月31日批准撤销中卫县,设立地级中卫市,中卫市新设沙坡头区。

1－2 Distribution of Counties(Banners) and Cities in Ethnic Minority Autonomous Areas
(End of 2003)

Region	Number of Counties (Banners) and Cities	Name of Counties(Banners) and Cities
Total	31 Prefecture level cities, 66 county level cities, 390 counties, 49 Banners, 117 autonomous counties, 3 autonomous Banners	
Hebei	6 autonomous counties	Qinhuangdao city: Qinglong Manchu autonomous county Langfang city: Dachang Hui autonomous county Chengde city: Kuancheng Manchu autonomous county, Fengning Manchu autonomous county, Weichang Manchu and Mongolian autonomous county Cangzhou city: Mengcun Hui autonomous county
Inner Mongolia	9 prefectural level 11 county level cities 17 counties 49 banners 3 autonomous Banners	* Hohhot city: Tumd Zuo Banner, Togtoh, Horinger, Qing Shuihe, Wuchuan * Baotou city: Tumd You Banner, Guyang, Darhan Mumingan Lianhe Banner * Wuhai city * Chifeng city: Ar Horqin Banner, Bairin Zuo Banner, Bairin You Banner, Linxi, Hexigten Banner, Ongniud Banner, Harqin Banner, Ningcheng, Aohan Banner * Tongliao city: Huolin Gol city, Horqin Zuoyi Zhong Banner, Horqin Zuoyi Hou Banner, Kailu, Hure Banner, Naiman Banner, Jarud Banner * HulunBuir city: Manzhouli city, Zalantun city, Yakeshi city, Genhe city, Ergun city, Arun Banner, Morin Dawa Daur autonomous Banner, Orogen autonomous Banner, Ewen ki autonomous Banner, Xin Barag You Banner, Xin Barag Zuo Banner, Chen Barag Banner * ErDosi city: Dalad Banner, Jungar Banner, Otog Qian Banner, Otog Banner, Hangjin Banner, Uxin Banner, Ejin Horo Banner * Ulanqab city: Fengzheng city, Zhuozi, Huade, Shangdu, Xinghe, Liangcheng, Qahar Youyi Qian Banner, Qahar Youyi Zhong Banner, Qahar Youyi Hou Banner, Siziwang Banner * Bayan Nur city: Wuyuan, Dengkou, Urad Qian Banner, Urad Zhong Banner, Urad Hou Banner, Hangjin Hou Banner Xingan Meng: Uanhot city, Arsan city, Horqin Youyi Qian Banner, Horqin Youyi Zhong Banner, Jalaid Banner, Tuquan XinlinGol Meng: Erenhot city, Xilinhot city, Abag Banner, Sonid You Banner, Sonid Zuo Banner, Dong Ujimqin Banner, XiUjimqin Banner, Taibus Banner, Xianghuang Banner, Zhengxiangbai Banner, Zhenglan Banner, Duolun Alxa Meng: Alxa Zuo Banner, Alxa You Banner, Ejin Banner

a. Banner. The name of the administrative district of Inner Mongolia, equal to county.

1－2 Continued 1

(End of 2003)

Region	Number of Counties (Banners) and Cities	Name of Counties (Banners) and Cities
Liaoning	8 autonomous counties	Anshan city: Xiuyan Manchu autonomous county Fushun city: Xinbin Manchu autonomous county, Qingyuan Manchu autonomous county Benxi city: Benxi Manchu autonomous county, Huanren Manchu autonomous county Dandong city: Kuandian Manchu autonomous county Chaoyang city: Harqin Zuoyi Mongolian autonomous county Fuxin city: Fuxin Mongolian autonomous county
Jilin	6 county level cities 2 counties 3 autonomous counties	Siping city: Yitong Manchu autonomous county Baishan city: Changbai Korean autonomous county Songyuan city: Qian Gorlos Mongolian autonomous county Yanbian Korean autonomous prefecture: Yanji city, Tumen city, Dunhua city, Hunchun city, Longjing city, Helong city, Wangqin, Antu
Heilongjiang	1 autonomous county	Daqing city: Dorbod Mongolian autonomous county
Zhejiang	1 autonomous county	Lishui city: Jingning She autonomous county
Hubei	2 county level cities 6 counties 2 autonomous counties	Yichang city: Changyang Tujia autonomous county, Wufeng Tujia autonomous county Enshi Tujia and Miao autonomous prefecture: Enshi city, Lichuan city, Jianshi, Badong, Xuanen, Xianfeng, Laifeng, Hefeng
Hunan	1 county level city 7 counties 7 autonomous counties	Shaoyang city: Chengbu Miao autonomous county Yongzhou city: Jianghua Yao autonomous county Huaihua city: Mayang Miao autonomous county, Xinhuang Dong autonomous county, Zhijiang Dong autonomous county, Jingzhou Miao and Dong autonomous county, Tongdao Dong autonomous county Xiangxi Tujia and Miao autonomous prefecture: Jishou city, Luxi, Fenghuang, Huayuan, Baojing, Guzhang, Yongshun, Longshan
Guangdong	3 autonomous counties	Shaoguan city: Ruyuan Yao autonomous county Qingyuan city: Lianshan Zhuang and Yao autonomous county, Liannan Yao autonomous county
Guangxi	14 prefectural level cities 7 county level cities 57 counties 12 autonomous counties	* Nanning city: Yongning, Wuming, Hengxian, Binyang, Shanglin, Longan, Mashan * Liuzhou city: Liujiang, Liucheng, Luzhai, Rongan, Sanjiang Dong autonomous county, Rongshui Miao autonomous county * Guilin city: Yangshuo, Lingui, Lingchuan, Quanzhou, Xingan, Yongfu, Guanyang, Longsheng Gezu autonomous county, Ziyuan, Pingle, Lipu, Gongcheng Yao autonomous county

1-2 Continued 2

(End of 2003)

Region	Number of Counties (Banners) and Cities	Name of Counties(Banners) and Cities
Guangxi		* Wuzhou city: Cenxi city, Cangwu, Tengxian, Mengshan * Beihai city: Hepu * Fangchenggang city: Dongxing City, Shangsi * Qinzhou city: Lingshan, Pubei * Guigang city: Guiping city, Pingnan * Yulin city: Beiliu city, Rongxian, Luchuan, Bobai, Xingye * Chongzuo city: Pingxiang city, Fusui, Daxin, Tiandeng, Ningming, Longzhou * Laibin city: Heshan city, Xiangzhuo, Wuxuan, Jinxiu Yao autonomous county, Xincheng * Hezou city: Zhaoping, Zhongshan, Hucuan autonomous county * Baise city: Tianyang, Tiandong, Pingguo, Debao, Jingxi, Napo, Lingyun, Leye, Tianlin, Longlin Gezu autonomous county, Xilin * Hechi city: Yizhou city, Luocheng Molao autonomous county, Huanjiang Maonan autonomous county, Nadan, Tian´e, Fengshan, Donglan, Bama Yao autonomous county, Du´an Yao autonomous county, Dahua Yao autonomous county
Hainan	6 autonomous counties	Baisha Li autonomous county, Changjiang Li autonomous county, Ledong Li autonomous county, Lingshui Li autonomous county, Baoting Li and Miao autonomous county, Qiongzong Li and Miao autonomous county
Chongqing	4 autonomous counties	Qianjiang Prefecture: Shizhu Tujia autonomous county. Xiushan Tujia and Miao autonomous county, Youyang Tujia and Miao autonomous county, Pengshui Miao and Tujia autonomous county
Sichuan	1 county level city 46 counties 4 autonomous counties	Mianyang city: Beicuan Qiang autonomous county Leshan city: E' bian Yi autonomous county, Mabian Yi autonomous county Aba Tibetan and Qiang autonomous prefecture: Wenchuan, Lixian, Maoxian, Songpan, jiuzhaigou, Jinchuan, Xiaojin, Heishui, Burkam, Zamtang, Aba, Zoige, Hongyuan Garze Tibetan autonomous prefecture: Kangding, Luding, Danba, Jiulong, Yajiang, Daowu, Luhuo, Garze, Xinlong, Dege, Baiyu, Shiqu, Seda, Litang, Batang, Xiangcheng, Daocheng, Derong Liangshan Yi autonomous Prefecture: Xichang city, Muli Tibetan autonomous county, Yanyuan, Dechang, Huili, Huidong, Ningnan, Puge, Butuo, Jingyang, Zhaojue, Xide, Mianning, Yuexi, Ganluo, Meigu, Leibo

1－2 Continued 3

(End of 2003)

Region	Number of Counties (Banners) and Cities	Name of Counties (Banners) and Cities
Guizhou	4 county level cities 31 counties 11 autonomous counties	Zunyi City: Daozhen Gelo and Miao autonomous county, Wuchuan Gelo and Miao autonomous county Tongren Prefecture: Yuping Dong autonomous county, Yinjiang Tujia and Miao autonomous county, Yanhe Tujia autonomous county, Songtao Miao autonomous county Bijie Prefecture: Weining Yi Hui and Miao autonomous county Anshun Prefecture: Guanning Bouyei and Miao autonomous county, Zhenning Bouyei and Miao autonomous county, Ziyun Miao and Bouyei autonomous county Qianxinan Bouyei and Miao autonomous prefecture: Xingyi city, Xingren, Puan, Qinglong, Zhenfeng, Wangmo, Ceheng, Anlong Qiandongnan Miao and Dong autonomous prefecture: Kaili city, Huangping, Shibing, Sanhui, Zhenyuan, Cengong, Tianzhu, Jinping, Jianhe, Taijiang, Liping, Rongjiang, Congjiang, Leishan, Majiang, Danzhai Qiannan Bouyei and Miao autonomous prefecture: Duyun city, Fuquan city, Libo, Guiding, Wengan, Dushan, Pingtang, Luodian, Changshun, Longli, Huishui, Sandu Shui autonomous county
Yunnan	7 county level cities 42 counties 29 autonomous counties	Kunming city: Shiling Yi autonomous county, Luquan Yi and Miao autonomous county, Xundian Hui and Yi autonomous county Yuxi city: Eshan Yi autonomous county, Xinping Yi and Dai autonomous county, Yuanjiang Hani Yi and Dai autonomous county Lijiang city: Yulong Naxi autonomous county, Ninglang Yi autonomous county Simao city: Puer Hani and Yi autonomous county, Mojiang Hani autonomous county, Jingdong Yi autonomous county, Jinggu Dai and Yi autonomous county, Zhenyuan Yi Hani and Lahu autonomous county, jiangcheng Hani and Yi autonomous county, Menglian Dai Lahu and Va autonomous county, Lancang Lahu autonomous county, Ximeng Va autonomous county Lincang city: Shuangjiang Lahu Va Blang and Dai autonomous county, Gengma Dai and Va autonomous county, Cangyuan Va autonomous county Chuxiong Yi autonomous prefecture: Chuxiong city, Shuangbai, Mouding, Nanhua, Yaoan, Dayao, Yongren, Yuanmo, Wuding, Lufeng Honghe Hani and Yi autonomous prefecture: Gejiu city, Kaiyuan city, Mengzi, Pingbian Miao autonomous county, Jianshui, Shiping, Mile, Luxi, Yuanyang, Honghe, Jinping Miao Yao and Dai autonomous county, Luchun, Hekou Yao autonomous county Wenshan Zhuang and Miao autonomous prefecture: Wenshan, Yanshan, Xichou, Malipo, Maguan, Qiubei, Cuangnan, Funing Xishuangbanna Dai autonomous prefecture: Jinghong city, Menghai, Mengla

1 -2 Continued 4

(End of 2003)

Region	Number of Counties (Banners) and Cities	Name of Counties(Banners) and Cities
Yunnan		Dali Bai autonomous prefecture: Dali city, Yangbi yi autonomous county, Xiangyun, Binchuan, Midu, Nanjian Yi autonomous county, Weishan Yi and Hui autonomous county, Yongping, Yunlong, Eryuan, Jianchuan, Heqing Dehong Dai and Jingpo autonomous Prefecture: Ruili city, Luxi city, Lianghe, Yingjiang, Longchuan Nujiang Lisu autonomous prefecture: Lushui, Fugong, Gongshan Dulong and Nu autonomous county, Lanping Bai and Pumi autonomous county Diqing Tibetan autonomous prefecture: Shangrala, Deqing, Weixi Lisu autonomous county
Tibet	1 prefectural level city 1 county level city 71 counties	* Lhasa city: Lhunzhub, Damxung, Nyemo, Quxu, Doilungdeqen, Dagze, Maizhokunggar Qamdo prefecture: Qamdo, Jomda, Gonjo, Riwoqi, Dengqen, zhag'yab, Baxoi, Zongang, Markam, Lhorong, Banbar Shannan prefecture: Nedong, Zhanang, Gonggar, Sangri, Qunggyai, Qusum, Comai, Lhozhag, Gyaca, Lhunze, Cona, Nagarze Xigaze prefecture: Xigaze city, Namling, Gyangze, Tingn, Sa'gya, Lhaze, Ngamring, Xaitongmoin, Bainang, Rinbung, Kangmar, Dinggye, Zhongba, Yadong, Oyirong, Nyalarn, Saga, Gamba Nagqu prefecture: Nagqu, Lhari, Biru, Nyainrong, Amdo, Xainza, Sog Xian, Baingoin, Baqen, Nyima Ali prefecture: Burang, Zanda, Gar, Rutog Ge'gyai, Gerze, Coqen Nyingchi prefecture: Nyingchi, Gongbo 'gyamda, Mainling, Medog, Bomi, Zayu, Nang Xian
Gansu	2 county level city 12 counties 7 autonomous counties	Tianshui city: Zhangjiachuan Hui autonomous county Jiuquan city: Subei Mongolian autonomous county, Aksay Kazak autonomous county Zhangye city: Sunan Yugur autonomous county Wuwei city: Tianzhu Tibetan autonomous county Linxia Hui autonomous Prefecture: Linxia city, Linxia, Kangle, Yongjing, Guanghe, Hezheng, Dongxiang autonomous county, Jishishan Baoan Dongxiang and Salar autonomous county Gannan Tibetan autonomous prefecture: Hezuo city, Lintan, Jone, Zhouqu, Diebu, Maqu, Luqu, Xiahe
Qinghai	2 county level cities 26 counties 7 autonomous counties	Xining city: Datong Hui and Tu autonomous county Haidong prefecture: Minhe Hui and Tu autonomous county, Huzhu Tu autonomous county, Hualong Hui autonomous county, Xunhua Salar autonomous county

1-2 Continued 5

(End of 2003)

Region	Number of Counties (Banners) and Cities	Name of Counties(Banners) and Cities
Qinghai		Haibei Tibetan autonomous prefecture: Menyuan Hui autonomous county, Qilian, Haiyan, Gangcha Huangnan Tibetan autonomous prefecture: Tongren, Jainca, Zekog, Henan Mongolian autonomous county Hainan Tibetan autonomous prefecture: Gonghe, Tongde, Guide, Xinghai, Guinan Guoluo Tibetan autonomous prefecture: maqeen, Baima, Gade, Darlag, Jigzhi, Madoi Yushu Tibetan autonomous prefecture: Yushu, Zadoi, Chindu, Zhidoi, Nangqen, Qumarleb Haixi Mongolian and Tibetan autonomous prefecture: Golmud city, Delhi city, Ulan, Dulan, Tianjun
Ningxia	5 prefectural level cities 2 county level cities 11 counties	* Yinchuan city: Yongning, Helan, Lingwu city * Shizuishan city: Pingluo * Wuzhong city: Qingtongxia city, Yanchi, Tongxin * Guyuan city: xiji, Longde, Jingyuan, Pengyang * Zhongwei city: Zhongning, Haiyuan
Xinjiang	2 prefectural level cities 20 county level cities 62 counties 6 autonomous counties	* Urumqi city: Urumqi * Karamay city Shihezi city, Alaer city, Tumusuke city, Wujiaqu city Turpan prefecture: Turpan city, Shanshan, Toksun Hami Prefecture: Hami city, Barkol Kazak autonomous county, Yiwu Aksu prefecture: Aksu city, Wensu, Kuqa, Xayar, Xinhe, Baicheng, Wushi, Awat, Kalpin Kashi prefecture: Kashi city, Shufu, Shule, Yengisar, Zepu, Shache, Yecheng, Markit, Yopurga, Jiashi, Bachu, Taxkorgan Tajik autonomous county Hotan prefecture: Hotan city, Hotan, Moyu, Pishan, Lop, Qira, Yutian, Minfeng Changji Hui autonomous prefecture: Changji city, Fukang city, Miquan city, Hutubi, Manas, Qitai, Jimsar, Mori Kazak autonomous county Bortala Mongolian autonomous prefecture: Bole city, Jinghe, Wenquan Bayyingolin Mongolian autonomous prefecture: Korla city, Iuntai, Yuli, Ruoqiang, Qiemo, Yanqi Hui autonomous county, Hejing, Hoxud, Bohu Kizilsu Kirgiz autonomous prefecture: Artux city, Akto, Akqi, Wuqia Ili Kazak autonomous prefecture: Kuytun city, Yining city, Yining, Qapqal Xibe autonomous county, Huocheng, Gongliu, Xinyuan, Zhaosu, Tekes, Nilka Tacheng prefecture: Tacheng city, Usa city, Emin, Shawan, Toli, Yumin, Hobksar Mongolian autonomous county Altay prefecture: Altay city, Burqin Fuyun, Fuhai, Habahe, Qinghe, leminay

1-3 民族自治地方自然资源及状况(2003年)

Natural Resources in Ethnic Minority Autonomous Areas(2003)

项　目	Item	2003年	民族自治地方占全国比重(%)
土地资源	**Land Resources**		
土地总面积(万平方公里)	Area of territory (10 000 sq. km)	613.3	63.89
耕地面积(万公顷)	Area of Cultivated land (10 000 hectares)	1 967.7	15.13
草原面积(万公顷)	Grassland(10 000 hectares)	30 027	75.07
#可利用草原面积	Utilizable	21 700	69.26
#牧区、半农半牧区草原面积	Pastoral and Semi - pastoral Grasslands Area	30 000	75.00
草山草坡面积(万公顷)	Hill and Hill - Slope Grasslands Area(10 000 hectares)	3 560	32.50
森林资源	**Forest Resources**		
森林面积(万公顷)	Forest Area (10 000 hectares)	5 648	21.81
森林蓄积量(亿立方米)	Stock Volume of the Forest(100 million cu. m)	52.5	46.57
水利资源	**Water Resources**		
淡水面积(万公顷)	Freshwater Area (10 000 hectares)	407	24.50
水力资源蕴藏量(万千瓦)	Hydropower Resources (10 000 kw)	44 568	65.93
主要矿产资源保有储量	**Mineral Resouces(Ensured Reserves)**		
煤(亿吨)	Coal (100 million tons)	3 731.9	37.1
铁矿石(亿吨)	Iron Ore (100 million tons)	111.9	24.4
磷矿石(亿吨)	Phosphate Ore (100 million tons)	53.9	40.7
钾盐(亿吨)	Sylvite (100 million tons)	4.4	95.9
稀土(亿吨)	Rare Earths(100 million tons)	0.8	
石油(亿吨)	Petroleum(100 million tons)	2.6	
天然气(亿立方米)	Natural Gas(100 million cu. m)	3 375.1	
铜矿(亿吨)	Copper(100 million tons)	0.5	
铝土矿(亿吨)	Bauxite(100 million tons)	5.1	

注:除总面积和耕地面积外,其它资源为1994年清查数,有待进一步勘测。

Figures were obtained from surveys in previous years, and is subject to further verification.

1－4 民族自治地方分地区面积(2003年)

Areas by Region of Ethnic Minority Autonomous Areas (2003)

单位:平方公里 (sq. km)

地区 Region	*总面积 Total Land Area	#民族自治地方面积 Area of Ethnic Minority Autonomous Area	民族自治地方面积占总面积% Percentage to Total Area	民族自治地方人口密度(人/平方公里) Density of Population of Ethnic Minority autonomous Areas
全国总计	**9 600 000**	**6 133 277**	**63.89**	
合 计 Total	**8 362 920**	**6 133 277**	**73.34**	**28.07**
河 北 Hebei	187 700	24 005	12.79	81.06
内蒙古 Inner Mongolia	1 183 000	1 183 000	100.00	20.12
辽 宁 Liaoning	145 900	34 200	23.44	97.83
吉 林 Jilin	187 400	54 849	29.27	60.39
黑龙江 Heilongjiang	454 600	6 054	1.33	41.10
浙 江 Zhejiang	101 800	1 950	1.92	91.95
湖 北 Hubei	185 900	29 444	15.84	150.57
湖 南 Hunan	211 800	30 946	14.61	155.73
广 东 Guangdong	177 900	4 622	2.60	102.03
广 西 Guangxi	236 000	236 000	100.00	205.81
海 南 Hainan	33 920	11 462	33.79	132.81
重 庆 Chongqing	82 400	14 629	17.75	170.45
四 川 Sichuan	485 000	303 813	62.64	21.06
贵 州 Guizhou	176 000	97 844	55.59	159.06
云 南 Yunnan	394 000	275 547	69.94	76.13
西 藏 Tibet	1 228 400	1 228 400	100.00	2.11
甘 肃 Gansu	454 000	171 459	37.77	18.55
青 海 Qinghai	721 200	709 053	98.32	4.44
宁 夏 Ningxia	66 000	66 000	100.00	87.91
新 疆 Xinjiang	1 650 000	1 650 000	100.00	11.72

注:1. 合计为全国民族自治地方面积合计数。

2. 总面积为全省区面积数。

a. The total is to be as the amount of total of minority national autonomous area.

b. The total land areas is the areas of the Province of region.

1-5 流经民族自治地方主要河流及流域面积

The Major Rivers in Ethnic Minority Autonomous Areas and the Total Drainage Areas

流域名称	River	流域面积（平方公里）Drainge Area (sq. Km)
外流河	**Out - flowing Rivers**	
黑龙江及绥芬河	Heilongjiang River and Suifenhe River	875 342
辽河、鸭绿江及沿海诸河	Liaohe, Yalujiang and Related Coastal Rivers	345 207
黄河	Huanghe River(yellow River)	752 443
长江	Changjiang River(Yangtze River)	1 808 500
元江及澜沧江	Yuanjiang River and Lancang River	240 652
怒江及滇西诸河	Nujiang River and WestYunnan Rivers	157 156
雅鲁藏布江及藏南诸河	Yarlung Zangvo River and Southern Tibet Rivers	396 258
藏西诸河	Western Tibet Rivers	57 340
额尔齐斯河	Ertix River	50 000
内陆河	**Inland Rivers**	
内蒙内陆河	Rivers in Inner Mongolia	300 067
河西内陆河	Rivers in Huanghe Upper Reach Area	488 301
准噶尔内陆河	Rivers in Zunger Basin	316 530
中亚西亚内陆河	Rivers in Central Asia	93 130
塔里木内陆河	Rivers in Tarim Basin	1 074 810
青海内陆河	Rivers in Qinghai Province	316 285
羌塘内陆河	Rivers in Qiangtang	721 182
松花江、黄河、藏南闭流区	Blind Drainage Areas of Songhua River, Huanghe River and Sourthem Tibet	90 353

1-6 民族自治地方主要山脉基本情况

Main Mountain Ranges in Ethnic Minority Autonomous Areas

名称 Mountain Range		山峰高程(米) Height of Mountain Peak(m)	雪线高程(米) Height of Snow Line(m)	冰川面积(平方公里) Glacier Area (sq. km)
阿尔泰山	Altay Mountains	4 374	3 000-3 200	287
天山	Tianshan Mountains	7 435	3 600-4 400	9 548
祁连山	Qilian Mountains	5 826	4 300-5 240	2 063
帕米尔	Pamirs	7 579		2 258
昆仑山	Kunlun Mountains	6 973		11 639
喀喇昆仑山	KaraKorum Mountains	8 611	5 100-5 400	3 265
唐古拉山	Tanggula Mountains	6 137		2 082
羌塘高原	Qiangtang Plateau	6 596		3 566
念青唐古拉山	Nyainqentanglha Mountains	7 111	4 500-5 700	7 536
横断山	Hengduan Mountains	7 556	4 600-5 500	1 456
喜马拉雅山	The Himalayas	8 848	4 300-6 200	11 055
冈底斯山	Gangdise Mountains	7 095	5 800-6 000	2 188

1-7 民族自治地方主要城市气候情况(2003年)

Climate in Major Cities of Ethnic Minority Autonomous Areas(2003)

城市 City		年平均气温(摄氏度) Annual Average Temperature (℃)	年平均相对湿度(%) Annual Average Relative Humidity (%)	年降水量(毫米) Annual Total Precipitation (millimeters)	年日照时数(小时) Annual Total Sunshine Hours (hours)
呼和浩特	Hohhot	7.1	55	653.1	2 474
南宁	Nanning	22	79	1 296.7	1 833
拉萨	Lhasa	8.7	42	547.5	2 953
银川	Yinchuan	9.7	52	201.6	2 569
乌鲁木齐	Urumqi	6.7	55	369.4	2 550

1-8 民族自治区水资源总量和总供水量(2003年)

Total Amount of Water Resources and Water Supply of Ethnic Minority Autonomous Regions (2003)

单位:亿立方米 (100 million cu. m)

地区 Region	水资源总量 Total Amount of Water Resources	#地表水资源量 Surface Water	#地下水资源量 Ground Water	总供水量 Total Amount of Water Supply	地表水 Surface Water	地下水 Ground Water	其他 Others
全国 National Total	**27 460.2**	**26 250.7**	**8 299.3**	**5 320.4**	**4 286.0**	**1 018.1**	**16.3**
内蒙古 Inner Mongolia	495.6	355.6	239.2	166.9	85.9	80.7	0.3
广西 Guangxi	1 901.0	1 901.0	575.3	278.4	265.5	11.5	1.4
西藏 Tibet	4 757.1	4 757.1	1 081.0	25.3	23.9	1.4	
宁夏 Ningxia	12.3	10.0	25.4	64.0	57.6	6.5	
新疆 Xinjiang	920.1	863.2	604.3	500.7	447.0	53.1	0.6

注:水资源总量等于地表水资源量加地下水资源量减两者之间的重复计算水量。

Total amount of water resources is equal to surface water plus ground water and minus the repeat - calculated part between them.

1-9 民族自治区总用水量和人均生活用水量(2003年)

Total Consumption of Water and Per Capita Living Consumption of Water of Ethnic Minority Autonomous Regions (2003)

地区 Region	总用水量(亿立方米) Total Amount of Water Use (100 million cu. m)	农业 Agricultural	工业 Industrial	生活 Domestic	生态 Biology	人均生活用水量(升/日) Amount of Domestic Water Use Per Capita (litre/day)
全国 National Total	**5 320.4**	**3 432.8**	**1 177.2**	**630.9**	**79.5**	**412.9**
内蒙古 Inner Mongolia	166.9	146.1	10.1	10.0	0.7	701.4
广西 Guangxi	278.4	205.4	37.0	32.7	3.2	575.2
西藏 Tibet	25.3	22.6	0.3	1.9	0.4	940.6
宁夏 Ningxia	64.0	58.4	3.5	1.7	0.4	1 111.5
新疆 Xinjiang	500.7	454.9	8.3	13.1	24.4	2 608.3

主要统计指标解释

行政区划 指国家对行政区域的划分。根据宪法规定，民族自治地方的行政区域划分如下：(1)自治区分为地区(市、自治州)、县、自治县、市；(2)自治州分为县、自治县、市。(3)自治县分为乡、民族乡、镇。

自然资源 指人类可以直接从自然界获得，并用于生产和生活的物质资源。自然资源一般可以分成可再生资源和非再生资源两大类。可再生资源是指在较短时间内可以再生、可以循环利用的资源，包括土地资源、水资源、气候资源、生物资源和海洋资源等。非再生资源是指在使用后不能再生的资源，包括矿产资源和地热资源。

土地资源 土地指陆地的表层部分，它主要由岩石、岩石的风化物和土壤构成。土地资源按利用类型可以分为农用地、建筑用地和未利用地。

森林资源 指森林、林木、林地以及依托森林、林木、林地生存的野生动物、植物和微生物。

森林面积 指由乔木树种构成，郁闭度0.2以上(含0.2)的林地或冠幅宽度10米以上的林带的面积，即有林地面积。

森林蓄积量 指一定森林面积上存在着的林木树干部分的总材量。它是反映一个国家或地区森林资源总规模和水平的基本指标之一，也是反映森林资源的丰富程度、衡量森林生态环境优劣的重要依据。

水利资源 水在自然界中以固体、液体和气态三种聚集状态存在，分布于海洋、陆地(包括土壤)以及大气之中，通过水循环形成水利资源。水利资源包括经人类控制并直接可供灌溉、发电、给水、航运、养殖等用途的地表水和地下水，以及江河、湖泊、井、泉、潮汐、港湾和养殖水域等。水利资源是发展国民经济不可缺少的重要自然资源。

矿产资源 矿产指由地质作用形成，富集于地壳中或出露于地表达到工农业利用要求的有用矿物。矿产是一种人类需要的自然资源，是社会发展的重要物质基础。

矿产保有储量 指探明的矿产储量(包括工业储量和远景储量)，扣除已开采部分和地下损失量后的年末实有储量，是反映国家矿产资源现状的重要指标。

气温 指空气的温度，我国一般以摄氏度(℃)为单位表示。气象观测的温度表是放在离地面约1.5米处通风良好的百叶箱里测量温度的，因此，通常说的气温指的是离地面1.5米处百叶箱中的温度。其统计计算方法为：

月平均气温是将全月各日的平均气温相加，除以该月的天数而得。

年平均气温是将12个月的月平均气温累加后除以12而得。

降水量 指从天空降到地面的液态或固态(经融化后)水，未经蒸发、渗透、流失而在地面上积聚的深度。

耕地面积 指经过开垦用以种植农作物并经常进行耕耘的土地面积。包括种有作物的土地面积、休闲地、新开荒地和抛荒未满三年的土地面积。

相对湿度 指空气中实际所含水蒸气密度和同温度下饱和水蒸气密度的百分比值。其统计计算方法与气温相同。

日照时数 指太阳实际照射地面的时间。其统计方法与降水量相同。

流域 每条河都有自己的干流和支流，干支流共同组成这条河流的水系。每条河流都有自己的集水区域，这个集水区域就称为该河流的流域。

外流河 指直接或间接流入海洋的河流。供给外流河河水的区域称为外流区。

内陆河 指在陆地内部干燥地区，河水沿途消失于沙漠或注入内陆湖泊的河流。供给内陆河河水的区域称为内陆区域。

综合 2

General Survey

2-1 民族自治地方国民经济与社会发展主要指标

指 数		Index	1990	1995
人口与就业		Population and Employment		
人口	(万人)	Population (10 000 persons)		
年底总人口		Population at the Year - end	15 296	16 044
#少数民族人口		Minority Population	6 880	7 232
就业		Employment		
就业人员数	(万人)	Employment (10 000persons)	7 406.44	7 869.62
宏观经济		Macroeconomic Indicator		
地区生产总值	(亿元)	Regional GDP(100 million yuan)		4 901.14
第一产业		Primary Industry		1 628.55
第二产业		Secondary Industry		1 746.52
第三产业		Tertiary Industry		1 526.07
固定资产	(亿元)	Investment in Fixed Assets(100 million yuan)		
全社会固定资产投资总额		Total Investment in Fixed Assets		1 444
#国有单位		State - owned Units	259.4	982.6
财政	(亿元)	Public Finance (100 million yuan)		
地方财政收入		Local Governments Revenue	166.7	248.1
地方财政支出		Local Governments Expenditures	304.4	595.1
产业		Industry		
农业		Agriculture		
耕地面积	(万公顷)	Cultivated Areas (10 000 hectares)	1 763.0	1 508.0
灌溉面积	(万公顷)	Irrigated Areas (10 000 hectares)	764.0	838.0
农林牧渔总产值	(亿元)	Gross output Value of Farming Forestry, Animal Husbandry and Fishery (100 million yuan)		2 536.6
主要农产品产量		Output of Major Farm Products		
粮食产量	(万吨)	Grain Output (10 000 tons)	5 373.0	5 801.0
棉花产量	(万吨)	Cotton Output (10 000 tons)	47.0	94.6
油料产量	(万吨)	Oil - bearing Crops Output (10 000 tons)	208.0	264.0
大牲畜年底头数	(万头)	Large Domestic Animals (10 000 heads)	5 286.0	5 618.0
羊年底头数	(万只)	Goats and Sheep (10 000 heads)	11 362.0	11 906.0
猪年底头数	(万头)	Hogs (10 000 heads)	5 668.0	7 240.0

注:2001年后人口为公安部门数,与前几年抽样调查数据不可比。

Note:since 2001,the population are from the ministry of public security,the figure are not comparable with the previous years.

Principal Aggregate Indicators on National Economic
and Social Development and Their Related Indices and Growth Rates

总量指标 Aggregate Data			速度指标(%) Indices and Growth Rates						
			指数 Index(2003年比以下各年) (2003 as percentage of the following years)				平均增长速度 Average Annual Growth Rate		
2000	2002	2003	1990	1995	2000	2002	1991-2003	1996-2003	2001-2003
16 818	17 051	17 214	112.5	107.3	102.4	101.0	0.9	0.9	0.8
7 767	7 930	8 017	116.5	110.9	103.2	101.1	1.2	1.3	1.1
8 308.89	8 441.66	8 634.40	116.6	109.7	103.9	102.3	1.2	1.2	1.3
7 486.15	9 015.06	10 381.02		205.9	133.5	111.9		9.4	10.1
2 022.30	2 200.28	2 455.72		151.2	115.1	105.9		5.3	4.8
2 834.43	3 438.70	4 163.54		242.3	143.9	117.2		11.7	12.9
2 629.41	3 376.08	3 761.76		219.8	136.7	110.2		10.3	11.0
2 477.0	3 542.1	4 733.9		327.8	191.1	133.6		16.0	24.1
1 552.6	2 187.8	2 652.6	1 022.6	270.0	170.8	121.2	19.6	13.2	19.5
475.5	594.7	674.0	404.3	271.7	141.7	113.3	11.3	13.3	12.3
1 172.9	1 926.5	2 109.4	693.0	354.5	179.8	109.5	16.1	17.1	21.6
2 086.4	2 006.6	1 967.7	111.6	130.5	94.3	98.1	0.8	3.4	-1.9
935.7	983.0	975.5	127.7	116.4	104.3	99.2	1.9	1.9	1.4
3 199.8	3 501.2	4 014.6	200.9	156.3	119.4	105.8	5.5	5.7	6.1
6 381.4	6 586.8	6 480.2	120.6	111.7	101.5	98.4	1.5	1.4	0.5
146.2	148.2	160.8	342.2	170.0	110.0	108.5	9.9	6.9	3.2
353.2	355.4	359.2	172.7	136.1	101.7	101.1	4.3	3.9	0.6
5 565.9	5 570.2	5 797.6	109.7	103.2	104.2	104.1	0.7	0.4	1.4
13 075.8	13 940.3	14 799.7	130.3	124.3	113.2	106.2	2.1	2.8	4.2
8 200.8	8 062.5	7 728.9	136.4	106.8	94.2	95.9	2.4	0.8	-2.0

2-1 续表1

指 数		Index	1990	1995
工业		**Industry**		
工业总产值	(亿元)	Gross industrial Output Value (100 million yuan)		
主要工业产品产量		Output of Major Industrial Products		
布	(亿米)	Cloth(100 million m)	7.4	6.9
机制纸及纸板	(万吨)	Machine - Made Paper and Paperboards(10 000 tons)	94.1	191.2
糖	(万吨)	Sugar (10 000 tons)	222.6	239.5
原煤	(亿吨)	Coal (100 million tons)	1.21	1.66
原油	(万吨)	Crude Oil (10 000 tons)	1 265.0	1 610.0
发电量	(亿千瓦小时)	Electricity (100 million kwh)	738.8	1 186.5
钢	(万吨)	Steel (10 000 tons)	368.3	699.6
生铁	(万吨)	Pig Iron (10 000 tons)	417	554.7
水泥	(万吨)	Cement (10 000 tons)	1 957.8	4 295.9
木材	(万立方米)	Timber (10 000 cu. m)	1 761.0	3 257.0
建筑业		**Construction**		
建筑业企业人数	(万人)	Number of Employed Persons (10 000 persons)		
建筑业总产值	(亿元)	Gross Output Value(100 million yuan)		
施工房屋面积	(万平方米)	Floor Space of Buildings Under Construction		
竣工房屋面积	(万平方米)	Floor Space of Buildings Completed (10 000 sq. m)		
邮电运输		**Transportation, Post and telecommunication**		
铁路营业里程	(万公里)	Railways in Operation (10 000 km)	1.31	1.7
公路通车里程	(万公里)	Highways (10 000 km)	29.37	33.21
邮电业务总量	(亿元)	Total and Telecommunications Services	8.6	78
邮路及农村投递线路总长度	(万公里)	Postal Routes (10 000km)	88	106.8
国内商业		**Domestic Trade**		
社会消费品零售总额	(亿元)	Total Value of Retail Sales (100 million yuan)	681.8	1 692.3
对外经济贸易		**Foreign Trade**		
进出口总额	(亿美元)	Total Exports and Imports (USD 100 million)		
出口额		Exports		
进口额		Imports		

注:1.2000 年后铁路营业里程为国家铁路营业里程。

2.工业总产值为全部国有和年销售收入 500 万元以上的非国有工业企业的工业总产值。

Continued

总量指标 Aggregate Data			速度指标(%) Indices and Growth Rates						
			指数 Index(2003年比以下各年) (2003 as percentage of the following years)				平均增长速度 Average Annual Growth Rate		
2000	2002	2003	1990	1995	2000	2002	1991 - 2003	1996 - 2003	2001 - 2003
3 923.5	4 524.3	5 665.7			152.3	121.7			15.1
5.0	3.7	3.0	40.5	43.4	59.8	81.0	-6.7	-9.9	-15.7
175.5	178.0	219.7	233.4	114.9	125.2	123.4	6.7	1.8	7.8
498.2	669.1	824.0	370.1	344.0	165.4	123.1	10.6	16.7	18.3
1.5	1.6	2.1	170.4	124.2	141.0	131.1	4.2	2.7	12.1
2 291.7	2 460.0	2 596.5	205.3	161.3	113.3	105.6	5.7	6.2	4.3
1 712.5	1 957.0	2 243.2	303.6	189.1	131.0	114.6	8.9	8.3	9.4
647.1	899.8	1 082.3	293.9	154.7	167.3	120.3	8.6	5.6	18.7
724.8	988.0	1 156.9	277.4	208.6	159.6	117.1	8.2	9.6	16.9
5 703.1	6 552.6	6 700.8	342.3	156.0	117.5	102.3	9.9	5.7	5.5
1 052.5	1 023.0	1 097.1	62.3	33.7	104.2	107.2	-3.6	-12.7	1.4
131.6	138.7	138.1			104.9	99.6			1.6
754.3	1 064.5	1 227.2			162.7	115.3			17.6
9 231.9	11 547.4	13 420.1			145.4	116.2			13.3
5 325.9	6 480.9	7 223.0			135.6	111.4			10.7
1.43	1.44	1.51			106.0	105.4			2.0
42.36	52.70	54.78	186.5	164.9	129.3	103.9	4.9	6.5	8.9
296.9	428.7	524.8	6 102.4	672.8	176.8	122.4	37.2	26.9	20.9
109.5	100.4	108.5	123.3	101.6	99.1	108.1	1.6	0.2	-0.3
2 569.8	2 832.0	3 109.0	456.0	183.7	121.0	109.8	12.4	7.9	6.6
85.6	101.1	135.7			158.5	134.3			16.6
49.7	46.0	78.4			157.8	170.3			16.4
36.0	55.0	57.3			159.4	104.2			16.8

a. Railways in operation from 2000 refer to country railways.

b. Gross industrial output value refer to all state-owned industrial enterprises and the non-state-owned industrial enterprises with an anuual sales income of over 5 million yuan.

2－1 续表2

指 数		Index	1990	1995
国际旅游		International Tourism		
国际旅游人数	（万人次）	Number of Foreign Tourists（10 000 persons）		
旅游外汇收入	（亿美元）	Foreign Exchange Earning from tourism（USD 100 million yuan）		
金融		Finance		
金融机构各项存款	（亿元）	Deposits of National Banking System（100 million yuan）		
金融机构各项贷款	（亿元）	Loans of National Banking System（100 million yuan）		
教育、文化、卫生		Education, Technology and Culture		
教育		Education		
各类在校学生数	（万人）	Students Enrollment（10 000 persons）	2 476.1	2 629.2
高等学校		Institutions of Higher Education	13.6	18.6
中等学校		Secondary Schools	609.6	721.1
小学		Primary Schools	1 852.9	1 889.5
各类专任教师数	（万人）	Full－time Teachers（10 000 persons）	129.1	138.4
高等学校		Institutions of Higher Education	2.8	3.7
中等学校		Secondary Schools	41.5	48.9
小学		Primary Schools	84.8	85.8
文化		Culture		
出版数量		Publications		
图书	（万册）	Number of Books Published（10 000 copies）	30 166.3	42 275.0
杂志	（万册）	Number of Magazines Issued（10 000 copies）	7 866.4	7 881.0
报纸	（万份）	Number of Newspapers Issued（10 000 copies）	79 119.6	94 984.8
卫生		Health Care		
卫生机构	（万个）	Number of Health Institutions（10 000 units）	3.2	2.9
卫生机构床位	（万张）	Number of Hospitals and Sanatorium Beds	35.9	38.7
卫生技术人员	（万人）	Medical Personnel（10 000 persons）	48.9	52.7

Continued

总量指标 Aggregate Data			速度指标(%) Indices and Growth Rates							
			指数 Index(2003年比以下各年)(2003 as percentage of the following years)				平均增长速度 Average Annual Growth Rate			
2000	2002	2003	1990	1995	2000	2002	1991-2003	1996-2003	2001-2003
348.2	678.3	215.1			61.8	31.7			-14.8
7.5	9.2	6.0			79.4	65.1			-7.4
7 905.8	10 238.6	11 749.9			148.6	114.8			14.1
6 548.0	8 039.7	9 339.8			142.6	116.2			12.6
2 898.5	2 967.6	2 942.8	118.8	111.9	101.5	99.2	1.3	1.4	0.5
34.2	57.8	69.5	511.3	373.9	203.3	120.4	13.4	17.9	26.7
978.3	1 096.5	1 135.0	186.2	157.4	116.0	103.5	4.9	5.8	5.1
1 886.0	1 813.3	1 738.2	93.8	92.0	92.2	95.9	-0.5	-1.0	-2.7
148.1	155.9	154.1	119.4	111.4	104.1	98.9	1.4	1.4	1.3
3.6	4.2	4.9	174.3	131.9	134.1	115.7	4.4	3.5	10.3
54.5	62.0	61.5	148.3	125.8	112.9	99.3	3.1	2.9	4.1
89.9	89.7	87.7	103.4	102.2	97.5	97.8	0.3	0.3	-0.8
42 309.5	45 563.6	43 214.6	143.3	102.2	102.1	94.8	2.8	0.3	0.7
8 332.4	9 084.6	9 981.9	126.9	126.7	119.8	109.9	1.8	3.0	6.2
123 276.9	139 466.9	163 732.0	206.9	172.4	132.8	117.4	5.8	7.0	9.9
1.6	1.5	1.5	47.6	52.5	95.1	99.4	-5.6	-7.7	-1.6
38.2	36.2	38.2	106.2	98.6	99.9	105.3	0.5	-0.2	0.0
35.5	46.0	46.3	94.8	87.9	130.4	100.7	-0.4	-1.6	9.3

2－2 民族自治地方国民经济与社会发展主要指标占全国的比重

The Proportion of Main Indicators of National Economy of Ethnic Minority Autonomous Areas in the National Economy as a Whole

指 标	Item	1990 年	1995 年	2000 年	2002 年	2003 年
人口与就业	**Population and Employment**					
年底总人口	Population at the Year－end	13.38	13.25	13.27	13.27	13.32
从业人员	Employment	11.59	11.58	11.68	11.45	11.60
地区生产总值	**Regional GDP**		8.52	7.70	7.64	7.69
第一产业	Primary Industry		13.68	13.62	13.57	14.30
第二产业	Secondary Industry		6.50	6.19	6.19	6.27
第三产业	Tertiary Industry		8.14	7.19	7.30	7.24
全社会固定资产投资	**Total Investment in Fixed Assets**		7.21	7.52	8.14	8.52
国有单位固定资产投资	State－Owned Units Capital Cons trction Investment	8.70	9.02	9.41	11.59	14.05
财政	**Public Finance**					
地方财政收入	Finance Revenue	8.60	8.31	7.42	6.98	6.84
地方财政支出	Finance Expenditure	14.60	12.33	11.31	12.61	12.24
农业	**Agriculture**					
农业总产值	Gross Output Value of Agriculture	12.80	12.47	12.84	12.78	13.52
耕地面积	Cultivated Area	18.40				
灌溉面积	Irrigated Areas	16.12	17.00	17.40	18.08	18.06
主要农产品产量	Output of Major Farm Products					
粮食总产量	Grain Output	12.00	12.43	15.75	14.41	15.05
棉花产量	Cotton Output	10.40	19.84	33.11	30.15	33.09
油料总产量	Oil－Bearing Corps Output	12.90	11.73	11.95	12.27	12.78
大牲畜年末头数	Large Domestic Animals	40.60	35.40	36.74	36.67	37.40
羊年末只数	Goats and sheep	54.10	43.00	45.04	44.04	43.46
猪年末头数	Hogs	15.60	16.40	18.35	17.42	16.59
工业	**Industry**					
工业总产值	Gross Output Value of Industry	5.40	4.60	4.59	4.08	3.98
主要工业产品产量	Gross industrial Output Value					
布(混合数)	Cloth Output	3.90	2.70	1.81	1.15	0.85
机制纸及纸板	Machine－made Paper and Paperboards	6.86	6.80	7.06	3.81	4.53
糖产量	Sugar	38.25	42.84	71.17	72.26	76.01
原煤产量	Coal Output	11.20	12.20	14.65	11.40	12.34
原油产量	Crude Oil Output	9.10	10.70	14.06	14.73	15.31
发电量	Power Generation	11.90	11.80	12.63	11.83	11.74
钢产量	Steel Output	5.60	7.30	5.04	4.93	4.87
生铁产量	Pig Iron	6.68	5.27	5.53	5.78	5.72
水泥产量	Cement	9.34	9.03	9.55	9.04	7.77
木材产量	Timber Output	31.60	48.10	22.28	23.06	22.16

2-2 续表

Continued

指　标	Item	1990年	1995年	2000年	2002年	2003年
建筑业	**Construction**					
建筑业总产值	Gross Output Value			4.50	5.75	5.32
运输	**Transportation**					
铁路营业里程	Railway in Operation	24.50	31.10	24.30	24.11	25.42
公路线路里程	Highways	28.40	28.70	30.20	29.86	30.27
国内商业	**Domestic Trade**					
社会消费品零售总额	Total Value of Retail Sales	9.40	8.20	7.50	6.74	6.78
对外经济贸易	**Foreign Trade**					
进出口贸易	Total Exports and Imports			1.81	1.63	1.60
出口额	Exports			1.99	1.41	1.79
进口额	Imports			1.60	1.86	1.39
国际旅游	**International Tourism**					
国际旅游人数	Number of Foreign Tourism			4.17	6.93	2.35
旅游外汇收入	Foreign Exchange Earning from Tourism			4.65	4.52	3.44
教育	**Education**					
各级学校数	Schools by level and Type	15.10	12.80	15.06	15.75	16.83
各级学校专任教师	Full-time Teachers by level and Type	14.00	13.40	13.58	13.64	13.80
各级学校在校学生	Students Enrollment by Level and Type	14.30	13.40	13.22	13.21	13.45
卫生	**Health Care**					
医院卫生院数	Hospitals	17.00	18.10	18.78	18.53	18.69
医院卫生院床位数	Hospital Beds	12.70	12.60	12.25	11.93	12.15
卫生技术人员	Medical Personnel	12.50	12.40	7.91	10.77	10.76

注:1. 本表中计算民族自治地方GDP占全国的比重,分母为全国31个省(自治区、直辖市)相加的合计数。

2. 财政收支占全国的比重是指占全国地方财政收支的比重。

3. 2000年后工业总产值指全部国有和年销售收入500万元以上非国有工业企业的工业总产值。

4. 铁路营业里程指国有铁路营业里程。

Note: a. Calculating the percentage of Ethnic Minority Autonomous Areas to all country, the denominator is the sum of 31 provinces (autonomous regions, municipality).

b. Budgetary revenue and expenditure as percentage to nation refers to as nationwide local government.

c. Gross industrial output value refer to all state-owned industrial enterprises and the non-state-owned industrial enterprises with an annual sales income of over 5 million yuan since 2000.

d. Railways in operation refer to country railways.

2-3 民族自治地方地区生产总值

Gross Domestic Product and Composition of Ethnic Minority Autonomous Areas

年 份 Year	地区生产总值 (亿元) Regional GDP (100 million)	第一产业 Primary Industry	第二产业 Secondary Industry	第三产业 Tertiary Industry	构成(%) 地区生产总值 Regional GDP	第一产业 Primary Industry	第二产业 Secondary Industry	第三产业 Tertiary Industry
1992	2 182.62	822.51	750.34	609.77	100	37.7	34.4	27.9
1993	2 762.41	938.13	1 072.35	751.93	100	34.0	38.8	27.2
1994	3 976.93	1 294.45	1 450.44	1 232.04	100	32.5	36.5	31.0
1995	4 901.14	1 628.55	1 746.52	1 526.07	100	33.2	35.6	31.2
1996	5 658.35	1 876.61	2 208.18	1 753.56	100	33.2	35.8	31.0
1997	6 333.26	2 047.92	2 320.20	1 965.14	100	32.3	36.6	31.1
1998	6 589.84	2 055.62	2 381.01	2 153.21	100	31.2	36.1	32.7
1999	6 886.17	2 007.83	2 528.18	2 350.16	100	29.2	36.7	34.1
2000	7 486.15	2 022.30	2 834.43	2 629.41	100	27.0	37.8	35.2
2001	8 179.19	2 088.98	3 085.54	3 004.67	100	25.5	37.7	36.8
2002	9 015.06	2 200.28	3 438.70	3 376.08	100	24.4	38.1	37.5
2003	10 381.02	2 455.72	4 163.54	3 761.76	100	23.7	40.1	36.2

2-4 民族自治地方地区生产总值指数

Indices of Gross Domestic Product of Ethnic Minority Autonomous Areas

(上年=100) (preceding year = 100)

年 份 Year	地区生产总值 Regional GDP (100 million)	第一产业 Primary Industry	第二产业 Secondary Industry	第三产业 Tertiary Industry
1993	111.7	104.7	121.8	113.8
1994	113.8	107.1	118.8	114.7
1995	109.4	106.3	112.4	109.3
1996	110.6	110.1	112.3	109.1
1997	110.7	108.4	112.7	110.6
1998	108.8	105.7	111.3	109.0
1999	107.3	102.5	109.5	109.4
2000	107.9	101.7	109.2	111.8
2001	108.3	103.1	109.2	111.4
2002	110.2	105.4	112.4	111.3
2003	111.9	105.9	117.2	110.2

2-5 民族自治地方分地区生产总值(2003年)

Gross Domestic Product
by Region of Ethnic Minority Autonomous Areas(2003)

单位:亿元 (100 million yuan)

地区 Regional		地区生产总值 Region GDP	第一产业 Primary Industry	第二产业 Secondary Industry	工业 Industry	建筑业 Construction	第三产业 Tertiary Industry	#交通运输仓储邮电通信业 Transport, Post and Telecommunication Services	#批发和零售贸易餐饮业 Wholesale, Retail Trade & Catering Services
合计	**Total**	**10 381.02**	**2 455.72**	**4 163.54**	**3 132.84**	**1 030.70**	**3 761.76**	**817.26**	**971.37**
河北	Hebei	107.36	26.45	47.42	39.52	7.89	33.49	9.17	7.38
内蒙古	Inner Mongolia	2 150.42	420.10	973.94	721.59	252.35	756.38	216.76	180.79
辽宁	Liaoning	234.61	51.20	104.33	90.50	13.83	79.08	15.75	25.41
吉林	Jilin	275.30	60.30	122.10	98.99	23.11	92.90	22.48	22.06
黑龙江	Heilongjiang	14.60	6.06	4.24	2.77	1.46	4.30	0.74	1.40
浙江	Zhejiang	11.41	2.94	4.57	3.51	1.07	3.89	0.53	1.02
湖北	Hubei	180.18	63.65	62.54	50.54	12.00	53.99	9.79	13.37
湖南	Hunan	157.77	49.11	50.25	38.22	12.03	58.41	13.07	13.85
广东	Guangdong	22.81	6.29	10.20	6.85	3.35	6.32	1.22	1.55
广西	Guangxi	2 733.20	628.20	1 005.90	811.50	194.40	1 099.10	243.00	349.10
海南	Hainan	62.01	34.40	9.91	5.87	4.04	17.70	4.14	4.15
重庆	Chongqing	69.91	24.01	22.88	13.91	8.98	23.02	4.01	8.31
四川	Sichuan	308.01	93.46	107.87	70.78	37.09	106.68	12.82	17.76
贵州	Guizhou	408.03	147.60	136.17	100.27	35.91	124.25	25.49	23.86
云南	Yunnan	905.37	269.69	325.97	251.06	74.91	309.71	54.07	83.66
西藏	Tibet	184.50	40.62	47.99	13.77	34.22	95.89	19.21	20.41
甘肃	Gansu	75.69	23.41	25.07	17.93	7.14	27.21	2.87	3.81
青海	Qinghai	217.35	39.82	113.65	80.97	32.69	63.87	13.89	10.28
宁夏	Ningxia	384.90	55.50	191.70	143.30	48.40	137.70	27.00	27.60
新疆	Xinjiang	1 877.61	412.90	796.84	571.00	225.84	667.87	121.24	155.60

2-6 民族自治地方分地区生产总值指数(2003年)

Indices of Gross Domestic Product by Region of Ethnic Minority Autonomous Areas(2003)

(以2002年为100)

地区 Regional	地区生产总值 Region GDP	第一产业 Primary Industry	第二产业 Secondary Industry	工业 Industry	建筑业 Construction	第三产业 Tertiary Industry	#交通运输仓储邮电通信业 Transport, Post and Telecommunication Services	#批发和零售贸易餐饮业 Wholesale, Retail Trade & Catering Services
合计 Total	**111.9**	**105.9**	**117.2**	**114.9**	**123.9**	**110.2**	**112.8**	**109.7**
河北 Hebei	108.6	109.4	111.2	111.6	109.5	105.0	107.7	109.3
内蒙古 Inner Mongolia	116.8	105.9	127.9	120.8	150.0	111.2	114.1	109.3
辽宁 Liaoning	112.8	108.0	114.1	113.1	121.6	114.1	112.0	114.4
吉林 Jilin	111.1	111.8	111.5	110.0	118.5	110.0	114.9	148.5
黑龙江 Heilongjiang	109.6	100.3	136.1	146.1	119.7	102.3	103.4	100.1
浙江 Zhejiang	111.3	104.7	114.9	117.1	108.2	112.6	108.2	118.2
湖北 Hubei	106.9	104.1	108.6	107.9	111.6	108.3	109.6	107.6
湖南 Hunan	108.9	102.8	114.3	109.6	132.9	110.2	109.6	106.4
广东 Guangdong	112.5	102.1	123.0	119.6	130.9	108.4	115.4	104.7
广西 Guangxi	110.2	104.0	114.6	114.7	114.1	109.9	110.5	109.4
海南 Hainan	110.6	109.2	113.0	113.9	111.6	112.2	119.1	109.9
重庆 Chongqing	112.2	106.7	121.3	121.6	121.0	110.0	111.7	108.9
四川 Sichuan	112.5	104.8	120.4	119.3	122.6	111.9	88.5	80.6
贵州 Guizhou	110.9	107.0	113.2	113.8	111.7	113.2	112.2	110.1
云南 Yunnan	111.0	107.7	118.1	115.8	127.0	107.3	109.7	108.3
西藏 Tibet	112.1	103.4	134.7	119.7	141.2	106.9	123.0	98.9
甘肃 Gansu	110.4	100.4	113.0	104.7	141.4	118.0	114.4	114.4
青海 Qinghai	112.0	108.8	111.3	106.1	125.3	115.6	114.3	103.3
宁夏 Ningxia	112.2	102.4	118.8	116.3	127.1	108.4	157.1	110.1
新疆 Xinjiang	110.8	108.2	112.1	111.2	115.0	110.5	112.3	111.9

2-7 民族自治地方分地区生产总值构成(2003 年)

Composition of Gross Domestic Product
by Region of Ethnic Minority Autonomous Areas(2003)

地 区 Regional	地区生产总值 Region GDP	第一产业 Primary Industry	第二产业 Secondary Industry	工业 Industry	建筑业 Construction	第三产业 Tertiary Industry	#交通运输仓储邮电通信业 Transport, Post and Telecommunication Services	#批发和零售贸易餐饮业 Wholesale, Retail Trade & Catering Services
合 计 Total	**100**	**23.7**	**40.1**	**30.2**	**9.9**	**36.2**	**7.9**	**9.4**
河 北 Hebei	100	24.6	44.2	36.8	7.4	31.2	8.5	6.9
内蒙古 Inner Mongolia	100	19.5	45.3	33.6	11.7	35.2	10.1	8.4
辽 宁 Liaoning	100	21.8	44.5	38.6	5.9	33.7	6.7	10.8
吉 林 Jilin	100	21.9	44.4	36.0	8.4	33.7	8.2	8.0
黑龙江 Heilongjiang	100	41.5	29.0	19.0	10.0	29.4	5.1	9.6
浙 江 Zhejiang	100	25.8	40.1	30.7	9.3	34.1	4.7	8.9
湖 北 Hubei	100	35.3	34.7	28.0	6.7	30.0	5.4	7.4
湖 南 Hunan	100	31.1	31.9	24.2	7.6	37.0	8.3	8.8
广 东 Guangdong	100	27.6	44.7	30.0	14.7	27.7	5.4	6.8
广 西 Guangxi	100	23.0	36.8	29.7	7.1	40.2	8.9	12.8
海 南 Hainan	100	55.5	16.0	9.5	6.5	28.5	6.7	6.7
重 庆 Chongqing	100	34.3	32.7	19.9	12.8	32.9	5.7	11.9
四 川 Sichuan	100	30.3	35.0	23.0	12.0	34.6	4.2	5.8
贵 州 Guizhou	100	36.2	33.4	24.6	8.8	30.5	6.2	5.8
云 南 Yunnan	100	29.8	36.0	27.7	8.3	34.2	6.0	9.2
西 藏 Tibet	100	22.0	26.0	7.5	18.5	52.0	10.4	11.1
甘 肃 Gansu	100	30.9	33.1	23.7	9.4	36.0	3.8	5.0
青 海 Qinghai	100	18.3	52.3	37.3	15.0	29.4	6.4	4.7
宁 夏 Ningxia	100	14.4	49.8	37.2	12.6	35.8	7.0	7.2
新 疆 Xinjiang	100	22.0	42.4	30.4	12.0	35.6	6.5	8.3

2-8 全国民族自治区、自治州、自治县(旗)基本情况(2003 年)

地 区	Region	年末总人口(万人) Total Population at year-end (10 000 persons)	#少数民族 Minority Population	少数民族占总人口% Minority Population As% of Total Population
5 个自治区合计		10 009.96	3 977.37	39.73
内蒙古自治区	Inner Mongolia Autonomous Region	2 379.61	505.77	21.25
广西壮族自治区	Guangxi Zhuang Autonomous Region	4 857.00	1 854.00	38.17
西藏自治区	Tibet Autonomous Region	259.21	248.67	95.93
宁夏回族自治区	Ningxia Hui Autonomous Region	580.19	206.08	35.52
新疆维吾尔自治区	Xinjiang Uygur Autonomous Region	1 933.95	1 162.85	60.13
30 个自治州合计		5 342.88	2 957.98	55.36
吉林省	Jilin			
延边朝鲜族自治州	Yanbian Korean Autonomous Prefecture	218.57	89.38	40.89
湖北省	Hubei			
恩施土家族苗族自治州	Enshi Tujia and Miao Autonomous Prefecture	381.79	201.58	52.80
湖南省	Hunan			
湘西土家族苗族自治州	Xiangxi Tujia and Miao Autonomous Prefecture	265.55	198.07	74.59
四川省	Sichuan			
阿坝藏族羌族自治州	Aba Tibetan and Qiang Autonomous Prefecture	84.71	62.13	73.35
凉山彝族自治州	Liangshan Yi Autonomous Prefecture	415.48	196.68	47.34
甘孜藏族自治州	Ganzi Tibetan Autonomous Prefecture	90.49	73.96	81.73
贵州省	Guizhou			
黔东南苗族侗族自治州	Qiandongnan Miao and Dong Autonomous Prefecture	419.38	323.35	77.10
黔南布依族苗族自治州	Qiannan Bouyei and Miao Autonomous Prefecture	379.01	209.51	55.28
黔西南布依族苗族自治州	Qianxinan Bouyei and Miao Autonomous Prefecture	301.62	129.51	42.94
云南省	Yunnan			
西双版纳傣族自治州	Xishuangbanna Dai Autonomous Prefecture	86.92	65.04	74.83
文山壮族苗族自治州	Wenshan Zhuang and Miao Autonomous Prefecture	332.27	188.20	56.64
红河哈尼族彝族自治州	Honghe Hani and Yi Autonomous Prefecture	401.45	225.87	56.26
德宏傣族景颇族自治州	Dehong Dai and Jingpo Autonomous Prefecture	104.80	54.09	51.61
怒江傈僳族自治州	Nujiang Lisu Autonomous Prefecture	47.15	43.46	92.17
迪庆藏族自治州	Diqing Tibetan Autonomous Prefecture	35.38	30.62	86.54
大理白族自治州	Dali Bai Autonomous Prefecture	335.83	166.22	49.49
楚雄彝族自治州	Chuxiong Yi Autonomous Prefecture	255.03	80.85	31.70
甘肃省	Gansu			
临夏回族自治州	Linxia Hui Autonomous Prefecture	191.37	108.85	56.88
甘南藏族自治州	Gannan Tibetan Autonomous Prefecture	68.29	39.04	57.16

Main Data Autonomous Region, Autonomous Prefecture and Autonomous County (Banner) in China (2003)

地　区 生产总值 (亿元) Regional GDP (100 million yuan)	人均地区 生产总值 (元) Per Capita Regional GDP (yuan)	农业 总产值 (亿元) Gross Output Value of Agriculture (100 million yuan)	规模以上 工业总产值 (亿元) Gross Output Value of Industry (100 million yuan)	全社会 固定资产投资 (亿元) Total Investment in Fixed Assets (100 million yuan)	粮食 总产量 (万吨) Grain Output (10 000 tons)	农民人均 纯收入 (元) Peasant's Net Income Per Capita (yuan)	地方财政 收入 (亿元) local Revenue (100 million yuan)
7 330.63	**7 323**	**2 547.69**	**4 278.22**	**3 521.30**	**3 968**	**2 118**	**508.78**
2 150.42	8 975	666.38	1 354.45	1 174.66	1 361	2 268	138.72
2 733.20	5 969	1 030.89	1 436.43	921.30	1 465	2 095	203.66
184.50	6 871	58.63	21.39	133.96	97	1 691	8.15
384.90	6 691	103.40	352.81	317.99	270	2 043	30.03
1 877.61	9 700	688.38	1 113.14	973.39	776	2 106	128.22
2 698.08	5 050	1 168.86	1 275.76	1 115.86	1 751	1 753	151.57
171.72	7 857	41.14	125.92	71.66	40	2 035	10.34
140.84	3 689	81.97	40.11	58.29	152	1 498	6.07
82.64	3 112	36.10	39.03	46.92	78	1 401	4.14
51.72	6 106	16.30	16.01	54.38	15	1 422	2.78
202.35	4 870	102.86	64.35	69.48	177	1 780	10.65
35.23	3 893	15.06	6.61	32.19	17	1 031	1.40
104.73	2 497	60.61	42.03	57.44	128	1 450	5.85
126.68	3 342	61.87	78.66	35.78	120	1 499	6.93
85.65	2 840	46.22	53.23	32.49	100	1 541	5.17
58.19	6 695	33.58	6.63	22.22	33	1 910	4.45
100.23	3 016	49.37	26.46	35.09	104	1 142	4.79
207.03	5 157	68.48	182.76	75.11	123	1 634	17.84
41.53	3 963	21.33	19.24	12.86	29	1 322	3.08
14.00	2 970	5.34	7.40	6.60	16	948	1.26
13.68	3 866	5.32	3.62	13.14	13	1 116	0.95
175.35	5 221	87.33	63.44	47.70	121	1 959	12.96
140.19	5 497	62.87	71.68	44.05	94	1 826	9.69
37.14	1 941	18.66	15.83	14.99	46	1 181	1.45
18.77	2749	9.70	6.25	9.54	10	1 341	0.97

2-8 续表1

	地 区 Region	年末总人口 (万人) Total Population at year-end (10 000 persons)	#少数民族 Minority Population	少数民族占总人口% Minority Population As% of Total Population
青海省	**Qinghai**			
海北藏族自治州	Haibei Tibetan Autonomous Prefecture	26.75	16.41	61.34
黄南藏族自治州	Huangnan Tibetan Autonomous Prefecture	21.26	19.86	93.40
海南藏族自治州	Hainan Tibetan Autonomous Prefecture	39.41	26.93	68.33
果洛藏族自治州	Guolou Tibetan Autonomous Prefecture	13.86	12.84	92.65
玉树藏族自治州	Yushu Tibetan Autonomous Prefecture	27.48	26.32	95.79
海西蒙古族藏族自治州	Haixi Mongolian and Tibetan Autonomous Prefecture	34.02	8.95	26.31
新疆维吾尔自治区	**Xinjiang uygur Autonomous Region**			
昌吉回族自治州	Changji Hui Autonomous Prefecture	154.33	66.92	43.36
巴音郭楞蒙古自治州	Bayingolin Mongolian Autonomous Prefecture	112.65	47.58	42.24
克孜勒苏柯尔克孜自治州	Kizlsu Kirgiz Autonomous Prefecture	45.84	7.73	16.87
博尔塔拉蒙古自治州	Bortala Mongolian Autonomous Prefecture	43.86	14.16	32.28
伊犁哈萨克自治州	Ili Kazak Autonomous Prefecture	408.33	223.87	54.83
120个自治县合计		**3 424.82**	**2 002.60**	**58.47**
河北省	**Hebei**			
大厂回族自治县	Dachang Hui Autonomous Prefecture	11.20	2.72	24.27
孟村回族自治县	Mengcun Hui Autonomous Prefecture	18.72	4.49	23.98
青龙满族自治县	Qinglong Manchu Autonomous Prefecture	51.65	35.33	68.40
丰宁满族自治县	Fengning Manchu Autonomous Prefecture	38.05	25.89	68.05
围场满族蒙古族自治县	Weichang Manchu and Mongolian Autonomous County	51.57	29.83	57.84
宽城满族自治县	Kuancheng Manchu Autonomous County	23.39	14.85	63.50
内蒙古自治区	**Inner Mongolia Autonomous Region**			
鄂伦春自治旗	Oroqen Autonomous Banner	28.31	3.26	11.52
莫力达瓦达斡尔族自治旗	Morindawa Daur Autonomous Banner	31.46	6.20	19.70
鄂温克族自治旗	Ewenki Autonomous Banner	14.43	5.71	39.56
辽宁省	**Liaoning**			
阜新蒙古族自治县	Fuxin Mongolian Autonomous County	73.15	14.85	20.30
喀喇沁左翼蒙古族自治县	Harqin Zuoyi Mongolian Autonomous County	42.36	8.35	19.71
岫岩满族自治县	Xiuyan Manchu Autonomous County	50.31	40.22	79.95
新宾满族自治县	Xinbin Manchu Autonomous County	30.66	22.54	73.50
清原满族自治县	Qingyuan Manchu Autonomous County	34.16	20.84	61.00
本溪满族自治县	Benxi Manchu Autonomous County	29.99	19.15	63.85
桓仁满族自治县	Huanren Manchu Autonomous County	30.29	17.87	59.00
宽甸满族自治县	Kuandian Manchu Autonomous County	43.64	23.97	54.92

Continued

地　区生产总值(亿元) Regional GDP (100 million yuan)	人均地区生产总值(元) Per Capita Regional GDP (yuan)	农业总产值(亿元) Gross Output Value of Agriculture (100 million yuan)	规模以上工业总产值(亿元) Gross Output Value of Industry (100 million yuan)	全社会固定资产投资(亿元) Total Investment in Fixed Assets (100 million yuan)	粮食总产量(万吨) Grain Output (10 000 tons)	农民人均纯收入(元) Peasant's Net Income Per Capita (yuan)	地方财政收入(亿元) local Revenue (100 million yuan)
16.10	6 017	6.12	7.28	8.79	3.65	1 705	0.79
16.44	7 736	6.81	11.30	7.04	2.89	1 538	0.65
20.43	5 184	9.88	2.14	15.54	5.81	2 084	1.01
6.68	4 820	3.36	0.29	6.05	0.17	1 697	0.28
9.69	3 526	8.80	0.79	4.77	1.41	1 496	0.39
83.03	24 406	4.91	93.89	54.67	4.97	2 338	3.43
178.17	11 545	74.61	84.26	52.80	73.80	4 256	9.14
236.25	20 973	67.62	125.56	115.21	26.79	4 953	9.58
12.52	2 732	8.44	0.98	4.56	17.66	1 320	0.63
34.05	7 763	27.62	7.54	14.81	22.94	3 522	1.87
277.04	6 785	126.58	72.48	91.68	176.74	3 020	13.06
1 357.52	**3 964**	**762.29**	**481.01**	**486.21**	**1 326.50**	**1 629**	**65.76**
20.99	18 734	9.49	15.55	6.44	7.96	4 635	0.56
11.29	6 029	3.87	4.69	3.30	6.00	2 126	0.19
19.75	3 824	9.04	2.62	6.12	10.40	1 156	0.67
19.49	5 123	13.33	5.05	10.83	7.62	1 412	0.59
19.56	3 792	10.93	2.87	10.04	9.55	1 508	0.40
16.28	6 961	4.47	11.70	8.47	2.33	1 821	0.48
8.88	3 138	6.19	1.04	2.06	10.73	1 292	0.65
17.21	5 470	8.70	2.10	16.27	20.67	1 052	1.74
18.39	12 746	5.64	20.08	6.88	0.93	4 189	1.52
19.30	2 638	25.00	8.77	6.39	70.00	2 008	1.04
10.01	2 362	8.11	4.65	4.64	6.90	1 807	0.45
54.84	10 902	13.03	25.40	7.14	21.01	2 995	1.08
28.69	9 356	12.27	2.96	5.50	11.31	2 950	0.74
25.97	7 603	12.00	5.15	3.50	13.07	2 800	0.74
30.62	10 209	9.72	14.17	4.64	8.89	3 268	1.10
27.14	8 958	11.00	6.99	8.12	11.39	3 134	1.09
38.04	8 717	11.76	10.72	7.52	11.04	2 328	1.06

2-8 续表 2

	地 区 Region	年末总人口（万人）Total Population at Year-end (10 000 persons)	#少数民族 Minority Population	少数民族占总人口% Minority Population As% of Total Population
吉林省	Jilin			
长白朝鲜族自治县	Changbai Korean Autonomous County	8.51	1.35	15.86
前郭尔罗斯蒙古族自治县	Qian Gorlos Mongolian Autonomous County	57.54	5.75	9.99
伊通满族自治县	Yitong Manchu Autonomous County	46.64	18.52	39.71
黑龙江省	Heilongjiang			
杜尔伯特蒙古族自治县	Dorbod Mongolian Autonomous County	24.88	5.22	21.00
浙江省	Zhejiang			
景宁畲族自治县	Jingning She Autonomous County	17.93	1.78	9.94
湖北省	Hubei			
长阳土家族自治县	Changyang Tujia Autonomous County	40.97	20.75	50.65
五峰土家族自治县	Wufen Tujia Autonomous County	20.59	17.48	84.88
湖南省	Hunan			
城步苗族自治县	Chengbu Miao Autonomous County	25.72	14.81	57.59
通道侗族自治县	Tongdao Dong Autonomous County	22.11	19.57	88.50
江华瑶族自治县	Jianghua Yao Autonomous County	45.83	29.32	63.97
新晃侗族自治县	Xinhuang Dong Autonomous County	25.05	21.94	87.56
芷江侗族自治县	Zhijiang Dong Autonomous County	35.69	21.86	61.25
靖州苗族侗族自治县	Jingzhou Miao and Dong Autonomous County	26.01	18.99	73.00
麻阳苗族自治县	Mayang Miao Autonomous County	35.98	28.05	77.97
广东省	Guangdong			
连南瑶族自治县	Liannan Yao Autonomous County	15.56	8.02	51.55
连山壮族瑶族自治县	Lianshan Zhuang and Yao Autonomous County	11.47	7.21	62.88
乳源瑶族自治县	Ruyuan Yao Autonomous County	20.13	2.29	11.38
广西壮族自治区	Guangxi Zhuang Autonomous Region			
都安瑶族自治县	Duan Yao Autonomous County	61.12	59.57	97.45
融水苗族自治县	Rongshui Miao Autonomous County	46.81	33.62	71.83
三江侗族自治县	Sanjiang Dong Autonomous County	34.71	29.99	86.40
龙胜各族自治县	Longsheng Gezu Autonomous County	16.55	12.81	77.40
金秀瑶族自治县	Jinxiu Yao Autonomous County	14.81	11.61	78.40
隆林各族自治县	Longlin Gezu Autonomous County	35.76	28.67	80.18
巴马瑶族自治县	Bama Yao Autonomous County	24.02	20.81	86.64
罗城仫佬族自治县	Luocheng Mulao Autonomous County	36.05	26.34	73.07
富川瑶族自治县	Fuchuan Yao Autonomous County	29.98	14.02	46.77

Continued

地　区 生产总值 (亿元) Regional GDP (100 million yuan)	人均地区 生产总值 (元) Per Capita Regional GDP (yuan)	农业 总产值 (亿元) Gross Output Value of Agriculture (100 million yuan)	规模以上 工业总产值 (亿元) Gross Output Value of Industry (100 million yuan)	全社会 固定资产投资 (亿元) Total Investment in Fixed Assets (100 million yuan)	粮食 总产量 (万吨) Grain Output (10 000 tons)	农民人均 纯收入 (元) Peasant's Net Income Per Capita (yuan)	地方财政 收入 (亿元) local Revenue (100 million yuan)
8.96	10 526	3.31	4.73	4.64	1.17	3 060	0.27
64.30	11 175	36.80	13.22	7.15	130.23	3 118	1.59
30.32	6 500	24.36	4.76	2.17	67.83	2 387	0.99
14.60	5 867	13.18	4.91	4.39	8.64	958	1.00
11.41	6 361	4.59	6.49	5.02	4.30	2 397	0.87
28.45	6 943	9.79	12.74	4.96	13.89	1 848	0.84
10.89	5 290	5.78	3.28	2.75	8.54	1 575	0.34
8.86	3 445	4.23	7.23	3.16	7.64	1 221	0.53
5.79	2 617	3.92	2.15	1.01	7.40	1 289	0.33
13.08	2 854	9.45	2.26	4.78	15.84	1 340	0.60
8.24	3 290	4.40	4.31	1.08	7.51	1 302	0.38
14.99	4 200	8.69	5.24	3.83	13.72	1 740	0.50
14.23	5 472	6.55	3.35	1.39	9.48	2 471	0.49
9.94	2 764	6.11	2.09	1.31	10.97	1 428	0.43
5.20	3 338	2.79	1.82	2.32	4.21	2 371	0.31
5.09	4 439	2.80	0.30	3.48	5.38	2 408	0.17
12.52	6 221	3.26	13.44	10.89	6.45	2 826	0.83
11.95	1 954	6.70	2.55	5.00	13.08	1 325	0.81
10.32	2 204	7.58	1.92	2.43	11.84	1 487	0.50
6.77	1 951	4.32	0.67	2.61	6.35	1 450	0.37
9.31	5 623	4.51	2.79	3.90	5.75	1 824	0.44
4.99	3 373	3.72	0.97	1.46	4.85	1 563	0.37
9.54	2 667	3.99	5.97	8.09	0.83	1 237	1.32
6.35	2 644	4.74	0.88	2.79	6.29	1 328	0.49
9.43	2 616	6.35	2.25	3.71	12.01	1 099	0.55
13.18	4 395	9.30	1.82	2.98	11.75	1 584	0.45

2-8 续表3

地 区	Region	年末总人口（万人）Total Population at Year-end (10 000) persons	#少数民族 Minority Population	少数民族占总人口% Minority Population As% of Total Population
大化瑶族自治县	Dahua Yao Autonomous County	40.24	37.81	93.96
环江毛南族自治县	Huanjiang Maonan Autonomous County	36.69	33.63	91.67
恭城瑶族自治县	Gongcheng Yao Autonomous County	27.96	16.49	58.98
海南省	**Hainan**			
白沙黎族自治县	Baisha Li Autonomous County	18.16	11.14	61.36
昌江黎族自治县	Changjiang Li Autonomous County	23.21	8.54	36.77
乐东黎族自治县	Ledong Li Autonomous County	46.94	17.84	38.01
陵水黎族自治县	Lingshui Li Autonomous County	33.01	18.48	55.98
琼中黎族苗族自治县	Qiongzhong Li and Miao Autonomous County	20.36	11.52	56.56
保亭黎族苗族自治县	Baoting Li and Miao Autonomous County	10.55	9.55	90.57
重庆市	**Chongqing**			
石柱土家族自治县	Shizhu Tujia Autonomous County	51.23	35.60	69.49
秀山土家族苗族自治县	Xiushan Tujia and Miao Autonomous County	60.60	31.76	52.41
酉阳土家族苗族自治县	Youyang Tujia and Miao Autonomous County	74.50	62.28	83.60
彭水苗族土家族自治县	Pengshui Miao and Tujia Autonomous County	63.03	37.58	59.63
四川省	**Sichuan**			
北川羌族自治县	Beichuan Qiang Autonomous County	16.12	9.50	58.89
木里藏族自治县	Muli tibetan Autonomous County	12.63	9.90	78.42
马边彝族自治县	Mabian Yi Autonomous County	18.02	7.31	40.57
峨边彝族自治县	Ebian Yi Autonomous County	14.89	4.65	31.24
贵州省	**Guizhou**			
松桃苗族自治县	Songtao Miao Autonomous County	63.99	27.19	42.49
镇宁布依族苗族自治县	Zhengning Bouyei and Miao Autonomous County	33.46	19.61	58.61
紫云苗族布依族自治县	Ziyun Miao and Bouyei Autonomous County	32.24	22.07	68.44
威宁彝族回族苗族自治县	Weining Yi,Hui and Miao Autonomous County	109.59	27.81	25.37
关岭布依族苗族自治县	Guanling Bouyei Miao Autonomous County	32.00	18.88	58.99
三都水族自治县	Sandu Shui Autonomous County	31.47	30.47	96.85
玉屏侗族自治县	Yuping Dong Autonomous County	13.68	11.31	82.70
道真仡佬族苗族自治县	Daozhen Gelao and Miao Autonomous County	33.66	26.65	79.18
务川仡佬族苗族自治县	Wuchuan Gelao and Miao Autonomous County	41.93	40.35	96.25
印江土家族苗族自治县	Yinjiang Tujia and Miao Autonomous County	39.94	28.50	71.36
沿河土家族自治县	Yanhe Tujia Autonomous County	55.87	31.14	55.74

Continued

地　区 生产总值 (亿元) Regional GDP (100 million yuan)	人均地区 生产总值 (元) Per Capita Regional GDP (yuan)	农业 总产值 (亿元) Gross Output Value of Agriculture (100 million yuan)	规模以上 工业总产值 (亿元) Gross Output Value of Industry (100 million yuan)	全社会 固定资产投资 (亿元) Total Investment in Fixed Assets (100 million yuan)	粮食 总产量 (万吨) Grain Output (10 000 tons)	农民人均 纯收入 (元) Peasants Net Income Per Capita (yuan)	地方财政 收入 (亿元) local Revenue (100 million yuan)
15.17	3 769	4.36	5.39	2.37	6.87	1 397	0.88
10.62	2 893	7.52	3.00	3.46	12.21	1 073	0.50
15.58	5 571	11.84	2.88	4.50	12.79	2 032	0.60
4.91	2 704	5.38	1.78	1.61	6.68	1 919	0.43
15.89	6 847	10.02	9.49	4.86	6.01	2 051	1.09
18.13	3 863	17.27	1.23	3.39	14.79	2 303	0.93
13.69	4 148	14.20	0.84	3.09	9.21	1 963	0.51
4.68	2 301	4.01	0.59	1.77	5.32	1 609	0.49
4.70	4 455	3.71	0.28	1.25	3.04	1 544	0.35
17.00	3 319	9.21	4.04	10.40	24.55	1 586	0.71
18.93	3 123	9.91	6.37	13.62	30.02	1 552	0.76
14.73	1 977	10.65	2.26	12.81	32.80	1 510	0.59
19.26	3 056	11.94	2.12	20.11	27.33	1 674	1.07
6.57	4 076	4.19	2.78	2.89	4.66	2 096	0.28
2.94	2 331	2.18	0.03	1.21	4.56	1 336	0.08
4.96	2 752	3.60	1.60	3.18	5.78	1 561	0.20
7.18	4 825	2.55	6.45	3.80	3.08	2 022	0.32
11.19	1 749	11.30	2.47	3.73	24.54	1 417	0.46
8.85	2 644	3.50	4.25	5.59	10.76	1 358	0.52
4.75	1 474	4.39	0.65	1.44	11.41	1 277	0.24
20.63	1 882	13.85	4.07	5.25	32.90	1 379	0.96
6.46	2 019	4.29	1.96	1.49	10.60	1 352	0.31
5.54	1 761	4.45	0.71	1.41	8.40	1 294	0.20
8.01	5 854	3.61	7.76	8.27	4.39	1 909	0.48
7.63	2 267	6.71	0.67	1.96	14.05	1 461	0.40
6.88	1 642	6.93	0.40	2.96	17.48	1 393	0.44
7.70	1 927	8.32	0.55	2.74	14.33	1 427	0.40
8.87	1 587	9.72	0.75	1.99	17.24	1 283	0.45

2-8 续表4

地 区	Region	年末总人口（万人）Total Population at Year-end (10 000 persons)	#少数民族 Minority Population	少数民族占总人口% Minority Population As% of Total Population
云南省	Yunnan			
峨山彝族自治县	Eshan Yi Autonomous County	14.90	9.76	65.46
石林彝族自治县	Shilin Yi Autonomous County	22.93	7.86	34.29
沧源佤族自治县	Cangyuan Va Autonomous County	16.69	15.17	90.90
耿马傣族佤族自治县	Gengma dai and Va Autonomous County	25.50	13.16	51.60
玉龙纳西族自治县	Yulong Naxi Autonomous County	20.97	17.83	85.03
宁蒗彝族自治县	Ninglang Yi Autonomous County	23.54	18.69	79.39
江城哈尼族彝族自治县	Jiangcheng Hani and Yi Autonomous County	10.94	8.88	81.20
澜沧拉祜族自治县	Lancang Lahu Autonomous County	47.06	36.29	77.12
孟连傣族拉祜族佤族自治县	Menglian Dai, Lahu and Va Autonomous County	11.42	9.80	85.84
西盟佤族自治县	Ximeng Va Autonomous County	8.29	7.80	94.06
河口瑶族自治县	Hekou Yao Autonomous County	7.82	4.96	63.49
屏边苗族自治县	Pingbian Miao Autonomous County	14.62	9.06	61.95
贡山独龙族怒族自治县	Gongshan Dulong and Nu Autonomous County	3.42	3.30	96.24
巍山彝族回族自治县	Weishan Yi and Hui Autonomous County	30.17	13.03	43.20
南涧彝族自治县	Nanjian Yi Autonomous County	21.54	10.62	49.32
寻甸回族彝族自治县	Xundian Hui and Yi Autonomous County	50.39	11.00	21.82
元江哈尼族彝族傣族自治县	Yuanjing Hani, Yi and Dai Autonomous County	19.65	15.57	79.24
新平彝族傣族自治县	Xinping Yi and Dai Autonomous County	26.97	18.82	69.76
墨江哈尼族自治县	Mojiang Hani Autonomous County	35.10	25.96	73.97
双江拉祜族佤族布朗族傣族自治县	Shuangjiang Lahu, Va, Blang and Dai Autonomous County	16.38	7.27	44.36
兰坪白族普米族自治县	Lanping Bai and Pumi Autonomous County	19.05	17.80	93.47
维西傈僳族自治县	Weixi Lisu Autonomous County	14.46	12.04	83.28
景东彝族自治县	Jingdong Yi Autonomous County	35.30	16.25	46.03
景谷傣族彝族自治县	Jinggu Dai and Yi Autonomous County	29.17	13.55	46.44
普洱哈尼族彝族自治县	Puer Hani and Yi Autonomous County	18.51	9.17	49.54
漾濞彝族自治县	Yangbi Yi Autonomous County	10.01	6.33	63.28
禄劝彝族苗族自治县	Luquan Yi and Miao Autonomous County	44.88	13.65	30.42
金平苗族瑶族傣族自治县	Jinping Miao, Yao and Dai Autonomous County	31.63	27.05	85.51
镇沅彝族哈尼族拉祜族自治县	Zhenyuan Yi, Hani and Lahu Autonomous County	20.43	10.58	51.80

Continued

地　区生产总值（亿元）Regional GDP (100 million yuan)	人均地区生产总值（元）Per Capita Regional GDP (yuan)	农业总产值（亿元）Gross Output Value of Agriculture (100 million yuan)	规模以上工业总产值（亿元）Gross Output Value of Industry (100 million yuan)	全社会固定资产投资（亿元）Total Investment in Fixed Assets (100 million yuan)	粮食总产量（万吨）Grain Output (10 000 tons)	农民人均纯收入（元）Peasants Net Income Per Capita (yuan)	地方财政收入（亿元）local Revenue (100 million yuan)
10.08	6 761	3.65	4.93	2.83	4.52	2 224	0.71
12.79	5 576	7.22	3.93	4.45	10.86	2 312	1.73
4.74	2 838	3.52	1.02	2.88	4.75	977	0.23
10.90	4 273	7.37	2.44	3.30	8.25	1 211	0.63
6.26	2 986	4.46	0.23	5.18	9.99	1 250	0.30
4.27	1 814	2.21	1.07	1.86	6.57	738	0.12
3.50	3 204	2.42	0.55	1.52	3.34	912	0.18
7.92	1 684	5.39	2.04	3.03	15.60	791	0.44
3.02	2 643	1.90	0.77	1.77	4.56	1 066	0.34
1.55	1 874	0.71	0.24	0.85	3.14	669	0.09
5.12	6 546	2.18	0.59	1.87	1.64	1 378	0.57
3.90	2 665	2.38	1.45	2.53	5.79	1 108	0.17
1.01	2 958	0.94	0.00	0.61	1.03	766	0.08
9.93	3 292	7.09	0.62	3.08	11.39	1 394	0.48
6.74	3 130	4.87	0.09	1.62	7.94	1 441	0.52
11.98	2 377	8.74	2.17	3.11	18.15	1 526	0.79
10.13	5 152	5.55	4.18	3.00	4.95	1942	0.62
9.04	3 350	5.82	5.87	5.92	6.26	2 077	0.82
9.25	2 635	3.82	1.87	9.48	11.07	882	0.56
4.62	2 820	2.83	0.95	1.70	5.64	820	0.26
6.06	3 183	1.81	6.51	3.19	7.27	1 171	0.54
4.30	2 978	2.65	0.07	2.37	5.51	1 029	0.12
10.13	2 870	6.11	1.56	2.36	12.65	1 198	0.76
11.12	3 812	5.00	6.14	3.72	11.14	1 537	0.93
7.97	4 307	3.38	2.32	2.18	6.74	1 513	0.51
3.21	3 211	1.96	0.69	1.68	4.34	1 362	0.27
11.67	2 600	9.32	1.29	3.38	17.43	1 401	0.85
4.80	1 518	3.83	1.62	3.16	10.52	838	0.32
4.26	2 083	2.79	0.89	1.32	7.66	1 141	0.35

2－8 续表 5

地　区	Region	年末总人口（万人）Total Population at Year－end (10 000 persons)	#少数民族 Minority Population	少数民族占总人口% Minority Population As% of Total Population
甘肃省	**Gansu**			
张家川回族自治县	Zhangjiachuan Hui Autonomous County	31.50	21.97	69.75
天祝藏族自治县	Tianzhu Tibetan Autonomous County	21.41	8.14	38.00
肃南裕固族自治县	Sunan Yugur Autonomous County	3.53	1.95	55.30
肃北蒙古族自治县	Subei Mongolian Autonomous County	1.11	0.46	41.08
阿克塞哈萨克族自治县	Aksay Kazak Autonomous County	0.80	0.26	32.60
东乡族自治县	Dongxiang Autonomous County	26.73	23.55	88.11
积石山保安族东乡族撒拉族自治县	Jishishan Baoan, Dongxiang and Salar Autonomous County	21.98	11.97	54.45
青海省	**Qinghai**			
互助土族自治县	Huzhu Tu Autonomous County	37.08	9.32	25.13
化隆回族自治县	Hualong Hui Autonomous County	23.25	18.27	78.57
循化撒拉族自治县	Xunhua Salar Autonomous County	11.63	10.94	94.05
河南蒙古族自治县	Henan Mongolian Autonomous County	3.19	3.10	97.16
门源回族自治县	Menyuan Hui Autonomous County	15.06	8.58	56.93
大通回族土族自治县	Datong Hui and Tu Autonomous County	42.55	19.79	46.50
民和回族土族自治县	Minhe Hui and Tu Autonomous County	37.67	20.66	54.84
新疆维吾尔自治区	**Xinjiang uygur Autonomous Region**			
巴里坤哈萨克自治县	Barkol Kazak Autonomous County	10.10	3.42	33.81
塔什库尔干塔吉克自治县	Taxkorgan Tajik Autonomous County	3.32	1.75	52.70
木垒哈萨克自治县	Mori Kazak Autonomous County	8.55	2.69	31.44
焉耆回族自治县	Yanqi Hui Autonomous County	12.47	6.83	54.77
察布查尔锡伯自治县	Qapaqal Xibe Autonomous County	16.48	10.48	63.60
和布克赛尔蒙古自治县	Hoboksar Mongolian Autonomous County	4.95	3.26	65.80

Continued

地 区生产总值（亿元）Regional GDP (100 million yuan)	人均地区生产总值（元）Per Capita Regional GDP (yuan)	农业总产值（亿元）Gross Output Value of Agriculture (100 million yuan)	规模以上工业总产值（亿元）Gross Output Value of Industry (100 million yuan)	全社会固定资产投资（亿元）Total Investment in Fixed Assets (100 million yuan)	粮食总产量（万吨）Grain Output (10 000 tons)	农民人均纯收入（元）Peasant's Net Income Per Capita (yuan)	地方财政收入（亿元）local Revenue (100 million yuan)
5.34	1 695	2.46	0.70	1.61	8.16	1 118	0.13
7.09	3 312	2.64	1.33	5.93	4.38	1 450	0.27
3.19	9 033	1.70	1.31	4.81	1.01	4 040	0.30
2.22	19 964	0.42	2.02	1.55	0.36	4 679	0.16
1.93	24 068	0.23	3.04	1.41	0.07	4 866	0.28
3.02	1 128	2.33	0.78	1.03	5.65	921	0.06
2.60	1 184	2.08	0.09	1.45	5.33	1 004	0.08
14.61	3 940	6.41	4.39	5.34	15.60	1 727	0.50
5.53	2 379	2.68	1.79	3.48	5.79	1 256	0.27
4.38	3 769	1.34	2.30	3.50	3.00	1 561	0.31
2.47	7 752	2.21	0.11	0.48	0.00	2 019	0.07
5.86	3 894	2.84	2.09	3.19	3.16	1 485	0.21
28.55	6 709	5.70	57.58	4.29	8.36	2 008	1.13
11.90	3 159	3.82	6.66	4.88	7.05	1 467	0.32
5.43	5 373	3.06	1.02	1.31	3.94	1 968	0.15
1.57	4 715	0.53	0.02	1.24	0.70	930	0.05
4.91	5 741	5.01	0.34	0.92	8.85	2 991	0.14
9.87	7 917	5.35	4.80	5.05	3.58	3 910	1.34
6.29	3 813	3.91	0.03	2.66	10.44	2 168	0.22
3.92	7 912	2.28	2.46	1.79	0.81	2 927	0.98

主要统计指标解释

国内(地区)生产总值 是按市场价格计算的国内生产总值的简称。它是一个国家(地区)所有常驻单位在一定时期内生产活动的最终成果。国内生产总值有三种表现形态:即价值形态、收入形态和产品形态。从价值形态看,它是所有常驻单位在一定时期内生产的全部货物和服务价值超过同期投入的全部非固定资产货物和服务价值的差额,即所有常驻单位的增加值之和;从收入形态看,它是所有常驻单位在一定时期内所创造并分配给常驻单位和非常驻单位的初次分配收入之和;从产品形态看,它是最终使用的货物和服务减去进口货物和服务。在实际核算中,国内生产总值的三种表现形态表现为三种计算方法,即生产法、收入法和支出法。三种方法分别从不同的方面反映国内生产总值及其构成。

当年价格 指报告期的实际价格,如工厂的出厂价格,农产品的收购价格,商业的零售价格等。使用当年价格计算的数字,是为了使国民经济各项指标互相衔接,便于考察当年社会经济效益,便于对生产和流通、生产和分配、生产和消费进行经济核算和综合平衡。

按当年价格计算的价格指标,在不同年份之间进行对比时,因为包含有各年间价格的因素,不能确切地反映实物量的增减变动。必须消除价格变动因素后,才能真正反映经济发展动态。因此,在计算增长速度时都使用按可比价格计算的数字。

不变价格 指用同类产品的年平均价格作为固定价格,来计算各年产品价值。按不变价格计算的产品价值消除了价格变动因素,不同时期对比可以反映生产的发展速度。新中国成立后,随着工农业产品价格水平的变化,国家统计局先后五次制定了全国统一的工业产品不变价格和农业产品不变价格,从1949年到1957年使用1952年工(农)业产品不变价格,从1957年到1971年使用1957年不变价格,从1971年到1981年使用1970年不变价格,从1981年到1990年使用1980年不变价格,从1990年开始使用1990年不变价格。

平均每年增长速度 在我国计算平均增长速度有两种方法:一种是习惯上经常使用的“水平法”,又称几何平均法,是以间隔期最后一年的水平同基期水平对比来计算平均每年增长(或下降)速度。另一种“累计法”,又称代数平均法或方程法,是以间隔期内各年水平的总和同基期水平对比来计算平均每年增长(或下降)速度。另一种是“累计法”,又称代数平均法或方程法,是以间隔期内各年水平的总和同期水平对比来计算平均每年增长(或下降)速度。

三次产业 三次产业的划分是世界上较为常用的产业结构分类,但各国的划分不尽一致。我国的三次产业划分是:

第一产业是指农、林、牧、渔业。

第二产业是指采矿业,制造业,电力、煤气及水的生产和供应业,建筑业。

第三产业是指除第一、二产业以外的其他行业。

人口 3

Population

3-1 民族自治地方年末总人口及构成

The Composition and Overall Population of Ethnic Minority Autonomous Areas at the End of Year

单位:万人 (10 000 persons)

年 份 Year	民族自治地方占总人口 Total Population			比重(以自治地方总人口为100) Proportion(Total Population in Ethnic Minority Autonomous Areas=100)		民族自治地方少数民族人口 Total Population of Minority Nationalities	少数民族人口占民族自治地方总人口的比重(%) Population of Minority Nationality As Percentage of Total Population in Ethnic Minority Autonomous Areas
		农业人口 Agri-culture	非农业人口 Non-agriculture	农业人口 agriculture	非农业人口 Non-agriculture		
1952	5 602.95	4 967.73	633.22	88.59	11.31		
1957	6 464.90	5 663.04	801.86	87.60	12.40		
1965	7 739.20	6 618.05	1 121.15	85.51	14.49		
1975	10 441.43	8 873.60	1 567.83	84.98	15.02		
1978	11 077.22	9 376.34	1 700.88	84.65	15.35	4 342.36	39.2
1979	11 334.94	9 534.45	1 799.49	84.12	15.88		
1980	11 586.35	9 717.60	1 868.75	83.87	16.13	4 714.31	40.7
1981	11 767.29	9 864.52	1 902.77	83.83	16.17		
1982	12 127.26	10 161.43	1 965.83	83.79	16.21	5 007.50	41.3
1983	12 659.05	10 601.55	2 057.50	83.75	16.25	5 339.10	42.2
1984	12 899.98	10 769.19	2 130.79	83.48	16.52	5 491.20	42.6
1985	13 547.71	11 263.66	2 284.05	83.14	16.86	5 852.87	43.2
1986	13 927.03	11 567.63	2 359.40	83.06	16.94	6 072.23	43.6
1987	14 246.65	11 794.22	2 254.43	82.79	17.21	6 252.58	43.9
1988	14 579.84	12 037.74	2 542.10	82.56	17.44	6 442.79	44.2
1989	15 060.57	12 382.47	2 678.10	82.22	17.78	6 688.63	44.4
1990	15 295.71	12 580.41	2 715.30	82.24	17.76	6 879.58	45.0
1991	15 462.71	12 660.58	2 802.13	81.88	18.12	7 044.32	45.6
1992	15 630.06	12 768.95	2 861.11	81.69	18.31	7 125.20	45.6
1993	15 776.06	12 808.13	2 967.93	81.49	18.51	7 179.08	45.5
1994	15 974.68	12 890.12	3 084.56	80.69	19.31	7 286.83	45.6
1995	16 044.41	12 878.06	3 166.35	80.27	19.73	7 232.13	45.1
1996	16 230.41	12 941.79	3 288.72	79.74	20.26	7 393.99	45.6
1997	16 407.92	13 054.47	3 353.45	79.56	20.44	7 451.12	45.4
1998	16 615.95	13 155.42	3 460.53	79.17	20.83	7 577.45	45.6
1999	16 678.00	13 169.40	3 508.60	78.96	21.04	7 571.34	45.4
2000	16 817.70	13 246.25	3 570.45	78.76	21.24	7 766.76	46.2
2001	16 870.10	13 256.90	3 613.20	78.59	21.41	7 799.47	46.2
2002	17 051.24	13 287.33	3 763.91	77.93	22.07	7 930.39	46.5
2003	17 214.12	13 384.84	3 829.28	77.75	22.25	8 016.96	46.6

注:1. 本表未扣除区域变动因素,年度之间不可比。下同。

2. 2001年后人口数为公安部门数,以前为抽样调查数。

Note: a. The factor of regional changes is not deducted so data among years are not comparable. The next is the same.

b. The Population is obtain from police the other date is obtain from the Sample Survey Since 2001.

3-2 民族自治地方分地区年末总人口和少数民族人口(2003年)

Total Population and Minority Ethnic Population

by Region of Ethnic Minority Autonomous Areas(2003)

地 区 Region	年底总人口 (万人) Total Population (year-end) (10 000 persons)	#少数民族人口 Minority Population	少数民族占 总人口的比重 (%) As% of National Total
合 计 Total	**17 214.12**	**8 016.96**	**46.57**
河 北 Hebei	194.50	113.12	58.13
内蒙古 Inner Mongolia	2 379.61	505.77	21.25
辽 宁 Liaoning	334.57	167.79	50.15
吉 林 Jilin	331.25	115.00	34.72
黑龙江 Heilongjiang	24.88	5.22	21.00
浙 江 Zhejiang	17.93	1.78	9.94
湖 北 Hubei	443.35	239.81	54.09
湖 南 Hunan	48.93	352.60	73.16
广 东 Guangdong	47.16	17.52	37.16
广 西 Guangxi	4 857.00	1 854.00	38.17
海 南 Hainan	152.23	77.07	50.63
重 庆 Chongqing	249.36	167.22	67.06
四 川 Sichuan	639.71	354.23	55.37
贵 州 Guizhou	1 556.35	915.87	58.85
云 南 Yunnan	2 097.86	1 141.40	54.41
西 藏 Tibet	259.21	248.67	95.93
甘 肃 Gansu	318.02	180.66	56.81
青 海 Qinghai	314.97	190.28	60.41
宁 夏 Ningxia	580.19	206.08	35.52
新 疆 Xinjiang	1 933.95	1 162.85	60.13

3-3 民族自治地方分地区人口构成(2003年)(一)

Population Composition

by Region of Ethnic Minority Autonomous Areas(2003)(1)

单位:万人 (10 000 persons)

地区 Region	按性别分 By Sex		按城乡分 By Residence	
	男 Male	女 Female	城镇人口 Urban	乡村人口 Rural
合计 **Total**	**8 924.37**	**8 289.75**	**5 801.53**	**11 412.59**
河北 Hebei	101.43	93.16	41.84	152.75
内蒙古 Inner Mongolia	1 228.26	1 151.35	1 064.64	1 314.97
辽宁 Liaoning	171.40	163.16	114.24	220.32
吉林 Jilin	166.98	164.27	235.45	95.81
黑龙江 Heilongjiang	12.68	12.20	6.32	18.56
浙江 Zhejiang	9.59	8.34	8.18	9.74
湖北 Hubei	231.73	211.62	79.22	364.13
湖南 Hunan	250.52	231.42	140.11	341.82
广东 Guangdong	24.44	22.72	8.94	38.22
广西 Guangxi	2 542.00	2 315.00	1 411.00	3 446.00
海南 Hainan	80.14	72.09	32.48	119.75
重庆 Chongqing	132.32	117.04	37.01	212.35
四川 Sichuan	332.55	307.16	186.53	453.19
贵州 Guizhou	811.85	744.50	687.39	868.97
云南 Yunnan	1 081.82	1 016.03	650.71	1 447.15
西藏 Tibet	129.50	129.71	92.59	166.62
甘肃 Gansu	163.04	154.98	57.74	260.28
青海 Qinghai	162.23	152.74	67.79	247.18
宁夏 Ningxia	297.64	282.55	214.23	365.96
新疆 Xinjiang	994.24	939.71	665.11	1 268.84

3－3 民族自治地方分地区人口构成(2003年)(二)

Population Composition
by Region of Ethnic Minority Autonomous Areas(2003)(2)

单位:万人 (10 000 persons)

地 区 Region	按农业非农业分 By Agriculture and Non－agriculture		按市县分 By Urban and County	
	农业人口 Agriculture	非农业人口 Non－agriculture	市总人口 City	县总人口 County
合 计 Total	**13 384.84**	**3 829.28**	**3 909.60**	**13 304.51**
河 北 Hebei	166.40	28.19		194.59
内蒙古 Inner Mongolia	1 500.58	879.03	855.56	1 524.05
辽 宁 Liaoning	258.74	75.82		334.57
吉 林 Jilin	166.97	164.28	171.23	160.02
黑龙江 Heilongjiang	18.26	6.62		24.88
浙 江 Zhejiang	15.49	2.44		17.93
湖 北 Hubei	388.95	54.39	160.29	283.06
湖 南 Hunan	409.84	72.10	28.52	453.41
广 东 Guangdong	37.85	9.31		47.16
广 西 Guangxi	3 972.70	884.30	1 160.16	3 696.84
海 南 Hainan	122.24	29.99		152.23
重 庆 Chongqing	222.21	27.15		249.36
四 川 Sichuan	546.36	93.35	57.42	582.29
贵 州 Guizhou	1 399.04	157.31	194.56	1 361.79
云 南 Yunnan	1 806.95	290.91	249.14	1 848.72
西 藏 Tibet	219.79	39.43	15.29	243.92
甘 肃 Gansu	275.21	42.81	30.72	287.30
青 海 Qinghai	250.37	64.59	16.74	298.23
宁 夏 Ningxia	381.72	198.47	240.40	339.79
新 疆 Xinjiang	1 225.17	708.78	729.96	1 204.39

主要统计指标解释

人口数 指一定时点、一定地区范围内的有生命的个人的总和。年度统计的年末人口数指每年12月31日24时的人口数。

市镇总人口和乡村总人口 一般是按常住人口划分的。

市镇总人口 指市、镇辖区的全部人口。

乡村总人口 指县(不含镇)的全部人口。

市 指经国家批准成立"市"建制的城市。

镇 指经省、自治区、直辖市批准的镇。1963年以前为常住人口在2 000人以上,非农业人口占50%以上的。1964年起改为常住人口在3 000人以上,非农业人口70%以上或常住人口在2 500人以上,不满3 000人,非农业人口占85%以下的。1984年后又调整为凡县级地方国家机关所在地;或人口在20 000人以下的乡,乡政府驻地非农业人口超过2 000人的;或总人口在20 000人以上的乡,乡政府驻地非农业人口占全乡人口10%以上;或少数民族地区、人口稀少的边远地区、山区和小型工矿区、小港口、风景旅游、边境口岸等地,非农业人口虽不足2 000人,都可建镇。

就业人员和劳动报酬 4

Employment and wages

4-1 民族自治地方年末就业人员

Social Labor at the End of Year of Ethnic Minority Autonomous Areas

单位:万人 (10 000 persons)

年 份 Year	合 计 Total	国有单位 State - owned	集体单位 Collective - owned	其他单位 Other	乡村就业人员 Rural Employed Persons
1965	3 285.28	444.14	50.96		2 790.18
1978	4 359.68	814.60	118.86		3 426.22
1980	4 745.67	889.85	165.47		3 690.35
1981	4 816.16	923.84	174.56	14.36	3 703.38
1982	5 203.18	956.02	185.69	20.23	4 041.24
1983	5 511.64	1 001.88	192.83	35.24	4 281.69
1984	5 717.66	987.11	233.50	55.70	4 442.35
1985	5 965.34	1 022.31	243.55	77.30	4 622.15
1986	6 186.55	1 098.13	256.46	86.07	4 745.89
1987	6 489.21	1 138.36	258.43	93.47	4 998.95
1988	6 831.57	1 173.16	263.63	113.82	5 280.96
1989	7 072.31	1 228.86	269.59	102.53	5 471.33
1990	7 406.44	1 381.23	270.88	101.75	5 652.58
1991	7 404.83	1 310.59	276.74	116.83	5 700.67
1992	7 575.93	1 345.34	278.05	128.04	5 824.50
1993	7 761.69	1 339.20	262.22	148.88	6 011.39
1994	7 916.74	1 381.23	242.55	175.95	6 117.01
1995	7 869.62	1 365.19	231.04	79.01	6 194.38
1996	7 771.04	1 361.10	217.34	42.27	6 150.33
1997	8 047.18	1 392.67	247.71	49.10	6 357.70
1998	7 760.43	1 179.82	151.55	105.42	6 324.64
1999	7 983.22	1 106.25	126.99	117.82	6 633.16
2000	8 308.89	1 039.14	125.84	568.39	6 567.43
2001	8 351.02	981.77	104.36	641.23	662.66
2002	8 441.66	922.34	90.43	642.78	6 786.11
2003	8 634.40	923.56	76.66	720.55	6 913.63

4-2 民族自治地方年末就业人员构成

The Composition of Social Labor at the End of Year of Ethnic Minority Autonomous Areas

单位:% (%)

年 份 Year	合 计 Total	国有单位 State - owned	集体单位 Collective - owned	其他单位 Other	乡村就业人员 Rural Employed Persons
1965	100	13.52	1.55		84.93
1978	100	18.68	2.73		78.59
1980	100	18.75	3.49		77.76
1981	100	19.18	3.63	3.30	76.89
1982	100	18.37	3.57	0.39	77.67
1983	100	18.18	3.50	0.64	77.68
1984	100	17.26	4.08	0.96	77.70
1985	100	17.14	4.08	1.30	77.48
1986	100	17.75	4.15	1.39	76.71
1987	100	17.54	3.98	1.44	77.04
1988	100	17.17	3.86	1.67	77.30
1989	100	17.38	3.81	1.45	77.36
1990	100	18.65	3.66	1.37	76.32
1991	100	17.70	3.74	1.57	76.90
1992	100	17.76	3.67	1.69	76.88
1993	100	17.25	3.38	1.95	77.45
1994	100	17.45	3.06	2.22	77.27
1995	100	17.35	2.94	1.00	78.71
1996	100	17.52	2.80	0.54	79.14
1997	100	17.31	3.08	0.61	79.00
1998	100	15.20	1.95	1.36	81.49
1999	100	13.86	1.58	1.48	83.09
2000	100	12.50	1.51	6.84	79.04
2001	100	11.75	1.24	7.67	79.34
2002	100	10.93	1.07	7.61	80.39
2003	100	10.70	0.89	8.35	80.07

4-3 民族自治地方分地区按三次产业分的年末就业人员数(2003年)

Number of Employed Persons at the End of Year by Type of Industry and Region of Ethnic Minority Autonomous Areas (2003)

单位:万人 (10 000 persons)

地区 Region		就业人员(万人) Number of Employed	第一产业 Primary Industry	第二产业 Secondary Industry	第三产业 Tertiary Industry	构成 Composition in Percentage (合计 total=100) 第一产业 Primary Industry	第二产业 Secondary Industry	第三产业 Tertiary Industry
合 计	**Total**	**8 634.40**	**5 479.91**	**934.42**	**2 220.06**	**63.47**	**10.82**	**25.71**
河 北	Hebei	89.0	63.88	10.82	14.33	71.75	12.15	16.10
内蒙古	Inner Mongolia	1 005.2	548.70	152.60	303.90	54.59	15.18	30.23
辽 宁	Liaoning	125.7	78.59	16.39	30.69	62.53	13.04	24.42
吉 林	Jilin	110.5	51.59	16.64	42.32	46.67	15.05	38.28
黑龙江	Heilongjiang	10.4	7.14	0.67	2.58	68.68	6.47	24.85
浙 江	Zhejiang	9.3	4.82	0.86	3.61	51.84	9.29	38.87
湖 北	Hubei	271.1	182.54	23.40	65.14	67.34	8.63	24.03
湖 南	Hunan	280.7	198.60	21.59	60.48	70.76	7.69	21.55
广 东	Guangdong	24.0	15.13	3.20	5.70	62.97	13.32	23.72
广 西	Guangxi	2 601.4	1 556.60	279.30	765.50	59.84	10.74	29.13
海 南	Hainan	66.4	45.789	4.36	16.27	68.92	6.57	24.50
重 庆	Chongqing	145.1	109.95	15.72	19.40	75.79	10.84	13.37
四 川	Sichuan	374.0	285.17	22.40	66.39	76.26	5.99	17.75
贵 州	Guizhou	930.6	602.24	77.28	251.07	64.72	8.30	26.98
云 南	Yunnan	1 154.4	888.90	92.63	172.89	77.00	8.02	14.98
西 藏	Tibet	130.7	85.00	11.90	33.80	65.03	9.10	25.86
甘 肃	Gansu	150.9	105.88	15.21	29.81	70.17	10.08	19.75
青 海	Qinghai	143.2	101.60	10.55	31.01	70.97	7.37	21.66
宁 夏	Ningxia	290.6	150.60	63.20	76.80	51.82	21.75	26.43
新 疆	Xinjiang	721.3	397.20	95.69	228.38	55.07	13.27	31.66

4-4 民族自治地方分地区按城乡分的年末就业人员数(2003年)

Number of Employed Persons at the End of Year by Region of Ethnic Minority Autonomous Areas in Urban and Rural Areas (2003)

单位:万人 (10 000 persons)

地区 Region	合计 Total	城镇 Urban Area	国有经济 State-owned Units	集体经济 Collective Units	其他经济 Other Units	乡村从业人员 Rural Area
合计 Total	**8 634.40**	**1 720.77**	**923.56**	**76.66**	**720.55**	**6 913.63**
河北 Hebei	89.0	9.63	7.48	0.82	1.34	79.40
内蒙古 Inner Mongolia	1 005.2	352.90	169.20	15.80	167.90	652.30
辽宁 Liaoning	125.7	24.16	11.08	2.34	10.71	101.51
吉林 Jilin	110.5	50.93	28.23	2.34	20.36	59.62
黑龙江 Heilongjiang	10.4	1.56	1.33	0.06	0.17	8.84
浙江 Zhejiang	9.3	1.77	0.69	0.06	1.02	8.84
湖北 Hubei	271.1	37.06	13.59	0.73	22.74	234.02
湖南 Hunan	280.7	45.86	37.61	2.48	5.76	234.81
广东 Guangdong	24.0	4.34	2.22	0.29	1.83	19.69
广西 Guangxi	2 601.4	385.10	200.90	23.00	161.20	2 216.30
海南 Hainan	66.4	13.12	6.65	0.52	5.96	53.29
重庆 Chongqing	145.1	12.30	5.90	0.71	5.69	132.77
四川 Sichuan	374.0	49.57	29.41	1.82	18.34	324.38
贵州 Guizhou	930.6	97.77	45.22	4.37	48.18	832.81
云南 Yunnan	1 154.4	134.31	82.77	6.03	45.51	1 020.10
西藏 Tibet	130.7	27.10	16.10	0.50	10.50	103.60
甘肃 Gansu	150.9	21.54	13.04	1.55	6.95	129.36
青海 Qinghai	143.2	30.54	23.25	2.92	4.38	112.63
宁夏 Ningxia	290.6	82.20	40.00	2.30	39.90	208.40
新疆 Xinjiang	721.3	339.00	188.89	8.02	142.09	382.27

4－5 民族自治地方分地区按主要行业分的年末就业人员数(2003年)

Number of Employed Persons at the End of Year by Sector and Region of Ethnic Minority Autonomous Areas (2003)

单位:万人 (10 000 persons)

地区 Region	就业人员 Number of Employed	#农、林、牧、渔业 Farming Forestry Animal Husbandry and Fishery	#工业 Industry
合计 Total	**8 634.40**	**5 136.73**	**586.88**
河北 Hebei	89.03	68.45	4.17
内蒙古 Inner Mongolia	1 005.20	552.30	127.30
辽宁 Liaoning	125.68	78.42	15.46
吉林 Jilin	110.55	51.59	13.45
黑龙江 Heilongjiang	10.39	6.53	0.14
浙江 Zhejiang	9.30	4.82	0.67
湖北 Hubei	271.08	170.09	15.37
湖南 Hunan	280.67	85.83	5.66
广东 Guangdong	24.02	15.12	2.52
广西 Guangxi	2 601.40	1 556.00	167.00
海南 Hainan	66.42	45.78	3.15
重庆 Chongqing	145.07	108.95	12.47
四川 Sichuan	373.95	290.06	17.49
贵州 Guizhou	930.58	601.91	42.08
云南 Yunnan	1 154.41	716.46	47.84
西藏 Tibet	130.70	89.60	3.50
甘肃 Gansu	150.90	105.91	3.22
青海 Qinghai	143.17	40.23	18.96
宁夏 Ningxia	290.60	150.58	38.30
新疆 Xinjiang	721.27	398.10	48.14

4-6 民族自治地方单位从业人员年平均工资

Average Annual Wage of Employment of Ethnic Minority Autonomous Areas

单位:元 (yuan)

年 份 Year	合 计 Total	国有单位 State - owned	集体单位 Collective - owned	其他单位 Others
1981	816	848	650	
1982	845	827	686	
1983	884	917	711	
1984	1 026	1 077	810	
1985	1 142	1 202	899	
1986	1 320	1 392	1 011	
1987	1 465	1 535	1 156	
1988	1 739	1 815	1 396	
1989	1 850	1 931	1 420	
1990	2 040	2 150	1 525	2 033
1991	2 214	2 318	1 718	2 284
1992	2 527	3 006	1 949	2 538
1993	3 074	3 210	2 363	3 652
1994	3 970	4 092	3 185	4 205
1995	4 559	4 857	3 492	4 801
1996	5 268	5 436	4 033	5 513
1997	5 593	5 799	4 102	6 077
1998	6 243	6 414	4 580	6 739
1999	6 822	6 979	5 093	7 234
2000	7 802	7 976	5 716	8 165
2001	9 548	9 839	6 762	9 385
2002	10 990	11 303	7 277	11 042
2003	12 471	12 877	8 365	12 164

注:1. 本表未扣除区域变动因素,年度之间不可比。下同。

2. 1998 年以后为人均劳动报酬。

Note: a. The factor of regional changes is not deducted, so data among years are not comparable. The next is the same.

b. 1998 figures are per capital remuneration payment.

4-7 民族自治地方分地区年末单位从业人员(2003年)

Employed Persons by Region
of Ethnic Minority Autonomous Areas (2003)

单位:万人 (10 000 Persons)

地 区 Region		合 计 Total	国有单位 State - owned Units	城镇集体 Urban Collective - owned Units	其他单位 Others
合 计	**Total**	**1 194.01**	**901.08**	**72.40**	**220.53**
河 北	Hebei	8.78	7.32	0.74	0.73
内蒙古	Inner Mongolia	244.35	169.19	15.78	59.38
辽 宁	Liaoning	13.19	10.77	1.58	0.79
吉 林	Jilin	38.19	28.42	2.43	7.34
黑龙江	Heilongjiang	1.56	1.33	0.06	0.17
浙 江	Zhejiang	0.83	0.69	0.06	0.17
湖 北	Hubei	16.48	13.59	0.73	2.15
湖 南	Hunan	22.16	18.84	1.84	1.48
广 东	Guangdong	3.50	2.22	0.30	0.98
广 西	Guangxi	271.74	200.86	23.04	47.84
海 南	Hainan	7.58	6.76	0.53	0.30
重 庆	Chongqing	7.69	5.91	0.57	1.20
四 川	Sichuan	36.18	29.41	1.66	5.11
贵 州	Guizhou	54.32	44.32	4.36	5.64
云 南	Yunnan	107.23	84.97	6.07	16.18
西 藏	Tibet	17.37	16.10	0.53	0.75
甘 肃	Gansu	15.79	14.00	0.85	0.94
青 海	Qinghai	20.80	17.49	0.92	2.40
宁 夏	Ningxia	61.64	40.01	2.33	19.31
新 疆	Xinjiang	244.68	188.89	8.02	47.77

4-8 民族自治地方分地区单位从业人员劳动报酬(2003年)

Income of Employed Persons by Region of Ethnic Minority Autonomous Areas (2003)

单位:亿元 (100 million yuan)

地区 Region	合计 Total	国有单位 State-owned Units	城镇集体 Urban Collective-owned Units	其他单位 Others
合计 Total	**1 489.11**	**1 160.29**	**60.56**	**268.26**
河北 Hebei	7.42	5.78	0.84	0.80
内蒙古 Inner Mongolia	275.38	201.05	11.74	62.60
辽宁 Liaoning	24.57	20.32	1.68	2.57
吉林 Jilin	36.44	28.51	1.79	6.14
黑龙江 Heilongjiang	1.34	1.20	0.05	0.09
浙江 Zhejiang	1.33	1.18	0.07	0.09
湖北 Hubei	28.50	23.68	1.47	3.35
湖南 Hunan	36.05	31.23	2.06	2.76
广东 Guangdong	4.36	2.97	0.64	0.75
广西 Guangxi	314.37	240.37	17.48	56.51
海南 Hainan	6.95	6.46	0.27	0.22
重庆 Chongqing	7.62	6.25	0.48	0.89
四川 Sichuan	49.04	42.14	1.58	5.32
贵州 Guizhou	60.06	51.83	3.33	4.89
云南 Yunnan	127.08	106.20	4.92	15.97
西藏 Tibet	40.90	39.25	0.40	1.25
甘肃 Gansu	17.31	15.88	0.58	0.85
青海 Qinghai	29.70	25.89	0.85	2.95
宁夏 Ningxia	81.24	54.40	2.21	24.63
新疆 Xinjiang	339.45	255.69	8.12	75.64

4-9 民族自治地方分地区单位从业人员平均劳动报酬(2003年)

Average Annual Income of Employed Persons by Region of Ethnic Minority Autonomous Areas (2003)

单位:元 (yuan)

地 区 Region		合 计 Total	国有单位 State-owned Units	城镇集体 Urban Collective-owned Units	其他单位 Others
合 计	**Total**	**12 471**	**12 877**	**8 365**	**12 164**
河 北	Hebei	8 448	7 899	11 310	11 075
内蒙古	Inner Mongolia	11 270	11 883	7 443	10 541
辽 宁	Liaoning	18 695	18 862	10 626	32 498
吉 林	Jilin	9 543	10 031	7 382	8 370
黑龙江	Heilongjiang	8 588	9 010	7 733	5 533
浙 江	Zhejiang	16 011	17 136	11 718	9 957
湖 北	Hubei	17 300	17 427	20 135	15 536
湖 南	Hunan	16 272	16 578	11 227	18 624
广 东	Guangdong	12 445	13 379	21 644	7 570
广 西	Guangxi	11 569	11 967	7 586	11 814
海 南	Hainan	9 163	9 562	5 047	7 426
重 庆	Chongqing	9 916	10 572	8 392	7 415
四 川	Sichuan	13 554	14 328	9 513	10 413
贵 州	Guizhou	11 055	11 695	7 632	8 679
云 南	Yunnan	11 852	12 498	8 097	9 869
西 藏	Tibet	23 548	24 388	7 624	16 699
甘 肃	Gansu	10 959	11 345	6 790	9 007
青 海	Qinghai	14 275	14 808	9 257	12 312
宁 夏	Ningxia	13 179	13 598	9 495	12 757
新 疆	Xinjiang	13 873	13 536	10 124	15 834

主要统计指标解释

单位就业人员 指在各级国家机关、政党机关、社会团体及企业、事业单位中工作，取得工资或其他形式的劳动报酬的全部人员。包括在岗职工和其他就业人员，不包括离开本单位仍保留劳动关系的职工。

乡村劳动力 指乡村人口中实际参加各种行业劳动并取得实物或货币收入的劳动力人数。包括劳动年龄内实际参加劳动的人数和不足或超过劳动年龄实际参加劳动的人数。

城镇登记失业人员 指有非农业户口，在一定的劳动年龄内，有劳动能力，无业而要求就业，并在当地就业服务机构进行求职登记的人员。

城镇登记失业率 指城镇登记失业人数同城镇就业人数与城镇登记失业人数之和的比。计算公式：

城镇登记失业率=城镇登记失业人数/(城镇就业人数+城镇登记失业人数)×100%

就业人员劳动报酬 指各单位在一定时期内直接支付给本单位就业人员的劳动报酬总额。

工资总额的计算原则应以直接支付给职工的全部劳动报酬为根据。各单位支付给职工的劳动报酬以及其他根据有关规定支付的工资，不论是计入成本的还是不计入成本的，不论是按国家规定列入计征奖金税项目的还是未列入计征奖金税项目的，不论是以货币形式支付的还是以实物形式支付的，均包括在工资总额内。

5 固定资产投资
Investment in Fixed Assets

5-1 民族自治地方全社会固定资产投资和新增固定资产完成情况

Total Investment in Fixed Assets and Newly increased Fixed Assets of Ethnic Minority Autonomous Areas

单位:亿元 (100 million yuan)

年 份 Year	全社会固定资产投资 Total Investment in Fixed Assets	新增固定资产 Increased Fixed Assets
1980		40.03
1981		29.25
1982		45.56
1983		63.21
1984		75.72
1985		118.88
1986		131.72
1987		241.92
1988		176.40
1989		193.15
1990		226.34
1991		251.00
1992	675.39	354.29
1993	978.51	543.07
1994	1 271.46	603.75
1995	1 444.03	924.65
1996	1 611.37	950.21
1997	1 791.29	1 000.95
1998	2 077.93	1 226.82
1999	2 230.47	1 445.81
2000	2 477.00	1 803.97
2001	2 928.36	1 718.51
2002	3 542.10	2 058.52
2003	4 733.93	2 582.59

5-2 民族自治地方分地区全社会固定资产投资(2003年)

Total Investment in Fixed Assets

by Region of Ethnic Minority Autonomous Areas (2003)

单位:亿元 (100 million yuan)

地区 Region		合计 Total	基本建设投资 Capital Construction	更新改造投资 Innovation	房地产开发投资 Real Estate Development	其他固定资产投资 Others
合计	**Total**	**4 733.93**	**2 836.93**	**637.73**	**447.92**	**811.35**
河北	Hebei	45.20	21.54	3.38	0.57	19.71
内蒙古	Inner Mongolia	1 174.66	750.73	173.59	90.79	159.55
辽宁	Liaoning	47.46	22.10	7.06	9.08	9.22
吉林	Jilin	85.62	39.78	15.38	14.34	16.11
黑龙江	Heilongjiang	4.39	3.83	0.56		
浙江	Zhejiang	5.02	3.68		0.26	1.07
湖北	Hubei	66.00	42.82	7.85	2.03	13.30
湖南	Hunan	63.48	31.11	11.15	5.16	16.06
广东	Guangdong	16.69	5.84	3.17	0.11	7.56
广西	Guangxi	921.30	460.91	146.84	120.31	193.24
海南	Hainan	15.97	8.99	0.65	0.75	5.59
重庆	Chongqing	56.94	48.09	1.80	1.40	5.66
四川	Sichuan	165.92	125.44	10.26	2.78	27.44
贵州	Guizhou	161.14	71.69	29.79	14.91	44.75
云南	Yunnan	320.62	182.60	35.07	22.15	80.80
西藏	Tibet	133.96	118.31	5.38	2.00	8.27
甘肃	Gansu	39.84	27.38	3.78	0.59	8.09
青海	Qinghai	118.34	87.84	13.84	7.27	9.39
宁夏	Ningxia	317.99	162.67	40.76	50.91	63.65
新疆	Xinjiang	973.39	621.59	127.41	102.49	121.90

5-3 民族自治地方分地区新增固定资产(2003年)

Newly Increased Fixed Assets

by Region of Ethnic Minority Autonomous Areas(2003)

单位:亿元 (100 million yuan)

地区 Region	合计 Total	基本建设 Capital Construction	更新改造 Innovation	房地产开发 Real Estate Development
合计 Total	**2 582.59**	**1 874.15**	**453.27**	**255.17**
河北 Hebei	18.58	14.73	3.24	0.60
内蒙古 Inner Mongolia	637.51	508.31	121.52	7.68
辽宁 Liaoning	28.55	16.67	6.18	5.69
吉林 Jilin	51.46	29.04	10.50	11.93
黑龙江 Heilongjiang	3.09	3.09		
浙江 Zhejiang	4.67	4.03		0.64
湖北 Hubei	37.15	28.64	5.93	2.59
湖南 Hunan	28.47	16.65	8.72	3.10
广东 Guangdong	13.29	10.40	2.46	0.43
广西 Guangxi	434.65	289.12	95.92	49.61
海南 Hainan	6.16	5.39	0.48	0.29
重庆 Chongqing	27.15	25.36	1.12	0.67
四川 Sichuan	92.23	82.98	9.00	0.25
贵州 Guizhou	67.87	33.67	24.07	10.13
云南 Yunnan	159.45	123.12	20.00	16.33
西藏 Tibet	84.45	78.99	5.46	
甘肃 Gansu	19.54	17.03	2.23	0.28
青海 Qinghai	46.59	37.25	2.37	6.97
宁夏 Ningxia	171.77	106.76	26.90	38.11
新疆 Xinjiang	649.98	442.92	107.18	99.88

5－4 民族自治地方分地区基本建设投资(2003年)

Capital Construction Investment by Region of Ethnic Minority Autonomous Areas(2003)

(按资金来源分类)(by Sector)

单位:亿元 (100 million yuan)

地 区 Region		合 计 Total	国家预算内资金 State Appropriation	国内贷款 Domestic Loans	债券 Bonds	利用外资 Foreign Investment	自筹资金 Fund－Raising	其他资金 Others
合 计	**Total**	**3 424.66**	**566.89**	**660.56**	**8.33**	**40.01**	**1 140.09**	**1 008.77**
河 北	Hebei	21.05	3.23	1.02	0.42		8.46	7.952
内蒙古	Inner Mongolia	718.52	99.15	166.70	3.51	6.13	355.01	88.02
辽 宁	Liaoning	19.94	2.95	3.07		0.34	10.96	2.62
吉 林	Jilin	41.27	8.03	2.99	1.27	2.12	21.02	5.81
黑龙江	Heilongjiang	4.34	0.13	0.57	0.14		2.07	1.03
浙 江	Zhejiang	4.81	0.04	1.67			2.07	1.03
湖 北	Hubei	35.89	6.99	13.67		1.17	8.64	5.42
湖 南	Hunan	29.46	8.16	8.88	0.12	0.84	8.38	3.07
广 东	Guangdong	5.66	0.82	0.34	0.02	0.01	3.77	0.71
广 西	Guangxi	1 071.43	65.58	164.15		14.57	184.21	642.92
海 南	Hainan	8.79	3.01	0.40	0.07		3.49	1.82
重 庆	Chongqing	32.10	6.03	6.87	0.01	0.06	14.10	5.02
四 川	Sichuan	125.46	24.95	35.81	0.40	1.85	49.99	12.45
贵 州	Guizhou	85.84	34.73	13.29	0.03	0.10	30.15	7.54
云 南	Yunnan	176.72	25.79	42.57	0.29	1.07	74.66	32.31
西 藏	Tibet	132.90	79.76	5.31		0.05	27.68	20.15
甘 肃	Gansu	27.77	10.91	4.91		0.05	7.23	4.68
青 海	Qinghai	86.78	29.09	9.97	0.01	2.47	15.74	29.50
宁 夏	Ningxia	148.29	25.86	56.40	0.11	1.04	45.98	18.90
新 疆	Xinjiang	647.64	131.69	121.97	1.94	8.20	265.79	118.05

5-5 民族自治地方国有经济固定资产投资

Total Investment in Fixed Assets of State - owned Units of Ethnic Minority Autonomous Areas

单位:亿元 (100 million yuan)

年 份 Year	国有固定资产投资 Fixed assets	#基本建设投资 Capital Construction	#更新改造投资 Innovation
1980		56.81	
1981	61.62	37.89	23.73
1982	74.20	48.62	25.59
1983	93.24	62.65	30.59
1984	115.00	80.87	23.87
1985	161.94	114.70	33.25
1986	171.84	111.68	47.07
1987	200.17	115.36	60.48
1988	246.86	138.05	83.64
1989	230.99	133.52	70.51
1990	259.45	164.27	70.31
1991	340.84	212.02	85.80
1992	531.01	353.75	115.29
1993	791.44	517.74	176.14
1994	994.16	666.77	209.02
1995	982.60	648.72	248.34
1996	1 078.76	736.73	258.65
1997	1 198.37	810.41	275.96
1998	1 342.49	1 006.39	240.79
1999	1 411.56	1 089.13	230.82
2000	1 552.59	1 234.08	246.29
2001	1 610.05	1 249.67	263.44
2002	2 187.80	1 824.80	282.20
2003	2 652.59	2 095.20	279.50

5-6 民族自治地方国有经济基本建设投资

Capital Construction Investment of State - owned Units of Ethnic Minority Autonomous Areas

单位:亿元 (100 million yuan)

年 份 Year	基本投资 Capital Construction	年份 Year	基建投资 Capital Construction
1950 - 1952	5.60	1976 - 1980	237.58
1953 - 1957	40.78	1981 - 1985	344.71
1958 - 1962	119.93	1986 - 1990	662.88
1963 - 1965	45.06	1991 - 1995	2 399.00
1966 - 1970	90.05	1996 - 2000	4 876.74
1971 - 1975	152.12	2001 - 2003	5 169.67

5-7 民族自治地方分地区国有经济固定资产投资(2003年)

Investment in Fixed Assets of State-owned Units by Region of Ethnic Minority Autonomous Areas(2003)

单位:亿元 (100 million yuan)

地区 Region	合计 Total	#基本建设 Capital Construction	#更新改造 Innovation	#房地产开发 Real Estate Development
合计 Total	**2 652.59**	**2 095.20**	**279.50**	**41.03**
河北 Hebei	18.40	14.35	2.43	0.39
内蒙古 Inner Mongolia	607.02	510.65	56.17	7.52
辽宁 Liaoning	19.69	14.22	4.16	0.75
吉林 Jilin	45.51	31.77	3.71	1.14
黑龙江 Heilongjiang	2.80	2.44		0.00
浙江 Zhejiang	4.52	3.68		0.26
湖北 Hubei	27.57	24.52	2.33	0.13
湖南 Hunan	39.09	29.71	6.33	1.37
广东 Guangdong	6.05	3.67	2.38	0.01
广西 Guangxi	442.40	361.53	66.91	13.96
海南 Hainan	10.18	7.80	0.65	0.75
重庆 Chongqing	40.44	38.00	0.86	0.15
四川 Sichuan	79.34	75.53	3.81	
贵州 Guizhou	83.82	37.60	12.95	1.05
云南 Yunnan	201.08	153.86	27.95	6.00
西藏 Tibet	125.76			
甘肃 Gansu	26.58	23.24	1.55	
青海 Qinghai	73.99	64.62	5.00	0.21
宁夏 Ningxia	152.35	137.21	14.18	0.96
新疆 Xinjiang	645.98	560.79	68.13	6.38

主要统计指标解释

全社会固定资产投资 固定资产投资是社会固定资产再生产的主要手段。通过建造和购置固定资产的活动,国民经济不断采用先进技术装备,建立新兴部门,进一步调整经济结构和生产力的地区分布,增强经济实力,为改善人民物质文化生活创造物质条件。这对我国的社会主义现代化建设具有重要意义。

固定资产投资额是以货币表现的建造和购置固定资产活动的工作量,它是反映固定资产投资规模、速度、比例关系和使用方向的综合性指标。全社会固定资产投资包括国有经济单位投资、城乡集体经济单位投资、各种经济类型的单位投资和城乡居民个人投资。按照我国现行计划管理体制,国有经济单位固定资产投资总额分为基本建设、更新改造、商品房屋建设投资和其他固定资产投资四个部分;城乡集体经济单位投资包括城镇集体所有制单位投资和农村集体所有制单位投资;各种经济类型的单位投资包括联营经济、股份制经济、中外合资经营、中外合作经营、外资、港澳台与大陆合资经营、港澳台与大陆合作经营、港澳台独资及其经济类型的单位投资。

基本建设投资 基本建设是企业、事业单位以扩大生产能力或工程效益为主要目的的新建、扩建工程及有关工作。包括工厂、矿山、铁路、桥梁、港口、农田水利、商店、住宅、学校、医院等工程的建造和机器设备、车辆船舶、飞机等的购置。

基本建设投资额是以货币表现的基本建设完成的量,是反映一定时期内基本建设规模和建设进度的综合性指标。它是根据工程的实际进度按预算价格(预算价格是编制施工图预算时所用的价格)计算的工作量,没有形成工程实体的建筑材料和没有开始安装的设备都不计算投资完成额。

更新改造投资 更新改造是指企业、事业单位对原有设施进行固定资产更新和技术改造,以及相应配套的工程和有关工作(不包括大修理和维护工程)。更新改造投资是以货币表现的更新改造完成的工作量。根据我国现行统计制度,基本建设和更新改造的划分是:(1)列入基本建设计划的项目作为基本建设投资,列入更新改造计划的项目作为更新改造投资。(2)更新改造计划与基本建设计划结合安排的项目及未列入计划的项目,根据工程性质作为基本建设投资或更新改造投资。属于对企业、事业单位原有设施进行技术改造或更新的项目和增建主要生产车间、分厂等,其新增生产能力或效益尚未达到大中型标准的项目,以及由于城市环境保护和安全生产的需要而进行的迁建工程,作为更新改造投资。

其他固定资产投资 是指除基本建设投资、更新改造投资和房地产投资以外的其他投资。

新增固定资产 指通过投资活动所形成的新的固定资产价值。包括已经建成投入生产或交付使用的工程价值和达到固定资产标准的设备、工具、器具的价值及有关应摊入的费用。它是以价值形式表示的固定资产投资成员的综合性指标,可以综合反映不同时期、不同部门、不同地区的固定资产投资成果。

财政 6

Goverment Finan

6-1 民族自治地方财政收支情况

Financial Revenue and Expenditures of Ethnic Minority Autonomous Areas

单位:亿元 (100 million yuan)

年份 Year	收入 Revenue			支出 Expenditure			收支差额 Balance
	合计 Total	五个自治区 Five Autonomous Regions	自治州、县 Autonomous Prefectures Counties	合计 Total	五个自治区 Five Autonomous Regions	自治州、县 Autonomous Prefectures Counties	
1952	4.96	3.81	1.15	4.39	3.34	1.05	0.57
1957	11.48	8.91	2.57	12.43	9.58	2.85	-0.95
1960	29.19	21.92	7.27	42.87	35.12	7.75	-13.68
1961	16.58	12.54	4.04	21.36	16.54	4.82	-4.78
1962	13.23	9.93	3.30	14.15	11.10	3.05	-0.92
1963	15.71	11.57	4.14	16.69	12.60	4.09	-0.98
1964	17.62	13.22	4.40	20.55	16.09	4.46	-2.93
1965	19.67	15.09	4.58	23.06	18.48	4.58	-3.39
1966	21.18	16.65	4.53	26.07	21.00	5.07	-4.89
1968	10.68	8.74	1.94	17.02	13.12	3.90	-6.34
1972	22.05	15.94	6.11	43.12	31.55	11.57	-21.07
1973	22.72	15.13	7.59	47.83	34.91	12.92	-25.11
1974	22.87	15.31	7.56	49.66	36.90	12.76	-26.79
1975	23.49	15.80	7.69	50.63	38.01	12.62	-27.14
1976	24.41	16.24	8.17	55.70	41.24	14.46	-31.29
1977	28.46	19.26	9.20	59.97	43.35	16.62	-31.51
1978	40.79	30.18	10.61	83.35	62.02	21.33	-42.56
1979	34.00	25.88	8.12	87.97	69.93	18.04	-53.97
1980	31.07	22.44	8.63	81.20	62.45	18.75	-50.13
1981	29.67	19.77	9.90	76.13	56.17	19.96	-46.46
1982	36.31	23.86	12.45	86.81	63.42	23.39	-50.50
1983	41.48	27.81	13.67	100.62	73.11	27.51	-59.14
1984	45.33	30.65	14.68	131.58	96.28	35.30	-86.25
1985	63.45	42.32	21.13	156.98	112.67	44.31	-93.53
1986	80.66	55.04	25.62	198.62	142.22	56.40	-117.96
1987	97.51	65.62	31.89	210.43	147.92	62.51	-112.92
1988	119.39	78.74	40.65	241.10	167.49	73.61	-121.71
1989	147.65	96.49	51.16	273.26	182.62	90.64	-125.61
1990	166.74	109.28	57.46	304.37	202.37	102.00	-137.63
1991	204.35	136.28	68.07	342.70	227.70	115.00	-138.35
1992	210.00	135.17	74.83	367.52	239.11	128.41	-157.52
1993	302.69	199.59	103.10	462.31	301.48	160.83	-159.62
1994	201.49	139.97	61.52	516.96	338.52	178.44	-315.47
1995	248.13	172.56	75.57	595.12	397.04	198.08	-346.99
1996	313.01	211.19	101.82	720.15	464.65	255.50	-407.14
1997	355.66	246.98	108.68	774.97	512.39	262.58	-419.31
1998	399.31	284.16	115.15	868.54	605.10	263.44	-469.23
1999	437.18	314.86	122.32	1 003.77	693.84	309.93	-566.59
2000	475.54	347.35	128.19	1 172.90	817.34	355.56	-697.36
2001	544.92	406.88	138.04	1 608.60	1 132.38	476.32	-1 063.68
2002	594.66	449.83	144.83	1 926.50	1 426.71	499.79	-1 331.84
2003	673.97	508.78	165.19	2 109.30	1 511.01	598.29	-1 435.34

注:表列五个自治区,系指内蒙古自治区、广西壮族自治区、西藏自治区、宁夏回族自治区和新疆维吾尔自治区。自治州、县系指除上述五个自治区以外各省所属的民族自治州、自治县。

Note: Five Autonomous regions refer to Inner Mongolia Autonomous Region, Guangxi Zhuang Autonomous Region, Tibet Autonomous Region, Ningxia Autonomous Region and XinJiang Autonomous Regiom. Autonomous prefectures and counties refer to autonomous prefectures and counties beside those of five Autonomous regions

6-2 民族自治地方分地区财政收入情况(2003年)(一)

Financial Revenue by Region of

Ethnic Minority Autonomous Areas(2003)(1)

单位:亿元 (100 million yuan)

地 区 Region	财政总收入 Total Revenue	#地方财政收入 Local Revenue	各项税收 Government Taxes Revenue	#农业各税 Agriculture Tax	#增值税 Value-added Tax
合 计 Total	**1 180.22**	**673.97**	**513.57**	**72.64**	**107.43**
河 北 Hebei	6.03	2.89	2.26	0.38	0.54
内蒙古 Inner Mongolia	258.03	138.72	106.54	13.64	22.59
辽 宁 Liaoning	20.24	7.29	5.47	1.24	0.74
吉 林 Jilin	25.11	13.18	10.92	2.17	2.19
黑龙江 Heilongjiang	2.49	1.00	2.40	0.08	0.17
浙 江 Zhejiang	1.69	0.87	1.41	0.03	0.95
湖 北 Hubei	12.97	7.24	5.64	2.35	0.64
湖 南 Hunan	15.36	7.40	4.59	1.19	1.00
广 东 Guangdong	6.74	1.31	1.05	0.05	0.46
广 西 Guangxi	341.42	203.66	146.46	23.88	28.69
海 南 Hainan	13.05	3.80	2.64	0.94	0.29
重 庆 Chongqing	4.57	3.13	2.56	0.93	0.41
四 川 Sichuan	28.15	15.61	11.49	1.85	2.64
贵 州 Guizhou	43.65	22.61	16.91	5.00	2.22
云 南 Yunnan	170.33	66.25	48.00	8.28	11.14
西 藏 Tibet	10.03	8.15	6.54	0.00	0.94
甘 肃 Gansu	15.82	3.55	2.53	0.44	0.51
青 海 Qinghai	22.99	9.06	6.50	1.15	1.09
宁 夏 Ningxia	53.35	30.03	24.42	1.64	5.04
新 疆 Xinjiang	128.22	128.22	105.24	7.40	25.19

注:农业各税包括:农业税、牧业税、耕地占用税、农业特产税和契税。

Note:The agricultural and retail taxes include the agricultural tax, the animal husbandry tax, the tax on the use of cultivated land, the tax on special agricultural products and the contract tax.

6－2 民族自治地方分地区财政收入情况(2003年)(二)

Financial Revenue by Region of
Ethnic Minority Autonomous Areas(2003)(2)

单位:亿元 (100 million yuan)

地 区 Region	各项税收 Government Taxes Revenue	#营业税 Business Tax	#企业所得税 Income Tax of Enterprises	#个人所得税 Individual Income Tax
合 计 Total	**1 180.22**	**174.12**	**33.50**	**28.45**
河 北 Hebei	6.03	0.52	0.06	0.14
内蒙古 Inner Mongolia	258.03	36.33	7.16	5.43
辽 宁 Liaoning	20.24	1.51	0.21	0.29
吉 林 Jilin	25.11	2.62	0.66	0.37
黑龙江 Heilongjiang	2.49	0.05	0.36	0.02
浙 江 Zhejiang	1.69	0.34	0.04	0.05
湖 北 Hubei	12.97	1.20	0.15	0.16
湖 南 Hunan	15.36	1.62	0.18	0.30
广 东 Guangdong	6.74	0.26	0.10	0.04
广 西 Guangxi	341.42	47.91	13.05	10.35
海 南 Hainan	13.05	0.46	0.02	0.10
重 庆 Chongqing	4.57	0.87	0.03	0.09
四 川 Sichuan	28.15	3.66	0.85	0.69
贵 州 Guizhou	43.65	5.80	0.84	0.90
云 南 Yunnan	170.33	12.70	1.75	0.69
西 藏 Tibet	10.03	4.02	0.72	0.29
甘 肃 Gansu	15.82	0.79	0.21	0.07
青 海 Qinghai	22.99	2.72	0.20	0.84
宁 夏 Ningxia	53.35	10.90	1.68	1.30
新 疆 Xinjiang	128.22	39.85	5.23	6.35

6-3 民族自治地方分地区财政支出情况(2003年)(一)

Financial Expenditure by Region of
Ethnic Minority Autonomous Areas(2003)(1)

单位:亿元 (100 million yuan)

地 区 Region	财政总支出 Total Expenditures	#地方财政支出 Local Expenditures	#基建支出 Capital Construction	#支农 Suport Agricultural Production
合 计 Total	**2 207.39**	**2 109.30**	**311.50**	**118.20**
河 北 Hebei	12.36	10.74	1.14	0.75
内蒙古 Inner Mongolia	471.09	447.26	78.13	35.55
辽 宁 Liaoning	24.13	21.83	1.19	1.07
吉 林 Jilin	44.60	44.14	5.23	1.42
黑龙江 Heilongjiang	2.49	1.94	0.00	0.20
浙 江 Zhejiang	3.03	2.39	0.07	0.11
湖 北 Hubei	26.35	26.02	0.00	1.41
湖 南 Hunan	31.89	31.43	0.26	1.75
广 东 Guangdong	6.74	6.08	0.23	0.26
广 西 Guangxi	494.12	443.60	40.00	16.72
海 南 Hainan	11.96	11.31	0.23	1.16
重 庆 Chongqing	13.70	13.70	1.93	0.81
四 川 Sichuan	83.53	83.43	16.93	2.27
贵 州 Guizhou	85.20	85.04	1.12	4.99
云 南 Yunnan	196.69	194.65	13.06	13.49
西 藏 Tibet	152.76	145.91	59.43	4.00
甘 肃 Gansu	31.33	30.83	4.21	1.50
青 海 Qinghai	41.15	34.75	3.98	2.41
宁 夏 Ningxia	105.76	105.78	20.36	5.14
新 疆 Xinjiang	368.47	368.47	63.99	23.20

6-3 民族自治地方分地区财政支出情况(2003年)(二)

Financial Expenditure by Region of
Ethnic Minority Autonomous Areas(2003)(2)

单位:亿元 (100 million yuan)

地 区 Region	地方财政支出 Local Expenditures #文教科卫事业费 Operating Expenses for Culture Education Science & Health Care	#抚恤和社会福利救济金 Pensions Social and Relief Funds	#社会保障补助支出 Expenditure on Subsidies to Social Security Programs
合 计 Total	**497.12**	**61.42**	**97.98**
河 北 Hebei	3.91	0.51	0.64
内蒙古 Inner Mongolia	83.67	10.95	24.50
辽 宁 Liaoning	7.08	1.07	0.81
吉 林 Jilin	9.26	2.35	3.80
黑龙江 Heilongjiang	0.90	0.07	0.10
浙 江 Zhejiang	0.71	0.06	0.06
湖 北 Hubei	8.08	0.77	0.46
湖 南 Hunan	8.76	1.68	1.45
广 东 Guangdong	2.05	0.14	0.06
广 西 Guangxi	117.30	11.22	22.05
海 南 Hainan	2.42	0.48	1.15
重 庆 Chongqing	3.59	0.64	0.38
四 川 Sichuan	19.95	1.87	3.21
贵 州 Guizhou	27.76	2.84	2.55
云 南 Yunnan	60.36	8.37	3.32
西 藏 Tibet	22.19	2.11	3.64
甘 肃 Gansu	7.14	0.86	0.51
青 海 Qinghai	8.18	1.17	1.53
宁 夏 Ningxia	22.00	2.67	8.88
新 疆 Xinjiang	81.80	11.60	18.88

主要统计指标解释

财政收入 指国家财政参与社会产品分配所取得的收入，是实现国家职能的财力保证。财政收入所包括的内容几经变化，目前主要包括：

(1)各项税收：包括增值税、营业税、消费税、土地增值税、城市维护建设税、资源税、城市土地使用税、印花税、固定资产投资方向调节税、个人所得税、企业所得税、关税、农牧业税和耕地占用税。

(2)专项收入：包括征收排污费收入、征收城市水资源费收入、教育费附加收入等。

(3)其他收入：包括基本建设贷款归还收入、基本建设收入、捐赠收入等。

(4)国有企业计划亏损补贴：这项为负收入，冲减财政收入。

财政支出 国家财政将筹集起来的资金进行分配使用，以满足经济建设和各项事业的需要，主要包括：

(1)基本建设支出：指按国家有关规定，属于基本建设范围内的基本建设有偿使用、拨款、资本金支出以及经国家批准对专项和政策性基建投资贷款，在部门的基建投资额中统筹支付的贴息支出。

(2)科技三项费用：指国家预算用于科技支出的费用，包括新产品试制费、中间试验费、重要科学研究补助费。

(3)支援农村生产支出：指国家财政支援农村集体(户)各项生产的支出。包括对农村举办的小型农田水利和打井、喷灌等的补助费，对农村水土保持措施的补助费，对农村举办的小水电站的补助费，特大抗旱的补助费，农村开荒补助费，扶持乡镇企业资金，农村农技推广和植保补助费，农村草场和畜禽保护补助费，农村造林和林木保护补助费，农村水产补助费，发展粮食生产专项资金。

(4)文教科学卫生事业费：指国家预算用于文化、出版、文物、教育、卫生、中医、公费医疗、体育、档案、地震、海洋、通讯、电影电视、计划生育、党政群干部训练、自然科学、社会科学、科协等项事业的经费支出和高技术研究专项经费。主要包括工资、补助工资、福利费、离退休费、助学金、公务费、设备购置费、修缮费、业务费、差额补助费。

地方财政收入 指按财政体制划分的地方本级收入。1994年实行分税制财政体制以后，属于地方财政的收入包括营业税、地方企业所得税，个人所得税，城镇土地使用税，固定资产投资方向调节税，城镇维护建设税，房产税，车船使用税，印花税，屠宰税，农牧业税，农业特产税，耕地占用税，契税，土地增值税、国有土地有偿使用收入，增值税25%部分，证券交易税(印花税)6%部分和除海洋石油资源税以外的其他资源税。

地方财政支出 指根据政府在经济和社会活动中的不同职责，划分地方政府的责权，按照政府的责权划分确定的支出。地方财政支出主要包括地方行政管理和各项事业费，地方统筹的基本建设、技术改造支出，支援农村生产支出，城市维护和建设经费，价格补贴支出等。

7 人民生活

People´s Livelihood

7－1 民族自治地方农村经济收益分配

Distribution of Economic and Benefits for Rural Area's of Ethnic Minority Autonomous Areas

单位:万元 (10 000 yuan)

年 份 Year	总收入 Total Revenue	总费用 Total Cost	纯收入 Net Income	农村居民人均纯收入(元) Average Percapita Net Income of Rural Residents(yuan)
1980	1 150 891	340 849	810 042	76
1981	1 185 423	306 249	879 174	85
1982	1 469 052	325 352	1 143 700	121
1983	2 365 174	523 817	1 841 357	196
1984	2 934 551	664 198	2 270 353	213
1985	4 374 432	1 197 661	3 176 771	272
1986	4 659 810	1 475 707	3 184 103	282
1987	5 612 773	1 843 054	3 769 719	390
1988	7 269 734	2 614 861	4 654 873	357
1989	8 384 964	3 310 070	5 074 719	316
1990	9 808 134	3 557 847	6 250 287	402
1991	11 103 900	4 257 723	6 846 177	508
1992	14 516 956	6 839 613	7 677 343	568
1993	17 647 399	9 213 249	8 434 150	629
1994	26 941 170	15 745 332	12 395 140	820
1995	39 168 900	24 476 400	14 634 500	945
1996	58 982 800	30 164 200	16 527 500	1 300
1997			19 025 038	1 489
1998			20 493 461	1 633
1999			21 238 277	1 653
2000			18 513 508	1 626
2001			18 771 435	1 726
2002			20 097 149	1 771
2003			21 630 125	1 895

7-2 民族自治地方分地区城镇居民生活水平情况(2003年)(一)

Basic Indicators of Urban Households by Region of Ethnic Minority Autonomous Areas(2003)(1)

单位:元 (yuan)

地 区 Region	城镇居民可支配收入 Average Per Capita Annual Net Income	城镇居民人均生活费支出合计 Average Per Capita Annual Expenditure	#食品 Food	#衣着 Clothing	#居住 Residence
合 计 Total	**7 053.12**	**5 461.82**	**2 032.09**	**602.70**	**599.96**
河 北 Hebei	5 435.27	3 864.21	1 323.15	458.40	450.10
内蒙古 Inner Mongolia	7 013.00	5 419.00	1 706.00	793.00	618.00
辽 宁 Liaoning	4 733.25	4 137.46	1 640.83	500.94	410.99
吉 林 Jilin	8 160.90	6 863.91	1 941.18	828.70	1 072.66
黑龙江 Heilongjiang	3 948.00	3 826.00	815.00	727.00	617.00
浙 江 Zhejiang	9 420.00				
湖 北 Hubei	6 482.02	4 841.10	1 854.51	643.50	496.01
湖 南 Hunan	5 256.99	3 943.48	1 543.67	399.66	375.49
广 东 Guangdong	7 350.00	5 875.00	2 539.00	350.00	45.00
广 西 Guangxi	7 785.04	5 763.50	2 305.98	373.60	801.15
海 南 Hainan	6 218.00	4 005.00	1 825.00	215.00	382.00
重 庆 Chongqing	6 100.93	3 721.70	1 619.34	474.62	371.54
四 川 Sichuan	5 887.39	4 682.69	2 239.92	611.25	369.90
贵 州 Guizhou	6 304.66	4 935.06	1 889.61	548.35	512.43
云 南 Yunnan	7 396.47	5 833.18	2 269.22	621.88	424.94
西 藏 Tibet	8 765.00	8 045.00	3 543.00	1 129.00	468.00
甘 肃 Gansu	4 561.99	3 520.09	1 820.49	277.66	302.26
青 海 Qinghai	6 529.05	5 501.53	1 960.62	690.31	524.67
宁 夏 Ningxia	6 530.48	5 330.34	1 919.42	585.24	560.53
新 疆 Xinjiang	7 173.54	5 540.61	1 987.42	783.54	499.93

注:城镇居民生活情况根据部分地方抽样调查材料计算。

Note: Basic data of urban households are calculated according to the sample survey of urban households.

7-2 民族自治地方分地区城镇居民生活水平情况(2003 年)(二)

Basic Indicators of Urban Households

by Region of Ethnic Minority Autonomous Areas(2003)(2)

单位:元 (yuan)

地 区 Region	城镇居民人均生活费支出 Average Per Capita Annual Expenditure #家庭设备及服务 Household Facilities Articles and Services	#医疗保健支出 Medicines amd Medical Services	#交通和通讯 Transportation and Communications	#娱乐教育文化服务 Cultural Educational and Recreational Articles and Services
合 计 Total	**331.10**	**355.65**	**621.25**	**743.08**
河 北 Hebei	250.52	406.65	435.86	431.29
内蒙古 Inner Mongolia	298.00	426.00	596.00	770.00
辽 宁 Liaoning	197.45	438.11	405.85	348.76
吉 林 Jilin	501.99	630.15	629.61	1 000.53
黑龙江 Heilongjiang	179.00	193.00	762.00	420.00
浙 江 Zhejiang				
湖 北 Hubei	387.68	226.54	566.36	575.31
湖 南 Hunan	297.01	194.56	343.08	689.78
广 东 Guangdong	882.00	524.00	92.00	1 265.00
广 西 Guangxi	376.86	322.68	608.27	797.81
海 南 Hainan	212.00	418.00	427.00	375.00
重 庆 Chongqing	228.95	211.32	325.11	397.50
四 川 Sichuan	225.41	407.54	392.80	329.60
贵 州 Guizhou	350.55	225.11	544.02	702.65
云 南 Yunnan	314.58	343.49	981.14	805.11
西 藏 Tibet	444.00	310.00	1 184.00	597.00
甘 肃 Gansu	146.54	330.72	263.35	523.36
青 海 Qinghai	381.01	400.03	490.63	803.79
宁 夏 Ningxia	363.09	450.70	585.42	644.72
新 疆 Xinjiang	271.14	357.64	601.13	806.53

7-3 民族自治地方分地区农村居民生活水平情况(2003年)(一)

Basic Indicators of Rural Households

by Region of Ethnic Minority Autonomous Areas(2003)(1)

单位:元 (yuan)

地 区 Region		农村居民人均纯收入 Average Per Capita Annual Net Income	农村居民人均生活费支出合计 Average Per Capita Annual Expenditure	#食品 Food	#衣着 Clothing#	居住 Residence
合 计	**Total**	**1 895.29**	**1 533.16**	**770.53**	**82.16**	**234.27**
河 北	Hebei	1 710.59	1 436.23	614.16	89.56	177.82
内蒙古	Inner Mongolia	2 268.00	1 771.00	731.00	122.00	247.00
辽 宁	Liaoning	2 492.24	1 881.92	883.77	123.03	269.07
吉 林	Jilin	2 681.03	1 650.41	705.84	112.64	229.20
黑龙江	Heilongjiang	958.00	1 246.00	556.00	105.00	188.00
浙 江	Zhejiang	2 397.00				
湖 北	Hubei	1 535.88	1 493.45	835.15	68.59	182.92
湖 南	Hunan	1 453.15	1 346.71	800.69	60.67	123.64
广 东	Guangdong	2 571.66	1 921.07	837.06	132.16	211.17
广 西	Guangxi	2 094.51	1 751.23	899.07	61.12	323.28
海 南	Hainan	1 998.81	1 066.89	462.58	46.93	172.92
重 庆	Chongqing	1 575.98	1 401.69	723.05	63.31	149.58
四 川	Sichuan	1 613.94	1 196.66	776.42	76.15	92.63
贵 州	Guizhou	1 457.84	1 141.67	669.16	51.23	138.33
云 南	Yunnan	1 478.79	1 333.83	769.51	56.40	174.57
西 藏	Tibet	1 690.76	1 030.13	669.91	114.66	85.99
甘 肃	Gansu	1 259.84	963.41	471.98	63.34	160.28
青 海	Qinghai	1 720.92	1 841.85	666.64	138.14	212.84
宁 夏	Ningxia	2 043.30	1 637.13	680.15	109.19	286.09
新 疆	Xinjiang	2 106.19	1 465.31	667.11	135.65	254.63

7-3 民族自治地方分地区农村居民生活水平情况(2003年)(二)

Basic Indicators of Rural Households

by Region of Ethnic Minority Autonomous Areas(2003)(2)

单位:元 (yuan)

地 区 Region	#家庭设备及服务 Household Facilities, Articles and Services	#医疗保健支出 Medicines and Services	#交通和通讯 Transportation and Communications	#娱乐教育文化服务 Cultural, Educational and Recreational Articles and Services
合 计 Total	**59.50**	**84.26**	**107.01**	**155.90**
河 北 Hebei	55.94	149.60	104.65	123.55
内蒙古 Inner Mongolia	66.00	124.00	192.00	256.00
辽 宁 Liaoning	64.15	108.20	176.47	204.15
吉 林 Jilin	50.72	149.33	149.31	220.97
黑龙江 Heilongjiang	65.00	77.00	156.00	80.00
浙 江 Zhejiang				
湖 北 Hubei	74.35	60.67	90.14	149.16
湖 南 Hunan	56.54	61.67	57.93	146.14
广 东 Guangdong	50.09	151.47	87.39	137.03
广 西 Guangxi	63.69	74.81	121.45	176.55
海 南 Hainan	69.17	70.69	87.47	121.65
重 庆 Chongqing	66.65	68.22	82.28	173.69
四 川 Sichuan	35.06	41.60	42.23	94.71
贵 州 Guizhou	42.00	33.62	56.79	124.28
云 南 Yunnan	53.93	71.92	56.11	118.60
西 藏 Tibet	53.34	21.27	37.06	32.32
甘 肃 Gansu	48.75	52.20	58.56	83.26
青 海 Qinghai	144.02	186.11	138.01	123.28
宁 夏 Ningxia	56.09	116.31	170.52	178.34
新 疆 Xinjiang	50.92	116.48	99.04	112.93

7-4 民族自治地方分地区居民住房情况(2003 年)

Housing Conditions of Urban and Rural Residents by Region of Ethnic Minority Autonomous Areas(2003)

地 区 Region	城镇人均使用面积(平方米) Per Capita Use Space in Urban Areas(sq. m)	农村人均住房面积(平方米) Per Capita Floor Space in Rural Areas (sq. m)
合 计 Total	**19.8**	**22.9**
河 北 Hebei	18.5	20.0
内蒙古 Inner Mongolia	18.3	18.3
辽 宁 Liaoning	14.5	18.6
吉 林 Jilin	21.2	19.1
黑龙江 Heilongjiang	17.0	18.0
浙 江 Zhejiang		
湖 北 Hubei	26.4	39.5
湖 南 Hunan	21.6	23.4
广 东 Guangdong	19.6	22.9
广 西 Guangxi	21.6	26.1
海 南 Hainan	13.8	17.7
重 庆 Chongqing	19.9	27.2
四 川 Sichuan	23.2	22.7
贵 州 Guizhou	18.9	21.0
云 南 Yunnan	20.5	22.7
西 藏 Tibet	19.9	21.4
甘 肃 Gansu	20.1	23.0
青 海 Qinghai	18.8	17.2
宁 夏 Ningxia	17.3	20.1
新 疆 Xinjiang	17.8	18.6

7-5 民族自治地方城乡居民储蓄存款年末余额
Deposits of Rural and Urban Residents of Ethnic Minority Autonomous Areas(Year-end)

单位:亿元 (100 million yuan)

年 份 Year	城乡居民储蓄存款 Saving Deposits of Urban and Rural Residents	城镇储蓄 Urban	农户储蓄 Rural
1980	38.33	24.19	14.14
1981	48.87	31.68	17.19
1982	62.88	40.51	22.37
1983	82.46	60.30	22.16
1984	105.73	78.40	27.33
1985	151.03	110.92	40.11
1986	209.48	155.74	53.74
1987	282.22	217.81	64.41
1988	350.60	271.30	79.30
1989	452.80	364.29	88.51
1990	623.43	506.11	117.32
1991	791.09	644.34	146.75
1992	1 007.72	819.57	188.15
1993	1 316.27	1 078.18	238.09
1994	1 798.84	1 475.18	323.66
1995	2 390.94	1 996.03	394.91
1996	2 906.20	2 439.79	466.41
1997	3 473.46	1 817.66	1 655.80
1998	3 932.65	2 098.71	1 833.94
1999	4 351.35	2 504.78	1 846.57
2000	4 765.37		
2001	5 299.30		
2002	6 131.85		
2003	7 353.07		

7－6 民族自治地方分地区城乡居民储蓄存款年末余额(2003年)

Deposits of Rural and Urban Residents
by Region of Ethnic Minority Autonomous Areas(Year－end)(2003)

单位:亿元 (100 million yuan)

地 区 Region	城乡居民储蓄存款年末余额 Saving Deposits of Urban and Rural Residents	定期存款 Tirne	活期存款 Demand
合 计 Total	7 353.07	3 963.84	3 068.36
河 北 Hebei	70.16	45.78	24.38
内蒙古 Inner Mongolia	1 355.66	660.53	695.13
辽 宁 Liaoning	160.93	113.04	47.90
吉 林 Jilin	280.65	173.51	107.14
黑龙江 Heilongjiang	6.93	4.57	2.36
浙 江 Zhejiang	5.67	2.29	3.39
湖 北 Hubei	78.09	52.93	25.15
湖 南 Hunan	116.97	59.77	57.19
广 东 Guangdong	18.34	9.24	9.11
广 西 Guangxi	1 971.66	1 032.77	938.89
海 南 Hainan	46.16	25.48	20.68
重 庆 Chongqing	44.91	27.80	17.11
四 川 Sichuan	173.53	103.25	70.29
贵 州 Guizhou	222.49	110.15	112.34
云 南 Yunnan	608.64	354.47	254.17
西 藏 Tibet	320.87		
甘 肃 Gansu	59.77	33.71	26.05
青 海 Qinghai	62.34	31.12	31.22
宁 夏 Ningxia	377.70	243.50	134.20
新 疆 Xinjiang	1 371.59	879.93	491.66

主要统计指标解释

城市居民家庭可支配收入 指家庭成员得到可用于最终消费支出和其他非义务性支出以及储蓄的总和，即居民家庭可以用来自由支配的收入。它是家庭总收入扣除交纳的所得税、个人交纳的社会保障费以及记账补贴后的收入。

城市居民家庭消费性支出 指家庭用于日常生活的支出，包括食品、衣着、家庭设备用品及服务、医疗保健、交通和通信、娱乐教育文化服务、居住、杂项商品和服务等八大类支出。

农村居民家庭纯收入 指农村常住居民家庭总收入中，扣除从事生产和非生产经营费用支出、缴纳税款和上交承包集体任务金额以后剩余的，可直接用于进行生产性、非生产性建设投资、生活消费和积蓄的那一部分收入。农村居民家庭纯收入包括从事生产性和非生产性的经营收入，取自在外人口寄回带回和国家财政救济、各种补贴等非经营性收入；既包括货币收入，又包括自产自用的实物收入。但不包括向银行、信用社和向亲友借款等属于借贷性的收入。

农村居民家庭生活消费支出 指农村常住居民家庭用于日常生活的全部开支，是反映和研究农民家庭实际生活消费水平高低的重要指标。

城乡居民储蓄存款余额 指某一时点城乡居民存入银行及农村信用社的储蓄金额，包括城镇居民储蓄存款和农民个人储蓄存款，不包括居民的手存现金和工矿企业、部队、机关、团体等单位存款。

城市概况 8

General Survey of Cities

8－1 民族自治地方分地区城市情况(2003)

General Survey of Cities
by Region of Ethnic Minority Autonomous Areas(2003)

地 区 Region	城市数(个) Number of Cites (unit)	#地级市 Cities at prefectural Level	#县级市 Cities at County Level	人口数(万人) Popula－tion (10 000 persons)	#非农业人口 Non－agri－cultural
合 计 **Total**	**97**	**31**	**66**	**3 961.37**	**2 448.88**
河 北 Hebei					
内蒙古 Inner Mongolia	20	9	11	910.74	712.18
辽 宁 Liaoning					
吉 林 Jilin	6		6	116.63	103.19
黑龙江 Heilongjiang					
浙 江 Zhejiang					
湖 北 Hubei	2		2	160.29	32.40
湖 南 Hunan	1		1	46.60	36.00
广 东 Guangdong					
广 西 Guangxi	21	14	7	1 257.25	704.23
海 南 Hainan					
重 庆 Chongqing					
四 川 Sichuan	1		1	104.47	39.08
贵 州 Guizhou	4		4	139.30	68.12
云 南 Yunnan	7		7	226.60	120.97
西 藏 Tibet	2	1	1		
甘 肃 Gansu	2		2	25.99	14.73
青 海 Qinghai	2		2	16.53	8.41
宁 夏 Ningxia	7	5	2	262.05	169.46
新 疆 Xinjiang	22	2	20	694.93	440.10

8－2 民族自治地方分地区城市设施水平(2003)

Level of Public Facilities in Cities
by Region of Ethnic Minority Autonomous Areas(2003)

地 区 Region	年末实有公共汽(电)车(辆) Number of public Transportation Vehicles(year－end)(unit)	公共绿地面积(千公顷) Public Green Areas(1 000 hectares)	年末实有铺装道路面积(万平方米) Area of Paved Roads(10 000 sq. m)	公共厕所(座) Number of Public Lavatories(unit)
合 计 Total	**20 302**	**13.61**	**21 143.86**	**9 961**
河 北 Hebei				
内蒙古 Inner Mongolia	2 849	3.88	5 344.40	3 574
辽 宁 Liaoning				
吉 林 Jilin	892	0.74	945.40	982
黑龙江 Heilongjiang				
浙 江 Zhejiang				
湖 北 Hubei	115	0.14	289.30	48
湖 南 Hunan	46	0.17	366.00	38
广 东 Guangdong				
广 西 Guangxi	4 148	1.68	6 326.90	1 216
海 南 Hainan				
重 庆 Chongqing				
四 川 Sichuan	281	0.10	471.90	103
贵 州 Guizhou	1 050	0.81	825.74	266
云 南 Yunnan	1 012	1.85	688.93	529
西 藏 Tibet	1 249	0.01	429.00	81
甘 肃 Gansu	148	0.14	97.01	54
青 海 Qinghai	236	0.04	234.30	50
宁 夏 Ningxia	1 011	0.92	0.18	973
新 疆 Xinjiang	7 265	3.12	5 124.80	2 047

主要统计指标解释

铺装道路面积 指经过铺筑的路面宽度在3.5米以上(含3.5米)的道路面积和与道路相通的广场、桥梁、停车场面积。不包括街心花坛、侧石、人行道和路肩的面积。

公共绿地 指向公众开放的市级、区级、居住区级各类公园、街旁游园,包括其范围内的水域。其中居住区级公园应不小于1万平方米,街旁游园的宽度不小于8米,面积不小于400平方米。

农业 9

Agriculture

9-1 民族自治地方农村基层组织情况

Basic Rural Units of Ethnic Minority Autonomous Areas

年 份 Year	乡镇个数 (个) Township and Town Governments (unit)	乡村户数 (万户) Households (10 000 households)	乡村人口 (万人) Population (10 000 persons)	乡村劳动力 (万人) Social Labor Force by Gender (10 000 persons)	#农林牧渔业劳动力 Farming, Forestry, Animal Husbandry Fishery
1983	10 129	2 024.28	10 269	4 281.69	4 141.33
1984	17 742	2 083.79	10 444	4 442.35	4 219.30
1985	18 429	2 189.20	10 968	4 622.15	4 411.43
1986	19 165	2 303.86	11 198	4 745.89	4 537.43
1987	18 776	2 361.84	11 794	4 998.95	4 679.94
1988	11 594	2 451.26	12 034	5 280.96	4 789.85
1989	11 792	2 575.50	12 998	5 471.33	4 868.75
1990	11 295	2 591.42	12 358	5 652.58	5 103.59
1991	11 149	2 700.09	12 446	5 700.67	5 194.16
1992	11 031	2 741.34	12 511	5 842.50	5 270.34
1993	10 501	2 750.84	12 602	6 011.39	5 273.05
1994	10 645	2 865.33	12 652	6 117.01	5 268.10
1995	10 491	2 869.52	12 677	6 194.38	5 138.11
1996	9 660	2 803.80	12 495	6 150.33	5 192.59
1997	9 943		12 782	6 357.70	5 330.50
1998	9 972		12 544	6 323.64	5 301.92
1999	9 630		12 856	6 633.16	5 119.31
2000	9 534		11 414	6 675.82	5 090.05
2001	9 045		12 959	6 648.59	5 253.68
2002	8 916		13 027	6 753.29	5 110.07
2003	8 747		13 104	7 028.79	5 302.83

9-2 民族自治地方分地区农村基层组织情况(2003年)(一)

Basic Rural Units by Region
of Ethnic Minority Autonomous Areas (2003)(1)

地区 Region	乡镇个数 (个) Township and town Govern-ments (unit)	乡村人口 (万人) Population (10 000 persons)	乡村实有劳动力 (万人) Social Labor Force by Gender (10 000 persons)	#农林牧渔业 Farming, Forestry, Animal Husbandry Fishery
合计 **Total**	**8 747**	**13 104.32**	**7 028.79**	**5 302.83**
河北 Hebei	117	166.73	88.46	64.63
内蒙古 Inner Mongolia	1 138	1 358.07	652.28	514.38
辽宁 Liaoning	159	271.24	130.43	92.26
吉林 Jilin	116	154.11	72.48	58.59
黑龙江 Heilongjiang	11	16.59	8.84	6.65
浙江 Zhejiang	24	12.05	8.01	4.98
湖北 Hubei	102	390.11	199.33	123.25
湖南 Hunan	358	427.43	236.42	189.82
广东 Guangdong	34	38.24	18.81	13.74
广西 Guangxi	1 325	4 088.67	2 216.30	1 541.02
海南 Hainan	59	108.20	53.29	44.53
重庆 Chongqing	142	221.49	139.87	95.80
四川 Sichuan	1 232	546.92	330.91	274.60
贵州 Guizhou	726	1 415.72	827.21	598.46
云南 Yunnan	898	1 783.10	1 061.64	913.17
西藏 Tibet	685	221.15	103.60	84.40
甘肃 Gansu	313	276.10	158.53	109.67
青海 Qinghai	320	243.00	131.63	96.22
宁夏 Ningxia	189	407.61	208.48	145.82
新疆 Xinjiang	799	957.80	382.27	330.86

9－2 民族自治地方分地区农村基层组织情况(2003年)(二)

Basic Rural Units by Region of Ethnic Minority Autonomous Areas(2003)(2)

单位:个 (unit)

地区 Region		村民委员会 Village Committee	#通汽车的村数 Accessed of Automobile	#通电的村数 Accessed of Electricity	#通电话的村数 Accessed of Telephone	#通自来水的村数 Accessed of Tap Water
合计	**Total**	**92 422**	**82 056**	**53 455**	**65 877**	**53 455**
河北	Hebei	1 453	1 442	1 453	1 343	1 453
内蒙古	Inner Mongolia	12 269	10 797		10 148	
辽宁	Liaoning	1 652	1 627	1 652	1 645	1 652
吉林	Jilin	1 715	1 711	1 715	1 694	1 715
黑龙江	Heilongjiang	79	73	79	54	79
浙江	Zhejiang	283	215	283	258	283
湖北	Hubei	2 720	2 558	2 712	2 154	2 712
湖南	Hunan	4 865	4 060	4 741	4 108	4 741
广东	Guangdong	258	258	258	257	258
广西	Guangxi	14 601	13 930		12 916	
海南	Hainan	599	594	589	450	589
重庆	Chongqing	1 806	1 496	1 772	1 278	1 772
四川	Sichuan	7 856	5 086	6 055	2 309	6 055
贵州	Guizhou	11 269	9 544	11 177	6 736	11 177
云南	Yunnan	7 404	7 126	7 251	6 602	7 251
西藏	Tibet	6 047	4 791		964	
甘肃	Gansu	2 409	2 263	2 368	1 771	2 368
青海	Qinghai	3 007	2 703	2 285	1 627	2 285
宁夏	Ningxia	2 685	2 565		2 382	
新疆	Xinjiang	9 445	9 217	9 065	7 181	9 065

9-3 民族自治地方农、林、牧、渔业总产值及指数

Gross Output Value and Related Indices of Farming, Forestry, Animal Husbandry and Fishery of Ethnic Minority Autonomous Areas

年 份 Year	绝对数(亿元) Gross Output Value of Farming, Forestry, Animal Husbandry and Fishery (100 million yuan)					指数(上年=100) Indices of Gross Output of Farming, Forestry, Animal Husbandry and Fishery (Preceding year=100)				
	农林牧渔业总产值 Total	农业 Farming	林业 Forestry	牧业 Animal Husbandry	渔业 Fishery	农林牧渔业总产值 Total	农业 Farming	林业 Forestry	牧业 Animal Husbandry	渔业 Fishery
1981						107.4	105.1	120.1	111.4	115.3
1982										
1983						107.8	106.7	111.9	106.4	114.6
1984						109.4	107.1	122.7	108.4	108.2
1985						110.8	108.1	114.2	116.3	120.2
1986						103.5	101.7	95.5	107.5	114.7
1987						105.7	106.1	99.4	105.4	113.4
1988	733.21	423.84	50.37	171.42	7.48	105.8	105.2	102.7	105.7	111.8
1989	653.47	372.19	45.26	156.61	7.11	106.1	104.8	107.1	108.7	113.0
1990						110.2	115.3	105.8	104.6	146.8
1991	1 070.63	612.22	71.14	291.41	19.88	105.9	99.5	130.2	124.0	145.4
1992	1 208.49	675.72	85.39	336.87	27.51	107.6	107.6	107.0	108.4	115.4
1993	1 400.64	859.91	92.13	412.92	35.68	105.1				
1994	1 994.17	1 210.66	111.28	615.86	56.37	107.1	104.9	106.2	109.8	134.2
1995	2 536.60	1 538.41	124.65	795.14	78.40	108.7	106.1	102.6	114.2	126.2
1996	2 947.22	1 796.40	137.89	918.38	94.55	109	108.2	102.2	111.2	118.4
1997	3 175.11	1 911.99	138.79	1 014.52	109.81	105.7	105.0	99.2	107.2	115.0
1998	3 210.06	1 990.68	145.76	951.34	122.28	106.9	110.4	105.1	99.7	114.1
1999	3 159.95	1 898.60	157.68	974.90	128.77	104.6	104.0	102.9	105.5	109.1
2000	3 199.77	1 853.04	165.19	1 038.43	143.12	101.9	99.1	103.7	106.6	106.1
2001	3 327.71	1 899.61	170.36	1 110.98	146.77	104.5	104.1	99.1	106.3	104.8
2002	3 501.22	1 981.90	187.22	1 179.83	152.26	105.4	105.2	108.7	105.5	104.0
2003	4 014.59	2 136.46	264.58	1 342.09	166.64	105.8				

注:1992 年以前农业总产值包括副业,2003 年农林牧渔业总产值包括农林牧渔服务业,下表同。

Note: The total argicultural output including sidelines before 1992, the total argicultural output including services for farming forestry animal husbandry and fishery. The same as in the following tables.

9－4 民族自治地方分地区农、林、牧、渔业总产值及指数(2003年)

Gross Output Value of Farming, Forestry, Animal Husbandry and Fishery and Related Indices by Region of Ethnic Minority Autonomous Areas (2003)

地 区 Region		绝对数(亿元) Gross Output Value of Farming, Forestry, Animal Husbandry and Fishery (100 million yuan)					指数(上年=100) Indices of Gross Output of Farming, Forestry, Animal Husbandry and Fishery (Preceding year=100)
		农林牧渔业总产值 Total	#农业 Farming	#林业 Forestry	#牧业 Animal Husbandry	#渔业 Fishery	农林牧渔业总产值 Total
合 计	**Total**	**4 014.59**	**2 136.46**	**264.58**	**1 342.09**	**166.64**	**105.8**
河 北	Hebei	51.14	16.60	4.06	26.65	0.41	108.3
内蒙古	Inner Mongolia	666.38	335.96	47.94	267.10	4.94	106.2
辽 宁	Liaoning	102.89	47.29	12.08	34.81	7.65	110.3
吉 林	Jilin	105.62	46.28	12.53	41.56	2.14	105.1
黑龙江	Heilongjiang	13.18	2.56	0.29	9.37	0.90	95.7
浙 江	Zhejiang	4.59	3.21	0.87	0.46	0.05	100.6
湖 北	Hubei	97.54	59.35	3.59	33.13	0.56	106.0
湖 南	Hunan	79.45	40.57	10.56	24.01	2.09	103.3
广 东	Guangdong	8.86	5.33	1.24	2.00	0.27	101.1
广 西	Guangxi	1 030.89	500.82	53.80	342.83	115.53	104.3
海 南	Hainan	54.59	30.02	4.11	6.95	12.35	108.8
重 庆	Chongqing	41.72	24.56	2.08	14.41	0.30	105.4
四 川	Sichuan	144.55	63.02	11.27	64.34	1.57	109.1
贵 州	Guizhou	241.31	132.70	16.36	76.15	3.36	108.6
云 南	Yunnan	425.82	225.09	53.93	125.35	8.44	105.7
西 藏	Tibet	58.63	25.27	5.31	27.09	0.01	105.0
甘 肃	Gansu	35.81	18.26	1.34	14.27	0.08	100.0
青 海	Qinghai	59.84	22.71	2.04	33.21	0.18	110.4
宁 夏	Ningxia	103.40	54.10	7.50	36.40	2.60	105.9
新 疆	Xinjiang	688.38	482.76	13.69	161.98	3.21	106.3

注:本表绝对数按当年价格计算,指数按可比价格计算。

Note: Date in value terms in this table are calculated at current prices, while the indices are calculated at comparable prices.

9-5 民族自治地方农、林、牧、渔业总产值构成
The Composition of Gross Output Value of Farming, Forestry, Animal Husbandry and Fishery of Ethnic Minority Autonomous Areas

单位:% (%)

年 份 Year	农、林、牧、渔业总产值 Total	农业 Farming	林业 Forestry	牧业 Animal Husbandry	副业 Sideline	渔业 Fishery
1980	100	65.94	4.82	22.17	6.62	0.45
1981	100	64.53	5.38	22.99	6.62	0.48
1982	100	62.11	6.78	22.02	8.37	0.72
1983	100	61.49	7.04	21.75	8.96	0.76
1984	100	60.20	7.90	21.56	9.59	0.75
1985	100	58.77	8.15	22.62	9.65	0.81
1986	100	57.75	7.51	23.49	10.35	0.90
1987	100	57.99	7.06	23.41	10.57	0.97
1988	100	57.67	6.87	23.38	11.06	1.02
1989	100	56.96	6.92	23.97	11.06	1.09
1990	100	59.60	6.65	22.75	9.55	1.45
1991	100	55.99	8.19	26.64	7.19	1.99
1992	100	56.02	8.13	26.84	6.68	2.15
1993	100	61.61	8.09	27.84		2.46
1994	100	60.03	8.03	28.55		3.08
1995	100	58.87	7.58	29.98		3.57
1996	100	58.43	7.11	30.58		3.88
1997	100	60.22	4.37	31.95		3.46
1998	100	62.01	4.54	29.64		3.81
1999	100	60.08	4.99	30.85		4.08
2000	100	57.91	5.16	32.45		4.47
2001	100	57.08	5.12	33.39		4.41
2002	100	56.60	5.35	33.70		4.35
2003	100	53.22	6.59	33.43		4.15

注:本表按当年价格计算(at current price)。

9-6 民族自治地方分地区农、林、牧、渔业总产值构成(2003年)

The Composition of Gross Output Value of Farming, Forestry, Animal Husbandry and Fishery by Region of Ethnic Minority Autonomous Areas(2003)

(以农、林、牧、渔业和农林牧渔服务业总产值为100)

地 区 Region	农业 Farming	林业 Forestry	牧业 Animal Husbandry	渔业 Fishery
合 计 Total	**53.22**	**6.59**	**33.43**	**4.15**
河 北 Hebei	35.20	7.95	52.12	0.81
内蒙古 Inner Mongolia	50.42	7.19	40.08	0.74
辽 宁 Liaoning	45.96	11.74	33.83	7.44
吉 林 Jilin	43.81	11.86	39.35	2.03
黑龙江 Heilongjiang	19.44	2.24	71.14	6.83
浙 江 Zhejiang	69.96	18.95	10.11	0.99
湖 北 Hubei	60.85	3.68	33.97	0.57
湖 南 Hunan	51.06	13.29	30.22	2.64
广 东 Guangdong	60.15	14.01	22.52	3.07
广 西 Guangxi	48.58	5.22	33.26	11.21
海 南 Hainan	55.00	7.53	12.73	22.63
重 庆 Chongqing	58.86	4.98	34.54	0.72
四 川 Sichuan	43.60	7.79	44.51	1.09
贵 州 Guizhou	54.99	6.78	31.56	1.39
云 南 Yunnan	52.86	12.67	29.44	1.98
西 藏 Tibet	43.10	9.05	46.20	0.01
甘 肃 Gansu	51.00	3.73	39.85	0.23
青 海 Qinghai	37.96	3.41	55.50	0.29
宁 夏 Ningxia	52.32	7.25	35.20	2.51
新 疆 Xinjiang	70.13	1.99	23.53	0.47

注:本表按当年价格计算(at current price)。

9－7 民族自治地方农、林、牧、渔业增加值(2003年)

Value Increased in Farming, Forestry, Animal Husbandry and Fishery by Region of Ethnic Minority Autonomous Areas(2003)

单位:亿元 (100 million yuan)

地 区 Region	总产值 Gross Output Value	中间消耗 Mid－consume	增加值 Added－Value
合 计 Total	**4 014.59**	**1 509.12**	**2 495.83**
河 北 Hebei	51.14	23.37	28.00
内蒙古 Inner Mongolia	666.38	255.72	421.86
辽 宁 Liaoning	102.89	51.36	51.53
吉 林 Jilin	105.62	45.70	59.92
黑龙江 Heilongjiang	13.18	7.56	5.62
浙 江 Zhejiang	4.59	1.65	2.94
湖 北 Hubei	97.54	33.76	63.77
湖 南 Hunan	79.45	29.34	49.49
广 东 Guangdong	8.86	2.94	6.02
广 西 Guangxi	1 030.89	372.79	658.10
海 南 Hainan	54.59	20.19	34.40
重 庆 Chongqing	41.72	17.75	23.97
四 川 Sichuan	144.55	49.77	94.78
贵 州 Guizhou	241.31	88.70	152.61
云 南 Yunnan	425.82	160.74	265.08
西 藏 Tibet	58.63		40.97
甘 肃 Gansu	35.81	10.96	24.85
青 海 Qinghai	59.84	16.43	43.41
宁 夏 Ningxia	103.40	45.02	55.49
新 疆 Xinjiang	688.38	275.38	413.00

注:本表按当年价格计算(at current price)。

9-8 民族自治地方耕地面积、总播种面积和粮食播种面积

Cultivated Areas, Total Sown Areas and Grain Crops Sown Areas of Ethnic Minority Autonomous Areas

单位:万公顷 (10 000 hectares)

年 份 Year	耕地面积 Cultivated Area	总播种面积 Total Sown Area	#粮食播种面积 Grain Crops Sown Area	粮食播种面积占总播种面积比例 Grain Crops Sown Area As % of Total Sown Area
1952	1 347.97	1 548.56	1 344.16	86.80
1957	1 536.43	1 846.69	1 568.33	84.93
1962	1 629.33	1 770.48	1 531.27	86.49
1965	1 672.33	1 897.81	1 637.43	86.28
1975	1 635.47	1 962.02	1 659.29	84.57
1978	1 639.60	2 018.10	1 674.34	82.97
1980	1 657.56	1 939.90	1 583.71	81.64
1981	1 650.33	1 898.34	1 544.39	81.35
1982	1 651.91	1 933.57	1 561.88	80.78
1983	1 685.61	1 972.06	1 609.35	81.61
1984	1 661.42	1 965.80	1 576.22	80.18
1985	1 747.06	2 022.08	1 542.37	76.28
1986	1 697.07	2 061.43	1 579.60	76.63
1987	1 698.51	2 084.79	1 622.16	77.81
1988	1 725.04	2 139.69	1 619.59	75.69
1989	1 751.54	2 231.22	1 685.37	75.54
1990	1 763.39	2 274.08	1 717.69	75.53
1991	1 743.00	2 266.62	1 666.78	73.54
1992	1 766.25	2 352.48	1 697.90	72.17
1993	1 776.09	2 424.17	1 341.07	55.32
1994	1 805.89	2 410.23	1 281.97	53.19
1995	1 508.00	2 439.00	1 726.78	70.80
1996	1 804.98	2 469.04	1 742.38	70.57
1997	2 069.84	2 620.54	1 832.01	69.91
1998	2 068.50	2 667.96	1 862.78	69.82
1999	2 095.99	2 684.13	1 831.14	68.22
2000	2 086.44	2 660.02	1 754.33	65.95
2001	2 062.60	2 645.44	1 721.52	65.07
2002	2 006.63	2 691.71	1 719.73	63.89
2003	1 967.68	2 624.32	1 614.21	61.51

9-9 民族自治地方分地区耕地面积和农作物播种面积(2003年)

Cultivated Areas and Sown Areas by Region of Ethnic Minority Autonomous Areas(2003)

单位:千公顷 (1 000 hectares)

地区 Region		年末实有耕地面积 Cultivated Area	农作物总播种面积 Total Sown Area	#粮食 Grain Crops	#油料 Oil-Bearing Crops	#棉花 Cotton Crops
合计	Total	19 676.84	26 243.25	16 142.11	2 229.39	1 067.87
河北	Hebei	215.24	186.66	171.01	7.21	1.05
内蒙古	Inner Mongolia	6 863.00	5 752.80	4 051.50	723.40	5.00
辽宁	Liaoning	488.22	430.51	308.81	63.91	1.00
吉林	Jilin	510.09	494.73	409.71	36.28	
黑龙江	Heilongjiang	87.00	82.90	69.80	3.10	
浙江	Zhejiang	6.82	17.39	9.01	0.32	0.01
湖北	Hubei	317.63	739.92	478.17	61.92	0.04
湖南	Hunan	251.76	645.39	357.89	100.95	0.87
广东	Guangdong	25.74	54.40	34.07	5.01	
广西	Guangxi	2 548.67	6 279.10	3 470.00	301.20	1.40
海南	Hainan	82.64	195.42	112.28	9.52	
重庆	Chongqing	147.94	412.17	278.60	44.65	0.02
四川	Sichuan	453.30	781.73	565.05	17.79	
贵州	Guizhou	761.46	1 909.09	1 223.22	206.60	2.46
云南	Yunnan	1 679.09	2 790.55	1 896.45	107.64	0.45
西藏	Tibet	204.51	233.66	185.92	21.64	
甘肃	Gansu	238.08	244.61	179.27	30.67	0.07
青海	Qinghai	362.97	327.74	158.83	128.74	
宁夏	Ningxia	1 118.70	1 129.48	805.32	132.46	
新疆	Xinjiang	3 313.99	3 535.00	1 377.20	226.38	1 055.50

9－10 民族自治地方主要农产品产量

Output of Major Farm Crops
of Ethnic Minority Autonomous Areas

单位:万吨 (10 000 tons)

年 份 Year	粮食 Grain Crops	棉花 Cotton Crops	油料 Oil－Bearing Crops	烟叶 Tobacco Crops	#烤烟 Flue－cured Tobacco	甜菜 Beetroots	甘蔗 Sugarcane
1949	1 155.50	1.02					
1952	1 581.50	3.14	21.47	1.90	1.90	0.16	109.36
1957	1 882.50	5.98	28.79	3.68	3.68	24.48	132.38
1962	1 717.50	3.02	13.03			12.41	49.72
1965	2 217.00	8.87	27.49	5.47	5.47	39.43	232.56
1975	3 069.50	5.39	32.01	10.62	10.62	56.83	360.87
1978	3 123.50	5.97	36.15	12.29	12.29	65.68	512.78
1980	3 300.10	8.33	36.68	8.53	8.53	133.14	561.06
1981	3 371.00	11.73	106.79	17.33	13.51	127.21	727.94
1982	3 744.15	15.21	129.40	27.58	21.51	196.50	1 012.21
1983	4 026.64	16.83	140.51	17.72	13.61	207.68	1 019.47
1984	4 114.67	20.92	153.95	26.22	20.79	235.36	1 103.44
1985	4 006.33	19.36	192.82	46.40	33.72	243.59	1 537.09
1986	4 065.04	22.40	198.79	31.32	23.15	270.50	1 683.76
1987	4 338.74	28.58	175.58	35.14	26.66	306.06	1 702.23
1988	4 361.40	28.26	174.16	51.67	41.43	397.04	1 938.43
1989	4 662.37	29.80	169.33	53.65	42.29	335.89	1 803.46
1990	5 372.98	47.37	208.13	48.76	39.30	532.30	2 141.68
1991	5 516.37	65.24	230.06	63.69	51.96	655.32	2 749.17
1992	5 612.34	67.89	235.23	85.11		652.16	3 187.90
1993	5 157.09	68.93	226.29	90.50	77.08	571.25	3 085.91
1994	5 092.17	89.14	242.91	60.79	49.36	1 080.18	3 131.03
1995	5 800.83	94.60	264.09	65.32	55.34	613.93	2 703.76
1996	6 799.13	94.99	252.63	89.82	75.01	722.92	3 837.75
1997	6 640.68	115.85	255.21	158.62		822.67	4 367.69
1998	7 150.42	141.05	290.60	85.92			
1999	6 873.84	136.14	332.87	68.57			
2000	6 381.36	146.24	353.16	69.19			
2001	6 492.55	157.66	313.36	63.34			
2002	6 586.77	148.20	355.39	66.94			
2003	6 480.24	160.81	359.22	65.63			

9-11 民族自治地方分地区主要农产品产量(2003年)(一)
Output of Major Farm Crops by Region of Ethnic Minority Autonomous Areas (2003)(1)

单位:万吨 (10 000 tons)

地区 Region	粮食 Grain Crops	油料 Oil-Bearing Crops	棉花 Cotton Crops	麻类 Himp Crops	糖类 Sugar Crops
合计 Total	**6 480.24**	**359.22**	**160.81**	**19.47**	**7 972.26**
河北 Hebei	43.86	0.66	0.04		
内蒙古 Inner Mongolia	1 360.70	102.30	0.50	1.20	99.40
辽宁 Liaoning	153.61	9.67	0.05	0.01	0.03
吉林 Jilin	238.76	5.68		0.27	0.47
黑龙江 Heilongjiang	8.64	0.36			
浙江 Zhejiang	4.30	0.04			0.01
湖北 Hubei	174.08	8.65		0.01	0.16
湖南 Hunan	150.65	13.06	0.05	0.04	2.05
广东 Guangdong	16.04	0.83			0.88
广西 Guangxi	1 465.10	55.70	0.07	1.14	4 861.84
海南 Hainan	45.04	2.47			75.81
重庆 Chongqing	114.71	6.52		0.15	0.72
四川 Sichuan	222.19	2.15		0.03	61.98
贵州 Guizhou	505.70	25.80	0.05	0.06	72.11
云南 Yunnan	705.87	32.43	0.03	3.19	2 414.06
西藏 Tibet	96.60	4.90			
甘肃 Gansu	70.01	4.95	0.02	0.05	1.05
青海 Qinghai	58.71	19.73			
宁夏 Ningxia	270.17	13.20			0.02
新疆 Xinjiang	775.50	50.13	160.00	13.31	381.65

9-11 民族自治地方分地区主要农产品产量(2003年)(二)

Output of Major Farm Crops by Region of Ethnic Minority Autonomous Areas (2003)(2)

单位:万吨 (10 000 tons)

地 区 Region	烟叶 Tobacco Crops	茶叶 Tea	水果 Fruit
合 计 Total	**65.63**	**10.97**	**1 160.76**
河 北 Hebei			12.05
内蒙古 Inner Mongolia	1.60		20.09
辽 宁 Liaoning	0.72		9.67
吉 林 Jilin	1.28		8.83
黑龙江 Heilongjiang			0.01
浙 江 Zhejiang	0.02	0.05	0.88
湖 北 Hubei	7.16	2.20	11.16
湖 南 Hunan	2.46	0.10	48.80
广 东 Guangdong	0.09	0.04	1.82
广 西 Guangxi	2.60	2.13	641.16
海 南 Hainan	0.01		34.24
重 庆 Chongqing	3.51	0.09	2.47
四 川 Sichuan	5.97	0.30	35.65
贵 州 Guizhou	11.22	0.75	23.00
云 南 Yunnan	28.57	5.32	61.89
西 藏 Tibet			0.21
甘 肃 Gansu	0.01		6.24
青 海 Qinghai	0.01		1.09
宁 夏 Ningxia	0.05		23.15
新 疆 Xinjiang	0.34		218.34

9-12 民族自治地方牲畜年末头(只)数及比重

The Number and the Proportion of Animal Products at the End of Year of Ethnic Minority Autonomous Areas

单位:万头(只) (10 000 heads)

年 份 Year	牲畜总头数 Total	大牲畜 Large Domestic Animals	猪 Hogs	羊 Sheep and Goats	比重 Proportion % 大牲畜 Large Domestic Animals	猪 Hogs	羊 Sheep and Goats
1949	4 108.00	1 646.00	796.00	1 666.00	40.07	19.38	40.55
1952	7 606.50	2 439.20	1 136.90	4 030.00	32.07	14.95	52.98
1957	9 914.20	2 926.30	1 589.00	5 398.90	29.52	16.036	54.45
1962	10 424.60	2 560.60	1 255.30	6 605.70	24.57	12.05	63.38
1965	14 119.70	3 372.90	2 151.40	8 595.40	23.89	15.24	60.87
1975	16 226.95	3 848.53	3 031.85	9 346.57	23.72	18.68	57.60
1978	16 656.50	3 807.20	3 256.70	9 579.60	22.87	19.58	57.55
1980	17 168.30	3 928.32	3 286.26	9 983.72	22.88	18.97	58.15
1981	17 713.95	4 057.86	3 314.11	10 314.98	22.91	18.71	58.38
1982	18 026.93	4 244.84	3 635.67	10 146.42	23.55	20.17	56.28
1983	17 983.04	4 339.77	3 970.58	9 672.69	24.13	22.08	53.79
1984	18 198.34	4 462.62	4 047.20	9 688.52	24.52	22.24	53.24
1985	19 038.77	4 748.79	4 532.86	9 757.12	24.94	23.81	51.25
1986	19 808.61	4 950.94	4 869.33	9 988.34	24.99	23.58	50.43
1987	20 260.96	5 046.00	4 968.82	10 246.14	24.91	24.52	50.57
1988	20 938.16	5 130.19	5 085.00	10 722.97	24.50	24.29	51.21
1989	21 948.68	5 229.87	5 434.73	11 284.08	23.83	24.76	51.41
1990	22 312.78	5 285.92	5 668.05	11 361.81	23.69	25.39	50.92
1991	22 151.91	5 308.61	5 564.71	11 278.59	23.93	25.12	50.91
1992	23 039.85	5 391.81	6 726.06	10 921.98	23.40	29.19	47.41
1993	22 779.51	5 429.58	6 443.30	10 926.63	23.81	28.26	47.93
1994	23 449.37	5 480.15	6 729.43	11 239.79	23.37	28.70	47.93
1995	24 763.73	5 618.25	7 239.62	11 905.86	22.69	29.23	48.08
1996	24 891.68	5 545.03	7 138.86	12 207.79	22.28	28.68	49.04
1997	25 884.50	5 636.80	7 517.70	12 690.00	21.81	29.09	49.10
1998	25 455.63	5 564.79	7 046.73	12 844.11	21.86	27.68	50.46
1999	26 015.82	5 688.57	7 291.72	13 035.53	21.87	28.03	50.10
2000	26 842.63	5 565.95	8 200.84	13 075.84	20.74	30.55	48.71
2001	27 039.50	5 549.57	8 251.87	13 238.06	20.52	30.51	48.97
2002	27 572.94	5 570.19	8 062.49	13 940.26	20.20	29.24	50.56
2003	28 326.20	5 797.61	7 728.94	14 799.65	20.47	27.29	52.25

9-13 民族自治地方大牲畜、猪、羊年末头(只)数占全国的比重

The Proportion of the Number of Large Animals, Hogs, Sheep and Goats of Ethnic Minority Autonomous Areas in that of the Nation as a Whole

单位:% (%)

年 份 Year	牲畜总头数 Total	大牲畜 Large Domestic Animals	猪 Hogs	羊 Sheep and Goats
1949	25.66	27.42	13.78	39.34
1952	33.36	31.90	12.66	65.24
1957	30.20	34.91	10.89	54.77
1962	34.19	36.48	12.56	49.06
1965	36.20	40.05	12.89	61.82
1975	30.75	39.63	10.78	57.21
1978	28.71	60.55	10.82	56.37
1980	29.20	41.24	10.66	53.30
1981	30.58	41.56	11.28	55.09
1982	30.89	41.17	13.19	61.16
1983	31.61	41.93	13.30	57.94
1984	31.73	41.17	13.19	61.16
1985	31.67	41.72	13.67	62.48
1986	31.83	41.64	14.45	60.23
1987	32.16	41.39	15.16	56.82
1988	31.34	31.04	14.87	53.35
1989	31.69	40.84	15.40	53.32
1990	31.76	40.59	15.63	54.10
1991	31.30	40.23	15.05	54.69
1992	31.72	39.98	17.51	52.68
1993	30.39	38.82	16.40	50.30
1994	29.12	36.70	16.20	46.70
1995	30.81	38.20	17.40	49.50
1996	28.67	43.50	15.60	40.10
1997	27.87	33.85	16.44	41.83
1998	30.32	37.59	16.68	47.74
1999	30.26	37.90	16.90	46.70
2000	30.20	36.74	18.35	45.04
2001	29.86	37.01	18.04	44.38
2002	29.61	36.60	17.42	44.03
2003	29.46	37.40	16.59	43.45

9－14 民族自治地方分地区牲畜出栏数和年底存栏数(2003年)

The Amounts of Slaughtering Livestocks and Feeding Livestocks at the End of Year by Region of Ethnic Minority Autonomous Areas(2003)

单位:万头(只) (10 000 heads)

地 区 Region	牲畜当年出栏数 Slaughtered Number			牲畜年末存栏数 Livestock Number		
	大牲畜 Large Animals	猪 Hogs	羊 Sheep and Goats	大牲畜 Large Animals	猪 Hogs	羊 Sheep and Goats
合 计 Total	**1 554.69**	**7 612.86**	**8 503.85**	**5 797.61**	**7 728.94**	**14 799.65**
河 北 Hebei	49.49	107.37	133.72	56.15	88.60	98.18
内蒙古 Inner Mongolia	196.73	791.91	2 867.74	615.40	647.70	4 450.20
辽 宁 Liaoning	45.02	200.99	81.76	85.69	161.71	140.64
吉 林 Jilin	68.95	141.58	63.46	99.09	93.55	80.49
黑龙江 Heilongjiang	5.23	5.83	10.44	16.50	8.20	17.30
浙 江 Zhejiang	0.12	3.92	0.98	0.89	5.44	1.60
湖 北 Hubei	5.01	363.04	48.56	31.83	319.56	61.63
湖 南 Hunan	20.92	293.18	69.45	106.88	241.11	89.62
广 东 Guangdong	0.65	18.83	0.35	7.48	16.62	0.79
广 西 Guangxi	152.92	2 555.10	200.88	802.70	2 637.70	246.60
海 南 Hainan	10.37	50.18	14.53	36.20	53.19	14.93
重 庆 Chongqing	12.43	133.33	45.71	52.48	169.10	68.74
四 川 Sichuan	117.58	489.98	349.15	704.33	510.68	800.07
贵 州 Guizhou	82.51	742.47	145.30	491.09	911.45	220.79
云 南 Yunnan	131.08	1 190.26	262.68	650.84	1 412.06	533.77
西 藏 Tibet	96.28	13.94	516.19	647.80	25.22	1 779.03
甘 肃 Gansu	54.38	47.19	180.18	153.29	54.56	380.92
青 海 Qinghai	201.74	57.97	528.34	468.60	56.23	1 235.64
宁 夏 Ningxia	35.97	165.09	357.49	95.84	125.05	474.41
新 疆 Xinjiang	267.31	240.70	2 626.94	674.53	191.20	4 104.30

9－15 民族自治地方主要畜产品产量

Output of Major Animal Products of Ethnic Minority Autonomous Areas

单位:万吨 (10 000 tons)

年 份 Year	猪肉 Pork	牛肉 Beef	羊肉 Mutton	牛羊奶 Milk	羊毛 Sheep and Goats Wool
1980	131.04	14.30	19.66	43.78	10.70
1981	124.29	19.34	20.56	54.41	11.66
1982	136.55	15.30	23.14	61.08	12.18
1983	135.20	18.58	29.08	65.02	12.59
1984	151.09	20.46	28.54	76.37	12.64
1985	179.85	27.41	31.13	86.76	15.76
1986	191.05	29.60	35.35	111.18	13.00
1987	212.84	30.18	36.32	123.15	13.86
1988	217.22	33.94	35.37	119.51	14.57
1989	235.76	39.12	43.31	126.07	15.62
1990	245.99	40.59	31.33	135.06	17.96
1991	301.63	45.97	51.21	129.32	15.82
1992	304.09	51.50	53.44	150.90	15.45
1993	336.61	56.56	37.20	159.31	15.15
1994	390.88	66.29	57.06	173.76	15.44
1995	454.16	78.77	65.07	185.79	19.34
1996	501.72	87.60	74.09	201.04	16.86
1997	506.74	101.14	84.34	216.85	17.89
1998	536.96	105.56	91.16	230.70	18.05
1999	583.74	111.47	97.72	243.49	18.19
2000	554.17	120.89	110.78	260.52	18.37
2001	616.96	125.44	111.71	304.57	18.66
2002	579.99	131.58	118.54	397.36	18.92
2003	589.18	152.46	138.54	595.35	20.95

9-16 民族自治地方分地区畜产品和水产品产量(2003)(一)

Output of Livestocks Products and Aquatic Products by Region of Ethnic Minority Autonomous Areas (2003)(1)

单位:万吨 (10 000 tons)

地区 Region		肉类总产量 Output of Meat	#猪肉 Pork	#牛肉 Beef	#羊肉 Mutton
合计	**Total**	**996.95**	**589.18**	**152.46**	**138.54**
河北	Hebei	18.78	7.63	8.28	1.73
内蒙古	Inner Mongolia	162.72	71.27	24.03	45.32
辽宁	Liaoning	29.24	17.45	5.59	1.27
吉林	Jilin	31.08	11.38	7.75	1.02
黑龙江	Heilongjiang	1.66	0.47	0.63	0.22
浙江	Zhejiang	0.45	0.36	0.01	0.01
湖北	Hubei	31.50	29.54	0.46	0.64
湖南	Hunan	26.71	20.24	2.29	1.07
广东	Guangdong	1.59	1.38	0.05	
广西	Guangxi	227.10	179.80	12.90	2.80
海南	Hainan	5.37	3.55	0.66	0.16
重庆	Chongqing	15.08	12.53	1.26	0.54
四川	Sichuan	60.81	38.47	12.24	6.79
贵州	Guizhou	74.65	60.79	6.97	2.19
云南	Yunnan	123.48	97.05	12.49	4.74
西藏	Tibet	19.01	0.88	10.77	7.37
甘肃	Gansu	10.53	3.58	3.41	3.14
青海	Qinghai	23.81	4.77	10.16	8.48
宁夏	Ningxia	23.38	10.66	4.74	5.52
新疆	Xinjiang	110.00	17.40	28.77	45.54

9-16 民族自治地方分地区畜产品和水产品产量(2003年)(二)

Output of Livestocks Products and Aquatic Products
by Region of Ethnic Minority Autonomous Areas (2003)(2)

单位:万吨 (10 000 tons)

地 区 Region	牛羊奶产量 Milk	羊毛 Wool	山羊毛 Goat Wool	绵羊毛 Sheep Wool	羊绒 Cashmere	水产品 Aquatic Product
合 计 Total	**595.35**	**20.95**	**1.46**	**19.50**	**0.85**	**328.16**
河 北 Hebei	4.75	0.17	0.07	0.10	0.01	0.62
内蒙古 Inner Mongolia	312.21	7.50	0.58	6.93	0.53	7.28
辽 宁 Liaoning	1.47	0.18	0.04	0.15	0.01	3.57
吉 林 Jilin	1.71	0.43	0.01	0.43	0.01	2.96
黑龙江 Heilongjiang	22.78	0.06		0.06		1.75
浙 江 Zhejiang						0.05
湖 北 Hubei	0.05					0.87
湖 南 Hunan	2.17					3.11
广 东 Guangdong	0.01					0.39
广 西 Guangxi	3.82					264.61
海 南 Hainan						16.22
重 庆 Chongqing	0.05					0.32
四 川 Sichuan	20.76	0.53	0.04	0.49		1.71
贵 州 Guizhou	0.65	0.03		0.03		3.60
云 南 Yunnan	14.64	0.08	0.02	0.06		9.13
西 藏 Tibet	25.14	0.99	0.12	0.87	0.09	0.01
甘 肃 Gansu	7.60	0.60	0.04	0.56	0.01	0.12
青 海 Qinghai	18.05	1.33	0.09	1.23	0.03	0.08
宁 夏 Ningxia	38.68	0.82	0.08	0.74	0.04	5.04
新 疆 Xinjiang	120.80	8.21	0.37	7.84	0.11	6.73

9-17 民族自治地方人均农业总产值和主要农产品产量

Per Capital of Gross Output Value of Agriculture and Output of Major Farm Products of Ethnic Minority Autonomous Areas

年份 Year	农林牧渔业总产值（元） Output Value of Agriculture (yuan)	粮食（公斤） Grain Crops (kg)	棉花（公斤） Cotton Crops (kg)	油料（公斤） Oil-bening Crops (kg)	大牲畜（头） Large Animals (head)	猪（头） Hogs Domestic (head)	羊（只） Sheep and Goats (head)
1980	139.27	287.96	0.73		0.34	0.28	0.87
1981	146.86	288.69	1.01	9.15	0.35	0.28	0.89
1982	225.09	313.39	1.28	10.83	0.36	0.30	0.85
1983	233.81	324.91	1.36	11.34	0.35	0.32	0.78
1984	248.10	321.97	1.64	12.05	0.35	0.32	0.76
1985	265.61	302.96	1.47	14.58	0.36	0.34	0.74
1986	264.63	295.91	1.63	14.47	0.36	0.35	0.73
1987	272.78	308.00	2.03	12.46	0.36	0.35	0.73
1988	282.05	302.60	1.96	12.08	0.36	0.35	0.74
1989	290.99	314.60	2.01	11.43	0.35	0.37	0.76
1990	303.10	342.70	3.00	13.30	0.34	0.36	0.72
1991	692.39	356.75	4.22	14.88	0.34	0.36	0.73
1992	773.18	359.10	4.30	15.00	0.34	0.40	0.70
1993	887.83	330.90	4.40	14.60	0.35	0.40	0.70
1994	1 248.33	317.25	5.55	15.14	0.34	0.42	0.73
1995	1 580.99	374.97	5.91	16.14	0.35	0.45	0.74
1996	1 815.86	426.20	5.95	15.84	0.46	0.45	0.77
1997	1 935.11	406.93	7.10	15.64	0.44	0.46	0.78
1998	1 931.91	430.75	8.50	17.51	0.34	0.42	0.77
1999	1 894.68	412.15	8.16	19.96	0.34	0.44	0.78
2000	1 902.62	379.44	8.70	21.00	0.33	0.49	0.78
2001	1 972.55	389.29	9.45	18.79	0.33	0.49	0.79
2002	2 053.35	386.29	8.69	20.84	0.34	0.49	0.82
2003	2 332.15	376.45	9.34	20.87	0.34	0.45	0.86

注：人均农林牧渔业总产值1980年、1981年按1970年不变价格计算，1982－1990年按1980年不变价格，1991至现在按当年价格计算。

Note: Per Capital Gross Output Value of Agriculture is Calculated at 1970 Comparable Prices in 1980 and 1981, While at 1980 Comparable Prices From 1982to1990, at current Prices from 1991 to now.

9-18 民族自治地方农业机械总动力和大中小型拖拉机拥有量

Total Power of Agricultural Machinery and the Numbers of Farm Machinery of Ethnic Minority Autonomous Areas

年 份 Year	农业机械总动力 (万千瓦) Total Power of Agricultural Machinery (10 000 kw)	大中小农用拖拉机 Large and Medium Agricultural Tractors		小型拖拉机 Small Tractors	
		万台 (10 000 units)	万千瓦 (10 000 kw)	万台 (10 000 units)	万千瓦 (10 000 kw)
1980		12.08	410.0	20.75	183.2
1981		12.28	428.2	21.33	188.2
1982		12.45	452.5	23.25	207.1
1983	1 869.9	13.07	454.1	27.85	245.8
1984	1 964.5	13.25	480.5	33.83	301.3
1985	2 144.4	14.37	492.7	40.27	360.3
1986	2 468.7	15.25	501.0	51.46	478.0
1987	2 643.8	15.27	473.0	58.15	568.8
1988	2 908.4	16.41	562.2	75.53	668.6
1989	3 329.5	16.10	564.3	84.86	783.8
1990	3 817.1	15.89	646.0	90.74	1 019.6
1991	3 569.0	15.21	570.0	99.74	975.0
1992	3 675.7	15.01	551.7	105.37	983.9
1993	4 104.7	13.97	540.2	95.22	1 049.1
1994	4 137.4	12.89	529.1	107.78	1 210.3
1995	4 563.3	13.00	463.3	125.80	974.1
1996	5 053.4	13.80	503.6	131.85	1 394.4
1997	5 166.3				
1998	5 353.7				
1999	5 857.5				
2000	6 206.5				
2001	6 547.2				
2002	7 117.7				
2003	7 369.8				

9－19 民族自治地方机耕地面积、灌溉面积、农村用电量和化肥施用量

Areas Ploughed by Tractors, Irrigated Area, Electricity Consumed in Rural Areas and Consumption of Chemical Fertilizers of Ethnic Minority Autonomous Areas

年 份 Year	机耕地面积 (万公顷) Machinery Cultivated Land (10 000 hectares)	灌溉面积 (万公顷) Irrigated Area (10 000 hectares)	农村用电量 (万千瓦小时) Electricity Consumed in Rural Area (10 000 kw·h)	化肥施用量 (折纯、万吨) Cousumption of Chemical Fertilizers (10 000 tons)
1980	538.73	684.39	237 400	99.90
1981	439.34	677.29	260 443	98.30
1982	411.99	672.67	278 432	116.37
1983	393.42	689.30	292 538	138.72
1984	424.71	673.01	328 503	140.87
1985	377.02	685.53	335 832	154.74
1986	399.10	705.20	422 109	179.52
1987	456.23	717.61	463 331	197.23
1988	529.07	723.44	485 995	209.46
1989	577.02	736.79	568 346	245.69
1990	700.36	764.37	702 621	266.86
1991	732.08	749.85	691 599	307.51
1992	798.16	825.83	927 593	323.79
1993		821.52	991 140	363.87
1994		841.44	947 083	396.92
1995		837.80	1 109 215	458.42
1996		898.62	1 146 385	508.59
1997		879.69	1 238 268	501.17
1998		899.28	1 230 817	551.10
1999		918.00	1 248 000	528.40
2000		935.70	1 273 827	545.08
2001		962.36	1 405 697	572.80
2002		982.97	1 438 346	597.60
2003		975.49	1 500 085	623.23

9-20 民族自治地方分地区农业机械总动力、化肥施用量、农药和地膜使用量(2003年)

Total Power of Agricultural Machinery, Consumption of Chemical Fertilizers and Pesticide and Farm Plastic Membrance by Region of Ethnic Minority Autonomous Areas(2003)

地 区 Region	农业机械总动力 (万千瓦) Total Power of Agricultural Machinery (10 000kw)	农用化肥施用量 (折纯,万吨) Consumption of Chemical Fertilizers (10 000 tons)	农药使用量 (吨) Consumption of Pesticide (ton)	地膜使用量 (吨) Consumption of Farm Plastic Membrance (ton)
合 计 Total	**7 369.76**	**623.23**	**99 248.50**	**191 173.37**
河 北 Hebei	106.72	7.68	1 546.36	987.00
内蒙古 Inner Mongolia	1 617.00	93.19	1 056.80	25 886.00
辽 宁 Liaoning	165.34	14.99	3 201.00	2 702.00
吉 林 Jilin	179.42	16.27	2 495.94	1 067.00
黑龙江 Heilongjiang	26.30	0.84	223.00	142.00
浙 江 Zhejiang	2.09	0.36	86.00	115.00
湖 北 Hubei	80.60	20.47	1 981.00	2 221.00
湖 南 Hunan	121.80	9.91	4 814.10	1 585.00
广 东 Guangdong	9.01	1.26	285.26	374.00
广 西 Guangxi	1 696.30	183.69	49 757.00	13 570.00
海 南 Hainan	36.88	5.66	1 504.00	73.00
重 庆 Chongqing	84.50	7.74	1 713.00	1 344.00
四 川 Sichuan	163.55	11.00	1 701.00	5 965.00
贵 州 Guizhou	310.62	35.39	5 117.62	6 830.00
云 南 Yunnan	838.82	82.51	14 955.99	20 885.98
西 藏 Tibet	181.19	3.19	5 956.50	155.00
甘 肃 Gansu	98.36	2.87	155.35	4 306.95
青 海 Qinghai	192.20	10.15	1 054.47	144.44
宁 夏 Ningxia	486.34	25.36	1 632.00	3 430.00
新 疆 Xinjiang	972.72	90.70	12.11	99 390.00

9-21 民族自治地方分地区灌溉面积、农村用电量和当年造林面积(2003年)

Irrigated Area, Electricity Consumed in Rural Areas and Afforestation Areas by Region of Ethnic Minority Autonomous Areas (2003)

地区 Region	农村用电量 (万千瓦小时) Electricity Consumed in Rural Area (10 000 kw.h)	有效灌溉面积 (千公顷) Irrigated Area (1 000 hectares)	当年造林面积 (千公顷) Afforestation Area (1 000 hectares)	#退耕还林面积 Woodland Returned by Cultivated land
合计 Total	**1 500 084.50**	**9 754.92**	**2 917.71**	**1 691.24**
河北 Hebei	41 949.00	65.71	60.46	22.56
内蒙古 Inner Mongolia	246 324.00	2 569.00	836.00	633.00
辽宁 Liaoning	97 777.00	103.05	49.68	13.00
吉林 Jilin	39 923.20	180.85	26.01	18.03
黑龙江 Heilongjiang	3 104.00	17.70	9.99	2.34
浙江 Zhejiang	2 319.00	5.24	0.50	
湖北 Hubei	20 719.00	61.15	42.47	32.53
湖南 Hunan	27 905.71	155.97	118.84	101.09
广东 Guangdong	4 551.00	15.50	8.23	0.09
广西 Guangxi	311 731.91	1 516.67	278.00	110.70
海南 Hainan	3 706.19	39.27	29.00	19.59
重庆 Chongqing	24 458.00	36.28	48.28	39.33
四川 Sichuan	55 523.00	160.29	190.60	88.09
贵州 Guizhou	49 885.53	284.55	190.00	116.08
云南 Yunnan	125 110.64	793.13	318.08	184.38
西藏 Tibet	4 305.32	156.32	16.17	4.53
甘肃 Gansu	37 763.87	68.61	32.40	13.05
青海 Qinghai	17 748.40	61.84	81.57	28.95
宁夏 Ningxia	85 800.00	413.19	295.00	126.65
新疆 Xinjiang	299 479.73	3 050.60	286.43	137.25

9－22　民族自治地方分地区受灾面积和成灾面积(2003年)

Areas Covered and Affected by Natural Disaster
by Region of Ethnic Minority Autonomous Areas(2003)

单位:千公顷　　(10 000 hectares)

地区 Region		受灾面积 Areas Covered	成灾面积 Areas Affected	成灾面积占受灾面积% Percentage of disaster Areas Affected to Areas Covered
合计	Total	13 216.64	9 239.68	69.91
河北	Hebei	164.88	120.92	73.34
内蒙古	Inner Mongolia	3 227.00	2 312.00	71.65
辽宁	Liaoning	247.08	133.67	54.10
吉林	Jilin	171.44	148.82	86.81
黑龙江	Heilongjiang	81.11	79.08	97.50
浙江	Zhejiang			
湖北	Hubei	203.27	132.71	65.29
湖南	Hunan	757.94	249.58	32.93
广东	Guangdong	4.05	2.71	66.85
广西	Guangxi	1 831.00	1 134.00	61.93
海南	Hainan	222.05	144.00	64.85
重庆	Chongqing	101.17	73.22	72.37
四川	Sichuan	199.76	138.95	69.56
贵州	Guizhou	639.98	366.13	57.21
云南	Yunnan	792.38	420.75	53.10
西藏	Tibet	4.00		
甘肃	Gansu	3 276.46	2 860.91	87.32
青海	Qinghai	280.08	227.23	81.13
宁夏	Ningxia	245.00	179.00	73.06
新疆	Xinjiang	768.00	516.00	67.19

主要统计指标解释

实用耕地面积　指种植农作物并经常进行耕锄的田地。包括热地、当年新开荒地、连续撂荒未满三年的耕地和当年的休闲地(轮歇地),也包括以种植农作物为主,附带种植桑、茶、果树和其他林木的土地以及沿海、沿湖地区已围垦利用的"海涂"、"湖田"等和小于1米宽的渠、路、田埂。不包括专业性的桑园、茶园、果园、果木苗圃、林地、芦苇地、天然草原等。

农业机械总动力　指主要用于农、林、牧、渔业生产经营活动的各种动力机械的动力总和。包括耕地机械、农用排灌机械、收获机械、植保机械、林业机械、畜牧机械、渔业机械、农用机械等。

农村用电总量　指调查年度内农村范围内所有企业、事业、行政单位和住户从事生产经营活动、工作和日常生活用电总量。

农用化肥施用量　指调查年度内实际用于农业生产的化学肥料数量。包括氮肥、磷肥、钾肥和混合肥。施用量要求按折纯法计算,即各类化学肥料的实际施用量按其含氮、五氧化二磷、氧化钾的比例折成100%计算。其计算公式为:折纯量=实物量×某种化肥有效成分含量的百分比。

地膜覆盖面积　指农作物播种面积中覆盖塑料薄膜的面积。包括地膜本身覆盖的面积和操作畦间的未覆盖面积。

农药使用量　指在农业生产过程中为防治病虫害使用的化学药物数量,按实物量计算。包括购买的和自产自用的杀虫剂、杀菌剂、除草剂等,不包括兽药、渔业用药以及土农药。

有效灌溉面积　指具有一定水源、地块比较平整、灌溉工程或设备已经配套、在一般年景下能够进行正常灌溉的耕地面积。

农作物总播种面积指应该在调查年度内收获农作物产品的播种面积之和。其计算公式为:

本年农作物总播种面积=上年秋冬播作物面积+本年春播作物面积+本年夏播作物面积=本年夏收作物播种面积+本年秋收作物播种面积

农作物产量　指调查年度内全社会生产农产品的数量,不论耕地上与非耕地上的农作物产量,都应该统计在内。各种主要作物产量按国家的统一规定计算。谷物一律按脱粒后原粮计算(玉米按脱粒后的粒子计算);薯类产量按五斤折一斤计算;豆类按去豆荚后干豆计算;棉花按去籽后的皮棉计算;麻类除亚麻以麻秆计算、苎麻以刮皮后的干麻计算,苘麻和线麻以熟麻皮计算外,其余一律以生麻计算;烤烟和晒烟均以干烟叶计算;花生以带壳的干花生计算;甘蔗以蔗秆计算,甜菜以根块计算。城市郊区按蔬菜计算的薯类和豆类产量按鲜品统计。

粮食产量　指全社会的产量。包括国有经济经营的、集体统一经营的和农民家庭经营的粮食产量,还包括工矿企业办的农场和其他生产单位的产量。粮食除包括稻谷、小麦、玉米、高粱、谷子及其他杂粮外,还包括薯类和豆类。

油料产量　指全部油料作物的生产量。包括花生、油菜籽、芝麻、向日葵籽、胡麻籽(亚麻籽)和其他油料。不包括大豆、木本油料和野生油料。花生以带壳干花生计算。

茶叶产量　指调查年度内生产的全部茶叶数量。包括从成片茶园和荒芜未垦土地上种植的以及零星种植的茶树上所采摘的全部产量,不论自食的或出售的，都应统计在内。茶叶产量按经过初步加工后的干毛茶计算。

水果产量 指调查年度内从果树上收获的全部水果数量。不论自食的或出售的，都应统计在内。但不包括果用瓜，如西瓜、甜瓜、白兰瓜、哈密瓜、脆瓜等，以及主要作蔬菜用的藕、西红柿等；也不包括采集的野生水果。水果产量按鲜果计算，干枣、葡萄干、柿饼、桔饼等应统一折成鲜果计算。

造林面积 指在荒山、荒地、沙丘等一切可以造林的土地上，采用人工播种、植苗、飞机播种等方法新植的成片乔木林和灌木林，经验收符合“造林技术规程”要求株数，成活率达 85% 以上的面积。四旁植树如一侧在四行以上，连续面积 0.066 公顷（1 亩以上），应统计在造林面积内。不包括补植面积、治沙种草面积、经济林垦复面积、迹地更新面积和低产林改造面积。

禽畜出栏数 指报告期内各种类型生产单位和住户饲养的，已屠宰或出售的全部畜禽数量。包括交售给国家、集市上出售以及自食的部分，但出售或食用的仔畜不包括在内。

禽畜存栏数 指报告期初、期末各种类型生产单位和住户饲养的全部畜禽存栏量。

肉产量 指报告期内出栏并已屠宰的畜禽肉产量。畜禽肉产量按除去头、蹄、下水后的带骨肉重量计算。

水产品产量 指调查年度内捕捞的水产品（包括人工养殖并捕获的水产品和捕捞天然生长的水产品）数量。

农林牧渔业总产值 指以货币表现的农、林、牧、渔业全部产品的总量，它反映一定时期内农业生产总规模和总成果。农业总产值的计算方法通常是按农林牧渔业产品及其副产品的产量分别乘以各自单位产品价格求得；少数生产周期较长，当年没有产品或产品产量不易统计的，则采用间接方法匡算其产值；然后将四业产品产值相加即为农业总产值。

1957 年以前农业总产值中包括了厩肥和农民自给性手工业（如农民自制衣服、鞋、袜，自己从事粮食初步加工等）。1958 年及以后的农业总产值，林业中增加了村及村以下竹木采伐产值；牧业中取消了厩肥产值；副业中取消了农民自给性手工业产值，增加了村及村以下办的工业产值；渔业中增加了海洋捕捞水产品产值。1980 年及以后的农业总产值，在副业中增加了农民家庭兼营工业商品部分的产值。从 1984 年起村及村以下工业产值划归工业。从 1993 年起取消副业，将野生动物的捕猎划入牧业，将野生植物采集和农民家庭兼营商品性工业划归农业。从 2003 年起，农业总产值中增加了农林牧渔服务业产值。

农林牧渔业中间消耗 指各种经济类型的农业生产单位和农业生产经营过程中投入（或消耗）的各种物质产品和劳务价值的总和。包括中间物质消耗和中间劳务消耗两部分。计入中间消耗必须具备以下两个条件：一是与总产出相对应的生产过程中消耗的物质产品和劳务活动；二是本期投入并一次性消耗的不属于固定资产的非耐用品。

10

工业
Industry

10－1 民族自治地方年末工业企业单位数和工业总产值及指数

The Amount of Industrial Enterprises and Gross Industrial Output Value and Related Indices of Ethnic Minority Autonomous Areas

年份 Year	工业企业单位数（个）Number of Enterprises (unit)	工业总产值（亿元）Total Industry (100 million yuan)	轻工业 Light	重工业 Heavy	工业总产值指数（上年=100）Total Industry	轻工业 Light	重工业 Heavy
1980	37 881						
1981	35 526						
1982	37 184						
1983	36 838						
1984	39 769						
1985	43 762						
1986	46 588						
1987	46 435						
1988	53 495						
1989	57 443	1 097.57					
1990	53 451						
1991	48 784	1 521.60					
1992	48 938	1 880.17	841.46	1 038.71	118.5	118.7	118.3
1993	50 340	2 757.41	1 086.60	1 670.81	122.3	112.8	131.1
1994	53 191	3 776.85	1 639.59	2 137.26	128.1	135.6	122.2
1995	59 217	4 248.39	1 848.49	2 399.90	105.1	102.3	107.6
1996	58 419	4 857.79	2 078.64	2 779.15	116.7	118.2	115.4
1997	55 413	5 119.40	2 138.18	2 981.22	111.6	99.8	121.4
1998	917 410	5 312.62	2 177.41	3 135.22	108.4	102.5	113.3
1999	974 754	5 450.45	2 243.97	3 206.48	105.8	113.4	100.0

注：1. 工业总产值按当年价格计算。

2. 指数按可比价格计算。

Note: a. The gross industrial output value is calculated at current prices.

b. Indices are calculated at comparable prices.

10－2 民族自治地方工业总产值

Gross Industrial Output Value of Ethnic Minority Autonomous Areas

单位:亿元 (100 million yuan)

年 份 Year	工业总产值 Total	国有经济 State－owned	集体经济 Collective－owned	私营经济 Private	联营经济 Joint Management	城乡个体经济 Individual Owned	其他经济 Others
1980	240.14						
1981	245.24				11.27		
1982	296.01	238.75	56.52		12.06		0.74
1983	331.51	267.06	62.92		14.18		1.53
1984	364.63	283.58	75.96	12.11	15.02	2.59	2.50
1985	449.72	343.02	96.31	17.30	21.15	5.62	4.77
1986	508.84	378.07	125.70	23.02	33.51	3.72	1.35
1987	585.92	428.89	126.24	26.28	20.47	27.99	2.80
1988	685.93	487.73	154.15	31.21	25.74	35.73	8.32
1989	772.93	531.13	186.43	40.66	33.20	44.42	10.93
1990	814.99	558.24	193.00	42.95	33.96	53.62	10.13
1991	1 548.96	1 108.70	326.39	82.58	37.27	94.24	19.63
1992	1 835.50	1 266.64	401.67	111.72	51.37	141.15	26.04
1993	2 245.70	1 381.41	517.54	151.09	80.62	262.97	83.78
1994	2 876.52	1 422.95	766.83	166.80	14.02	410.25	22.43
1995	3 024.36	1 558.91	709.81	255.92	15.34	449.12	35.26
1996	3 528.43	1 323.68	1 375.34	271.34	15.57	713.51	171.01
1997	3 686.82	1 430.52	897.91	33.46	13.27	987.39	314.27

注:1. 工业总产值1980年、1981年按1970年不变价格计算;1982－1990年按1980年不变价格计算,1991－1997年按1990年不变价格计算。

2. 1994－1997年工业总产值按新口径统计。

Note:a. The industrial output value is calculated at 1970 comparable prices in 1980 and 1981, while at 1980 comparble prices from 1982 to 1990 and at 1990 comparable prices from 1991 to 1997.

b. The industrial output values of 1994－1997 are calculated according new coverage.

10－3　民族自治地方工业总产值构成

The Composition of Gross Industrial Output Value of Ethnic Minority Autonomous Areas

单位:%　　　　(%)

年份 Year	工业总产值 Total	国有经济 State－owned	集体经济 Collective－owned	#乡办工业 Township	#村办工业 Village	城乡个体工业 Individual－Others	其他经济类型工业 Others
1980	100						
1981	100				4.60		
1982	100	80.66	19.09		4.07		0.25
1983	100	80.56	18.98		4.28		0.46
1984	100	77.77	20.83	3.32	4.12	0.71	0.69
1985	100	76.27	21.41	3.85	4.70	1.26	1.06
1986	100	74.30	24.70	4.52	6.58	073	0.27
1987	100	73.20	21.54	4.49	3.49	4.78	0.48
1988	100	71.11	22.47	4.55	3.75	5.21	1.21
1989	100	68.72	24.12	5.26	4.30	5.75	1.41
1990	100	68.50	23.68	5.27	4.17	6.58	1.24
1991	100	71.58	21.07	5.33	2.41	6.08	1.27
1992	100	69.01	21.88	6.09	2.80	7.69	1.42
1993	100	69.51	23.05	6.73	3.59	11.71	3.73
1994	100	55.28	24.43	7.40	3.88	14.33	5.96
1995	100	54.20	23.47	10.20	3.77	14.85	7.48
1996	100	46.13	14.47	7.42	5.77	21.86	4.25
1997	100	38.80	24.35	7.73	7.05	27.05	9.79

注:1990年以前的村办工业中包括城乡合作经营工业,比重偏大。

Note:Before 1990,the village－owned industry inclued urban and rural cooperative enterprises,so the proportion is bigger.

10-4 民族自治地方分地区全部国有及规模以上非国有工业企业单位数(2003年)(一)

Number of All State-owned and Non-State-owned above Designated Size Industrial Enterprises by Region of Ethnic Minority Autonomous Areas(2003)(1)

单位:个 (unit)

地区 Region		总计 Total	按轻重工业分 By Industry		按注册登记类型分 Grouped by Registration Status		
			轻工业 Light	重工业 Heavy	内资企业 Domestic Funded	港、澳、台商投资企业 Funded by Enter-preneurs from HK. Macao and Taiwan	外商投资企业 Foreign Funded
合计	Total	10 499	4 044	6 455	9 882	275	342
河北	Hebei	166	58	108	156	5	5
内蒙古	Inner Mongolia	1 653	653	1 000	1 544	48	61
辽宁	Liaoning	335	88	247	312	11	12
吉林	Jilin	341	159	182	286	11	44
黑龙江	Heilongjiang	15	14	1	15		
浙江	Zhejiang	38	15	23	38		
湖北	Hubei	154	71	83	151	2	1
湖南	Hunan	364	140	224	358	2	4
广东	Guangdong	51	10	41	44	5	2
广西	Guangxi	2 871	1 218	1 653	2 594	152	125
海南	Hainan	61	23	38	59	2	
重庆	Chongqing	75	29	46	74		1
四川	Sichuan	348	1	277	345		3
贵州	Guizhou	743	199	544	728	6	9
云南	Yunnan	738	274	464	715	12	11
西藏	Tibet	325	141	184	318	1	6
甘肃	Gansu	268	102	166	268		
青海	Qinghai	281	96	185	276	3	2
宁夏	Ningxia	418	134	284	392	5	21
新疆	Xinjiang	1 254	549	705	1 209	10	35

10－4 民族自治地方分地区全部国有及规模以上非国有工业企业单位数(2003年)(二)

Number of All State－owned and Non－State－owned above Designated Size Industrial Enterprises by Region of Ethnic Minority Autonomous Areas(2003)(2)

单位:个 (unit)

地 区 Region		总计 Total	#国有及国有控股企业 State－owned and state－holding Enterprises	#亏损企业 Loss－marking Enterprises
合 计	**Total**	**10 499**	**4 720**	**3 382**
河 北	Hebei	166	64	39
内蒙古	Inner Mongolia	1 653	591	337
辽 宁	Liaoning	335	64	80
吉 林	Jilin	341	153	118
黑龙江	Heilongjiang	15	5	2
浙 江	Zhejiang	38	5	8
湖 北	Hubei	154	54	51
湖 南	Hunan	364	206	118
广 东	Guangdong	51	33	18
广 西	Guangxi	2 871	1 252	1 108
海 南	Hainan	61	52	28
重 庆	Chongqing	75	32	10
四 川	Sichuan	348	159	88
贵 州	Guizhou	743	349	300
云 南	Yunnan	738	383	309
西 藏	Tibet	325	200	48
甘 肃	Gansu	268	115	45
青 海	Qinghai	281	153	88
宁 夏	Ningxia	418	154	132
新 疆	Xinjiang	1 254	696	455

10－5 民族自治地方分地区全部国有及规模以上非国有工业企业总产值(2003年)(一)

Gross Industrial Output Value of All State－owned and Non－State－owned above Designated Size Industrial Enterprises by Region of Ethnic Minority Autonomous Areas(2003)(1)

年份 Year 地区 Region	总产值(亿元) Gross Output Value	轻工业 Light	重工业 Heavy	总产值指数 Gross Output Value (上年＝100)	轻工业 Light	重工业 Heavy
1998	3 088.22	1 092.32	1 995.90			
1999	3 210.27	1 091.12	2 119.15	106.5	106.2	106.6
2000	3 820.64	1 206.55	2 614.09	115.0	112.9	115.4
2001	4 037.75	1 257.51	2 780.25	107.1	101.7	110.4
2002	4 524.29	1 460.66	3 063.63	116.9	119.9	115.3
2003	5 665.72	1 679.61	3 986.11	121.7	117.4	124.1
合计 Total	**5 665.72**	**1 679.61**	**3 986.11**	**121.7**	**117.4**	**124.1**
河北 Hebei	42.48	12.73	29.75	115.6	117.8	114.2
内蒙古 Inner Mongolia	1 354.45	428.77	925.68	137.4	135.9	138.4
辽宁 Liaoning	78.81	15.50	63.31	121.1	100.5	127.8
吉林 Jilin	148.63	84.49	64.13	103.7	112.0	92.2
黑龙江 Heilongjiang	4.91	4.11	0.80	167.6	140.3	
浙江 Zhejiang	6.49	3.19	3.30	147.3	159.1	137.4
湖北 Hubei	56.13	28.25	27.87	118.4	118.2	118.9
湖南 Hunan	65.66	19.11	46.55	112.6	90.5	124.3
广东 Guangdong	15.57	0.77	14.80	123.1	120.6	123.2
广西 Guangxi	1 436.43	532.84	903.59	121.0	116.7	124.0
海南 Hainan	14.20	3.41	10.79	111.8	109.1	113.9
重庆 Chongqing	14.79	3.67	11.12	165.9	122.8	187.9
四川 Sichuan	97.80	17.60	80.20	125.2	105.0	132.1
贵州 Guizhou	197.46	33.81	163.66	122.1	103.4	127.5
云南 Yunnan	425.67	203.97	221.70	115.3	108.2	121.4
西藏 Tibet	21.39	7.51	13.88	109.9	107.6	111.4
甘肃 Gansu	30.49	6.32	24.17	113.3	120.2	111.1
青海 Qinghai	188.41	14.30	174.11	114.2	86.2	118.8
宁夏 Ningxia	352.81	70.75	282.06	119.0	127.6	116.6
新疆 Xinjiang	1 113.14	188.52	924.63	110.1	99.4	114.3

注：本表绝对数按当年价格计算，指数按可比价格计算。

Note: Date in value terms in this table are calculated at current prices, while the indices are calculated at comparable prices.

10－5 民族自治地方分地区全部国有及规模以上非国有工业企业总产值(2003年)(二)

Gross Industrial Output Value of All State－owned and Non－State－owned above Designated Size Industrial Enterprises by Region of Ethnic Minority Autonomous Areas(2003)(2)

单位:亿元 (100 million yuan)

地区 Region		总计 Total	按注册登记类型分 Grouped by Registration Status			#国有及国有控股企业 State－owned and state－holding Enter－prises	#亏损企业 Loss－marking Enter－prises
			内资企业 Domestic Funded	港、澳、台商投资企业 Funded by Enter－preneurs from HK. Macao and Taiwan	外商投资企业 Foreign Funded		
合计	Total	5 665.72	5 070.52	186.40	408.80	3 484.02	690.06
河北	Hebei	42.48	39.74	0.26	2.49	5.76	4.40
内蒙古	Inner Mongolia	1 354.45	1 202.59	57.50	94.36	797.26	145.30
辽宁	Liaoning	78.81	70.71	2.86	5.23	11.07	16.08
吉林	Jilin	148.63	124.20	5.41	19.01	64.98	29.50
黑龙江	Heilongjiang	4.91	4.91				0.08
浙江	Zhejiang	6.49	6.49			0.42	0.59
湖北	Hubei	56.13	55.82	0.08	0.23	38.72	4.57
湖南	Hunan	65.66	65.26	0.26	0.14	46.67	22.46
广东	Guangdong	15.57	13.54	1.40	0.63	3.03	0.81
广西	Guangxi	1 436.43	1 128.24	76.77	231.42	797.95	227.50
海南	Hainan	14.20	14.05	0.16		11.00	6.16
重庆	Chongqing	14.79	14.60		0.19	4.64	1.03
四川	Sichuan	97.80	95.61		2.19	43.27	11.72
贵州	Guizhou	197.46	192.43	1.41	3.62	111.07	41.50
云南	Yunnan	425.67	400.53	17.00	8.15	321.01	93.59
西藏	Tibet	21.39	21.36	0.01	0.03	16.76	1.28
甘肃	Gansu	30.49	30.49			17.85	6.52
青海	Qinghai	188.41	182.55	5.67	0.19	70.84	9.22
宁夏	Ningxia	352.81	318.40	8.34	26.07	211.74	67.74
新疆	Xinjiang	1 113.14	1 089.02	9.26	14.86	909.99	

10-6 民族自治地方分地区全部国有及规模以上非国有工业企业主要财务指标(2003年)(一)

Main Indicators of All State-owned and Non-State-owned above Designated Size Industrial Enterprises by Region of Ethnic Minority Autonomous Areas(2003)(1)

单位:亿元 (100 million yuan)

地区 Region	企业个数(个) Number of Enterprises (Unit)	#亏损企业 Loss-making	工业总产值 Gross Output Value of Industry: 当年价格 (at current prices)	工业总产值 Gross Output Value of Industry: 1990年不变价格 (at 1990 constant prices)	工业增加值(生产法) Value Added of Industry (product approach)	工业销售产值(现行价格) Sales Value of Industry (at current prices)
合计 Total	**10 499**	**3 382**	**5 665.72**	**4 169.28**	**2 120.40**	**5 555.68**
河北 Hebei	166	39	42.48	30.31	11.19	41.65
内蒙古 Inner Mongolia	1 653	337	1 354.45	1 022.01	515.87	1 334.84
辽宁 Liaoning	335	80	78.81	76.78	21.86	76.36
吉林 Jilin	341	118	148.63	131.39	55.18	141.83
黑龙江 Heilongjiang	15	2	4.91	1.95	1.73	4.66
浙江 Zhejiang	38	8	6.49	6.49	2.16	6.10
湖北 Hubei	154	51	56.13	37.28	26.49	55.20
湖南 Hunan	364	118	65.66	49.04	23.46	68.40
广东 Guangdong	51	18	15.57	14.02	5.72	14.90
广西 Guangxi	2 871	1 108	1 436.43	1 348.01	446.48	1 405.13
海南 Hainan	61	28	14.20	9.73	5.11	14.03
重庆 Chongqing	75	10	14.79	13.07	5.82	14.45
四川 Sichuan	348	88	97.80	71.53	45.18	96.17
贵州 Guizhou	743	300	197.46	150.86	67.74	195.32
云南 Yunnan	738	309	425.67	279.45	215.63	457.26
西藏 Tibet	325	48	21.39	9.76	12.39	20.11
甘肃 Gansu	268	45	30.49	22.69	10.05	28.17
青海 Qinghai	281	88	188.41	101.94	75.60	104.23
宁夏 Ningxia	418	132	352.81	262.18	109.41	383.16
新疆 Xinjiang	1 254	455	1 113.14	530.81	463.36	1 093.62

10－6 民族自治地方分地区全部国有及规模以上非国有工业企业主要财务指标(2003年)(二)

Main Indicators of All State－owned and Non－State－owned above Designated Size Industrial Enterprises by Region of Ethnic Minority Autonomous Areas(2003)(2)

单位:亿元 (100 million yuan)

地区 Region	资产合计 Total Assets	负债合计 Total Liabilities	所有者权益合计 Creditors Equity
合计 Total	**10 335.95**	**6 359.09**	**3 976.87**
河北 Hebei	48.72	29.14	19.58
内蒙古 Inner Mongolia	2 439.08	1 444.92	994.16
辽宁 Liaoning	86.51	55.27	31.24
吉林 Jilin	276.15	180.51	95.64
黑龙江 Heilongjiang	7.24	4.19	3.05
浙江 Zhejiang	12.45	7.56	4.90
湖北 Hubei	241.97	196.36	45.61
湖南 Hunan	154.42	93.53	60.88
广东 Guangdong	39.64	23.25	16.39
广西 Guangxi	2 190.37	1 431.23	759.14
海南 Hainan	40.52	24.07	16.45
重庆 Chongqing	20.97	12.02	8.96
四川 Sichuan	279.79	174.86	104.93
贵州 Guizhou	305.13	183.54	121.59
云南 Yunnan	810.79	564.15	246.64
西藏 Tibet	91.53	24.63	66.90
甘肃 Gansu	48.30	33.89	14.41
青海 Qinghai	413.66	273.40	140.26
宁夏 Ningxia	736.10	482.69	253.41
新疆 Xinjiang	2 092.60	1 119.87	972.74

10－6 民族自治地方分地区全部国有及规模以上非国有工业企业主要财务指标(2003年)(三)

Main Indicators of All State－owned and Non－State－owned above Designated Size Industrial Enterprises by Region of Ethnic Minority Autonomous Areas(2003)(3)

单位:亿元 (100 million yuan)

地 区 Region	其他业务利润 Other Profits	营业利润 Business Profits	利润总额 Total Profits	亏损企业亏损总额 Total loss of Loss－making Enterprises	利税总额 Total Pre－tax Profits
合 计 Total	**34.38**	**186.04**	**329.27**	**94.78**	**815.30**
河 北 Hebei	0.02	3.87	3.30	0.40	5.94
内蒙古 Inner Mongolia	5.06	53.56	64.97	11.14	154.35
辽 宁 Liaoning	0.03	2.21	3.07	1.03	7.85
吉 林 Jilin	0.01	2.46	2.28	2.34	15.52
黑龙江 Heilongjiang	0.04	0.41	0.42		0.79
浙 江 Zhejiang	0.04	0.62	0.47	0.20	0.87
湖 北 Hubei	0.33	1.73	1.95	0.33	12.65
湖 南 Hunan	0.50	0.89	0.90	1.99	7.05
广 东 Guangdong	0.01	1.53	0.68	0.18	1.73
广 西 Guangxi	20.14	76.41	66.42	24.52	173.48
海 南 Hainan	0.11	-0.01	-0.05	0.42	1.25
重 庆 Chongqing	0.35	0.37	0.38	0.19	1.41
四 川 Sichuan	1.14	7.76	6.00	1.40	16.34
贵 州 Guizhou	0.92	2.84	2.90	2.90	15.23
云 南 Yunnan	2.14	15.63	18.99	13.14	104.20
西 藏 Tibet	0.48	2.03	2.97	0.35	5.22
甘 肃 Gansu	0.24	1.32	1.40	0.61	2.86
青 海 Qinghai	0.65	5.91	3.60	3.47	25.31
宁 夏 Ningxia	2.16	6.50	8.92	4.98	32.78
新 疆 Xinjiang			139.71	25.17	230.48

10－7 民族自治地方分地区全部国有及规模以上非国有工业企业全员劳动生产率(2003年)

All labor Productivity of All State－owned and Non－State－owned above Designated Size Industrial Enterprises by Region of Ethnic Minority Autonomous Areas(2003)

地 区 Region	职工年平均 人数(人) Annual average Staff and Workers (person)	工业增加值 (万元) Value Added of Industry (10 000 yuan)	全员劳动生 产率(元/人年) Overall Labor Productivity (yuan/person * year)
合 计 **Total**	**3 102 655**	**21 203 994**	**67 942**
河 北 Hebei	26 089	111 887	42 887
内蒙古 Inner Mongolia	721 519	5 158 678	71 497
辽 宁 Liaoning	62 032	218 586	35 238
吉 林 Jilin	112 091	551 766	49 225
黑龙江 Heilongjiang	2 382	17 276	72 527
浙 江 Zhejiang	3 592	21 596	60 122
湖 北 Hubei	36 516	264 871	72 536
湖 南 Hunan	55 948	234 574	41 927
广 东 Guangdong	11 274	57 241	50 773
广 西 Guangxi	829 338	4 464 800	53 836
海 南 Hainan	19 489	51 078	26 209
重 庆 Chongqing	18 183	58 155	31 983
四 川 Sichuan	70 536	451 774	64 049
贵 州 Guizhou	128 043	677 371	52 902
云 南 Yunnan	223 211	2 156 308	96 604
西 藏 Tibet	27 700	123 885	44 724
甘 肃 Gansu	33 417	100 507	30 077
青 海 Qinghai	96 698	755 963	78 178
宁 夏 Ningxia	228 000	1 094 100	47 987
新 疆 Xinjiang	396 597	4 633 580	116 833

10－8 民族自治地方分地区全部国有及规模以上非国有内资工业企业单位数(2003年)

Number of Domestic－Funded All State－owned and Domestic－Funded Non－State－owned above Designated Size Industrial Enterprises by Region of Ethnic Minority Autonomous Areas(2003)

单位:个 (unit)

地 区 Region	国有企业 State－owned Units	集体企业 Collective－owned Units	股份合作企业 Share Holding Units	其他企业 Others
合 计 Total	**3 605**	**934**	**349**	**4 994**
河 北 Hebei	29	16	8	103
内蒙古 Inner Mongolia	357	102	32	1 053
辽 宁 Liaoning	72	101	11	128
吉 林 Jilin	127	19	10	130
黑龙江 Heilongjiang	6	1	8	
浙 江 Zhejiang	5			33
湖 北 Hubei	43	9	7	92
湖 南 Hunan	180	26	11	141
广 东 Guangdong	31		7	6
广 西 Guangxi	1 071	301	69	1 153
海 南 Hainan	49		1	9
重 庆 Chongqing	21	5	4	44
四 川 Sichuan	118	18	12	197
贵 州 Guizhou	293	57	24	354
云 南 Yunnan	286	35	34	360
西 藏 Tibet	162	81	6	69
甘 肃 Gansu	69	48	49	102
青 海 Qinghai	125	30	27	94
宁 夏 Ningxia	101	28	14	249
新 疆 Xinjiang	460	57	15	677

10－9 民族自治地方分地区全部国有及规模以上非国有内资工业企业总产值(2003年)

Gross Industrial Output Value of Domestic－Funded All State－owned and Domestic－Funded Non－State－owned above Designated Size Industrial Enterprises by Region of Ethnic Minority Autonomous Areas(2003)

单位:亿元　　(100 million yuan)

地　区 Region	国有企业 State－owned Units	集体企业 Collective－owned Units	股份合作企业 Share Holding Units	其他企业 Others
合　计　Total	**1 257.65**	**197.18**	**110.43**	**3 505.27**
河　北　Hebei	3.32	2.50	2.78	31.14
内蒙古　Inner Mongolia	182.39	22.10	15.59	982.51
辽　宁　Liaoning	9.83	28.40	3.05	29.43
吉　林　Jilin	42.80	7.75	3.65	70.00
黑龙江　Heilongjiang	1.03	0.05	3.83	
浙　江　Zhejiang	0.42			6.07
湖　北　Hubei	24.21	0.57	1.77	29.26
湖　南　Hunan	22.44	2.36	1.34	39.13
广　东　Guangdong	2.42		10.29	0.83
广　西　Guangxi	385.47	69.35	23.23	650.19
海　南　Hainan	10.32		0.03	3.70
重　庆　Chongqing	2.12	0.85	1.27	10.37
四　川　Sichuan	21.83	3.70	4.84	65.24
贵　州　Guizhou	84.86	13.63	6.50	87.44
云　南　Yunnan	191.99	15.62	12.31	180.60
西　藏　Tibet	9.45	3.67	0.47	7.78
甘　肃　Gansu	9.12	4.75	6.01	10.61
青　海　Qinghai	117.30	2.15	3.05	60.04
宁　夏　Ningxia	50.51	4.83	7.39	255.67
新　疆　Xinjiang	85.81	14.91	3.04	985.25

10－10 民族自治地方分地区规模以下非国有企业及个体经营单位情况（2003年）

Non－State－owned Enterprises and Individuals below Designated Size by Region of Ethnic Minority Autonomous Areas(2003)

地区 Region	企业数（个）Number of Enterprises (unit)	总产值（亿元）Gross Industrial Output Value (100 million yuan)	上交税金（亿元）Tax Delivery (100 million yuan)	年内全部从业人员（人）Total Employed People (person)
合 计 Total	**367 380**	**1 547.96**	**45.99**	**2 642 017**
河 北 Hebei	13 609	100.17	1.70	103 910
内蒙古 Inner Mongolia	8 360	190.79	11.29	401 074
辽 宁 Liaoning	44 323	347.35	3.32	232 275
吉 林 Jilin	17 699	102.99	0.75	12 824
黑龙江 Heilongjiang				
浙 江 Zhejiang	1 074	4.95		
湖 北 Hubei	23 034	52.14	1.23	136 798
湖 南 Hunan	43 025	53.47	1.48	141 259
广 东 Guangdong	2 324	4.31	0.35	8 124
广 西 Guangxi	8 131	143.25	6.36	340 322
海 南 Hainan	1 681	1.69	0.08	5 993
重 庆 Chongqing	3 732	20.56	0.71	50 758
四 川 Sichuan	20 588	70.94	2.92	132 420
贵 州 Guizhou	30 555	96.12	2.32	143 860
云 南 Yunnan	97 762	227.72	9.99	646 747
西 藏 Tibet		1.06		
甘 肃 Gansu	8 936	22.34	0.61	69 493
青 海 Qinghai	9 675	31.47	0.15	27 467
宁 夏 Ningxia	32 872	76.64	2.73	188 693
新 疆 Xinjiang				

10－11 民族自治地方主要工业产品产量(一)

Output of Major Industrial Products
of Ethnic Minority Autonomous Areas(1)

年份 Year	纱 (吨) Yarn (ton)	布 (万米) Cloth (10 000 m)	机制纸及纸板 (万吨) Machine－made Paper and Paperboard (10 000 tons)	糖 (万吨) Sugar (10 000 tons)	卷烟 (万箱) Cigarettes (10 000 box)	原煤 (万吨) Coal (10 000 tons)	原油 (万吨) Crude Oil (10 000 tons)
1952	483	3 500	1.31		2.58	178	5
1957	4 785	8 100	3.97		3.57	545	10
1962	11 521	8 000	5.86			1 631	101
1965	29 278	18 200	7.86	22.20	7.70	2 029	97
1975	45 542	25 700	20.97	32.72	36.28	4 561	441
1978	66 554	37 300	30.90	43.57	51.43	6 081	578
1980	79 400	44 300	32.07	65.62	89.39	5 418	624
1981	91 907	45 789	31.65	78.99	107.05	5 430	617
1982	103 619	52 136	34.56	82.30	131.60	5 799	625
1983	105 025	52 995	45.30	101.16	150.99	6 521	672
1984	98 992	47 414	44.51	107.32	174.47	6 993	705
1985	121 984	54 183	59.21	126.91	209.89	8 597	805
1986	146 097	67 766	64.33	174.52	257.20	8 875	862
1987	170 916	67 210	72.68	187.81	323.60	9 261	899
1988	173 602	69 419	79.68	180.75	371.08	10 995	973
1989	187 615	77 916	93.16	198.65	413.84	13 924	1 113
1990	220 499	73 705	94.10	222.62	443.10	12 077	1 265
1991	262 900	71 433	109.52	249.06	441.27	12 227	1 402
1992	272 100	69 287	131.85	372.82	444.05	13 064	1 405
1993	220 850	66 505	151.27	373.94	479.78	14 157	1 637
1994	316 616	70 072	153.00	280.20	491.60	14 860	1 466
1995	371 319	69 306	191.21	239.54	353.63	16 639	1 610
1996	328 504	61 689	172.84	312.42	271.45	17 205	1 813
1997	365 347	69 246	168.99	312.42	458.85	19 038	2 003
1998	334 036	52 548	155.82	519.48	446.28	17 570	2 047
1999	416 571	52 191	153.07	567.20	434.76	15 361	2 058
2000	457 689	50 096	175.46	498.22	376.49	14 623	2 292
2001	452 315	47 197	178.51	437.68	395.74	15 930	2 229
2002	428 472	37 000	177.95	669.09	417.34	15 727	2 460
2003	446 235	29 969	219.68	823.95	444.73	20 614	2 597

10－11 民族自治地方主要工业产品产量(二)

Output of Major Industrial Products of Ethnic Minority Autonomous Areas(2)

年 份 Year	发电量 (亿千瓦小时) Electricity Hydropower (100 million kw·h)	生铁 (万吨) Pig Iron (10 000 tons)	钢 (万吨) Steel (10 000 tons)	水泥 (万吨) Cement (10 000 tons)	木材 (万立方米) Timber (10 000 cu·m)	农用化肥(折纯) (万吨) Fertilizers Chemical(pure) (10 000 tons)
1952	0.81	0.90			233	
1957	0.43	4.50			645	
1962	23.40	41.70	10.30	11.92	220	1.03
1965	33.40	55.80	39.40	91.01	858	36.43
1975	125.65	89.90	66.20	334.98	1 034	48.67
1978	173.99	168.20	128.50	554.00	1 212	
1980	193.36	177.52	166.60	576.09	1 619	57.10
1981	202.24	190.02	166.15	587.12	1 493	61.95
1982	221.25	182.76	167.59	699.87	1 545	67.11
1983	239.30	195.66	173.38	843.38	1 565	74.55
1984	260.90	214.98	197.82	940.78	1 665	80.18
1985	389.01	258.12	232.45	1 222.08	1 826	85.72
1986	400.81	295.08	248.06	1 343.15	2 049	100.03
1987	518.97	346.23	291.09	1 538.03	1 903	131.85
1988	553.34	328.60	291.36	1 667.50	1 931	128.64
1989	675.57	362.88	320.04	1 714.40	1 763	153.93
1990	738.80	417.03	368.25	1 957.83	1 761	197.05
1991	712.72	376.86	414.14	2 372.10	1 808	203.59
1992	847.62	450.92	435.21	2 828.96	1 863	213.31
1993	992.09	515.34	489.40	3 210.18	2 008	205.37
1994	1 107.87	536.70	493.48	3 952.47	2 042	205.25
1995	1 186.46	554.68	699.57	4 295.92	3 257	218.75
1996	1 228.93	663.67	722.14	4 181.51	3 453	189.47
1997	1 230.44	841.30	663.72	4 454.00	1 895	227.50
1998	1 356.79	701.73	632.76	4 905.98	1 637	299.79
1999	1 428.87	696.44	643.34	5 271.35	1 230	314.57
2000	1 712.00	725.00	647.05	5 703.15	1 052	388.65
2001	1 777.00	853.00	738.45	5 896.53	1 155	431.86
2002	1 957.00	988.00	899.82	6 552.63	1 023	517.24
2003	2 243.24	1 156.93	1 082.34	6 700.81	1 097	554.61

10－12 民族自治地方分地区主要工业产品产量(2003年)(一)

Output of Major Industrial Products
by Region of Ethnic Minority Autonomous Areas(2003)(1)

地 区 Region	纱 (吨) Yarn (ton)	布 (万米) Cloth (10 000 m)	机制纸及纸板 (吨) Machine Made Paper and Paperboard (ton)	原盐 (吨) Crude Salt (ton)	糖 (吨) Sugar (ton)	卷烟 (箱) Cigarettes (box)
合 计 Total	**446 235**	**29 969**	**2 196 756**	**3 099 000**	**8 239 538**	**4 447 293**
河 北 Hebei	1 637					
内蒙古 Inner Mongolia	22 560	4 685	189 207	1 487 200	147 400	305 000
辽 宁 Liaoning		1 000	10 327		26 680	
吉 林 Jilin	9 118	636	204 529			310 592
黑龙江 Heilongjiang			10 000			
浙 江 Zhejiang						
湖 北 Hubei	4 075	772	14 439			426 483
湖 南 Hunan	2 800	557	15 615			101 720
广 东 Guangdong						
广 西 Guangxi	111 000	4 700	964 749	110 398	6 014 100	989 000
海 南 Hainan				138 332	110 758	
重 庆 Chongqing			1 700			
四 川 Sichuan			10 858	34 485	54 181	182 498
贵 州 Guizhou	3 891	1 942	25 271		21 566	230 000
云 南 Yunnan	3 351	1 078	131 993	137 169	1 410 407	1 757 000
西 藏 Tibet						
甘 肃 Gansu						
青 海 Qinghai	160		2 168	664 016		
宁 夏 Ningxia	43		374 400		146	20 000
新 疆 Xinjiang	287 600	14 600	241 500	527 400	454 300	125 000

10－12 民族自治地方分地区主要工业产品产量(2003年)(二)

Output of Major Industrial Products by Region of Ethnic Minority Autonomous Areas(2003)(2)

地区 Region	原煤(万吨) Coal (10 000 tons)	原油(万吨) Crude Oil (10 000 tons)	天然气(万立方米) Natural Gas (10 000cu. m)	发电量(亿千瓦小时) electricity Hydropower (100 million kw. h)	生铁(万吨) Pig Iron (10 000tons)
合计 Total	**20 613.86**	**2 596.54**	**777 252**	**2 243.24**	**1 156.93**
河北 Hebei	15.50			0.29	1.13
内蒙古 Inner Mongolia	12 000.00	5.00	115 721	647.73	606.90
辽宁 Liaoning	157.14			4.12	7.47
吉林 Jilin	271.53	22.33		53.79	
黑龙江 Heilongjiang		4.46			
浙江 Zhejiang				3.20	
湖北 Hubei	123.35		385	59.39	
湖南 Hunan	14.04			18.88	
广东 Guangdong				18.86	
广西 Guangxi	443.47	3.30		362.91	249.80
海南 Hainan				2.09	6.40
重庆 Chongqing	86.49			3.77	
四川 Sichuan	99.06			124.99	36.31
贵州 Guizhou	1 624.53			188.01	8.83
云南 Yunnan	1 373.73			144.16	81.50
西藏 Tibet	2.21			10.16	
甘肃 Gansu	43.40			45.91	
青海 Qinghai	364.61	220.03	154 111	115.33	
宁夏 Ningxia	2 194.80	221.03	8 635	206.13	14.72
新疆 Xinjiang	1 800.00	2 120.39	498 400	233.53	143.89

10－12 民族自治地方分地区主要工业产品产量(2003年)(三)

Output of Major Industrial Products by Region of Ethnic Minority Autonomous Areas(2003)(3)

地 区 Region	钢 (万吨) Steel (10 000tons)	水泥 (万吨) Cement (10 000tons)	平板玻璃 (箱) Plate Glass (box)	木材 (万立方米) Timber (10 000 cu. m)	农用化肥(折纯) (吨) Chemical Fertillizers (pure)(ton)
合 计 Total	**1 082.34**	**6 700.81**	**13 915 964**	**1 097.07**	**5 546 084**
河 北 Hebei		21.22		14.84	
内蒙古 Inner Mongolia	576.83	947.86	8 524 900	327.92	509 300
辽 宁 Liaoning	1.23	93.76		23.57	
吉 林 Jilin		120.61		131.89	58 101
黑龙江 Heilongjiang					
浙 江 Zhejiang				6.50	
湖 北 Hubei		148.27		0.40	53 116
湖 南 Hunan	0.94	106.83		6.95	93 211
广 东 Guangdong		27.47		5.30	9 033
广 西 Guangxi	206.20	2 665.19	4 521 722	444.84	685 700
海 南 Hainan		137.20			
重 庆 Chongqing		94.08			10 810
四 川 Sichuan	28.20	194.51			27 681
贵 州 Guizhou		348.92		1.27	793 201
云 南 Yunnan	51.51	912.58		81.45	689 365
西 藏 Tibet		124.91		20.00	
甘 肃 Gansu		36.55			138 766
青 海 Qinghai		226.62			876 900
宁 夏 Ningxia	13.33	494.13	186 142	0.14	747 900
新 疆 Xinjiang	204.12	0.11	683 200	32.00	853 000

主要统计指标解释

工业 指从事自然资源的开采，对采掘品和农产品进行加工和再加工的物质生产部门。具体包括：(1)对自然资源的开采，如采矿、晒盐、森林采伐等(但不包括禽兽捕猎和水产捕捞)；(2)对农副产品的加工、再加工，如粮油加工、食品加工、轧花、缫丝、纺织、制革等；(3)对采掘品的加工、再加工，如炼铁、炼钢、化工生产、石油加工、机器制造、木材加工等，以及电力、自来水、煤气的生产和供应等；(4)对工业品的修理、翻新，如机器设备的修理、交通运输工具(包括小卧车)的修理等。

轻工业 指主要提供生活消费品和制作手工工具的工业。按其所使用的原料不同，可分为两大类：(1)以农产品为原料的轻工业，是指直接或间接以农产品为基本原料的轻工业。主要包括食品制造、饮料制造、烟草加工、纺织、缝纫、皮革和毛皮制作、造纸以及印刷等工业。(2)以非农产品为原料的轻工业，是指以工业品为原料的轻工业。主要包括文教体育用品、化学药品制造、合成纤维制造、日用化学制品、日用玻璃制品、日用金属制品、手工工具制造、医疗器械制造、文化和办公用机械制造等工业。

重工业 指为国民经济各部门提供物质技术基础的主要生产资料的工业。按其生产性质和产品用途，可以分为下列三类：(1)采掘(伐)工业，是指对自然资源的开采，包括石油开采、煤炭开采、金属矿开采、非金属矿开采和木材采伐等工业。(2)原材料工业，指向国民经济各部门提供基本材料、动力和燃料的工业。包括金属冶炼及加工、炼焦及焦炭化学、化工原料、水泥、人造板以及电力、石油和煤炭加工等工业。(3)加工工业，是指对工业原材料进行再加工制造的工业。包括装备国民经济各部门的机械设备制造工业、金属结构、水泥制品等工业，以及为农业提供生产资料如化肥、农药等工业。

1984年以前农村的村及村以下办工业归属农业，1984年以后划归工业。

工业总产值 指以货币表现的工业企业在报告期内生产的工业产品总量。

工业总产值包括：生产成品价值、对外加工费收入和自制半成品、在产品期末期初差额价值。

工业总产值不包括：非本企业生产的工业产品价值、本企业工业生产过程中产生的废料(如锯木、切屑、矸石等)的出售价值。

工业总产值计算价格：

(1)不变价格：又称固定价格，指在计算不同时期的总产值时，采用同一时点的工业产品出厂价格。采用不变价格计算工业总产值，主要是以消除不同时期价格变动影响，以保证计算工业发展速度时可比。

新中国建立以来，我国已编制过5次工业产品不变价格：1952年不变价格，1957年不变价格，1970年不变价格，1980年不变价格，1990年不变价格。目前采用的是1990年不变价格。

(2)当年价格：指计算工业总产值时，采用的报告期内的产品实际销售价格。报告期的产品销售价格前后有变动，或同一种产品在同一时期有几种销售价格的，应分别按不同价格计算总产值，如生产完成时还不能确定按哪一种价格销售，可按报告期实际平均销售价格计算。实际销售价格指产品销售时的实际出厂价格(不含增值税销项税额)。工业总产值中有些项目,如自制设备、提供本企业基本建设和生活福利部门的产品和工业性作业等,没有出厂价格,可以它们的实际成本作为当年价格。

工业增加值 指工业企业在报告期内以货币表现的工业生产活动的最终成果。工业增加值有两种计算方法:一是生产法,即工业总产值减去工业中间投入加上应交增加值税;二是收入法,即从收入的角度出发,根据生产要素在生产过程中应得到的收入份额计算,具体构成项目有固定资产折旧、劳动者报酬、生产税净额、营业盈余。

生产法:工业增加值 = 工业总产值 - 工业中间投入 + 应交增加值税

工业中间投入 指工业企业在工业生产活动中消耗的外购物质产品和对外支付的服务费用。服务费用包括支付物质生产部门(工业、农业、批发零售贸易业、建筑业、运输邮电业)的服务费用和支付给非物质生产部门(保险、金融、文化教育、科学研究、医疗卫生、行政管理等)的服务费用。

工业中间投入包括外购材料、燃料、动力的消耗以及向外单位支付的运输费、邮电费、修理费、仓储费、利息支出、保险费、职工教育费等各种服务费。不包括外购产品和服务时支付的增值税进项税额。工业中间投入按购买者价格计算。

固定资产折旧 指固定资产在使用过程中,通过逐渐损耗(包括有形损耗和无形损耗)而转移到产品成本的部分价值,即为补偿生产中所耗用的固定资产而提取的价值。固定资产折旧由两部分组成,一部分是按规定比率提取的基本折旧,另一部分是为恢复固定资产在使用过程中已损耗部分的价值而发生的大修理费用。

工业销售产值 指以货币表现的工业企业在一定时间内销售的本企业生产的工业产品总量。包括已销售的成品、半成品价值,对外提供的工业性作业价值。工业销售产值按现行价格计算。

产品销售收入 指企业销售产品的销售收入和提供劳务等主要经营业务取得的收入总额。

资产 指企业拥有或控制的能以货币计量的经济资源,包括各种财产、债权和其他权力。资产按其流动性(即资产的变现能力和支付能力)划分为:流动资产、长期投资、固定资产、无形资产、递延资产和其他资产。

负债 指企业所承担的能以货币计量,将以资产或劳务偿还的债务,偿还形式包括货币、资产或提供劳务。负债一般按偿还期长短分为流动负债和长期负债。

所有者权益 指企业投资人对企业净资产的所有权。企业净资产为企业全部资产与企业全部负债的差额,包括实收资本、资本公积、盈余公积、未分配利润等。

利润总额 指企业实现的利润。

全员劳动生产率 指根据产品的价值量指标计算的平均每一个从业人员在单位时间内的产品生产量,是考核企业经济活动的重要指标,是企业生产技术水平、经营管理水平、职工技术熟练程度和劳动积极性的综合表现。目前我国的全员劳动生产率是将工业企业的工业增加值除以同一时期全部从业人员的平均人数来计算的。计算公式为:

全员劳动生产率 = 工业增加值/全部从业人员平均人数

11 建筑业 Construction

11－1 民族自治地方分地区建筑业基本情况(2003年)

Construction by Region of Ethnic Minority Autonomous Areas(2003)

年 份 Year 地 区 Region	单位数(个) Number of Entreprises (unit)	建筑业总产值(亿元) Gross Output Value (100 million yuan)	房屋建筑施工面积(万平方米) Floor Space of Buildings Vnder Construction (10 000sq. m)	房屋建筑竣工面积(万平方米) Floor Space of Buildings Completed (10 000sq. m)	年末从业人数(万人) Number of Persons Engaged (10 000 persons)
1998	5 333	584.72	8 587.33	4 573.54	130.04
1999	5 092	639.67	9 148.76	5 408.04	133.80
2000	4 828	754.30	9 231.85	5 325.88	131.59
2001	4 587	916.49	10 448.20	6 149.86	133.77
2002	4 148	1 064.46	11 547.41	6 480.94	138.10
2003	4 108	1 227.17	13 420.09	7 222.96	138.10
合 计 Total	**4 108**	**1 227.17**	**13 420.09**	**7 222.96**	**138.10**
河 北 Hebei	38	7.94	127.77	62.87	0.60
内蒙古 Inner Mongolia	654	257.66	2 494.80	1 450.70	26.60
辽 宁 Liaoning	46	11.34	144.97	101.40	2.17
吉 林 Jilin	135	24.51	291.35	207.40	2.60
黑龙江 Heilongjiang	6	0.98	3.60	1.40	0.09
浙 江 Zhejiang	8	2.70	12.90	8.03	0.17
湖 北 Hubei	68	17.92	168.64	109.09	3.56
湖 南 Hunan	56	11.28	235.13	111.17	1.90
广 东 Guangdong	5	0.90	23.66	13.55	0.22
广 西 Guangxi	892	281.85	3 791.70	1 721.59	35.37
海 南 Hainan	22	0.39	6.13	4.25	0.09
重 庆 Chongqing	30	6.42	134.70	88.84	1.36
四 川 Sichuan	133	18.07	249.76	43.16	4.36
贵 州 Guizhou	136	14.89	451.10	226.12	4.06
云 南 Yunnan	419	86.44	1 040.24	732.19	14.26
西 藏 Tibet	162	29.34	131.30	121.30	3.66
甘 肃 Gansu	54	15.83	184.11	127.42	5.24
青 海 Qinghai	113	11.01	89.15	63.00	2.61
宁 夏 Ningxia	431	108.05	1 119.85	578.68	8.82
新 疆 Xinjiang	700	319.68	2 719.22	1 450.80	20.34

11-2 民族自治地方分地区建筑业主要财务指标(2003年)

Main Indicators of Construction by Region of Ethnic Minority Autonomous Areas(2003)

单位:亿元 (100 million yuan)

地区 Region	企业资产合计 Total Assets	企业负债合计 Total Liabilities	企业所有者权益 Creditors Equity	企业利润总额 Total Profits
合计 Total	**1 482.62**	**833.43**	**649.19**	**25.93**
河北 Hebei	5.20	3.11	2.09	0.07
内蒙古 Inner Mongolia	264.15	157.22	106.93	5.56
辽宁 Liaoning	11.82	5.98	5.84	0.29
吉林 Jilin	29.99	16.96	13.03	0.40
黑龙江 Heilongjiang	1.97	0.40	1.57	0.01
浙江 Zhejiang	2.42	1.75	0.67	0.26
湖北 Hubei	19.24	7.96	11.27	0.54
湖南 Hunan	9.23	3.79	5.44	0.14
广东 Guangdong	0.92	0.64	0.28	
广西 Guangxi	385.98	221.08	164.90	4.71
海南 Hainan	0.31	0.17	0.14	-0.01
重庆 Chongqing	6.72	2.22	4.50	0.30
四川 Sichuan	82.20	11.46	70.74	0.39
贵州 Guizhou	19.15	8.23	10.92	0.31
云南 Yunnan	107.96	56.14	51.81	2.07
西藏 Tibet	42.02	12.24	29.78	1.89
甘肃 Gansu	13.18	5.33	7.85	0.30
青海 Qinghai	15.12	7.39	7.74	0.43
宁夏 Ningxia	127.51	78.63	48.88	1.56
新疆 Xinjiang	337.52	232.73	104.79	6.72

主要统计指标解释

建筑业统计单位 指从事房屋、构筑物建造和设备安装活动的法人企业。建筑业法人企业应同时具备的条件是:①依法成立,有自己的名称、组织机构和场所,能够承担民事责任;②独立拥有和使用资产,承担负债,有权与其他单位签订合同;③独立核算盈亏,能够编制资产负债表。

建筑业总产值(自行完成施工产值) 是以货币表现的建筑安装企业在一定时期内生产的建筑业产品的总和。建筑业总产值包括:

(1)建筑工程产值:指列入建筑工程预算内的各种工程价值。

(2)设备安装工程产值:指列入建筑工程预算内的各种工程价值。

(3)房屋、构筑物修理产值:指房屋、构筑物修理所完成的价值,但不包括被修理房屋、构筑物本身的价值和生产设备的修理价值。

(4)非标准设备制造产值:指加工制造没有定型的、非标准的生产设备的加工费和原材料价值,以及附属加工厂为本企业承建工程制作的非标准设备的价值。

房屋建筑施工面积 指在报告期内施工的全部房屋建筑面积,包括本期新开工的房屋面积、上期停缓建在本期恢复施工的房屋面积、本期竣工的房屋面积及本期施工后又停缓建的房屋面积。

房屋建筑竣工面积 指在报告期内房屋建筑按照设计要求全部完工,达到了住人和使用条件,经验收鉴定合格,正式移交使用单位的房屋建筑面积。

12

运输和邮电

Transportation, Post and Telecommunications Services

12－1 民族自治地方运输、邮电情况

Transportation, Post and Telecommunications Services of Ethnic Minority Autonomous Areas

年 份 Year	铁路营业里程（万公里）Railways in Operation (10 000km)	公路里程（万公里）Length of Highways (10 000km)	全年铁路货运量（万吨）Railway Freigh Traffic (10 000tons)	全年公路货运量（万吨）Highway Freight Traffic (10 000tons)	邮电局、所（个）Post and Telecommunication Offices (unit)	邮路及农村投递线路（万公里）Length of Postal Routes and Rural Delivery Routes (10 000km)
1949	0.35	1.14				
1952	0.38	2.59		355	3 999	13.13
1957	0.55	6.27		1 425	4 452	39.72
1962	0.72	12.57			5 174	45.73
1965		12.55		4 165	5 272	36.37
1975		17.71		10 695		
1978	0.90	20.80		13 448	7 222	94.75
1980	0.20	21.16		10 266	7 136	88.68
1981	1.22	21.21		12 059	7 121	84.61
1982	1.23	21.65	9 999	14 960	7 226	86.19
1983	1.21	23.00	11 014	11 885	7 482	88.11
1984	1.21	23.54	12 066	12 864	7 578	87.04
1985	1.25	25.41	13 101	22 013	8 075	90.40
1986	1.26	25.09	13 212	31 628	8 809	88.37
1987	1.27	27.57	12 283	38 566	8 219	87.27
1988	1.27	27.68	14 045	53 937	8 276	86.61
1989	1.29	30.05	15 599	61 385	8 443	95.10
1990	1.31	29.37	18 078	58 371	8 436	88.02
1991	1.33	28.67	17 066	76 352	9 589	90.51
1992	1.35	28.30	17 651	68 366	8 509	84.25
1993	1.45	30.84	27 038	122 362	8 422	85.61
1994	1.67	31.19	23 117	128 162	8 814	83.29
1995	1.70	33.21	20 385	111 060	9 076	106.82
1996	1.76	36.33			9 082	108.00
1997	1.69	36.49	22 250	113 947	9 836	100.38
1998	1.71	37.64	18 909	110 164	12 664	102.56
1999	1.75	40.26	19 294	120 064	13 564	106.07
2000	1.42	42.36	21 248	181 784	10 893	109.52
2001	1.43	49.57	22 734	136 983	12 574	109.04
2002	1.44	52.70	23 045	119 536	7 855	100.37
2003	1.51	54.78	24 246	133 128	8 812	108.53

注：1. 本表未扣除区域变动因素，年度之间不可比。

2. 2000 年后铁路营业里程指国有铁路营业里程。

3. 2002 年后邮电局、所数据仅指邮政局所数。

Note: a. The factor of regional changes is not deducted, so the data among years are not comparable.

b. The length of railway in operation in 2000 is national railways.

c. Data of post and telecommunication offices refer to data of post offices since 2002.

12－2 民族自治地方分地区运输条件(2003年)

Transportation Conditions by Region of Ethnic Minority Autonomous Areas(2003)

单位:公里 (kilometre)

地区 Region		公路线路里程 length of Highways	等级路 Express－way and class Ⅰ to Ⅳ Highway	国有铁路营业里程 Length of Central Railway	内河航道里程 Length of Navigabler Inland Waterways	民用机场数(个) Number of Civil Airports (unit)	民用汽车(辆) Civil motor Vehicles (unit)
合计	Total	547 795	326 282	15 132	12 317	34	2 346 045
河北	Hebei	7 195	3 805	59			10 087
内蒙古	Inner Mongolia	74 135	65 157	5 024	2 403	7	498 547
辽宁	Liaoning	8 545	6 690	322	277		17 791
吉林	Jilin	9 876	6 922	453		1	167 228
黑龙江	Heilongjiang	360	60	50			1 516
浙江	Zhejiang	501	441				
湖北	Hubei	15 148	6 711		677	1	35 715
湖南	Hunan	11 910	3 385	325	753		44 449
广东	Guangdong	2 649	1 014		28		8 868
广西	Guangxi	58 451	45 284	2 052	5 413	5	434 436
海南	Hainan	4 118	1 692				5 444
重庆	Chongqing	5 574	1 832		322		4 642
四川	Sichuan	33 877	16 026	407	185	2	83 784
贵州	Guizhou	29 278	13 554	374	1 267	1	64 327
云南	Yunnan	109 512	44 076	970	669	4	266 841
西藏	Tibet	41 302	9 107			2	60 600
甘肃	Gansu	8 042	4 322	95	297		5 972
青海	Qinghai	31 774	20 406	1 447		1	44 217
宁夏	Ningxia	11 916	11 770	780	26	1	123 932
新疆	Xinjiang	83 633	64 029	2 773		9	467 649

12－3　民族自治地方分地区公路、铁路旅客、货物运输量(2003 年)

Railway and Road Passenger and Freight Traffic by Region of Ethnic Minority Autonomous Areas (2003)

地 区 Region	客运量合计 (万人) Total Passenger Traffic (10 000 Persons)	公路 Highway	铁路 Railway	运量合计 (万吨) Total Freight Traffic (10 000 tons)	公路 Highway	铁路 Railway
合 计 Total	**164 095**	**152 370**	**11 725**	**157 375**	**133 128**	**24 246**
河 北 Hebei	700	690	11	2 015	1 927	88
内蒙古 Inner Mongolia	23 599	20 831	2 768	50 820	38 532	12 288
辽 宁 Liaoning	3 174	3 051	123	5 994	5 881	113
吉 林 Jilin	4 241	3 779	462	3 998	3 395	603
黑龙江 Heilongjiang	202	125	77	73	48	26
浙 江 Zhejiang	125	125		112	112	
湖 北 Hubei	4 051	4 051		763	763	
湖 南 Hunan	11 766	7 189	4 577	3 384	2 301	1 083
广 东 Guangdong	401	401		340	340	
广 西 Guangxi	42 147	40 524	1 623	28 751	24 164	4 587
海 南 Hainan	3 747	3 747		1 019	1 019	
重 庆 Chongqing	1 829	1 829		719	719	
四 川 Sichuan	3 851	3 842	9	2 979	2 943	36
贵 州 Guizhou	17 578	17 578		5 760	5 760	
云 南 Yunnan	16 724	16 258	466	15 028	14 208	820
西 藏 Tibet	125	125		266	266	
甘 肃 Gansu	987	987		926	926	
青 海 Qinghai	4 890	4 384	506	2 127	2 116	11
宁 夏 Ningxia	5 856	5 605	251	7 344	5 048	2 296
新 疆 Xinjiang	18 103	17 251	852	24 958	22 662	2 296

12-4 民族自治地方分地区公路、铁路旅客、货物周转量(2003 年)
Railway and Road Passenger - kilometers and Ton - kilometers by Region of Ethnic Minority Autonomous Areas(2003)

地区 Region		旅客周转量(亿人公里) Passenger - kilometers (100 million Passenger - km)	公路 Highway	铁路 Railway	货物周转量(亿吨公里) Ton - kilometers (100 million ton - km)	公路 Highway	铁路 Railway
合计	**Total**	**1 309.57**	**999.29**	**310.29**	**3 151.63**	**1 098.27**	**2 053.36**
河北	Hebei	2.65	2.55	0.10	4.14	2.14	2.00
内蒙古	Inner Mongolia	204.80	122.10	82.70	1 160.30	241.90	918.40
辽宁	Liaoning	16.24	15.51	0.74	16.15	14.92	1.23
吉林	Jilin	21.46	14.53	6.93	30.05	14.44	15.61
黑龙江	Heilongjiang	0.76	0.76		0.54	0.54	
浙江	Zhejiang	0.52	0.52		0.59	0.59	
湖北	Hubei	15.87	15.87		9.06	9.06	
湖南	Hunan	37.50	23.85	13.65	19.37	12.42	6.94
广东	Guangdong	3.57	3.57		3.00	3.00	
广西	Guangxi	461.05	367.35	93.70	744.30	217.10	527.20
海南	Hainan	9.73	9.73		7.16	7.16	
重庆	Chongqing	9.87	9.87		5.18	5.18	
四川	Sichuan	20.40	20.39	0.02	22.66	22.48	0.18
贵州	Guizhou	53.79	53.79		44.77	44.77	
云南	Yunnan	119.01	113.84	5.17	137.55	122.15	15.40
西藏	Tibet	5.50	5.50		27.10	27.10	
甘肃	Gansu	5.80	5.80		11.39	11.39	
青海	Qinghai	20.25	18.96	1.29	27.25	24.96	2.29
宁夏	Ningxia	51.04	33.51	17.50	244.49	63.09	181.40
新疆	Xinjiang	249.80	161.30	88.50	636.60	253.90	382.70

12－5 民族自治地方分地区邮电业情况(2003年)(一)

Post and Telecommunications Services
by Region of Ethnic Minority Autonomous Areas (2003)(1)

地 区 region	邮政局所总计(处) Post Offices	邮路总长度(万公里) Length of Postal Routes (10 000kilometers)	农村投递线路(万公里) Length of Rural Delivery (10 000kilometers)	邮电业务总量(亿元) Revenue from Posts Telecommunication (100 million yuan)
合 计 Total	**8 812**	**42.71**	**65.81**	**524.81**
河 北 Hebei	54	0.44	0.83	1.64
内蒙古 Inner Mongolia	1 686	6.23	11.16	108.36
辽 宁 Liaoning	170	0.88	1.37	4.03
吉 林 Jilin	209	0.43	1.04	12.94
黑龙江 Heilongjiang	15	0.03	0.02	0.32
浙 江 Zhejiang	8	0.11	0.03	0.41
湖 北 Hubei	162	0.41	2.82	2.59
湖 南 Hunan	276	0.82	2.29	7.59
广 东 Guangdong	39	0.21	0.24	1.09
广 西 Guangxi	1 707	6.74	10.81	162.26
海 南 Hainan	110	0.13	0.32	1.87
重 庆 Chongqing	207	0.57	0.54	2.58
四 川 Sichuan	380	1.41	2.05	7.53
贵 州 Guizhou	521	1.45	3.29	10.96
云 南 Yunnan	1 127	3.91	7.45	39.84
西 藏 Tibet	128	1.85	4.27	9.82
甘 肃 Gansu	162	0.51	1.31	2.94
青 海 Qinghai	139	1.60	1.24	4.63
宁 夏 Ningxia	378	1.83	1.08	28.52
新 疆 Xinjiang	1 334	13.16	13.66	114.88

12－5 民族自治地方分地区邮电业情况(2003年)(二)

Post and Telecommunications Services

by Region of Ethnic Minority Autonomous Areas (2003)(2)

单位:万户 (10 000 subscribers)

地区 region	无线寻呼年末用户 Number of Subscribers of Pageing Service at Year－end	移动电话年末用户 Number of Movile Telephones Subscribers at Year－end	国际互联网络用户 Number of Subscribers of Internet Service	本地电话年末用户 Local Telephone Subscribers of at Year－end	城市电话用户 Number of Urban Telephon Subscribers
合计 Total	**118.16**	**2 306.67**	**345.21**	**2 272.69**	**1 532.09**
河北 Hebei	2.63	14.75	1.52	19.79	7.44
内蒙古 Inner Mongolia	10.40	479.10	54.71	427.70	342.80
辽宁 Liaoning	5.10	26.00	2.41	63.35	19.90
吉林 Jilin		63.77	19.93	84.79	58.58
黑龙江 Heilongjiang	0.20	1.82	0.02	2.20	1.80
浙江 Zhejiang		2.45	0.66	3.19	1.35
湖北 Hubei		48.08	1.45	27.91	17.91
湖南 Hunan	1.93	42.51	8.41	40.92	22.30
广东 Guangdong	0.20	5.83	0.80	5.90	4.09
广西 Guangxi	31.70	649.80	136.70	638.50	429.20
海南 Hainan	1.18	7.38	0.67	16.41	7.01
重庆 Chongqing	0.62	17.78	1.15	19.51	6.46
四川 Sichuan	1.28	53.42	4.10	50.78	33.71
贵州 Guizhou	0.39	72.67	7.21	107.82	63.79
云南 Yunnan	17.91	197.74	20.72	183.34	81.09
西藏 Tibet		33.10		27.40	26.10
甘肃 Gansu	0.02	13.15	0.33	15.16	8.48
青海 Qinghai		33.11	1.60	25.68	16.88
宁夏 Ningxia	3.20	123.00	22.04	100.33	72.20
新疆 Xinjiang	41.40	421.20	60.79	412.00	311.00

12－5 民族自治地方分地区邮电业情况(2003年)(三)
Post and Telecommunications Services
by Region of Ethnic Minority Autonomous Areas (2003)(3)

地 区 Region	长途光缆线路长度(公里) Length of Long Distance Optical Cable Lines (km)	长途微波线路长度(公里) Length of Long Distance Microwave Lines (km)	长途自动交换机容量(路端) Capacity of Long－distance Telephone Exchanges (circuit)	本地局用电话交换机容量(门) Capacity of Local Office Telephone Exchanges (line)
合 计 Total	**197 346**	**28 895**	**1 086 034**	**31 462 590**
河 北 Hebei	50 156	327	640	149 872
内蒙古 Inner Mongolia	28 440	8 442	146 900	6 250 000
辽 宁 Liaoning	3 086		61 182	575 232
吉 林 Jilin	1 328	1 418	20 000	746 733
黑龙江 Heilongjiang				25 000
浙 江 Zhejiang				40 222
湖 北 Hubei	3 106	522	35 177	393 144
湖 南 Hunan	5 769	206	9 500	490 863
广 东 Guangdong				71 793
广 西 Guangxi	28 549	2 574	270 964	8 440 000
海 南 Hainan	457			194 037
重 庆 Chongqing				212 147
四 川 Sichuan	12 686	1	25 211	1 335 883
贵 州 Guizhou	3 804	660	26 360	1 248 793
云 南 Yunnan	10 384	2 269	98 810	2 582 975
西 藏 Tibet	6 542	225	46 000	510 000
甘 肃 Gansu	1 501	1 798	47 832	81 160
青 海 Qinghai	2 875		76 395	184 736
宁 夏 Ningxia	6 519	883	46 502	1 690 000
新 疆 Xinjiang	32 144	9 570	174 561	6 240 000

主要统计指标解释

铁路营业里程 又称营业长度，指办理客货运输业务的铁路正线总长度。凡是全线或部分建成双线及以上的线路，以第一线的实际长度计算；复线、站线、段管线、岔线和特殊用途以及不计算运费的联络线都不计算营业里程。铁路营业里程是反映铁路运输业基础设施发展水平的重要指标，也是计算客货周转量、运输密度和机车车辆运用效率等指标的基础资料。

公路里程 指在一定时期内实际达到《公路工程(WTBZ)技术标准 JTJ00 - 88》规定的等级公路，并经公路主管部门正式验收交付使用的公路里程数。包括大中城市的郊区公路以及通过小城镇街道部分的公路里程，包括桥梁、渡口的长度，不包括大中城市的街道和厂矿、林区生产用道的里程。两条或多条公路共同经由同一路段，只计算一次，不得重复计算里程长度。它是反映公路建设发展规模的重要指标，也是计算运输网密度等指标的基础资料。

内河航道里程 也称内河通航里程，指在一定时期内，能通航运输船舶及排筏的天然河流、湖泊水库、运河及通航渠道的长度。包括全年季节性通航累计三个月以上的航道，不包括仅供零散流放竹、木排的河道。它是反映内河水运网规模、水平和发展情况的主要指标。

铁路旅客运量 指一定时期内使用铁路客车运送的旅客人数。铁路旅客运量的计算方法：不论票价多少或行程长短，均按单程计算为一人次；不足购票年龄免购客票的儿童，不计算运量；月、季票按每月往返各25人次计算。

铁路旅客周转量 指一定时期内使用铁路客车运送的旅客人数与运输距离的乘积之总和。

铁路货物运量 指使用铁路货车实际运送的货物数量。

铁路货物周转量 指一定时期内使用铁路货车完成的货物运量与运送距离的乘积之总和。

公路货运量 指在一定时期内由各种公路运输工具实际运送到目的地并卸完的货物数量。反映公路货运量的指标有发送货物吨数、到达货物吨数和运送货物吨数。

公路货物周转量 指一定时期内由各种公路运输工具实际完成运送过程的货物总运输量。

公路客运量 指公路运输企业及由其组织的其他单位在一定时期内实际运送的旅客人数。公路客运量的计算方法：不论乘车路程远近和票价多少，以客票为依据，"人"为计量单位；不足购票年龄的免票儿童不计算客运量。

公路旅客周转量 指在报告期内实际运送的旅客人数与其相应的旅客运送距离的乘积。

邮电业务总量 指以价值量形式表现的邮电通信企业为社会提供各类邮电通信服务的总数量。

无线寻呼用户 电话用户通过无线寻呼中心，在规定范围内向携有小型寻呼机的用户发出声音、数字显示或文字显示信息。在寻呼台办理登记手续携带小型寻呼机的用户，称为无线寻呼用户。

移动电话用户 指通过移动电话交换机进入移动电话网、占有移动电话号码的各类电话用户。

国际互联网用户 国际互联网是一个连接计算机网的网络，范围遍及全世界，包括局域网、城域网和广域网，旨在实现计算机资源共享。

城市电话用户 指直辖市、省辖市、地级市、县级市的市区、市郊区及县城（包括县人民政府所在地的县城关区或行政建制相当于县人民政府所在地的镇）范围内接入局用交换机的电话用户数，包括分布在农村地区的独立工矿区、林区、驻军等接入局用交换机的电话用户数。

邮路 指各邮电局、所、代办所之间，邮电局、所与代办所、车站、码头、机场、转运站、报刊社之间，有自编或委办人员按固定班期规定路线交换邮件、报刊的路线。包括农村地区运邮兼投递的路线，不包括城市、农村地区纯投递路线。

农村投递路线 指农村局、所自编或委办人员按固定班期、规定路线至农村乡（镇）、行政村等收件单位投递邮件、报刊的路线。

13

国内贸易

Domestic Trade

13-1 民族自治地方社会消费品零售总额、国内纯购进总额

Total Retail Sales of Consumer Goods and Total Value of Domestic Purchases of Ethnic Minority Autonomous Areas

单位:亿元 (100 million yuan)

年 份 Year	社会消费品零售总额 Total Retail Sales of Comsumer Goods	国内纯购进总额 Total Domestic Purchases	#农副产品购进 Farm and Sideline Products Purchases
1952	17.10	4.80	4.46
1957	37.35	24.00	14.37
1962			14.97
1965	58.79	42.90	24.51
1975	102.07	82.20	36.74
1978	125.07	103.30	41.97
1980	176.67	131.23	58.09
1981	196.75	145.87	63.73
1982	217.43	163.57	75.05
1983	247.39	185.50	85.55
1984	290.28	199.69	87.16
1985	370.45	237.74	94.31
1986	415.45	277.65	105.92
1987	476.60	360.12	133.50
1988	607.27	497.83	185.76
1989	633.72	554.74	197.82
1990	681.84	618.58	227.01
1991	762.96	696.60	260.52
1992	890.41	744.32	258.28
1993	1 205.10	1 056.60	153.28
1994	1 356.42	2 027.85	280.86
1995	1 169.29	2 541.73	394.75
1996	1 867.40	2 535.08	384.75
1997	2 063.72	2 470.81	296.82
1998	2 332.10	1 406.92	
1999	2 378.23	1 173.70	
2000	2 569.84	1 321.45	
2001	2 809.35	1 420.59	
2002	2 832.01	1 479.99	
2003	3 108.98	1 919.62	

注:1998年以后国内纯购进总额为限额以上社会商品购进总额。

Note: The total net domestic parchase abore the Limitation after 1998, is the total amount of purchasing of the commodities.

13-2 民族自治地方分地区社会消费品零售总额(2003年)

Total Retail Sales of Consumer Goods
by Region of Ethnic Minority Autonomous Areas (2003)

单位:亿元 (100 million yuan)

地区 Region	社会消费品零售总额 Total Retail Sales	批发零售贸易业 Wholesale and Retail Sale Trade	餐饮业 Catering Trade	其他 Others
合计 Total	3 108.98	2 514.97	429.40	164.60
河北 Hebei	35.10	24.77	3.30	7.03
内蒙古 Inner Mongolia	726.76	592.24	99.20	35.32
辽宁 Liaoning	71.34	51.77	11.79	7.03
吉林 Jilin	104.92	91.19	10.63	3.10
黑龙江 Heilongjiang	3.51	2.87	0.57	0.07
浙江 Zhejiang	4.85	3.47	0.36	1.03
湖北 Hubei	51.25	40.29	6.03	4.92
湖南 Hunan	68.40	57.67	8.93	1.80
广东 Guangdong	6.58	4.97	1.19	0.42
广西 Guangxi	857.71	716.79	115.28	25.64
海南 Hainan	15.01	11.88	2.38	0.75
重庆 Chongqing	35.60	30.87	3.84	0.89
四川 Sichuan	90.85	61.86	18.26	10.74
贵州 Guizhou	109.74	94.70	11.49	3.56
云南 Yunnan	261.99	197.53	36.58	27.88
西藏 Tibet	58.30	46.60	8.10	3.60
甘肃 Gansu	26.21	17.39	4.24	4.58
青海 Qinghai	38.89	27.41	6.97	4.51
宁夏 Ningxia	120.80	98.80	19.60	2.40
新疆 Xinjiang	421.16	341.90	60.64	18.62

13－3 民族自治地方分地区限额以上批发零售贸易业社会商品购进、销售、库存总额(2003年)

Total Retail and Inventory in Wholesale and Retail Sales Trades above Designated Size by Region of Ethnic Minority Autonomous Areas(2003)

单位:亿元 (100 million yuan)

地区 Region	法人企业(个) Number of corporation (unit)	从业人员(人) Persons Employed (person)	商品购进总额 Total Goods Purchase	销售总额 Total Sales	批发合计 Total Wholesale	零售合计 Total Retail Sales	年末库存总额 Inventory (year－end)
合　计 Total	**2 045**	**267 451**	**1 919.62**	**2 127.86**	**1 631.04**	**496.82**	**254.07**
河　北 Hebei	17	1 114	8.56	9.72	8.65	1.07	0.70
内蒙古 Inner Mongolia	354	48 615	300.42	329.25	233.48	95.77	37.20
辽　宁 Liaoning	8	969	0.61	2.10	0.54	1.55	0.19
吉　林 Jilin	31	3 935	22.45	25.85	13.31	12.54	5.02
黑龙江 Heilongjiang				0.21	0.09	0.12	
浙　江 Zhejiang	5	219	2.06	2.73	2.38	0.34	0.06
湖　北 Hubei	19	3 324	12.25	14.11	12.13	1.98	1.91
湖　南 Hunan	38	3 406	15.36	17.86	15.00	2.86	1.34
广　东 Guangdong	5	302	2.00	2.31	1.77	0.54	0.04
广　西 Guangxi	613	86 916	498.10	521.20	354.80	166.40	35.39
海　南 Hainan	3	93	2.50	2.60	2.60		0.04
重　庆 Chongqing	11	1 557	6.26	8.18	7.51	0.67	1.68
四　川 Sichuan	37	6 411	23.75	31.23	25.23	6.00	2.42
贵　州 Guizhou	44	7 940	30.49	34.87	30.82	4.05	4.16
云　南 Yunnan	227	23 557	183.55	224.16	200.50	23.67	16.08
西　藏 Tibet	22	3 253	12.50	21.30	14.00	7.30	3.30
甘　肃 Gansu	7	751	5.82	5.51	3.41	2.10	0.27
青　海 Qinghai	1	34	3.35	3.48	2.93	0.55	0.18
宁　夏 Ningxia	120	17 550	88.70	94.80	56.70	38.10	14.60
新　疆 Xinjiang	483	57 505	700.90	776.40	645.20	131.20	129.50

13-4 民族自治地方分地区限额以上批发零售贸易业企业财务状况(2003年)

Main Financial Indicators in Wholesale and Retail Sales Trades above Designated Size by Region of Ethnic Minority Autonomous Areas(2003)

单位:亿元 (100 million yuan)

地区 Region	资产合计 Total Assets	负债合计 Total Liabilities	所有者权益合计 Creditors Equity
合计 Total	**1 365.87**	**1 038.52**	**327.35**
河北 Hebei	1.92	0.85	1.06
内蒙古 Inner Mongolia	162.20	123.35	38.85
辽宁 Liaoning	2.42	2.12	0.30
吉林 Jilin	25.63	21.69	3.94
黑龙江 Heilongjiang			
浙江 Zhejiang	1.17	0.55	0.63
湖北 Hubei	13.21	11.33	1.88
湖南 Hunan	9.47	6.79	2.69
广东 Guangdong	0.63	0.42	0.22
广西 Guangxi	230.46	168.06	62.40
海南 Hainan	0.20	0.17	0.03
重庆 Chongqing	7.63	7.45	0.19
四川 Sichuan	17.30	14.22	3.08
贵州 Guizhou	33.55	28.27	5.28
云南 Yunnan	127.39	79.76	47.63
西藏 Tibet	20.76	12.52	8.23
甘肃 Gansu	1.53	1.14	0.39
青海 Qinghai	0.82	0.52	0.29
宁夏 Ningxia	51.19	34.45	16.74
新疆 Xinjiang	658.42	524.88	133.54

13－5 民族自治地方分地区餐饮业销售情况(2003年)
Sales of Catering Trade
by Region of Ethnic Minority Autonomous Areas (2003)

地 区 Region	营业总收入 (亿元) Total business Income (100 million yuan)
合 计 **Total**	**410.24**
河 北 Hebei	3.35
内蒙古 Inner Mongolia	101.56
辽 宁 Liaoning	10.48
吉 林 Jilin	11.31
黑龙江 Heilongjiang	0.35
浙 江 Zhejiang	0.36
湖 北 Hubei	5.47
湖 南 Hunan	7.84
广 东 Guangdong	1.22
广 西 Guangxi	140.50
海 南 Hainan	1.41
重 庆 Chongqing	3.09
四 川 Sichuan	18.08
贵 州 Guizhou	3.46
云 南 Yunnan	5.21
西 藏 Tibet	
甘 肃 Gansu	3.40
青 海 Qinghai	2.95
宁 夏 Ningxia	23.34
新 疆 Xinjiang	66.86

主要统计指标解释

社会消费品零售总额 指国民经济各行业直接售给城乡居民和社会集团的消费品总额。它是反映各行业通过多种商品流通渠道向居民和社会集团供应的生活消费品总量，是研究人民生活、居民消费品购买力、货币流通等问题的重要指标。

社会消费品零售总额包括：(1)售给城乡居民作为生活用的商品和修建房屋用的建筑材料；(2)售给社会集团的各种办公用品和公用消费品；(3)售给机关、团体、学校、部队、企业、事业单位的职工食堂和旅店(招待所)附设专门供本店旅客食用，不对外营业的食堂的各种食品、燃料；企业、单位和国营农场直接售给本单位职工和职工食堂的自己生产的产品；(4)售给部队干部、战士生活用的粮食、副食品、衣着品、日用品、燃料；(5)售给来华的外国人、华侨、港澳台同胞的消费品；(6)居民自费购买的中、西药品、中药材及医疗用品；(7)报社、出版社直接售给居民和社会集团的报纸、图书、杂志，集邮公司出售的新旧纪念邮票、特种邮票、首日封、集邮册、集邮工具等；(8)旧货寄售商店自购、自销部分的商品；(9)煤气公司、液化石油气站售给居民和社会集团的煤气灶具和罐装液化石油气；(10)农民售给非农业居民和社会集团的商品。不包括售给国民经济各部门企业、事业单位(包括国有经济的农场)生产经营用的各种原材料、燃料、设备、工具等和售给批发零售贸易业、餐饮业作为转卖用的商品，旧货寄售商店受托寄售卖出的商品，服务业的营业收入，邮局出售邮票的收入，自来水、电力、煤气生产(供应)单位的产品供应收入，也不包括农民之间的商品销售。

批发零售贸易业商品购、销、存总额 指各种登记注册类型的批发、零售贸易业(不包括个体)企业(单位)以本企业(单位)为总体的商品购进、销售、库存总额。商品购进总额指从本企业(单位)以外的单位和个人购进(包括从境外直接进口)作为转卖或加工后转卖的商品总额。它反映批发零售贸易业从国内、国外市场上购进商品的总量。商品购进总额包括：(1)从工农业生产者购进的商品；(2)从出版社、报社的出版发行部门购进的图书、杂志和报纸；(3)从各种登记注册类型的批发零售贸易企业(单位)购进的商品；(4)从其他单位购进的商品，如从机关、团体、企业等单位购进的剩余物资，从餐饮业、服务业购进的商品，从海关、市场管理部门购进的缉私和没收的商品，从居民手中收购的废旧商品等；(5)从国(境)外直接进口的商品。不包括企业(单位)为自身经营用和未通过买卖行为而收入的商品以及销售退回、商品升溢等。

商品销售总额 指对本企业(单位)以外的单位和个人出售(包括对境外直接出口)的商品。它反映批发零售贸易业在国内市场上销售商品以及出口商品的总量。商品销售总额包括：(1)售给城乡居民和社会集团消费用的商品；(2)售给工业、农业、建筑业、运输邮电业、批发零售贸易业、餐饮业、服务业等作为生产、经营使用的商品；(3)售给批发零售贸易业作为转卖或加工后转卖的商品；(4)对国(境)外直接出口的商品。不包括出售本企业(单位)自用的废旧包装用品；未通过买卖行为付出的商品；经本单位介绍，由买卖双方直接结算，本单位只收取手续费的业务；购货退出的商品以及商品损耗和损失等。

批发贸易业 指从工农业生产者或从商品流通企业购进商品,专卖给工业、农业、建筑业、邮电运输业、餐饮业、服务业等生产经营单位作为生产经营用,以及将商品专卖给其他批发贸易企业或零售企业的商品流通企业(单位)。农副产品采购、供应企业,进口、出口国(境)外商品的对外贸易企业、物资供销企业等,一般都属于批发贸易业。

零售贸易业 指从工农业生产者、批发贸易业或居民购进商品,专卖给城乡居民作为生活消费和售给社会集团作为公共消费的商品流通企业(单位)。

有些商品流通企业兼营批发零售业务,应以其主营业务来划分批发业或零售业,即以批发业务为主的作为批发贸易业,以零售业务为主的作为零售贸易业。

餐饮业 指从事食品的烹饪、调制并直接售给居民和社会集团的机构,包括中西餐馆、饭馆、各种小吃店、冷饮店、酒店、茶馆等。

限额以上批发零售贸易业 指年销售额2000万元以上、从业人员20人及以上的批发企业和活动单位,年销售额500万元及以上、从业人员60人及以上的零售企业和活动单位。

14 对外经济贸易

Foreign Trade and Economic Cooperation

14－1 民族自治地方分地区对外贸易和利用外资情况(2003年)

Foreign Trade and Utilization of Foreign Capital by Region of Ethnic Minority Autonomous Areas(2003)

单位:万美元 (10 000 USD)

年份 Year 地区 Region	进出口总额 Total value of Exports and Imports	进口总额 Imports	出口总额 Exports	当年新签利用外资协议(合同)项目(个) Amount of Utilization of Foreign Capital Through New Signed Contracts or Agreements	本年实际利用外资额 Foreign Capital Actually Used	年末实有外商投资企业(个) Foreign Investment Enterprises (year－end)(unit)
1997	670 200	213 000	457 200	1 132	164 000	6 416
1998	613 000	211 800	401 200	874	130 600	7 503
1999	621 900	245 000	376 900	775	141 100	6 029
2000	856 410	359 631	496 779	1 137	150 441	5 942
2001	757 372	354 831	402 541	1 162	164 514	5 366
2002	1 010 576	460 291	550 285	794	167 082	5 252
2003	1 357 730	573 371	784 359	1 036	200 541	3 263
合计 Total	**1 357 730**	**573 371**	**784 359**	**1 036**	**200 541**	**3 263**
河北 Hebei	1 495	234	1 261	14	142	24
内蒙古 Inner Mongolia	282 865	167 290	115 575	163	66 529	923
辽宁 Liaoning	20 137		20 137	17	2 605	80
吉林 Jilin	42 162	12 958	29 204	124	4 271	747
黑龙江 Heilongjiang						
浙江 Zhejiang	1 333		1 333			
湖北 Hubei	1 851	188	1 663	1	98	14
湖南 Hunan	9 204	19	9 185	46	3 275	16
广东 Guangdong	10 445	6 747	3 698	81	2 863	10
广西 Guangxi	318 599	121 608	196 991	282	69 000	340
海南 Hainan						
重庆 Chongqing	1 011		1 011	1	158	
四川 Sichuan	1 991	99	1 892	13	521	15
贵州 Guizhou	19 772	3 483	16 288	48	20 710	35
云南 Yunnan	86 975	19 777	67 198	144	19 178	236
西藏 Tibet	16 011	3 861	12 150			
甘肃 Gansu	1 358	2	1 356			
青海 Qinghai						
宁夏 Ningxia	65 323	14 128	51 195	37	7 186	481
新疆 Xinjiang	477 198	222 977	254 221	65	4 005	342

注:进出口总额按经营单位所在地统计。

Note:The total volume of imports and exports are grouped by the location of business units.

主要统计指标解释

进出口总额　指实际进出我国国境的货物总金额。包括对外贸易实际进出口货物，来料加工装配进出口货物，国家间、联合国及国际组织无偿援助物资和赠送品，华侨、港澳台同胞和外籍人捐赠品，租赁期满归承租人所有的租赁货物，进料加工进出口货物，边境地方贸易及边境地区小额贸易进出口货物（边民互市贸易除外），中外合资经营企业、中外合作经营企业、外商独资经营企业进出口货物和公用物品，到、离岸价格在规定限额以上的进出口货样的广告品（无商业价值、无使用价值和免费提供出口的除外），从保税仓库提取在中国境内销售的进口货物，以及其他进出口货物。进出口总额用以观察一个国家在对外贸易方面的总规模。我国规定出口货物按离岸价格统计，进口货物按到岸价格统计。

进口　指直接从国外进口的商品和委托外贸部门代理进口的商品，不包括从国内有关单位（包括对外贸易部门和其他单位）购进的进口商品。对外贸易企业只统计自主经营进口的商品，不包括受托代理进口的商品。

出口　指直接向国（境）外出口商品和委托外贸部门代理出口的商品，不包括售给外贸部门出口或加工后出口的商品以及在国内市场以外币销售的商品。

商品经营单位所在地进出口额　指所在地海关注册登记的有进出口经营权的企业实际进出口额。

利用外资　指我国各级政府、部门、企业和其他经济组织通过对外借款、吸收外商直接投资以及用其他方式筹措的境外现汇、设备、技术等。

15 旅游
Tourism

15－1 民族自治地方分地区旅游资源情况(2003年)(一)

Tourism Resources Status

by Region of Ethnic Minority Autonomous Areas (2003)(1)

单位:个 (unit)

地区 Region	世界自然文化遗产 World Natural and Cultural Heritage	国家级重点风景名胜区 Major scenic spots of the state	国家重点自然保护区 Major state nature reserve	全国历史文化名城 Historical and cultural famous city
全国 National	**29**	**119**	**154**	**99**
合计 Total	**5**	**25**	**79**	**14**
河北 Hebei			1	
内蒙古 Inner Mongolia		1	18	1
辽宁 Liaoning		1	2	
吉林 Jilin			2	
黑龙江 Heilongjiang				
浙江 Zhejiang				
湖北 Hubei			1	
湖南 Hunan				
广东 Guangdong			1	
广西 Guangxi		3	11	2
海南 Hainan			1	
重庆 Chongqing				
四川 Sichuan	2	3	8	
贵州 Guizhou		4	3	1
云南 Yunnan	2	7	8	4
西藏 Tibet	1	1	7	3
甘肃 Gansu			1	
青海 Qinghai		1	3	1
宁夏 Ningxia		1	5	1
新疆 Xinjiang		3	7	1

15－1 民族自治地方分地区旅游资源情况(2003年)(二)

Tourism Resources Status

by Region of Ethnic Minority Autonomous Areas (2003)(2)

单位:个 (unit)

地区 Region	全国重点文物保护单位 Major Historical and cultural sites Under State Protection	古遗址 Remains of an ancient culture	古墓葬 Ancient tombs	古建筑及历史纪念建筑物 Ancient buildings and the buildings with historic significance	近现代重要史迹及代表性建筑 Important historical relics and representative buildings of modern times	石窟寺石刻及其他 Rock Cave Temple, Carved stones and others
全　国 National	1 268	285	127	574	174	108
合　计 Total	196	67	22	75	14	18
河　北 Hebei						
内蒙古 Inner Mongolia	35	21	3	11		
辽　宁 Liaoning	4	3	1			
吉　林 Jilin	7	3	3	1		
黑龙江 Heilongjiang						
浙　江 Zhejiang	1			1		
湖　北 Hubei	1			1		
湖　南 Hunan	4	1		2		1
广　东 Guangdong						
广　西 Guangxi	22	3	1	8	8	2
海　南 Hainan						
重　庆 Chongqing	1				1	
四　川 Sichuan	6			5	1	
贵　州 Guizhou	5			5		
云　南 Yunnan	18	4		8	2	4
西　藏 Tibet	27	3	3	20	1	
甘　肃 Gansu	5	1		1		3
青　海 Qinghai	9	4	1	3	1	
宁　夏 Ningxia	10	2	1	5		2
新　疆 Xinjiang	41	22	9	4		6

15－1 民族自治地方分地区旅游资源情况(2003 年)(三)

Tourism Resources Status

by Region of Ethnic Minority Autonomous Areas (2003)(3)

单位:个 (unit)

地 区 Region	国家 AAAA 级旅游区 4A Tourist Spots of the State	国家 AAA 级旅游区 3A Tourist Spots of the State	国家 AA 级旅游区 2A Tourist Spots of the State	国家 A 级旅游区 1A Tourist Spots of the State
全 国 National	**287**	**158**	**463**	**73**
合 计 Total	**48**	**30**	**96**	**17**
河 北 Hebei		1		
内蒙古 Inner Mongolia	6	3	20	4
辽 宁 Liaoning	3	2	1	
吉 林 Jilin			9	
黑龙江 Heilongjiang			3	
浙 江 Zhejiang				
湖 北 Hubei	1			
湖 南 Hunan			1	
广 东 Guangdong				
广 西 Guangxi	14	10		
海 南 Hainan				
重 庆 Chongqing			1	1
四 川 Sichuan	4	1	1	
贵 州 Guizhou	1		3	
云 南 Yunnan	7	6	31	6
西 藏 Tibet	5			
甘 肃 Gansu		1	5	1
青 海 Qinghai	2			
宁 夏 Ningxia	2		6	1
新 疆 Xinjiang	3	6	15	4

15－2 民族自治地方分地区旅行社单位数(2003年)

Number of Travel Agencies and Staff
by Region of Ethnic Minority Autonomous Areas(2003)

单位:个 (unit)

地 区 Region	旅行社数 Total Number of Travel Agencies	国际旅行社 International Travel Agencies	国内旅行社 Domestic Travel Agencies
合 计 Total	**1 298**	**186**	**1 112**
河 北 Hebei	3		3
内蒙古 Inner Mongolia	205	28	177
辽 宁 Liaoning	16		16
吉 林 Jilin	49	21	28
黑龙江 Heilongjiang			
浙 江 Zhejiang	2		2
湖 北 Hubei	17		17
湖 南 Hunan	30		30
广 东 Guangdong	5		5
广 西 Guangxi	340	50	290
海 南 Hainan	1		1
重 庆 Chongqing	3		3
四 川 Sichuan	52	3	49
贵 州 Guizhou	27	1	26
云 南 Yunnan	141	12	129
西 藏 Tibet	45	22	23
甘 肃 Gansu	12		12
青 海 Qinghai	21	1	20
宁 夏 Ningxia	63	7	56
新 疆 Xinjiang	266	41	225

15－3 民族自治地方分地区旅游人数和收入情况(2003年)

Number of Tourists and Earnings from Tourism
by Region of Ethnic Minority Autonomous Areas(2003)

地　区 Region	旅游人次 合计 (万人次) Total (10 000 person－times)	国际旅游 Foreign Tourists	国内旅游 Domestic Tourists	国际旅游收入 (万美元) Earnings from International Tourism (10 000 USD)	国内旅游收入 (亿元) Earnings from Domestic Tourism (100 million yuan)
合　计 Total	**12 465**	**215**	**12 333**	**59 929**	**563**
河　北 Hebei	103		103	3	
内蒙古 Inner Mongolia	1 035	41	994	13 836	83
辽　宁 Liaoning	324	1	323	32	11
吉　林 Jilin	211	12	199	2 709	12
黑龙江 Heilongjiang	36		36	3	1
浙　江 Zhejiang	21		21	41	1
湖　北 Hubei	155	3	152	62	2
湖　南 Hunan	349		349	159	4
广　东 Guangdong	27		27	1	
广　西 Guangxi	4 605	65	4 540	16 400	193
海　南 Hainan	170		170	1	
重　庆 Chongqing	46		46	1	
四　川 Sichuan	536	12	524	3 180	25
贵　州 Guizhou	516	4	512	436	9
云　南 Yunnan	2 589	53	2 535	15 658	103
西　藏 Tibet	5		88	1 900	9
甘　肃 Gansu	197	4	193	229	2
青　海 Qinghai	237	1	236	284	4
宁　夏 Ningxia	274		274	100	10
新　疆 Xinjiang	1 029	17	1 012	4 900	89

主要统计指标解释

旅游人数 包括入境国际旅游者人数、出境居民人数和国内旅游者人数。

(1)入境国际旅游者人数:指来中国参观、访问、旅行、探亲、访友、休养、考察、参加会议和从事经济、科技、文化、教育、宗教等活动的外国人、华侨、港澳同胞和台湾同胞的人数。不包括外国在我国的常驻机构,如使领馆、通讯社、企业办事处的工作人员;来我国常住的外国专家、留学生以及在岸逗留不过夜人员。

(2)出境居民人数:指大陆居民因公务活动或私人事务短期出境的人数。公务活动出境居民人数包括在国际交通工具上的中国服务员工,因私出境居民人数不包括在国际交通工具上的中国服务员工。

(3)国内旅游者人数:指我国大陆居民和在我国常住1年以上的外国人、华侨、港澳台同胞离开常住地在境内其他地方的旅游设施内至少停留一夜、最长不超过6个月的人数。

国际旅游(外汇)收入 指入境旅游的外国人、华侨、港澳同胞和台湾同胞在中国大陆旅游过程中发生的一切旅游支出,对于国家来说就是国际旅游(外汇)收入。

国际旅行社 指经营对外招徕并接待外国人、华侨、港澳同胞和台湾同胞来中国、归国或回内地旅游业务的旅行社。

国内旅行社 指负责经营招徕、组团、接待国内旅客的旅游业务,以及不对外招徕,负责经营接待国际旅行社或其他涉外部门组织的外国人、华侨、港澳同胞和台湾同胞来中国、归国或回内地的旅游业务的旅行社。

16

金融和保险
Banking and Insurance

16-1 民族自治地方金融机构存贷款年末余额

Credit and Deposits of Ethnic Minority Autonomous Areas

单位:亿元 (100 million yuan)

年 份 Year	各项存款 Deposits	各项贷款 Loans
1989	824.19	1 041.28
1990	1 048.99	1 449.71
1991	1 226.48	1 525.62
1992	1 671.64	2 012.49
1993	2 048.81	2 451.69
1994	2 654.01	2 961.95
1995	3 865.71	4 035.72
1996	4 483.19	4 728.59
1997	5 325.62	5 770.71
1998	5 975.78	6 188.96
1999	6 918.26	6 738.41
2000	7 905.79	6 548.01
2001	8 954.49	7 288.37
2002	10 238.64	8 039.72
2003	11 749.93	9 339.76

注:1997年以前的信贷数为国家银行信贷数,1998年以后为全部金融机构数。

Note:The credit and loan before the year of 1997 are of the national banking system. Those of after 1998 are of the financial credit.

16－2 民族自治地方分地区金融机构信贷(2003年)

Financial Credit Funds

by Region of Ethnic Minority Autonomous Areas(2003)

单位:亿元 (100 million yuan)

地 区 Region	各项存款 Deposits	各项贷款 Loans
合 计 Total	**11 749.93**	**9 339.76**
河 北 Hebei	88.08	56.39
内蒙古 Inner Mongolia	2 090.98	1 924.13
辽 宁 Liaoning	189.46	130.32
吉 林 Jilin	355.15	316.48
黑龙江 Heilongjiang	8.86	10.01
浙 江 Zhejiang	12.99	8.73
湖 北 Hubei	121.86	96.73
湖 南 Hunan	165.15	137.12
广 东 Guangdong	32.50	15.34
广 西 Guangxi	3 175.34	2 320.66
海 南 Hainan	61.57	36.43
重 庆 Chongqing	60.23	45.90
四 川 Sichuan	314.89	184.06
贵 州 Guizhou	358.83	279.04
云 南 Yunnan	1 039.00	726.58
西 藏 Tibet		
甘 肃 Gansu	85.28	88.36
青 海 Qinghai	166.72	172.96
宁 夏 Ningxia	761.38	691.44
新 疆 Xinjiang	2 661.65	2 099.09

16－3 民族自治地方分地区中资保险公司业务经济技术指标(2003年)

Economic and Technical Indicators of Insurance Companies
Funded with Chinese by Region of Ethnic Minority Autonomous Areas(2003)

单位:亿元 (100 million yuan)

地 区 Region		财产保险公司 Property Insurance Companies			人寿保险公司 Life Insurance Companies		
		保险金额 Amount Insured	保费 Premium	已决赔款 Claim and Payment	保险金额 Amount Insured	保费 Premium	已决赔款 Claim and Payment
合 计	**Total**	**13 726.26**	**67.17**	**34.87**	**15 736.56**	**160.18**	**21.29**
河 北	Hebei	34.71	0.75	0.41	18.81	1.68	0.25
内蒙古	Inner Mongolia	1 590.23	10.30	5.22	4 652.07	31.30	1.85
辽 宁	Liaoning	115.42	0.69	0.43	48.82	2.06	0.20
吉 林	Jilin	322.15	1.50	1.02	211.90	3.61	0.33
黑龙江	Heilongjiang						
浙 江	Zhejiang	15.34	0.07	0.04		0.15	0.01
湖 北	Hubei	207.04	0.99	0.61	68.02	4.48	1.19
湖 南	Hunan	60.40	0.88	0.56	51.14	2.67	0.76
广 东	Guangdong	26.68	0.20	0.12	35.56	0.48	0.05
广 西	Guangxi	4 218.00	16.92	7.83	6 680.00	40.57	5.29
海 南	Hainan	34.97	0.20	0.17	1.25	0.15	0.01
重 庆	Chongqing	45.93	0.32	0.17	33.23	0.94	0.16
四 川	Sichuan	152.31	1.41	0.82	170.83	1.66	0.43
贵 州	Guizhou	255.95	2.11	1.25	103.15	4.20	0.48
云 南	Yunnan	958.85	7.38	3.72	2 248.48	13.16	1.84
西 藏	Tibet						
甘 肃	Gansu	92.26	0.48	0.27	48.93	1.14	0.05
青 海	Qinghai	8.03	0.90	0.55	2.37	1.09	0.22
宁 夏	Ningxia		2.94	1.32		7.77	1.08
新 疆	Xinjiang	5 588.00	19.12	10.36	1 362.00	43.06	7.10

16-4 民族自治地方上市公司股本结构及主要财务指标

Capital Structure and Major Financial Targets of Stock Companies of Ethnic Minority Autonomous Areas

项目 Item		全国 National				民族自治地方 Minority National Autonomous Areas			
		2000年	2001年	2002年	2003年	2000年	2001年	2002年	2003年
上市公司数目(家) Number of Listed Companies		1 088	1 160	1 208	1 286	77	84	87	95
A股上市公司	A Shares	974	1 048	1 101	1 177	76	83	86	94
B股上市公司	B Shares	29	24	24	24	1	1	1	1
A、B股上市公司	A&B Shares	85	88	83	85				
股本结构	capital structure								
总股本(亿股)	Total Capital (100 million shares)	3 746.28	5 149.74	5 283.54	6 291.97	171.42	207.76	237.09	266.15
#可流通股本	Negotiable Shares	1 334.33	1 796.95	1 887.64	2 267.07	60.81	76.40	88.75	101.51
A股	A Shares	1 103.71	1 294.64	1 402.49	1 712.62	59.15	72.64	84.99	95.65
B股	B Shares	107.54	170.26	162.75	179.68	1.66	3.76	3.76	5.86
主要财务指标(亿元)	Main Indicators (100 million yuan)								
资产总额	Total Assets	10 593.80	25 842.52	28 012.75	41 550.70	865.32	1 130.03	1 394.94	1 740.22
净资产	Net assets	5 640.00	12 727.13	13 223.10	16 693.85	474.28	562.33	640.89	711.40
主营业务收入	Major business income	5 991.18	15 208.58	17 495.02	24 652.08	331.63	468.72	598.93	808.65
主营业务利润	Major business profits	1 182.63	2 927.86	3 423.16	4 910.85	92.91	109.76	145.12	185.04
净利润	Profits	452.89	679.96	740.92	1 205.68	41.48	31.06	32.06	26.82

注:上市公司股本结构及财务指标数据不包括深发展、浦发银行、民生银行、招商银行。

Note: Data of Capital structure and financial targets exclude data of Shenzhen Development Bank, Shanghai Pudong Development Bank, China Minsheng Bank, China Merchants Bank.

16－5 民族自治地方分地区上市公司数及股本结构(2003年)

The Number and Capital Structure of Stock Companies by Region of Ethnic Minority Autonomous Areas(2003)

地区 Region		总计(个) Total (unit)	A股上市公司 A Shares	B股上市公司 B Shares	总股本(万股) Total (10 000 Shares)	#可流通股本 Negotiable Shares	#A股上市公司 A Shares	#B股上市公司 B Shares
合 计	Total	95	94	1	2 661 513	1 015 134	956 534	58 600
河 北	Hebei							
内蒙古	Inner Mongolia	20	19	1	924 591	354 877	296 277	58 600
辽 宁	Liaoning							
吉 林	Jilin	1	1		35 441	14 318	14 318	
黑龙江	Heilongjiang							
浙 江	Zhejiang							
湖 北	Hubei							
湖 南	Hunan	1	1		30 305	10 725	10 725	
广 东	Guangdong							
广 西	Guangxi	21	21		411 699	132 830	132 830	
海 南	Hainan							
重 庆	Chongqing							
四 川	Sichuan	2	2		80 113	26 891	26 891	
贵 州	Guizhou							
云 南	Yunnan	3	3		40 158	18 465	18 465	
西 藏	Tibet	8	8		120 585	46 290	46 290	
甘 肃	Gansu							
青 海	Qinghai	1	1		51 170	20 000	20 000	
宁 夏	Ningxia	11	11		225 261	102 535	102 535	
新 疆	Xinjiang	27	27		742 190	288 203	288 203	

16-6 民族自治地方分地区上市公司主要财务指标(2003 年)

Major Financial Targets of Stock Companies

by Region of Ethnic Minority Autonomous Areas(2003)

单位:(万元) (10 000 yuan)

地 区 Region		资产总额 Total assets	净资产 Net assets	主营业务收入 Major business income	主营业务利润 Major business profits	净利润 Net profits
合 计	**Total**	**17 402 203**	**7 114 017**	**8 086 526**	**1 850 431**	**268 175**
河 北	Hebei					
内蒙古	Inner Mongolia	5 752 258	2 689 570	3 337 502	767 680	171 484
辽 宁	Liaoning					
吉 林	Jilin	117 030	67 796	44 526	14 258	2 582
黑龙江	Heilongjiang					
浙 江	Zhejiang					
湖 北	Hubei					
湖 南	Hunan	198 324	101 779	35 017	14 465	-9 443
广 东	Guangdong					
广 西	Guangxi	2 976 603	1 415 862	1 148 891	307 160	101 950
海 南	Hainan					
重 庆	Chongqing					
四 川	Sichuan	304 554	121 445	45 513	22 467	6 109
贵 州	Guizhou					
云 南	Yunnan	168 994	85 040	30 150	9 805	1 935
西 藏	Tibet	499 246	227 253	236 418	32 179	-36 956
甘 肃	Gansu					
青 海	Qinghai	359 886	117 031	44 829	19 409	9 736
宁 夏	Ningxia	1 250 710	480 522	456 484	91 284	5 456
新 疆	Xinjiang	5 774 598	1 807 719	2 707 196	571 724	15 323

主要统计指标解释

存款　指企业、机关、团体或居民根据资金必须收回的原则，把货币资金存入银行或其他信用机构保管并取得一定利息的一种信用活动形式。根据存款对象的不同可划分为企业存款、财政存款、机关团体存款、基本建设存款、城镇储蓄存款、农村存款等科目。它是银行信贷资金的主要来源。

贷款　指银行或其他信用机构根据资金必须归还的原则，按一定利率，为企业、个人等提供资金的一种信用活动形式。我国银行贷款分为流动资金贷款、固定资产贷款、城乡个体工商户贷款以及农业贷款等科目。

保险金额　指保险人承担赔偿或者给付保险金责任的最高限额。

保费　指投保人为取得保险人在约定范围内所承担赔偿责任而支付给保险人的费用。

赔款　指保险人根据保险合同的规定，向被保险人支付的赔偿保险责任损失的金额。

给付　包括死伤医疗给付和满期给付。死伤医疗给付是指保险人根据人寿保险及长期健康保险合同的规定，因被保险人在保险期内发生保险责任范围内的保险事故支付给被保险人（或受益人）的金额。满期给付是指被保险人生存期满，保险人按人寿保险合同规定支付给被保险人的满期保险金额。

17 教育和科技

Education, Science and Technology

17－1　民族自治地方各类学校

Schools by Types of Ethnic Minority Autonomous Areas

单位:所　(unit)

年　份 Year	高等学校 Institutions of Higher Education	中等学校 Secondary Schools	#中等专业学校 Specialized Secondary Schools	#普通中学 Regular Secondary Schools	小学 Primary Schools
1952	11	531			59 597
1957	14	1 115			57 480
1965	37	4 777			140 056
1975	35	8 353			121 110
1978	56	14 277			142 865
1979	63	12 249	545	11 704	139 256
1980	63	11 765	588	11 177	131 123
1981	67	11 072	563	10 509	117 581
1982	68	11 056	586	10 470	114 164
1983	76	11 493	516	10 977	119 418
1984	74	11 406	567	10 839	117 643
1985	86	11 644	560	11 084	121 712
1986	93	11 677	547	11 130	119 874
1987	100	11 849	541	11 308	119 879
1988	101	12 038	583	11 455	119 614
1989	106	14 441	815	11 626	120 118
1990	105	12 273	648	11 625	117 717
1991	104	12 882	571	11 563	103 139
1992	102	12 148	560	11 588	99 916
1993	101	12 051	570	11 481	97 858
1994	104	12 677	559	11 880	99 160
1995	105	13 550	584	11 606	97 650
1996	96	13 460	570	11 484	90 982
1997	92	13 466	579	11 486	90 704
1998	94	13 323	578	11 364	88 869
1999	95	13 034	554	11 209	87 150
2000	97	12 841	515	11 208	84 710
2001	105	12 926	472	11 433	75 386
2002	116	13 196	450	11 862	73 577
2003	135	13 094	419	11 711	70 497

注:本表未扣除区域变动因素,年度之间不可比,下同。中等学校包括职业中学,下同。

Note: This table excludes the changed factor of region. There is no comparison between the years. The same below. The secondary school includes vocational school. The same below.

17－2 民族自治地方各类学校专任教师

Full－time Teachers by Types of Schools of Ethnic Minority Autonomous Areas

单位:万人 (10 000 persons)

年 份 Year	高等学校 Institutions of Higher Education	中等学校 Secondary Schools	#中等专业学校 Specialized Secondary Schools	#普通中学 Regular Secondary Schools	小学 Primary Schools
1952	0.06	1.02			
1957	0.26	2.22			
1965	0.62	5.30			
1975	0.79	27.47			
1978	1.49	37.70			
1979	1.68	34.78	1.63	33.15	61.25
1980	1.51	35.10	1.94	33.16	73.01
1981	1.51	31.87	1.93	29.94	72.29
1982	1.67	32.05	2.02	30.03	74.23
1983	1.90	32.41	2.09	30.32	77.12
1984	2.03	31.08	2.17	28.91	75.85
1985	2.18	33.53	2.39	31.14	60.03
1986	2.39	35.66	2.58	33.09	80.58
1987	2.55	37.39	2.78	34.61	80.71
1988	2.67	39.86	3.20	36.66	83.21
1989	3.40	47.57	10.36	37.21	84.01
1990	2.77	41.55	3.30	38.25	84.78
1991	2.70	43.09	3.24	38.90	83.96
1992	2.71	42.53	3.19	39.34	83.39
1993	2.69	42.92	3.17	39.75	83.68
1994	2.80	43.96	3.28	40.67	86.11
1995	3.69	48.90	4.07	41.47	85.83
1996	2.92	49.41	3.47	42.40	83.83
1997	2.95	52.29	3.57	44.65	88.55
1998	3.01	52.79	3.56	45.65	87.77
1999	3.10	54.29	3.59	46.97	89.89
2000	3.64	54.50	3.33	47.89	89.94
2001	3.87	55.74	3.12	49.32	86.43
2002	4.22	60.14	4.91	53.73	89.68
2003	4.88	61.54	2.67	55.51	87.69

17－3 民族自治地方各类学校在校学生

Students Enrollment by Types of Schools of Ethnic Minority Autonomous Areas

单位:万人 (10 000 persons)

年份 Year	高等学校 Institutions of Higher Education	中等学校 Secondary Schools	#中等专业学校 Specialized Secondary Schools	#普通中学 Regular Secondary Schools	小学 Primary Schools
1952	0.45	20.94			467.31
1957	1.20	49.39			599.45
1965	3.05	95.41			1 124.44
1975	3.11	362.46			1 416.10
1978	5.65	682.00			1 705.24
1979	6.20	628.39	7.50	610.19	1 685.50
1980	7.08	601.14	18.56	582.57	1 701.73
1981	7.79	509.15	15.38	493.76	1 629.57
1982	7.18	469.15	13.75	455.41	1 645.07
1983	7.76	486.41	14.52	471.89	1 711.15
1984	8.73	508.38	17.62	490.76	1 752.13
1985	10.44	573.29	20.65	516.64	1 836.90
1986	11.61	595.60	21.83	573.77	1 875.90
1987	12.38	608.72	22.83	585.89	1 840.70
1988	13.23	610.86	25.64	585.22	1 833.20
1989	13.98	707.17	27.33	579.84	1 997.00
1990	13.55	509.64	25.25	584.40	1 852.90
1991	13.16	665.44	27.39	589.30	1 877.44
1992	14.17	627.99	28.37	599.62	1 913.65
1993	16.11	606.52	32.04	574.48	1 844.30
1994	18.06	643.52	35.89	607.62	1 998.69
1995	18.60	721.09	39.14	631.88	1 889.49
1996	18.66	767.21	48.16	667.66	2 014.76
1997	20.47	819.15	43.40	721.75	2 061.79
1998	22.13	867.75	47.75	763.75	2 030.69
1999	26.00	918.84	51.31	809.76	1 927.46
2000	34.23	978.33	52.71	872.97	1 886.01
2001	44.89	999.89	49.03	901.20	1 806.05
2002	56.70	1 093.22	48.89	996.11	1 813.33
2003	69.54	1 134.98	46.62	1 036.74	1 738.25

17－4 民族自治地方各类学校毕业生

Graduates by Types of Schools of Ethnic Minority Autonomous Areas

单位：万人 (10 000 persons)

年 份 Year	高等学校 Institutions of Higher Education	中等学校 Secondary Schools	#中等专业学校 Specialized Secondary Schools	#普通中学 Regular Secondary Schools	小学 Primary Schools
1952	0.03	2.93			22.56
1957	0.14	7.44			69.43
1965	0.82	15.70			60.82
1975	0.76	103.71			158.30
1978	1.06	182.31			254.10
1979	1.05	219.68	3.49	216.19	224.69
1980	0.74	183.56	6.66	176.90	222.16
1981	1.21	132.36	8.17	124.19	217.55
1982	2.57	142.33	6.90	135.44	203.81
1983	2.04	143.89	5.33	129.56	214.51
1984	1.77	127.88	4.97	122.92	215.58
1985	2.04	143.00	5.40	137.60	228.02
1986	2.37	152.17	6.56	145.61	243.31
1987	3.54	162.64	7.26	155.38	251.29
1988	3.64	175.96	7.65	168.31	244.39
1989	3.63	185.75	41.33	144.42	283.60
1990	4.04	182.76	9.06	173.70	218.97
1991	3.98	177.71	8.98	161.98	237.50
1992	3.81	173.80	8.39	165.41	306.08
1993	3.65	178.64	8.80	169.84	261.09
1994	4.07	170.43	8.71	161.73	258.53
1995	5.29	193.86	9.94	171.16	257.68
1996	5.32	201.74	11.12	176.89	262.93
1997	4.99	213.64	11.26	187.72	278.73
1998	5.39	234.91	12.01	207.31	294.22
1999	5.58	244.89	13.73	215.24	313.09
2000	5.99	225.31	14.81	193.85	324.57
2001	6.69	255.77	14.27	227.53	314.90
2002	8.38	286.18	15.06	368.12	325.85
2003	12.00	312.38	16.77	281.22	315.90

17－5 民族自治地方分地区高等学校基本情况(2003年)

Institutions of Higher Education by

Region of Ethnic Minority Autonomous Areas(2003)

单位:人 (person)

地区 Region	学校数(所) Schools	在校研究生数 Postgraduates Enrollment	在校学生数 Students Enrollment	招生数 New Students Enrollment	毕业生数 Graduates	教职工数 Staff and Workers	#专任教师数 Full－time Teachers
合计 Total	135	11 131	684 247	241 555	120 047	90 464	48 794
河北 Hebei							
内蒙古 Inner Mongolia	27	3 583	157 602	59 450	24 919	22 592	12 153
辽宁 Liaoning							
吉林 Jilin	1	1 495	13 914	4 222	2 347	3 080	1 435
黑龙江 Heilongjiang							
浙江 Zhejiang							
湖北 Hubei	2		8 725	2 663	3 685	1 186	571
湖南 Hunan	2		19 265	6 467	2 804	1 747	942
广东 Guangdong							
广西 Guangxi	45	5 800	227 257	82 537	40 178	24 746	14 106
海南 Hainan							
重庆 Chongqing							
四川 Sichuan	3		20 829	8 455	3 743	1 501	899
贵州 Guizhou	7		19 983	9 077	3 382	2 660	1 683
云南 Yunnan	5		19 277	8 603	5 845	2 346	1 464
西藏 Tibet	4	59	10 409	4 279	1 745	1 794	972
甘肃 Gansu	1		4 225	1 496	674	398	241
青海 Qinghai							
宁夏 Ningxia	12	194	35 134	11 237	5 461	6 383	3 415
新疆 Xinjiang	26		147 627	43 069	25 264	22 031	10 913

17－6 民族自治地方分地区各类中等学校基本情况(2003 年)

Middle Schools by
Region of Ethnic Minority Autonomous Areas(2003)

单位:人 (person)

地 区 Region		学校数 (所) Schools	在校 学生数 Students Enrollment	招生数 New Students Enrollment	毕业 生数 Graduates	教职 工数 Staff and Workers	#专任 教师数 Full－time Teachers
合 计	**Total**	**13 094**	**11 349 776**	**4 057 887**	**3 123 807**	**779 575**	**615 406**
河 北	Hebei	210	156 496	51 003	43 574	10 248	8 750
内蒙古	Inner Mongolia	2 112	1 810 918	610 828	479 422	142 429	106 964
辽 宁	Liaoning	246	209 641	75 938	61 903	16 078	12 418
吉 林	Jilin	311	235 151	80 875	68 759	22 699	17 101
黑龙江	Heilongjiang	28	17 409	5 481	4 012	1 376	1 086
浙 江	Zhejiang	10	8 070	2 528	2 826	661	544
湖 北	Hubei	252	269 893	96 835	80 245	16 298	13 983
湖 南	Hunan	386	337 894	133 236	83 390	21 199	17 816
广 东	Guangdong	47	31 955	11 245	9 811	2 173	1 840
广 西	Guangxi	3 317	3 331 179	1 161 607	984 222	211 925	159 987
海 南	Hainan	151	94 903	36 053	24 559	6 023	4 890
重 庆	Chongqing	126	134 770	51 203	30 612	8 237	6 720
四 川	Sichuan	363	238 650	94 160	57 650	19 692	15 658
贵 州	Guizhou	1 057	969 431	367 211	241 914	50 444	44 000
云 南	Yunnan	1 217	1 091 692	394 214	306 729	70 629	57 294
西 藏	Tibet	116	122 992	49 422	23 563	8 280	7 082
甘 肃	Gansu	233	140 190	54 587	31 697	9 934	8 281
青 海	Qinghai	336	164 587	63 347	40 904	13 071	11 141
宁 夏	Ningxia	480	418 595	145 733	121 757	27 868	23 265
新 疆	Xinjiang	2 096	1 565 360	572 381	426 258	120 311	96 586

17－7 民族自治地方分地区中等专业学校基本情况(2003年)

Specialized Secondary Schools by Region of Ethnic Minority Autonomous Areas(2003)

单位:人 (person)

地区 Region		学校数(所) Schools	在校学生数 Students Enrollment	招生数 New Students Enrollment	毕业生数 Graduates	教职工数 Staff and Workers	#专任教师数 Full－time Teachers
合计	Total	419	466 204	110 530	167 669	44 932	26 650
河北	Hebei	1	2 959	1 350	530	212	151
内蒙古	Inner Mongolia	58	90 415	30 102	33 516	7 391	4 386
辽宁	Liaoning	6	6 801	2 402	2·265	691	460
吉林	Jilin	10	5 987	2 348	2 260	920	483
黑龙江	Heilongjiang						
浙江	Zhejiang						
湖北	Hubei	3	4 719	2 137	829	320	233
湖南	Hunan	2	355	153	88	59	49
广东	Guangdong	2	319	115	69	32	22
广西	Guangxi	106	173 173	13 180	57 941	14 057	7 969
海南	Hainan						
重庆	Chongqing	1	1 362	350	360	169	99
四川	Sichuan	19	9 140	3 074	4 071	1 883	1 096
贵州	Guizhou	41	24 517	8 799	10 262	2 098	1 424
云南	Yunnan	50	32 983	9 325	10 117	4 436	2 764
西藏	Tibet	9	6 519	2 093	1 938	933	621
甘肃	Gansu	11	6 159	1 731	1 465	941	616
青海	Qinghai	11	1 951	319	747	732	479
宁夏	Ningxia	11	27 346	9 036	9 907	1 219	641
新疆	Xinjiang	78	71 499	24 016	31 304	8 839	5 157

17－8 民族自治地方分地区普通中学基本情况(2003年)

Regular Secondary Schools by
Region of Ethnic Minority Autonomous Areas(2003)

单位:人 (person)

地 区 Region		学校数(所) Schools	在校学生数 Students Enrollment	招生数 New Students Enrollment	毕业生数 Graduates	教职工数 Staff and Workers	#专任教师数 Full－time Teachers
合 计	Total	11 711	10 367 440	3 744 618	2 812 237	687 709	555 061
河 北	Hebei	199	145 044	47 629	41 092	9 432	8 194
内蒙古	Inner Mongolia	1 743	1 543 724	519 092	402 194	118 311	89 935
辽 宁	Liaoning	235	196 507	70 538	58 412	14 857	11 539
吉 林	Jilin	278	213 729	72 563	62 677	18 762	14 701
黑龙江	Heilongjiang	24	15 958	5 046	3 608	1 234	990
浙 江	Zhejiang	9	7 526	2 261	2 695	604	500
湖 北	Hubei	239	256 789	90 889	76 590	15 202	13 130
湖 南	Hunan	345	316 963	123 461	77 927	19 229	16 503
广 东	Guangdong	43	30 498	10 683	9 402	2 048	1 738
广 西	Guangxi	2 990	3 034 976	1 093 165	888 425	187 457	144 975
海 南	Hainan	143	93 764	35 443	24 026	5 735	4 701
重 庆	Chongqing	119	128 393	47 926	28 702	7 578	6 259
四 川	Sichuan	315	221 096	87 894	51 348	17 141	14 052
贵 州	Guizhou	956	923 107	348 171	226 348	46 829	41 397
云 南	Yunnan	1 069	1 007 192	365 213	280 439	61 587	51 179
西 藏	Tibet	105	114 136	46 935	21 290	7 334	6 461
甘 肃	Gansu	209	132 469	52 132	29 783	8 584	7 396
青 海	Qinghai	312	160 611	62 401	39 659	11 879	10 354
宁 夏	Ningxia	446	376 427	130 189	108 351	25 549	21 725
新 疆	Xinjiang	1 932	1 448 531	532 987	379 269	108 357	89 332

17－9 民族自治地方分地区职业中学基本情况(2003年)

Vocational Middle Schools by

Region of Ethnic Minority Autonomous Areas(2003)

单位:人 (person)

地区 Region	学校数(所) Schools	在校学生数 Students Enrollment	招生数 New Students Enrollment	毕业生数 Graduates	教职工数 Staff and Workers	#专任教师数 Full－time Teachers
合计 Total	**964**	**516 132**	**202 739**	**143 901**	**46 934**	**33 695**
河北 Hebei	10	8 493	2 024	1 952	604	405
内蒙古 Inner Mongolia	311	176 779	61 634	43 712	16 727	12 643
辽宁 Liaoning	5	6 333	2 998	1 226	530	419
吉林 Jilin	23	15 435	5 964	3 822	3 017	1 917
黑龙江 Heilongjiang	4	1 451	435	404	142	96
浙江 Zhejiang	1	544	267	131	57	44
湖北 Hubei	10	8 385	3 809	2 826	776	620
湖南 Hunan	39	20 576	9 622	5 375	1 911	1 264
广东 Guangdong	2	1 138	447	340	93	80
广西 Guangxi	221	123 030	55 262	37 856	10 411	7 043
海南 Hainan	8	1 139	610	533	288	189
重庆 Chongqing	6	5 015	2 927	1 550	490	362
四川 Sichuan	29	8 414	3 192	2 231	668	510
贵州 Guizhou	60	21 807	10 241	5 304	1 517	1 179
云南 Yunnan	98	51 517	19 676	16 173	4 606	3 351
西藏 Tibet	2	2 337	394	335	13	
甘肃 Gansu	13	1 562	724	449	409	269
青海 Qinghai	13	2 025	627	498	460	308
宁夏 Ningxia	23	14 822	6 508	3 499	1 100	899
新疆 Xinjiang	86	45 330	15 378	15 685	3 115	2 097

17－10 民族自治地方分地区小学基本情况(2003年)

Elementary Schools by

Region of Ethnic Minority Autonomous Areas(2003)

单位:人 (person)

地 区 Region		学校数(所) Schools	在校学生数 Students Enrollment	招生数 New Students Enrollment	毕业生数 Graduates	教职工数 Staff and Workers	#专任教师数 Full-time Teachers
合 计	**Total**	**70 497**	**1 738.25**	**287.22**	**315.90**	**97.22**	**87.69**
河 北	Hebei	1 209	15.06	2.21	3.63	0.96	0.92
内蒙古	Inner Mongolia	7 763	173.37	29.50	38.80	14.52	12.70
辽 宁	Liaoning	1 637	26.20	3.91	5.58	2.09	1.85
吉 林	Jilin	971	22.77	3.02	5.54	2.30	1.98
黑龙江	Heilongjiang	96	1.63	0.25	0.45	0.19	0.16
浙 江	Zhejiang	38	0.89	0.16	0.15	0.10	0.09
湖 北	Hubei	1 611	38.69	5.71	7.44	1.90	1.78
湖 南	Hunan	3 437	47.63	7.02	10.65	2.54	2.37
广 东	Guangdong	230	5.16	0.83	0.90	0.31	0.28
广 西	Guangxi	16 102	491.85	77.08	92.37	23.50	20.51
海 南	Hainan	749	21.17	3.27	3.45	1.13	1.06
重 庆	Chongqing	1 076	31.48	5.65	3.93	1.24	1.15
四 川	Sichuan	5 066	73.18	15.02	8.57	3.99	3.61
贵 州	Guizhou	6 600	199.94	34.76	33.24	8.02	7.55
云 南	Yunnan	10 147	187.56	30.28	35.23	10.99	10.23
西 藏	Tibet	883	32.04	5.85	4.56	1.37	1.30
甘 肃	Gansu	2 163	40.46	8.56	4.77	1.64	1.58
青 海	Qinghai	2 071	33.30	6.49	4.81	1.98	1.89
宁 夏	Ningxia	2 816	66.95	12.88	9.68	3.58	3.45
新 疆	Xinjiang	5 832	228.91	34.76	42.14	14.86	13.23

17－11 民族自治地方分地区教育经费支出情况(2003年)

Expenditures for Education by Region of Ethnic Minority Autonomous Areas(2003)

地 区 Region	教育经费支出(万元) Expenditures for Education (10 000 yuan)
合 计 **Total**	**4 863 894**
河 北 Hebei	26 768
内蒙古 Inner Mongolia	550 758
辽 宁 Liaoning	48 918
吉 林 Jilin	114 754
黑龙江 Heilongjiang	6 942
浙 江 Zhejiang	5 496
湖 北 Hubei	89 270
湖 南 Hunan	103 891
广 东 Guangdong	21 431
广 西 Guangxi	1 346 031
海 南 Hainan	25 114
重 庆 Chongqing	33 446
四 川 Sichuan	157 566
贵 州 Guizhou	246 527
云 南 Yunnan	518 168
西 藏 Tibet	141 178
甘 肃 Gansu	60 151
青 海 Qinghai	55 504
宁 夏 Ningxia	229 622
新 疆 Xinjiang	1 082 359

17－12 民族自治地方分地区县以上政府部门所属研究与开发机构及情报文献机构和人员(2003年)

Staffs of State－owned Research and Development Institutions and Information and Literature Institutions at and above County Level of Ethnic Minority Autonomous Areas(2003)

地区 Region		机构数（个）Number Institutions (unit)	从业人员（人）Social Labor (person)	#从事科技活动人员 Number of Staff and Workers	#科学家及工程师 Scientists and Engineers	#研究与发展人员 Other Technical Personnel
合计	**Total**	**653**	**35 372**	**21 432**	**13 505**	**5 857**
河北	Hebei					
内蒙古	Inner Mongolia	121	7 211	4 701	3 232	1 327
辽宁	Liaoning	10	291	155	62	
吉林	Jilin	15	378	279	210	127
黑龙江	Heilongjiang					
浙江	Zhejiang	3	51	23	11	
湖北	Hubei	27	397	243	131	12
湖南	Hunan	13	284	125	40	15
广东	Guangdong	5	128	21	10	
广西	Guangxi	202	12 623	6 400	3 867	1 164
海南	Hainan	4	19	15	2	
重庆	Chongqing	17	729	558	270	154
四川	Sichuan					
贵州	Guizhou	21	772	375	172	64
云南	Yunnan	42	3 142	1 842	907	785
西藏	Tibet	13	759	512	257	234
甘肃	Gansu	7	395	283	105	3
青海	Qinghai	9	198	153	103	17
宁夏	Ningxia	26	1 210	806	623	316
新疆	Xinjiang	118	6 785	4 941	3 503	1 639

17－13 民族自治地方分地区县以上政府部门所属研究与开发机构及情报文献机构经费(2003年)

Fund of State－owned Research and Development Institutions and Information and Literature Institutions at and above County Level of Ethnic Minority Autonomous Areas(2003)

单位:万元 (10 000 yuan)

地区 Region	经费收入 总额 Fund of Total Income	科技经费筹集额 Funding for Scientific and Technological Activities	经费支出 总额 Total Expenditures	科技经费支出 Expenditures for Science
合计 Total	2 329 051	2 013 898	2 217 662	56 897
河北 Hebei				
内蒙古 Inner Mongolia	311 035	307 702	297 385	3 199
辽宁 Liaoning	5 955	5 927	5 955	644
吉林 Jilin	13 498	14 128	14 082	10
黑龙江 Heilongjiang				
浙江 Zhejiang	1 644	1 594	1 605	41
湖北 Hubei	17 525	10 374	18 521	357
湖南 Hunan	6 351	4 938	6 444	505
广东 Guangdong	1 627	886	1 699	175
广西 Guangxi	991 900	738 114	929 963	35 388
海南 Hainan	902	902	868	
重庆 Chongqing	27 311	29 358	28 218	502
四川 Sichuan				
贵州 Guizhou	27 392	26 196	25 902	290
云南 Yunnan	269 989	222 559	240 862	3 354
西藏 Tibet	48 932	51 170	47 798	
甘肃 Gansu	15 447	10 447	15 447	
青海 Qinghai	8 159	8 159	8 152	21
宁夏 Ningxia	61 878	65 575	63 685	1 428
新疆 Xinjiang	519 506	515 869	511 076	10 983

17－14 民族自治地方分地区县以上政府部门所属研究与开发机构科技活动成果情况(2003年)(一)

Achievements in Scientific and Technological of Research and Development Institutions at and above County Level of Ethnic Minority Autonomous Areas(2003)(1)

地 区 Region	发表科技论文(篇) Publishing of Technological component (piece)	#国外发表 Publishing of Abroad	出版科技著作(篇) Publishing of Technological (piece)	拥有发明专利总数(项) Total of Invention of Patent (item)
合 计 Total	5 493	91	176	191
河 北 Hebei				
内蒙古 Inner Mongolia	798	6	23	2
辽 宁 Liaoning	6			3
吉 林 Jilin	80	1	1	
黑龙江 Heilongjiang				
浙 江 Zhejiang	2			
湖 北 Hubei	3			
湖 南 Hunan	7			33
广 东 Guangdong	1			
广 西 Guangxi	1 506	29	68	22
海 南 Hainan				
重 庆 Chongqing	103		1	1
四 川 Sichuan				
贵 州 Guizhou	97		2	
云 南 Yunnan	442	19	13	29
西 藏 Tibet	129	1	4	
甘 肃 Gansu	97		1	
青 海 Qinghai	53			
宁 夏 Ningxia	430	1	11	5
新 疆 Xinjiang	1 739	34	52	96

17－14 民族自治地方分地区县以上政府部门所属研究与开发机构科技活动成果情况(2003年)(二)

Achievements in Scientific and Technological of Research and Development Institutions at and above County Level of Ethnic Minority Autonomous Areas(2003) (2)

单位:项 (item)

地区 Region	专利申请数 Number of Patent Applications	#发明专利 Inventions of Patent	专利授权数 Number of Patent Granted	#发明专利 Inventions of Patent
合计 Total	**98**	**68**	**68**	**42**
内蒙古 Inner Mongolia	4	2	5	1
辽宁 Liaoning	3	3	2	2
吉林 Jilin	2		2	
湖南 Hunan	5	2	3	
广东 Guangdong	5			
广西 Guangxi	24	16	18	6
重庆 Chongqiang	3	3		
云南 Yunnan	10	8	10	9
新疆 Xinjiang	42	34	28	24

17－15 民族自治地方分地区开发区高新技术企业主要经济指标(2003年)

Main Economic Indicators of High－Tech Enterprises in Development Areas by Region of Ethnic Minority Autonomous Areas(2003)

开发区 Development Area	企业数(个) Number of Enterprises (unit)	职工人数(人) Number of Staff & Workers (person)	总产值(万元) Gross Output Value (10 000 yuan)	总收入(万元) Total Income (10 000 yuan)	出口总额(万美元) Exports (10 000 Us dollars)
全国 National Total	**32 857**	**3 953 621**	**172 574 345**	**209 387 307**	**5 101 690**
合计 Total	**869**	**153 267**	**3 988 799**	**4 560 968**	**39 941**
包头 Baotou	266	58 803	1 611 121	1 636 793	23 798
南宁 Nanning	273	32 589	1 073 071	1 488 694	4 885
桂林 Guilin	230	51 603	1 054 309	1 080 108	8 172
乌鲁木齐 Urumqi	100	10 272	250 298	355 373	3 086

主要统计指标解释

普通高等学校 指按照国家规定的设置标准和审批程序批准举办，通过国家统一招生考试，招收高中毕业生为主要培养对象，实施高等教育的全日制大学、独立设置的学院和高等专科学校、短期职业大学。

独立研究与开发机构 指有明确的任务和研究方向，有一定学术水平的业务骨干和一定数量的研究人员，具有研究、开发、开展学术工作的基本条件，主要进行科学研究与技术开发活动，并且在行政上有独立的组织形式，财务上独立核算盈亏，有权与其他单位签订合同，在银行有单独户头的单位。包括国务院各部门、中国科学院、中国社会科学院和各省、自治区、直辖市以及地（市）以上〔含地（市）〕各部门所属的国有科学研究与技术开发机构。

独立研究与开发机构职工 指在独立研究与开发机构工作，并由其支付工资的人员。包括长期职工、临时职工和招聘人员，不包括编制以外的离休、退休人员和停薪留职人员。

研究与发展经费支出 指用于研究与发展课题活动（基础研究、应用研究、实验发展）的全部实际支出，包括用于研究与发展课题活动的直接支出和间接用于研究与发展活动的支出（如研究院、所管理费，维持研究院、所正常运转的必需费用和与研究发展有关的基本建设支出）。

科学家和工程师 指具有大学本科及以上学历和不具备上述学历但有高、中级职称的人员。

18 文化和出版
Culture and publications

18－1 民族自治地方艺术事业机构

Number of Arts Organizations of Ethnic Minority Autonomous Areas

单位:个 (unit)

年份 Year	合计 Total	艺术表演团体 Art Performance Troupes	#少数民族歌舞团 Ethnical Performance Groups	剧场、影剧院 Theaters and Music Halls	其他 Others
1979	645	589	24	56	
1980	672	603	37	69	
1981	682	603	34	79	
1982	690	600	43	90	
1983	703	608	39	95	
1984	709	614	43	95	
1985	726	630	46	96	
1986	887	616	56	180	91
1987	889	607	64	184	98
1988	923	592	67	182	149
1989	843	565	52	177	101
1990	846	557	54	184	105
1991	843	545	59	182	113
1992	828	540	59	175	111
1993	820	530	60	179	109
1994	821	535	62	176	108
1995	827	535	63	179	113
1996	834	516	61	183	135
1997	856	526	59	188	142
1998	825	534	58	194	97
1999	831	511	58	180	140
2000	829	510	58	182	137
2001	819	508	55	167	144
2002	846	512	55	193	141
2003	845	513	69	188	144

注:本表未扣除区域变动因素,年度之间不可比。下同。

Note: The factor of regional changes is not deducted, so data among years are not comparable. The next is the Same.

18-2 民族自治地方艺术事业机构职工

Personnel of Arts Organizations of Ethnic Minority Autonomous Areas

单位:人 (person)

年份 Year	合计 Total	艺术表演团体 Art Performance Troupes	#少数民族歌舞团 Ethnical Performance Groups	剧场、影剧院 Theaters and Music Halls	其他 Others
1979	28 466	27 883	2 322	583	
1980	29 516	28 661	3 861	855	
1981	30 291	29 319	3 504	972	
1982	29 665	28 590	4 528	1 075	
1983	29 013	27 909	4 053	1 104	
1984	28 967	27 821	4 411	1 146	
1985	27 961	26 831	4 168	1 130	
1986	32 299	28 429	4 855	2 702	1 168
1987	32 370	28 216	5 214	2 798	1 356
1988	31 047	26 518	5 098	2 848	1 681
1989	29 237	24 930	3 770	2 931	1 379
1990	29 419	25 105	3 790	2 996	1 308
1991	29 528	24 650	4 753	3 151	1 663
1992	28 836	24 097	4 728	3 099	1 599
1993	28 196	23 323	4 762	3 174	1 653
1994	27 491	22 881	4 908	2 972	1 601
1995	27 160	22 470	4 786	3 044	1 646
1996	26 307	21 240	4 401	3 261	1 806
1997	27 197	21 729	3 801	3 472	1 996
1998	26 410	21 573	3 711	3 594	1 243
1999	25 758	20 705	3 897	3 277	1 776
2000	24 818	20 456	4 125	2 671	1 691
2001	25 519	21 139	4 022	2 694	1 686
2002	25 697	21 230	3 882	2 840	1 627
2003	24 990	20 849	4 550	2 445	1 696

18－3 民族自治地方群众文化事业、图书馆事业机构
Number of Public Cultural and Library
of Ethnic Minority Autonomous Areas

单位:个 (unit)

年 份 Year	群众文化机构 Mass Culture Institutions	群众艺术馆 Mass Art Centers	文化馆 Cultural Center	文化站 Cultural Stations	图书馆 Library
1979	2 568		544	2 024	
1980	3 158		568	2 590	
1981	3 436		582	2 854	331
1982	3 974		562	3 412	332
1983	5 008		566	4 442	407
1984	7 169		856	6 313	469
1985	7 699		579	7 120	494
1986	8 164	73	614	7 476	533
1987	8 030	77	620	7 333	547
1988	7 980	77	623	7 280	549
1989	7 866	80	670	7 114	551
1990	7 994	79	637	7 278	556
1991	8 295	79	626	7 590	561
1992	7 531	78	635	6 818	573
1993	8 231	79	629	7 523	573
1994	8 222	81	630	7 511	577
1995	8 323	79	639	7 605	584
1996	7 624	79	653	6 892	573
1997	7 867	80	658	7 129	596
1998	8 079	82	679	7 318	661
1999	7 847	79	645	7 123	670
2000	7 812	79	655	7 078	563
2001	7 671	84	637	6 950	563
2002	7 698	83	633	8 082	567
2003	7 617	81	642	6 894	566

18－4 民族自治地方群众文化事业、图书馆事业机构职工
Personnel of Public Cultural and Library
of Ethnic Minority Autonomous Areas

单位:人 (person)

年 份 Year	群众文化事业 Mass Culture Institutions				图书馆事业 Libraries
	合 计 Total	群众艺术馆 Mass Art Centers	文化馆 Cultural Center	文化站 Cultural Stations	
1979	7 101		4 896	2 205	
1980	8 436		5 441	2 995	
1981	9 408		6 147	3 261	2 853
1982	10 655		6 282	4 373	3 031
1983	11 928		6 527	5 401	3 722
1984	14 682		7 153	7 529	4 278
1985	15 198		6 657	8 541	4 698
1986	18 717	1 702	7 495	9 517	5 411
1987	19 162	1 837	7 392	9 933	5 775
1988	19 058	1 858	7 451	9 749	6 124
1989	19 180	1 973	7 814	9 393	6 241
1990	19 934	1 949	8 221	9 764	6 507
1991	20 313	2 001	8 264	10 048	6 794
1992	19 651	1 995	8 182	9 474	7 024
1993	20 425	1 971	8 176	10 278	7 088
1994	20 076	1 970	8 106	10 000	7 052
1995	22 305	1 991	8 159	12 155	7 165
1996	16 459	1 855	7 614	6 990	7 002
1997	17 556	1 897	7 746	7 913	7 311
1998	17 873	1 957	7 771	8 145	7 363
1999	16 969	1 881	7 157	7 931	7 202
2000	17 429	1 839	7 183	8 407	7 065
2001	19 072	2 017	7 152	9 903	7 204
2002	19 602	2 020	7 083	10 499	7 177
2003	19 734	1 799	6 904	11 031	7 024

18－5 民族自治地方文物事业机构和职工
Number of Cultural Undertaking and Personnel of Ethnic Minority Autonomous Areas

单位:个、人 (unit, person)

年 份 Year	文物事业 Cultural Organization		#文物保护管理 Cultural Relics		#博物馆 Museums	
	机构数 Institutions	职工人数 Personnel	机构数 Institutions	职工人数 Personnel	机构数 Institutions	职工人数 Personnel
1983	122	1 379	95	665	27	714
1984	156	1 504	115	701	41	803
1985	201	1 919	152	1 004	49	915
1986	263	2 692	204	1 605	59	1 087
1987	311	3 020	244	1 886	67	1 134
1988	333	3 376	256	1 966	77	1 410
1989	367	3 478	284	2 060	83	1 418
1990	418	3 534	327	2 032	91	1 502
1992	337	2 959	269	1 775	68	1 184
1993	315	3 390	243	2 118	72	1 272
1994	334	3 349	259	2 067	75	1 282
1995	398	4 217	317	2 776	81	1 441
1996	544	6 884	401	2 189	121	1 945
1997	571	8 988	415	2 349	134	2 099
1998	607	10 461	430	2 474	155	2 344
1999	602	9 598	435	2 312	144	2 183
2000	617	12 240	444	2 422	151	2 206
2001	622	9 486	441	5 159	156	2 417
2002	644	5 652	458	2 774	162	2 310
2003	630	6 139	445	3 291	163	2 391

18-6 民族自治地方分类别按登记注册类型分的主要文化事业机构(2003年)

Main Cultural Organizations of Ethnic Minority Autonomous Areas by Registration Status and Category(2003)

单位:个 (unit)

类别	Category	合 计 Total	文化部门 Cultural Departments 小计 Subtotal	国有经济 State-owned	集体经济 Collective-owned	其他经济 Other Owned	其他部门 Other Depart-ments
总　计	**Total**	**9 658**	**9 415**	**8 992**	**408**	**15**	**243**
艺术事业	Art Institution	845	838	822	10	6	7
艺术表演团体	Art Performance Troupes	513	512	498	9	4	2
#少数民族歌舞团	Ethnic Performance Groups	69	68	67	1		1
艺术表演场所	Art Centers	188	183	182		1	5
#剧场、影剧院	Theaters and Music Halls	188	183	182		1	5
其他	Others	144	144	142	1	1	
图书馆事业	Libraries	566	555	554	1		11
群众文化事业	Mass Cultural Units	7 617	7 398	7 001	391	6	219
群众艺术馆	Mass Cultural Centers	81	81	81			
文化馆	Cultural Centers	642	642	640	2		
文化站	Cultural Stations	6 894	6 675	6 280	389	6	219
文物事业	Cultural	630	624	615	6	3	6
#文物保护管理	Cultural Relics	445	439	432	5	2	6
#博物馆	Museums	163	163	162		1	

18－7 民族自治地方分类别按登记注册类型分的主要文化事业机构职工(2003 年)

Personnel of Main Cultural Organizations
of Ethnic Minority Autonomous Areas by Registration Status and Category(2003)

单位:人 (person)

类别	Category	合计 Total	文化部门 Cultural Departments				其他部门 Other Depart－ments
			小计 Subtotal	国有经济 State－owned	集体经济 Collective－owned	其他经济 Other Owned	
总计	**Total**	**57 887**	**57 103**	**55 889**	**1 024**	**190**	**784**
艺术事业	Art Institution	24 990	24 916	24 553	214	149	74
艺术表演团体	Art Performance Troupes	20 849	20 788	20 456	208	124	61
#少数民族歌舞团	Ethnic Performance Groups	4 550	4 510	4 499	11		40
艺术表演场所	Art Centers	2 445	2 432	2 421		11	13
#剧场、影剧院	Theaters and Music Halls	2 445	2 432	2 421		11	13
其他	Others	1 696	1 696	1 676	6	14	
图书馆事业	Libraries	7 024	6 859	6 838	21		165
群众文化事业	Mass Cultural Units	19 734	19 445	18 954	479	12	289
群众艺术馆	Mass Cultural Centers	1 799	1 799	1 799			
文化馆	Cultural Centers	6 904	6 904	6 897	7		
文化站	Cultural Stations	11 031	10 742	10 258	472	12	289
文物事业	Cultural	6 139	5 883	5 544	310	29	256
#文物保护管理	Cultural Relics	3 291	3 035	2 710	305	20	256
#博物馆	Museums	2 391	2 391	2 382		9	

18－8 民族自治地方分地区按登记注册类型分的主要文化事业机构(2003 年)

Main Cultural Organizations by Registration Status and Region of Ethnic Minority Autonomous Areas(2003)

单位:个 (unit)

地区 Region	合计 Total	文化部门 Cultural Departments 小计 Subtotal	国有经济 State－owned	集体经济 Collective－owned	其他经济 Other Owned	其他部门 Other Depart－ments
合计 **Total**	**9 658**	**9 415**	**8 992**	**408**	**15**	**243**
河北 Hebei	143	118	114	4		25
内蒙古 Inner Mongolia	1 768	1 717	1 681	34	2	51
辽宁 Liaoning	210	210	210			
吉林 Jilin	193	75	75		118	
黑龙江 Heilongjiang	15	15	15			
浙江 Zhejiang	28	28	28			
湖北 Hubei	36	36	36			
湖南 Hunan	494	493	492	1		1
广东 Guangdong	44	44	44			
广西 Guangxi	1 820	1 810	1 805	4	1	10
海南 Hainan	110	110	108	1	1	
重庆 Chongqing	186	186	123	63		
四川 Sichuan	374	374	108	266		
贵州 Guizhou	685	684	684		1	
云南 Yunnan	1 285	1 282	1 280	1	1	3
西藏 Tibet	225	219	186	33		6
甘肃 Gansu	118	118	118			
青海 Qinghai	233	233	232	1		
宁夏 Ningxia	339	338	335		3	1
新疆 Xinjiang	1 352	1 325	1 318		7	27

18－9 民族自治地方分地区按登记注册类型分的主要文化事业机构职工（2003 年）

Personnel of Main Cultural Organizations by Registration Status and by Region of Ethnic Minority Autonomous Areas (2003)

单位：人 (person)

地 区 Region	合 计 Total	文化部门 Cultural Departments				其他部门 Other Depart－ments
		小计 Subtotal	国有经济 State－owned	集体经济 Collective－owned	其他经济 Other Owned	
合 计 Total	**57 887**	**57 103**	**55 889**	**1 024**	**190**	**784**
河 北 Hebei	437	411	256	155		26
内蒙古 Inner Mongolia	13 133	13 002	12 910	69	23	131
辽 宁 Liaoning	913	913	913			
吉 林 Jilin	1 944	1 773	1 773		171	
黑龙江 Heilongjiang	127	127	127			
浙 江 Zhejiang	81	81	81			
湖 北 Hubei	313	313	313		12	
湖 南 Hunan	1 576	1 564	1 558	6		
广 东 Guangdong	174	174	174			
广 西 Guangxi	11 614	11 533	11 487	42	4	81
海 南 Hainan	907	907	848	31	28	
重 庆 Chongqing	341	341	254	87		
四 川 Sichuan	1 475	1 475	1 189	286		
贵 州 Guizhou	2 100	2 089	2 089			11
云 南 Yunnan	6 158	6 109	6 067	5	37	49
西 藏 Tibet	2 558	2 302	1 970	332		256
甘 肃 Gansu	814	814	814			
青 海 Qinghai	1 093	1 093	1 082	11		
宁 夏 Ningxia	3 201	3 197	3 166		31	4
新 疆 Xinjiang	8 928	8 885	8 818		67	43

18－10 民族自治地方分地区艺术事业机构(2003年)
Number of Arts Organizations by Region of Ethnic Minority Autonomous Areas(2003)

单位:个、座　　(unit)

地区 Region	合计 Total	艺术表演团体 Performance of Art Troupes	#少数民族歌舞团 Ethnic Performance Groups	艺术表演场所 Art Centers	#剧场影剧院 Theaters and Music Halls	其他 Others
合计 Total	**845**	**513**	**69**	**188**	**188**	**144**
河北 Hebei	6	4		2	2	
内蒙古 Inner Mongolia	176	111	14	30	30	35
辽宁 Liaoning	14	7	2	6	6	1
吉林 Jilin	34	12	4	10	10	12
黑龙江 Heilongjiang	1	1				
浙江 Zhejiang	1	1	1			
湖北 Hubei	5	3	1	1	1	1
湖南 Hunan	20	9	3	8	8	3
广东 Guangdong	3	3	3	24		
广西 Guangxi	177	118	1	8	24	35
海南 Hainan	16	8	1		8	
重庆 Chongqing	4	4		2		
四川 Sichuan	12	6	4	1	2	4
贵州 Guizhou	16	4		16	1	11
云南 Yunnan	103	75	14	37	16	12
西藏 Tibet	66	27	6		37	2
甘肃 Gansu	14	9	7	3	3	2
青海 Qinghai	13	9	5		4	
宁夏 Ningxia	37	14	1	14	14	9
新疆 Xinjiang	127	88	2	26	26	13

18－11 民族自治地方分地区艺术事业机构职工(2003 年)

Personnel of Number of Arts Organizations by Region of Ethnic Minority Autonomous Areas(2003)

单位:人 (person)

地 区 Region		合 计 Total	艺术表演团体 Performance of Art Troupes	#少数民族歌舞团 Ethnic Performance Groups	艺术表演场所 Art Centers	#剧场影剧院 Theaters and Music Halls	其他 Others
合 计	**Total**	**24 990**	**20 849**	**4 550**	**2 445**	**2 445**	**1 696**
河 北	Hebei	172	155		17	17	
内蒙古	Inner Mongolia	5 913	4 890	1 541	520	520	503
辽 宁	Liaoning	267	165	45	98	98	4
吉 林	Jilin	993	753	414	184	184	56
黑龙江	Heilongjiang	56	56				
浙 江	Zhejiang	20	20	20			
湖 北	Hubei	163	160	78			3
湖 南	Hunan	385	288	135	74	74	23
广 东	Guangdong	88	88	88			
广 西	Guangxi	5 149	4 519	24	248	248	382
海 南	Hainan	648	197	21	451	451	
重 庆	Chongqing	14	14				
四 川	Sichuan	387	340	325	22	22	25
贵 州	Guizhou	486	322		19	19	145
云 南	Yunnan	2 394	2 225	821	74	74	95
西 藏	Tibet	1 233	1 040	346	141	141	52
甘 肃	Gansu	452	401	310	34	34	17
青 海	Qinghai	384	364	233			20
宁 夏	Ningxia	1 388	928	45	222	222	238
新 疆	Xinjiang	4 398	3 924	104	341	341	133

18－12 民族自治地方分地区群众文化事业、图书馆事业机构(2003年)

Number of Public cultural and Library Organizations
by Region of Ethnic Minority Autonomous Areas (2003)

单位:个、座 (unit)

年 份 Year	群众文化事业 Mass Culture Institutions 合 计 Total	群众艺术馆 Mass Art Centers	文化馆 Cultural Center	文化站 Cultural Stations	图书馆事业 Libraries
合 计 Total	7 617	81	642	6 894	566
河 北 Hebei	123		6	117	6
内蒙古 Inner Mongolia	1 379	13	102	1 264	106
辽 宁 Liaoning	180		8	172	8
吉 林 Jilin	129	1	11	117	12
黑龙江 Heilongjiang	11		1	10	1
浙 江 Zhejiang	25		1	24	1
湖 北 Hubei	24	1	4	19	3
湖 南 Hunan	429	1	17	411	18
广 东 Guangdong	35		3	32	3
广 西 Guangxi	1 438	15	100	1 323	96
海 南 Hainan	82		8	74	8
重 庆 Chongqing	171	1	4	166	5
四 川 Sichuan	322	2	51	269	16
贵 州 Guizhou	571	1	46	524	49
云 南 Yunnan	1 016	9	79	928	87
西 藏 Tibet	143	8	48	87	1
甘 肃 Gansu	88	2	7	79	9
青 海 Qinghai	162	6	35	121	32
宁 夏 Ningxia	251	5	21	225	21
新 疆 Xinjiang	1 038	16	90	932	84

18－13　民族自治地方分地区群众文化事业、图书馆事业机构职工(2003年)

Personnel of Public Cultural and Library Organizations by Region of Ethnic Minority Autonomous Areas (2003)

单位:人　(person)

年　份 Year	群众文化事业 Mass Culture Institutions				图书馆事业 Libraries
	合　计 Total	群众艺术馆 Mass Art Centers	文化馆 Cultural Center	文化站 Cultural Stations	
合　计　Total	**19 734**	**1 799**	**6 904**	**11 031**	**7 024**
河　北　Hebei	198		60	138	44
内蒙古　Inner Mongolia	4 084	417	1 331	2 336	1 753
辽　宁　Liaoning	402		169	233	138
吉　林　Jilin	510	36	338	136	288
黑龙江　Heilongjiang	34		14	20	13
浙　江　Zhejiang	47		18	29	10
湖　北　Hubei	81	11	29	41	38
湖　南　Hunan	752	17	259	476	185
广　东　Guangdong	56		21	35	20
广　西　Guangxi	3 999	320	1 208	2 471	1 485
海　南　Hainan	171		79	92	77
重　庆　Chongqing	264	8	43	213	39
四　川　Sichuan	774	64	419	291	137
贵　州　Guizhou	1 101	6	341	754	323
云　南　Yunnan	2 537	136	800	1 601	760
西　藏　Tibet	338	158	88	92	41
甘　肃　Gansu	211	45	79	87	89
青　海　Qinghai	409	78	200	131	186
宁　夏　Ningxia	920	136	381	403	516
新　疆　Xinjiang	2 846	367	1 027	1 452	882

18－14 民族自治地方分地区文物事业机构和职工(2003年)

Number of Cultural Undertaking and Personnel by Region of Ethnic Minority Autonomous Areas(2003)

单位:个、人 (unit,person)

年 份 Year	文物事业 Cultural Organization		#文物保护管理 Cultural Relics		#博物馆 Museums	
	机构数 Institutions	职工人数 Personnel	机构数 Institutions	职工人数 Personnel	机构数 Institutions	职工人数 Personnel
合 计 **Total**	**630**	**6 139**	**445**	**3 291**	**163**	**2 391**
河 北 Hebei	8	23	6	11	2	12
内蒙古 Inner Mongolia	107	1 383	72	605	27	653
辽 宁 Liaoning	8	106	6	60	2	46
吉 林 Jilin	18	153	12	88	6	65
黑龙江 Heilongjiang	2	24	1	12	1	12
浙 江 Zhejiang	1	4	1	4		
湖 北 Hubei	4	31	2	3	2	28
湖 南 Hunan	27	254	19	134	8	120
广 东 Guangdong	3	10		3	10	
广 西 Guangxi	109	981	62	282	42	630
海 南 Hainan	4	11		4	11	
重 庆 Chongqing	6	24	5	24	1	
四 川 Sichuan	24	177	20	81	4	91
贵 州 Guizhou	49	190	47	177	2	13
云 南 Yunnan	79	467	61	240	17	222
西 藏 Tibet	15	946	12	842	2	74
甘 肃 Gansu	7	62	2	4	5	57
青 海 Qinghai	26	114	19	66	7	48
宁 夏 Ningxia	30	377	22	198	5	138
新 疆 Xinjiang	103	802	76	460	23	161

18－15　民族自治地方广播、电视事业机构

Broadcasting and Television Stations of Ethnic Minority Autonomous Areas

单位:个　(unit)

年　份 Year	广播电台 Broadcasting Stations	电视中心台 Television Center Stations	电视发射台和转播台 Television Transmission Stationsand	市、县广播站 Broadcasting Station of City and County Relay Stations	广播喇叭(万只) Loudspeakers
1952	5			55	0.17
1957	6			316	5.03
1965	14			726	75.06
1975	42			2 233	907.29
1978	50			2 873	1 102.91
1979	25			2 591	1 015.81
1980	25			1 317	903.67
1981	34			3 266	692.31
1982	34			3 270	573.96
1983	33			2 209	510.55
1984	42	16		2 359	446.36
1985	54	44		4 185	489.66
1986	64	69	187	4 085	489.66
1987	75	69	410	6 574	465.95
1988	133	88	3 386	14 755	495.50
1989	107	94	4 626	935	424.40
1990	111	96	4 021	952	507.84
1991	133	96	5 435	1 260	565.94
1992	189	106	6 720		
1993	152	126	7 744		
1994	209	142	9 568		
1995	247	206	5 365		
1996	205	215	13 398		
1997	202	189	6 899		
1998	261	225	16 072		
1999	193	193	16 191		
2000	277	206			
2001	84	85			
2002	73	90			
2003	73	94			

注:2001年后广播电台、电视中心台数据由国家广电总局提供,与以前数据不可比。

18-16 民族自治地方分地区广播电视机构设置情况(2003年)

Establishing Status of Broadcasting and Television Organizations by Region of Ethnic Minority Autonomous Areas(2003)

单位:个 (unit)

地 区 Region	总 计 Total	省 Province	地 Prefecture	县 County
合 计 Total	864	98	210	556
河 北 Hebei	5			5
内蒙古 Inner Mongolia	95	1	12	82
辽 宁 Liaoning	8			8
吉 林 Jilin	31		20	11
黑龙江 Heilongjiang	1			1
浙 江 Zhejiang	1			1
湖 北 Hubei	11		1	10
湖 南 Hunan	16		1	15
广 东 Guangdong	2			2
广 西 Guangxi	121	53	11	57
海 南 Hainan	6			6
重 庆 Chongqing	2			2
四 川 Sichuan	11		7	4
贵 州 Guizhou	129		3	126
云 南 Yunnan	102		37	65
西 藏 Tibet	116	25	82	9
甘 肃 Gansu	23		2	21
青 海 Qinghai	41		5	36
宁 夏 Ningxia	26	11	4	11
新 疆 Xinjiang	117	8	25	84

18－17 民族自治地方分地区广播事业情况(2003年)

Broadcasting by Region of Ethnic Minority Autonomous Areas (2003)

地区 Region		广播电台(座) Broadcasting Stations (set)	节目套数(套) Programs (set)	#民族语言节目 Ethnic languages Programs	广播节目所有转播时间(小时) Total relaying time of radio Programs (hour)
合计	**Total**	**73**	**441**	**105**	**4 796.41**
河北	Hebei		4		22.08
内蒙古	Inner Mongolia	25	141	31	1 436.50
辽宁	Liaoning		9	1	49.25
吉林	Jilin	1	14	6	165.50
黑龙江	Heilongjiang		3	1	9.47
浙江	Zhejiang		1		7.50
湖北	Hubei	1	6		50.83
湖南	Hunan	1	4		18.42
广东	Guangdong		3		31.50
广西	Guangxi	11	45	1	643.02
海南	Hainan		6		56.30
重庆	Chongqing		2		8.67
四川	Sichuan	2	6	5	60.25
贵州	Guizhou		2		23.58
云南	Yunnan	7	13	8	232.77
西藏	Tibet	7	10	4	197.07
甘肃	Gansu	3	5	2	43.67
青海	Qinghai	4	6	3	32.83
宁夏	Ningxia	5	22		197.63
新疆	Xinjiang	6	139	43	1 509.57

18－18 民族自治地方使用民族语言广播机构(2003年)(一)

Language Using Broadcasting Organizations
by Region of Ethnic Minority Autonomous Areas(2003)(1)

单位:个 (unit)

地区 Region	合计 Total	蒙古语 Mongolian	藏语 Tibetan	维吾尔语 Uygur	苗语 Miao	彝语 Yi	壮语 Zhuang	朝鲜语 Korean	哈尼语 Hani
合 计 Total	**122**	**40**	**7**	**36**	**1**	**7**	**3**	**5**	**2**
河 北 Hebei									
内蒙古 Inner Mongolia	34	34							
辽 宁 Liaoning	1	1							
吉 林 Jilin	6	1						5	
黑龙江 Heilongjiang	1	1							
浙 江 Zhejiang									
湖 北 Hubei									
湖 南 Hunan									
广 东 Guangdong									
广 西 Guangxi	2						2		
海 南 Hainan									
重 庆 Chongqing									
四 川 Sichuan	7		1			6			
贵 州 Guizhou									
云 南 Yunnan	12				1	1	1		2
西 藏 Tibet	2		2						
甘 肃 Gansu	2		2						
青 海 Qinghai	3	1	2						
宁 夏 Ningxia									
新 疆 Xinjiang	52	2		36					

18－18　民族自治地方使用民族语言广播机构(2003年)(二)

Language Using Broadcasting Organizations by Region of Ethnic Minority Autonomous Areas(2003)(2)

单位:个　　(unit)

地 区 Region	哈萨克语 Kazak	傣语 Dai	傈僳语 Lisu	拉祜语 Lahu	景颇语 Jingpo	载瓦语 Zaiwa	柯尔克孜语 Kirgiz
合 计 Total	12	2	1	2	1	1	2
河 北 Hebei							
内蒙古 Inner Mongolia							
辽 宁 Liaoning							
吉 林 Jilin							
黑龙江 Heilongjiang							
浙 江 Zhejiang							
湖 北 Hubei							
湖 南 Hunan							
广 东 Guangdong							
广 西 Guangxi							
海 南 Hainan							
重 庆 Chongqing							
四 川 Sichuan							
贵 州 Guizhou							
云 南 Yunnan		2	1	2	1	1	
西 藏 Tibet							
甘 肃 Gansu							
青 海 Qinghai							
宁 夏 Ningxia							
新 疆 Xinjiang	12						2

18－19 民族自治地方分地区电视事业情况(2003年)

Television Stations by Region of Ethnic Minority Autonomous Areas (2003)

地 区 Region	电视台 (座) Television Stations (set)	节目套数 (套) Programs (set)	#民族语言节目 Ethnic languages Programs	电视节目平均每周转播时间 (小时) Per Week Relaying time of TV Programs (hour)
合 计 Total	**94**	**556**	**103**	**35 450.8**
河 北 Hebei		1		48.7
内蒙古 Inner Mongolia	24	147	28	8 068.8
辽 宁 Liaoning		6		302.7
吉 林 Jilin	1	13		1 093.2
黑龙江 Heilongjiang		1		55.9
浙 江 Zhejiang		1		64.0
湖 北 Hubei	1	4		284.5
湖 南 Hunan	1	13		1 906.8
广 东 Guangdong				
广 西 Guangxi	15	59	3	4 349.6
海 南 Hainan				1 080.5
重 庆 Chongqing				99.5
四 川 Sichuan	3	5		740.3
贵 州 Guizhou	3	6		567.2
云 南 Yunnan	8	20		1 903.2
西 藏 Tibet	3	5	1	443.2
甘 肃 Gansu	4	9	3	540.6
青 海 Qinghai	10	11	4	313.8
宁 夏 Ningxia	5	25		1 347.5
新 疆 Xinjiang	16	230	64	12 240.8

18-20 民族自治地方使用民族语言电视机构(2003年)

Language Using Television Organizations
by Region of Ethnic Minority Autonomous Areas(2003)

单位:个 (unit)

地区 Region		合计 Total	蒙古语 Mongolian	藏语 Tibetan	维吾尔语 Uygur	彝语 Yi	壮语 Zhuang	朝鲜语 Korean	哈尼语 Hani	哈萨克语 Kazak	傣语 Dai	柯尔克孜语 Kirgiz	景颇语 Jingpo
合　计	**Total**	**111**	**32**	**9**	**38**	**3**	**1**	**9**	**2**	**13**	**2**	**2**	**1**
河　北	Hebei												
内蒙古	Inner Mongolia	29	29										
辽　宁	Liaoning												
吉　林	Jilin	10	1					9					
黑龙江	Heilongjiang												
浙　江	Zhejiang												
湖　北	Hubei												
湖　南	Hunan												
广　东	Guangdong												
广　西	Guangxi	1					1						
海　南	Hainan												
重　庆	Chongqing												
四　川	Sichuan	3		1		2							
贵　州	Guizhou												
云　南	Yunnan	6				1			2		2		1
西　藏	Tibet	1		1									
甘　肃	Gansu	3		3									
青　海	Qinghai	4		4									
宁　夏	Ningxia												
新　疆	Xinjiang	55	2		38					13		2	

18－21 民族自治地方分地区电影事业情况(2003年)
Basic Statistics on Movie Production
by Region of Ethnic Minority Autonomous Areas (2003)

地 区 Region	全年完成民族语翻译片(部、本) Over Year Translated Films in Ethnic Languages (film, reel)	各类电影放映单位(个) Films Projection Units (unit)
合 计 **Total**	**282**	**3 363**
河 北 Hebei		62
内蒙古 Inner Mongolia	35	1 047
辽 宁 Liaoning		174
吉 林 Jilin		17
黑龙江 Heilongjiang		26
浙 江 Zhejiang		5
湖 北 Hubei		64
湖 南 Hunan		19
广 东 Guangdong		6
广 西 Guangxi		898
海 南 Hainan		17
重 庆 Chongqing		4
四 川 Sichuan	31	373
贵 州 Guizhou		76
云 南 Yunnan	13	530
西 藏 Tibet		
甘 肃 Gansu	20	13
青 海 Qinghai	10	32
宁 夏 Ningxia		
新 疆 Xinjiang	173	

18－22　民族自治地方出版物情况
Basic Statistics on Publications of Ethnic Minority Autonomous Areas

单位：种数：种　印数：万册(份)　　unit: number of publications: kind　printed copies: 10 000 copies

年份 Year	图书 Published Books		杂志 Magazines		报纸 Newspapers	
	种数 Number of Publications	印数 Printed Copies	种数 Number of Publications	印数 Printed Copies	种数 Number of Publications	印数 Printed Copies
1978	1 336	14 279.4	78	1 306.4	44	28 271.3
1979	2 018	13 332.5	76	1 226.8	62	47 739.6
1980	2 084	16 162.5	114	2 250.5	68	45 109.9
1981	2 343	23 964.6	160	3 770.7	67	52 678.2
1982	3 242	28 089.6	163	8 385.6	68	54 594.5
1983	2 613	17 477.9	165	2 480.7	79	49 894.6
1984	2 859	28 065.2	231	8 606.7	117	63 627.4
1985	3 365	35 906.9	321	7 818.8	175	76 847.2
1986	3 435	29 287.8	332	7 171.9	176	150 281.9
1987	4 507	29 167.4	358	7 273.6	214	92 964.4
1988	5 107	30 754.8	445	8 620.4	236	93 274.4
1989	5 696	30 127.0	447	6 502.9	239	76 404.0
1990	5 784	30 166.3	544	17 866.4	227	79 119.6
1991	6 662	39 810.3	507	6 561.9	245	87 342.0
1992	6 707	41 277.0	487	6 705.0	334	89 412.0
1993	5 907	42 263.3	502	9 833.3	248	71 607.1
1994	8 052	60 986.3	631	8 541.2	350	101 678.5
1995	7 647	42 275.0	633	7 881.0	340	94 984.8
1996	7 979	44 497.3	560	7 482.1	298	102 861.1
1997	8 417	45 876.7	559	7 824.4	322	116 203.9
1998	10 154	48 507.5	542	7 519.9	293	108 276.7
1999	11 208	48 394.4	592	8 069.4	347	111 943.9
2000	11 402	42 310.0	650	8 332.0	356	123 277.0
2001	10 089	42 599.0	693	8 892.0	441	132 611.0
2002	10 856	45 564.0	750	9 085.0	383	139 467.0
2003	12 431	43 214.6	778	9 981.9	381	163 732.0

18－23 民族自治地方分地区图书、杂志、报纸出版情况(2003 年)

Published Books, Magazines and Newspapers by Region of Ethnic Minority Autonomous Areas(2003)

单位：种数：种　印数：万册(份)　　unit: number of publications: kind　printed copies: 10 000 copies

年份 Year	图书 Published Books		杂志 Magazines		报纸 Newspapers	
	种数 Number of Publications	印数 Printed Copies	种数 Number of Publications	印数 Printed Copies	种数 Number of Publications	印数 Printed Copies
合　计 Total	12 431	43 215	778	9 982	381	163 732
河　北 Hebei	2	6	1	5	1	
内蒙古 Inner Mongolia	2 120	7 510	160	2 137	68	29 460
辽　宁 Liaoning					5	767
吉　林 Jilin	1 854	3 458	21	74	12	3 614
黑龙江 Heilongjiang						
浙　江 Zhejiang					1	55
湖　北 Hubei	77	28	4	2	10	5 929
湖　南 Hunan	48	9	9	2	5	9
广　东 Guangdong					2	6
广　西 Guangxi	3 775	22 000	200	6 152	64	69 000
海　南 Hainan						
重　庆 Chongqing					1	2
四　川 Sichuan			5	6	8	2 124
贵　州 Guizhou			5	18	9	1 781
云　南 Yunnan	257	61	114	41	57	1 724
西　藏 Tibet	327	823	34		19	3 277
甘　肃 Gansu	1	1	1	2	2	1 435
青　海 Qinghai			5	1	5	1
宁　夏 Ningxia	448	1 481	24	123	13	7 549
新　疆 Xinjiang	3 522	7 838	195	1 418	99	37 000

主要统计指标解释

文化产业机构　指专门从事文化工作具有法人资格、独立核算的事业、企业单位，以及单独核算、附属于事业单位的经营性专业文化活动单位。

“文化产业机构”包括艺术业、图书馆业、群众文化业、文物业、文化艺术教育业、出版业、娱乐业、文化艺术经纪与代理业，以及不属于以上分类的其他文化产业。

艺术业　包括戏剧、舞蹈、音乐、美术等各种艺术团及艺术家的活动。如演员、音乐家、作家、雕刻家、画家、漫画家、雕塑家的活动等。也包括剧场、音乐厅、美术展览馆等演出、展出设施的管理。

在制度中，将“艺术业”分为“艺术表演团体”、“艺术表演场所”和“其他艺术”三类。

艺术表演团体　指话剧团、方言话剧团、滑稽剧团、儿童剧团、歌剧团、舞剧团、歌舞剧团、歌舞团、轻音乐团、乐团、合唱团、文工团、文宣队、乌兰牧骑、戏曲剧团、曲艺团、说唱团、杂技团、马戏团、木偶团、皮影团等专业艺术表演团体。不包括半工半艺、半艺半农和民间职业剧团。

艺术表演场所　指由各级文化主管部门或文化单位举办的和除部队系统外其他部门兴办的，具有观众厅、舞台、灯光设备，经常供专业艺术表演团体演出，在工商、税务部门登记，公开售票的营业场所。艺术表演场所共分为两类，第一类为剧场、影剧院，包括独立核算的专业剧场和属文化部门管的能演出戏剧的影剧院、兼映电影的剧场，以及附属在剧院、公开营业的非独立核算的剧场、排演场；第二类为其他艺术表演场所，包括不论是否独立核算的书场、曲艺场、杂技场、马戏场、音乐厅等。

图书馆业　包括公共图书馆和除部队系统外的各类单位内部举办的或单独举办的图书馆。不包括群众艺术馆、文化馆、文化站内设的图书室。目前制度仅统计公共图书馆。

群众文化业　包括群众艺术馆、文化馆、文化站、文化宫、少年宫等群众文化活动。在制度中，目前暂不统计文化系统外的文化宫和少年宫。

群众艺术馆、文化馆、文化站指从事群众文化工作的专业机构。不包括临时抽调人员组成、没有编制的农村和街道文化工作队、服务站等。

广播电台　经国家广播电影电视总局（原广播电影电视部，下同）批准设置，并颁发许可证，独立建制，财务上独立核算，有自办节目并正式播出的无线广播播出机构。

广播节目套数　经国家广播电影电视总局批准，并在颁发许可证中载明的，用固定频率自办播出节目，并编有整套节目时间表，定期向听众公布广播节目名称和播出时间的节目的套数。

广播覆盖人口数　按一定的技术标准，在对象区内能接收广播节目的人口数。

电视台　经国家广播电影电视总局批准设置，并颁发许可证，独立建制，财务上独立核算，有自办节目并正式播出的无线电视播出机构。

电视节目套数　经国家广播电影电视总局批准，并在颁发许可证中载明的，用固定频道自办电视节目，并编有整套节目时间表，定期向观众公布电视节目名称和播出时间的节目的套数。

电视覆盖人口数　按一定的技术标准，在对象区内能接收电视节目的人口数。

电视发射台和转播台　经广播电影电视行政主管部门批准设置正式开播的电视发射台和转播台。

电影放映单位　指具有放映机器设备、固定或不固定的放映场所与专职或兼职的放映技术人员，经有关部门登记批准，经常为一定的观众对象放映电影的机构。包括经批准对外开放进行营业，并与电影发行放映管理机构分账的专用放映单位和军委系统租片单位。

19

卫生

Health

19－1 民族自治地方卫生机构、床位、人员

Health Care Institutions, Beds and Personnel of Ethnic Minority Autonomous Areas

年份 Year	机构(个) Health Care Institutions (unit)	#医院、卫生院 Hospitals	床位(张) Beds (unit)	#医院、卫生院 Hospitals	卫生技术人员(人) Medical Technical Personnel (person)	#医生 Doctors
1949	361	230	3 310		3 531	
1952	1 176	378	5 711		17 877	
1957	13 819	603	26 470	20 773	65 649	26 825
1962	19 763	3 203	94 769	71 356	129 818	59 086
1965	25 306	6 275	120 781	89 497	156 889	72 832
1975	21 575	9 749	219 055	190 980	232 218	97 957
1978	23 934	10 191	253 520	22 927	279 387	120 711
1980	26 073	10 433	271 463	241 679	324 300	140 752
1981	27 604	10 735	276 119	246 922	353 395	154 439
1982	28 237	10 803	281 555	251 805	468 850	159 927
1983	28 800	11 349	290 067	267 382	387 690	169 141
1984	29 794	11 659	302 321	279 259	406 880	176 305
1985	30 432	10 061	312 137	288 732	423 733	182 503
1986	31 168	10 012	318 144	294 676	435 882	186 717
1987	31 838	10 129	332 116	307 350	451 429	192 597
1988	31 931	10 520	338 892	313 677	463 900	215 187
1989	31 081	10 342	347 555	321 659	478 304	224 851
1990	31 973	10 574	359 382	331 955	488 661	230 088
1991	32 142	10 680	365 439	338 425	500 254	232 819
1992	31 075	10 210	375 377	347 194	512 996	236 402
1993	30 642	10 389	416 259	380 079	545 934	253 329
1994	30 588	12 482	415 203	380 626	554 220	259 481
1995	28 957	12 331	387 139	357 024	527 438	250 733
1996	15 706	12 201	370 171	349 457	455 220	209 508
1997	16 111	12 461	378 905	357 059	475 731	220 647
1998	16 724	12 859	392 671	370 449	498 720	233 290
1999	16 733	12 464	379 121	357 972	482 722	230 138
2000	16 009	12 492	381 979	361 235	485 181	231 024
2001	15 904	12 372	385 995	365 274	486 749	235 750
2002	15 319	11 832	362 185	346 818	460 043	207 999
2003	15 230	11 768	381 534	359 090	463 382	208 246

注:1.本表未扣除区域变动因素,年度之间不可比,下同。
2.1996年以后机构数不含诊所数,下同。
3.2002年卫生机构数为登记注册数,下同。
4.2002年后医生系执业(助理)医师数,故有所减少。

Note: a) The factor of regional changes is not deducted so data amony years are Not comparable. The next is the same.
b) The number of institution after 1996 is excluding the clinics. The same below.
c) The number of health institutions in 2002 is the number of registeration the next is the same.
d) Doctors after 2002 refer to the certified (assistant) doctors, so the numbers decreased somewhat.

19－2 民族自治地方卫生机构

Health Care Institutions of Ethnic Minority Autonomous Areas

单位:个 (unit)

年份 Year	合计 Total	医院 Hospitals	卫生院 Township Hospitals	疗养院、所 Sanatoriums	门诊部 Clinics	专科防治所、站 Specialized Stations	卫生防疫站 Sanitation and Disease Control Stations	妇幼保健所、站 Maternity and Childcare Center	其他 Others
1957	13 819	603		17	5 541		146	641	6 871
1962	19 763	3 203		69	15 279		387	363	462
1965	25 306	6 275		43	17 626		485	427	450
1975	21 575	9 749		25	10 292		633	412	464
1978	23 934	10 191		30	11 866		649	478	720
1979	25 027	10 254		30	12 676	124	635	478	830
1980	26 073	10 433		34	13 457	140	672	497	840
1981	27 604	10 735		36	14 661	146	694	505	827
1982	28 237	10 803		41	15 175	164	720	511	823
1983	28 800	11 349		44	15 130	173	727	522	855
1984	29 794	11 659		43	15 713	187	763	545	884
1985	30 432	10 061		47	17 761	221	817	559	966
1986	31 168	10 012		47	18 342	249	847	591	1 080
1987	31 838	10 129		49	18 817	277	873	600	1 093
1988	31 931	10 520		48	18 488	283	862	603	1 127
1989	31 081	10 342		46	17 744	291	892	606	1 160
1990	31 973	10 574		48	18 312	300	910	625	1 204
1991	32 142	10 680		48	18 307	313	915	634	1 245
1992	31 075	10 210		49	11 568	315	930	640	1 363
1993	30 642	10 389		64	16 772	309	1 004	649	1 423
1994	30 588	12 482		65	14 651	350	994	643	1 403
1995	28 957	12 331		45	13 282	331	995	630	1 343
1996	15 706	2 548	9 653	44	377	311	881	593	1 299
1997	16 111	2 606	9 855	44	435	320	893	609	1 349
1998	16 724	2 691	10 168	41	543	340	920	624	1 397
1999	16 733	2 681	9 783	38	1 124	329	887	529	1 362
2000	16 009	2 685	9 807	37	339	323	884	525	1 409
2001	15 904	2 695	9 677	38	401	319	881	525	1 368
2002	15 319	2 671	9 161	36	698	278	740	387	1 348
2003	15 230	2 603	9 165	35	645	262	672	371	1 477

注:1995 年以前卫生院数字含在医院数中。

Note: Before 1995 the number of township hospitals include in the number of hospitals.

19－3 民族自治地方卫生机构床位

Number of Beds in Health Care Institutions of Ethnic Minority Autonomous Areas

单位:张 (unit)

年份 Year	合计 Total	医院 Hospitals	卫生院 Township Hospitals	疗养院、所 Sanatoriums	门诊部 Clinics	专科防治所、站 Specialized Stations	卫生防疫站 Sanitation and Disease Control Stations	妇幼保健所、站 Maternity and Childcare Center	其他 Others
1957	26 470	20 773		1 277					4 420
1962	94 769	71 356		4 954					18 459
1965	120 781	89 497		3 732					27 552
1975	219 055	190 980		3 178					24 897
1978	253 520	220 927		3 482					29 111
1979	263 202	230 877		3 736	25 127	1 035	60	426	1 941
1980	271 463	241 679		4 318	21 471	1 248	60	661	2 026
1981	276 119	246 922		4 844	19 735	1 299	60	882	2 377
1982	281 555	251 805		5 436	19 811	1 174	60	1 063	2 206
1983	290 067	267 382		5 651	12 034	1 234	60	1 376	2 321
1984	302 321	279 259		5 851	12 120	1 113	60	1 530	2 388
1985	312 137	288 732		6 213	11 972	770	75	1 536	2 839
1986	318 144	294 676		6 367	11 191	944	75	1 824	3 067
1987	332 116	307 350		6 681	11 589	1 090	84	1 994	3 328
1988	338 892	313 677		6 294	11 756	967	118	2 130	3 950
1989	347 555	321 659		5 981	11 757	1 384	116	2 261	4 391
1990	359 382	331 955		6 262	12 051	1 717	117	2 509	4 771
1991	365 439	338 425		6 157	11 548	1 772	216	2 533	4 788
1992	375 377	347 194		6 508					
1993	416 259	380 079		12 187	12 709	1 761	146	3 464	5 913
1994	415 203	380 626		11 464	12 087	1 087	68	3 478	5 593
1995	387 139	357 024		6 511	12 017	1 621	241	4 076	5 649
1996	370 171	257 701	91 756	6 588	2 720	1 308	238	4 578	5 282
1997	378 905	260 708	96 351	6 667	2 957	1 571	286	5 276	5 089
1998	392 671	272 202	98 247	6 637	2 600	1 550	293	5 697	5 445
1999	379 121	261 888	96 084	6 256	3 266	1 465	317	4 696	5 149
2000	381 979	264 963	96 272	5 591	2 673	1 570	347	5 018	5 545
2001	385 995	268 103	97 171	5 567	2 695	1 563	490	5 347	5 059
2002	362 185	257 800	89 018	2 249	1 379	2 158		3 234	6 347
2003	381 534	269 155	89 935	128	1 523	1 480		3 384	15 929

注:1995 年以前卫生院数字含在医院数中。

Note: Before 1995 the number of township hospitals include in the number of hospitals.

19－4 民族自治地方分地区卫生机构、床位(2003年)(一)

Health Care Institutions and Beds

by Region of Ethnic Minority Autonomous Areas(2003)(1)

单位:个、张 (unit)

地区 Region	合计 Total		医院 Hospital					
					市 City		县 County	
	机构 Health Care Institu－tions	床位 Beds	机构 Health Care Institu－tions	床位 Beds	机构 Health Care Institutions	床位 Beds	机构 Health Care Institutions	床位 Beds
合计 Total	**15 230**	**381 534**	**2 603**	**269 155**	**1 160**	**156 019**	**1 443**	**113 136**
河北 Hebei	192	3 496	15	1 859			15	1 859
内蒙古 Inner Mongolia	2 247	63 729	434	46 413	252	32 912	182	13 501
辽宁 Liaoning	343	9 948	43	6 183	9	1 325	34	4 858
吉林 Jilin	330	9 867	67	7 562	45	5 277	22	2 285
黑龙江 Heilongjiang	20	273	3	165			3	165
浙江 Zhejiang	2	3						
湖北 Hubei	126	4 515	16	2 822	6	1 947	10	875
湖南 Hunan	523	10 587	47	6 453	8	1 616	39	4 837
广东 Guangdong	65	1 067	8	570			8	570
广西 Guangxi	2 198	87 135	439	61 498	232	40 759	207	20 739
海南 Hainan	316	6 013	82	4 536	28	2 408	54	2 128
重庆 Chongqing	205	3 594	14	1 782	4	548	10	1 234
四川 Sichuan	1 735	15 159	144	9 296	19	2 154	125	7 142
贵州 Guizhou	1 027	19 143	105	11 139	32	5 051	73	6 088
云南 Yunnan	1 277	40 699	231	26 499	60	9 021	171	17 478
西藏 Tibet	906	6 166	96	4 211	6	1 346	90	2 865
甘肃 Gansu	441	5 454	48	3 561	7	1 030	41	2 531
青海 Qinghai	504	7 198	80	5 329	6	707	74	4 622
宁夏 Ningxia	528	15 620	120	13 023	86	9 736	34	3 287
新疆 Xinjiang	2 245	71 868	611	56 254	360	40 182	251	16 072

19－4 民族自治地方分地区卫生机构、床位(2003年)(二)

Health Care Institutions and Beds
by Region of Ethnic Minority Autonomous Areas(2003)(2)

单位:个、张 (unit)

地区 Region		卫生院 合计 Total		#乡卫生院		门诊部 Clinics	
		机构 Health Care Institutions	床位 Beds	机构 Health Care Institutions	床位 Beds	机构 Health Care Institutions	床位 Beds
合计	**Total**	**9 165**	**89 935**	**7 234**	**55 113**	**645**	**1 523**
河北	Hebei	162	1 514	122	556	1	25
内蒙古	Inner Mongolia	1 301	12 703	934	7 343	53	350
辽宁	Liaoning	206	3 184	152	1 836	5	18
吉林	Jilin	137	1 788	106	1 063	21	85
黑龙江	Heilongjiang	13	84	12	74	1	2
浙江	Zhejiang	2	3	2	3	0	0
湖北	Hubei	58	1 584	37	797	0	0
湖南	Hunan	375	3 716	295	2 007	2	30
广东	Guangdong	37	385	32	232	9	24
广西	Guangxi	1 271	19 828	1 076	13 300	68	164
海南	Hainan	128	1 107	101	583	42	10
重庆	Chongqing	168	1 599	122	580	0	0
四川	Sichuan	1 317	4 824	1 074	2 116	87	71
贵州	Guizhou	775	7 071	525	3 480	0	0
云南	Yunnan	798	11 825	618	7 337	3	83
西藏	Tibet	672	1 582	590	1 369	1	12
甘肃	Gansu	315	1 499	242	793	1	0
青海	Qinghai	326	1 646	248	902	1	1
宁夏	Ningxia	278	1 672	232	726	35	96
新疆	Xinjiang	826	12 321	714	10 016	315	552

19－4 民族自治地方分地区卫生机构、床位(2003 年)(三)

Health Care Institutions and Beds
by Region of Ethnic Minority Autonomous Areas(2003)(3)

单位:个、张 (unit)

地区 Region		疗养院、所 Sanato－riums		专科防治所、站 Specialized Stations		卫生防疫站 Sanitation and Disease Control Centers		妇幼保健所、站 Maternity and Childcare Centers		其他卫生机构 Others	
		机构 Health Care Institu-tions	床位 Beds	机构 Health Care Institu-tions	床位 Beds	机构 Health Care Institu-tions	床位 Beds	机构 Health Care Institu-tions	床位 Beds	机构 Health Care Institu-tions	床位 Beds
合 计	**Total**	**35**	**128**	**262**	**1 480**	**672**		**371**	**3 384**	**1 477**	**15 929**
河 北	Hebei			2		6		4	38	2	60
内蒙古	Inner Mongolia	9		55	218	130		93	968	172	3 077
辽 宁	Liaoning	1		12	67	6		6		64	496
吉 林	Jilin	3		12	78	9		8	28	73	326
黑龙江	Heilongjiang			1	2	1				1	20
浙 江	Zhejiang										
湖 北	Hubei			3		5				44	109
湖 南	Hunan			11	3	15		12	216	61	169
广 东	Guangdong			2	9	3				6	79
广 西	Guangxi	9		72	354	85		5	36	249	5 255
海 南	Hainan			16		11		9	42	28	318
重 庆	Chongqing			4	48			3	70	16	95
四 川	Sichuan			21	133	50		31	347	85	488
贵 州	Guizhou			5	166	7		35	432	100	335
云 南	Yunnan	1		21	277	21		14	162	188	1 853
西 藏	Tibet	1		1		77		46	93	12	268
甘 肃	Gansu	1		1		15		20	168	40	226
青 海	Qinghai	1				3		4	31	89	191
宁 夏	Ningxia	2	128	6		22		20	356	45	345
新 疆	Xinjiang	7		17	125	206		61	397	202	2 219

19－5 民族自治地方专业卫生人员
Full－time Personnel in Public Health Care of Ethnic Minority Autonomous Areas

年份 Year	专业卫生人员 Health Care Personnel	#卫生技术人员 Medical Technical Personnel	#中医 Traditional Chinese Medicine	#西医师 Western Medicine Senior	#西医士 Western Medicine Junior	#中、西医结合高级医师 Senior Doctors who Integrate Traditional Chinese Therapeutics with Western
1957	77 221	65 649	15 014	2 997	8 814	
1962	152 872	129 818	25 980	10 360	22 764	
1965	184 446	156 889	26 448	17 860	28 524	
1975	288 559	232 218	16 126	35 498	46 333	
1978	349 249	279 387	20 575	42 574	57 562	
1979	379 396	302 034	22 663	45 174	61 018	
1980	407 629	324 300	24 770	52 258	63 724	
1981	443 076	353 395	28 562	58 808	66 940	129
1982	461 245	368 850	30 106	60 692	68 954	175
1983	482 042	387 690	32 706	65 544	70 723	168
1984	505 994	406 880	37 010	65 707	73 377	211
1985	526 965	432 733	39 634	64 999	77 710	160
1986	544 777	435 882	39 909	66 237	80 391	180
1987	562 349	451 429	41 722	69 372	81 304	199
1988	573 682	463 900	43 647	114 098	57 023	419
1989	592 461	478 304	44 250	123 978	65 180	443
1990	606 085	488 661	44 266	127 894	57 470	458
1991	621 172	500 254	42 922	129 825	59 664	408
1992	638 230	512 996	42 764	130 294	62 864	480
1993	693 651	548 899	44 089	143 005	61 875	755
1994	696 548	554 240	43 862	152 530	62 169	920
1995	657 512	527 438	41 406	146 031	62 171	1 125
1996	579 693	455 220				
1997	601 826	475 731				
1998	629 331	498 720				
1999	606 016	482 722				
2000	606 447	485 181				
2001	606 776	486 749				
2002	568 754	460 043				
2003	569 326	463 382				

19－6 民族自治地方分地区专业卫生人员(2003年)(一)

Full－time Health Care Personnel by Region of Ethnic Minority Autonomous Areas (2003)(1)

单位:人 (person)

地区 Region	卫生人员合计 Health Care Personnel	#卫生技术人员 Medical Technical Personnel	#职业(助理)医生 Doctors with License
合计 Total	569 326	463 382	208 246
河北 Hebei	5 741	4 913	2 334
内蒙古 Inner Mongolia	106 172	87 351	42 118
辽宁 Liaoning	15 344	11 542	5 213
吉林 Jilin	18 377	14 884	6 337
黑龙江 Heilongjiang	699	562	261
浙江 Zhejiang	17	17	1
湖北 Hubei	5 616	4 936	2 086
湖南 Hunan	15 396	12 927	5 265
广东 Guangdong	1 638	1 360	524
广西 Guangxi	131 854	103 667	42 521
海南 Hainan	10 258	8 137	3 348
重庆 Chongqing	5 648	4 872	2 253
四川 Sichuan	20 768	17 928	9 871
贵州 Guizhou	26 529	23 009	12 145
云南 Yunnan	48 920	40 018	18 776
西藏 Tibet	9 209	7 451	3 788
甘肃 Gansu	9 110	7 774	4 083
青海 Qinghai	10 136	9 090	4 300
宁夏 Ningxia	24 654	20 225	9 247
新疆 Xinjiang	103 240	82 719	33 775

19－6 民族自治地方分地区专业卫生人员(2003年)(二)

Full－time Health Care Personnel by Region of Ethnic Minority Autonomous Areas (2003)(2)

单位:人 (Person)

地区 Region	市属卫生人员 Health Care Personnel at City Level	#卫生技术人员 Medical Technical Personnel	#执业(助理)医生 Doctors with License	县属专业卫生人员 Health Care Personnel at County Level	#卫生技术人员 Medical Technical Personnel	#执业(助理)医生 Doctors with License
合计 Total	**274 086**	**217 971**	**92 311**	**295 240**	**245 411**	**115 935**
河北 Hebei	131	110	44	5 610	4 803	2 290
内蒙古 Inner Mongolia	62 515	49 840	22 974	43 657	37 511	19 144
辽宁 Liaoning	4 336	3 202	1 504	11 008	8 340	3 709
吉林 Jilin	10 501	8 511	3 567	7 876	6 373	2 770
黑龙江 Heilongjiang				699	562	261
浙江 Zhejiang				17	17	1
湖北 Hubei	2 722	2 444	1 093	2 894	2 492	993
湖南 Hunan	2 597	2 030	869	12 799	10 897	4 396
广东 Guangdong	26	23	5	1 612	1 337	519
广西 Guangxi	72 248	56 274	21 860	59 606	47 393	20 661
海南 Hainan	5 010	3 893	1 496	5 248	4 244	1 852
重庆 Chongqing	1 223	1 014	398	4 425	3 858	1 855
四川 Sichuan	3 722	2 933	1 440	17 046	14 995	8 431
贵州 Guizhou	8 218	6 745	3 109	18 311	16 264	9 036
云南 Yunnan	12 754	10 311	4 462	36 166	29 707	14 314
西藏 Tibet	3 056	2 207	945	6 153	5 244	2 843
甘肃 Gansu	2 402	2 006	904	6 708	5 768	3 179
青海 Qinghai	1 406	1 208	521	8 730	7 882	3 779
宁夏 Ningxia	16 778	13 472	5 802	7 876	6 753	3 445
新疆 Xinjiang	64 441	51 748	21 318	38 799	30 971	12 457

19－7 民族自治地方少数民族专业卫生人员

Full－time Health Care Ethnic Personnel in Public Health Care of Ethnic Minority Autonomous Areas

单位:人 (person)

年 份 Year	专业卫生人员 Health Care Personnel	#卫生技术人员 Medical Technical Personnel	#中医 Traditional Chinese Medicine	#西医师 Western Medicine Senior	#西医士 Western Medicine Junior	#中、西医结合高级医师 Senior Doctors who Integrate Traditional Chinese Therapeutics with Western
1980	71 694	56 823	5 815	8 656	13 782	
1981	96 115	74 843	7 318	11 197	18 556	9
1982	100 672	80 521	8 083	12 038	18 943	19
1983	108 287	87 216	8 803	13 509	20 104	30
1984	117 473	95 310	10 928	13 818	22 252	36
1985	135 745	105 656	11 884	14 926	22 792	23
1986	139 196	112 058	12 051	15 516	25 284	35
1987	147 783	118 748	12 464	15 360	24 550	32
1988	154 894	123 586	13 736	31 191	18 347	115
1989	163 731	189 603	14 758	34 717	18 569	114
1990	170 738	141 448	14 957	36 825	20 570	129
1991	178 890	145 406	11 689	37 943	21 402	109
1992	187 543	149 635	14 235	38 438	22 800	156
1993	172 504	143 744	13 136	39 007	19 931	101
1994	180 811	151 953	14 220	41 238	20 391	118
1995	180 049	152 523	13 379	41 363	20 999	141
1996	174 537	144 575				
1997	183 469	155 803				
1998	185 412	158 121				
1999	185 458	159 199				
2000	186 494	160 113				
2001	184 132	158 169				
2002	184 132	158 169				
2003	196 725	177 110				

19－8　民族自治地方分地区少数民族专业卫生人员(2003年)

Full－time Health Care Ethnic Personnel

by Region of Ethnic Minority Autonomous Areas (2003)

单位:人　　(person)

地　区 Region	卫生人员合计 Health Care Personnel	#卫生技术人员 Medical Technical Personnel	#职业(助理)医生 Doctors with License
合　计　Total	**196 725**	**177 110**	**84 813**
河　北　Hebei	4 245	3 467	1 313
内蒙古　Inner Mongolia	24 405	21 814	11 548
辽　宁　Liaoning	7 967	7 057	3 295
吉　林　Jilin	7 476	6 438	2 712
黑龙江　Heilongjiang	167	144	81
浙　江　Zhejiang	3	3	2
湖　北　Hubei	3 607	3 281	1 519
湖　南　Hunan	9 917	8 604	3 253
广　东　Guangdong	429	400	154
广　西　Guangxi	41 702	37 766	17 276
海　南　Hainan	2 038	1 883	709
重　庆　Chongqing	3 695	3 462	1 567
四　川　Sichuan	7 111	6 609	3 913
贵　州　Guizhou	14 101	12 952	7 572
云　南　Yunnan	18 069	16 414	8 532
西　藏　Tibet	5 309	4 836	2 633
甘　肃　Gansu	3 187	2 885	1 721
青　海　Qinghai	4 677	4 258	2 248
宁　夏　Ningxia	3 680	3 191	1 586
新　疆　Xinjiang	34 940	31 646	13 179

19－9 民族自治地方分地区中医中的民族医生

Ethnic Doctors Engaged in Traditional
Chinese Medicine by Region of Ethnic Minority Autonomous Areas

单位:人 (person)

年份 Year 地区 Region	合计 Total	蒙医 Mognolian	藏医 Tibetan	维医 Uygur	傣医 Dai
1991	5 584	3 325	1 787	439	33
1992	4 759	3 325	1 014	420	
1993	5 649	3 361	1 706	525	57
1994	6 098	3 537	1 815	707	39
1995	5 702	3 095	1 804	767	36
1996	5 557	3 202	1 801	461	93
1997	5 857	3 076	1 961	660	160
1998	6 252	3 312	1 995	736	209
1999	5 970	2 827	2 109	853	181
2000	6 744	3 386	2 169	934	255
2001	6 440	2 766	2 307	1 124	243
2002	6 440	2 766	2 307	1 124	243
2003	4 302	2 136	1 723	417	26
合　计 Total	**4 302**	**2 136**	**1 723**	**417**	**26**
河　北 Hebei	1				1
内蒙古 Inner Mongolia	1 927	1 918	8		1
辽　宁 Liaoning	121	120		1	
吉　林 Jilin	1				1
黑龙江 Heilongjiang	2	2			
浙　江 Zhejiang					
湖　北 Hubei					
湖　南 Hunan	2				2
广　东 Guangdong	1	1			
广　西 Guangxi	4	1		3	
海　南 Hainan					
重　庆 Chongqing					
四　川 Sichuan	307		304		3
贵　州 Guizhou					
云　南 Yunnan	68	2	57	1	8
西　藏 Tibet	651		651		
甘　肃 Gansu	411	5	406		
青　海 Qinghai	340	46	294		
宁　夏 Ningxia	2				2
新　疆 Xinjiang	464	41	3	412	8

19－10 民族自治地方分地区卫生机构万元以上设备台数(2003年)

Number of Equipment for medical treatment above 10 000 yuan in Health Care Institutions by Region of Ethnic Minority Autonomous Areas(2003)

单位:台 (unit)

地区 Region	合计 Total	50万元以下	50万~100万元	100万元以上
合计 Total	**112 442**	**106 485**	**4 492**	**1 465**
河北 Hebei	711	680	21	10
内蒙古 Inner Mongolia	16 301	15 559	537	205
辽宁 Liaoning	1 601	1 546	23	32
吉林 Jilin	4 276	4 049	169	58
黑龙江 Heilongjiang	107	107		
浙江 Zhejiang				
湖北 Hubei	667	645	9	13
湖南 Hunan	2 494	2 327	138	29
广东 Guangdong	345	284	58	3
广西 Guangxi	33 831	32 477	907	447
海南 Hainan	658	633	21	4
重庆 Chongqing	696	683	7	6
四川 Sichuan	3 066	2 987	51	28
贵州 Guizhou	4 391	4 185	153	53
云南 Yunnan	13 678	13 318	249	111
西藏 Tibet	1 774	1 087	628	59
甘肃 Gansu	2 106	2 092	7	7
青海 Qinghai	1 177	1 035	133	9
宁夏 Ningxia	5 241	5 022	139	80
新疆 Xinjiang	19 322	17 769	1 242	311

19－11 民族自治地方农村村级卫生组织

Rural Health Care Unions of Ethnic Minority Autonomous Areas

单位:个 (unit)

年份 Year	村总数 Total Villages	有卫生机构的村数 Villages with Health Care Station	占村总数的比重(%) AS% to Total	无医疗点的村数 Villages without Health Care Stations	占村总数的比重(%) AS% to Total
1978	67 937	56 655	83.4	11 282	16.6
1979	68 783	44 324	64.4	24 459	35.6
1980	68 916	39 325	55.6	30 591	44.4
1981	75 257	53 434	71.0	21 823	29.0
1982	75 523	54 240	71.8	21 283	28.2
1983	79 105	64 006	80.9	15 099	19.1
1984	80 406	60 790	75.6	19 616	24.4
1985	86 764	65 426	75.4	21 338	24.6
1986	92 575	67 353	72.8	25 222	27.2
1987	92 822	69 005	74.3	23 817	25.7
1988	96 096	65 248	67.9	30 848	32.1
1989	97 459	65 665	67.4	31 794	32.6
1990	91 092	68 843	75.6	22 249	24.4
1991	96 525	70 045	72.6	26 480	27.4
1992	76 188	59 356	77.9	16 832	22.1
1993	93 939	74 260	79.1	19 679	20.9
1994	97 287	76 244	78.4	21 043	21.6
1995	96 685	74 375	76.9	29 310	23.1
1996	97 140	76 059	78.3	21 081	21.7
1997	100 012	79 368	79.4	20 644	20.6
1998	101 644	83 571	82.2	18 073	18.8
1999	98 496	82 023	83.3	16 473	16.7
2000	99 621	83 442	83.8	16 179	16.2
2001	98 091	82 995	84.6	15 096	15.4

19－12　民族自治地方乡村医生、卫生员、农村接生员

Rural Docctors, Health Care Workers and Rural Midwives of Ethnic Minority Autonomous Areas

单位:人 (person)

年　份 Year	乡村医生和卫生员 Rural Doctors and Medical Technical Personnel Total	乡村医生 Rural Doctors	卫生员 Medics	#少数民族乡村医生和卫生员 Minority Rural Doctors and Medical Technical Personnel	农村接生员 Rural Midwife
1982	116 965	47 933	69 032	49 743	86 158
1983	116 754	55 580	61 174	49 228	88 703
1984	118 730	58 109	60 621	52 630	96 148
1985	131 381	62 255	69 129	55 914	101 291
1986	135 634	68 480	68 154	57 423	106 411
1987	139 901	72 374	67 527	56 634	107 692
1988	135 751	73 106	62 645	55 188	106 464
1989	136 780	75 228	61 552	56 304	141 857
1990	135 424	75 935	59 489	54 594	107 261
1991	139 332	79 709	59 623	58 052	104 869
1992	146 472	83 518	62 954	44 695	97 374
1993	163 129	100 993	62 136	63 582	98 064
1994	154 147	96 347	57 800	63 573	94 585
1995	158 014	102 376	55 639	64 290	91 630
1996	159 529	101 416	58 113	66 865	84 919
1997	165 976	108 712	57 264	71 229	86 735
1998	172 286	115 367	56 919	68 872	81 786
1999	169 759	116 520	53 239	69 098	80 421
2000	173 025	119 979	53 046	70 989	73 321
2001	171 341	120 976	50 365	68 431	68 870

主要统计指标解释

医院 指设有固定床位，能收容病人住院并能为病人提供医疗、护理服务的医疗机构，包括县及县以上医院、农村乡卫生院和其他医院三部分。医院按所属性质不同分为卫生部门、工业及其他部门和集体经济单位三类。县及县以上医院按业务性质不同分为综合医院和专科医院。

医院包括综合医院、中医医院、中西医结合医院、各类专科医院（含专科病防治院）、妇幼保健院。

卫生院 指名称为“乡（镇）中心卫生院”、“乡（镇）卫生院”和“街道卫生院”的医疗机构。包括无床的乡卫生院和独立核算的乡卫生院分院。

门诊部 指名称为“门诊部”的医疗机构。

专科防治所、站 不包括各类专科病防治院，各类专科病防治院计入相应的专科医院中。

村卫生室总数 应与当地卫生厅行政部门注册登记的个数相等。

床位数 指本年10月底的固定实有床位（非编制床位数）。包括正规床、简易床、监护床和正在消毒、修理的床位及因扩建或大修理而停用的床位，不包括产科新生儿床、库存床、观察床、临时加床、病人家属陪侍床、接产室待产床。

卫生员 指村卫生室中未获得乡村医生证书的卫生人员。

卫生技术人员 指卫生机构中医生、护理人员、药剂人员、检验人员等卫生技术人员。

医生 指在医疗、预防保健机构工作且取得《执业医师证书》的执业医师和执业助理医师。

20 环保和社会福利

Environmental Protection and Social Welfare

20-1 民族自治地方分地区工业废水排放及处理情况

Discharge and Treatment of Industrial Waste Water by Region of Ethnic Minority Autonomous Areas(2003)

地区 Region	汇总工业企业数（个） Number of Industrial Enterprises (unit)	工业废水排放总量（万吨） Total Volume of Waste Water Discharged (10 000 tons)	工业废水排放达标量(万吨) Volume of Industrial Waste Water up to the Discharge Standards (10 000tons)
合计 Total	**7 482**	**216 239.47**	**157 236.50**
河北 Hebei	871	554.00	276.90
内蒙古 Inner Mongolia	959	23 576.00	15 075.00
辽宁 Liaoning	322	1 254.47	906.82
吉林 Jilin	119	5 355.34	1 370.07
黑龙江 Heilongjiang			
浙江 Zhejiang	13	81.31	80.20
湖北 Hubei	79	896.00	92.60
湖南 Hunan	213	3 747.66	1 699.65
广东 Guangdong	12	71.64	66.64
广西 Guangxi	1 731	119 291.00	103 212.00
海南 Hainan	36	686.13	670.43
重庆 Chongqing	53	2 338.00	1 928.00
四川 Sichuan	234	2 774.11	430.01
贵州 Guizhou	972	3 208.54	627.03
云南 Yunnan	761	18 722.91	13 781.50
西藏 Tibet	24	612.00	
甘肃 Gansu	99	2 685.93	255.67
青海 Qinghai	106	3 227.43	682.03
宁夏 Ningxia	272	10 740.00	6 287.95
新疆 Xinjiang	606	16 417.00	9 794.00

20－2 民族自治地方分地区工业废气排放情况

Emission of Industrial Waste Gas by Region of Ethnic Minority Autonomous Areas(2003)

地 区 Region	汇总工业企业数 (个) Number of Industrial Enterprises (unit)	工业废气排放总量 (亿标立方米) Total Volume of Industrial Waste Gas Emission (100 million cu. m)
合 计 Total	60 936	21 881.08
河 北 Hebei	48	8.20
内蒙古 Inner Mongolia		7 960.52
辽 宁 Liaoning	419	89.44
吉 林 Jilin	119	219.12
黑龙江 Heilongjiang		
浙 江 Zhejiang	4	1.67
湖 北 Hubei	79	42.99
湖 南 Hunan	200	74.84
广 东 Guangdong	13 405	8.63
广 西 Guangxi	1 731	6 635.95
海 南 Hainan	23	9.78
重 庆 Chongqing	53	53.16
四 川 Sichuan	236	149.58
贵 州 Guizhou	945	626.88
云 南 Yunnan	42 613	1 160.32
西 藏 Tibet	24	14.00
甘 肃 Gansu	93	13.82
青 海 Qinghai	66	151.59
宁 夏 Ningxia	272	1 726.59
新 疆 Xinjiang	606	2 934.00

20－3 民族自治地方分地区工业固体废物产生及处理情况

Discharge, Treatment and Utilization of Industrial Solid Wastes by Region of Ethnic Minority Autonomous Areas (2003)

地 区 Region		汇总工业企业数（个）Number of Industrial Enterprises (unit)	工业固体废物产生量（万吨）Volume of Industrial Solid Wastes Produced (10 000 tons)	工业固体废物综合利用量（万吨）Volume of Industrial Solid Wastes Utilized in a Comprehensive Way (10 000 tons)	“三废”综合利用产品产值（万元）Output Value of Products Made from Comprehensive Utilization of Waste Gas, Waste Water and Solid Wastes (10 000yuan)
合 计	**Total**	**6 713**	**22 129.79**	**5 158.54**	**390 252**
河 北	Hebei	546	832.00	205.00	222
内蒙古	Inner Mongolia	959	3 647.00	1 196.00	36 429
辽 宁	Liaoning	335	808.28	44.41	1 350
吉 林	Jilin	119	158.14	54.37	12 832
黑龙江	Heilongjiang				
浙 江	Zhejiang	13	4.89	2.45	
湖 北	Hubei	79	54.70	19.70	3 305
湖 南	Hunan	211	8 195.03	19.55	5 244
广 东	Guangdong	8	2.01	0.04	5
广 西	Guangxi	1 731	3 224.44	1 996.97	146 625
海 南	Hainan	18	2.69	2.68	30
重 庆	Chongqing	53	67.08	16.66	1 662
四 川	Sichuan	236	109.49	43.37	4 370
贵 州	Guizhou	785	1 515.72	133.59	5 093
云 南	Yunnan	597	1 347.95	474.05	71 471
西 藏	Tibet	24	6.00	6.00	
甘 肃	Gansu	98	81.33	9.42	468
青 海	Qinghai	87	404.21	104.79	479
宁 夏	Ningxia	208	581.84	289.49	21 062
新 疆	Xinjiang	606	1 087.00	540.00	79 605

20－4 民族自治地方分地区工业污染治理项目及投资情况(2003年)

Investment in Anti－Industrial Pollution Projects
by Region of Ethnic Minority Autonomous Areas(2003)

地 区 Region	汇总工业企业数 (个) Number of Industrial Enterprises (unit)	当年安排污染治理项目数 (个) Number of Projects for Pollution Treatment in the Year (unit)	污染治理项目本年完成投资额(万元) Actual Investment in Implementation of the Project for Pollution Treatment in the Year (10 000 yuan)
合 计 Total	**1 567**	**1 279**	**149 153.07**
河 北 Hebei	35	24	2 015.90
内蒙古 Inner Mongolia	65	80	27 697.00
辽 宁 Liaoning	129	91	1 260.00
吉 林 Jilin	19	20	4 029.90
黑龙江 Heilongjiang			
浙 江 Zhejiang			
湖 北 Hubei	14	16	302.00
湖 南 Hunan	161	52	1 473.60
广 东 Guangdong	3	3	750.00
广 西 Guangxi	227	355	24 029.80
海 南 Hainan	11	1	6.00
重 庆 Chongqing	36	30	1 155.00
四 川 Sichuan	179	31	8 812.60
贵 州 Guizhou	101	91	6 339.30
云 南 Yunnan	392	276	31 943.17
西 藏 Tibet	24	4	390.00
甘 肃 Gansu	38	35	593.00
青 海 Qinghai	2	1	100.00
宁 夏 Ningxia	48	65	11 747.00
新 疆 Xinjiang	83	104	26 508.80

20－5 民族自治地方分地区城乡居民最低生活保障情况(2003年)

Basic Statistics on Receiving Lowest Cost－of－living in Urban and Rural Area by Region of Ethnic Minority Autonomous Areas (2003)

地区 Region	城镇低保人数(人) Number of persons Receiving Lowest Cost－of－Living in Urban area (person)	城镇保障资金(万元) The Funds of Indemnity in Urban Area (10 000 yuan)	乡村低保人数(人) Number of Persons Receiving Lowest Cost－of－Living in Rural area (person)	乡村保障资金(万元) The Funds of Indemnity in Rural Area (10 000 yuan)
合计 Total	3 914 634	190 453	621 598	22 926
河北 Hebei	20 988	1 067	17 155	203
内蒙古 Inner Mongolia	704 559	44 890	27 400	417
辽宁 Liaoning	71 639	5 182	43 521	1 338
吉林 Jilin	214 041	13 217	12 316	537
黑龙江 Heilongjiang	6 398	304		
浙江 Zhejiang	341	15	4 218	73
湖北 Hubei	46 468	3 455	37 261	437
湖南 Hunan	133 219	9 258	45 759	589
广东 Guangdong	959	55	5 009	226
广西 Guangxi	595 477	38 684	71 349	1 936
海南 Hainan	25 161	1 176	7 708	112
重庆 Chongqing	44 070	2 195		
四川 Sichuan	104 084	7 388	582	21
贵州 Guizhou	147 873	7 413	50 904	1 714
云南 Yunnan	691 883	23 048	45 588	427
西藏 Tibet				
甘肃 Gansu	56 345	3 209	8 058	242
青海 Qinghai	86 912	8 849	15 922	237
宁夏 Ningxia	241 214	21 048	228 151	14 418
新疆 Xinjiang	723 003		697	

20－6 民族自治地方分地区城镇社区服务设施和农村社会保障网络基本情况(2003年)

Basic Statistics on Urban Welfare Facilities and Rural Social Security Network by Region of Ethnic Minority Autonomous Areas(2003)

单位:个 (unit)

地区 Region	城镇社区服务设施数 Number of Urban Welfare Facilities	城镇便民、利民服务网点 Number of Urban Service Points for Civilian	农村社会保障网络数 Rural Social Security Network
合计 Total	**16 818**	**65 234**	**2 015**
河北 Hebei	18	35	83
内蒙古 Inner Mongolia	5 995	41 868	
辽宁 Liaoning	1 105	4 141	298
吉林 Jilin	3 137	1 415	1 250
黑龙江 Heilongjiang	4	50	11
浙江 Zhejiang	3	6	23
湖北 Hubei	105	196	37
湖南 Hunan	127	468	68
广东 Guangdong	18	18	25
广西 Guangxi	1 386	3 367	
海南 Hainan	6	12	11
重庆 Chongqing	17	31	32
四川 Sichuan	8	14	
贵州 Guizhou	361	415	3
云南 Yunnan	213	108	73
西藏 Tibet	42		
甘肃 Gansu	113	232	55
青海 Qinghai	43	47	46
宁夏 Ningxia	1 813	3 461	
新疆 Xinjiang	2 304	9 350	

主要统计指标解释

工业废水排放量 指经过企业厂区所有排放口排到企业外部的工业废水量。包括生产废水、外排的直接冷却水、超标排放的矿井地下水和与工业废水混排的厂区生活污水，不包括外排的间接冷却水（清污不分流的间接冷却水应计算在内）。

工业废水排放达标量 指各项指标都达到国家或地方排放标准的外排工业废水量，包括未经处理外排达标和经过处理后外排达标两部分。

工业废气排放量 指企业厂区内燃料燃烧和生产工艺过程中产生的各种排入空气的含有污染物的气体总量，按标准状态〔273K，101325Pa〕计算。

工业固体废物产生量 指企业在生产过程中产生的固体状、半固体状和高浓度液体状废弃物的总量，包括危险废物、冶炼废渣、粉煤灰、炉渣、煤矸石、尾矿、放射性废物和其他废物等，不包括矿山开采的剥离废石和掘进废石（煤矸石和呈酸性或碱性的废石除外）。酸性或碱性废石指采掘的废石其流经水、雨淋水的 pH 值小于 4 或 pH 值大于 10.5 者。

工业固体废物综合利用量 指通过回收、加工、循环、交换等方式，从固体废物中提取或者使其转化为可以利用的资源、能源和其他原材料的固体废物量（包括当年利用往年的工业固体废物累计贮存量），如用作农业肥料、生产建筑材料、筑路等。综合利用量由原产生固体废物的单位统计。

“三废”综合利用产品产值 指利用“三废”（废液、废气、废渣）作为主要原料生产的产品价值（现行价）。已经销售或准备销售的应计算产品价值，留作生产自用的不应计算产品价值。

城镇低保人数 指在开展居民最低生活保障制度地区，领取最低生活保障费的城镇人员总数。包括“三无”对象，失业人员和在职、下岗、退休人员等。

城镇保障资金 指在报告期内实施最低生活保障制度的城市（县），国家财政用于救济城镇低保人员支出的资金总数。

农村低保人数 指报告期内实施农村最低生活保障制度的地区，领取最低生活保障费或救济的农业人口数。

农村保障资金 指在报告期内实施农村最低生活保障制度的城市（县），国家财政用于救济农村低保人员支出的资金和实物折款总数。

城镇社区服务设施数 指报告期末城镇（街道办事处、居委会）设立以非盈利为目的，为本社区居民服务，特别是为老年人、残疾人、儿童服务的社区服务中心、活动站、服务站、养老院、老年公寓（托老所）、残疾人工作站、残疾儿童日托所、家务服务站、婚姻介绍所等福利性设施以及职工社会保险管理服务的机构数。几种不同类型的社区服务单位，共用一个场所的，只能统计为一个社区服务设施。成为社区服务设施的条件：（1）是独立核算单位；（2）有固定的从业人员：（3）有一定的服务项目；（4）有一定的场所。

城镇便民、利民服务网点 指报告期末居委会设立的、方便本社区居民生活服务的网点。

农村社会保障网络数 指设有社会保障委员会或领导小组，在其统一管理和指导下已有各种福利院、社会福利厂，优待和五保实行集体统筹三项或三项以上农村社会保障项目的乡（镇）个数。

全国少数民族发展情况

The Development of Ethnic Minority

人口 1
Population

1-1 历次人口普查全国分民族人口

Population of China's Ethnic Minorities

单位:人 (person)

民族	Ethnic	历次普查人口数 Census				
		1953 年	1964 年	1982 年	1990 年	2000 年
全国总计	**Total**	**577 856 141**	**691 220 104**	**1 003 913 927**	**1 130 510 638**	**1 242 612 226**
汉 族	Han	542 824 056	651 296 368	936 674 944	1 039 187 548	1 137 386 112
少数民族合计	**Total Minority Population**	**34 013 782**	**39 883 909**	**66 434 341**	**90 567 245**	**104 490 735**
少数民族占全国比重(%)	AS% of Total Population	5.89	5.77	6.62	8.01	8.41
蒙古族	Mongolian	1 451 035	1 965 766	3 411 367	4 802 407	5 813 947
回 族	Hui	3 530 498	4 473 147	7 228 398	8 612 001	9 816 805
藏 族	Tibetan	2 753 081	2 501 174	3 847 875	4 593 072	5 416 021
维吾尔族	Uygur	3 610 462	3 996 311	5 963 491	7 207 024	8 399 393
苗 族	Miao	2 490 874	2 782 088	5 021 175	7 383 622	8 940 116
彝 族	Yi	3 227 750	3 380 960	5 453 564	6 578 524	7 762 272
壮 族	Zhuang	6 864 585	8 386 140	13 383 086	15 555 820	16 178 811
布依族	Bouyei	1 237 714	1 348 055	2 119 345	2 548 294	2 971 460
朝鲜族	Korean	1 111 275	1 339 569	1 765 204	1 923 361	1 923 842
满 族	Manchu	2 399 228	2 695 675	4 304 981	9 846 776	10 682 262
侗 族	Dong	712 802	836 123	1 426 400	2 508 624	2 960 293
瑶 族	Yao	665 933	857 265	1 411 967	2 137 033	2 637 421
白 族	Bai	567 119	706 623	1 132 224	1 598 052	1 858 063
土家族	Tujia		524 755	2 836 814	5 725 049	8 028 133
哈尼族	Hani	481 220	628 727	1 058 806	1 254 800	1 439 673
哈萨克族	Kazak	509 375	491 637	907 546	1 110 758	1 250 458
傣 族	Dai	478 966	535 389	839 496	1 025 402	1 158 989
黎 族	Li	360 950	438 813	887 107	1 112 498	1 247 814
傈僳族	Lisu	317 465	270 628	481 884	574 589	634 912
佤 族	Va	286 158	200 272	298 611	351 980	396 610
畲 族	She		234 167	371 965	634 700	709 592
高山族	Gaoshan	329	366	1 650	2 877	4 461
拉祜族	Lahu	139 060	191 241	304 256	411 545	453 705
水 族	Shui	133 566	156 099	286 908	347 116	406 902
东乡族	Dongxiang	155 761	147 443	279 523	373 669	513 805
纳西族	Naxi	143 453	156 796	251 592	277 750	308 839
景颇族	Jingpo	101 852	57 762	92 976	119 276	132 143

注:1. 各年度人口均为中国大陆人口普查数,不包括现役军人。

2. 少数民族人口合计数中不包括其他未识别的民族人口和外国人加入中国籍人口数。

3. 1982 年人口数未包括西藏间接调查的 28 601 人,据有关资料计算,如包括间接调查人口数,1982 年门巴族约为 6 248 人,珞巴族约为 2 065 人。

4. 2000 年人口数为人口普查机器汇总数据。

Note:1. Population censuts date, exclude the number of military personel.

2. The total of minority population exclude the people from unidentified ethnic groupsand the number of foreigners who have jioned China's nationality.

3. The population figure of 1982 exclude the number of 28 601 persons which is calculated through indirect survey by tibet. According to indirect survey, in 1982, the population of monba is about 624, that of Ihoba is about 2 065.

4. Figures of population are obtained from the population Census in 2000.

1-1 续表

Continued

单位:人 (person)

民族 Ethnic		历次普查人口数 Census				
		1953年	1964年	1982年	1990年	2000年
柯尔克孜族	Kirgiz	70 944	70 151	113 386	143 537	160 823
土族	Tu	53 277	77 349	159 632	192 568	241 198
达斡尔族	Daur		63 394	94 126	121 463	132 394
仫佬族	Mulam		52 819	90 357	160 648	207 352
羌族	Qiang	35 660	49 105	102 815	198 303	306 072
布朗族	Blang		39 411	58 473	82 398	91 882
撒拉族	Salar	30 658	34 664	69 135	87 546	104 503
毛南族	Maonan		22 382	38 159	72 370	107 166
仡佬族	Gelao		26 852	54 164	438 192	579 357
锡伯族	Xibe	19 022	33 438	83 683	172 932	188 824
阿昌族	Achang		12 032	20 433	27 718	33 936
普米族	Primi		14 298	24 238	29 721	33 600
塔吉克族	Tajik	14 462	16 236	26 600	33 223	41 028
怒族	Nu		15 047	22 896	27 190	28 759
乌孜别克族	Uzbek	13 626	7 717	12 213	14 763	12 370
俄罗斯族	Russian	22 656	1 326	2 917	13 500	15 609
鄂温克族	Ewenki	4 957	9 681	19 398	26 379	30 505
德昂族	De'ang		7 261	12 297	15 461	17 935
保安族	Banan	4 957	5 125	9 017	11 683	16 505
裕固族	Yugur	3 861	5 717	10 568	12 293	13 719
京族	Gin		4 293	13 108	18 749	22 517
塔塔尔族	Tatar	6 929	2 294	4 122	5 064	4 890
独龙族	Derung		3 090	4 633	5 825	7 426
鄂伦春族	Oroqen	2 262	2 709	4 103	7 004	8 196
赫哲族	Hezhen		718	1 489	4 254	4 640
门巴族	Monba		3 809	1 140	7 498	8 923
珞巴族	Lhopa			1 066	2 322	2 965
基诺族	Jino			11 962	18 022	20 899
其他未识别民族	Non-identified Ethnics	1 017 299	32 411	799 705	752 347	734 438
外国人加入中国籍	Chinese Foreigner	1 004	7 416	4 937	3 498	941

1-2 历次人口普查少数民族人口的分布情况(一)

Geographic Distribution of Ethnic
Population in Overall National Censuses(1)

单位:人 (person)

地 区 Region	1953年 绝对数 Total Minority Population	1953年 占该地区总人口的比重(%) As % of Total Population	1953年 占全国少数民族人口的比重(%) AS % of Total Minority Population in Country	1964年 绝对数 Total Minority Population	1964年 占该地区总人口的比重(%) As % Of Total Population	1964年 占全国少数民族人口的比重(%) AS % of Total Minority Population in Country
全 国 National	**34 013 782**	**5.89**	**100**	**39 883 909**	**5.77**	**100**
北 京 Beijing	168 404	6.08	0.50	283 524	3.75	0.71
天 津 Tianjin	79 857	2.96	0.23	115 613	2.70	0.29
河 北 Hebei	715 752	1.75	2.10	621 926	1.50	1.56
山 西 Shanxi	20 316	0.14	0.06	40 100	0.22	0.10
内蒙古 InnerMongolia	959 336	15.73	2.82	1 604 756	13.00	4.02
辽 宁 Liaoning	1 482 619	8.07	4.36	1 858 900	6.90	4.66
吉 林 Jilin	1 193 237	10.67	3.51	1 342 170	8.57	3.37
黑龙江 Heilongjiang	944 328	7.98	2.78	1 087 045	5.40	2.73
上 海 Shanghai	31 461	0.51	0.90	43 591	0.40	0.11
江 苏 Jiangsu	66 362	0.16	0.20	83 002	9.19	0.21
浙 江 Zhejiang	30 854	0.14	0.09	106 411	0.38	0.27
安 徽 Anhui	133 801	0.45	0.39	155 256	0.50	0.39
福 建 Fujian	19 979	0.15	0.06	147 017	0.88	0.37
江 西 Jiangxi	2 001	0.01	0.01	9 300	0.04	0.02
山 东 Shandong	252 506	0.52	0.74	294 643	0.53	0.74
河 南 Henan	405 715	0.93	1.19	517 195	1.03	1.30
湖 北 Hubei	35 434	0.13	0.10	183 035	0.54	0.46
湖 南 Hunan	586 737	1.78	1.72	1 275 719	3.43	3.20
广 东 Guangdong	430 279	1.25	1.27	747 181	1.75	1.87
广 西 Guangxi	7 337 944	37.51	21.57	8 553 300	41.03	21.45
海 南 Hainan						
四 川 Sichuan	2 022 315	3.11	5.95	1 728 955	2.54	4.33
贵 州 Guizhou	3 562 493	23.69	10.47	4 009 683	23.39	10.05
云 南 Yunnan	5 411 883	31.59	15.91	6 384 114	31.13	16.01
西 藏 Tibet	1 273 969	100.00	3.75	1 213 796	97.01	3.04
陕 西 Shaanxi	56 272	0.36	0.17	93 978	0.45	0.24
甘 肃 Gansu	1 486 775	11.71	4.37	955 396	7.56	2.40
青 海 Qinghai	854 136	50.95	20.51	829 318	38.65	2.18
宁 夏 Ningxia				650 366	30.86	1.63
新 疆 Xinjiang	4 449 017	93.01	13.08	4 948 619	68.07	12.41

1-2 历次人口普查少数民族人口的分布情况(二)

Geographic Distribution of Ethnic Population in Overall National Censuses(2)

单位:人 (person)

地 区 Region	1982 年			1990 年		
	绝对数 Total Minority Population	占该地区总人口的比重(%) As % of Total Population	占全国少数民族人口的比重(%) AS % of Total Minority Population in Country	绝对数 Total Minority Population	占该地区总人口的比重(%) As % Of Total Population	占全国少数民族人口的比重(%) AS % of Total Minority Population in Country
全 国 National	**66 434 341**	**6.62**	**100**	**90 567 245**	**8.01**	**100**
北 京 Beijing	322 320	3.49	0.49	413 937	3.83	0.46
天 津 Tianjin	164 241	2.12	0.25	202 642	2.31	0.22
河 北 Hebei	853 275	1.61	1.28	2 408 876	3.94	2.66
山 西 Shanxi	63 760	0.25	0.10	82 061	0.29	0.09
内蒙古 Inner Mongolia	2 996 477	15.55	4.51	4 166 260	19.42	4.60
辽 宁 Liaoning	2 909 615	8.15	4.38	6 165 508	15.62	6.81
吉 林 Jilin	1 829 555	8.11	2.75	2 525 212	10.24	2.79
黑龙江 Heilongjiang	1 613 043	4.94	2.43	1 997 934	5.67	2.21
上 海 Shanghai	49 748	0.42	0.07	62 171	0.47	0.07
江 苏 Jiangsu	110 559	0.18	0.17	153 060	0.23	0.07
浙 江 Zhejiang	161 546	0.42	0.24	212 582	0.51	0.23
安 徽 Anhui	261 760	0.53	0.39	324 227	0.58	0.36
福 建 Fujian	250 449	0.97	0.38	465 995	1.55	0.51
江 西 Jiangxi	22 052	0.07	0.03	101 144	0.27	0.11
山 东 Shandong	407 849	0.55	0.61	505 694	0.60	0.56
河 南 Henan	799 338	1.07	1.20	1 008 972	1.18	1.11
湖 北 Hubei	1 778 494	3.72	2.68	2 140 188	3.97	2.36
湖 南 Hunan	2 201 087	4.08	3.31	4 823 649	7.95	5.33
广 东 Guangdong	1 057 527	1.78	1.59	354 625	0.56	0.39
广 西 Guangxi	13 933 250	38.26	20.97	16 577 113	39.24	18.30
海 南 Hainan				1 114 803	17.00	1.23
四 川 Sichuan	3 660 402	3.67	5.51	4 889 295	4.56	5.40
贵 州 Guizhou	6 675 360	23.38	10.05	10 504 828	32.43	11.60
云 南 Yunnan	10 277 069	31.57	15.47	12 351 834	33.41	13.64
西 藏 Tibet	1 769 935	94.97	2.66	2 112 168	96.18	2.33
陕 西 Shaanxi	133 098	0.46	2.20	156 403	0.48	0.17
甘 肃 Gansu	1 555 186	7.95	2.34	1 857 467	8.30	2.05
青 海 Qinghai	1 535 774	39.42	2.31	1 878 028	42.14	2.07
宁 夏 Ningxia	1 244 238	31.94	1.87	1 549 067	33.27	1.71
新 疆 Xinjiang	7 797 344	59.61	11.47	9 961 202	62.42	10.45

1-2 历次人口普查少数民族人口的分布情况(三)

Geographic Distribution of Ethnic
Population in Overall National Censuses(3)

单位:人 (person)

地 区 Region		2000 年	
	绝对数 Total Minority Population	占该地区总人口的比重(%) As % of Total Population	占全国少数民族人口的比重(%) AS % of Total Minority Population in Country
全 国 National	**104 490 735**	**8.41**	**100.00**
北 京 Beijing	585 381	4.31	0.56
天 津 Tianjin	266 918	2.71	0.26
河 北 Hebei	2 902 669	4.35	2.78
山 西 Shanxi	103 018	0.32	0.10
内蒙古 Inner Mongolia	4 857 633	20.83	4.65
辽 宁 Liaoning	6 718 332	16.06	6.43
吉 林 Jilin	2 453 212	9.15	2.35
黑龙江 Heilongjiang	1 772 411	4.89	1.70
上 海 Shanghai	103 639	0.63	0.10
江 苏 Jiangsu	258 489	0.35	0.25
浙 江 Zhejiang	392 049	0.85	0.38
安 徽 Anhui	397 712	0.67	0.38
福 建 Fujian	582 822	1.71	0.56
江 西 Jiangxi	125 356	0.31	0.12
山 东 Shandong	632 591	0.70	0.61
河 南 Henan	1 143 375	1.25	1.09
湖 北 Hubei	2 596 839	4.36	2.49
湖 南 Hunan	6 410 512	10.13	6.14
广 东 Guangdong	1 266 186	1.49	1.21
广 西 Guangxi	16 827 705	38.37	16.10
海 南 Hainan	1 313 521	17.38	1.26
重 庆 Chongqing	1 973 448	6.47	1.89
四 川 Sichuan	4 118 424	5.00	3.94
贵 州 Guizhou	12 625 500	35.82	12.08
云 南 Yunnan	14 151 343	33.41	13.54
西 藏 Tibet	2 453 942	93.79	2.35
陕 西 Shaanxi	176 385	0.50	0.17
甘 肃 Gansu	2 199 180	8.75	2.10
青 海 Qinghai	2 216 888	45.97	2.12
宁 夏 Ningxia	1 895 830	34.56	1.81
新 疆 Xinjiang	10 969 425	59.42	10.50

注:2000 年人口数为人口普查机器汇总数据。

Note:Figures of population are obtained from the Population Census in 2000.

1-3 全国少数民族分布的主要地区
Major Geographic Distribution of China's Ethnic Minorities

民 族 Ethnic		分布的主要地区 Major Region by Geographic Distribution	
蒙古族	Mongolian	内蒙古、辽宁、吉林、河北、黑龙江、新疆	Inner Mongolia, Liaoning, Jilin, Hebei, Heilongjiang and Xinjiang
回 族	Hui	宁夏、甘肃、河南、新疆、青海、云南、河北、山东、安徽、辽宁、北京、内蒙古、天津、黑龙江、陕西、贵州、吉林、江苏、四川	Ningxia, Gansu, Henan, Xinjiang, Qinghai, Yunnan, Hebei, Shandong, Anhui, Liaoning, Beijing, Innre Mongolia, Tianjin, Heilongjiang, Shaanxi, Guizhou, Jilin, Jiangsu and Sichuan
藏 族	Tibetan	西藏、四川、青海、甘肃、云南	Tibet, Sichuan, Qinghai, Gansu and Yunnan
维吾尔族	Uygur	新疆	Xinjiang
苗 族	Miao	贵州、湖南、云南、广西、重庆、湖北、四川	Guizhou, Hunan, Yunan, Guangxi, Chongqing, Hubei and Sichuan
彝 族	Yi	云南、四川、贵州	Yunnan, Sichuan and Guizhou
壮 族	Zhuang	广西、云南、广东	Guangxi, Yunnan and Guangdong
布依族	Bouyei	贵州	Guizhou
朝鲜族	Korean	吉林、黑龙江、辽宁	Jilin, Heilongjiang and Liaoning
满 族	Manchu	辽宁、河北、黑龙江、吉林、内蒙古、北京	Liaoning, Hebei, Heilongjiang, Jilin, Inner Mongolia and Beijing
侗 族	Dong	贵州、湖南、广西	Guizhou, Hunan and Guanxi
瑶 族	Yao	广西、湖南、云南、广东	Guangxi, Hunan, Yunnan and Guangdong
白 族	Bai	云南、贵州、湖南	Yunnan, Guizhou and Hunan
土家族	Tujia	湖南、湖北、重庆、贵州	Hunan, Hubei, Chongqing and Guizhou
哈尼族	Hani	云 南	Yunnan
哈萨克族	Kazak	新 疆	Xinjiang
傣 族	Dai	云南	Yunnan
黎 族	Li	海南	Hainan
傈僳族	Lisu	云南、四川	Yunnan and Sichuan
佤 族	Va	云南	Yunnan
畲 族	She	福建、浙江、江西、广东	Fujian, Zhejiang, Jiangxi and Guangdong
高山族	Gaoshan	台湾、福建	Taiwan and Fujian
拉祜族	Lahu	云南	Yunnan
水 族	Shui	贵州、广西	Guizhou and Guangxi

1－3 续表

Continued

民 族 Ethnic		分布的主要地区 Major Region by Geographic Distribution	
东乡族	Dongxiang	甘肃、新疆	Gansu and Xinjiang
纳西族	Naxi	云南	Yunnan
景颇族	Jingpo	云南	Yunnan
柯尔克孜族	Kirgiz	新疆	Xinjiang
土族	Tu	青海、甘肃	Qinghai and Gansu
达斡尔族	Daur	内蒙古、黑龙江	Inner Mongolia and Heilongjiang
仫佬族	Mulam	广西	Guangxi
羌族	Qiang	四川	Sichuan
布朗族	Blang	云南	Yunnan
撒拉族	Salar	青海	Qinghai
毛南族	Maonan	广西	Guangxi
仡佬族	Gelao	贵州	Guizhou
锡伯族	Xibe	辽宁、新疆	Liaoning and Xinjiang
阿昌族	Achang	云南	Yunnan
普米族	Primi	云南	Yunnan
塔吉克族	Tajik	新疆	Xinjiang
怒族	Nu	云南	Yunnan
乌孜别克族	Uzbek	新疆	Xinjiang
俄罗斯族	Russian	新疆、黑龙江	Xinjiang and Heilongjiang
鄂温克族	Ewenki	内蒙古	Inner Mongolia
德昂族	Deang	云南	Yunnan
保安族	Banan	甘肃	Gansu
裕固族	Yugur	甘肃	Gansu
京族	Gin	广西	Guangxi
塔塔尔族	Tatar	新疆	Xinjiang
独龙族	Derung	云南	Yunnan
鄂伦春族	Oroqen	黑龙江、内蒙古	Heilongjiang and Inner Mongolia
赫哲族	Hezhen	黑龙江	Heilongiiang
门巴族	Monba	西藏	Tibet
珞巴族	Lhopa	西藏	Tibet
基诺族	Jino	云南	Yunnan

1-4 2000年全国人口普查各民族分城市、镇、乡村的人口

Ethnic Population by City, Town and Rural on National Population Census in 2000

单位:人 (person)

民族	Ethnic	总人口 Total	城市人口 City	镇人口 Town	乡村人口 Rural
全国总计	**Total**	**1 242 612 226**	**292 632 692**	**166 138 291**	**783 841 243**
汉族	Han	1 137 386 112	280 208 523	153 986 813	703 190 776
少数民族合计	**Total Minority Population**	**102 207 565**	**12 176 924**	**11 790 256**	**78 240 385**
少数民族占全国比重	AS % of Total Population	8.23	4.16	7.10	9.98
蒙古族	Mongolian	5 813 947	915 877	985 086	3 912 984
回族	Hui	9 816 805	3 090 015	1 357 078	5 369 712
藏族	Tibetan	5 416 021	221 355	473 467	4 721 199
维吾尔族	Uygur	8 399 393	868 695	764 411	6 766 287
苗族	Miao	8 940 116	512 990	751 212	7 675 914
彝族	Yi	7 762 272	309 097	494 306	6 958 869
壮族	Zhuang	16 178 811	1 422 458	2 197 197	12 559 156
布依族	Bouyei	2 971 460	220 806	288 032	2 462 622
朝鲜族	Korean	1 923 842	882 308	310 174	731 360
满族	Manchu	10 682 262	2 206 143	1 559 255	6 916 864
侗族	Dong	2 960 293	152 965	377 011	2 430 317
瑶族	Yao	2 637 421	115 619	267 451	2 254 351
白族	Bai	1 858 063	164 942	216 610	1 476 511
土家族	Tujia	8 028 133	597 110	877 546	6 553 477
哈尼族	Hani	1 439 673	42 822	94 698	1 302 153
哈萨克族	Kazak	1 250 458	80 538	110 191	1 059 729
傣族	Dai	1 158 989	84 958	248 491	825 540
黎族	Li	1 247 814	127 519	121 354	998 941
傈僳族	Lisu	634 912	6 253	28 171	600 488
佤族	Wa	396 610	4 015	34 736	357 859
畲族	She	709 592	86 984	79 357	543 251
高山族	Gaoshan	4 461	1 686	871	1 904
拉祜族	Lahu	453 705	6 320	23 788	423 597
水族	Shui	406 902	16 922	32 094	357 886
东乡族	Dongxiang	513 805	12 064	10 221	491 520
纳西族	Naxi	308 839	12 579	55 827	240 433
景颇族	Jingpo	132 143	7 177	19 749	105 217
柯尔克孜族	Kirgiz	160 823	6 707	11 872	142 244

1-4 续表

Continued

单位：人 (person)

民族	Ethnic	总人口 Total	城市人口 City	镇人口 Town	乡村人口 Rural
土族	Tu	241 198	18 312	23 886	199 000
达斡尔族	Daur	132 394	32 357	36 818	63 219
仫佬族	Mulam	207 352	27 922	35 712	143 718
羌族	Qiang	306 072	7 680	32 632	265 760
布朗族	Blang	91 882	1 768	3 713	86 401
撒拉族	Salar	104 503	7 372	9 610	87 521
毛南族	Maonan	107 166	7 733	14 215	85 218
仡佬族	Gelo	579 357	27 993	73 339	478 025
锡伯族	Xibe	188 824	55 499	22 754	110 571
阿昌族	Achang	33 936	887	1 888	31 161
普米族	Primi	33 600	643	2 747	30 210
塔吉克族	Tajik	41 028	970	2 790	37 268
怒族	Nu	28 759	402	2 125	26 232
乌孜别克族	Uzbek	12 370	5 395	3 070	3 905
俄罗斯族	Russian	15 609	9 870	2 830	2 909
鄂温克族	Ewenki	30 505	3 562	10 387	16 556
德昂族	Deang	17 935	852	4 250	12 833
保安族	Banan	16 505	737	1 639	14 129
裕固族	Yugur	13 719	1 634	2 064	10 021
京族	Gin	22 517	7 345	2 815	12 357
塔塔尔族	Tatar	4 890	1 463	904	2 523
独龙族	Derung	7 426	601	702	6 123
鄂伦春族	Oroqen	8 196	1 405	2 715	4 076
赫哲族	Hezhen	4 640	1 612	1 181	1 847
门巴族	Monba	8 923	345	1 421	7 157
珞巴族	Lhopa	2 965	99	456	2 410
基诺族	Jino	20 899	2 623	890	17 386
其他未识别的民族	Non-identified Ethnics	734 438	19 836	63 520	651 082
外国人加入中国籍	Chinese Foreigner	941	328	149	464

1-5 2000年全国人口普查各民族6岁及6岁以上人口的受教育状况

单位:人

民族	Ethnic	合计 Total	未上过学 Non - schooling	扫盲班 Literacy Class	小学 Primary School	初中 Junior Secondary School
全国总计	**Total**	**1 156 700 293**	**89 629 436**	**20 767 295**	**441 613 351**	**422 386 607**
汉　族	Han	1 061 196 336	77 071 225	18 265 483	398 665 791	395 966 476
少数民族合计	**Total Minority Population**	**94 862 306**	**12 405 724**	**2 489 664**	**42 613 187**	**26 318 911**
少数民族占全国比重	AS % of Total Population	8.20	13.84	11.99	9.65	6.23
蒙古族	Mongolian	5 319 180	384 595	35 733	1 984 851	1 846 606
回族	Hui	8 929 839	1 396 753	239 811	3 285 763	2 588 667
藏族	Tibetan	4 791 241	2 179 449	290 956	1 685 203	369 913
维吾尔族	Uygur	7 514 089	663 296	213 379	3 986 342	1 850 417
苗族	Miao	7 973 173	1 366 138	274 881	4 054 837	1 716 973
彝族	Yi	6 848 737	1 454 867	330 037	3 537 042	1 124 234
壮族	Zhuang	14 975 738	898 204	259 619	6 955 244	5 200 763
布依族	Bouyei	2 621 028	533 289	64 535	1 327 681	531 914
朝鲜族	Korean	1 858 942	51 293	8 541	379 027	800 677
满族	Manchu	9 940 547	458 380	53 438	3 727 015	4 020 604
侗族	Dong	2 681 992	245 316	79 156	1 334 922	760 979
瑶族	Yao	2 424 215	199 530	59 637	1 267 953	672 171
白族	Bai	1 679 629	155 525	50 746	781 424	495 595
土家族	Tujia	7 293 618	722 321	92 221	3 471 886	2 180 523
哈尼族	Hani	1 295 239	340 990	87 014	619 925	186 054
哈萨克族	Kazak	1 126 537	35 760	8 437	545 783	342 489
傣族	Dai	1 057 092	140 700	62 360	604 129	186 773
黎族	Li	1 124 444	125 116	16 486	506 241	375 113
傈僳族	Lisu	571 678	163 962	40 599	290 024	57 880
佤族	Wa	357 234	73 187	29 481	198 010	42 689
畲族	She	655 442	62 850	22 461	325 940	187 361
高山族	Gaoshan	4 109	192	36	1 322	1 354
拉祜族	Lahu	413 767	88 013	74 598	205 319	32 189
水族	Shui	359 856	69 001	17 572	195 831	58 402
东乡族	Dongxiang	456 203	264 428	16 947	136 400	27 401
纳西族	Naxi	281 190	36 055	3 579	123 776	76 730
景颇族	Jingpo	118 063	15 654	4 726	66 930	23 744
柯尔克孜族	Kirgiz	144 401	11 600	3 430	82 094	28 379

Ethnic Population of Aged 6 and Over by Education Attainment on National population Census in 2000

(person)

高　中 Senior Secondary School	中　专 Secondary Technical School	大学专科 Junior College	大学本科 University	研　究　生 Post Graduate
99 073 845	**39 209 614**	**28 985 486**	**14 150 726**	**883 933**
93 677 240	36 139 553	27 250 348	13 323 659	847 561
1 771 057	**864 860**	**68 699**	**15 744**	**608**
1.79	2.21	0.24	0.11	0.07
544 479	244 687	181 798	91 960	4 471
739 688	314 898	238 512	119 613	6 134
81 366	119 504	45 702	18 315	833
326 502	268 105	130 968	74 118	962
260 907	184 961	81 904	31 287	1 285
176 369	153 103	52 165	20 119	801
846 540	508 069	225 750	78 276	3 273
62 140	65 910	25 336	9 940	283
368 763	91 704	84 805	70 891	3 241
843 801	360 190	308 266	160 159	8 694
118 584	87 429	40 210	14 862	534
111 409	68 094	31 705	13 178	538
85 073	60 981	31 423	18 027	835
418 277	240 367	118 388	47 076	2 568
26 052	25 918	7 283	1 915	88
84 393	63 444	32 717	13 325	189
27 244	25 636	7 641	2 509	100
61 640	24 786	10 997	3 942	123
6 350	9 725	2 272	842	24
6 330	5 866	1 249	412	10
29 775	15 362	7 292	4 220	181
578	201	262	158	6
4 999	6 519	1 577	529	24
7 217	7 954	2 892	952	35
5 378	4 001	1 199	431	18
16 134	14 779	6 421	3 547	169
3 077	2 984	705	238	5
6 803	7 495	3 418	1 160	22

1－5 续表

单位:人

民族	Ethnic	合计 Total	未上过学 Non－schooling	扫盲班 Literacy Class	小学 Primary School	初中 Junior Secondary
土族	Tu	216 551	40 773	9 879	91 015	48 110
达斡尔族	Daur	122 179	4 258	227	37 843	48 608
仫佬族	Mulam	190 540	9 676	3 195	92 989	58 110
羌族	Qiang	274 771	22 432	8 779	150 334	65 546
布朗族	Blang	82 548	17 651	6 464	46 426	9 072
撒拉族	Salar	93 593	40 182	2 854	34 189	10 362
毛南族	Maonan	97 787	6 451	960	45 414	33 320
仡佬族	Gelo	501 968	75 340	7 250	253 672	122 146
锡伯族	Xibe	173 863	4 462	247	54 790	71 273
阿昌族	Achang	29 874	3 528	1 496	16 740	6 181
普米族	Primi	30 218	7 533	1 119	13 778	5 473
塔吉克族	Tajik	36 133	4 252	1 103	20 843	6 031
怒族	Nu	25 842	7 671	1 683	10 626	3 900
乌孜别克族	Uzbek	11 190	335	79	4 180	3 143
俄罗斯族	Russian	14 441	494	53	3 258	5 042
鄂温克族	Ewenki	27 718	1 089	46	9 755	10 140
德昂族	Deang	16 067	2 894	1 498	9 283	1 905
保安族	Banan	14 661	7 199	110	4 684	1 517
裕固族	Yugur	12 463	1 518	365	4 973	3 339
京族	Gin	20 356	1 391	450	7 566	6 599
塔塔尔族	Tatar	4 513	114	19	1 303	1 407
独龙族	Derung	6 721	1 676	103	2 946	1 298
鄂伦春族	Oroqen	7 412	274	11	2 226	2 730
赫哲族	Hezhen	4 297	121	18	1 140	1 595
门巴族	Monba	7 725	4 000	376	2 381	543
珞巴族	Lhopa	2 568	1 193	109	932	207
基诺族	Jino	19 084	2 753	755	8 987	4 720
其他未识别的民族	Non－identified Ethnics	640 752	152 329	12 125	334 107	111 998
外国人加入中国籍	Chinese Foreigners	899	158	23	266	222

Continued

(person)

高 中 Senior Secondary School	中 专 Secondary Technical School	大学专科 Junior College	大学本科 University	研 究 生 Post Graduate
13 456	5 472	4 395	3 382	69
14 431	7 511	6 290	2 879	132
11 916	8 526	4 275	1 774	79
10 671	10 633	4 695	1 615	66
1 196	1 282	334	119	4
2 552	1 961	950	529	14
4 970	4 236	1 806	609	21
17 398	13 806	8 295	3 978	83
19 635	8 729	9 161	5 294	272
789	812	236	90	2
695	1 069	365	178	8
1 361	1 727	635	178	3
615	1 037	239	70	1
1 380	892	588	577	16
22 261	1 320	1 237	762	14
3 005	1 802	1 420	434	27
196	215	62	14	
561	369	163	52	6
897	725	496	142	8
1 802	1 434	761	332	21
580	457	328	297	8
256	284	117	33	8
903	609	466	181	12
597	344	310	165	7
106	199	88	28	4
30	59	28	9	1
784	832	193	58	2
13 597	11 001	4 319	1 249	27
97	46	29	47	11

1-6 2000年全国人口普查各民族15岁及15岁以上的文盲人口状况

Illiterate Ethnic Population of Aged 15 and Over on National Population Census in 2000

单位:人,% (person,%)

民族	Ethnic	15岁及15岁以上人口 Population Aged 15 and Over	文盲人口 Illiterate Population	文盲人口占15岁及以上人口比例 Ratio of Illiterate Population to Population Aged 15 and Over
全国总计	**Total**	**958 084 632**	**86 992 069**	**9.08**
汉 族	Han	881 959 957	75 854 493	8.60
少数民族合计	**Total Minority Population**	**75 637 952**	**10 995 821**	**14.54**
少数民族占全国比重	AS % of Total Population	7.89	12.64	
蒙古族	Mongolian	4 242 473	356 172	8.04
回 族	Hui	7 134 646	1 267 508	17.77
藏 族	Tibetan	3 737 813	1 777 196	47.55
维吾尔族	Uygur	5 630 418	519 200	9.22
苗 族	Miao	6 275 886	1 244 343	19.83
彝 族	Yi	5 412 904	1 256 025	23.20
壮 族	Zhuang	12 225 560	834 517	6.83
布依族	Bouyei	2 054 159	488 337	23.77
朝鲜族	Korean	1 620 084	46 349	2.86
满 族	Manchu	8 120 058	449 507	5.54
侗 族	Dong	2 137 781	232 458	10.87
瑶 族	Yao	1 925 078	179 343	9.32
白 族	Bai	1 350 485	148 371	10.99
土家族	Tujia	5 918 979	693 344	11.71
哈尼族	Hani	1 040 082	309 499	29.76
哈萨克族	Kazak	865 390	23 151	2.68
傣 族	Dai	847 483	133 171	15.71
黎 族	Li	859 847	103 974	12.09
傈僳族	Lisu	454 578	147 940	32.54
佤 族	Wa	279 874	65 807	23.51
畲 族	She	522 518	61 693	11.81
高山族	Gaoshan	3 227	180	5.58
拉祜族	Lahu	329 391	78 128	23.72
水 族	Shui	275 862	60 846	22.06
东乡族	Dongxiang	342 339	215 259	62.88

1－6 续表

Continued

单位:人,%　　(person,%)

民　族	Ethnic	15岁及15岁以上人口 Population Aged 15 and Over	文盲人口 Illiterate Population	文盲人口占15岁及以上人口比例 Ratio of Illiterate Population to Population Aged 15 and Over
纳西族	Naxi	232 336	35 345	15.21
景颇族	Jingpo	91 067	14 307	15.71
柯尔克孜族	Kirgiz	106 685	9 654	9.05
土　族	Tu	169 370	39 294	23.20
达斡尔族	Daur	96 062	3 319	3.46
仫佬族	Mulam	151 135	9 008	5.96
羌　族	Qiang	218 870	20 618	9.42
布朗族	Blang	64 386	15 088	23.43
撒拉族	Salar	70 284	34 514	49.11
毛南族	Maonan	80 019	6 020	7.52
仡佬族	Gelo	389 974	71 090	18.23
锡伯族	Xibe	137 343	3 758	2.74
阿昌族	Achang	22 641	3 071	13.56
普米族	Primi	23 781	7 148	30.06
塔吉克族	Tajik	26 554	3 538	13.32
怒　族	Nu	20 094	6 435	32.02
乌孜别克族	Uzbek	8 760	219	2.50
俄罗斯族	Russian	11 599	422	3.64
鄂温克族	Ewenki	20 699	788	3.81
德昂族	Deang	12 251	2 603	21.25
保安族	Banan	10 942	6 121	55.94
裕固族	Yugur	10 138	1 482	14.62
京　族	Gin	16 144	1 279	7.92
塔塔尔族	Tatar	3 578	71	1.98
独龙族	Derung	5 265	1 411	26.80
鄂伦春族	Oroqen	5 486	191	3.48
赫哲族	Hezhen	3 302	101	3.06
门巴族	Monba	5 558	3 124	56.21
珞巴族	Lhopa	1 847	938	50.79
基诺族	Jino	14 867	2 546	17.13
其他未识别的民族	Non－identified Ethnics	485 906	141 594	29.14
外国人加入中国籍	Chinese Foreigner	817	161	19.71

1-7 2000年全国人口普查各民族分产业的人口

Employed Population by Industry and Ethnic on National Population Census in 2000

单位:人 (person)

民族	Ethnic	总计 Total	第一产业 Primary Industry	第二产业 Secondary Industry	第三产业 Tertiary Industry
全国总计	Total	**66 874 889**	**43 051 661**	**11 244 385**	**12 578 843**
汉族	Han	61 015 128	38 430 988	10 800 916	11 783 224
少数民族合计	**Total Minority Population**	**5 819 283**	**4 584 200**	**441 876**	**793 207**
少数民族占全国比重	AS % of Total Population	8.70	10.65	3.93	6.31
蒙古族	Mongolian	309 510	220 167	24 083	65 260
回族	Hui	489 307	291 603	69 907	127 797
藏族	Tibetan	290 824	251 303	7 738	31 783
维吾尔族	Uygur	450 784	362 609	23 337	64 838
苗族	Miao	505 894	439 475	29 065	37 354
彝族	Yi	468 497	424 453	13 593	30 451
壮族	Zhuang	963 389	771 562	83 054	108 773
布依族	Bouyei	166 212	145 986	8 055	12 171
朝鲜族	Korean	86 436	40 779	14 805	30 852
满族	Manchu	580 815	383 204	75 038	122 573
侗族	Dong	164 557	134 391	13 279	16 887
瑶族	Yao	158 835	135 383	9 878	13 574
白族	Bai	106 982	84 834	7 478	14 670
土家族	Tujia	451 155	361 767	37 115	52 273
哈尼族	Hani	83 894	76 005	2 660	5 229
哈萨克族	Kazak	57 308	44 647	2 204	10 457
傣族	Dai	69 512	61 903	1 680	5 929
黎族	Li	68 856	61 111	1 649	6 096
傈僳族	Lisu	39 713	37 713	393	1 607
佤族	Wa	24 193	22 507	426	1 260
畲族	She	37 691	27 002	5 485	5 204
高山族	Gaoshan	213	86	50	77
拉祜族	Lahu	28 413	26 841	383	1 189
水族	Shui	23 289	21 115	832	1 342
东乡族	Dongxiang	28 845	27 111	261	1 473
纳西族	Naxi	18 947	14 633	842	3 472

1－7 续表
Continued
单位:人 (person)

民 族	Ethnic	总计 Total	第一产业 Primary Industry	第二产业 Secondary Industry	第三产业 Tertiary Industry
景颇族	Jingpo	7 666	6 910	173	583
柯尔克孜族	Kirgiz	8 915	7 586	114	1 215
土 族	Tu	14 127	11 746	905	1 476
达斡尔族	Daur	5 652	3 014	583	2 055
仫佬族	Mulam	11 446	8 184	1 368	1 894
羌 族	Qiang	18 132	15 335	644	2 153
布朗族	Blang	5 429	5 091	89	249
撒拉族	Salar	5 441	4 463	221	757
毛南族	Maonan	6 297	5 012	510	775
仡佬族	Gelo	31 831	26 677	1 879	3 275
锡伯族	Xibe	11 278	7 274	1 355	2 649
阿昌族	Achang	1 906	1 710	54	142
普米族	Primi	2 040	1 795	34	211
塔吉克族	Tajik	2 343	1 879	51	413
怒 族	Nu	1 655	1 462	21	172
乌孜别克族	Uzbek	504	175	59	270
俄罗斯族	Russian	604	128	118	358
鄂温克族	Ewenki	1 273	730	82	461
德昂族	Deang	1 031	977	10	44
保安族	Banan	940	792	27	121
裕固族	Yugur	774	590	40	144
京 族	Gin	1 105	554	107	444
塔塔尔族	Tatar	175	57	15	103
独龙族	Derung	2 307	2 165	18	124
鄂伦春族	Oroqen	305	122	32	151
赫哲族	Hezhen	249	98	34	117
门巴族	Monba	449	370	8	71
珞巴族	Lhopa	125	109	2	14
基诺族	Jino	1 213	1 005	33	175
其他未识别的民族	Non－identified Ethnics	40 432	36 444	1 589	2 399
外国人加入中国籍	Chinese Foreigners	46	29	4	13

1-8 2000年全国人口普查各民族分年龄的人口

Population of Different Ethnic by Age on National Population Census in 2000

单位:人 (person)

民 族	Ethnic	人口总计 Total	0-14岁	15-60岁	61岁以上
全国总计	**Total**	**1 242 612 226**	**284 527 594**	**837 247 903**	**120 836 729**
汉 族	Han	1 137 386 112	255 426 155	769 352 913	112 607 044
少数民族合计	**Total Minority Population**	**104 490 735**	**28 852 783**	**67 461 584**	**8 176 368**
少数民族占全国比重	AS % of Total Population	8.41	10.14	8.06	6.77
蒙古族	Mongolian	5 813 947	1 571 474	3 901 067	341 406
回 族	Hui	9 816 805	2 682 159	6 354 097	780 549
藏 族	Tibetan	5 416 021	1 678 208	3 343 505	394 308
维吾尔族	Uygur	8 399 393	2 768 975	5 118 556	511 862
苗 族	Miao	8 940 116	2 664 230	5 578 391	697 495
彝 族	Yi	7 762 272	2 349 368	4 866 623	546 281
壮 族	Zhuang	16 178 811	3 953 251	10 720 472	1 505 088
布依族	Bouyei	2 971 460	917 301	1 810 957	243 202
朝鲜族	Korean	1 923 842	303 758	1 416 737	203 347
满 族	Manchu	10 682 262	2 562 204	7 290 762	829 296
侗 族	Dong	2 960 293	822 512	1 871 446	266 335
瑶 族	Yao	2 637 421	712 343	1 721 596	203 482
白 族	Bai	1 858 063	507 578	1 188 710	161 775
土家族	Tujia	8 028 133	2 109 154	5 180 337	738 642
哈尼族	Hani	1 439 673	399 591	940 965	99 117
哈萨克族	Kazak	1 250 458	385 068	812 279	53 111
傣 族	Dai	1 158 989	311 506	760 811	86 672
黎 族	Li	1 247 814	387 967	776 641	83 206
傈僳族	Lisu	634 912	180 334	409 292	45 286
佤 族	Wa	396 610	116 736	257 573	22 301
畲 族	She	709 592	187 074	453 003	69 515
高山族	Gaoshan	4 461	1 234	2 880	347
拉祜族	Lahu	453 705	124 314	300 828	28 563
水 族	Shui	406 902	131 040	244 504	31 358
东乡族	Dongxiang	513 805	171 466	310 598	31 741
纳西族	Naxi	308 839	76 503	202 121	30 215
景颇族	Jingpo	132 143	41 076	84 088	6 979
柯尔克孜族	Kirgiz	160 823	54 138	96 632	10 053
土 族	Tu	241 198	71 828	156 703	12 667

1-8 续表

Continued

单位:人 (person)

民族	Ethnic	人口总计 Total	0-14岁	15-60岁	61岁以上
达斡尔族	Daur	132 394	36 332	89 330	6 732
仫佬族	Mulam	207 352	56 217	134 268	16 867
羌族	Qiang	306 072	87 202	198 711	20 159
布朗族	Blang	91 882	27 496	58 112	6 274
撒拉族	Salar	104 503	34 219	63 863	6 421
毛南族	Maonan	107 166	27 147	70 814	9 205
仡佬族	Gelo	579 357	189 383	346 064	43 910
锡伯族	Xibe	188 824	51 481	125 481	11 862
阿昌族	Achang	33 936	11 295	20 629	2 012
普米族	Primi	33 600	9 819	21 235	2 546
塔吉克族	Tajik	41 028	14 474	23 808	2 746
怒族	Nu	28 759	8 665	18 039	2 055
乌孜别克族	Uzbek	12 370	3 610	8 041	719
俄罗斯族	Russian	15 609	4 010	10 431	1 168
鄂温克族	Ewenki	30 505	9 806	19 649	1 050
德昂族	Deang	17 935	5 684	11 205	1 046
保安族	Banan	16 505	5 563	9 823	1 119
裕固族	Yugur	13 719	3 581	9 283	855
京族	Gin	22 517	6 373	14 098	2 046
塔塔尔族	Tatar	4 890	1 312	3 320	258
独龙族	Derung	7 426	2 161	4 736	529
鄂伦春族	Oroqen	8 196	2 710	5 264	222
赫哲族	Hezhen	4 640	1 338	3 075	227
门巴族	Monba	8 923	3 365	5 082	476
珞巴族	Lhopa	2 965	1 118	1 682	165
基诺族	Jino	20 899	6 032	13 367	1 500
其他未识别的民族	Non - identified Ethnics	734 438	248 532	432 883	53 023
外国人加入中国籍	Chinese Foreigners	941	124	523	294

1-9 2000年全国人口普查各民族分性别出生人口和死亡人口

(1999.11.1-2000.10.31)

Population of Birth and Death by Sex and Ethnic on National Population Census in 2000

单位:人 (person)

民族	Ethnic	出生人数 Total Number of Births			死亡人数 Total Number of Deaths		
		小计 Sub-total	男 Male	女 Female	小计 Sub-total	男 Male	女 Female
全国总计	**Total**	**1 182 136**	**644 608**	**537 528**	**7 313 081**	**4 106 571**	**3 206 510**
汉族	Han	1 035 308	567 061	468 247	6 656 680	3 735 845	2 920 835
少数民族合计	**Total Minority Population**	**145 262**	**76 778**	**68 484**	**651 213**	**367 829**	**283 384**
少数民族占全国比重	AS % of Total Population	12.3	11.9	12.7	8.9	9.0	8.8
蒙古族	Mongolian	6 319	3 307	3 012	33 006	19 819	13 187
回族	Hui	12 948	6 853	6 095	48 336	27 350	20 986
藏族	Tibetan	8 538	4 305	4 233	39 278	20 278	19 000
维吾尔族	Uygur	15 087	7 716	7 371	51 772	29 256	22 516
苗族	Miao	15 411	8 217	7 194	62 614	35 300	27 314
彝族	Yi	14 538	7 677	6 861	60 862	33 789	27 073
壮族	Zhuang	19 043	10 390	8 653	96 474	54 360	42 114
布依族	Bouyei	5 630	2 956	2 674	22 809	12 501	10 308
朝鲜族	Korean	938	488	450	11 536	6 655	4 881
满族	Manchu	9 444	4 937	4 507	49 087	29 711	19 376
侗族	Dong	4 192	2 343	1 849	20 002	11 146	8 856
瑶族	Yao	3 149	1 729	1 420	15 590	9 343	6 247
白族	Bai	2 721	1 396	1 325	12 128	6 754	5 374
土家族	Tujia	10 024	5 505	4 519	51 621	29 007	22 614
哈尼族	Hani	2 531	1 359	1 172	13 114	6 942	6 172
哈萨克族	Kazak	2 072	1 061	1 011	6 450	3 864	2 586
傣族	Dai	1 532	769	763	7 946	4 426	3 520
黎族	Li	1 879	993	886	6 415	3 593	2 822
傈僳族	Lisu	1 128	557	571	5 951	3 265	2 686
佤族	Wa	669	323	346	3 844	2 091	1 753
畲族	She	741	379	362	4 277	2 618	1 659
高山族	Gaoshan	8	6	2	19	14	5
拉祜族	Lahu	754	371	383	4 324	2 337	1 987
水族	Shui	787	431	356	2 692	1 504	1 188
东乡族	Dongxiang	793	422	371	2 930	1 467	1 463

1-9 续表

Continued

单位:人 (person)

民族	Ethnic	出生人数 Total Number of Births			死亡人数 Total Number of Deaths		
		小计 Sub-total	男 Male	女 Female	小计 Sub-total	男 Male	女 Female
纳西族	Naxi	447	228	219	2 376	1 353	1 023
景颇族	Jingpo	237	119	118	1 122	638	484
柯尔克孜族	Kirgiz	306	165	141	954	505	449
土　族	Tu	414	230	184	1 293	732	561
达斡尔族	Daur	109	59	50	813	551	262
仫佬族	Mulam	227	108	119	1 026	601	425
羌　族	Qiang	418	195	223	1 567	931	636
布朗族	Blang	151	82	69	784	425	359
撒拉族	Salar	183	89	94	554	302	252
毛南族	Maonan	133	70	63	694	398	296
仡佬族	Gelo	1 001	535	466	4 139	2 395	1 744
锡伯族	Xibe	179	74	105	709	455	254
阿昌族	Achang	61	36	25	225	121	104
普米族	Primi	69	43	26	275	163	112
塔吉克族	Tajik	71	39	32	236	123	113
怒　族	Nu	46	30	16	253	131	122
乌孜别克族	Uzbek	17	10	7	43	32	11
俄罗斯族	Russian	12	9	3	62	36	26
鄂温克族	Ewenki	35	23	12	194	121	73
德昂族	Deang	33	20	13	146	75	71
保安族	Banan	26	13	13	86	43	43
裕固族	Yugur	23	12	11	83	46	37
京　族	Gin	40	23	17	65	31	34
塔塔尔族	Tatar	5	3	2	17	10	7
独龙族	Derung	86	48	38	77	48	29
鄂伦春族	Oroqen	14	7	7	46	23	23
赫哲族	Hezhe	9	5	4	17	10	7
门巴族	Monba	8	3	5	89	52	37
珞巴族	Lhopa	6	4	2	26	16	10
基诺族	Jino	20	6	14	165	72	93
其他未识别的民族	Non-identified Ethnics	1 565	769	796	5 174	2 894	2 280
外国人加入中国籍	Chinese Foreigners	1		1	14	3	11

教育 2
Education

2-1 全国分地区少数民族教职工(2003年)(一)

Teachers and Staffs of Ethnic Minorities by Region(2003)(1)

单位:人 (person)

地 区 Region		普通高等学校 Institutions of Higher Education	中等技术学校 Technical Secondary Schools	中等师范学校 Teacher's Training Schools	成人中专 Adult of Specialized Secondary Schools
全 国	National	67 662	15 119	5 539	6 497
北 京	Beijing	4 835	277	4	19
天 津	Tianjin	1 306	117	20	18
河 北	Hebei	2 581	534	2	176
山 西	Shanxi	296	32	2	2
内蒙古	Inner Mongolia	6 300	1 404	270	756
辽 宁	Liaoning	6 505	1 009	187	84
吉 林	Jilin	2 775	641	2	615
黑龙江	Heilongjiang	2 655	171	162	128
上 海	Shanghai	803	83		6
江 苏	Jiangsu	1 166	97	12	33
浙 江	Zhejiang	550	32		5
安 徽	Anhui	457	68	17	19
福 建	Fujian	427			
江 西	Jiangxi	119	15	7	4
山 东	Shandong	1 194	99	35	59
河 南	Henan	1 489	359	24	84
湖 北	Hubei	2 189	100	21	140
湖 南	Hunan	2 643	385	93	389
广 东	Guangdong	1 161	197	17	58
广 西	Guangxi	6 145	2 540	877	1 725
海 南	Hainan	173	116	23	23
重 庆	Chongqing	583	56	180	100
四 川	Sichuan	1 344	412	199	182
贵 州	Guizhou	4 229	809	695	227
云 南	Yunnan	3 591	2 004	494	562
西 藏	Tibet	729	153		29
陕 西	Shaanxi	899	60	41	40
甘 肃	Gansu	1 066	313	128	114
青 海	Qinghai	984	64	146	32
宁 夏	Ningxia	1 065	144		29
新 疆	Xinjiang	7 403	2 828	1 881	839

2-1 全国分地区少数民族教职工(2003年)(二)

Teachers and Staffs of Ethnic Minorities by Region(2003)(2)

单位:人 (person)

地 区 Region	普通中学 Regular Secondary Schools	职业初中 Vocational Schools	特殊教育学校 Schools of Special Education	小学 Primary Schools	幼儿园 Kindergartens
全 国 National	399 670	3 529	2 066	626 962	39 334
北 京 Beijing	3 579		57	2 781	866
天 津 Tianjin	1 151		26	1 111	254
河 北 Hebei	16 937	153	101	16 213	1 162
山 西 Shanxi	217		4	208	82
内蒙古 Inner Mongolia	29 544	1 278	157	39 728	3 963
辽 宁 Liaoning	33 110	30	293	41 737	2 355
吉 林 Jilin	10 872	192	151	11 671	1 067
黑龙江 Heilongjiang	8 205	6	79	9 079	494
上 海 Shanghai	879	2	13	286	135
江 苏 Jiangsu	818		14	559	258
浙 江 Zhejiang	1 347		8	2 157	223
安 徽 Anhui	1 060	53	18	1 540	179
福 建 Fujian	1 574		24	2 566	286
江 西 Jiangxi	255	1	1	349	78
山 东 Shandong	1 989		22	1 790	366
河 南 Henan	3 268		36	4 570	739
湖 北 Hubei	11 778	1	46	13 927	852
湖 南 Hunan	28 839	14	106	35 541	2 078
广 东 Guangdong	2 647		17	2 474	797
广 西 Guangxi	70 000	190	329	101 258	6 190
海 南 Hainan	2 685		2	7 765	431
重 庆 Chongqing	7 259		19	11 919	519
四 川 Sichuan	6 344	87	9	21 766	943
贵 州 Guizhou	44 981	874	230	77 595	3 657
云 南 Yunnan	33 602	192	121	78 683	4 747
西 藏 Tibet	4 185	11	31	12 401	455
陕 西 Shaanxi	508		4	529	235
甘 肃 Gansu	4 234		6	9 850	798
青 海 Qinghai	5 858	8	31	12 589	659
宁 夏 Ningxia	5 037	42	31	9 665	610
新 疆 Xinjiang	56 908	395	80	94 655	3 856

2-2 全国少数民族专任教师

Number of Full - time Ethnic Teachers of China

单位:万人 (10 000 persons)

年 份 Year	高等学校 Institutions of Higher Education	中等技术学校 Technical Schools	中等师范学校 Teacher's Training Schools	普通中学 Regular Secondary Schools	职业中学 Vocational Schools	小学 Primary Schools
1951				0.27		
1952	0.06			0.45		5.98
1957	0.19			1.17		9.82
1963	0.10	0.12	0.05	1.32	0.06	7.24
1965	0.33	0.11	0.04	1.46	0.28	13.32
1975	0.27			6.85		27.17
1978	0.59	0.27	0.20	11.23		31.02
1979	0.72	0.29	0.22	10.82		31.30
1980	0.78	0.35	0.26	11.23	0.07	32.94
1981	0.84	0.38	0.24	10.52	0.09	33.06
1982	0.92	0.44	0.27	10.42	0.13	34.32
1983	1.08	0.49	0.27	10.72	0.23	34.49
1984	1.08	0.52	0.28	11.24	0.36	37.80
1985	1.28	0.60	0.32	12.56	0.56	39.78
1986	1.42	0.78	0.36	13.92	0.68	42.13
1987	1.54	0.81	0.42	15.05	0.84	43.68
1988	1.69	0.85	0.44	15.85	1.63	42.12
1989	1.75	0.92	0.47	17.39	1.03	46.25
1990	1.78	0.97	0.51	18.30	1.09	45.87
1991	1.89	1.01	0.53	19.21	1.19	46.41
1992	1.94	1.05	0.51	20.00	1.29	47.63
1993	1.94	1.04	0.52	20.21	1.39	47.72
1994	2.11	1.10	0.52	20.76	1.40	47.88
1995	2.20	1.16	0.58	22.25	1.50	50.19
1996	2.20	1.22	0.60	23.34	1.82	51.55
1997	2.28	1.27	0.62	24.69	1.66	52.79
1998	2.32	1.26	0.62	26.03	1.64	53.69
1999	2.33	1.25	0.61	27.14	1.68	54.51
2000	2.51	1.26	0.53	28.16	1.63	55.30
2001	2.87	1.16	0.47	30.04	1.63	57.47
2002	3.35	1.05	0.46	31.70	1.65	57.23
2003	3.63	0.87	0.37	33.35	0.30	57.09

注:2003 年职业中学数仅指职业初中数。(下同)

2-3 全国少数民族专任教师占全国专任教师总数的比重
The Proportion of Full - time Ethnic Teachers in the Full - time Teachers of the Whole Nation

单位:% (%)

年 份 Year	高等学校 Institutions of Higher Education	中等技术学校 Technical Schools	中等师范学校 Teacher's Training Schools	普通中学 Regular Secondary Schools	职业中学 Vocational Schools	小学 Primary Schools
1951				2.6		
1952				2.9		
1957	2.8			3.9		4.3
1963	2.2	2.5	4.1	3.1	3.9	2.8
1965	2.4	2.5	3.5	3.2	1.4	3.5
1975	1.7	4.2		3.3		5.2
1978	2.9	3.9	6.6	3.5		5.9
1979	3.0	3.7	6.4	3.5		5.8
1980	3.2	3.9	6.9	3.7	3.2	6.0
1981	3.4	3.9	6.4	3.7	3.0	5.9
1982	3.2	4.0	6.7	3.9	3.3	6.2
1983	3.6	4.2	6.9	4.1	3.1	6.4
1984	3.4	4.3	6.6	4.4	3.5	7.0
1985	3.7	4.7	6.9	4.7	3.9	7.4
1986	3.8	5.4	7.3	5.0	4.2	7.8
1987	4.0	5.2	7.8	5.2	4.5	8.0
1988	4.3	5.1	7.7	5.4	8.0	7.7
1989	4.4	5.4	8.2	5.8	4.8	8.3
1990	4.4	5.5	8.7	6.0	4.9	8.2
1991	4.8	5.7	9.3	6.2	5.1	8.4
1992	5.0	5.9	8.9	6.4	5.2	8.6
1993	5.0	5.7	9.0	6.4	5.3	8.6
1994	5.3	5.9	8.7	5.3	5.1	8.5
1995	5.5	5.9	9.4	6.7	5.1	8.9
1996	5.5	6.0	9.5	6.7	5.9	9.0
1997	5.6	6.0	9.8	6.9	5.2	9.1
1998	5.7	6.1	5.7	7.0	4.9	9.2
1999	5.5	6.2	9.9	7.1	5.0	9.3
2000	5.4	6.2	9.9	7.0	5.1	9.4
2001	5.4	6.3	10.4	7.2	5.3	9.7
2002	5.4	6.2	12.2	7.2	5.3	9.9
2003	5.0			7.4		10.0

2-4 全国分地区少数民族专任教师(2003年)(一)

Full-time Ethnic Teachers by Region(2003) (1)

单位:人 (person)

地区 Region	普通高等学校 Institutions of Higher Education	中等技术学校 Technical Secondary Schools	中等师范学校 Teacher's Training Schools	成人中专 Adult of Specialized Secondary Schools
全国 National	36 317	8 683	3 678	4 051
北京 Beijing	2 115	151	2	7
天津 Tianjin	611	60	10	12
河北 Hebei	1 374	284	2	96
山西 Shanxi	157	20	2	1
内蒙古 Inner Mongolia	3 677	792	180	543
辽宁 Liaoning	3 426	579	123	51
吉林 Jilin	1 322	299	2	392
黑龙江 Heilongjiang	1 293	76	82	105
上海 Shanghai	439	54		3
江苏 Jiangsu	568	65	8	24
浙江 Zhejiang	405	23		5
安徽 Anhui	266	39	13	6
福建 Fujian	226			
江西 Jiangxi	60	6	5	4
山东 Shandong	674	59	15	37
河南 Henan	736	195	13	52
湖北 Hubei	1 144	64	19	90
湖南 Hunan	1 445	211	51	276
广东 Guangdong	747	117	11	49
广西 Guangxi	3 286	1 449	494	887
海南 Hainan	103	66	17	17
重庆 Chongqing	316	41	128	57
四川 Sichuan	788	233	133	106
贵州 Guizhou	2 376	510	501	87
云南 Yunnan	1 964	1 122	333	384
西藏 Tibet	404	88		16
陕西 Shaanxi	475	30	26	17
甘肃 Gansu	551	190	98	65
青海 Qinghai	593	53	101	24
宁夏 Ningxia	591	68		12
新疆 Xinjiang	4 185	1 739	1 309	626

2-4 全国分地区少数民族专任教师(2003年)(二)

Full-time Ethnic Teachers by Region(2003)(2)

单位:人 (person)

地区 Region	普通中学 Regular Secondary Schools	职业初中 Vocational Schools	特殊教育学校 Schools of Special Education	小学 Primary Schools	幼儿园 Kindergartens
全国 National	**333 481**	**2 993**	**1 544**	**570 947**	**26 221**
北京 Beijing	2 677		46	2 291	503
天津 Tianjin	892		19	912	168
河北 Hebei	14 652	130	74	15 334	775
山西 Shanxi	176		4	195	56
内蒙古 Inner Mongolia	22 792	1 041	125	34 902	2 712
辽宁 Liaoning	27 263	20	234	36 518	1 656
吉林 Jilin	8 605	143	102	9 988	726
黑龙江 Heilongjiang	6 870	5	57	8 113	326
上海 Shanghai	717	1	6	238	104
江苏 Jiangsu	690		8	514	184
浙江 Zhejiang	1 207		6	2 011	156
安徽 Anhui	877	45	13	1 481	138
福建 Fujian	1 351		23	2 425	232
江西 Jiangxi	226	1	1	338	46
山东 Shandong	1 617		15	1 661	240
河南 Henan	2 722		33	4 273	494
湖北 Hubei	10 345	1	38	13 105	563
湖南 Hunan	25 297	13	76	33 455	1 347
广东 Guangdong	2 381		15	2 219	554
广西 Guangxi	53 917	147	215	87 782	3 964
海南 Hainan	2 306		2	7 301	306
重庆 Chongqing	6 134		16	11 126	373
四川 Sichuan	5 234	68	8	19 831	745
贵州 Guizhou	40 597	810	188	73 560	2 682
云南 Yunnan	28 100	164	81	74 097	3 376
西藏 Tibet	3 522	8	18	11 768	250
陕西 Shaanxi	415		3	487	148
甘肃 Gansu	3 626		5	9 451	567
青海 Qinghai	5 091	7	30	11 890	448
宁夏 Ningxia	4 344	42	27	9 410	426
新疆 Xinjiang	48 838	347	56	84 271	1 956

2-5 全国少数民族在校学生

Number of Ethnic Students Enrollment of China

单位:万人 (10 000 persons)

年 份 Year	高等学校 Institutions of Higher Education	中等技术学校 Technical Schools	中等师范学校 Teacher's Training Schools	普通中学 Regular Secondary Schools	职业中学 Vocational Schools	小学 Primary Schools
1950	0.13					
1951		0.07	0.45	4.03		94.3
1952	0.29	0.26	1.62	7.32		147.4
1957	1.61	1.77	1.97	27.69		319.4
1962	2.87	1.31	0.94	29.47		
1963					1.21	299.2
1965	2.19	1.09	0.81	37.18	1.35	521.9
1975	3.06			155.69		770.8
1978	3.60	2.84	3.03	246.75		768.6
1979	3.74	3.22	3.97	205.87		737.8
1980	4.29	3.93	4.47	199.30	1.46	752.2
1981	5.12	3.91	3.90	177.06	1.36	735.6
1982	5.39	4.10	3.46	177.96	1.77	823.9
1983	5.96	4.48	3.74	182.97	3.62	821.9
1984	6.93	5.24	4.21	202.07	6.17	910.1
1985	9.41	6.65	4.98	224.47	8.74	954.8
1986	9.95	7.57	5.62	254.06	10.32	1 033.7
1987	11.87	8.50	6.22	280.07	12.43	1 051.3
1988	12.54	8.83	6.18	281.64	26.39	983.6
1989	13.16	9.95	6.28	283.54	13.65	1 052.1
1990	13.79	11.41	6.77	294.62	15.06	1 069.5
1991	14.18	11.93	6.70	308.59	16.51	980.6
1992	15.29	12.71	7.09	320.88	18.37	1 122.3
1993	16.32	14.30	7.67	313.69	18.62	1 140.2
1994	17.79	15.69	7.52	324.23	18.98	1 149.2
1995	18.76	18.43	8.84	346.65	23.78	1 200.2
1996	19.68	21.05	9.02	370.19	24.57	1 251.1
1997	21.68	23.71	9.13	403.93	22.93	1 248.2
1998	22.63	25.25	9.72	449.16	22.86	1 240.2
1999	24.77	27.96	9.71	463.29	24.15	1 214.2
2000	31.99	28.98	9.47	498.91	23.88	1 181.6
2001	40.97	27.60	8.70	482.84	25.07	1 172.0
2002	52.39	27.17	7.82	613.16	26.55	1 149.7
2003	65.52	18.88	5.10	654.46	8.74	1 120.7

2-6 全国少数民族在校学生占全国在校学生总数的比重

The Proportion of Ethnic Students

Enrollment in Students Enrollment of the Whole Nation

单位:% (%)

年 份 Year	高等学校 Institutions of Higher Education	中等技术学校 Technical Schools	中等师范学校 Teacher's Training Schools	普通中学 Regular Secondary Schools	职业中学 Vocational Schools	小学 Primary Schools
1951	1.4	0.4	2.1	2.6		2.2
1952	1.5	0.9	4.7	2.9		2.9
1957	3.7	3.7	6.7	4.4		5.0
1962	3.5	3.7	5.2	3.9	3.9	4.1
1965	3.2	2.8	5.2	4.0	2.3	4.5
1975	6.1	7.6		3.5	5.0	5.1
1978	4.2	5.4	8.4	3.8		5.3
1979	3.7	4.5	8.2	3.5		5.0
1980	3.8	5.2	9.3	3.6	3.2	5.1
1981	4.0	6.2	8.9	3.6	2.8	5.1
1982	4.7	6.5	8.4	3.9	2.5	5.9
1983	4.9	6.5	8.2	4.2	3.0	6.0
1984	5.0	6.5	8.2	4.4	3.5	6.7
1985	5.3	6.6	8.9	4.8	3.8	7.1
1986	5.3	6.6	9.2	5.2	4.0	7.8
1987	6.1	7.0	9.5	5.7	4.7	8.2
1988	6.1	6.5	9.0	5.9	9.4	7.8
1989	6.3	6.7	9.2	6.3	4.8	11.2
1990	6.6	7.3	10.0	6.4	5.1	8.7
1991	6.9	7.4	10.1	6.6	5.2	8.1
1992	7.0	7.3	10.7	6.7	5.4	9.2
1993	6.4	6.8	10.6	6.6	5.1	9.2
1994	6.4	6.5	9.6	5.5	4.7	9.0
1995	6.5	6.4	10.4	6.5	5.3	9.1
1996	6.5	6.3	10.3	6.5	5.2	9.2
1997	6.8	6.3	10.0	6.7	4.5	8.9
1998	6.6	6.2	10.6	7.1	4.2	8.9
1999	6.0	6.6	10.7	6.8	4.5	9.0
2000	5.8	7.0	12.3	6.8	4.7	9.1
2001	5.7	7.0	13.1	7.5	5.4	9.3
2002	5.8	6.9	13.0	9.3	5.2	9.5
2003	5.9			7.6		9.6

2-7 全国分地区少数民族在校学生(2003年)(一)

Ethnic Students Enrollment by Region(2003) (1)

单位:人 (person)

地区 Region	普通高等学校 Institutions of Higher Education	中等技术学校 Technical Secondary Schools	中等师范学校 Teacher's Training Schools	成人中专 Adult of Specialized Secondary Schools
全国 National	**655 181**	**188 773**	**51 043**	**46 430**
北京 Beijing	35 335	3 329	34	407
天津 Tianjin	8 696	1 600	70	55
河北 Hebei	23 661	4 611	14	6 618
山西 Shanxi	2 517	244	29	8
内蒙古 Inner Mongolia	45 246	10 324	1 914	2 554
辽宁 Liaoning	50 294	13 529	1 523	
吉林 Jilin	30 259	5 173	17	
黑龙江 Heilongjiang	19 143	1 093	308	314
上海 Shanghai	5 539	438	15	
江苏 Jiangsu	11 544	496	77	
浙江 Zhejiang	3 177	196	61	
安徽 Anhui	3 430	489	215	110
福建 Fujian	4 104			
江西 Jiangxi	4 335	221		219
山东 Shandong	7 896	958	149	340
河南 Henan	10 257	3 302	218	788
湖北 Hubei	33 540	1 977	632	1 322
湖南 Hunan	44 998	7 087	1 211	7 724
广东 Guangdong	3 597	498	8	301
广西 Guangxi	65 328	42 095	9 482	9 879
海南 Hainan	2 867	3 379	917	
重庆 Chongqing	9 365	1 455	1 640	1 291
四川 Sichuan	27 746	5 163	3 045	586
贵州 Guizhou	52 962	12 337	7 509	6 295
云南 Yunnan	34 806	37 419	7 615	3 322
西藏 Tibet	6 204	1 797	743	199
陕西 Shaanxi	10 110	289	219	38
甘肃 Gansu	14 522	4 342	1 094	528
青海 Qinghai	8 908	2 645	752	483
宁夏 Ningxia	12 448	2 505		451
新疆 Xinjiang	62 347	19 782	11 685	2 445

2-7 全国分地区少数民族在校学生(2003年)(二)

Ethnic Students Enrollment by Region(2003)(2)

单位:人 (person)

地区 Region		普通中学 Regular Secondary Schools	职业初中 Vocational Schools	特殊教育学校 Schools of Special Education	小学 Primary Schools	幼儿园 Kinder-gartens
全国	**National**	**6 544 606**	**87 404**	**25 554**	**11 206 997**	**1 177 471**
北京	Beijing	37 786	2	139	24 429	4 172
天津	Tianjin	16 424		44	12 012	2 564
河北	Hebei	247 462	1 740	537	246 164	40 415
山西	Shanxi	4 141	2	6	2 985	922
内蒙古	Inner Mongolia	395 280	13 152	520	395 186	62 949
辽宁	Liaoning	377 738	289	489	458 214	62 495
吉林	Jilin	120 598	1 265	218	81 816	12 999
黑龙江	Heilongjiang	96 670	56	57	62 771	6 129
上海	Shanghai	5 853	5	52	2 095	95
江苏	Jiangsu	10 791		25	4 122	810
浙江	Zhejiang	14 833	1	36	20 044	2 972
安徽	Anhui	23 064	1 375	34	26 826	3 097
福建	Fujian	33 615	7	681	50 371	5 857
江西	Jiangxi	4 491	5	28	5 491	1 100
山东	Shandong	34 583		121	34 631	6 465
河南	Henan	80 952	20	113	92 957	16 760
湖北	Hubei	193 557		349	275 378	32 035
湖南	Hunan	495 201	250	1 575	619 444	71 822
广东	Guangdong	20 401		2	32 853	5 486
广西	Guangxi	1 123 807	2 259	6 281	1 773 443	255 265
海南	Hainan	72 251		186	179 240	6 923
重庆	Chongqing	125 914		271	282 071	40 104
四川	Sichuan	111 912	2 567	416	474 803	25 174
贵州	Guizhou	879 101	17 348	5 028	1 870 385	202 519
云南	Yunnan	752 751	12 798	5 464	1 528 155	166 302
西藏	Tibet	104 457	2 337	159	307 610	4 415
陕西	Shaanxi	10 404		1	10 067	1 964
甘肃	Gansu	79 414	60	422	279 453	16 349
青海	Qinghai	104 362	688	949	264 526	22 369
宁夏	Ningxia	98 726	1 136	354	274 193	28 680
新疆	Xinjiang	868 067	30 042	997	1 515 262	68 263

2-8 全国民族学院（大学）教职工(一)

Teachers and Staffs in Ethnic University and Colleges(1)

单位：人 (person)

年 份 Year	合 计 Total	中央民族大学 The Central Ethnic University	内蒙古民族大学 Inner Mongolia Ethnic University	大连民族学院 Dalian Ethnic College	中南民族大学 Centre South Ethnic University
1978	4 888	11 731			
1979	5 616	1 380			
1980	6 241	1 674			
1981	7 652	1 849			674
1982	7 997	1 911			718
1983	8 255	1 933			803
1984	8 466	1 945			877
1985	9 431	2 125			1 000
1986	9 902	2 200			1 085
1987	10 403	2 386			1 145
1988	10 377	2 248			1 218
1989	10 641	2 034			1 231
1990	10 593	1 938			1 265
1991	10 612	2 034			1 264
1992	10 570	1 877			1 264
1993	10 584	1 837			1 254
1994	10 629	1 791			1 210
1995	10 752	1 821			1 215
1996	10 452	1 551			1 220
1997	10 668	1 544			1 128
1998	11 342	1 776		205	1 129
1999	10 621	1 763		289	1 126
2000	10 549	1 591		330	1 124
2001	11 041	1 587		469	1 395
2002	11 939	1 536		515	1 371
2003	13 691	1 501	1 664	574	1 325

2-8 全国民族学院(大学)教职工(二)

Teachers and Staffs in Ethnic University and Colleges(2)

单位:人 (person)

年 份 Year	湖北民族学院 Hubei Ethnic College	广东民族学院 Guangdong Ethnic College	广西民族学院 Guangxi Ethnic College	西南民族大学 Southwest Ethnic University	贵州民族学院 Guizhou Ethnic College
1978		145	759	630	139
1979		179	808	738	186
1980		240	845	803	224
1981		279	917	829	335
1982		338	918	950	378
1983		364	914	992	415
1984		394	295	1 046	402
1985		411	970	1 127	906
1986		436	1 007	1 168	654
1987		429	1 055	1 204	722
1988		423	1 054	948	780
1989	477	434	1 045	1 206	792
1990	512	421	1 049	1 192	792
1991	518	410	1 033	1 170	753
1992	550	399	1 018	1 161	843
1993	540	419	1 049	1 164	882
1994	558	439	1 047	1 157	888
1995	591	463	1 050	1 143	920
1996	601	467	1 048	1 108	956
1997	611	491	1 052	1 252	934
1998	1 079	510	1 028	1 192	923
1999	1 066		1 003	993	880
2000	1 080		1 008	1 004	890
2001	1 086		967	1 006	898
2002	1 119		1 007	1 382	851
2003	1 163		1 043	1 316	909

2-8 全国民族学院（大学）教职工(三)

Teachers and Staffs in Ethnic University and Colleges(3)

单位：人 (person)

年 份 Year	云南民族大学 Yunnan Ethnic University	西藏民族学院 Tibet Ethnic College	西北民族大学 Northwest Ethnic University	青海民族学院 Qinghai Ethnic College	西北第二民族学院 The 2nd Northwest Ethnic College
1978	416	568	586	472	
1979	484	633	634	574	
1980	509	630	655	661	
1981	624	641	828	676	
1982	725	650	844	565	
1983	776	609	873	576	
1984	783	609	903	582	
1985	554	562	941	654	181
1986	915	559	1 011	639	228
1987	953	597	1 011	654	247
1988	948	873	971	655	268
1989	956	581	958	659	268
1990	960	561	970	646	281
1991	944	567	981	648	290
1992	953	574	998	614	319
1993	928	575	996	616	324
1994	980	577	1 010	594	378
1995	984	591	1 000	589	385
1996	918	601	1 006	570	406
1997	977	596	995	582	402
1998	975	577	984	546	418
1999	911	561	979	554	496
2000	909	553	986	568	506
2001	943	554	990	580	566
2002	867	667	1 087	902	635
2003	864	549	1 056	1 023	704

2-9 全国民族学院（大学）专任教师(一)

Full - time Teachers in Ethnic University and Colleges(1)

单位：人 (person)

年 份 Year	合 计 Total	中央民族大学 The Central Ethnic University	内蒙古民族大学 Inner Mongolia Ethnic University	大连民族学院 Dalian Ethnic College	中南民族大学 Centre South Ethnic University
1978	2 121	563			
1979	2 430	673			
1980	2 891	818			185
1981	3 253	732			306
1982	3 334	775			302
1983	3 479	781			344
1984	3 516	809			363
1985	3 874	804			419
1986	4 092	834			439
1987	4 208	855			432
1988	4 557	821			525
1989	4 484	800			462
1990	4 393	763			472
1991	4 241	720			471
1992	4 332	687			503
1993	4 466	678			522
1994	4 486	701			512
1995	4 629	740			526
1996	4 702	797			530
1997	4 755	760			516
1998	4 897	730		73	509
1999	4 780	722		129	512
2000	4 816	700		156	511
2001	5 361	698		281	709
2002	6 171	714		367	731
2003	7 223	734	806	403	758

2-9 全国民族学院（大学）专任教师(二)

Full - time Teachers in Ethnic University and Colleges(2)

单位:人 (person)

年 份 Year	湖北民族学院 Hubei Ethnic College	广东民族学院 Guangdong Ethnic College	广西民族学院 Guangxi Ethnic College	西南民族大学 Southwest Ethnic University	贵州民族学院 Guizhou Ethnic College
1978		68	307	318	34
1979		84	315	324	56
1980		96	327	347	68
1981		113	410	356	119
1982		129	381	426	156
1983		153	400	461	157
1984		160	410	432	163
1985		167	435	488	388
1986		181	449	464	283
1987		182	445	468	302
1988		182	446	495	386
1989	197	189	447	490	359
1990	228	180	441	444	375
1991	225	177	424	442	306
1992	243	174	426	440	385
1993	233	192	453	518	418
1994	282	202	470	439	420
1995	296	202	500	448	430
1996	326	211	431	473	429
1997	325	225	491	452	436
1998	529	247	440	412	469
1999	532		462	408	449
2000	524		460	426	447
2001	521		481	498	469
2002	555		521	774	490
2003	564		534	713	512

2-9 全国民族学院(大学)专任教师(三)

Full – time Teachers in Ethnic University and Colleges(3)

单位:人 (person)

年 份 Year	云南民族大学 Yunnan Ethnic University	西藏民族学院 Tibet Ethnic College	西北民族大学 Northwest Ethnic University	青海民族学院 Qinghai Ethnic College	西北第二民族学院 The 2nd Northwest Ethnic College
1978	163	193	246	229	
1979	182	223	272	301	
1980	209	203	314	314	
1981	272	226	289	330	
1982	321	209	376	259	
1983	340	185	400	258	
1984	336	185	401	257	
1985	219	235	424	211	84
1986	403	235	438	270	96
1987	436	224	474	287	103
1988	442	389	436	298	137
1989	445	244	431	292	128
1990	422	234	429	274	131
1991	406	229	439	271	131
1992	389	232	444	241	168
1993	376	238	443	226	169
1994	377	232	449	209	193
1995	396	233	437	222	199
1996	416	243	427	217	202
1997	424	243	438	221	193
1998	420	233	442	194	199
1999	428	241	449	200	248
2000	433	235	459	209	256
2001	442	240	483	218	321
2002	446	239	564	419	351
2003	464	259	577	477	422

2-10 全国民族学院（大学）在校学生(一)

Students Enrollment in Ethnic University and Colleges(1)

单位:人 (person)

年份 Year	合计 Total	中央民族大学 The Central Ethnic University	内蒙古民族大学 Inner Mongolia Ethnic University	大连民族学院 Dalian Ethnic College	中南民族大学 Centre South Ethnic University
1978	6 902	1 337			
1979	7 384	1 474			
1980	8 477	1 778			
1981	10 059	2 126			161
1982	9 556	1 977			514
1983	11 337	2 135			1 078
1984	14 045	2 487			1 591
1985	18 369	3 255			2 060
1986	21 497	3 211			3 826
1987	20 267	3 171			2 760
1988	22 144	3 374			3 004
1989	22 932	2 983			3 039
1990	22 095	2 723			3 064
1991	21 400	2 416			2 952
1992	22 836	2 366			2 997
1993	26 638	2 726			3 532
1994	30 782	2 871			4 393
1995	32 625	3 512			4 750
1996	33 516	3 948			5 536
1997	35 081	3 995			5 695
1998	39 332	3 850		650	5 848
1999	42 751	3 799		1 533	6 478
2000	52 098	3 881		2 543	7 037
2001	71 096	4 784		4 237	8 997
2002	86 681	6 373		5 595	11 764
2003	115 966	8 100	13 185	7 238	13 198

2-10 全国民族学院（大学）在校学生(二)

Students Enrollment in Ethnic University and Colleges(2)

单位:人 (person)

年 份 Year	湖北民族学院 Hubei Ethnic College	广东民族学院 Guangdong Ethnic College	广西民族学院 Guangxi Ethnic College	西南民族大学 Southwest Ethnic University	贵州民族学院 Guizhou Ethnic College
1978		402	1 306	933	178
1979		532	1 316	1 198	176
1980		123	1 586	1 439	260
1981		547	1 584	1 436	241
1982		395	1 366	1 513	391
1983		518	1 493	1 674	638
1984		737	1 933	1 924	910
1985		1 041	2 562	2 315	1 338
1986		1 266	2 479	2 386	1 603
1987		1 144	2 285	2 471	1 728
1988		1 569	2 302	2 680	1 764
1989	1 639	1 850	2 204	2 572	1 728
1990	1 792	1 204	2 188	2 480	1 654
1991	1 834	1 052	2 022	2 649	1 477
1992	2 099	1 298	2 492	2 740	1 450
1993	2 143	1 594	2 942	3 197	1 726
1994	2 178	2 215	3 464	3 708	2 173
1995	2 211	2 464	3 602	3 585	2 663
1996	2 348	2 530	3 634	3 664	2 181
1997	2 586	2 551	4 040	3 901	2 349
1998	4 093	2 620	4 620	4 353	2 655
1999	4 701		5 423	4 445	3 489
2000	5 682		6 624	5 445	4 489
2001	6 584		7 713	7 211	6 073
2002	7 570		9 074	9 804	7 239
2003	8 391		9 996	12 871	8 791

2-10 全国民族学院（大学）在校学生(三)

Students Enrollment in Ethnic University and Colleges(3)

单位:人 (person)

年 份 Year	云南民族大学 Yunnan Ethnic University	西藏民族学院 Tibet Ethnic College	西北民族大学 Northwest Ethnic University	青海民族学院 Qinghai Ethnic College	西北第二民族学院 The 2nd Northwest Ethnic College
1978	793	496	514	943	
1979	854	201	790	843	
1980	895	314	734	1 108	
1981	1 167	438	1 006	1 353	
1982	858	418	1 005	1 119	
1983	1 068	409	1 118	1 206	
1984	1 432	409	1 302	1 320	
1985	1 979	559	1 631	1 363	266
1986	2 344	838	1 909	1 241	394
1987	2 366	837	1 949	1 185	371
1988	2 665	1 098	2 067	1 218	403
1989	2 489	697	2 046	1 141	544
1990	2 526	663	2 009	1 149	643
1991	2 557	586	2 006	1 100	689
1992	2 562	618	2 299	1 124	891
1993	2 653	951	2 731	1 248	1 195
1994	2 618	1 184	2 879	1 376	1 723
1995	2 528	1 539	2 613	1 450	1 708
1996	2 624	1 283	2 640	1 508	1 620
1997	2 835	1 244	2 807	1 520	1 558
1998	3 103	1 317	2 873	1 566	1 784
1999	3 764	1 588	3 573	1 690	2 268
2000	4 612	2 098	4 329	2 229	3 129
2001	5 437	2 494	6 051	2 915	4 363
2002	6 866	3 199	7 265	6 640	5 292
2003	7 993	3 781	9 484	6 655	6 283

2－11 全国民族学院(大学)教职工基本情况(2003年)

Basic Statistics of Teachers and Staffs in Ethnic University and Colleges(2003)

单位:人 (person)

单位 Unit	总计 Total	校本部职工 Number of Staff and Workers	#专任教师 Ful-time Teachers	正高级 Senior	副高级 Sub-senior	中级 Middle	初级 Junior	无职称 No Rank	#教辅人员 Support-ing Staff	#行政人员 Admini-strative Personnel	科研机构人员 Science and Research Personnel
合计 Total	**13 691**	**12 665**	**7 223**	**638**	**2 272**	**2 552**	**1 344**	**417**	**1 626**	**2 328**	**163**
中央民族大学 The Central Ethnic University	1 501	1 489	734	105	239	327	58	5	227	330	12
内蒙古民族大学 Inner Mongolia Ethnic University	1 664	1 612	806	43	285	281	136	61	229	226	0
大连民族学院 Dalian Ethnic College	574	574	403	36	134	126	94	13	42	98	0
中南民族大学 Centre South Ethnic University	1 325	1 267	758	98	303	232	110	15	163	142	27
湖北民族学院 Hubei Ethnic College	1 163	913	564	41	179	209	98	37	126	114	15
广西民族学院 Guangxi Ethnic College	1 043	904	534	39	155	201	91	48	91	220	14
西南民族大学 Southwest Ethnic University	1 316	1 145	713	87	259	180	179	8	95	264	0
贵州民族学院 Guizhou Ethnic College	909	846	512	40	136	194	95	47	94	182	9
云南民族大学 Yunnan Ethnic University	864	832	464	40	158	160	47	59	112	159	27
西藏民族学院 Tibet Ethnic College	549	543	259	8	67	116	38	30	83	105	1
西北民族大学 Northwest Ethnic University	1 056	1 000	577	41	125	199	186	26	83	226	19
青海民族学院 Qinghai Ethnic College	1 023	851	477	22	122	187	98	48	201	146	24
西北第二民族学院 The 2nd Northwest Ethnic College	704	689	422	38	110	140	114	20	80	116	15

2-12 全国民族学院(大学)学生基本情况(2003 年)

Students Enrollment and Entrants and Graduates in Ethnic University and Colleges(2003)

单位:人 (person)

单 位 Unit	本、专科生 Regular College Course and Specialized Subject		
	在校学生 Student Enrollment	招生数 New Student Enrollment	毕业生数 Graduates
合 计 Total	**115 966**	**36 530**	**16 746**
中央民族大学 The Central Ethnic University	8 100	2 602	864
内蒙古民族大学 Inner Mongolia Ethnic University	13 185	4 164	1 743
大连民族学院 Dalian Ethnic College	7 238	2 300	872
中南民族大学 Centre South Ethnic University	13 198	4 215	1 910
湖北民族学院 Hubei Ethnic College	8 391	2 329	1 535
广西民族学院 Guangxi Ethnic College	9 996	2 936	1 914
西南民族大学 Southwest Ethnic University	12 871	4 200	1 208
贵州民族学院 Guizhou Ethnic College	8 791	2 684	1 283
云南民族大学 Yunnan Ethnic University	7 993	2 413	1 307
西藏民族学院 Tibet Ethnic College	3 781	1 755	529
西北民族大学 Northwest Ethnic University	9 484	3 380	1 067
青海民族学院 Qinghai Ethnic College	6 655	1 742	1 697
西北第二民族学院 The 2nd Northwest Ethnic College	6 283	1 810	817

2-13 全国内地西藏班和新疆班招生情况

The Enrollment Status of Tibet and Xinjiang Classes of China

单位:人 (Person)

年份 Year	合计 Total	西藏班 Tibet Classes						新疆班 Xinjiang
		小计 Subtotal	初中 Junior hight School	高中 Senior hight School	中师 Secondary normal School	中专 Secondary Specialized School	大学 College	高中 Senior hight School
1985	1 300	1 300	1 300					
1986	1 240	1 240	1 240					
1987	1 320	1 320	1 320					
1988	1 400	1 400	1 400					
1989	2 176	2 176	1 180	200	295	501		
1990	2 485	2 485	1 277	300	302	606		
1991	2 444	2 444	1 242	261	250	691		
1992	2 654	2 654	1 222	300	270	605	257	
1993	2 654	2 654	1 300	294	200	612	248	
1994	2 646	2 646	1 235	333	240	576	262	
1995	2 815	2 815	1 420	360	280	544	211	
1996	3 151	3 151	1 621	390	310	550	280	
1997	3 161	3 161	1 735	400	336	489	201	
1998	3 365	3 365	1 855	455	369	347	339	
1999	3 442	3 442	1 782	505	375	380	400	
2000	4 487	3 487	1 520	953	205	387	422	1 000
2003	5 574	4 039	2 568	1 471				1 535

注:2003年内地西藏班招生数仅统计了初中班和高中班招生数。(下同)

2－14　全国分地区内地西藏班和新疆班招生情况(2003年)

The Enrollment Status of Tibet and Xinjiang Classes by Region(2003)

单位:人　　(person)

地区 Region	合计 Total	西藏班小计 Tibet Classes			新疆班 Xinjiang
			初中 Junior hight School	高中 Senior hight School	高中 Senior hight School
总计 Total	**5 574**	**4 039**	**2 568**	**1 471**	**1 535**
北京 Beijing	399	274		274	125
天津 Tianjin	355	230	105	125	125
山西 Shanxi	354	354	164	190	
辽宁 Liaoning	194	63	33	30	131
上海 Shanghai	341	215	215		126
江苏 Jiangsu	679	312	188	124	367
浙江 Zhejiang	460	209	209		251
安徽 Anhui	347	347	330	17	
福建 Fujian	170	170	137	33	
江西 Jiangxi	98	98	98		
山东 Shandong	302	177	177		125
河南 Henan	405	405	270	135	
湖北 Hubei	349	349	209	140	
湖南 Hunan	130	130		130	
广东 Guangdong	450	165	151	14	285
重庆 Chongqing	238	238	157	81	
四川 Sichuan	173	173		173	
陕西 Shaanxi	130	130	125	5	

科技3

Science and Technology

3-1 中国科学院和中国工程院少数民族院士(2003年)

Academicians of Ethnic Minorities of China Academy of Sciences and China Academy of Engineering(2003)

单位:人 (person)

类别	Category	总计 Total	其中:少数民族院士 Academicians of ethnic minorities	#女 Femal
"两院"院士	**Academicians of "Two Academies"**	**1 345**	**22**	**1**
中国科学院院士	**Academicians of China Academy of Sciences**	**685**	**10**	
数学物理学部	Dep. of mathematics and physics	128		
化学部	Dep. of chemistry	119	2	
生物学部	Dep. of Biology	122	3	
地学部	Dep. of geography	117	2	
技术科学部	Dep. of sciences and technologies	199	3	
中国工程院院士	**Academicians of China Academy of Engineering**	**660**	**12**	**1**
机械与运载工程学部	Machinery and delivery Dep.	96	1	
信息与电子工程学部	Information and electrical engineering Dep.	105	2	1
化工、冶金与材料工程学部	Chemical industry metallurgy and material engineering Dep.	88	1	
能源与矿业工程学部	Energy resources and mineral engineering Dep.	88	1	
土木、水利与建筑工程学部	Constructiong Waterpower and architecture engineering Dep.	87		
农业、轻纺与环境工程学部	Agricultural textile and environmental engineering Dep.	92	3	
医药与卫生工程学部	Medicinal and health care Dep.	96	4	
工程管理学部	Engineering manage Dep.	36		
(其中28人为跨学部院士)				

文化 4
Culture

4-1 全国少数民族文字出版物情况

Publications with Ethnic Characters of China

单位：种数：种　印数：万册（份）　　unit：number of Publications：kind　printed copies：10 000 copies

年份 Year	图书 Published Books		杂志 Magazines		报纸 Newspapers	
	种数 Number of Publications	印数 Printed Copies	种数 Number of Publications	印数 Printed Copies	种数 Number of Publications	印数 Printed Copies
1952	621	661	15	169	20	2 933
1957	1 763	1 462	35	244	32	2 434
1962	942	910	27	170	32	2 252
1965	1 694	2 480	36	268	36	3 955
1970	312	1 331	5	93	5	3 262
1975	1 226	3 365	18	237	10	6 461
1978	1 386	3 179	35	313	11	7 072
1980	1 921	3 427	42	575	18	7 384
1981	1 904	2 652	63	590	18	6 631
1982	2 270	3 330	75	631	18	7 063
1983	2 327	3 358	74	616	19	7 927
1984	2 524	3 514	76	748	42	15 175
1985	2 759	3 629	109	1 035	57	11 402
1986	2 972	3 635	126	1 085	56	12 561
1987	3 157	4 184	128	1 148	70	13 306
1988	3 294	3 816	541	1 350	76	13 411
1989	3 260	3 853	153	1 280	75	9 031
1990	3 251	3 867	131	1 027	79	14 837
1991	3 575	4 922	142	1 006	81	11 983
1992	3 065	4 326	167	1 354	83	11 981
1993	3 500	5 090	173	1 291	87	11 513
1994	3 248	4 552	178	1 247	92	12 526
1995	3 342	4 791	185	1 197	92	16 833
1996	3 209	5 060	183	1 011	89	14 917
1997	3 429	4 999	184	970	88	10 527
1998	4 108	5 376	184	1 099	83	9 651
1999	4 591	6 021	185	1 009	81	10 486
2000	5 062	5 640	193	863	84	10 116
2001	4 779	5 306	202	990	92	12 396
2002	5 125	5 729	211	978	89	10 229
2003	4 787	5 034	205	781	88	13 130

4-2 全国少数民族文字出版的图书(一)
Published Books with Ethnic Characters of China(1)

种数:种 number of Publications:kind
单位:印数:万册(份) unit:printed copies:10 000 copies
印张:万印张 printed sheets:10 000 sheets

年份 Year	总计 Total				书籍 Books			
	种数 Number of Publications		印数 Printed Copies	印张 Printed Signatures	种数 Number of Publications		印数 Printed Copies	印张 Printed Signatures
	合计 Total	#新出 Late Published			合计 Total	#新出 Late Published		
1952	621	534	661	1 714	391	341	281	739
1957	1 763	1 504	1 462	6 320	1 204	1 120	685	3 122
1962	942	627	910	4 111	361	341	202	1 230
1965	1 694	1 290	2 480	9 276	644	560	1 002	4 650
1970	312	247	1 331	4 874	159	134	797	3 556
1975	1 226	1 072	3 365	12 428	762	720	1 868	8 514
1978	1 386	1 120	3 179	12 346	750	689	874	4 914
1979	1 544	1 290	2 707	14 166	803	791	716	5 571
1980	1 921	1 456	3 427	16 854	1 047	976	905	6 449
1981	1 904	1 471	2 652	16 249	1 038	973	776	6 991
1982	2 270	1 713	3 330	18 882	1 232	1 132	1 033	7 919
1983	2 237	1 683	3 358	19 783	1 267	1 182	1 113	8 974
1984	2 524	1 931	3 514	21 177	1 483	1 379	1 142	9 854
1985	2 759	2 075	3 629	20 253	1 602	1 478	1 111	8 168
1986	2 972	2 108	3 635	21 030	1 679	1 567	1 021	8 158
1987	3 157	2 022	4 184	22 878	1 752	1 532	1 215	9 134
1988	3 294	1 975	3 816	21 647	1 842	1 580	1 046	7 958
1989	3 260	1 783	3 853	22 059	1 709	1 385	1 124	8 088
1990	3 251	1 869	3 867	21 673	1 734	1 422	1 049	7 853
1991	3 575	1 913	4 922	25 103	1 700	1 369	1 201	8 220
1992	3 065	1 556	4 326	2 549	1 536	1 207	1 096	8 104
1993	3 500	1 995	5 090	26 069	1 704	1 353	1 398	9 087
1994	3 428	1 827	4 552	25 869	2 277	1 535	2 136	12 926
1995	3 342	1 473	4 791	24 943	1 547	1 085	1 411	8 521
1996	3 209	1 431	5 060	26 523	1 607	1 080	1 648	8 635
1997	3 429	1 361	4 999	27 022	1 959	1 143	1 784	9 027
1998	4 108	1 548	5 376	30 291	2 412	1 341	2 164	11 418
1999	4 591	1 828	6 021	34 557	2 367	1 473	1 896	11 156
2000	5 062	2 078	5 640	33 514	2 598	1 741	1 510	9 965
2001	4 779	2 374	5 306	32 241	2 451	1 933	1 412	9 254
2002	5 125	2 329	5 729	34 765	2 548	1 840	1 552	10 524
2003	4 787	2 275	5 034	31 947	2 624	1 683	1 501	9 289

4-2 全国少数民族文字出版的图书(二)

Publisbed Books with Ethnic Characters of China(2)

种数:种　　number of Publications:kind

单位:印数:万册(份)　　unit:printed copies:10 000 copies

印张:万印张　　printed sheets:10 000 sheets

年份 Year	课本 Textbooks				图片 Photographs			
	种数 Number of Publications		印数 Printed Copies	印张 Printed Signatures	种数 Number of Publications		印数 Printed Copies	印张 Printed Signatures
	合计 Total	#新出 Late Published			合计 Total	#新出 Late Published		
1952	230	193	380	975	41	41	29	18
1957	509	341	759	3 180	50	43	18	18
1962	550	256	640	2 820	31	30	68	61
1965	787	561	1 150	4 404	263	169	328	222
1970	75	35	316	1 144	78	78	218	174
1975	358	246	939	3 481	106	106	558	433
1978	537	340	1 629	6 829	99	91	676	603
1980	808	414	1 958	9 713	66	66	564	692
1981	803	436	1 692	8 998	63	62	184	260
1982	974	517	2 170	10 820	64	64	27	143
1983	975	420	2 020	10 499	85	81	225	310
1984	946	464	2 198	11 145	95	88	174	121
1985	1 084	525	2 326	11 885	73	72	192	201
1986	1 263	515	2 561	12 686	30	26	53	179
1987	1 330	416	2 847	13 566	75	74	124	154
1988	1 400	345	2 669	13 197	52	50	101	299
1989	1 509	356	2 624	13 644	42	42	105	154
1990	1 482	413	2 754	13 582	35	34	64	226
1991	1 828	497	3 671	16 616	47	47	50	233
1992	1 488	309	3 154	14 261	41	40	76	163
1993	1 780	628	3 623	16 837	16	14	71	97
1994	1 137	283	2 361	12 843	14	9	55	99
1995	1 780	373	3 346	16 283	15	15	34	20
1996	1 592	343	3 403	17 860	10	8	9	10
1997	1 464	213	3 204	17 908	6	5	11	24
1998	1 677	193	3 199	18 805	19	14	13	67
1999	2 204	337	4 100	22 871	20	18	25	108
2000	2 455	334	4 124	23 838	9	3	6	11
2001	2 311	427	3 886	22 978	17	14	8	9
2002	2 555	472	4 163	24 137	22	17	14	89
2003	2 142	583	3 521	22 623	21	9	12	18

4-3 全国分地区少数民族文字出版的图书(2003年)(一)

Published Books with Ethnic Characters by Region (2003)(1)

种数:种 number of Publications:kind

单位:印数:万册(份) unit:printed copies:10 000 copies

印张:千印张 printed sheets:1 000 sheets

地区 Region	总计 Total				书籍 Total Amount of works			
	种数 Number of Publications	#新出 Late Published books	印数 Printed Copies	印张 Printed Signatures	种数 Number of Publications	#新出 Late Published books	印数 Printed Copies	印张 Printed Signatures
全国总计 Total	**4 787**	**2 275**	**5 034**	**319 469**	**2 624**	**1 683**	**1 501**	**92 892**
中 央 Central	**342**	**229**	**235**	**14 977**	**320**	**227**	**195**	**14 182**
民族出版社 The Nationality Press	309	217	184	13 298	308	216	183	13 114
中国地图出版社 China Maps Press	19		38	572				
中国旅游出版社 China Travel & Tourism Press	1	1		14	1	1		14
北京语言大学出版社 Beijing Language & culture University Press	1	1	1	19				
中国藏学出版社 China Tibetological Press	6	5	1	327	6	5	1	327
新星出版社 New Star Press	2	2	1	12	2	2	1	12
五洲传播出版社 The Continentals Press	2	2		15	2	2		15
宗教文化出版社 Religius Culture Press	1	1	10	700	1	1	10	700
中央民族大学出版社 Central Ethnic University Press	1	1		20		1		
地 方 Local	**4 445**	**2 046**	**4 799**	**304 492**	**2 304**	**1 456**	**1 306**	**78 710**
内蒙古 Inner Mongolia	735	373	841	51 504	349	229	268	13 759
辽 宁 Liaoning	43	33	10	1 873	43	33	10	1 873
吉 林 Jilin	847	342	605	42 311	475	230	367	22 948
黑龙江 Heilongjiang	15	15	2	672	15	15	2	672
广 西 Guangxi	5	5	1	63	5	5	1	63
四 川 Sichuan	204	24	53	3 114	16	14	19	1 515
云 南 Yunnan	35	34	14	947	35	34	14	947
西 藏 Tibet	236	51	409	19 069	63	45	30	2 321
甘 肃 Gansu	12	12	3	263	12	12	3	263
青 海 Qinghai	180	36	95	4 464	18	13	8	681
新 疆 Xinjiang	2 133	1 121	2 766	180 212	1 273	826	584	33 668

4-3 全国分地区少数民族文字出版的图书(2003年)(二)

Published Books with Ethnic Characters by Region (2003)(2)

种数:种 number of Publications:kind
单位:印数:万册(份) unit:printed copies:10 000 copies
印张:千印张 printed sheets:1 000 sheets

地区 Region	课本 Total Amount of Texbooks Published				图片 Amount of Photographs			
	种数 Number of Publications	#新出 Late Published books	印数 Printed Copies	印张 Printed Signatures	种数 Number of Publications	#新出 Late Published books	印数 Printed Copies	印张 Printed Signatures
全国总计 Total	**2 142**	**583**	**3 521**	**226 229**	**21**	**9**	**12**	**178**
中 央 Central	**21**	**1**	**39**	**611**	**1**	**1**	**1**	**18**
民族出版社 The Nationality Press					1	1	1	18
中国地图出版社 China Maps Press	19		38	572				
中国旅游出版社 China Travel & Tourism Press								
北京语言大学出版社 Beijing Language & culture University Press	1	1	1	19				
中国藏学出版社 China Tibetological Press								
新星出版社 New Star Press								
五洲传播出版社 The Continentals Press								
宗教文化出版社 Religius Culture Press								
中央民族大学出版社 Central Ethnic University Press	1			20				
地 方 Local	**2 121**	**582**	**3 482**	**225 618**	**20**	**8**	**11**	**160**
内蒙古 Inner Mongolia	386	144	573	37 745				
辽 宁 Liaoning								
吉 林 Jilin	368	108	237	19 353	4	4	1	10
黑龙江 Heilongjiang								
广 西 Guangxi								
四 川 Sichuan	188	10	34	1 599				
云 南 Yunnan								
西 藏 Tibet	173	6	379	16 748				
甘 肃 Gansu								
青 海 Qinghai	162	23	87	3 783				
新 疆 Xinjiang	844	291	2 172	146 390	16	4	10	150

4-4 全国少数民族文字出版的杂志、报纸
Published Magazines and Newspapers with Ethnic Characters

种数:种 number of Publications: kind
单位:印数:万册(份) unit: printed copies: 10 000 copies
印张:万印张 printed sheets: 10 000 sheets

年 份 Year	杂志 Magazines Published			报纸 Newspapers Published		
	种数 Number of Publications	印数 Printed Copies	印张 Printed Signatures	种数 Number of Publications	印数 Printed Copies	印张 Printed Signatures
1950				14	259	205
1952	15	169	311	20	2 933	2 043
1957	35	244	757	32	2 434	2 432
1962	27	170	617	32	2 252	2 002
1965	36	268	846	36	3 955	4 159
1970	5	93	659	5	3 262	3 880
1975	18	237	1 346	10	6 461	6 211
1978	35	313	2 022	11	7 072	7 416
1979	41	392	2 084	12	6 078	6 291
1980	42	575	2 441	18	7 384	6 231
1981	63	590	2 462	18	6 631	5 541
1982	75	631	2 432	18	7 063	6 598
1983	74	616	2 495	19	7 927	8 377
1984	76	748	3 123	42	15 175	13 657
1985	109	1 035	4 745	57	11 402	9 331
1986	126	1 085	4 991	56	12 561	11 070
1987	128	1 148	4 742	70	13 306	11 571
1988	154	1 350	5 823	76	13 411	11 829
1989	153	1 280	5 188	75	9 031	7 998
1990	131	1 027	4 221	79	14 837	13 957
1991	142	1 006	4 151	81	11 983	10 819
1992	167	1 354	5 124	83	11 981	10 410
1993	173	1 291	5 011	87	11 513	8 831
1994	178	1 247	4 577	92	12 526	12 102
1995	185	1 197	4 544	92	16 833	14 078
1996	183	1 011	3 983	89	14 917	10 728
1997	184	970	3 723	88	10 527	9 596
1998	184	1 099	4 207	83	9 651	9 227
1999	185	1 009	3 919	81	10 486	11 996
2000	193	863	3 349	84	10 116	10 133
2001	202	990	3 759	92	12 396	12 705
2002	211	978	3 693	89	10 229	11 001
2003	205	781	3 037	88	13 130	15 149

4-5 全国分地区少数民族文字出版的杂志(2003年)(一)

Magazines with Ethnic Characters by Region(2003)(1)

种数:种　　number of Publications:kind
单位:印数:万册(份)　　unit:printed copies:10 000 copies
印张:千印张　　printed sheets:1 000 sheets

地区 Region	合计 Total 种数 Number of Publication	平均期印数 Printed Copies for Average	总印数 Total Printed Copies	总印张 Total Printed Sheets	综合类 General 种数 Number of Publication	平均期印数 Printed Copies for Average	总印数 Total Printed Copies	总印张 Total Printed Sheets
全国总计 Total	**205**	**83.3**	**780.8**	**30 367**	**18**	**14.2**	**180.9**	**6 081**
中央 Central	**15**	**4.3**	**38.5**	**1 374**	**1**	**0.3**	**1.7**	**59**
地方 Local	**190**	**79**	**742.3**	**28 993**	**17**	**13.9**	**179.2**	**6 022**
内蒙古 Inner Mongolia	47	12.8	114.5	4 447	3	1.3	15.5	619
吉林 Jilin	13	8.9	92.5	4 367	2	2.0	23.4	942
黑龙江 Heilongjiang	3	1.8	10.8	576				
广西 Guangxi	1	0.1	0.6	12				
四川 Sichuan	3	0.9	3.4	104				
西藏 Tibet	15	4.4	28.8	1 071				
甘肃 Gansu	3	0.5	1.6	85				
青海 Qinghai	4	1.5	5.9	361				
新疆 Xinjiang	101	48.1	484.2	17 970	12	10.6	140.3	4 461

4-5 全国分地区少数民族文字出版的杂志(2003年)(二)

Magazines with Ethnic Characters by Region(2003)(2)

种数:种　　number of Publications:kind
单位:印数:万册(份)　　unit:printed copies:10 000 copies
印张:千印张　　printed sheets:1 000 sheets

地区 Region	哲学、社会科学类 Philosophy and Social Science 种数 Number of Publication	平均期印数 Printed Copies for Average	总印数 Total Printed Copies	总印张 Total Printed Sheets	自然科学、技术类 Natural Science and Technology 种数 Number of Publication	平均期印数 Printed Copies for Average	总印数 Total Printed Copies	总印张 Total Printed Sheets
全国总计 Total	**74**	**32.2**	**315.6**	**11 615**	**30**	**8.2**	**52.9**	**1 869**
中央 Central	**5**	**2.8**	**27.6**	**947**				
地方 Local	**69**	**29.4**	**288**	**10 668**	**30**	**8.2**	**52.9**	**1 869**
内蒙古 Inner Mongolia	16	4.9	41.5	1 544	8	2	15.5	531
吉林 Jilin	2	1	9.4	374	1	0.2	0.9	27
黑龙江 Heilongjiang								
广西 Guangxi								
四川 Sichuan	2	0.8	3.2	96				
西藏 Tibet	8	2.8	23.1	696				
甘肃 Gansu	2	0.2	0.4	22				
青海 Qinghai	1	0.2	0.6	30				
新疆 Xinjiang	38	19.5	209.8	7 906	21	6	36.5	1 341

4-5 全国分地区少数民族文字出版的杂志(2003年)(三)

Magazines with Ethnic Characters by Region(2003)(3)

种数:种　　number of Publications: kind

单位:印数:万册(份)　　unit: printed copies: 10 000 copies

印张:千印张　　printed sheets: 1 000 sheets

地 区 Region	文化、教育类 Culture and Education				文学、艺术类 Literature and Arts			
	种数 Number of Publication	平均期印数 Printed Copies for Average	总印数 Total Printed Copies	总印张 Total Printed Sheets	种数 Number of Publication	平均期印数 Printed Copies for Average	总印数 Total Printed Copies	总印张 Total Printed Sheets
全国总计 Total	**18**	**7.3**	**67.2**	**2 804**	**52**	**13.7**	**81.6**	**5 375**
中 央 Central					**4**	**0.8**	**4.7**	**188**
地 方 Local	**18**	**7.3**	**67.2**	**2 804**	**48**	**13**	**76.9**	**5 187**
内蒙古 Inner Mongolia	4	1	10.4	386	14	2.3	16.6	1 031
吉 林 Jilin	2	1.9	22.2	1 110	5	1.8	12.6	954
黑龙江 Heilongjiang					3	1.8	10.8	576
广 西 Guangxi					1	0.1	0.6	12
四 川 Sichuan					1	0.1	0.2	8
西 藏 Tibet	2	0.4	1.4	71	5	1.2	4.3	304
甘 肃 Gansu				1	0.3	1.2	63	
青 海 Qinghai	1	0.4	2.1	105	2	0.9	3.2	226
新 疆 Xinjiang	9	3.6	31.1	1 132	16	4.4	27.4	2 014

4-5 全国分地区少数民族文字出版的杂志(2003年)(四)

Magazines with Ethnic Characters by Region(2003)(4)

种数:种　　number of Publications: kind

单位:印数:万册(份)　　unit: printed copies: 10 000 copies

印张:千印张　　printed sheets: 1 000 sheets

地 区 Region	少儿读物类 Books Published for Children				画刊类 Pictorials			
	种数 Number of Publication	平均期印数 Printed Copies for Average	总印数 Total Printed Copies	总印张 Total Printed Sheets	种数 Number of Publication	平均期印数 Printed Copies for Average	总印数 Total Printed Copies	总印张 Total Printed Sheets
全国总计 Total	**6**	**7.2**	**77.4**	**2 421**	**7**	**0.5**	**5.2**	**202**
中 央 Central					**5**	**0.4**	**4.5**	**180**
地 方 Local	**6**	**7.2**	**77.4**	**2 421**	**2**	**0.1**	**0.7**	**22**
内蒙古 Inner Mongolia	2	1.3	15	336				
吉 林 Jilin	1	2.0	24.0	960				
黑龙江 Heilongjiang								
广 西 Guangxi								
四 川 Sichuan								
西 藏 Tibet								
甘 肃 Gansu								
青 海 Qinghai								
新 疆 Xinjiang	3	3.9	38.4	1 125	2	0.1	0.7	22

4-6 全国分地区少数民族文字出版的报纸(2003年)

Newspapers with Ethnic Characters by Region(2003)

种数:种
单位:印数:万册(份)
印张:千印张

number of poblications :kind
unit:printed copies:10 000 copies
printed sheets: 1 000 sheets

地区 Region	合计 Total				#省、自治区、直辖市级 Province Autonomous Regions and Cities directly under Central Government			
	种数 Number of Publication	平均期印数 Printed Copies for Average	总印数 Total Printed Copies	总印张 Total Printed Sheets	种数 Number of Publication	平均期印数 Printed Copies for Average	总印数 Total Printed Copies	总印张 Total Printed Sheets
全国总计 Total	**88**	**81.82**	**13 130**	**151 490**	**24**	**32.72**	**5 449**	**65 013**
内蒙古 Inner Mongolia	12	7.02	1 833	28 249	1	0.71	256	2 557
辽宁 Liaoning	2	8.60	1 373	13 104	1	8.00	1 248	12 480
吉林 Jilin	7	15.56	981	13 468	1	4.00	208	1 040
黑龙江 Heilongjiang	1	1.20	328	6 552	1	1.20	328	6 552
广西 Guangxi	1	0.30	15	75	1	0.30	15	75
四川 Sichuan	3	1.60	298	1 491				
云南 Yunnan	6	0.88	56	386				
西藏 Tibet	8	5.79	894	7 426	4	3.87	705	6 482
甘肃 Gansu	1	0.09	14	71				
青海 Qinghai	5	2.04	76	512	3	0.54	32	291
新疆 Xinjiang	42	38.74	7 262	80 156	12	14.1	2 657	35 536

4－7 主要少数民族语言无线广播播出基本情况(2003)

广播使用语言 Language Using Broad－casting	地区 Region	台数(座) Broad－casting Stations	节目套数(套) Programs	卫星传送节目套数 Programs sended by Satellite	平均每日播音时间(时:分) 合计 Total	转中央台节目 Relaying Central Broadcasting Programs	转省级台节目 Relaying Province Broadcasting Programs
蒙古语 Mongolia	**合 计 Total**	**13**	**40**	**4**	**233:00**	**21:15**	**42:50**
	中央人民广播电台 China Central Broadcasting		1	1	20:00	0:00	0:00
	内蒙古 Inner Mongolia	12	33	2	163:47	18:15	27:50
	辽 宁 Liaoning		2		8:20	1:00	0:00
	吉 林 Jilin				3:30	0:00	0:00
	黑龙江 Heilongjiang		1		3:15	0:00	0:00
	青 海 Qinghai	1	1		3:15	0:00	0:00
	新 疆 Xinjiang		2	1	32:00	2:00	15:00
朝鲜语 Korean	**合 计 Total**		**3**		**33:35**	**1:00**	**1:00**
	吉 林 Jilin		1		21:35	1:00	0:00
	黑龙江 Heilongjiang		2		12:00	0:00	1:00
藏 语 Tibetan	**合 计 Total**	**5**	**7**	**2**	**72:45**	**6:40**	**2:20**
	四 川 Sichuan				7:30	0:00	0:00
	西 藏 Tibet	2	2	1	26:15	3:00	0:00
	甘 肃 Gansu	1	2		16:40	1:00	2:00
	青 海 Qinghai	2	3	1	22:20	2:40	0:20
维吾尔语 Uygur	**合 计 Total**		**36**	**1**	**361:02**	**20:20**	**172:10**
	新 疆 Xinjiang		36	1	361:02	20:20	172:10
哈萨克语 Kazak	**合 计 Total**		**12**	**1**	**129:30**	**9:13**	**60:45**
	新 疆 Xinjiang		12	1	129:30	9:13	60:45

Basic Statistics On Ethnic Language Broadcasting Program(2003)

转地市级台节目 Relaying Profecture Broadcasting Programs	Broadcasting Hours Per Day 自办节目 Programs Done by Self						
	小计 Subtotal	新闻 News Programs	专题 Special Subject Programs	教育 Educational Programs	文艺 Programs of Entertainment	广告 Advertisement Programs	服务信息 Service Programs
2:55	**166:00**	**36:46**	**35:38**	**7:45**	**72:57**	**4:27**	**8:27**
0:00	20:00	7:30	9:30	0:00	3:00	0:00	0:00
2:55	114:47	20:50	23:01	6:50	53:19	4:20	6:27
0:00	7:20	1:00	0:45	0:10	5:05	0:00	0:20
0:00	3:30	2:30	0:00	0:00	1:00	0:00	0:00
0:00	2:08	0:30	0:00	0:00	1:30	0:00	0:08
0:00	3:15	0:45	0:00	0:00	2:20	0:00	0:10
0:00	15:00	3:41	2:22	0:45	6:43	0:07	1:22
0:00	**31:35**	**7:10**	**9:30**	**0:30**	**7:00**	**5:40**	**1:45**
0:00	20:35	4:10	6:30	0:00	4:25	4:35	0:55
0:00	11:00	3:00	3:00	0:30	2:35	1:05	0:50
0:00	**63:45**	**11:15**	**16:20**	**5:40**	**22:40**	**2:50**	**5:00**
0:00	7:30	2:40	3:20	0:30	1:00	0:00	0:00
0:00	23:15	3:25	6:40	3:10	6:00	2:00	2:00
0:00	13:40	3:15	3:30	1:30	3:10	0:40	1:35
0:00	19:20	1:55	2:50	0:30	12:30	0:10	1:25
4:00	**164:32**	**24:49**	**32:40**	**8:15**	**68:35**	**13:25**	**16:48**
4:00	164:32	24:49	32:40	8:15	68:35	13:25	16:48
7:15	**52:17**	**7:10**	**11:13**	**4:20**	**21:59**	**4:05**	**3:30**
7:15	52:17	7:10	11:13	4:20	21:59	4:05	3:30

4-8 主要少数民族语言广播节目制作情况(2003)

广播使用语言 Language Using Broadcasting	地区 Region	本年制作广播节目(小时) Production of Broadcasting	本年自制广播节目(小时) 小计 Subtotal	新闻 News	专题 Special Subject Programs	教育 Educational Programs	文艺 Programs of Entertainment	广告 Advertisement Programs
蒙古语 Mongolia	合 计 Total	**34 310**	**28 081**	**6 825**	**5 823**	**934**	**11 310**	**1 269**
	中央人民广播电台 China Central Broadcasting	1 825	1 595	913	440		242	
	内蒙古 Inner Mongolia	22 722	18 047	3 468	4 278	798	7 423	739
	辽 宁 Liaoning	2 914	2 022	332	332	60	689	487
	吉 林 Jilin	455	455	455				
	黑龙江 Heilongjiang	647	215	157	55			
	青 海 Qinghai	1 014	1 014	234			728	
	新 疆 Xinjiang	4 733	4 733	1 266	718	76	2 228	43
朝鲜语 Korean	合 计 Total	**8 307**	**6 598**	**1 601**	**1 634**	**244**	**1 214**	**1 569**
	中央人民广播电台 China Central Broadcasting	1 095	915	548	280		87	
	吉 林 Jilin	4 950	3 436	371	775		706	1 371
	黑龙江 Heilongjiang	2 262	2 247	682	579	244	421	198
藏 语 Tibetan	合 计 Total	**13 403**	**12 838**	**2 566**	**3 706**	**1 065**	**4 510**	**527**
	中央人民广播电台 China Central Broadcasting	1 460	1 230	730	390		110	
	四 川 Sichuan	1 055	1 055	537	331	25	162	
	西 藏 Tibet	6 210	6 210	630	2 010	770	2 410	210
	甘 肃 Gansu	2 733	2 733	481	567	126	1 040	287
	青 海 Qinghai	1 945	1 610	188	408	144	788	30
维吾尔语 Uygur	合 计 Total	**36 663**	**35 301**	**5 497**	**8 760**	**3 720**	**10 654**	**2 835**
	中央人民广播电台 China Central Broadcasting	1 460	1 230	730	390		110	
	新 疆 Xinjiang	35 203	34 071	4 767	8 370	3 720	10 544	2 835
哈萨克语 Kazak	合 计 Total	**15 222**	**14 992**	**2 529**	**3 524**	**648**	**6 768**	**1 041**
	中央人民广播电台 China Central Broadcasting	1 460	1 230	730	390		110	
	新 疆 Xinjiang	13 762	13 762	1 799	3 134	648	6 658	1 041

Producting of Broadcasting for Ethnic Language Program

服务信息 Service Programs	本年加工广播节目(小时) 小计 Subtotal	新闻 News	专题 Special Subject Programs	教育 Educational Programs	文艺 Programs of Entertainment	广告 Advertisement Programs	服务信息 Service Programs	本年购买广播节目(小时) Time of Programs of buying	本台节目被中央台采用时间(时:分) Time of Programs Adopted by China Central Broadcasting
1 920	**6 229**	**192**	**364**	**255**	**5 293**	**10**	**115**	**1 088**	**28:11**
	230		160		70			80	0:00
1 341	4 675	192	204	255	3 923	10	91	1 005	24:36
122	892				892				1:00
									0:00
3	432				408		24		0:00
52									0.05
402								3	2:30
336	**1 709**	**61**	**782**		**781**	**85**		**80**	**46:20**
	180		120		60			80	0:00
213	1 514	61	662		706	85			20:20
123	15				15				26:00
464	**565**	**65**	**272**		**185**		**43**	**80**	**8:07**
	230		160		70			80	0:00
									8:00
180									0:00
232									0:00
52	335	65	112		115		43		0:07
3 835	**1 362**		**200**		**1 162**			**187**	**7:45**
	230		160		70			80	0:00
3 835	1 132		40		1 092			107	7:45
482	**230**		**160**		**70**			**80**	**0:00**
	230		160		70			80	0:00
482									0:00

4－9 主要少数民族语言广播覆盖情况(2003)

语言种类 Kind of Language	地区 Region	人口数(万人) Number of Population	综合 覆盖人口数(万人) Number of Listener	综合 覆盖率(%) Listener Rating	中央台第一套节目 覆盖人口数(万人) Number of Listener	中央台第一套节目 覆盖率(%) Listerner Rating
蒙古语 Mongolia	**合计 Total**	**595.88**	**470.32**	**78.93**	**155.56**	**26.11**
	内蒙古 Inner Mongolia	401.63	286.38	71.30	155.56	38.73
	辽宁 Liaoning	151.48	143.92	95.01		
	吉林 Jilin	5.40	4.80	88.89		
	黑龙江 Heilongjiang	24.94	24.94	100.00		
	新疆 Xinjiang	12.43	10.28	82.70		
朝鲜语 Korean	**合计 Total**	**327.47**	**307.81**	**94.00**	**26.36**	**8.05**
	吉林 Jilin	91.05	74.87	82.23		
	黑龙江 Heilongjiang	236.42	232.94	98.53	26.36	11.15
藏语 Tibetan	**合计 Total**	**559.34**	**415.66**	**74.31**		
	四川 Sichuan	5.42	4.33	79.89		
	西藏 Tibet	255.44	212.14	83.05		
	甘肃 Gansu	42.13	20.01	47.50		
	青海 Qinghai	240.60	163.43	67.93		
	新疆 Xinjiang	15.75	15.75	100.00		
维吾尔语 Uygur	**合计 Total**	**830.87**	**787.15**	**94.74**	**498.17**	**59.96**
	新疆 Xinjiang	830.87	787.15	94.74	498.17	59.96
哈萨克语 Kazak	**合计 Total**	**110.53**	**91.20**	**82.51**	**14.50**	**13.12**
	新疆 Xinjiang	110.53	91.20	82.51	14.50	13.12

Basic Statistics of Listener Rating On Ethnic Language Broadcasting(2003)

省级台第一套节目		地市级台节目		县级台节目	
覆盖人口数（万人）Number of Listener	覆盖率（%）Listener Rating	覆盖人口数（万人）Number of Listener	覆盖率（%）Listener Rating	覆盖人口数（万人）Number of Listener	覆盖率（%）Listener Rating
181.10	**30.39**	**304.81**	**51.15**	**170.33**	**28.58**
156.16	38.88	226.44	56.38	75.89	18.90
		78.37	51.74	65.55	43.27
				4.80	88.89
24.94	100.00			22.81	91.46
				1.28	10.30
232.94	**71.13**	**162.65**	**49.67**	**158.09**	**48.28**
		72.00	79.08	19.39	21.30
232.94	98.53	90.65	38.34	138.70	58.67
225.23	**40.27**	**46.20**	**8.26**	**21.10**	**3.77**
		4.33	79.89		
212.14	83.05				
		14.66	34.80	5.35	12.70
		27.21	11.31		
13.09	83.11			15.75	100.00
592.46	**71.31**	**117.31**	**14.12**	**640.76**	**77.12**
592.46	71.31	117.31	14.12	640.76	77.12
2.20	**1.99**	**2.20**	**1.99**	**61.60**	**55.73**
2.20	1.99	2.20	1.99	61.60	55.73

4－10 主要少数民族语言电视播出基本情况(2003)

语言种类 Kind of Language	地区 Region	台数(座) TV Station	节目(套) Programs	卫星传送节目套数 Programs sended by Satellite	平均每周播出时间(时:分) 合计 Total	转中央台节目 Relaying Central Broadcasting Programs	转省级台节目 Relaying Province Broadcasting Programs
蒙古语 Mongolia	**合　计 Total**	**11**	**30**	**1**	**672:44**	**1:00**	**438:06**
	内蒙古 Inner Mongolia	11	28	1	574:38	1:00	382:10
	吉　林 Jilin				0:40	0:00	0:00
	新　疆 Xinjiang		2		97:26	0:00	55:56
朝鲜语 Korean	**合　计 Total**				**59:54**	**0:00**	**0:00**
	吉　林 Jilin				59:54	0:00	0:00
藏　语 Tibetan	**合　计 Total**	**7**	**10**	**2**	**209:49**	**3:30**	**6:18**
	四　川 Sichuan				3:15	0:00	0:00
	西　藏 Tibet	1	1	1	125:57	0:00	0:00
	甘　肃 Gansu	1	3		11:04	0:00	0:00
	青　海 Qinghai	5	6	1	69:33	3:30	6:18
维吾尔语 Uygur	**合　计 Total**		**45**	**1**	**2 393:55**	**29:30**	**748:46**
	新　疆 Xinjiang		45	1	2 393:55	29:30	748:46
哈萨克语 Kazak	**合　计 Total**		**15**	**1**	**646:55**	**12:40**	**206:15**
	新　疆 Xinjiang		15	1	646:55	12:40	206:15

Basic Statistics On Ethnic Language TV Program (2003)

转地市级台节目 Relaying Profecture Broadcasting	TV Hours Per Week						
	自办节目						
	小计 Subtotal	新闻 News Programs	专题 Special Subject	教育 Educational Programs	文艺 Programs of Entertain - ment	广告 Adverti - sement Programs	服务信息 Service Programs
7:00	**226:38**	**41:25**	**35:06**	**4:20**	**129:46**	**8:15**	**7:46**
7:00	184:28	34:15	31:16	4:20	99:06	8:15	7:16
0:00	0:40	0:40	0:00	0:00	0:00	0:00	0:00
0:00	41:30	6:30	3:50	0:00	30:40	0:00	0:30
0:00	**59:54**	**24:33**	**24:37**	**0:11**	**7:34**	**1:30**	**1:29**
0:00	59:54	24:33	24:37	0:11	7:34	1:30	1:29
0:00	**200:01**	**46:52**	**26:01**	**11:03**	**98:04**	**1:20**	**16:41**
0:00	3:15	1:10	0:00	0:35	1:30	0:00	0:00
0:00	125:57	24:25	18:26	10:28	56:08	0:54	15:36
0:00	11:04	2:10	0:30	0:00	7:50	0:12	0:22
0:00	59:45	19:07	7:05	0:00	32:36	0:14	0:43
11:40	**1 603:59**	**177:14**	**75:50**	**23:55**	**1 206:26**	**86:50**	**33:44**
11:40	1 603:59	177:14	75:50	23:55	1 206:26	86:50	33:44
0:00	**428:00**	**26:21**	**7:41**	**18:52**	**346:23**	**21:41**	**7:02**
0:00	428:00	26:21	7:41	18:52	346:23	21:41	7:02

4－11 主要少数民族语言电视节目制作情况(2003)

语言种类 Kind of Language	地区 Region	本年制作电视节目(小时) Production of Broad－casting	本年自制电视节目(小时)					
			小计 Subtotal	新闻 News	专题 Special Subject Programs	教育 Educa－tional Programs	文艺 Programs of Entertain－ment	广告 Advertis－ement Programs
蒙古语 Mongolia	**合 计 Total**	**4 692**	**4 259**	**139**	**852**	**161**	**1 136**	**405**
	内蒙古 Inner Mongolia	3 378	2 945	900	519	88	1 022	176
	吉 林 Jilin	34	34	34				
	新 疆 Xinjiang	1 280	1 280	455	333	73	114	229
朝鲜语 Korean	**合 计 Total**	**1 206**	**977**	**331**	**370**	**3**	**146**	**87**
	吉 林 Jilin	1 206	977	331	370	3	146	87
藏 语 Tibetan	**合 计 Total**	**4 215**	**3 807**	**956**	**825**	**316**	**1 317**	**58**
	四 川 Sichuan	120	120	40		30	50	
	西 藏 Tibet	2 919	2 576	524	468	286	956	52
	甘 肃 Gansu	143	143	89	5		30	5
	青 海 Qinghai	1 033	968	303	352		281	1
维吾尔语 Uygur	**合 计 Total**	**17 038**	**16 677**	**3 367**	**2 454**	**284**	**7 386**	**1 987**
	新 疆 Xinjiang	17 038	16 677	3 367	2 454	284	7 386	1 987
哈萨克语 Kazak	**合 计 Total**	**10 688**	**10 406**	**1 219**	**430**	**1 009**	**6 827**	**592**
	新 疆 Xinjiang	10 688	10 406	1 219	430	1 009	6 827	592

Producting of TV for Ethnic Language Program(2003)

服务信息 Service Programs	本年加工电视节目(小时) 小计 Subtotal	新闻 News Programs	专题 Special Subject	教育 Educational Programs	文艺 Programs of Entertainment	广告 Advertisement Programs	服务信息 Service Programs	本年购买电视节目(小时) Time of Programs of buying	本台节目被中央电视台采用时间(时:分) Time of Programs Adopted by China Central TV
316	**433**	**30**	**82**	**7**	**297**	**12**	**5**	**2 042**	**0:00**
240	433	30	82	7	297	12	5	1 312	0:00
									0:00
76								730	0:00
40	**229**	**122**	**20**		**86**		**1**		**0:00**
40	229	122	20		86		1		0:00
335	**408**	**248**	**0**	**80**	**75**	**3**	**2**	**10**	**0:00**
									0:00
290	343	208		80	50	3	2		0:00
14									0:00
31	65	40			25			10	0:00
1 199	**361**		**70**		**28**	**244**	**19**	**1 235**	**0:18**
1 199	361		70		28	244	19	1 235	0:18
329	**282**	**14**	**122**		**141**	**1**	**4**		**0:00**
329	282	14	122		141	1	4	0	0:00

4-12 主要少数民族语言电视覆盖情况(2003)

语言种类 Kind of Language	地区 Region	人口数（万人）Number of Population	综合 覆盖人口数（万人）Number of Listener	综合 覆盖率（%）Listener Rating	中央台第一套节目 覆盖人口数（万人）Number of Listener	中央台第一套节目 覆盖率（%）Listener Rating
蒙古语 Mongolia	**合计 Total**	**420.62**	**234.53**	**55.76**		
	内蒙古 Inner Mongolia	401.63	216.52	53.91		
	吉林 Jilin	5.40	5.13	95.00		
	新疆 Xinjiang	13.59	12.88	94.75		
朝鲜语 Korean	**合计 Total**	**91.05**	**83.52**	**91.73**		
	吉林 Jilin	91.05	83.52	91.73		
藏语 Tibetan	**合计 Total**	**543.55**	**380.54**	**70.01**		
	四川 Sichuan	5.42	5.24	96.68		
	西藏 Tibet	255.44	215.69	84.44		
	甘肃 Gansu	42.13	6.28	14.91		
	青海 Qinghai	240.56	153.33	63.74		
维吾尔语 Uygur	**合计 Total**	**845.46**	**767.52**	**90.78**	**475.41**	**56.23**
	新疆 Xinjiang	845.46	767.52	90.78	475.41	56.23
哈萨克语 Kazak	**合计 Total**	**110.57**	**91.21**	**82.49**	**15.91**	**14.39**
	青海 Qinghai	0.04	0.04	100.00		
	新疆 Xinjiang	110.53	91.17	82.49	15.91	14.39

Basic Statistics of viewer Rating On Ethnic Language TV(2003)

省级台第一套节目		地市级台节目		县级台节目	
覆盖人口数（万人）Number of Listener	覆盖率（%）Listener Rating	覆盖人口数（万人）Number of Listener	覆盖率（%）Listener Rating	覆盖人口数（万人）Number of Listener	覆盖率（%）Listener Rating
130.27	**30.97**	**149.36**	**35.51**	**46.70**	**11.10**
130.27	32.44	147.70	36.78	37.19	9.26
95.00					5.13
32.22			1.66	12.21	4.38
		81.73	**89.76**	**68.32**	**75.04**
		81.73	89.76	68.32	75.04
368.49	**67.79**	**12.89**	**2.37**	**3.68**	**0.68**
		1.52	28.04		
215.69	84.44				
		2.60	6.17	3.68	8.73
152.80	63.52	8.77	3.65		
602.06	**71.21**	**218.34**	**25.82**	**609.74**	**72.12**
602.06	71.21	218.34	25.82	609.74	72.12
15.94	**14.42**	**12.23**	**11.06**	**55.42**	**50.12**
15.94	14.42	12.23	11.07	55.42	50.14

卫生和体育 5

Public Health and sports

5－1 全国分地区民族医院情况（2003 年）
Ethnic Hospital by Region（2003）

地 区 Region		民族医院（个）Ethnic Hospital（unit）	床位数（个）Beds（unit）	人员总数（人）Personnel Sum（person）	#卫生技术人员 Medical personnel	#医生 Doctors	#其他技术人员 Other Technical Personnel	#管理人员 Manage Personnel
全 国	**Total**	**157**	**5 751**	**8 712**	**6 714**	**3 276**	**326**	**617**
北 京	Beijing	2	111	168	120	48	5	19
山 西	Shanxi	1	10	24	24	11		
内蒙古	Inner Mongolia	31	968	1 773	1 441	774	62	106
辽 宁	Liaoning	3	290	345	238	89	13	66
吉 林	Jilin	2	60	140	123	60	3	9
黑龙江	Heilongjiang	5	99	294	199	85	33	10
福 建	Fujian	2	60	110	88	34	4	9
山 东	Shandong	1		97	77	42	10	5
广 西	Guangxi	4	97	134	106	54		10
四 川	Sichuan	10	210	289	229	170	7	16
贵 州	Guizhou	2	134	128	110	50	9	8
云 南	Yunnan	5	159	295	236	89	7	14
西 藏	Tibet	17	549	999	663	378	19	104
甘 肃	Gansu	8	191	301	264	185	15	13
青 海	Qinghai	22	669	715	576	287	12	33
宁 夏	Ningxia	1	60	70	60	25	2	6
新 疆	Xinjiang	41	2 084	2 830	2 160	895	125	189

5－2 全国少数民族传统体育运动会情况

The Traditional Sports Meetings of the Ethnic Minorities

届 次	时 间	地 点	参加代表团（个）	运动员人数（个）	比赛项目（个）	表演项目（个）
1	1953.11	天津	15	395	6	414
2	1982.9	呼和浩特	29	863	2	68
3	1986.8	乌鲁木齐	29	1 097	7	115
4	1991.11	南宁	30	1 740	9	120
5	1995.11	昆明	31	2 342	11	129
6	1999.8－9	拉萨、北京	31	3 390	14	150
7	2003.9	银川、石嘴山	34	3 735	14	125

5－3 全国少数民族在队运动员和教练员

Ethnic Active Athletes and Coaches

单位:人 (person)

年 份 Year	少数民族运动员 Ethnic Active Athietes	少数民族教练员 Ethnic Active Coaches
1991	1 120	296
1992	1 197	306
1993	954	289
1994	998	326
1995	941	262
1996	1 018	258
1997	1 049	261
1998	1 064	269
1999	1 026	242
2000	1 105	252
2001	1 137	247
2002	1 063	239
2003	1 063	239

5－4 第七届全国少数民族传统体育运动会各代表团运动员数(2003年)

Number of Athlete on the Seventh Traditional Sports Meetings of Ethnic Minorities(2003)

单位:人 (person)

代表团 Deputation	运动员总计 Total of Athlete	竞赛组小计 Subtotal	男 Male	女 Female	表演组小计 Subtotal	男 Male	女 Female
合　计 **Total**	**3 735**	**2 134**	**1 520**	**614**	**1 601**	**885**	**716**
北　京 Beijing	153	89	63	26	64	41	23
天　津 Tianjin	93	44	21	23	49	25	24
河　北 Hebei	115	74	41	33	41	30	11
山　西 Shanxi	73	41	34	7	32	16	16
内蒙古 Inner Mongolia	114	90	79	11	24	14	10
辽　宁 Liaoning	145	100	84	16	45	24	21
吉　林 Jilin	64	36	30	6	28	10	18
黑龙江 Heilongjiang	65	28	19	9	37	18	19
上　海 Shanghai	50	36	16	20	14	8	6
江　苏 Jiangsu	77	56	40	16	21	1	20
浙　江 Zhejiang	74	47	24	23	27	11	16
安　徽 Anhui	75	56	43	13	19	18	1
福　建 Fujian	157	67	53	14	90	32	58
江　西 Jiangxi	36	36	29	7			
山　东 Shandong	45	21	14	7	24	22	2
河　南 Henan	80	46	38	8	34	34	
湖　北 Hubei	135	82	59	23	53	30	23
湖　南 Hunan	146	94	55	39	52	29	23
广　东 Guangdong	198	148	89	59	50	24	26
广　西 Guangxi	187	139	83	56	48	27	21
海　南 Hainan	59	37	27	10	22	12	10
重　庆 Chongqing	81	52	41	11	29	14	15
四　川 Sichuan	121	68	45	23	53	30	23
贵　州 Guizhou	195	67	57	10	128	85	43
云　南 Yunnan	261	108	67	41	153	70	83
西　藏 Tibet	90	43	37	6	47	32	15
陕　西 Shaanxi	122	51	46	5	71	44	27
甘　肃 Gansu	114	53	47	6	61	31	30
青　海 Qinghai	55	38	37	1	17	7	10
宁　夏 Ningxia	365	162	101	61	203	111	92
新　疆 Xinjiang	73	54	37	17	19	15	4
新疆生产建设兵团 Xinjiang Production and Construction Corps	20	20	13	7			
解放军 PLA	77	45	45		32	12	20
台　湾 Taiwan	20	6	6		14	8	6

5-5 全国分地区少数民族在队运动员和教练员(2003年)

Ethnic Active Athletes and Coaches by Region(2003)

单位:人 (person)

地 区 Region	少数民族运动员 Ethnic Active Athletes	少数民族教练员 Ethnic Active Coaches
全 国 National	**1 063**	**239**
中 央 **Central**	**2**	**4**
地 方 Local	**1 061**	**235**
北 京 Beijing	40	6
天 津 Tianjin	5	6
河 北 Hebei	21	6
山 西 Shanxi	3	1
内蒙古 Inner Mongolia	250	28
辽 宁 Liaoning	44	11
吉 林 Jilin	31	8
黑龙江 Heilongjiang	13	11
上 海 Shanghai	12	
江 苏 Jiangsu	9	3
浙 江 Zhejiang		1
安 徽 Anhui	2	5
福 建 Fujian	3	
江 西 Jiangxi	1	
山 东 Shandong		7
河 南 Henan	23	7
湖 北 Hubei	3	3
湖 南 Hunan	26	4
广 东 Guangdong	2	1
广 西 Guangxi	90	17
海 南 Hainan	5	2
重 庆 Chongqing	7	1
四 川 Sichuan	19	3
贵 州 Guizhou	12	7
云 南 Yunnan	66	19
西 藏 Tibet	209	19
陕 西 Shaanxi	13	2
甘 肃 Gansu	27	10
青 海 Qinghai	19	6
宁 夏 Ningxia	13	8
新 疆 Xinjiang	93	33

民族乡基本情况 6

Ethnic Township and Town Government

6－1　全国民族乡镇基本情况

Basic Statistics of Ethnic Township and Town Government

年　份 Year	民族乡（个） Ethnic Township (unit)	#实际汇总数 Real collected Number	年末总人口（万人） Total population (10 000 persons)	#少数民族人口 Minority population	农业总产值（亿元） Gross Output Value of Agriculture (100 million yuan)	工业总产值（亿元） Gross Output Value of Industry (100 million yuan)	粮食总产量（万吨） Output of Grain Crops (10 000 tons)	财政收入（万元） Revenues (10 000 yuan)	人均纯收入（元） Net Income of Peasants Surveyed (yuan)
1991	1 246	1 031	1 250.92	597.32	91.93	87.13	1 195.85	396 135	
1992	1 260	1 153	1 933.72	770.83	128.22	89.9	719.58	63 573	
1993	1 262	1 238	1 759.87	868.28	157.2	187.99	1 120.81	103 445	
1994	1 711	1 258	1 710.63	860.64	206.01	257.88	1 511.17	94 085	
1995	1 267	1 263	1 729.24	878.93	282.15	348.92	1 408.46	112 923	
1996	1 272	1 264	1 714.58	889.13	326.34	451.45	953.93	141 068	
1997	1 256	1 207	1 676.7	1 011.9	382.2	547.9	2 246.7	213 727	
1998	1 252	1 249	1 690.9	894.64	382.96	561.72	957.88	259 527	
1999	1 252	1 248	1 738.64	901.89	521.12	543.93	751.81	310 977	1 466
2000	1 231	1 247	1 851.2	947.7	415.32	595.45	901.05	191 942	1 674
2001		1 204	1 769.59	900.31	316.89	388.9	873.52	184 372	1 510
2002	1 190	1 190	1 745.18	894.94	386.73	432.13	832.92	221 046	1 611
2003	1 173	1 165	1 716.13	883.20	398.29	520.42	792.69	235 592	1 740

6-2 全国分地区民族乡镇基本情况(2003年)
Basic Statistics of Ethnic Township and Town Government by Region(2003)

地区 Region	民族乡镇数（个）Ethnic Township and Town Governments (unit)	#民族镇 Ethnic Town Governments	行政区划面积（平方公里）Areas of Administrative Division (sq. km)	年末总人口（人）Total Population (person)	#少数民族 Minority Population
合计 Total	**1 165**	**36**	**1 579 550**	**17 161 292**	**8 831 980**
北京 Beijing	5		629	54 505	17 505
天津 Tianjin	2		47	17 829	4 873
河北 Hebei	54		5 617	878 576	350 959
内蒙古 Inner Mongolia	19		26 633	157 615	52 677
辽宁 Liaoning	77		10 134	1 280 318	699 689
吉林 Jilin	33	5	5 733	502 315	182 799
黑龙江 Heilongjiang	69	10	25 266	1 094 433	483 234
江苏 Jiangsu	1		51	22 136	6 859
浙江 Zhejiang	18	4	1 043	175 924	38 228
安徽 Anhui	9		359	162 575	52 909
福建 Fujian	18		2 036	375 202	121 198
江西 Jiangxi	7		1 076	83 575	25 058
山东 Shandong	5	3	240	139 521	27 620
河南 Henan	21	9	426	682 859	161 309
湖北 Hubei	10	1	2 050	256 946	138 828
湖南 Hunan	100	1	9 564	1 049 296	708 885
广东 Guangdong	7		1 481	76 744	31 672
广西 Guangxi	61		14 338	963 805	738 569
重庆 Chongqing	8		436	58 340	25 659
四川 Sichuan	102		16 432	551 752	267 962
贵州 Guizhou	253		25 755	4 745 316	2 333 992
云南 Yunnan	175		47 628	3 008 456	1 823 754
西藏 Tibet					
陕西 Shaanxi	3	3	673	31 509	10 628
甘肃 Gansu	36		14 817	283 434	186 010
青海 Qinghai	30		6 080	221 026	125 390
新疆 Xinjiang	42		1 361 005	287 285	215 714

注:2003年西藏自治区民族乡镇数缺。下同。

6-3 全国分地区民族乡镇村民委员会情况(2003 年)

Number of Villager′Committee of Ethnic Township and Town Government by Region (2003)

单位:个 (unit)

地区 Region	村民委员会 Village′ Committee	#已通汽车的村 Accessed of Automoblle	#已通自来水的村 Accessed of Tap Water	#已通电的村 Accessed of Electricity	#已通电话的村 Accessed of Telephone	#已通邮的村 Accessed of Post
合计 Total	12 412	11 109	6 844	12 060	9 238	9 191
北京 Beijing	77	75	64	77	77	77
天津 Tianjin	26	26	15	26	26	26
河北 Hebei	712	661	462	712	683	708
内蒙古 Inner Mongolia	151	125	29	141	118	138
辽宁 Liaoning	912	848	285	912	900	912
吉林 Jilin	312	270	117	312	296	312
黑龙江 Heilongjiang	592	546	297	589	558	590
江苏 Jiangsu	13	13	8	13	13	13
浙江 Zhejiang	275	257	250	275	268	273
安徽 Anhui	84	75	2	84	84	84
福建 Fujian	309	287	230	309	307	309
江西 Jiangxi	75	53	9	74	67	75
山东 Shandong	192	192	69	192	192	192
河南 Henan	201	190	96	201	201	201
湖北 Hubei	176	155	90	176	116	174
湖南 Hunan	1 260	1 131	500	1 206	1 020	1 063
广东 Guangdong	58	58	18	58	58	58
广西 Guangxi	554	487	339	524	372	430
重庆 Chongqing	56	41	6	53	34	28
四川 Sichuan	660	528	330	618	325	393
贵州 Guizhou	3 505	3 027	2 035	3 385	1 804	1 196
云南 Yunnan	1 263	1 219	1 030	1 232	1 111	1 165
西藏 Tibet						
陕西 Shaanxi	24	24	18	22	20	23
甘肃 Gansu	300	269	150	290	189	248
青海 Qinghai	353	324	232	335	202	314
新疆 Xinjiang	272	228	163	244	197	189

6-4 全国分地区民族乡镇乡镇企业情况(2003 年)

Township Enterprises Basic Statistics of Ethnic Township and Town Government by Region (2003)

地 区 Region	乡镇企业个数(个) Township Enterprises (unit)	乡镇企业从业人员(人) Implyment of Township Enterprises (person)	乡镇企业总产值(万元) Gross Output of Enterprises (10 000 yuan)	#工业企业总产值(万元) Gross Output Value of Industry (10 000 yuan)	乡镇企业年净利润总额(万元) Total Net profits of Township Enterprises (10 000 yuan)	乡镇企业实交税金总额(万元) Total Tax of Township Enterprises (10 000 yuan)
合 计 Total	**186 385**	**1 010 149**	**8 218 723**	**5 204 160**	**584 217**	**132 331**
北 京 Beijing	124	7 814	130 758	75 475	4 958	3 436
天 津 Tianjin	240	5 866	96 037	78 375	6 681	919
河 北 Hebei	24 132	127 203	1 144 248	787 421	96 683	11 154
内蒙古 Inner Mongolia	1 415	5 079	30 019	6 239	4 584	458
辽 宁 Liaoning	15 467	82 996	1 273 403	926 947	67 242	13 703
吉 林 Jilin	10 162	27 705	430 224	94 053	11 161	2 481
黑龙江 Heilongjiang	7 036	48 468	619 082	450 571	33 134	8 970
江 苏 Jiangsu	132	3 682	106 000	72 900	1 200	2 700
浙 江 Zhejiang	1 990	12 808	151 784	143 154	7 439	3 095
安 徽 Anhui	669	6 239	60 188	43 646	5 472	637
福 建 Fujian	10 297	48 151	609 336	442 994	27 604	7 619
江 西 Jiangxi	173	2 481	15 622	14 463	678	382
山 东 Shandong	1 118	15 994	90 780	163 125	5 444	2 623
河 南 Henan	1 741	93 854	652 702	382 573	52 641	8 524
湖 北 Hubei	5 457	22 273	101 687	83 394	28 603	2 374
湖 南 Hunan	12 162	62 199	311 339	169 074	19 684	5 702
广 东 Guangdong	177	1 200	12 647	8 844	1 614	477
广 西 Guangxi	11 533	46 142	200 681	105 216	20 474	5 789
重 庆 Chongqing	74	1 039	2 750	2 309	275	50
四 川 Sichuan	4 257	18 120	186 852	141 937	11 030	4 485
贵 州 Guizhou	37 317	221 057	1 177 993	642 533	118 683	22 508
云 南 Yunnan	30 927	113 051	584 680	245 613	42 304	20 162
西 藏 Tibet						
陕 西 Shaanxi	887	1 411	3 245	1 388	719	142
甘 肃 Gansu	2 998	15 675	108 323	61 575	5 470	1 368
青 海 Qinghai	1 857	6 878	36 979	28 249	2 100	255
新 疆 Xinjiang	4 043	12 764	81 365	32 093	8 341	2 320

6-5 全国分地区民族乡镇农业基本情况(2003年)(一)

Agriculture of Ethnic Township and Town Government by Region(2003)(1)

地 区 Region	年末实有耕地面积(公顷) Area of Cuitivated Land (hectare)	有效灌溉面积(公顷) Irrigated Area (hectare)	农作物总播种面积(公顷) Total Sown Area (hectare)	#粮食播种面积(公顷) Sown Atea of Grain Crops (hectare)
合 计 Total	**2 420 617**	**827 805**	**3 595 690**	**2 301 689**
北 京 Beijing	4 632	4 483	7 831	4 286
天 津 Tianjin	1 281	375	603	321
河 北 Hebei	83 812	44 832	101 207	81 683
内蒙古 Inner Mongolia	314 778	10 119	310 472	107 310
辽 宁 Liaoning	192 175	49 546	203 689	142 818
吉 林 Jilin	113 648	36 413	115 957	99 341
黑龙江 Heilongjiang	455 135	99 221	453 522	326 755
江 苏 Jiangsu	1 110	1 110	1 759	1 759
浙 江 Zhejiang	9 167	6 266	17 871	9 399
安 徽 Anhui	14 743	13 531	34 239	22 801
福 建 Fujian	19 301	12 471	44 769	27 920
江 西 Jiangxi	6 207	3 516	9 707	6 861
山 东 Shandong	12 666	11 018	22 249	16 892
河 南 Henan	22 304	16 697	43 395	29 660
湖 北 Hubei	19 297	7 274	44 280	26 208
湖 南 Hunan	69 376	48 128	176 133	87 626
广 东 Guangdong	3 470	2 004	8 911	5 388
广 西 Guangxi	82 054	30 780	133 135	84 978
重 庆 Chongqing	4 299	595	8 489	5 722
四 川 Sichuan	44 291	12 617	90 635	64 711
贵 州 Guizhou	296 185	63 070	874 437	598 747
云 南 Yunnan	364 877	128 118	565 175	400 824
西 藏 Tibet				
陕 西 Shaanxi	2 237	371	4 069	3 141
甘 肃 Gansu	48 805	5 196	54 346	39 919
青 海 Qinghai	34 632	6 089	33 928	19 386
新 疆 Xinjiang	200 135	213 965	234 881	87 235

6－5 全国分地区民族乡镇农业基本情况(2003年)(二)
Agriculture of Ethnic Township and Town Government by Region (2003)(2)

地 区 Region	农林牧渔业总产值 (万元) Gross Output Value of Farming, Forestry, Animal Husbandry and Fishery (10 000 yuan)	粮食产量 (吨) Output of Grain Crops (ton)	肉类总产量 (吨) Gross Output valute of Meat (ton)
合 计 Total	3 982 920	7 926 861	1 263 552
北 京 Beijing	32 934	19 758	6 261
天 津 Tianjin	6 120	723	2 927
河 北 Hebei	264 245	313 463	90 584
内蒙古 Inner Mongolia	68 453	74 381	10 044
辽 宁 Liaoning	545 834	714 971	172 269
吉 林 Jilin	220 423	606 626	69 865
黑龙江 Heilongjiang	506 931	1 518 469	155 964
江 苏 Jiangsu	14 200	12 880	4 800
浙 江 Zhejiang	47 974	48 063	5 170
安 徽 Anhui	28 661	63 621	9 704
福 建 Fujian	124 036	131 539	17 283
江 西 Jiangxi	16 090	25 112	1 407
山 东 Shandong	31 315	90 066	26 159
河 南 Henan	83 389	121 562	57 550
湖 北 Hubei	61 944	108 563	24 047
湖 南 Hunan	208 507	381 694	79 774
广 东 Guangdong	19 675	28 093	3 554
广 西 Guangxi	198 267	297 386	59 578
重 庆 Chongqing	9 125	25 216	4 101
四 川 Sichuan	121 070	239 887	53 119
贵 州 Guizhou	632 062	1 620 854	197 239
云 南 Yunnan	506 553	1 088 034	160 202
西 藏 Tibet			
陕 西 Shaanxi	6 256	10 544	1 514
甘 肃 Gansu	109 584	104 692	8 277
青 海 Qinghai	39 905	53 916	11 164
新 疆 Xinjiang	79 369	226 749	30 997

6-6 全国分地区民族乡镇财政收支和人均纯收入情况(2003年)

Government Revenue and Expenditure and Per Capita Net Income of Ethnic Township and Town Government by Region(2003)

地区 Region	财政收入 (万元) Revenues (10 000 yuan)	财政支出 (万元) Expenditures (10 000 yuan)	人均纯收入 (元) Net Income of Peasants Surveyed (yuan)
合 计 Total	**235 592**	**288 995**	**1 740**
北 京 Beijing	8 088	9 889	5 604
天 津 Tianjin	1 192	1 149	5 868
河 北 Hebei	12 809	14 812	2 318
内蒙古 Inner Mongolia	2 636	4 835	1 563
辽 宁 Liaoning	24 508	26 469	2 407
吉 林 Jilin	6 799	7 481	3 127
黑龙江 Heilongjiang	14 875	16 929	2 558
江 苏 Jiangsu	961	1 010	3 522
浙 江 Zhejiang	5 074	5 085	2 771
安 徽 Anhui	1 351	1 906	1 722
福 建 Fujian	5 356	5 972	3 230
江 西 Jiangxi	1 286	1 819	1 885
山 东 Shandong	3 919	3 717	3 097
河 南 Henan	8 234	8 570	2 455
湖 北 Hubei	3 443	3 787	1 821
湖 南 Hunan	11 813	11 352	1 365
广 东 Guangdong	791	1 069	2 603
广 西 Guangxi	8 422	12 261	1 412
重 庆 Chongqing	300	803	1 163
四 川 Sichuan	8 867	9 845	1 845
贵 州 Guizhou	47 722	57 069	1 268
云 南 Yunnan	43 632	67 354	1 102
西 藏 Tibet			
陕 西 Shaanxi	155	198	1 343
甘 肃 Gansu	2 308	3 348	1 387
青 海 Qinghai	1 042	1 309	1 458
新 疆 Xinjiang	10 011	10 959	2 620

6-7 全国分地区民族乡镇教育情况(2003年)

Education of Ethnic Township and Town Government by Region(2003)

地区 Region		学校总数(所) Schools (unit)	在校学生数(人) Students Enrollment (person)	教师总数(人) Teachers (person)
全国	**National**	**16 343**	**2 496 324**	**145 089**
北京	Beijing	17	8 460	923
天津	Tianjin	6	2 358	251
河北	Hebei	563	119 731	7 871
内蒙古	Inner Mongolia	132	17 485	1 699
辽宁	Liaoning	718	150 274	11 825
吉林	Jilin	307	48 012	5 273
黑龙江	Heilongjiang	641	101 149	10 313
江苏	Jiangsu	5	3 220	201
浙江	Zhejiang	66	19 198	1 246
安徽	Anhui	80	28 995	985
福建	Fujian	307	54 803	3 387
江西	Jiangxi	19	9 136	404
山东	Shandong	72	18 461	1 180
河南	Henan	195	115 871	7 176
湖北	Hubei	150	38 403	1 793
湖南	Hunan	995	126 960	8 065
广东	Guangdong	63	11 831	690
广西	Guangxi	930	124 236	8 314
重庆	Chongqing	32	7 433	311
四川	Sichuan	517	79 924	4 206
贵州	Guizhou	5 499	822 019	33 411
云南	Yunnan	4 156	455 516	26 064
西藏	Tibet			
陕西	Shaanxi	48	5 275	343
甘肃	Gansu	306	44 779	1 978
青海	Qinghai	321	32 769	2 173
新疆	Xinjiang	198	50 026	5 007

6-8 全国分地区民族乡镇文化卫生情况(2003年)

Culture and Public Health of Ethnic Township and Town Government by Region (2003)

地 区 Region		集贸市场个数 (个) Markets (unit)	图书馆、文化站 (个) Libraries、Cultural Central (unit)	医院、卫生院 (个) Hospital、Township Hospital (unit)	医生数 (人) Doctors (person)	病床数 (张) Beds (unit)
全 国	**National**	**1 603**	**1 266**	**2 308**	**17 357**	**15 064**
北 京	Beijing	6	6	7	75	88
天 津	Tianjin	2		2	28	18
河 北	Hebei	138	89	269	1 197	798
内蒙古	Inner Mongolia	12	18	20	262	229
辽 宁	Liaoning	133	149	161	1 180	1 320
吉 林	Jilin	66	52	113	706	595
黑龙江	Heilongjiang	99	75	217	1 049	1 171
江 苏	Jiangsu	1	1	1	35	28
浙 江	Zhejiang	21	19	40	296	238
安 徽	Anhui	11	8	9	161	139
福 建	Fujian	23	20	17	195	252
江 西	Jiangxi	5	7	9	42	62
山 东	Shandong	17	5	6	232	138
河 南	Henan	61	31	47	1 965	1 157
湖 北	Hubei	15	9	40	459	472
湖 南	Hunan	92	80	160	920	943
广 东	Guangdong	6	7	9	65	63
广 西	Guangxi	75	61	68	805	610
重 庆	Chongqing	5	3	9	56	41
四 川	Sichuan	43	90	117	517	583
贵 州	Guizhou	385	238	536	2 951	2 705
云 南	Yunnan	321	181	257	3 296	2 657
西 藏	Tibet					
陕 西	Shaanxi	3	3	44	111	48
甘 肃	Gansu	25	32	46	218	224
青 海	Qinghai	11	15	29	164	150
新 疆	Xinjiang	27	67	75	372	335

民族贸易和
民族用品生产 7

Trade and Production of Daily Necessities of the Ethnic Minorities

7－1　国家专项安排用于民族贸易和民族用品生产的主要原材料和贷款

Main Raw Material and Used in Ethnic

Trade and Production of Ethnic Uses Arranged by the State

年　份 Year	专项材料 Special Raw Material		专项贷款及贴息(万元) special loans(10 000 yuan)		
	黄金(两) Gold	白银(万两) Lilver	贷款 Loans	贴息 Discoumt	#中央 Central
1991	8 000	23.23			
1992	8 100	23.23			
1993	14 600	23.23	4 000		
1994	24 000	23.23	4 000		
1995	25 600	25.36	4 000		
1996	24 000	25.36			
1997	25 600	25.36	7 050		
1998	27 520	25.36	8 230		
1999	28 000		14 329		
2000	28 000		10 000	596	298
2001	1 300(公斤)		10 000	598	299
2002			10 000	598	299
2003			10 000	598	299

7-2 全国分地区定点边销茶企业生产情况(2003年)

The Production Situation of Tea Enterprises by the Specified Locations at Different Regions Nationwide (2003)

地 区 Region	企业数 (个) Number of Enterprises (unit)	从业人员年末数 (人) Number of Employed Profits (person)	产量 (吨) Output of Sales (ton)	销售量 (吨) Output of Sales (ton)	产值 (万元) Output Value (10 000 yuan)	销售收入 (万元) Sales Revenue (10 000 yuan)	销售利润 (万元) Sales Profits (10 000 yuan)
合 计 Total	**25**	**3 757**	**61 189**	**24 054**	**50 459**	**17 759**	**694**
内蒙古 Inner Mongolia	**1**	**52**	**3 000**	**1 500**			
包头市容兴茶叶精制厂	1	52	3 000	1 500			
浙 江 Zhejiang	**2**	**105**	**2 880**	**1 078**	**2 460**	**946**	**30**
武义骆驼九龙砖茶有限公司	1	45	1 280	518	1 060	456	11
新昌江南砖茶厂	1	60	1 600	560	1 400	490	19
湖 北 Hubei	**2**	**853**	**3 985**	**6 086**	**6 181**	**3 591**	**87**
咸宁市赵李桥茶厂	1	795	2 985	5 726	5 281	3 267	67
咸宁市富华茶叶有限公司	1	58	1 000	360	900	324	20
湖 南 Hunan	**9**	**1 225**	**21 279**	**6 882**	**19 307**	**6 670**	**265**
益阳茶厂	1	298	5 094	2 039	5 193	2 192	341
临湘茶厂	1	86	885	243	1 184	378	-16
白沙溪茶厂	1	270	3 500	600	3 000	500	-150
益阳香炉山茶厂	1	76	1 700	476	1 630	560	3
临湘永巨茶厂	1	118	1 600	560	1 500	600	15
临湘市茶业有限公司	1	40	2 000	600	1 500	500	60
益阳砖茶厂	1	107	2 500	1 000	2 000	700	10
安化县茶叶公司茶厂	1	110	2 000	804	1 500	660	-18
安化茶厂	1	120	2 000	560	1 800	580	20

7-2 续

Continued

地 区 Region	企业数 (个) Number of Enterprises (unit)	从业人员年末数 (人) Number of Employed Profits (person)	产量 (吨) Output of Sales (ton)	销售量 (吨) Output of Sales (ton)	产值 (万元) Output Value (10 000 yuan)	销售收入 (万元) Sales Revenue (10 000 yuan)	销售利润 (万元) Sales Profits (10 000 yuan)
四 川 Sichuan	**10**	**1 162**	**28 564**	**7 496**	**21 051**	**5 584**	**313**
雅安市茶厂	1	82	2 315	579	2 015	605	9
宜宾外贸金叶茶业有限公司	1	224	1 950	527	1 620	486	-15
平武茶叶有限公司	1	140	1 230	276	828	209	15
雅安市友谊茶叶有限公司	1	125	1 872	434	1 562	406	42
天全边茶有限公司	1	39	925	199	893	209	
邛崃笔山茶厂	1	168	5 500	2 111	3 800	1 448	58
荥经茶厂	1	82	1 501	315	1 346	310	37
名山县西藏朗赛茶厂	1	102	2 256	733	2 108	574	8
洪雅松潘茶厂	1	75	2 300	580	2 160	488	32
雅安茶厂有限公司	1	125	8 715	1 743	4 719	849	127
云 南 Yunnan	**1**	**360**	**1 481**	**1 012**	**1 460**	**968**	
下关茶厂沱茶(集团)股份有限公司	1	360	1 481	1 012	1 460	968	

8 其他
Others

8－1 历届中国共产党全国代表大会少数民族中央委员、候补中央委员人数

The Numbers of Ethnic Minority Central Committee Members and Alternate Members to All the Previous National Congresses of the Communist Party of China

届 次 Congress	时 间 Time	地 点 place	代表总数 Total Number of Deputies	#少数民族代表 Deputies from Ethnic Minorities	中央委员、中央候补委员总数 The number of Cemtral Committee Members and Alternate Members	#少数民族中央委员中央候补委员人数 The Number of Ethnic Minorites
第一届	1921.7.23－31	上海	12	1		
第二届	1922.7.16－23	上海	12	1	5	
第三届	1923.6.12－20	广州	30余人		14	
第四届	1925.1.11－22	上海	20		14	
第五届	1927.4.27－5.9	武汉	80	1	45	
第六届	1928.6.18－7.11	莫斯科	118		36	1
第七届	1945.4.23－6.11	延安	755		77	2
第八届	1956.9.15－27	北京	1 133		170	10
第九届	1969.4.1－24	北京	1 512		279	
第十届	1973.8.24－28	北京	1 249		319	15
第十一届	1977.8.12－18	北京	1 510		333	16
第十二届	1982.9.1－11	北京	1 749	104	348	31
第十三届	1987.10.25－11.1	北京	1 936		285	32
第十四届	1992.10.12－18	北京	1 989	198	319	32
第十五届	1997.9.12－18	北京	2 048	219	344	38
第十六届	2002.11.8－14	北京	2 114	230	356	35

8-2 历届全国人民代表大会少数民族代表人数

The Numbers of the Ethnic Minority Deputies to All the Previous National People´s Congresses

届 次 Congress	时 间 Time	代表总数 Total Number of Deputies	#少数民族代表数 Deputies form Ethnic Minorities	少数民族代表比例(%) As percentage of Total	少数民族(个) Number of Ethmic Minority Category
第一届	1954 年	1 226	178	14.50	30
第二届	1959 年	1 226	179	14.60	30
第三届	1964 年	3 040	372	12.20	53
第四届	1975 年	2 885	270	9.40	54
第五届	1978 年	3 497	381	10.90	54
第六届	1983 年	2 978	403	13.60	55
第七届	1988 年	2 970	445	14.90	55
第八届	1993 年	2 898	554	18.60	55
第九届	1998 年	2 979	428	14.37	55
第十届	2003 年	2 985	415	13.90	55

8-3 历届中国人民政治协商会议全国委员会少数民族委员人数

The Numbers of the Ethnic Minority Deputies to A11 the Previous National Political Consultative Conferences

届 次 Congress	时 间 Time	委员总数 Total Number of Deputies	#少数民族代表数 Deputies form Ethnic Minorities	少数民族代表比例(%) As percentage of Total	少数民族(个) Number of Ethmic Minority Category
第一届	1949 年	198	19	9.60	10
第二届	1954 年	753	61	8.10	16
第三届	1959 年	1 071	78	7.29	19
第四届	1965 年	1 199	81	6.76	20
第五届	1978 年	2 268	147	6.49	31
第六届	1983 年	2 228	185	8.31	37
第七届	1988 年	2 180	222	10.19	45
第八届	1993 年	2 172	101	4.65	55
第九届	1998 年	2 196	259	11.80	55
第十届	2003 年	2 238	262	11.70	55

8－4 国务院历次全国民族团结进步表彰情况

The Situations of Commendation of Ethnic Unity and Progress

单位:个,人 (unit, person)

地区 Region	总计 Total			1988 年第一次表彰			1994 年第二次表彰			1999 年第三次表彰		
	集体 Collec－idual	个人 Indiv－idual	#女 Famale	集体 Collec－tivity	个人 Indiv－idual	#女 Famale	集体 Collec－tivity	个人 Indiv－idual	#女 Famale	集体 Collec－tivity	个人 Indivi－dual	#女 Famale
合计	1 833	1 842	330	565	601	106	642	613	106	626	628	118
北京	36	24	5	12	5	2	12	9	2	12	10	1
天津	27	23	6	9	5	1	8	8	1	10	10	4
河北	42	42	7	11	14	3	15	13	1	16	15	3
山西	12	17	3	3	4	1	4	5	0	5	8	2
内蒙古	93	98	18	34	34	8	29	33	5	30	31	5
辽宁	75	62	12	26	16	4	25	22	4	24	24	4
吉林	52	71	12	15	26	4	18	22	3	19	23	5
黑龙江	47	47	5	18	12	2	16	16	2	13	19	1
上海	31	20	7	8	6	2	11	7	1	12	7	4
江苏	19	22	2	5	7	1	7	7	1	7	8	0
浙江	21	17	5	7	5	2	7	6	2	7	6	1
安徽	17	20	2	5	5	0	6	8	1	6	7	1
福建	27	16	3	8	4	1	11	6	1	8	6	1
江西	15	10	2	4	3	1	4	3	1	7	4	0
山东	32	34	7	10	9	2	11	12	1	11	13	4
河南	37	31	3	15	7	0	10	13	2	12	11	1
湖北	49	46	12	13	15	5	19	14	3	17	17	4
湖南	71	55	9	25	16	3	22	20	1	24	19	5
广东	21	21	2	4	8	0	8	7	2	9	6	0
广西	128	119	26	46	39	6	41	41	10	41	39	10
海南	35	30	6	11	9	2	12	10	1	12	11	3
重庆	15	11	3	—	—	—	—	—	—	15	11	3
四川	67	87	12	18	37	5	29	30	4	20	20	3
贵州	97	81	24	33	29	7	33	23	8	31	29	9
云南	127	113	16	45	39	3	47	30	7	35	44	6
西藏	50	80	21	10	38	9	19	21	5	21	21	7
陕西	17	18	3	3	7	1	7	5	1	7	6	1
甘肃	63	60	8	18	24	1	22	19	3	23	17	4
青海	57	52	10	26	16	5	17	16	2	14	20	3
宁夏	49	64	12	17	25	4	17	17	2	15	22	6
新疆	108	163	33	24	61	15	40	45	10	44	57	8
其他	296	288	34	82	76	6	115	125	19	99	87	9

主要统计指标解释

普通高等学校 指按照国家规定的设置标准和审批程序批准举办的，通过全国普通高等学校统一招生考试，招收高中毕业生为主要培养对象，实施高等教育的全日制大学、独立设置的学院和高等专科学校、高等职业学校和其他机构。大学、独立设置的学院主要实施本科层次以上教育，高等专科学校、高等职业学校实施专科层次教育，其他机构是承担国家普通招生计划任务不计校数的机构。包括普通高等学校分校和批准筹建的普通高等学校等。

成人高等学校 指按照国家规定的设置标准和审批程序批准举办的，通过全国成人高等学校统一招生考试，招收具有高中毕业或同等学历的在职从业人员为主要培养对象，利用函授、业余、脱产等多种形式对其实施高等学历教育的学校。包括职工高等学校、农民高等学校、管理干部学院、教育学院、独立函授学院、广播电视大学、其他机构等。其他机构是承担国家成人招生计划任务不计校数的机构。

文化事业机构 指从事专业文化工作和为专业文化工作服务的独立建制的单位。不包括这些单位另外举办独立核算的其他机构和各部门的业余文化组织。该指标主要反映文化事业机构发展规模水平。

艺术表演团体 指从事戏曲、音乐、舞蹈、杂技等专业艺术表演，有独立账户的单位，不包括半工半艺、半农半艺和民间职业剧团。该指标主要反映全国专业艺术表演团体发展规模水平。

少数民族教练员 指在聘的一线专职的少数民族教练员。

乡镇企业 指所有乡镇办、村办、村民小组办、联户办和农户办企业（单位）。具体包括：(1)领取企业法人执照的集体、私营、联营、股份制、外商投资和港澳台投资企业；(2)未领取企业法人执照，但满足以下四条标准的乡镇办、村办、村民小组办和联户办的非农企业：a. 有固定的生产经营组织、场所、设备和从事经营活动的人员；b. 常年从事经营活动，季节性生产经营活动全年开工时间在3个月以上；c. 有独立核算制度和账目；d. 有当地工商行政管理部门颁发的营业执照；(3)虽然领取的是农村个体工商营业执照，但雇工8人（含8人）以上的户。

文化站 指乡镇人民政府、城市街道办事处所设立的全民所有制文化事业单位，同时又是当地群众进行各种文化娱乐活动的场所，是国家最基层的文化事业机构。

全国政府民族工作部门机构和人员情况

Institution and staffs of the Governmental Agencies for Ethnic Affair

1 行政机构
Government Organs

1－1 全国分地区政府民族工作部门行政机构(2003年)

The Government Organs
in Charge of Ethnic Affairs by Region(2003)

地区	Region	行政机构(个) government Organizationes	国家级 National	省级 Profecture	地级 Profecture	县级 county
合计	**Total**	**2 205**	**1**	**31**	**371**	**1 802**
国家民委	SEAC	1	1			
北京	Beijing	18		1	17	
天津	Tianjin	19		1	18	
河北	Hebei	108		1	11	96
山西	Shanxi	30		1	5	24
内蒙古	Inner Mongolia	112		1	12	99
辽宁	Liaoning	38		1	12	25
吉林	Jilin	44		1	8	35
黑龙江	Heilongjiang	69		1	12	56
上海	Shanghai	20		1	19	
江苏	Jiangsu	119		1	12	106
浙江	Zhejiang	24		1	9	14
安徽	Anhui	123		1	17	105
福建	Fujian	86		1	8	77
江西	Jiangxi	111		1	11	99
山东	Shandong	83		1	15	67
河南	Henan	127		1	17	109
湖北	Hubei	61		1	13	47
湖南	Hunan	75		1	14	60
广东	Guangdong	25		1	21	3
广西	Guangxi	83		1	12	70
海南	Hainan	19		1	2	16
重庆	Chongqing	11		1	6	4
四川	Sichuan	172		1	20	151
贵州	Guizhou	97		1	9	87
云南	Yunnan	141		1	16	124
西藏	Tibet	74		1	7	66
陕西	Shaanxi	52		1	8	43
甘肃	Gansu	83		1	13	69
青海	Qinghai	48		1	8	39
宁夏	Ningxia	20		1	4	15
新疆	Xinjiang	112		1	15	96

1－2　全国分地区政府民族工作部门职工(2003 年)

Staffs in Charge
of Ethnic Affairs by Region(2003)

地　区 Region		机关人员数(人) Personnel	#公务员 Civil Servant	#少数民族 National Minorities	#女 Female
合　计	**Total**	**14 457**	**12 629**	**7 321**	**3 560**
国家民委	SEAC	176	176	86	57
北　京	Beijing	139	122	70	55
天　津	Tianjin	97	94	48	29
河　北	Hebei	880	725	288	229
山　西	Shanxi	135	130	7	43
内蒙古	Inner Mongolia	883	737	690	277
辽　宁	Liaoning	442	398	273	126
吉　林	Jilin	372	336	210	105
黑龙江	Heilongjiang	382	338	200	99
上　海	Shanghai	147	144	21	45
江　苏	Jiangsu	519	466	20	88
浙　江	Zhejiang	172	163	50	34
安　徽	Anhui	409	378	63	101
福　建	Fujian	362	335	70	89
江　西	Jiangxi	220	205	8	41
山　东	Shandong	576	467	167	119
河　南	Henan	822	707	309	223
湖　北	Hubei	448	388	139	97
湖　南	Hunan	438	390	280	105
广　东	Guangdong	203	184	38	63
广　西	Guangxi	417	374	340	122
海　南	Hainan	150	137	102	34
重　庆	Chongqing	126	116	66	31
四　川	Sichuan	739	675	405	194
贵　州	Guizhou	979	874	763	262
云　南	Yunnan	1 330	1 156	1 007	336
西　藏	Tibet	389	325	283	89
陕　西	Shaanxi	680	533	70	124
甘　肃	Gansu	563	451	316	107
青　海	Qinghai	241	200	174	43
宁　夏	Ningxia	170	139	115	30
新　疆	Xinjiang	851	766	643	163

1-3 全国分地区各级政府民族工作部门职工(2003年)
Staffs in Charge
of Ethnic Affairs by Level and Region(2003)

地 区 Region		机关人员数(人) personnel	国家级 National	省级 Province	地级 Prefecture	县级 County
合 计	Total	14 457	176	1 662	3 949	8 670
国家民委	SEAC	176	176			
北 京	Beijing	139		49	90	
天 津	Tianjin	97		45	52	
河 北	Hebei	880		63	211	606
山 西	Shanxi	135		24	66	45
内蒙古	Inner Mongolia	883		55	208	620
辽 宁	Liaoning	442		84	157	201
吉 林	Jilin	372		66	97	209
黑龙江	Heilongjiang	382		61	121	200
上 海	Shanghai	147		65	82	
江 苏	Jiangsu	519		55	139	325
浙 江	Zhejiang	172		30	93	49
安 徽	Anhui	409		34	127	248
福 建	Fujian	362		65	79	218
江 西	Jiangxi	220		28	46	146
山 东	Shandong	576		38	214	324
河 南	Henan	822		51	213	558
湖 北	Hubei	448		42	132	274
湖 南	Hunan	438		43	118	277
广 东	Guangdong	203		30	154	19
广 西	Guangxi	417		43	94	280
海 南	Hainan	150		35	17	98
重 庆	Chongqing	126		45	44	37
四 川	Sichuan	739		102	156	481
贵 州	Guizhou	979		62	228	689
云 南	Yunnan	1 330		74	265	991
西 藏	Tibet	389		47	104	238
陕 西	Shaanxi	680		60	234	386
甘 肃	Gansu	563		87	132	344
青 海	Qinghai	241		36	51	154
宁 夏	Ningxia	170		42	28	100
新 疆	Xinjiang	851		101	197	553

注:2003年国家民委机关人员数仅指公务员,其他人员归入事业单位,下同。

Note:The data on personnel of SEAC refer to the data of civil servant,the other were included in the institutions,The relative tables in the chapter are the same.

1－4 全国分地区各级政府民族工作部门公务员情况(2003年)

Civil Servant in Charge of Ethnic Affairs by Level and Region(2003)

地区 Region		公务员总计(人) Personnel	国家级 National	省级 Province	地级 Profecture	县级 County
合计	Total	12 629	176	1 504	3 471	7 478
国家民委	SEAC	176	176			
北京	Beijing	122		40	82	
天津	Tianjin	94		45	49	
河北	Hebei	725		59	178	488
山西	Shanxi	130		23	62	45
内蒙古	Inner Mongolia	737		55	176	506
辽宁	Liaoning	398		71	144	183
吉林	Jilin	336		55	87	194
黑龙江	Heilongjiang	338		52	109	177
上海	Shanghai	144		65	79	
江苏	Jiangsu	466		55	123	288
浙江	Zhejiang	163		27	88	48
安徽	Anhui	378		30	114	234
福建	Fujian	335		58	70	207
江西	Jiangxi	205		23	41	141
山东	Shandong	467		38	173	256
河南	Henan	707		45	185	477
湖北	Hubei	388		40	119	229
湖南	Hunan	390		36	105	249
广东	Guangdong	184		30	136	18
广西	Guangxi	374		37	84	253
海南	Hainan	137		35	16	86
重庆	Chongqing	116		41	43	32
四川	Sichuan	675		97	135	443
贵州	Guizhou	874		62	198	614
云南	Yunnan	1 156		73	226	857
西藏	Tibet	325		28	88	209
陕西	Shaanxi	533		58	218	257
甘肃	Gansu	451		69	109	273
青海	Qinghai	200		29	41	130
宁夏	Ningxia	139		27	25	87
新疆	Xinjiang	766		101	168	497

1－5 全国分地区按学历分的政府民族工作部门职工（2003年）（一）

Staffs in Charge of Ethnic Affairs
by Academic Credentials and Region（2003）（1）

地区 Region		机关人员数（人） Personnel	按学历分 By Academic Credentials #研究生 Postgraduates	#大学本科 Regular College Course	#大学专科 Specialized Subject
合计	**Total**	**14 457**	**323**	**4 244**	**6 479**
国家民委	SEAC	176	40	91	38
北京	Beijing	139	10	82	35
天津	Tianjin	97	3	62	28
河北	Hebei	880	4	209	439
山西	Shanxi	135	2	45	63
内蒙古	Inner Mongolia	883	4	252	427
辽宁	Liaoning	442	31	150	230
吉林	Jilin	372	7	178	143
黑龙江	Heilongjiang	382	15	127	206
上海	Shanghai	147	4	54	64
江苏	Jiangsu	519	16	179	209
浙江	Zhejiang	172	11	72	57
安徽	Anhui	409	7	161	176
福建	Fujian	362	1	101	148
江西	Jiangxi	220	4	79	107
山东	Shandong	576	12	249	242
河南	Henan	822	18	234	414
湖北	Hubei	448	9	135	229
湖南	Hunan	438	5	115	199
广东	Guangdong	203	20	67	81
广西	Guangxi	417	10	126	200
海南	Hainan	150	5	46	61
重庆	Chongqing	126	3	63	47
四川	Sichuan	739	12	191	320
贵州	Guizhou	979	17	213	494
云南	Yunnan	1 330	22	309	581
西藏	Tibet	389		26	110
陕西	Shaanxi	680	5	178	349
甘肃	Gansu	563	7	125	210
青海	Qinghai	241	5	49	92
宁夏	Ningxia	170	2	56	57
新疆	Xinjiang	851	12	220	423

1－5 全国分地区按学历分的政府民族工作部门职工(省级)(2003年)(二)

Staffs in Charge of Ethnic Affairs
by Academic Credentials and Region(in Province)(2003)(2)

地 区 Region	机关人员数(人) Personnel	按学历分 By Academic Credentials		
		#研究生 Postgraduates	#大学本科 Regular College Course	#大学专科 Specialized Subject
合 计 Total	1 662	96	830	551
北 京 Beijing	49	3	30	8
天 津 Tianjin	45	2	30	12
河 北 Hebei	63	2	34	22
山 西 Shanxi	24	1	16	6
内蒙古 Inner Mongolia	55	1	35	18
辽 宁 Liaoning	84	9	35	32
吉 林 Jilin	66	3	38	19
黑龙江 Heilongjiang	61	2	29	28
上 海 Shanghai	65	2	27	23
江 苏 Jiangsu	55	4	23	27
浙 江 Zhejiang	30	7	10	9
安 徽 Anhui	34	3	16	8
福 建 Fujian	65	0	35	18
江 西 Jiangxi	28	4	21	2
山 东 Shandong	38	2	20	15
河 南 Henan	51	2	21	23
湖 北 Hubei	42	1	22	19
湖 南 Hunan	43	2	19	17
广 东 Guangdong	30	8	15	7
广 西 Guangxi	43	6	16	18
海 南 Hainan	35	2	21	8
重 庆 Chongqing	45	3	29	9
四 川 Sichuan	102	7	36	46
贵 州 Guizhou	62	2	37	21
云 南 Yunnan	74	2	53	15
西 藏 Tibet	47		7	18
陕 西 Shaanxi	60	2	25	28
甘 肃 Gansu	87	4	39	21
青 海 Qinghai	36	5	19	10
宁 夏 Ningxia	42	1	18	5
新 疆 Xinjiang	101	4	54	39

1－5 全国分地区按学历分的政府民族工作部门职工(地级)(2003年)(三)

Staffs in Charge of Ethnic Affairs
by Academic Credentials and Region(in Profecture)(2003)(3)

地区 Region		机关人员数(人) Personnel	按学历分 By Academic Credentials #研究生 Postgraduates	#大学本科 Regular College Course	#大学专科 Specialized Subject
合计	Total	3 949	127	1 486	1 701
北京	Beijing	90	7	52	27
天津	Tianjin	52	1	32	16
河北	Hebei	211	1	64	117
山西	Shanxi	66	1	26	29
内蒙古	Inner Mongolia	208	3	75	101
辽宁	Liaoning	157	18	72	59
吉林	Jilin	97	2	49	36
黑龙江	Heilongjiang	121	5	44	64
上海	Shanghai	82	2	27	41
江苏	Jiangsu	139	8	61	54
浙江	Zhejiang	93	4	51	23
安徽	Anhui	127	1	60	47
福建	Fujian	79		27	26
江西	Jiangxi	46		22	19
山东	Shandong	214	5	115	74
河南	Henan	213	12	77	99
湖北	Hubei	132	7	41	67
湖南	Hunan	118	2	39	58
广东	Guangdong	154	12	47	66
广西	Guangxi	94	4	44	34
海南	Hainan	17		6	8
重庆	Chongqing	44		19	22
四川	Sichuan	156	4	54	67
贵州	Guizhou	228	8	61	110
云南	Yunnan	265	9	102	101
西藏	Tibet	104		10	36
陕西	Shaanxi	234	3	87	117
甘肃	Gansu	132	3	45	51
青海	Qinghai	51		11	26
宁夏	Ningxia	28		12	11
新疆	Xinjiang	197	5	54	95

1－5 全国分地区按学历分的政府民族工作部门职工(县级)(2003年)(四)

Staffs in Charge of Ethnic Affairs
by Academic Credentials and Region(in County)(2003)(4)

地区 Region	机关人员数(人) Personnel	按学历分 By Academic Credentials		
		#研究生 Postgraduates	#大学本科 Regular College Course	#大学专科 Specialized Subject
合计 Total	**8 670**	**60**	**1 837**	**4 189**
北京 Beijing				
天津 Tianjin				
河北 Hebei	606	1	111	300
山西 Shanxi	45		3	28
内蒙古 Inner Mongolia	620		142	308
辽宁 Liaoning	201	4	43	139
吉林 Jilin	209	2	91	88
黑龙江 Heilongjiang	200	8	54	114
上海 Shanghai				
江苏 Jiangsu	325	4	95	128
浙江 Zhejiang	49		11	25
安徽 Anhui	248	3	85	121
福建 Fujian	218	1	39	104
江西 Jiangxi	146		36	86
山东 Shandong	324	5	114	153
河南 Henan	558	4	136	292
湖北 Hubei	274	1	72	143
湖南 Hunan	277	1	57	124
广东 Guangdong	19		5	8
广西 Guangxi	280		66	148
海南 Hainan	98	3	19	45
重庆 Chongqing	37		15	16
四川 Sichuan	481	1	101	207
贵州 Guizhou	689	7	115	363
云南 Yunnan	991	11	154	465
西藏 Tibet	238		9	56
陕西 Shaanxi	386		66	204
甘肃 Gansu	344		41	138
青海 Qinghai	154		19	56
宁夏 Ningxia	100	1	26	41
新疆 Xinjiang	553	3	112	289

1-6 全国分地区按年龄分的政府民族工作部门职工(2003年)(一)

Staffs in Charge of Ethnic Affairs by Age and Region(2003)(1)

地区	Region	机关人员数(人) Personnel	按年龄分 By Age #35岁及以下 Aged 35 and Under	#36岁至45岁 Aged 36-45	#46岁至54岁 Aged 46-54
合计	Total	14 457	3 129	5 819	4 828
国家民委	SEAC	176	28	78	51
北京	Beijing	139	41	45	46
天津	Tianjin	97	24	35	35
河北	Hebei	880	192	380	301
山西	Shanxi	135	26	49	53
内蒙古	Inner Mongolia	883	189	419	262
辽宁	Liaoning	442	51	144	224
吉林	Jilin	372	86	135	140
黑龙江	Heilongjiang	382	90	147	138
上海	Shanghai	147	23	31	86
江苏	Jiangsu	519	69	165	254
浙江	Zhejiang	172	26	68	67
安徽	Anhui	409	73	136	178
福建	Fujian	362	41	155	135
江西	Jiangxi	220	51	107	61
山东	Shandong	576	148	209	212
河南	Henan	822	227	329	245
湖北	Hubei	448	75	166	177
湖南	Hunan	438	65	206	143
广东	Guangdong	203	49	81	66
广西	Guangxi	417	60	191	147
海南	Hainan	150	14	59	64
重庆	Chongqing	126	20	50	52
四川	Sichuan	739	156	339	187
贵州	Guizhou	979	182	419	346
云南	Yunnan	1 330	343	628	334
西藏	Tibet	389	158	110	114
陕西	Shaanxi	680	149	224	202
甘肃	Gansu	563	151	206	157
青海	Qinghai	241	45	130	62
宁夏	Ningxia	170	43	55	56
新疆	Xinjiang	851	234	323	233

1-6 全国分地区按年龄分的政府民族工作部门职工(省级)(2003年)(二)

Staffs in Charge of Ethnic Affairs
by Age and Region(in Province)(2003)(2)

地 区 Region	机关人员数(人) Personnel	按年龄分 By Age #35岁及以下 Aged 35 and Under	#36岁至45岁 Aged 36-45	#46岁至54岁 Aged 46-54
合 计 Total	1 662	302	574	575
北 京 Beijing	49	17	14	15
天 津 Tianjin	45	13	18	14
河 北 Hebei	63	12	17	29
山 西 Shanxi	24	6	9	6
内蒙古 Inner Mongolia	55	12	18	19
辽 宁 Liaoning	84	7	23	46
吉 林 Jilin	66	18	17	29
黑龙江 Heilongjiang	61	9	16	32
上 海 Shanghai	65	9	11	45
江 苏 Jiangsu	55	6	20	22
浙 江 Zhejiang	30	6	13	6
安 徽 Anhui	34	9	7	10
福 建 Fujian	65	10	24	22
江 西 Jiangxi	28	10	11	6
山 东 Shandong	38	3	18	11
河 南 Henan	51	9	17	19
湖 北 Hubei	42	5	13	15
湖 南 Hunan	43	5	18	7
广 东 Guangdong	30	2	17	8
广 西 Guangxi	43	2	19	21
海 南 Hainan	35	2	13	11
重 庆 Chongqing	45	8	18	18
四 川 Sichuan	102	18	41	34
贵 州 Guizhou	62	7	31	17
云 南 Yunnan	74	28	20	21
西 藏 Tibet	47	18	14	12
陕 西 Shaanxi	60	12	24	21
甘 肃 Gansu	87	5	31	23
青 海 Qinghai	36	4	14	14
宁 夏 Ningxia	42	6	7	14
新 疆 Xinjiang	101	24	41	8

1-6 全国分地区按年龄分的政府民族工作部门职工(地级)(2003年)(三)
Staffs in Charge of Ethnic Affairs
by Age and Region (in Profecture) (2003) (3)

地区 Region	机关人员数(人) Personnel	按年龄分 By Age		
		#35岁及以下 Aged 35 and Under	#36岁至45岁 Aged 36-45	#46岁至54岁 Aged 46-54
合计 Total	3 949	787	1 480	1 486
北京 Beijing	90	24	31	31
天津 Tianjin	52	11	17	21
河北 Hebei	211	50	93	68
山西 Shanxi	66	14	19	29
内蒙古 Inner Mongolia	208	40	77	89
辽宁 Liaoning	157	20	54	71
吉林 Jilin	97	17	36	38
黑龙江 Heilongjiang	121	33	49	38
上海 Shanghai	82	14	20	41
江苏 Jiangsu	139	20	44	64
浙江 Zhejiang	93	14	35	39
安徽 Anhui	127	28	38	53
福建 Fujian	79	13	35	21
江西 Jiangxi	46	8	21	17
山东 Shandong	214	65	70	79
河南 Henan	213	51	91	64
湖北 Hubei	132	19	43	63
湖南 Hunan	118	12	47	56
广东 Guangdong	154	47	49	54
广西 Guangxi	94	14	28	45
海南 Hainan	17	1	7	7
重庆 Chongqing	44	5	16	20
四川 Sichuan	156	32	55	28
贵州 Guizhou	228	33	78	108
云南 Yunnan	265	52	125	81
西藏 Tibet	104	41	31	31
陕西 Shaanxi	234	31	110	84
甘肃 Gansu	132	30	48	46
青海 Qinghai	51	10	24	17
宁夏 Ningxia	28	4	11	12
新疆 Xinjiang	197	34	78	71

1-6 全国分地区按年龄分的政府民族工作部门职工(县级)(2003年)(四)

Staffs in Charge of Ethnic Affairs
by Age and Region(in County)(2003)(4)

地区 Region		机关人员数(人) Personnel	按年龄分 By Age		
			#35岁及以下 Aged 35 and Under	#36岁至45岁 Aged 36-45	#46岁至54岁 Aged 46-54
合计	Total	8 670	2 012	3 687	2 716
北京	Beijing				
天津	Tianjin				
河北	Hebei	606	130	270	204
山西	Shanxi	45	6	21	18
内蒙古	Inner Mongolia	620	137	324	154
辽宁	Liaoning	201	24	67	107
吉林	Jilin	209	51	82	73
黑龙江	Heilongjiang	200	48	82	68
上海	Shanghai				
江苏	Jiangsu	325	43	101	168
浙江	Zhejiang	49	6	20	22
安徽	Anhui	248	36	91	115
福建	Fujian	218	18	96	92
江西	Jiangxi	146	33	75	38
山东	Shandong	324	80	121	122
河南	Henan	558	167	221	162
湖北	Hubei	274	51	110	99
湖南	Hunan	277	48	141	80
广东	Guangdong	19		15	4
广西	Guangxi	280	44	144	81
海南	Hainan	98	11	39	46
重庆	Chongqing	37	7	16	14
四川	Sichuan	481	106	243	125
贵州	Guizhou	689	142	310	221
云南	Yunnan	991	263	483	232
西藏	Tibet	238	99	65	71
陕西	Shaanxi	386	106	90	97
甘肃	Gansu	344	116	127	88
青海	Qinghai	154	31	92	31
宁夏	Ningxia	100	33	37	30
新疆	Xinjiang	553	176	204	154

2 事业单位

Institutions

2-1 全国分地区政府民族工作部门所属事业单位机构(2003年)

Number of the Institutions Under the Government Agencies for Ethnic Affairs by Region(2003)

地区	Region	事业单位机构数(个) Institutions	文化类 Cultural	教育类 Educational	研究类 Researching	服务类 Service	其它 Others
合计	Total	232	47	31	45	42	67
国家民委	SEAC	22	9	7	1	3	2
北京	Beijing	4	1		1	1	1
天津	Tianjin	2	1				1
河北	Hebei						
山西	Shanxi	1					1
内蒙古	Inner Mongolia	12	1		2	4	5
辽宁	Liaoning	10		2	3	3	2
吉林	Jilin	15	3	2	3	4	3
黑龙江	Heilongjiang	2		1	1		
上海	Shanghai	1				1	
江苏	Jiangsu	1			1		
浙江	Zhejiang						
安徽	Anhui	1					1
福建	Fujian	2	1		1		
江西	Jiangxi						
山东	Shandong	13					13
河南	Henan	11		1		8	2
湖北	Hubei	15	1		1	7	6
湖南	Hunan	15	8		3		4
广东	Guangdong	1			1		
广西	Guangxi	18	2	6	2		8
海南	Hainan	2	1		1		
重庆	Chongqing	2		1	1		
四川	Sichuan	12	1	2	2	5	2
贵州	Guizhou	30	8	2	10	2	8
云南	Yunnan	20	6	4	5	3	2
西藏	Tibet						
陕西	Shaanxi	1	1				
甘肃	Gansu	9	1	2	2		4
青海	Qinghai	2	2				
宁夏	Ningxia	3		1			2
新疆	Xinjiang	5			4	1	

2-2 全国分地区政府民族工作部门所属事业单位职工(2003 年)

Number of Personnel of the Institutions Under the Government Agencies for Ethnic Affairs by Region(2003)

地区	Region	人员总计(人) Total	#少数民族 National Minorities	#女 Female	按学历分 By Academic Credentials #研究生 Postgraduates	#大学本科 Regular College Course	#大学专科 Specialized Subject
合计	Total	**10 836**	**4 826**	**5 099**	**1 959**	**5 048**	**2 101**
国家民委	SEAC	6 730	2 527	3 344	1 704	3 327	1 050
北京	Beijing	79	23	30	1	10	34
天津	Tianjin	60	23	27		3	6
河北	Hebei						
山西	Shanxi	10	1	3			8
内蒙古	Inner Mongolia	154	103	53	5	29	39
辽宁	Liaoning	47	23	18	2	15	15
吉林	Jilin	96	54	38	3	48	16
黑龙江	Heilongjiang	81	39	52	6	60	14
上海	Shanghai	19	1	4		2	5
江苏	Jiangsu	8		1	1	4	3
浙江	Zhejiang						
安徽	Anhui	17	1	7	1	6	5
福建	Fujian	18	5	7		6	7
江西	Jiangxi						
山东	Shandong	40	16	15		17	17
河南	Henan	100	46	45	1	55	30
湖北	Hubei	72	55	31		6	20
湖南	Hunan	90	63	51		24	37
广东	Guangdong	35	14	20	6	5	3
广西	Guangxi	640	468	279	14	303	184
海南	Hainan	48	34	16	1	17	23
重庆	Chongqing	6	5	3		4	1
四川	Sichuan	258	123	91	14	51	78
贵州	Guizhou	382	255	154	4	143	118
云南	Yunnan	1 526	688	708	192	792	288
西藏	Tibet						
陕西	Shaanxi	4	3	1			1
甘肃	Gansu	128	104	37	4	40	37
青海	Qinghai	14	14	3		4	8
宁夏	Ningxia	59	51	22		22	23
新疆	Xinjiang	115	87	39		55	31

2－3 全国分地区按专业技术职务分的政府民族工作部门所属事业单位职工(2003 年)

Number of Personnel of the Institutions Under the Government Agencies for Ethnic Affairs by Scientific and Technical Position and Region(2003)

地 区 Region		人员总计(人) Total	按专业技术职务分 by Scientific and Technical Position		
			#高级 Senior	#中级 Middle	#初级 Junior
合 计	Total	10 836	2 793	3 514	2 021
国家民委	SEAC	6 730	2 104	2 398	1 183
北 京	Beijing	79	1	3	
天 津	Tianjin	60	1	6	5
河 北	Hebei				
山 西	Shanxi	10	2	2	
内蒙古	Inner Mongolia	154	17	23	7
辽 宁	Liaoning	47	5	8	2
吉 林	Jilin	96	32	19	12
黑龙江	Heilongjiang	81	18	32	31
上 海	Shanghai	19		1	1
江 苏	Jiangsu	8	2	3	3
浙 江	Zhejiang				
安 徽	Anhui	17			
福 建	Fujian	18	1	1	6
江 西	Jiangxi				
山 东	Shandong	40			
河 南	Henan	100	13	28	16
湖 北	Hubei	72	2	9	12
湖 南	Hunan	90	3	10	19
广 东	Guangdong	35	5	1	2
广 西	Guangxi	640	55	204	267
海 南	Hainan	48		16	22
重 庆	Chongqing	6			1
四 川	Sichuan	258	23	49	26
贵 州	Guizhou	382	54	103	90
云 南	Yunnan	1 526	426	515	240
西 藏	Tibet				
陕 西	Shaanxi	4			
甘 肃	Gansu	128	11	44	43
青 海	Qinghai	14	2	4	8
宁 夏	Ningxia	59	5	9	12
新 疆	Xinjiang	115	11	26	13

2-4 全国分地区按年龄分的政府民族工作部门所属事业单位职工(2003 年)

Number of Personnel of the Institutions Under the Government Agencies for Ethnic Affairs by Age and Region(2003)

地区	Region	人员总计(人) Personnel	按年龄分 By Age		
			#35 岁及以下 Aged 35 and Under	36 岁至 45 岁 Aged 36-45	46 岁至 54 岁 Aged 46-54
合计	**Total**	**10 836**	**3 936**	**3 906**	**2 029**
国家民委	SEAC	6 730	2 570	2 427	1 328
北京	Beijing	79	20	34	16
天津	Tianjin	60	5	25	30
河北	Hebei				
山西	Shanxi	10	5	2	3
内蒙古	Inner Mongolia	154	42	52	38
辽宁	Liaoning	47	9	19	15
吉林	Jilin	96	10	14	3
黑龙江	Heilongjiang	81	45	23	13
上海	Shanghai	19	3	7	9
江苏	Jiangsu	8	3	2	3
浙江	Zhejiang				
安徽	Anhui	17	10		4
福建	Fujian	18	6	10	1
江西	Jiangxi				
山东	Shandong	40	16	16	8
河南	Henan	100	56	30	13
湖北	Hubei	72	38	18	14
湖南	Hunan	90	42	40	7
广东	Guangdong	35	5	21	6
广西	Guangxi	640	214	274	109
海南	Hainan	48	13	26	9
重庆	Chongqing	6	3	1	
四川	Sichuan	258	65	111	67
贵州	Guizhou	382	135	128	47
云南	Yunnan	1 526	481	503	228
西藏	Tibet				
陕西	Shaanxi	4			3
甘肃	Gansu	128	40	56	22
青海	Qinghai	14	3	7	3
宁夏	Ningxia	59	27	25	7
新疆	Xinjiang	115	70	35	23

主要统计指标解释

政府民族工作部门 指各级主管我国民族事务的政府组成部门。

国家公务员 指各级政府工作部门中依法行使国家行政权力,执行国家公务的人员。国家公务员总数的统计范围应按国务院批准的《国家公务员制度实施方案》中规定的国家公务员的实施范围进行统计。包括:(1)各级国家行政机关中除工勤人员以外的工作人员;(2)其他行使国家行政职能,从事行政管理活动的单位中除工勤人员以外的工作人员。

上述工作人员包括在国家行政机关中从事党、群工作的人员。

统计国家公务员的总数时,必须以上述规定范围为依据,包括国务院和县级以上地方各级人民政府及其工作部门按照规定的任免权限和程序任命的人员,各级人民代表大会任命的政府组成人员,以及试用期间的新录用人员。

不包括参照试行《国家公务员暂行条例》的机关工作人和执行国家机关工资制度的事业单位的工作人员。

少数民族 指汉族以外的我国55个少数民族。

学历 指一个人在学校中接受正规教育的学习经历。具有学籍、由学校发给结业证书的大中专结业生,在学历上与同届毕业生一样具有同等"学历"。下列情况不应作为"学历"统计的依据,仍按原学历统计:

1. 非经国家教育部门批准备案认可的部门、单位发给"学历证明"、"学历证书"的。

2. 参加高等教育自学考试以及中等专业学校考试未毕业的。

3. 各非学历教育的单科"专业证书"或"结业证书"。

事业单位 指国家为社会公益目的,由国家机关举办或者其他组织利用国有资产举办的,从事教育、科技、文化、卫生等活动的社会服务组织。

其他资料

Others Documents

其他资料一　全国国民经济和社会发展总量与速度指标

指　标		Item		1978
人口与就业		Population and Employment		
人口	（万人）	population	(10 000 persons)	
年底总人口		Population at the Year - end		96 259
城镇人口		Urban		17 245
乡村人口		Rural		79 014
男性人口		Male		49 567
女性人口		Female		46 692
就业	（万人）	Employment	(10 000 persons)	
就业人员数		Employment		40 152
#职工人数		Staff and Workers		9 499
城镇登记失业人数		Urban Registeration Unemployment		530
宏观经济		Macroeconomic Indicator		
国民经济核算	（亿元）	National Accounting	(100 million yuan)	
国民总收入		Gross National Income		3 624.1
国内生产总值		Gross Domestic Product		3 624.1
第一产业		Primary Industry		1 018.4
第二产业		Secondary Industry		1 745.2
第三产业		Tertiary Industry		860.5
支出法国内生产总值		Gross Domestic Expenditures		3 605.6
最终消费		Total Consumption		2 239.1
居民消费		Resident Consumption		1 759.1
政府消费		Public Consumption		480.0
资本形成总额		Total Investment		1 377.9
固定资本形成		Fixed Assets		1 073.9
存货增加		Stock		304.0
货物和服务净出口		Net Export of Good and Service		-11.4
固定资产投资	（亿元）	Investment in Fixed Assets	(100 million yuan)	
全社会固定资产投资总额		Total Investment in Fixed Assets		
#国有单位		State - Owned Units		
集体单位		Collective - Owned Units		
个体经济		Inndividuals		
财政	（亿元）	Public Finance	(100 million yuan)	
国家财政收入		Government Revenue		1 132.3
中　央		Central Government		175.8
地　方		Local Governments		956.5
国家财政支出		Government Expenditures		1 122.1
中　央		Central Government		532.1
地　方		Local Governments		590.0
物价总指数	（上年=100）	Price Indices	(Preceding year = 100)	
居民消费价格指数		Consumer Price Index		
商品零售价格指数		Retail Price Index		100.7
农产品生产价格指数		General Price Index of Produce		
工业品出厂价格指数		Ex - Factory Price Indices of Industrial Products		
原材料、燃料、动力购进价格指数		Purchasing Price Indices of Raw Material, Fuel and Power		
固定资产投资价格指数		Price Indices of Investment in Fixed Assets		
实际利用外资额	（亿美元）	Utillization of Foreign capital	(USD 100 million)	
外商直接投资		Foreign Direct Investments		
外商其他投资		Other Foreign Investments		
能源生产与消费	（万吨标准煤）	Production and consumption of Energy	(10 000 tons of SCE)	
能源生产总量		Total Energy Production		62 770
能源消费总量		Total Energy Consumption		57 144

Principal Aggregate Indicators on National Economic
and Social Development and Their Related Indices and Growth Rates

总量指标 Aggregate Data				速度指标(%) Indices and Growth Rates (%)						
				指数 Index (2003为以下各年) (2003 as percentage of the following years)				平均增长速度 Average Annual Growth Rate		
1989	1997	2002	2003	1978	1989	1997	2002	1979 - 2003	1990 - 2003	1998 - 2003
112 704	123 626	128 453	129 227	134.2	114.5	104.5	100.6	1.2	1.0	0.7
29 540	39 449	50 212	52 376	303.7	177.3	132.8	104.3	4.5	4.2	4.8
83 164	84 177	78 241	76 851	97.3	92.4	91.3	98.2	-0.1	-0.6	-1.5
58 099	63 131	66 115	66 556	134.3	114.6	105.4	100.7	1.2	1.0	0.9
54 605	60 495	62 338	62 671	134.2	114.8	103.6	100.5	1.2	1.0	0.6
55 329	69 820	73 740	74 432	185.4	134.5	106.6	100.9	2.5	2.1	1.1
13 742	14 668	10 558	10 492	110.5	76.3	71.5	99.4	0.4	-1.9	-5.4
378	577	770	800	150.9	211.7	138.7	103.9	1.7	5.5	5.6
16 917.8	73 142.7	103 935.3	116 603.2	937.5	345.3	160.8	110.0	9.4	9.3	8.2
16 909.2	74 462.6	105 172.3	117 251.9	940.1	346.5	158.7	109.3	9.4	9.3	8.0
4 228.0	14 211.2	16 117.3	17 092.1	300.4	169.1	118.2	102.5	4.5	3.8	2.8
7 278.0	37 222.7	52 980.2	61 274.1	1 450.7	492.1	172.8	112.7	11.3	12.1	9.5
5 403.2	23 028.7	36 074.7	38 885.7	1 095.5	308.8	159.4	107.3	10.0	8.4	8.1
16 466.0	74 894.2	107 897.6	121 511.4							
105 560.5	43 579.4	62 798.5	67 442.5							
8 523.5	34 854.6	48 881.6	52 678.5							
2 033.0	8 724.8	13 916.9	14 764.0							
6 095.0	28 457.6	42 304.9	51 382.7							
4 339.0	25 154.2	41 918.3	51 248.3							
1 756.0	3 303.4	386.6	134.4							
-185.5	2 857.2	2 794.2	2 686.2							
4 410.4	24 941.1	43 499.9	55 566.6		1 259.9	222.8	127.7		21.1	12.1
2 808.1	13 091.7	18 877.4	21 661.0		771.4	165.5	114.7		18.2	8.6
570.0	3 850.9	5 987.4	8 009.5		1 405.2	208.0	133.8		22.7	9.9
1 032.3	3 429.4	6 519.2	7 720.1		747.9	225.1	118.4		15.1	13.1
2 664.9	8 651.1	18 903.6	21 715.3	1 917.8	814.9	251.0	114.9	12.5	16.2	16.6
822.5	4 226.9	10 388.6	11 865.3	6 749.3	1 442.6	280.7	114.2	18.4	21.0	18.8
1 842.4	4 424.2	8 515.0	9 850.0	1 029.8	534.6	222.6	115.7	9.8	12.7	14.3
282.8	9 233.6	22 053.2	24 650.0	2 196.8	872.9	267.0	111.8	13.2	16.7	17.8
888.8	2 532.5	6 771.7	7 420.1	1 394.5	834.8	293.0	19.6	11.1	16.4	19.6
1 935.0	6 701.1	15 281.5	17 229.9	2 920.3	890.4	257.1	112.8	14.5	16.9	17.0
118.0	102.8	99.2	101.2							
117.8	1008	98.7	99.9							
		99.8	104.4							
118.6	99.7	97.8	102.3							
126.4	101.3	97.7	104.8							
	101.7	100.2	102.2							
33.9	452.6	527.4	535.0		1 577.4	118.2	101.4		21.8	2.8
3.8	71.3	22.7	26.4		691.6	37.0	116.2		14.8	-15.3
101 639	132 410	138 369	160 300	255.4	157.7	121.1	115.8	3.8	3.3	3.2
96 934	137 798	148 222	167 800	293.6	173.1	121.8	113.2	4.4	4.0	3.3

其他资料一　续表1

指　标		Item	1978
产　业		**Industry**	
农业		**Agriculture**	
农林牧渔业从业人员	(万人)	Employed Persons of Farming, Forestry, Animal Husbandry and Fishery (10 000 persons)	28 455.6
农林牧渔业总产值	(亿元)	Gross Output Value of Farming Forestry, Animal Husbandry and Fishery (100 million yuan)	1 397.0
主要农产品产量	(万吨)	Output of Major Farm Products (10 000 tons)	
粮　食		Grain	30 476.5
棉　花		Cotton	216.7
油　料		Oil - bearing Crops	521.8
甘　蔗		Sugar Cane	2 111.6
甜　菜		Beet Roots	270.2
茶　叶		Tea	27
水　果		Fruits	657.0
肉　类		Meat	
水产品		Aquatic Products	465.4
工业		**Industry**	
主要工业产品产量		Output of Major Industrial Products	
布	(亿米)	Cloth (100 million m)	110
机制纸及纸板	(万吨)	Machine - Made Paper and Paperboards (10 000 tons)	439
糖	(万吨)	Sugar (10 000 tons)	227
家用电冰箱	(万台)	Household Refrigerators (10 000 units)	28.0
彩色电视机	(万台)	Color Television Sets (10 000 units)	0.38
家用洗衣机	(万台)	Household Washing Machines (10 000 units)	0.04
房间空调器	(万台)	Room Air - conditioning (10 000 units)	0.02
原　油	(万吨)	Crude Oil (10 000 tons)	10 405
发电量	(亿千瓦小时)	Electricity (100 million kwh)	2 566
钢	(万吨)	Steel (10 000 tons)	3 178
成品钢材	(万吨)	Steel Products (10 000 tons)	2 208
水　泥	(万吨)	Cement (10 000 tons)	6 524
国有及限额以上非国有工业企业主要指标		Principal Indicators of Industrial Enterprises of State Ownership and Non - state - owned Above Designated Size	
工业总产值	(亿元)	Gross industrial Output Value (100 million yuan)	
固定资产原价	(亿元)	Original Value of Fixed Assets(100 million yuan)	
固定资产净值年平均余额	(亿元)	Annual Average Balance of Net Value of Fixed Assets (100 million yuan)	
利润总额	(亿元)	Profits (100 million yuan)	
建筑业		**Construction**	
建筑业企业从业人员	(万人)	Number of Employed Persons (10 000 persons)	
建筑业总产值	(亿元)	Gross Output Value (100 million yuan)	
施工房屋面积	(万平方米)	Floor Space of Buildings under Construction (10 000 sq. m)	
竣工房屋面积	(万平方米)	Floor Space of Buildings Completed (10 000 sq. m)	
交通运输		**Transportation**	
客运量	(万人)	Passenger Traffic (10 000 persons)	253 993
铁　路		Railways	81 491
公　路		Highways	149 229
水　运		Waterways	23 042
民　航		Civil Aviation	231
货运量	(万吨)	Freight Traffic (10 000 tons)	248 946
铁　路		Railways	110 119
公　路		Highways	85 182
水　运		Waterways	43 292
管　道		Pipelines	10 347
民　航		Civil Aviation	6
沿海主要港口货物吞吐量	(万吨)	Volume of Freight Handled at Major Coastal Ports(10 000 tons)	19 834

Continued

总量指标 Aggregate Data				速度指标(%) Indices and Growth Rates (%)						
				指数 Index (2003 为以下各年) (2003 as percentage of the following years)				平均增长速度 Average Annual Growth Rate		
1989	1997	2002	2003	1978	1989	1997	2002	1979 - 2003	1990 - 2003	1998 - 2003
32 440.5	32 434.9	31 990.6	31 259.6	109.6	96.4	96.4	97.7	0.4	-0.3	-0.6
6 534.7	23 788.4	27 390.8	29 691.8	444.8	234.8	130.5	103.9	6.2	6.3	4.5
40 754.8	49 417.1	45 705.8	43 069.5	141.3	105.7	87.2	94.2	1.4	0.4	-2.3
378.8	460.3	491.6	486.0	224.3	128.3	105.6	98.9	3.3	1.89	0.9
1 295.2	2 157.4	2 897.2	2 811.0	538.7	217.0	130.3	97.0	7.0	5.7	4.5
4 879.5	7 889.7	9 010.7	9 023.5	427.3	184.9	114.4	100.1	6.0	4.5	2.3
924.3	1 496.8	1 282.0	618.2	228.8	66.9	41.3	48.2	3.4	-2.8	-13.7
53.5	61.3	74.5	76.8	286.6	143.6	125.2	103.1	4.3	2.6	3.8
1 831.9	5 089.3	6 952.0	14 517.4	2 209.8	792.5	285.3	208.8	13.2	15.9	19.1
	5 268.8	6 586.5	6 932.9			131.6	105.3		4.7	
1 151.7	3 601.8	4 564.5	4 704.6	1 011.0	408.5	130.6	103.1	9.7	10.6	4.6
189	249	322	354	320.5	186.8	142.1	109.7	4.8	4.6	6.0
1 333	2 733	4 667	4 849	1 104.6	363.8	177.4	103.9	10.1	9.7	10.0
501	703	926	1 084	477.5	216.4	154.3	117.1	6.5	5.7	7.5
671	1 044	1 599	2 243	80 091	334.3	214.7	140.3	30.7	9.0	13.6
940	2 711	5 155	6 541	1 721 421	695.9	241.3	126.9	47.7	14.9	15.8
825	1 254	1 596	1 964	4 911 150	238.0	156.6	123.1	54.0	6.4	7.8
37	974	3 135	4 821	24 104 300	12 865.9	494.9	153.8	64.2	41.5	30.5
13 764	16 074	16 700	16 960	163	123.2	105.5	101.6	2.0	1.5	0.9
5 848	11 356	16 540	19 106	744.6	326.7	168.3	115.5	8.4	8.8	9.1
6 159	10 894	18 237	22 234	699.6	361.0	204.1	121.9	8.1	9.6	12.6
4 859	9 979	19 252	24 108	1 091.8	496.2	241.6	125.5	10.0	12.1	15.8
21 029	51 174	72 500	86 208	1 321.4	409.9	168.5	118.9	10.9	10.6	9.1
		110 776	142 271				125.5			
		93 888	105 557				112.4			
		59 483	66 068				111.1			
		5 784	8 337				144.1			
1 005	2 102	2 245	2 414		240.3	114.9	107.5		6.5	2.3
1 283	9 126	18 527	23 084		1 799.2	252.9	124.6		22.9	16.7
40 650	128 680	215 609	259 377		638.1	201.6	120.3		14.2	12.4
19 723	62 244	110 217	122 828		622.8	197.3	111.4		14.0	12.0
791 376	1 326 094	1 608 150	1 587 497	625.0	200.6	119.7	98.7	7.6	5.1	3.0
113 807	93 308	105 606	97 260	119.4	85.5	104.2	92.1	0.7	-1.1	0.7
644 508	1 204 583	1 475 257	1 464 335	981.3	227.2	121.6	99.3	9.6	6.0	3.3
31 778	22 573	18 693	17 142	74.4	53.9	75.9	91.7	-1.2	-4.3	-4.5
1 283	5 630	8 594	8 759	3 791.8	682.7	155.6	101.9	15.7	14.7	7.6
988 435	1 278 218	1 483 446	1 561 422	627.2	158.0	122.2	105.3	7.6	3.3	3.4
151 489	172 149	204 955	221 178	200.9	146.0	128.5	107.9	2.8	2.7	4.3
733 781	976 536	1 116 324	1 159 957	1 361.7	158.1	118.8	103.9	11.0	3.3	2.9
87 493	113 406	141 832	158 070	365.1	180.7	139.4	111.4	5.3	4.3	5.7
15 641	16 002	20 133	21 997	212.6	140.6	137.5	109.3	3.1	2.5	5.4
31	125	202	219	3 421.9	706.5	175.6	108.4	15.2	15.0	9.8
49 025	90 822	166 628	201 126	1 014.0	410.3	221.5	120.7	9.7	10.6	14.2

其他资料一　续表2

指　　标		Item	1978
邮电通信业		**Post and Telecommunications**	
邮电业务总量	（亿元）	Total Business Revenue (100 million yuan)	34.1
函　件	（亿件）	Number of Letters Delivered (10 000 pieces)	28.4
报刊期发数	（万份）	Number of Newspapers and Magazines Distributed(10 000 copies)	11 250
本地电话局用交换机容量	（万门）	Capacity of Local Office Telephone Exchanges (10 000 lines)	406
本地电话年末用户	（万户）	Number of Subscribers of Local Telephone at Year - end(10 000 subscriber)	193
城市		Urban Telephone Subscribers	119
乡村		Rural Telephone Subscribers	73
公用电话	（万户）	Public Telephone (10 000 Subscribers)	1.2
移动电话用户	（万户）	Number of Mobile Telephone Subscribers (10 000 subscribers)	
国内商业		**Domestic Trade**	
社会消费品零售总额	（亿元）	Total Retail Sales of Consumer Goods (100 million yuan)	1 559
对外贸易		**Foreign Trade**	
进出口总额	（亿美元）	Total Exports and Imports (USD 100 million)	206.4
出口额		Exports	97.5
进口额		Imports	108.9
国际旅游		**International Tourism**	
入境旅游过夜者人数	（万人次）	Number of Tourists (Overnight Visitors) (10 000 person - times)	72
旅游外汇收入	（亿美元）	Foreign Exchange Earnings from Tourism (USD 100 million)	2.6
金融业		**Finanical Intermediation**	
金融机构人民币各项存款余额	（亿元）	Deposits of National Banking System (100 million yuan)	1 135
金融机构人民币各项贷款余额	（亿元）	Loans of National Banking System (100 million yuan)	1 850
股票筹资额	（亿元）	Raised Capital (100 million yuan)	
保险公司保费金额	（亿元）	Insurance Premium of Insurance Companies (100 million yuan)	
保险公司赔款及给付金额	（亿元）	Indemnity Expenditure and Payment of Insurance Companies (100 million yuan)	
教育、科技、文化		**Education Science and Technology and Culture**	
教育		**Education**	
专任教师数	（万人）	Full - time Teachers (10 000 persons)	
普通高等学校		Institutions of Higher Education	20.6
普通中等学校		Secondary Schools	328.1
小　学		Primary Schools	522.6
在校学生数	（万人）	Students Enrollment (10 000 persons)	
普通高等学校		Institutions of Higher Education	85.6
普通中等学校		Secondary Schools	6 637.2
小　学		Primary Schools	14 624.0
教育经费支出	（亿元）	Government Expenditures on Education (100 million yuan)	
科技		**Science and Technology**	
科学家、工程师数	（万人）	Number of Scientists and Engineers (10 000 persons)	
研究与试验发展经费支出	（亿元）	Expenditures on Research and Development (100 million yuan)	
技术市场成交额	（亿元）	Volume of Transaction in Technical Markets (100 million yuan)	
文化		**Culture**	
出版数量		Publications	
图　书	（亿册.张）	Number of Books Published (100 million copies)	37.7
杂　志	（亿册）	Number of Magazines Issued (100 million copies)	7.6
报　纸	（亿份）	Number of Newspapers Issued (100 million copies)	127.8
故事影片产量	（部）	Production of Feature Films (film)	46
电视节目制作时间	（万小时）	Time for TV Programs Production (10 000 hours)	

Continued

总量指标 Aggregate Data				速度指标(%) Indices and Growth Rates (%)						
				指数 Index (2003 为以下各年) (2003 as percentage of the following years)				平均增长速度 Average Annual Growth Rate		
1989	1997	2002	2003	1978	1989	1997	2002	1979 - 2003	1990 - 2003	1998 - 2003
123.5	1 773.3	5 695.8	7 019.8	26 275.3	7 255.2	505.1	123.2	25.0	35.8	31.0
57.3	68.6	106.0	103.8	365.5	181.2	151.3	97.9	5.3	4.3	7.1
17 704	21 875	17 620	16 594	147.5	93.7	75.9	94.2	1.6	-0.5	-4.5
1 035	11 269	28 657	35 082	8 643.0	3 390.6	311.3	122.4	19.5	28.6	20.8
568	7 031	21 422	26 275	13 649	4 625.8	373.7	122.7	21.7	31.5	24.6
440	5 244	13 579	17 110	14 354	3 892.0	326.3	126.0	22.0	29.9	21.8
128	1 787	7 843	9 165	12 486	7 136.7	513.0	116.9	21.3	35.6	31.3
4.0	193.9	985.5	1 561.4	130 117	39 132.8	805.3	158.4	33.2	53.2	41.6
1.0	1 323.3	20 600.5	26 995.3		2 754 622	2 040.0	131.0		107.6	65.3
8 101	27 299	42 027	45 842	2 941.2	565.9	167.9	109.1	14.5	13.2	9.0
1 116.8	3 251.6	6 207.7	8 509.9	4 123.0	762.0	261.7	137.1	16.0	15.6	17.4
525.4	1 827.9	3 256.0	4 382.3	4 494.6	834.1	239.7	134.6	16.4	16.4	15.7
591.4	1 423.7	2 951.7	4 127.6	3 790.3	697.9	289.9	139.8	15.7	14.9	19.4
936	2 377	3 680	3 297	4 604.7	352.2	138.7	89.6	16.6	9.4	5.6
18.6	120.7	203.9	174.1	6 618.3	935.8	144.2	85.4	18.3	17.3	6.3
10 786	82 390	170 917	208 056	18 339.0	1 928.9	252.5	121.7	23.2	23.5	16.7
14 360	74 914	131 294	158 996	8 594.4	1 107.2	212.2	121.1	19.5	18.7	13.4
	1 294	962	1 358			104.9	141.2			0.8
139	773	3 054	3 880		2 796.2	502.1	127.0		26.9	30.9
55	247	707	841		1 539.7	340.3	119.0		21.6	22.6
39.7	40.5	61.8	72.5	351.9	182.6	179.0	117.3	5.2	4.4	10.2
342.3	418.6	489.4	502.5	153.2	146.8	120.0	102.7	1.7	2.8	3.1
554.4	579.4	577.9	570.3	109.1	102.9	98.4	98.7	0.3	0.2	-0.3
208.2	317.4	903.4	1 108.6	1 295.1	532.5	349.3	122.7	10.8	12.7	23.2
5 054.0	6 995.2	9 255.7	9 613.8	144.8	190.2	137.4	103.9	1.5	4.7	5.4
12 373.1	13 995.4	12 156.7	11 689.7	79.9	94.5	83.5	96.2	-0.9	-0.4	-3.0
	2 531.7	5 480.0								
	166.8	217.2	225.5			135.2	103.8			5.2
	509.2	1 287.6	1 539.6			302.4	119.6			20.3
	351.4	884.2	1 084.7			308.7	122.7			20.7
58.6	73.1	68.7	66.7	176.9	113.8	91.2	97.1	2.3	0.9	-1.5
18.4	24.4	29.5	29.5	388.2	160.3	120.9	100.0	5.6	3.4	3.2
207.0	287.6	367.8	383.1	299.8	185.1	133.2	104.2	4.5	4.5	4.9
136	88	100	140	304.3	102.9	159.1	140.0	4.6	0.2	8.0
	61.6	107.3	118.6			192.3	110.5			11.5

其他资料一　续表 3

指　标		Item	1978
家庭、生活、环境		Family, People's Livelihood and Environment	
家庭		Family	
家庭总户数	（万户）	Total Number of Households (10 000 households)	20 641
城镇居民平均每户家庭人口	（人）	Average Household Size in Urban Areas (person)	
农村居民平均每户家庭人口	（人）	Average Household Size in Rural Areas (person)	
婚姻		Marriages and Divorces	
结婚登记总数	（万对）	Register Number of Marriages (10 000 couples)	597.8
离婚数	（万对）	Number of Divorces (10 000 couples)	28.5
居住		Housing	
城市人均住宅建筑面积	（平方米）	Per Capita Gross Living Space in Cities (sq. m)	6.7
农村居民人均住房面积	（平方米）	Per Capita Net Floor Space of Rural Residents (sq. m)	8.1
生活		People's Livelihood	
城镇居民人均可支配收入	（元）	Per Capita Annual Disposable Income of Urban Households (yuan)	343
农村居民人均纯收入	（元）	Per Capita Net Income of Rural Residents (yuan)	134
城乡人民币储蓄存款余额	（亿元）	Outstanding Amount of Saving Deposits in Urban and Rural Areas (100 million yuan)	211
工资		Wages and Welfare	
工资总额	（亿元）	Total Wages (100 million yuan)	569
职工平均工资	（元）	Average Wage of Staff and Workers (yuan)	615
离休、退休、退职费	（亿元）	Pensions for Retired Staff and Workers (100 million yuan)	17
卫生		Health Care	
医院、卫生院	（个）	Number of Hospitals	64 309
医生	（万人）	Number of Doctors (10 000 persons)	103.3
医院、卫生院床位数	（万张）	Number of Hospital Beds (10 000 units)	184.7
市政建设		City Construction	
自来水供应量	（亿吨）	Volume of Tap Water Supply (100 million tons)	78.8
城市煤气和天然气供气量	（亿立方米）	Volume of Coal Gas and Natural Gas Supply in Urban Areas (100 million cu. m)	19.5
排水管道长度	（万公里）	Length of Sewer Pipelines (10 000 km)	2.0
铺装道路长度	（万公里）	Length of Paved Roads (10 000 km)	2.7
公共汽(电)车运营数	（辆）	Total Number of Public Buses and Trolley Buses (unit)	25 839
园林绿地面积	（万公顷）	Areas of Green Land (10 000 hectare)	8
环境、灾害		Environment and Disaster	
污染治理项目本年完成投资额	（亿元）	Actual Investment in Implementation of the Project for Pollution Treatment in the Year (100 million yuan)	
环境污染与破坏事故次数	（起）	Number of Pollution Accidents (times)	
环境污染直接经济损失	（万元）	Losses Converted into Cash (10 000 yuan)	
环境污染事故赔罚款金额	（万元）	Amount of Reparations and Fines (10 000 yuan)	
火灾发生数	（起）	Number of Fire Disasters	
火灾损失	（万元）	Fire Loss (10 000 yuan)	
交通事故发生数	（起）	Number of Traffic Accidents	
交通事故损失	（万元）	Loss of Traffic Accidents (10 000 yuan)	

注：1. 本表价值指标除邮电业务总量按不变价格计算外，其余均按当年价格计算。邮电业务总量2000年及以前按1990年不变价格计算，以后按2000年不变价格计算。

2. 本表速度指标中，国民总收入、国内生产总值及三次产业增加值、物价指数、农林牧渔业总产值、工业总产值、邮电业务总量、城乡居民收入和平均工资指标均按可比价格计算。固定资产投资平均增长速度按累计法计算。

3. 职工人数1997年及以前为全部职工人数，以后为在岗职工人数，两者不可比。

4. 2000年及以后保险业务包括外资公司。

Continued

总量指标 Aggregate Data				速度指标(%) Indices and Growth Rates (%)						
				指数 Index (2003 为以下各年) (2003 as percentage of the following years)				平均增长速度 Average Annual Growth Rate		
1989	1997	2002	2003	1978	1989	1997	2002	1979 - 2003	1990 - 2003	1998 - 2003
27 078	32 890	35 874	36 198	175.4	133.7	110.1	100.9	2.3	2.1	1.6
3.55	3.19	3.04	3.01	84.8	94.4	99.0			-1.2	-1.0
4.86	4.35	4.13	4.10	84.4	94.3	99.3			-1.2	-1.0
937.2	914.1	786.2	811.4	135.7	86.6	88.8	103.2	1.2	-1.0	-2.0
75.3	119.8	117.7	133.1		176.8	111.1	113.1	6.4	4.2	1.8
13.5	17.8	22.8	23.7		175.6	133.1	103.9	5.2	4.1	4.9
17.2	22.5	26.5	27.2	335.8	158.1	120.9	102.6	5.0	3.3	3.2
1 374	5 160	7 703	8 472	514.6	282.0	165.0	109.0	6.8	7.7	8.7
602	2 090	2 476	2 622	550.7	180.1	125.9	104.3	7.1	4.3	3.9
5 196	46 280	86 911	103 618	49 201.3	1 994.0	223.9	119.2	28.1	23.8	14.4
2 619	9 405	13 161	14 744	2 591.7	563.1	156.8	112.0	13.9	13.1	7.8
1 935	6 470	12 422	14 040	438.9	305.9	201.1	112.0	6.1	8.3	12.3
319	1 791	3 659	4 149	23 982.7	1 299.0	231.7	113.4	24.5	20.1	15.0
61 613	67 479	63 858	62 968	97.9	102.2	93.3	98.6	-0.1	0.2	-1.1
171.8	198.5	184.4	186.8	180.8	108.7	94.1	101.3	2.4	0.6	-1.0
253.7	286.9	290.7	295.5	160.0	116.5	103.0	101.7	1.9	1.1	0.5
393.7	476.8	466.5	475.3	603.2	120.7	99.7	101.9	7.5	1.4	-0.1
143.2	193.2	324.8	343.7	1 762.6	240.0	177.9	105.8	12.2	6.5	10.1
5.5	12.0	17.3	19.9	1 015.8	364.4	165.9	114.8	9.7	9.7	8.8
9.6	13.9	19.1	20.8	771.5	216.5	150.1	108.7	8.5	5.7	7.0
59 671	169 121	246 129	264 338	1 023.0	443.0	156.3	107.4	9.7	11.2	7.7
38	68	107	121	1 480.4	317.5	177.4	112.9	11.4	8.6	10.0
	502.4	1 367.2	1 627.7			324.0	119.1			21.6
3 332	1 992	1 921	1 843		55.3	92.5	95.9		-4.1	-1.3
	8 366	4 641	3 375			40.3	72.7			-14.0
	3 050	3 141	2 392			78.4	76.1			-4.0
	140 280	258 315	253 932			181.0	98.3			10.4
	154 141	154 446	159 089			103.2	103.0			0.5
	304 217	773 137	667 507			219.4	86.3			14.0
	184 616	332 438	336 915			182.5	101.3			10.5

a) Figures in value terms in this table are at current prices, except that on the business transaction of post and telecommunications service which is at 1990 constant prices before 2000 and at 2000 constant prices since 2000.

b) The indices and growth rates of the follow indicators are calculated at comparable prices: gross national income, gross domestic product, value - added of the tertiary industry, price indices, gross output value of farming, forestry, animal husbandry and fishery, gross output value of industry, business volume of post and telecommunications, per capita income of urban and rural residents, average wages and welfare. Theaverage annual growth rate of total investment in fixed assets are calculated at the accumulate method.

c) Figures before 1998 on workers and staff refer to all workers and staff, while figures since 1998 refer to fully employed workers and staff so, the data are not comparable.

d) Insurance business include foreign insurance company since 2000.

其他资料二　全国分地区年末总人口(2003年)

Total Population at the End of Year by Region(2003)

单位:人　(person)

地区 Region		总人口 Population 合计 Total	男 Male	女 Female	总户数(户) Households	平均每户人数 Average Persons Per Household	占全国总人口比重(%) The Proportion of Population As a Whole
全　国	**National**	**1 260 353 218**	**649 353 214**	**611 000 004**	**362 904 656**	**3.47**	**100.00**
北　京	Beijing	11 540 633	5 839 653	5 700 980	4 276 216	2.70	0.92
天　津	Tianjin	9 321 629	4 713 025	4 608 604	3 033 204	3.07	0.74
河　北	Hebei	67 818 295	34 529 173	33 289 122	19 333 392	3.51	5.38
山　西	Shanxi	32 681 420	16 915 345	15 766 075	9 399 770	3.48	2.59
内蒙古	Inner Mongolia	23 495 612	12 110 516	11 385 096	7 010 700	3.35	1.86
辽　宁	Liaoning	41 615 984	21 132 044	20 483 940	13 617 093	3.06	3.30
吉　林	Jilin	26 586 522	13 505 819	13 080 703	8 046 886	3.30	2.11
黑龙江	Heilongjiang	37 235 629	18 934 144	18 301 485	11 720 909	3.18	2.95
上　海	Shanghai	13 417 690	6 754 645	6 663 045	4 860 640	2.76	1.06
江　苏	Jiangsu	71 639 268	36 465 968	35 173 300	23 448 370	3.06	5.68
浙　江	Zhejiang	45 515 837	23 356 105	22 159 732	14 857 214	3.06	3.61
安　徽	Anhui	64 102 450	33 329 106	30 773 344	17 552 188	3.65	5.09
福　建	Fujian	33 496 650	17 259 922	16 236 728	9 200 887	3.64	2.66
江　西	Jiangxi	43 023 326	22 426 588	20 596 738	11 768 595	3.66	3.41
山　东	Shandong	91 084 621	46 246 679	44 837 942	27 400 471	3.32	7.23
河　南	Henan	97 682 709	50 325 282	47 357 427	25 747 445	3.79	7.75
湖　北	Hubei	60 005 341	31 099 075	28 906 266	17 036 926	3.52	4.76
湖　南	Hunan	65 992 015	34 339 616	31 652 399	19 367 209	3.41	5.24
广　东	Guangdong	77 234 235	39 892 433	37 341 802	20 239 089	3.82	6.13
广　西	Guangxi	48 300 535	25 299 808	23 000 727	12 347 060	3.91	3.83
海　南	Hainan	7 902 582	4 152 118	3 750 464	1 912 882	4.13	0.63
重　庆	Chongqing	31 301 032	16 316 587	14 984 445	9 770 060	3.20	2.48
四　川	Sichuan	85 293 932	44 246 955	41 046 977	25 531 653	3.34	6.77
贵　州	Guizhou	37 868 441	19 698 506	18 169 935	9 569 235	3.96	3.00
云　南	Yunnan	41 758 855	21 603 193	20 155 662	10 830 594	3.86	3.31
西　藏	Tibet	2 592 113	1 295 033	1 297 080	543 340	4.77	0.21
陕　西	Shaanxi	36 424 760	18 983 726	17 441 034	10 030 578	3.63	2.89
甘　肃	Gansu	25 814 228	13 372 531	12 441 697	6 434 121	4.01	2.05
青　海	Qinghai	4 919 683	2 524 690	2 394 993	1 234 724	3.98	0.39
宁　夏	Ningxia	5 801 912	2 976 411	2 825 501	1 521 845	3.81	0.46
新　疆	Xinjiang	18 885 279	9 708 518	9 176 761	5 261 360	3.59	1.50

注:本表为公安部年报数。

Note:The data in this table are from the ministry of public security.

其他资料三　全国民族自治地方县级经济社会基本情况

Fundamental Economic and Social Situations of Nationwide Autonomous Counties

指　标	Item	2002 年	2003 年	2003 年为 2002 年%
一、基本情况				
县数(个)	Number of Counties	640	640	100.0
行政区域土地面积(平方公里)	Area of Prefecture		6 315 160	
乡(镇)数(个)	Number of Township and Town Governments	8 581	8 377	96.9
村民委员会个数(个)	Number of Township and Town Governments	91 955	89 094	96.9
年末总户数(户)	Number of Households	39 425 077	40 113 887	101.7
#乡村户数(户)	Number of Rural Households	29 251 540	29 488 356	100.8
年末总人口(万人)	Population at the Year	15 363	15 413	100.3
#乡村人口(万人)	Rural Population	12 460	12 519	100.5
年末单位从业人员数(人)	Employment at the Year - end	10 078 024	8 760 213	86.9
乡村从业人员数(人)	Rural Employment	65 215 860	66 105 548	101.4
#农林牧渔业	Farming, Forestry, Animal Husbandtry & Fishery	51 455 560	50 747 628	98.6
农业机械总动力(万千瓦特)	Total Agricultural Machinery Power	6 234	6 714	107.7
本地电话用户(户)	Number of Subscribers of Local Telephone	13 238 595	15 781 518	119.2
二、综合经济	**Economic**			
国内生产总值(万元)	Gross Domestic Product	66 138 741	75 222 129	113.7
第一产业增加值(万元)	Primary Industry	22 354 558	23 896 688	106.9
第二产业增加值(万元)	Second Industry	22 089 255	27 522 276	124.6
地方财政预算内收入(万元)	Local Governments Revenue	3 199 288	3 578 177	111.8
财政支出(万元)	Local Governments Expenditures	9 998 997	11 348 140	113.5
城乡居民储蓄存款余额(万元)	Savings Deposit in Urban and Rural areas	39 193 262	45 481 129	116.0
年末金融机构各项贷款余额(万元)	Loans of National Banking System	42 800 286	47 015 187	109.8
三、农业、工业及基本建设	**Agriculture, Industry and Investment Capital Construction**			
粮食产量(吨)	Grain	62 191 003	60 419 334	97.2
棉花产量(吨)	Cotton	861 374	931 133	108.1
油料产量(吨)	Oil - bearing Crops	3 091 817	3 131 378	101.3
肉类总产量(吨)	Meat	9 740 971	10 608 874	108.9
规模以上工业企业数(个)	Number of Industrial Enterprises	7 825	7 834	100.1
规模以上工业总产值(现价)(万元)	Gross Output Value	24 611 424	30 472 975	123.8
基本建设投资完成额(万元)	Investment Capital Construction	12 508 468	17 544 069	140.3
四、教育、卫生和社会保障	**Education, Health Care and Social Welfare**			
普通中学在校学生数(人)	Student Enrollment of Regular Secondary Schools	8 515 111	9 120 096	107.1
小学在校学生数(人)	Student Enrollment of Primary Schools	16 335 119	15 849 698	97.0
医院、卫生院床位数(床)	Beds in Hospitals	280 587	285 615	101.8
社会福利院数(个)	Number of Social Welfare Homes	3 777	3 662	97.0
社会福利院床位数(床)	Number of Beds of Social Welfare Homes	70 034	74 486	106.4

注:1. 民族自治地方县级指民族自治区和自治州所辖所有县(旗、市),包括民族自治县(旗),不包括市辖区。
2. 本表增长速度按当年价格计算。

Note: a) Ethnic Minority autonomous counties refer to total counties (banners, cities) under the administration of ethnic minority autonomous regions and prefectures, include ethnic minority autonomous counties (banners), exclude districts under the jurisdiction of cities.
b) The indices and growth rates in this table are at current prices.

其他资料四　全国陆地边境县经济社会基本情况

Fundamental Economic and Social Situations of Counties in Borderland

指　标	Item	2002 年	2003 年	2003 年为 2002 年%
一、基本情况				
县数(个)	Number of Counties	134	134	100.0
行政区域土地面积(平方公里)	Area of Prefecture		2 182 565	
乡(镇)数(个)	Number of Township and Town Governments	1 291	1 291	100.0
村民委员会个数(个)	Number of Township and Town Governments	11 490	11 277	98.1
年末总户数(户)	Number of Households	5 466 490	5 511 030	100.8
#乡村户数(户)	Number of Rural Households	3 236 883	3 304 184	102.1
年末总人口(万人)	Population at the Year	2 014	2 019	100.2
#乡村人口(万人)	Rural Population	1 362	1 387	101.8
年末单位从业人员数(人)	Employment at the Year - end	1 960 906	1 767 359	90.1
乡村从业人员数(人)	Rural Employment	6 940 154	7 076 879	102.0
#农林牧渔业	Farming, Forestry, Animal Husbandtry & Fishery	5 940 539	5 974 684	100.6
农业机械总动力(万千瓦特)	Total Agricultural Machinery Power	980	1 110	113.3
本地电话用户(户)	Number of Subscribers of Local Telephone	2 747 960	3 162 541	115.1
二、综合经济	**Economic**			
国内生产总值(万元)	Gross Domestic Product	10 619 174	11 958 923	112.6
第一产业增加值(万元)	Primary Industry	3 111 937	3 581 543	115.1
第二产业增加值(万元)	Second Industry	3 209 433	3 694 268	115.1
地方财政预算内收入(万元)	Local Governments Revenue	513 893	581 617	113.2
财政支出(万元)	Local Governments Expenditures	1 785 161	2 055 655	115.2
城乡居民储蓄存款余额(万元)	Savings Deposit in Urban and Rural areas	8 722 176	10 145 484	116.3
年末金融机构各项贷款余额(万元)	Loans of National Banking System	8 675 572	9 515 950	109.7
三、农业、工业及基本建设	**Agriculture, Industry and Investment Capital Construction**			
粮食产量(吨)	Grain	8 997 772	8 703 790	96.7
棉花产量(吨)	Cotton	103 744	116 297	112.1
油料产量(吨)	Oil - bearing Crops	489 451	523 320	106.9
肉类总产量(吨)	Meat	1 112 792	1 220 446	109.7
规模以上工业企业数(个)	Number of Industrial Enterprises	1 297	1 245	96.0
规模以上工业总产值(现价)(万元)	Gross Output Value	3 059 089	3 459 163	113.1
基本建设投资完成额(万元)	Investment Capital Construction	1 858 536	2 514 090	135.3
四、教育、卫生和社会保障	**Education, Health Care and Social Welfare**			
普通中学在校学生数(人)	Student Enrollment of Regular Secondary Schools	1 145 656	1 395 680	121.8
小学在校学生数(人)	Student Enrollment of Primary Schools	1 986 849	1 908 066	96.0
医院、卫生院床位数(床)	Beds in Hospitals	51 946	51 812	99.7
社会福利院数(个)	Number of Social Welfare Homes	446	458	102.7
社会福利院床位数(床)	Number of Beds of Social Welfare Homes	11 639	11 798	101.4

注:1. 陆地边境县指分布于我国陆地边境线的135个县(旗、市、市辖区)。此表统计了134个县级单位。

2. 本表增长速度按当年价格计算。

Note: a) The counties in borderland refer to 135 counties (banners, cities, districts under the jurisdiction of cities), The data in this table calculates 134 counties.

b) The indices and growth rates in this table are at current prices.

其他资料五　全国牧区、半牧区县级经济社会基本情况

Fundamental Economic and Social Situations of Pastoral and Half Pastoral Counties

指　标	Item	2002 年	2003 年	2003 年为 2002 年%
一、基本情况				
县数(个)	Number of Counties	264	264	100.0
行政区域土地面积(平方公里)	Area of Prefecture		4 283 027	
乡(镇)数(个)	Number of Township and Town Governments	3 834	3 786	98.7
村民委员会个数(个)	Number of Township and Town Governments	33 620	32 194	95.8
年末总户数(户)	Number of Households	11 802 422	11 974 772	101.5
#乡村户数(户)	Number of Rural Households	7 804 327	7 879 444	101.0
年末总人口(万人)	Population at the Year	4 294	4 321	100.6
#乡村人口(万人)	Rural Population	3 230	3 258	100.9
年末单位从业人员数(人)	Employment at the Year – end	2 857 982	2 802 877	98.1
乡村从业人员数(人)	Rural Employment	15 650 883	15 937 897	101.8
#农林牧渔业	Farming Forestry Animal Husbandtry & Fishery	13 174 495	13 079 458	99.3
农业机械总动力(万千瓦特)	Total Agricultural Machinery Power	2 611	2 823	108.1
本地电话用户(户)	Number of Subscribers of Local Telephone	3 946 840	4 608 242	116.8
二、综合经济	**Economic**			
国内生产总值(万元)	Gross Domestic Product	19 656 316	24 613 195	125.2
第一产业增加值(万元)	Primary Industry	7 530 533	8 014 303	110.8
第二产业增加值(万元)	Second Industry	6 897 986	8 707 623	126.2
地方财政预算内收入(万元)	Local Governments Revenue	887 989	1 046 425	117.8
财政支出(万元)	Local Governments Expenditures	3 456 069	3 971 248	114.9
城乡居民储蓄存款余额(万元)	Savings Deposit in Urban and Rural areas	11 027 606	12 517 201	113.9
年末金融机构各项贷款余额(万元)	Loans of National Banking System	16 692 041	17 042 465	102.1
三、农业、工业及基本建设	**Agriculture Industry and Investment Capital Construction**			
粮食产量(吨)	Grain	28 016 501	26 236 964	93.6
棉花产量(吨)	Cotton	228 930	259 870	113.5
油料产量(吨)	Oil – bearing Crops	1 452 182	1 574 445	108.4
肉类总产量(吨)	Meat	3 359 373	3 794 526	113.0
规模以上工业企业数(个)	Number of Industrial Enterprises	2 469	2 504	101.4
规模以上工业总产值(现价)(万元)	Gross Output Value	2 469	8 329 137	128.6
基本建设投资完成额(万元)	Investment Capital Construction	4 629 869	6 857 592	148.1
四、教育、卫生和社会保障	**Education Health Care and Social Welfare**			
普通中学在校学生数(人)	Student Enrollment of Regular Secondary Schools	2 311 957	2 616 083	113.2
小学在校学生数(人)	Student Enrollment of Primary Schools	4 018 660	3 889 292	96.8
医院、卫生院床位数(床)	Beds in Hospitals	86 049	89 374	103.9
社会福利院数(个)	Number of Social Welfare Homes	1 706	1 510	88.5
社会福利院床位数(床)	Number of Beds of Social Welfare Homes	33 256	33 433	100.5

注:本表增长速度按当年价格计算。

Note:The indices and growth rates in this table are at current prices.

其他资料六　国家扶贫开发工作重点县经济社会基本情况
Fundamental Economic and Social Situations
of the Impoverished Counties Supported by the State Plan

指　标	Item	2002 年	2003 年	2003 年为 2002 年%
一、基本情况				
县数(个)	Number of Counties	592	592	100.0
行政区域土地面积(平方公里)	Area of Prefecture		2 420 201	
乡(镇)数(个)	Number of Township and Town Governments	10 837	10 677	98.5
村民委员会个数(个)	Number of Township and Town Governments	162 461	156 827	96.5
年末总户数(户)	Number of Households	58 972 075	59 599 665	101.1
#乡村户数(户)	Number of Rural Households	49 026 661	49 409 734	100.8
年末总人口(万人)	Population at the Year	22 632	22 768	100.6
#乡村人口(万人)	Rural Population	19 952	20 020	100.3
年末单位从业人员数(人)	Employment at the Year - end	11 352 768	9 497 648	83.7
乡村从业人员数(人)	Rural Employment	103 539 917	104 848 199	101.3
#农林牧渔业	Farming Forestry Animal Husbandtry & Fishery	77 200 527	76 113 973	98.6
农业机械总动力(万千瓦特)	Total Agricultural Machinery Power	8 167	8 799	107.7
本地电话用户(户)	Number of Subscribers of Local Telephone	15 119 347	17 957 305	118.8
二、综合经济	**Economic**			
国内生产总值(万元)	Gross Domestic Product	64 255 671	74 931 822	116.6
第一产业增加值(万元)	Primary Industry	23 327 163	24 497 514	105.0
第二产业增加值(万元)	Second Industry	22 081 965	27 040 382	122.5
地方财政预算内收入(万元)	Local Governments Revenue	2 833 095	3 144 779	111.0
财政支出(万元)	Local Governments Expenditures	10 821 770	12 145 206	112.1
城乡居民储蓄存款余额(万元)	Savings Deposit in Urban and Rural areas	41 418 967	48 530 433	117.2
年末金融机构各项贷款余额(万元)	Loans of National Banking System	45 915 647	48 466 707	105.6
三、农业、工业及基本建设	**Agriculture Industry and Investment Capital Construction**			
粮食产量(吨)	Grain	84 970 149	78 936 630	92.9
棉花产量(吨)	Cotton	568 740	470 921	82.8
油料产量(吨)	Oil - bearing Crops	5 071 566	4 741 124	93.5
肉类总产量(吨)	Meat	11 810 608	12 558 059	106.3
规模以上工业企业数(个)	Number of Industrial Enterprises	9 274	9 258	99.8
规模以上工业总产值(现价)(万元)	Gross Output Value	20 449 342	25 978 577	127.0
基本建设投资完成额(万元)	Investment Capital Construction	11 500 499	15 705 816	136.6
四、教育、卫生和社会保障	**Education Health Care and Social Welfare**			
普通中学在校学生数(人)	Student Enrollment of Regular Secondary Schools	13 253 747	14 084 340	106.3
小学在校学生数(人)	Student Enrollment of Primary Schools	26 017 613	25 242 823	97.6
医院、卫生院床位数(床)	Beds in Hospitals	314 449	312 072	99.2
社会福利院数(个)	Number of Social Welfare Homes	6 262	6 108	99.2
社会福利院床位数(床)	Number of Beds of Social Welfare Homes	128 680	129 844	100.9

注:1.《中国农村扶贫开发纲要(2001-2010)》确定了592个县(旗、市)为国家扶贫开发工作重点县。
2. 本表增长速度按当年价格计算。

Note:a)《programme of Rural poverty - alleviation and development of China 2001 - 2010》Confirm 592 Counties(banners and cities) as the impoverished Counties Supported by the State plan.
b) The indices and growth rates in this table are at current prices.

附　录

Appendix

收编了各类民族方面的资料。

Appendix collects various information on ethnic minority.

全国人大、政协少数民族领导人名单

■历届全国人大常委会少数民族副委员长、全国政协常委会少数民族副主席简表

届次	时间	全国人大常委会副委员长	时间	全国政协常委会副主席
第一届	1954年	达赖喇嘛·丹增嘉措(藏)、赛福鼎·艾则孜(维吾尔)	1949年	
第二届	1959年	达赖喇嘛·丹增嘉措(藏)、赛福鼎·艾则孜(维吾尔)、班禅额尔德尼·确吉坚赞(藏)	1954年	班禅额尔德尼·确吉坚赞(藏)、包尔汉(维吾尔)
第三届	1964年	赛福鼎·艾则孜(维吾尔)、阿沛·阿旺晋美(藏)	1959年	包尔汉(维吾尔)、帕巴拉·格列朗杰(藏)、阿沛·阿旺晋美(藏)
第四届	1975年	韦国清(壮)、赛福鼎·艾则孜(维吾尔)、乌兰夫(蒙古)、阿沛·阿旺晋美(藏)	1965年	韦国清(壮)、帕巴拉·格列朗杰(藏)
第五届	1978年	乌兰夫(蒙古)、韦国清(壮)、赛福鼎·艾则孜(维吾尔)、阿沛·阿旺晋美(藏)	1978年	乌兰夫(蒙古)、韦国清(壮)、杨静仁(回)、帕巴拉·格列朗杰(藏)
第六届	1983年	韦国清(壮)、阿沛·阿旺晋美(藏)、班禅额尔德尼·确吉坚赞(藏)、赛福鼎·艾则孜(维吾尔)	1983年	杨静仁(回)、帕巴拉·格列朗杰(藏)、包尔汉(维吾尔)
第七届	1988年	乌兰夫(蒙古)、韦国清(壮)、阿沛·阿旺晋美(藏)、班禅额尔德尼·确吉坚赞(藏)、司马义·艾买提(维吾尔)	1988年	杨静仁(回)、帕巴拉·格列朗杰(藏)、赛福鼎·艾则孜(维吾尔)、廖汉生(土家)
第八届	1993年	帕巴拉·格列朗杰(藏)、布赫(蒙古)、铁木尔·达瓦买提(维吾尔)	1993年	阿沛·阿旺晋美(藏)、赛福鼎·艾则孜(维吾尔)
第九届	1998年	帕巴拉·格列朗杰(藏)、布赫(蒙古)、铁木尔·达瓦买提(维吾尔)	1998年	阿沛·阿旺晋美(藏)、赵南起(朝鲜)、白立忱(回)
第十届	2003年	司马义·艾买提(维吾尔)、热地(藏)、乌云其木格(女,蒙古)	2003年	帕巴拉·格列朗杰(藏)、阿沛·阿旺晋美(藏)、阿不来提·阿不都热西提(维吾尔)、白立忱(回)、李兆焯(壮)

全国人大民委、国家民委、全国政协民委主要领导人名单

■历届全国人大民委、国家民委和全国政协民委主任简表

届次	时间	全国人大民委主任	时间	国家民委主任	时间	全国政协民委主任
第一届	1954.9	刘格平(回)	1949.10	李维汉	1949.9	乌兰夫(蒙古)
第二届	1959.4	刘格平(回)	1954.9	乌兰夫(蒙古)	1954.12	卢汉(彝)
第三届	1965.4	谢扶民(壮)	1959.4	乌兰夫(蒙古)	1964.12	卢汉(彝)
第四届			1965.1	乌兰夫(蒙古)	1964.12	卢汉(彝)
第五届	1979.7	阿沛·阿旺晋美(藏)	1978.3	杨静仁(回)	1978.2	萨空了(蒙古)
第六届	1983.6	阿沛·阿旺晋美(藏)	1986.1	司马义·艾买提(维吾尔)	1983.6	马信(回)
第七届	1988.3	阿沛·阿旺晋美(藏)	1988.4	司马义·艾买提(维吾尔)	1988.3	杨静仁(回)
第八届	1993.3	王朝文(苗)	1993.3	司马义·艾买提(维吾尔)	1993.3	金鉴(满)
					1995.3	赵朴初
第九届	1998.3	王朝文(苗)	1998.3	李德洙(朝鲜)	1998.3	乌力吉(蒙古)
第十届	2003.3	多吉才让(藏)	2003.3	李德洙(朝鲜)	2003.3	钮茂生(满)

注:1. 历届人大民委所设为主任委员。

2. 政协一至六届设民族组,从第七届起设民族委员会,第八届常委会第十二次会议将民族委员会与宗教委员会合并为民族宗教委员会。

3. 一至四届称中央民委,从第五届起称国家民委;第一届中央民委主任由中央人民政府委员会任命,从第二届起由全国人大或其常委会任命。

中国共产党第十六届中央委员会少数民族委员、候补委员及中央纪律检查委员会少数民族委员名单

■中国共产党第十六届中央委员会少数民族委员名单(15人)(按姓氏笔画为序)

马启智(回族)	乌云其木格(女,蒙古族)	石宗源(回族)
白立忱(回族)	司马义·艾买提(维吾尔族)	列　确(藏族)
回良玉(回族)	多吉才让(藏族)	李兆焯(壮族)
李德洙(朝鲜族)	杨正午(土家族)	阿不来提·阿不都热西提(维吾尔族)
钮茂生(满族)	热地(藏族)	戴秉国(土家族)

■中国共产党第十六届中央委员会少数民族候补委员名单(20人)
(按得票多少排序,票数相同的按姓氏笔画为序)

艾斯海提·克里木拜(哈萨克族)	王正伟(回族)	金哲洙(朝鲜族)
黄瑶(布依族)	彭祖意(瑶族)	杨晶(蒙古族)
黄选平(回族)	符桂花(女,黎族)	管国忠(傣族)
石玉珍(女,苗族)	白春礼(满族)	向巴平措(藏族)
李景田(满族)	罗正富(彝族)	李克(壮族)
仁青加(藏族)	司马义·铁力瓦尔地(维吾尔族)	李成玉(回族)
欧泽高(藏族)	王正福(苗族)	

■中国共产党中央纪律检查委员会少数民族委员名单(7人)(按姓氏笔画为序)

马子龙(回族)	巴特尔(蒙古族)	布穷(藏族)
司马义·铁力瓦尔地(维吾尔族)	李成玉(回族)	欧泽高(藏族)
王正福(苗族)		

中国少数民族文化资料

■中国少数民族语言系属

汉藏语系	藏缅语族	藏语、门巴语、珞巴语、彝语、哈尼语、白语、羌语、傈僳语、纳西语、拉祜语、景颇语、土家语、普米语、怒语、独龙语、阿昌语、基诺语
	壮侗语族 苗瑶语族	壮语、侗语、布依语、傣语、水语、黎语、毛南语、仫佬语、苗语、瑶语、畲语
	语族未定	仡佬语
阿尔泰语系	突厥语族	维吾尔语、哈萨克语、柯尔克孜语、撒拉语、乌孜别克语、塔塔尔语、裕固(尧乎尔)语
	蒙古语族	蒙古语、达斡尔语、东乡语、土族语、保安语、裕固(恩格尔)语
	通古斯-满语族	满语、鄂温克语、鄂伦春语、锡伯语、赫哲语
	语族未定	朝鲜语
印欧语系	斯拉夫语族	俄罗斯语
	伊朗语族	塔吉克语
南亚语系	孟高棉语族	佤语、德昂语、布朗语
南岛语系	印尼语族	高山语

注:1. 京族语的系属尚未确定。
2. 回族、满族大部通用汉语(满语只在极少数满族人口中使用)。

■中国各民族文字类型

象形文字	纳西族东巴文
汉字及其变体	汉文、方块壮字、方块侗字、水书、白文。
音节文字	纳西族哥巴文、彝文。
拼音文字	(一)印度字母体系——藏文、傣文。 (二)阿拉伯字母体系——老维吾尔文、老哈萨克文以及乌孜别克文、柯尔克孜文、塔塔尔文。 (三)回鹘文字母体系——蒙古文、“托忒蒙古文”、锡伯文。 (四)朝鲜文字母体系——朝鲜文。 (五)拉丁字母体系——壮文、景颇文、拉祜文、佤文、傈僳文、新维吾尔文、新哈萨克文以及布依、苗、黎、纳西、侗、哈尼各族的文字方案。 (六)斯拉夫字母体系——俄罗斯族的俄文。

■中国各民族名称的罗马字母拼写法

民族	罗马字母拼写法	字母代码	民族	罗马字母拼写法	字母代码
汉族	Han	HA	柯尔克孜族	Kirgiz	KG
蒙古族	Mongol	MG	土族	Tu	TU
回族	Hui	HU	达斡尔族	Daur	DU
藏族	Zang	ZA	仫佬族	Mulam	ML
维吾尔族	Uygur	UG	羌族	Qiang	QI
苗族	Miao	MI	布朗族	Blang	BL
彝族	Yi	YI	撒拉族	Salar	SL
壮族	Zhuang	ZH	毛南族	Maonan	MN
布依族	Bouyei	BY	仡佬族	Gelao	GL
朝鲜族	Chaoxian	CX	锡伯族	Xibe	XB
满族	Man	MA	阿昌族	Achang	AC
侗族	Dong	DO	普米族	Primi	PM
瑶族	Yao	YA	塔吉克族	Tagik	TA
白族	Bai	BA	怒族	Nu	NU
土家族	Tujia	TJ	乌孜别克族	Uzbek	UZ
哈尼族	Hani	HN	俄罗斯族	Russ	RS
哈萨克族	Kazak	KZ	鄂温克族	Ewenki	EW
傣族	Dai	DA	德昂族	Deang	暂缺
黎族	Li	LI	保安族	Bonan	BN
傈僳族	Lisu	LS	裕固族	Yugur	YG
佤族	Va	VA	京族	Gin	GI
畲族	She	SH	塔塔尔族	Tatar	TT
高山族	Gaoshan	GS	独龙族	Derung	DR
拉祜族	Lahu	LH	鄂伦春族	Oroqen	OR
水族	Shui	SU	赫哲族	Hezhen	HZ
东乡族	Dongxiang	DX	门巴族	Monba	MB
纳西族	Naxi	NX	珞巴族	Lhoba	LB
景颇族	Jingpo	JP	基诺族	Jino	JN

■中国少数民族主要节日

民族	主要节日	时间
阿昌族	火把节	农历六月二十五日
	会街节	农历九月初十
	泼水节	农历二月二十九日
	撒　神	农历七月初一
	尝新节	农历八月十五日
白　族	三月街	农历三月十五日
	火把节	农历六月二十四日
	渔潭会	农历八月十五日
保安族	圣纪节	伊斯兰教历三月十二日
	开斋节	伊斯兰教历九月三十日
	古尔邦节	伊斯兰教历十二月十日
布朗族	开门节	傣历十二月十五日
	关门节	傣历九月十五日
	泼水节	农历二月十九日
布依族	六月六	农历六月初六
	三月三	农历三月初三
	四月八	农历四月初八
朝鲜族	元　日	农历正月初一
	上元节	农历正月初五
	寒食节	农历四月初五
	端　午	农历五月初五
哈尼族	十月节	农历十月初一
	六月节	农历六月二十四日
哈萨克族	圣纪节	伊斯兰教历三月十二日
	开斋节	伊斯兰教历九月三十日
	古尔邦节	伊斯兰教历十二月十日
赫哲族	赫哲年	农历正月初一
回　族	圣纪节	伊斯兰教历三月十二日
	开斋节	伊斯兰教历九月三十日
	古尔邦节	伊斯兰教历十二月十日
基诺族	打铁节	农历一月
	火把节	农历六月
京　族	哈　节	农历六月初十

民族	主要节日	时间
德昂族	泼水节	农历四月十五日
东乡族	圣纪节	伊斯兰教历三月十二日
	开斋节	伊斯兰教历九月三十日
	古尔邦节	伊斯兰教历十二月十日
侗　族	芦笙节	农历六月至九月
	侗年	农历十一月十九日
	斗牛节	农历二月
	吃新节	农历六月至七月
独龙族	卡雀哇	农历十月中下旬
俄罗斯族	复活节	公历三、四月
鄂伦春族	春节	农历正月初一
鄂温克族	米阔鲁节	农历五月二十二日
高山族	新年祭	农历十二月
仡佬族	灯杆节	农历正月初一
	仡佬节	农历三月初三
	尝新节	农历六、七月
拉祜族	库扎节	傣历三月
	火把节	农历六月二十四日
	尝新节	傣历十二月
黎　族	三月三	农历三月初三
	收获节	农历九月
傈僳族	澡塘节	农历正月初三
	过年节	农历正月初一
	刀杆节	农历二月初八
珞巴族	旭独龙节	藏历二月
	隆德节	藏历四月
满　族	颁金节	阴历十一月十三日
	庙会	农历四月
景颇族	目脑节	农历正月十五日
柯尔克孜族	圣纪节	伊斯兰教历三月十二日
	开斋节	伊斯兰教历九月三十日
	古尔邦节	伊斯兰教历十二月十日
	诺劳孜	农历正月初一

民族	主要节日	时间
达斡尔族	春节（阿涅）	农历正月初一
傣　族	泼水节	傣历六月六日
	开门节	傣历十二月十五日
	关门节	傣历九月十五日
苗　族	龙船节	农历五月二十四日
	吃新节	农历六月初六
	赶秋节	农历九月
仫佬族	依饭节	农历十月
	后生节	农历正月或七月
纳西族	正月农具会	农历正月二十日
	三月龙王庙会	农历三月十五日
	七月骡马会	农历七月十五日
怒　族	鲜花节	农历三月十五日
普米族	大过年	农历正月初七
	大十王节	农历十二月十五日
	尝新节	农历九月
	转山节	农历七月十五日
土家族	过赶节	农历十二月二十九日
	祈禳节	农历正月初三
	牛王会	农历八月初八
土　族	擂台会	农历二月初二
	火神节	农历正月二十九日
	端　阳	农历五月初五
佤　族	火把节	农历六月二十四日
	播种节	农历三月十五日
	新米节	农历七、八月
维吾尔族	古尔邦节	伊斯兰教历十二月十日
	开斋节	伊斯兰教历九月三十日
	努鲁斯节	伊斯兰教历八月十四日
乌孜别克族	古尔邦节	伊斯兰教历十二月十日
	开斋节	伊斯兰教历九月三十日
	圣纪节	伊斯兰教历三月十二日
锡伯族	春节	农历十二月二十三日至次年正月初二
毛南族	庙节	农历五月
	南瓜节	农历九月初九

民族	主要节日	时间
蒙古族	蒙古族新年	农历正月初一
	那达慕大会	农历七—八月
苗　族	苗年节	农历十月初五
	四月八	农历四月初八
门巴族	藏历年	藏历正月初一
	望果节	藏历八月间
羌　族	羌族大年	农历正月初一
	青苗会	农历三月十二日
	端午节	农历五月初五日
撒拉族	开斋节	伊斯兰教历九月三十日
	圣纪节	伊斯兰教历三月十二日
	古尔邦节	伊斯兰教历十二月十日
畲　族	分龙节	农历五月十五日
水　族	借额节	农历九月
	卯节	农历五、六月
塔吉克族	古尔邦节	伊斯兰教历十二月十日
	迄脱迄迪尔爱脱节	农历三月间
	肉孜节	伊斯兰教历九月三十日
塔塔尔族	古尔邦节	伊斯兰教历十二月十日
	开斋节	伊斯兰教历九月三十日
	圣纪节	伊斯兰教历三月十二日
瑶　族	盘王节	农历十月十六日
	尝新节	农历八、九月
	歌节	农历三月初三
彝　族	二月八	农历二月初八
	送年节	农历三月初七
裕固族	春节	农历正月初五
	端午节	农历五月初五
	中秋节	农历八月十五
藏　族	藏历年	藏历正月初一
	望果节	藏历八月间
	雪顿节	藏历七月一日
壮　族	三月三	农历三月初三
	中元节	农历七月十四日

■中国少数民族地区国家级重点文物保护单位

名　称	时　代	地　址
(一)古遗址(共68处)		
高昌故城	高昌(公元500—640年)	新疆维吾尔自治区吐鲁番市
雅尔湖故城	高昌(公元500—640年)	新疆维吾尔自治区吐鲁番市
太和城遗址南诏	(公元649—902年)	云南省大理白族自治州大理市
辽京遗址	辽	内蒙古自治区巴林左旗
辽中京遗址	辽	内蒙古自治区宁城县
古格王国遗址	约为公元10世纪前后	西藏自治区扎达县
元谋猿人遗址	旧石器时代	云南省元谋县
腊玛古猿化石地点		云南省禄丰县
水洞遗址	旧石器时代	宁夏回族自治区灵武县
大窑遗址	旧石器时代	内蒙古自治区呼和浩特市
马厂塬遗址	新石器时代	青海省民和县
居延遗址	汉	内蒙古自治区额济纳旗、甘肃省金塔
楼兰故城遗址	汉至晋	新疆维吾尔自治区若羌县
西海郡故城遗址	汉至南北朝	青海省海晏县
嘎仙洞遗址	北魏	内蒙古自治区鄂伦春自治旗
北庭故城遗址	唐	新疆维吾尔自治区吉木萨尔县
元上都遗址	元	内蒙古自治区正蓝旗
兴隆洼遗址	新石器时代	内蒙古自治区敖汉旗
查海遗址	新石器时代	辽宁省阜新蒙古族自治县
石佛洞遗址	新石器时代	云南省耿马傣族佤族自治县
卡若遗址	新石器时代	西藏自治区昌都县
齐家坪遗址	新石器时代	甘肃省广河县
大甸子遗址	青铜时代	内蒙古自治区敖汉旗
固阳秦长城遗址	秦	内蒙古自治区固阳县
五女山山城	高句丽(公元前37—668年)	辽宁省桓仁满族自治县
尼雅遗址	西汉—西晋	新疆维吾尔自治区民丰县
苏巴什佛寺遗址	南北朝—唐	新疆维吾尔自治区库车县
渤海中京城遗址	渤海(公元698—927年)	吉林省和龙市
缸瓦窑遗址	辽	内蒙古自治区赤峰市
敖伦苏木城遗址	元	内蒙古自治区达尔罕茂明安联合旗
萨拉乌苏遗址	旧石器时代	内蒙古自治区乌审旗
岱海遗址群	新石器时代	内蒙古自治区凉城县
庙子沟遗址	新石器时代	内蒙古自治区察哈尔右翼前旗

名　称	时　代	地　址
架子山遗址群	青铜时代	内蒙古自治区喀喇沁旗
大井古铜矿遗址	青铜时代	内蒙古自治区林西县
城子山遗址	青铜时代	内蒙古自治区敖汉旗
和林格尔土城子遗址	汉至唐	内蒙古自治区和林格尔县
黑山头城址	金、元	内蒙古自治区额尔古纳市
金界壕遗址	金	内蒙古自治区呼伦贝尔盟、兴安盟、通辽市、赤峰市、乌兰察布盟、包头市
应昌路故城遗址	元	内蒙古自治区克什克腾旗
东山嘴遗址	新石器时代	辽宁省喀喇沁左翼蒙古族自治县
八连城遗址	唐、五代	吉林省珲春市
塔虎城	辽、金	吉林省前郭尔罗斯蒙古族自治县
老司城遗址	五代至清	湖南省永顺县
百谷和高岭城遗址	旧石器时代	广西壮族自治区百色市、田东县
甑皮岩遗址	新石器时代	广西壮族自治区桂林市
顶蛳山遗址	新石器时代	广西壮族自治区邕宁县
拉加里王宫遗址	13世纪至18世纪	西藏自治区曲松县
喇家遗址	新石器时代	青海省民和回族土族自治县
塔温搭里哈遗址	青铜时代	青海省都兰县
开城遗址	元	宁夏回族自治区固原县
奴拉赛铜矿遗址	青铜时代	新疆维吾尔自治区尼勒克县
圆沙古城	汉	新疆维吾尔自治区于田县
克孜尔尕哈烽燧	汉	新疆维吾尔自治区库车县
孔雀河烽燧群	汉至晋	新疆维吾尔自治区尉犁县
罗布泊南古城遗址	汉至晋	新疆维吾尔自治区若羌县
莫尔寺遗址	汉至唐	新疆维吾尔自治区疏附县
扎库孜萨来遗址	汉至唐	新疆维吾尔自治区巴楚县
米兰遗址	汉至唐	新疆维吾尔自治区若羌县
安迪尔古城遗址	汉至唐	新疆维吾尔自治区民丰县
石头城遗址	晋至清	新疆维吾尔自治区塔什库尔干塔吉克自治县
七个星佛寺遗址	晋至宋	新疆维吾尔自治区焉耆回族自治县
热瓦克佛寺遗址	南北朝	新疆维吾尔自治区洛浦县
白杨沟佛寺遗址	唐	新疆维吾尔自治区哈密市
大河古城	唐	新疆维吾尔自治区巴里坤哈萨克自治县
乌拉泊古城	唐至元	新疆维吾尔自治区乌鲁木齐县
台藏塔遗址	唐至宋	新疆维吾尔自治区吐鲁番市

名　称	时　代	地　址
黑城遗址	西夏至元	内蒙古自治区额济纳旗 (注:归人居延遗址)
(二)古墓葬(共23处)		
六顶山古墓	渤海(公元698—927年)	吉林省延边朝鲜族自治州敦化县
藏王墓	公元7世纪	西藏自治区穷结县
成吉思汗陵	1954年迁建	内蒙古自治区伊金霍洛旗
阿斯塔那古墓群	晋至唐	新疆维吾尔自治区吐鲁番市
龙头山古墓群	渤海	吉林省和龙县
辽陵及奉陵邑	辽	内蒙古自治区巴林右旗
西夏陵	西夏	宁夏回族自治区银川市
永陵	清	辽宁省新宾满族自治县
阿巴和名麻札(墓)	清	新疆维吾尔自治区喀什
合浦汉墓群	汉	广西壮族自治区合浦县
热水墓群	唐	青海省都兰县
宝山、罕苏木墓群	辽	内蒙古自治区阿鲁科尔沁旗
干沟子墓群	战国至西汉	吉林长白朝鲜族自治县
烈山墓地	唐	西藏自治区朗县
吉堆吐蕃墓群	唐	西藏自治区洛扎县
三海子墓葬及鹿石	青铜时代	新疆维吾尔自治区青河
焉不拉克古墓群	青铜时代	新疆维吾尔自治区哈密市
察吾乎古墓群	青铜时代至春秋	新疆维吾尔自治区和静县
切木尔切克石人及石棺墓群	青铜时代至汉、魏	新疆维吾尔自治区阿勒泰市
扎滚鲁克古墓群	青铜时代至魏、晋	新疆维吾尔自治区且末县
山普拉古墓群	汉至晋	新疆维吾尔自治区洛浦县
吐虎鲁克·铁木尔汉麻扎	元	新疆维吾尔自治区霍城县
怀陵及奉陵邑	辽	内蒙古自治区巴林右旗 注:归入辽陵及奉陵邑
(三)古建筑及历史纪念建筑物(共76处)		
崇圣寺三塔	唐、五代	云南省大理白族自治州大理市
海宝塔	清	宁夏回族自治区银川市
大昭寺		西藏自治区拉萨市
昌珠寺		西藏自治区乃东县
萨迦寺	元	西藏自治区拉萨县
布达拉宫	明至民国	西藏自治区拉萨市
噶丹寺	明初至清	西藏自治区拉萨市
扎什伦布寺	明初至清	西藏自治区日喀则县

名 称	时 代	地 址
万部华严经塔	辽	内蒙古自治区呼和浩特市
哲蚌寺	明	西藏自治区拉萨市
色拉寺	明	西藏自治区拉萨市
经略台真武阁	明	广西壮族自治区容县
程阳永济桥	民国	广西壮族自治区三江县
拉卜楞寺	清	甘肃省夏河县
灵渠	秦	广西壮族自治区兴安县
卓克基司土官寨	清	四川省马尔康县
罗布林卡	清	西藏自治区拉萨市
大土阁	明	广西壮族自治区合浦县
增冲鼓楼	清	贵州省从江县
夏鲁寺	元至清	西藏自治区日喀则市
广允缅寺	清	云南省沧源县
景真八角亭	清	云南省勐海县
青龙洞	清	贵州省镇远县
同心清真大寺	清	宁夏回族自治区同心县
灵光塔	渤海	吉林省长白朝鲜族自治县
拜寺口双塔	西夏	宁夏回族自治区贺兰县
一百零八塔	元	宁夏回族自治区贺兰县
曼飞龙塔	清	云南省景洪县
金刚座舍利宝塔	清	内蒙古自治区呼和浩特市
苏公塔	清	新疆维吾尔自治区吐鲁番市
桑耶寺	789—799	西藏自治区扎囊县
托林寺	宋	西藏自治区扎达县
扎塘寺	1081—1093年	西藏自治区扎囊县
美岱召	明	内蒙古自治区土默特右旗
莫土司衙署	明、清	广西壮族自治区忻城县
靖江王府及王陵	明	广西壮族自治区桂林市
大宝积宫与琉璃殿	明	云南省丽江纳西族自治县
白居寺	明	西藏自治区江孜县
五当召	清	内蒙古自治区包头市
马田鼓楼	清	湖南省通道侗族自治县
德格印经院	清	四川省德格县
中心镇公堂	清	云南省中甸县
隆务寺	明、清	青海省同仁县

名　称	时　代	地　址
伊犁将军府	清	新疆维吾尔自治区伊宁市
汇宗寺	清	内蒙古自治区多伦县
福会寺	清	内蒙古自治区喀喇沁旗
喀喇沁亲王府及家庙	清	内蒙古自治区喀喇沁旗
和硕恪靖公主府	清	内蒙古自治区呼和浩特市
开鲁县佛塔	元	内蒙古自治区开鲁县
时思寺	元至清	浙江省景宁畲族自治县
大水井古建筑群	清	湖北省利川市
芋头侗寨古建筑群	明、清	湖南省通道侗族自治县
岜团桥	清	广西壮族自治区三江侗族自治县
临贺故城	汉至清	广西壮族自治区贺州市
直波碉楼	清	四川省马尔康县
松潘古城墙	明	四川省松潘县
棒托寺	明、清	四川省壤塘县
福泉城墙	明	四川省福泉市
郎德上寨古建筑群	明、清	贵州省雷山县
地坪风雨桥	清	贵州省黎平县
喜洲白族古建筑群	明、清	云南省大理市
建水文庙	明、清	云南省建水县
朗色林庄园	明	西藏自治区扎囊县
曲德寺、卓玛拉康 大唐天竺使出铭	10 世纪、1274 年、 658 年	西藏自治区吉隆县
色喀克托寺	1080 年	西藏自治区洛扎县
科迦寺	996 年	西藏自治区普兰县
小昭寺	641 年	西藏自治区拉萨市
吉如拉康	唐至清	西藏自治区乃东县
贵德文庙及玉皇阁	明、清	青海省贵德县
藏娘佛塔及桑周寺	北宋至清	青海省玉树县
昭苏圣佑庙	清	新疆维吾尔自治区昭苏县
艾提尕清真寺	明	新疆维吾尔自治区喀什市
长城	春秋至明	宁夏回族自治区
秦长城遗址	战国	内蒙古自治区伊金霍洛旗
		宁夏回族自治区彭阳县、西吉县、固原县
清水河段	明	内蒙古自治区清水河县
(四)石窟寺(共 11 处)		
炳灵寺石窟	北魏至明	甘肃省临夏回族自治州临夏市

名　称	时　代	地　址
克孜尔千佛洞	唐至宋	新疆维吾尔自治区拜城县
库木吐喇千佛洞	唐至宋	新疆维吾尔自治区库车县
石钟山石窟	南诏、大理 （公元649—1094年）	云南省大理白族自治州剑川县
须弥山石窟	北朝至唐	宁夏回族自治区固原县
森木塞姆千佛洞	晋至宋	新疆维吾尔自治区库车县
柏孜克里克千佛洞	唐至元	新疆维吾尔自治区吐鲁番市
马蹄寺石窟群	十六国至清	甘肃省肃南裕固族自治县
文殊山石窟	北朝至西夏	甘肃省肃南裕固族自治县
克孜尔尕哈石窟	北朝至唐	新疆维吾尔自治区库车县
交河故城沟西沟北墓地及雅尔湖石窟	汉至唐	新疆维吾尔自治区吐鲁番市 注：归入雅尔湖故城
（五）石刻及其他（共8处）		
溪州铜柱	五代	湖南省湘西土家族苗族自治州永顺县
花山岩画	战国至东汉	广西壮族自治区宁明县
南诏铁柱	南诏	云南省弥渡县
贺兰山岩画	唐至清	宁夏回族自治区贺兰县
桂林石刻	唐至清	广西壮族自治区桂林市
元世祖平云南碑	元	云南省大理市
沧源崖画	新石器时代	云南省沧源佤族自治县
平定准噶尔勒铭碑	清	新疆维吾尔自治区昭苏县
（六）近现代重要史迹及代表性建筑（共14处）		
纳楼长官司署	清	云南省建水县
南甸宣抚司署	清、民国	云南省梁河县
金田起义地址	1851	广西壮族自治区桂平县金田村
江孜宗山抗英遗址	1904	西藏自治区江孜县
李宗仁故居	1929、1948年	广西壮族自治区临桂县、桂林市
李济深故居	民国	广西壮族自治区苍梧县
右江工农民主政府旧址	1929年	广西壮族自治区田东县
中国工农红军第七军、第八军军部旧址	1921—1930	广西壮族自治区百色市、龙州县
泸定桥	1935	四川省甘孜藏族自治州泸定县
八路军桂林办事处旧址	1938年	广西壮族自治区桂林市
北海近代建筑	近代	广西壮族自治区北海市
刘永福、冯子村旧居建筑群	清	广西壮族自治区钦州市
赵世炎故居	1904年至1914年	重庆市酉阳县
第一个核武器研制基地旧址	1957年至1995年	青海省海晏县

■中国少数民族地区主要自然保护区

名　称	位　置	面积(公顷)	主要保护对象
长白山自然保护区	吉林安图、抚松、长白三县交界处	215 110	自然生态
大兴安岭保护区	内蒙古汗马和诺敏河上游	480 000	自然生态
白音敖包保护区	内蒙古克什克腾旗	13 862	沙地云杉林
大青沟保护区	内蒙古科右旗	8 466	珍贵阔叶林
锡林郭勒保护区	内蒙古锡林郭勒草原	55 000	草原生态
努登保护区	内蒙古巴彦淖尔盟乌拉特后旗	28 040	珍贵荒漠植物梭梭林
尕海保护区	甘肃省碌曲县	3 500	珍稀鸟类
阿尔泰保护区	新疆布尔津哈巴河县	30 000	自然环境和生态系统
天池保护区	新疆阜康县	5 000	自然环境生态系统
巴音布鲁克保护区	新疆和静县	10 000	天鹅等珍禽
布尔根河保护区	新疆青河县	5 000	珍贵动物河狸
阿尔金山保护区	新疆且末县、若羌县	450 000	高寒荒漠野生动物
哈纳斯保护区	新疆布尔津县	250 000	寒温带针阔混交林
青海湖保护区	青海省	7 850	水禽
勐仓保护区	云南勐腊县	6 267	热带干性季节性石灰山季雨林
勐腊保护区	云南勐腊县	6 733	热带季雨林
南滚河保护区	云南沧源县	6 000	热带季雨林和珍稀动物大象
大围山保护区	云南河口县	15 367	热带亚热带季雨林和长臂猿、红石猴
大雪山保护区	云南永德县	15 787	亚热带雨林和猴、金钱豹
分水岭保护区	云南金平县	10 760	热带雨林、长臂猿、红面猴、斑角犀鸟
黄连山保护区	云南绿春县	13 835	亚热带森林及猕猴、野牛等
玉龙雪山保护区	云南纳西县	26 000	高山森林生态系统及金丝猴、野鹿、飞鼠、水獭
威远江保护区	云南景谷县	7 780	思茅松森林、懒猴、长尾叶猴、叶鸡
哀牢山保护区	云南双柏县	50 360	亚热带阔叶林生态系统和灰叶猴、冠斑犀鸟、白鹇等
高黎贡山保护区	云南腾冲县、怒江县	123 333	亚热带阔叶林、高山针叶林、豚尾猴、白眉长臂猿、绿孔雀、野牛、熊

名　称	位　置	面积(公顷)	主要保护对象
铜壁关保护区	云南德宏州	34 160	亚热带雨林、长臂猿、野牛、象、孔雀、金丝猴
卧龙保护区	四川汶川县	200 000	自然生态系和大熊猫
白河保护区	四川九寨沟县	20 000	金丝猴、大熊猫
铁布保护区	四川若尔盖县	23 000	梅花鹿等
马边大风顶保护区	四川马边县	30 000	大熊猫及自然生态系
美姑保护区	四川美姑县	15 000	大熊猫等珍稀动物
九寨沟保护区	四川九寨沟县	60 000	大熊猫及自然景观
黄龙寺保护区	四川松潘县	40 000	大熊猫及生态系统
喇叭河保护区	四川天全县	12 000	大熊猫、扭角羚、金丝猴、水鹿及自然生态系
蜂桶寨保护区	四川宝兴县	40 000	大熊猫、金丝猴、白唇鹿、扭角羚、雪豹、小熊猫、苏门羚、水鹿
梵净山保护区	贵州江口、松桃、印江三县交界处	36 700	灰金丝猴、珙桐及自然生态系
草海保护区	贵州威宁县	5 334	飞禽、候鸟等珍稀动物
花坪保护区	广西龙胜县、临桂县	13 918	银杉及中亚热带森林
黄儿山保护区	广西兴安县、资源县	1 559	铁杉及水源林
陇瑞保护区	广西宁明县	2 062	白头叶猴及生态系
弄岗保护区	广西龙州县	7 997	白头叶猴及生态系
尖峰岭保护区	海南乐东县	1 635	热带雨林和长臂猿、孔雀、雉
大田保护区	海南东方县	2 533	坡鹿
那溪保护区	海南白沙县	333	坡鹿
南海保护区	海南陵水县	933	猕猴
青溪洞保护区	广东乳源县	3 133	南亚热带森林及动物
坝王岭保护区	海南白沙县、昌江县	2 000	长臂猿及生态系
王朗保护区	四川平武县	277 000	大熊猫、金丝猴、羚羊、毛冠鹿、绿毛红雉
张家界国家森林公园	湖南大庸市	100 000	自然景观
小寨沟保护区	四川茂县、松潘县	6 100	大熊猫及生态系

中国少数民族文学、少数民族题材影视作品"骏马奖"资料

■历届全国少数民族文学"骏马奖"获奖作品

	第一届	第二届	第三届	第四届	第五届	第六届	第七届
长篇小说	7	4	6	6	8	7	7
中、短篇小说集(中、短篇小说)	29	51	14	28	14	15	17
诗歌集(诗集、长诗、短诗)	59	33	10	25	13	14	10
散文、报告文学集(散文、报告文学)	17	12	5	11	10	12	12
评论集(评论)		6	1	4	4	4	4
儿童文学集(儿童文学)	8		3	3	1	4	2
电影文学	4						
剧 本	5						
翻译奖		8(人)	4(人)	6(人)	3(人)	6(人)	4(人)
新人新作			18	16	10		
特别奖			22			1	
荣誉奖	11	13					
合 计	140	127	83	99	63	63	56

■历届全国少数民族题材电视"骏马奖"评奖活动

届数	时间	地点	主办单位	协办单位	承办单位
第一届	1986年	呼和浩特	国家民委 文化部 中国文联 中国视协		内蒙古自治区广电厅、民委、视协
第二届	1988年	昆　明	国家民委 文化部 中国文联 中国视协		云南省广电厅、民委、视协
第三届	1990年	乌鲁木齐	国家民委 文化部 中国文联 中国视协		新疆维吾尔自治区广电厅、民委、视协
第四届	1992年	南　宁	国家民委 广电部 文化部 中国文联	中国视协	广西壮族自治区广电厅、民委、视协
第五届	1994年	成　都	国家民委 广电部 文化部 中国文联	中国视协	四川省广电厅、民委、视协
第六届	1996年	北　京	国家民委 广电部 文化部 中国文联	中国视协	国家民委文化宣传司
第七届	1998年	广　州	国家民委 广电部 文化部 中国文联	中国视协	广州市广电局、广州电视台、广东省民委
第八届	2000年	北　京	国家民委 广电部 文化部 中国文联	中国视协	北京电视台
第九届	2002年	济　南	国家民委 广电部 文化部 中国文联	中国视协	山东省民委、广电局、文化厅、文联承办、山东电视综艺频道具体承办

■历届全国少数民族题材电视“骏马奖”获奖作品　　　　（单位：部）

	第一届	第二届	第三届	第四届	第五届	第六届	第七届	第八届	第九届	总计
北京			1			3	1	4	6	15
天津					1	1				2
河北				2	1		1	2	1	7
山西	1		1					1		3
内蒙古	2	3	11	5	10	7	14	14	14	80
辽宁	1				1	2				4
吉林	1	4	5	4	4	4	4	5	5	36
黑龙江	1			1	2	2	2	3	5	16
上海			1	1	1		3	4	1	11
江苏				1		1			2	4
浙江		1	1							2
安徽				1					1	2
福建					1	1		1	1	4
江西										
山东				1	1	2	2	6	17	29
河南										
湖北			2	4	1	1	2	3	4	17
湖南		2	3	3	3	5	3	4	4	27
广东			1	1	1	2	1	1		7
广西	1	2	7	17	4	3	2	9	11	56
海南				1		1		2		4
重庆										
四川		1	2	2	15	2	3	2	5	32
贵州	2	1	1	3			2	3	3	15
云南	2	5	4	4	3	7	10	14	16	65
西藏	1	1	4	4	4	4	5	2		25
陕西	1		1							2
甘肃	1	1	2	2	6	2		6	2	22
青海		1	1	4	3	4	9	10	15	47
宁夏	1	1	1	2	2	2	2	3	1	15
新疆	1	5	14	20	14	14	19	27	33	147
中央电视台			5	1	3	5	4	17	33	68
中国电视剧制作中心		2			1	1			2	6
中央电视台新影制作中心									4	4
中国广播艺术团								1	2	3
中国农业电影电视中心									2	2
合计	16	30	68	84	82	76	89	144	190	779

■历届全国少数民族题材电影"骏马奖"获奖作品　(单位:部,人)

	第一届(1994年)	第二届(1998年)	第三届(2002年)
故事片一等奖	1	1	1
故事片二等奖	3	1	2
故事片三等奖	6	1	1
故事片评委会特别奖	1		
故事片评委会提名奖(纪念奖)	23		5
儿童片一等奖			
儿童片二等奖			
儿童片三等奖			2
儿童片评委会提名奖			2
纪录片一等奖	1		
纪录片二等奖	2		
纪录片三等奖	3		
优秀纪录片奖			2
美术片一等奖	1		
美术片二等奖	2	1	
美术片三等奖	1	1	
优秀美术片奖			2
科教片一等奖	1		
优秀电视电影奖			2
最佳编剧(优秀编剧)	1(人)	2(人)	4(人)
最佳导演(优秀导演)	2(人)	2(人)	2(人)
最佳摄影(优秀摄影)		1(人)	1(人)
最佳男演员(优秀男演员)	1(人)	1(人)	1(人)
最佳女演员(优秀女演员)	1(人)	1(人)	1(人)
少数民族语优秀译制片奖	36		
少数民族语优秀译制片奖(蒙古语)		3	2
少数民族语优秀译制片奖(藏语)		1	3
少数民族语优秀译制片奖(维吾尔语)		4	2
少数民族语优秀译制片奖(哈萨克语)		1	1
少数民族语优秀译制片奖(彝语)		2	2
少数民族语优秀译制片奖(壮语)		2	6
少数民族语优秀译制片奖(傣语)		1	2
少数民族语优秀译制片奖(侗语)		1	2
少数民族语优秀译制片奖(佤语)			1
少数民族语优秀译制片奖(傈僳语)		1	
少数民族语优秀译制片奖(苗语)		2	
少数民族语译制片综合技术奖(蒙古语)		1	1
少数民族语译制片综合技术奖(藏语)		1	2
少数民族语译制片综合技术奖(维吾尔语)		1	2
少数民族语译制片综合技术奖(哈萨克语)			
少数民族语译制片综合技术奖(彝语)		1	
少数民族语译制片综合技术奖(壮语)		1	
少数民族语译制片综合技术奖(侗语)		1	
少数民族语译制片综合技术奖(鄂温克语)		1	
少数民族语译制片综合技术奖(佤语)		1	
少数民族语译制片综合技术奖(苗语)			1

中国少数民族传统体育运动会资料

■历届全国少数民族传统体育运动会

项目	第一届	第二届	第三届	第四届
时间	1953年11月8日—12日	1982年9月2日—8日	1986年8月10日—17日	1991年11月10日—17日
地点	天津市	呼和浩特市	乌鲁木齐市	南宁市
参加单位	华北、东北、西北、中南、西南、东南等6大行政区和内蒙古、解放军、铁路系统共9个单位	29个省、自治区、直辖市代表团	29个省、自治区、直辖市代表团	30个省、自治区、直辖市代表团
民族及人数	蒙古、回、藏、维吾尔、哈萨克、苗、满、朝鲜、傣、纳西、塔塔尔等12个民族，395名运动员	55个少数民族，863名运动员、教练员，其中：少数民族运动员593人；2个观摩团，400多人；300多名中外记者	55个少数民族，1097名运动员、教练员，其中：少数民族运动员777人；29个观摩团，872人；中外记者580人；港澳同胞及外国朋友45人	55个少数民族，1740名运动员。29个观摩团，有教练员、裁判员、工作人员、少数民族体育先进地区和单位代表、新闻工作者共4500人
比赛项目	举重、拳击、石锁、摔跤、击剑和步射（弓箭射准）	射箭邀请赛、中国式摔跤比赛	摔跤、射箭、赛马、叼羊、射弩、抢花炮、秋千	龙舟、抢花炮、秋千、射弩、珍珠球、木球、摔跤、赛马和武术
表演项目	武术（分棒术和器械，共383项）、民间体育（分石提、爬杆等22项）、骑术（各种马上技巧表演9项）	傣族的孔雀拳、蒙古族的赛骆驼、赛马等68项	表演项目115项	表演项目120项

第五届	第六届		第七届
1995年11月5日—12日	1999年9月24日—30日	1999年8月18日—23日	2003年9月6日—13日
昆明市	北京市(主赛场)	拉萨市(分赛场)	银川市(主赛场) 石嘴山市(分赛场)
31个省、自治区、直辖市代表团,新疆生产建设兵团,解放军代表团,台湾少数民族代表团	31个省、自治区、直辖市代表团,新疆生产建设兵团,解放军代表团,台湾少数民族代表团	31个省、自治区、直辖市代表团,新疆生产建设兵团,解放军代表团	31个省、自治区、直辖市代表团,新疆生产建设兵团,解放军代表团,台湾少数民族代表团
55个少数民族,2342名运动员。30个省、自治区、直辖市组织了观摩团。运动员、教练员、工作人员、观摩人员、少数民族体育模范代表、中外记者及来宾共7000人参加了运动会	55个少数民族,2626名运动员。各省、自治区、直辖市组织了观摩团。运动员、教练员、工作人员、观摩人员、少数民族体育模范代表及记者共计6000人	35个少数民族,764名运动员。各省、自治区、直辖市组织了33个代表团和40个观摩团。运动员、教练员、工作人员、观摩人员及记者共计2386人	55个少数民族,3735名运动员。30个省、自治区、直辖市组织了观摩团。运动员、教练员、工作人员、观摩人员、少数民族体育模范代表、中外记者及来宾共9039人参加了运动会
抢花炮、珍珠球、木球、民族式摔跤(博克、且里西、格、北嘎、绊跤)、秋千、武术、射弩、龙舟、马上项目(速度赛马、走马、跑马、射击、跑马射箭、跑马拣哈达、叼羊)、打陀螺、毽球等共11项	抢花炮、珍珠球、毽球、蹴球、木球、秋千、武术、龙舟、民族式摔跤(博克、格、且里西、北嘎、绊跤)、马上项目(速度赛马、走马、跑马、射击、跑马射箭、跑马拾哈达)等10个项目	马上项目、射弩、打陀螺、押加等4个项目	抢花炮、珍珠球、木球、民族式摔跤(博克、且里西、格、北嘎、绊跤)、秋千、武术、射弩、龙舟、马术(速度赛马、走马、跑马射箭、跑马射击、跑马拾哈达)、打陀螺、毽球、蹴球、高脚竞速、押加等共14项
表演项目129项	表演项目11项	表演项目39项	表演项目125项

■中国少数民族传统体育运动竞赛项目

项目名称	项目内容	
1. 花炮	男子	16 人集体项目
2. 珍珠球	男子	14 人集体项目
	女子	14 人集体项目
3. 木球	男子	10 人集体项目
4. 蹴球	男子	单蹴、双蹴
	女子	单蹴、双蹴
	男女混合	双蹴
5. 毽球	男子	6 人集体项目
	女子	6 人集体项目
6. 龙舟	男子	直道竞速:250 米、500 米、800 米
	女子	直道竞速:250 米、500 米、800 米
	男女混合	直道竞速:250 米、500 米、800 米
7. 秋千	女子	团体赛
		双人触铃、双人高度
		单人触铃、单人高度
8. 射弩	男女混合	团体
	男子	全能
		20 米双轮跪姿
		20 米双轮立姿
	女子	全能
		15 米双轮跪姿
		15 米双轮立姿
9. 陀螺	男子	3 人团体赛 个人赛
	女子	3 人团体赛
		个人赛

项目名称	项目内容	
10. 押加	男子	55公斤、60公斤、70公斤、80公斤、80公斤以上级
11. 高脚竞速	男子	200米竞速、2×200米接力
	女子	200米竞速、2×200米接力
	男女混合	4×100米混合接力
12. 武术	男子、女子拳术	A组:各种长拳、南拳、太极拳
		B组:形意拳、八卦拳、八极拳、通臂拳、翻子拳、劈挂拳、地躺拳、象形拳、查拳、华拳、花拳、炮拳、洪拳、红拳、少林拳
		C组:除A、B外的各种拳术套路
	男子、女子器械	A组:长拳类刀、剑、枪、棍
		B组:各种双、软器械
		C组:除A、B外的各种单器械
	男子、女子对练	3人以内各种对练套路(不允许混合)
13. 民族式摔跤(男子项目)	博克(蒙式)团体、个人赛	
	且里西(维式)52公斤、62公斤、74公斤、90公斤、90公斤以上	
	格(彝式)52公斤、62公斤、74公斤、90公斤、90公斤以上	
	北嘎(藏式)52公斤、62公斤、74公斤、90公斤、90公斤以上	
	绊跤(回式)52公斤、62公斤、74公斤、90公斤、90公斤以上	
14. 马术	速度赛马:1000米、2000米、3000米、5000米、10000米	
	走马:1000米、2000米、5000米	
	跑马射击	
	跑马射箭	
	跑马拾哈达	

中国民族自治区、自治州、自治县、民族乡镇、市辖民族区名单

■中国民族自治区、自治州、自治县一览表

民族自治地方	建立时间	首府驻地	面积(万平方公里)
自治区			
内蒙古自治区	1947.5.1	呼和浩特市	118.3000
广西壮族自治区	1958.3.15	南宁市	23.6660
西藏自治区	1965.9.1	拉萨市	122.8400
宁夏回族自治区	1958.10.25	银川市	6.6400
新疆维吾尔自治区	1955.10.1	乌鲁木齐市	166.0400
自治州			
吉林省			
延边朝鲜族自治州	1952.9.3	延吉市	4.3559
湖北省			
恩施土家族苗族自治州	1983.12.1	恩施市	2.3902
湘西土家族苗族自治州	1957.9.20	吉首市	1.5461
四川省			
甘孜藏族自治州	1950.11.24	康定县城关镇	15.1078
凉山彝族自治州	1952.10.1	西昌市	6.0111
阿坝藏族羌族自治州	1953.1.1	马尔康镇	8.3201
贵州省			
黔东南苗族侗族自治州	1956.7.23	凯里市	3.0339
黔南布依族苗族自治州	1956.8.8	都匀市	2.6207
黔西南布依族苗族自治州	1982.5.1	兴义市	1.6804
云南省			
西双版纳傣族自治州	1953.1.24	允景洪镇	1.9700
德宏傣族景颇族自治州	1953.7.24	芒市镇	1.1526
怒江傈僳族自治州	1954.8.23	鲁掌镇	1.4703
大理白族自治州	1956.11.22	大理市	2.9460
迪庆藏族自治州	1957.9.13	中心镇	2.3870
红河哈尼族彝族自治州	1957.11.18	个旧市	3.2929
文山壮族苗族自治州	1958.4.1	开化镇	3.2239
楚雄彝族自治州	1958.4.15	楚雄市	2.9256

民族自治地方	建立时间	首府驻地	面积(万平方公里)
甘肃省			
甘南藏族自治州	1953.10.1	合作镇	4.0898
临夏回族自治州	1956.11.19	临夏市	0.8166
青海省			
玉树藏族自治州	1951.12.25	结古镇	18.8794
海南藏族自治州	1953.12.6	恰卜恰镇	4.5895
黄南藏族自治州	1953.12.22	隆务镇	1.7921
海北藏族自治州	1953.12.31	浩门镇	3.9354
果洛藏族自治州	1954.1.1	大武镇	7.6312
海西蒙古族藏族自治州	1954.1.25	德令哈市	32.5785
新疆维吾尔自治区			
巴音郭楞蒙古自治州	1954.6.23	库尔勒市	46.2700
博尔塔拉蒙古自治州	1954.7.13	博乐市	2.5074
克孜勒苏柯尔克孜自治州	1954.7.14	阿图什市	6.9112
昌吉回族自治州	1954.7.15	昌吉市	7.7129
伊黎哈萨克自治州	1954.11.27	伊宁市	49.0039
自治县(旗)			
河北省			
孟村回族自治县	1955.11.30	孟村镇	0.0393
大厂回族自治县	1955.12.7	大厂镇	0.0176
青龙满族自治县	1987.5.10	青龙镇	0.3309
丰宁满族自治县	1987.5.15	大阁镇	0.8747
围场满族蒙古族自治县	1990.6.12	围场镇	0.9058
宽城满族自治县	1990.6.16	宽城镇	0.1933
内蒙古自治区			
鄂伦春自治旗	1951.10.1	阿里河镇	6.0378
鄂温克族自治旗	1958.8.1	巴彦托海镇	1.8750
莫力达瓦达斡尔族自治旗	1958.8.15	尼尔基镇	1.0985
辽宁省			
喀喇沁左翼蒙古族自治县	1958.4.1	大城子镇	0.2238
阜新蒙古族自治县	1958.4.7	阜新镇	0.6284
新宾满族自治县	1985.6.7	新宾镇	0.4287
岫岩满族自治县	1985.6.11	岫岩镇	0.4507
清原满族自治县	1990.6.6	清原镇	0.3926
本溪满族自治县	1990.6.8	小市镇	0.3362
桓仁满族自治县	1990.6.10	桓仁镇	0.3548
宽甸满族自治县	1990.6.12	宽甸镇	0.6125
吉林省			
前郭尔罗斯蒙古族自治县	1956.9.1	前郭镇	0.7076
长白朝鲜族自治县	1958.9.15	长白镇	0.2498
伊通满族自治县	1989.8.30	伊通镇	0.2523

民族自治地方	建立时间	首府驻地	面积(万平方公里)
黑龙江省			
杜尔伯特蒙古族自治县	1956.12.5	泰康镇	0.6427
浙江省			
景宁畲族自治县	1984.12.24	鹤溪镇	0.1950
湖北省			
长阳土家族自治县	1984.12.8	龙舟坪镇	0.3430
五峰土家族自治县	1984.12.12	五峰镇	0.2072
湖南省			
通道侗族自治县	1954.5.7	双江镇	0.2225
江华瑶族自治县	1955.11.25	沱江镇	0.3216
城步苗族自治县	1956.11.30	儒林镇	0.2620
新晃侗族自治县	1956.12.5	新晃镇	0.1511
芷江侗族自治县	1987.9.24	芷江镇	0.2096
靖州苗族侗族自治县	1987.9.27	渠阳镇	0.2211
麻阳苗族自治县	1990.4.1	高村镇	0.1561
广东省			
连南瑶族自治县	1953.1.25	三江镇	0.1231
连山壮族瑶族自治县	1962.9.26	吉田镇	0.1264
乳源瑶族自治县	1963.10.1	乳城镇	0.2125
广西壮族自治区			
龙胜各族自治县	1951.8.19	龙胜镇	0.2537
金秀瑶族自治县	1952.5.28	金秀镇	0.2517
融水苗族自治县	1952.11.26	融水镇	0.4665
三江侗族自治县	1952.12.3	古宜镇	0.2455
隆林各族自治县	1953.1.1	新州镇	0.3542
都安瑶族自治县	1955.12.15	安阳镇	0.4092
巴马瑶族自治县	1956.2.6	巴马镇	0.1966
富川瑶族自治县	1984.1.1	富阳镇	0.1572
罗城仫佬族自治县	1984.1.10	东门镇	0.2639
环江毛南族自治县	1987.11.24	思恩镇	0.4558
大化瑶族自治县	1987.12.23	大化镇	0.2754
恭城瑶族自治县	1990.10.15	恭城镇	0.2149
海南省			
乐东黎族自治县	1987.12.28	抱由镇	0.2746
琼中黎族苗族自治县	1987.12.28	营根镇	0.2693
保亭黎旅苗族自治县	1987.12.30	保城镇	0.1161
昌江黎族自治县	1987.12.30	石碌镇	0.1596
白沙黎族自治县	1987.12.30	牙叉镇	0.2118
陵水黎族自治县	1987.12.30	陵城镇	0.1128

民族自治地方	建立时间	首府驻地	面积(万平方公里)
四川省			
北川羌族自治县	2003.10.25	曲山镇	0.2865
木里藏族自治县	1953.2.19	博瓦镇	1.3246
峨边彝族自治县	1984.10.5	沙坪镇	0.2395
马边彝族自治县	1984.10.9	民建镇	0.2383
重庆市			
秀山土家族苗族自治县	1983.11.7	中和镇	0.2450
酉阳土家族苗族自治县	1983.11.11	钟多镇	0.5173
彭水苗族土家族自治县	1984.11.10	汉葭镇	0.3903
石柱土家族自治县	1984.11.18	南宾镇	0.3031
贵州省			
威宁彝族回族苗族自治县	1954.11.11	城关镇	0.6294
松桃苗族自治县	1956.12.31	城关镇	0.2861
三都水族自治县	1957.1.2	三合镇	0.2384
镇宁布依族苗族自治县	1963.9.11	城关镇	0.1721
紫云苗族布依族自治县	1966.2.11	松山镇	0.2284
关岭布依族苗族自治县	1981.12.31	关索镇	0.1468
玉屏侗族自治县	1984.11.7	平溪镇	0.0517
印江土家族苗族自治县	1987.11.20	印江镇	0.1961
沿河土家族自治县	1987.11.23	和平镇	0.2469
务川仡佬族苗族自治县	1987.11.26	都濡镇	0.2773
道真仡佬族苗族自治县	1987.11.29	玉溪镇	0.2156
云南省			
峨山彝族自治县	1951.5.12	双江镇	0.1972
澜沧拉祜族自治县	1953.4.7	勐朗镇	0.8807
江城哈尼族彝族自治县	1954.5.18	勐烈镇	0.3476
孟连傣族拉祜族佤族自治县	1954.6.16	孟连镇	0.1957
耿马傣族佤族自治县	1955.10.16	耿宣镇	0.3837
宁蒗彝族自治县	1956.9.20	大兴镇	0.0206
贡山独龙族怒族自治县	1956.10.1	茨开镇	0.4506
巍山彝族回族自治县	1956.11.9	文华镇	0.2266
石林彝族自治县	1956.12.31	鹿阜镇	0.1777
玉龙纳西族自治县	1961.4.10	黄山镇	0.6521
屏边苗族自治县	1963.7.1	玉屏镇	0.1906
河口瑶族自治县	1963.7.11	河口镇	0.1313
沧源佤族自治县	1964.2.28	勐董镇	0.2539
西盟佤族自治县	1965.3.5	西盟镇	0.1391
南涧彝族自治县	1965.11.27	南涧镇	0.1802
墨江哈尼族自治县	1979.11.28	玖联镇	0.5459
寻甸回族彝族自治县	1979.12.20	仁德镇	0.3966

民族自治地方	建立时间	首府驻地	面积(万平方公里)
元江哈尼族彝族傣族自治县	1980.11.12	澧江镇	0.2858
新平彝族傣族自治县	1980.11.25	桂山镇	0.4223
维西傈僳族自治县	1985.10.13	保和镇	0.4661
漾濞彝族自治县	1985.11.1	上街镇	0.1957
禄劝彝族苗族自治县	1985.11.25	屏山镇	0.4378
金平苗族瑶族傣族自治县	1985.12.7	金河镇	0.3677
普洱哈尼族彝族自治县	1985.12.15	宁洱镇	0.3670
景东彝族自治县	1985.12.20	锦屏镇	0.4532
景谷傣族彝族自治县	1985.12.25	威远镇	0.7777
双江拉祜族佤族布朗族傣族自治县	1985.12.30	勐勐镇	0.2292
兰坪白族普米族自治县	1988.5.25	金顶镇	0.4555
镇沅彝族哈尼族拉祜族自治县	1990.5.15	按板镇	0.4223
甘肃省			
天祝藏族自治县	1950.5.6	华藏寺镇	0.7147
肃北蒙古族自治县	1950.7.29	党城湾镇	6.6748
东乡族自治县	1950.9.25	锁南镇	0.1510
张家川回族自治县	1953.7.6	张家川镇	0.1293
肃南裕固族自治县	1954.4.20	红湾寺镇	2.3041
阿克塞哈萨克族自治县	1954.4.27	博罗转井镇	3.3333
积石山保安族东乡族撒拉族自治县	1981.9.30	吹麻滩镇	0.0910
青海省			
门源回族自治县	1953.12.19	浩门镇	0.6896
互助土族自治县	1954.2.17	威远镇	0.3320
化隆回族自治县	1954.3.1	巴燕镇	0.2740
循化撒拉族自治县	1954.3.1	积石镇	0.1749
河南蒙古族自治县	1954.10.16	优干宁	0.6250
民和回族土族自治县	1986.6.27	上川口镇	0.1780
大通回族土族自治县	1986.7.10	桥头镇	0.3090
新疆维吾尔自治区			
焉耆回族自治县	1954.3.15	焉耆镇	0.2439
察布查尔锡伯自治县	1954.3.25	察布查尔镇	0.4469
木垒哈萨克自治县	1954.7.17	木垒镇	1.3235
和布克赛尔蒙古自治县	1954.9.10	和布克赛尔镇	3.2000
塔什库尔干塔吉克自治县	1954.9.17	塔什库尔干镇	5.2300
巴里坤哈萨克自治县	1954.9.30	巴里坤镇	3.5714

■中国民族乡镇一览表

地区	数量	乡镇名称
北京市	5	密云县檀营满族蒙古族乡、怀柔县喇叭沟门满族乡、怀柔县长哨营满族乡、通州区于家务回族乡、朝阳区常营回族乡
天津市	2	东丽区么六桥回族乡、蓟县孙各庄满族乡
河北省	54	新乐市彭家庄回族乡、藁城市九门回族乡、无极县高头回族乡、遵化市汤泉满族乡、遵化市西下营满族乡、遵化市东陵满族乡、邱县陈村回族乡、大名县营镇回族乡、易县凌云册满族回族乡、定州市号头庄回族乡、涞水县娄村满族乡、沽源县大二号回族乡、怀来县王家楼回族乡、永清县管家务回族乡、文安县大围河回族满族乡、丰宁满族自治县南关蒙古族乡、滦平县平坊满族乡、滦平县安纯沟门满族乡、滦平县五道营子满族乡、滦平县邓厂满族乡、滦平县马营子满族乡、滦平县付家店满族乡、滦平县西地满族乡、滦平县小营满族乡、滦平县大屯满族乡、滦平县西沟满族乡、承德县岗子满族乡、承德县两家满族乡、兴隆县八卦岭满族乡、兴隆县南天门满族乡、隆化县尹家营满族乡、隆化县庙子沟蒙古族满族乡、隆化县偏坡营满族乡、隆化县八达营蒙古族乡、隆化县太平庄满族乡、隆化县旧屯满族乡、隆化县西阿超满族蒙古族乡、隆化县白虎沟蒙古族满族乡、平泉县柳溪满族乡、平泉县七家岱满族乡、平泉县平房满族蒙古族乡、平泉县茅兰沟满族蒙古族乡、平泉县许杖子满族乡、平泉县南五十家蒙古族满族乡、平泉县郭杖子满族乡、平泉县蒙和乌苏蒙古族乡、黄骅市羊二庄回族乡、黄骅市新村回族乡、河间市果子洼回族乡、献县本斋回族乡、沧县大褚村回族乡、沧县杜林回族乡、沧县李天木回族乡、沧县捷地回族乡
内蒙古自治区	19	莫力达瓦达斡尔族自治旗巴彦鄂温克族乡、莫力达瓦达斡尔族自治旗杜拉尔鄂温克族乡、鄂温克族自治旗巴彦塔拉达斡尔族乡、扎兰屯市南木鄂伦春族乡、扎兰屯市萨马街鄂温克族乡、扎兰屯市达斡尔族乡、阿荣旗查巴奇鄂温克族乡、阿荣旗新发朝鲜族乡、阿荣旗音河达斡尔族鄂温克族乡、阿荣旗得力其尔鄂温克族乡、根河市敖鲁古雅鄂温克族乡、陈巴尔虎旗鄂温克苏木、额尔古纳市苏心回族乡、额尔古纳市恩和俄罗斯族乡、科右前旗满族屯满族乡、赤峰市元宝山区小五家回族乡、赤峰市松山区关家营子满族乡、喀喇沁旗十家满族乡、凉城县曹碾满族乡
辽宁省	77	沈阳市东陵区满堂满族乡、沈阳市新城子区黄家锡伯族乡、沈阳市新城子区石佛寺朝鲜族锡伯族乡、沈阳市于洪区大兴朝鲜族乡、康平县柳树屯蒙古族满族乡、康平县沙金台蒙古族满族乡、法库县四家子蒙古族乡、康平县东升满族蒙古族乡、康平县西关屯蒙古族满族乡、大连市金州区七顶山满族乡、瓦房店市三台满族乡、瓦房店市杨家满族乡、庄河市太平岭满族乡、庄河市桂云花满族乡、抚顺市抚顺县拉古满族乡、抚顺市抚顺县汤图满族乡、桓仁满族自治县雅河朝鲜族乡、本溪市南芬区思山岭满族乡、丹东市合隆满族乡、丹东市宽甸满族自治县下露河朝鲜族乡、锦州市义县巨粮屯满族乡、锦州市义县地藏寺满族乡、锦州市义县留龙沟满族乡、锦州市义县大定堡满族乡、锦州市义县头台满族乡、锦州市义县头道河满族乡、锦州市义县城镇满族乡、锦州市黑山县镇安满族乡、锦州市凌海市温滴楼满族乡、阜新市西六家子蒙古族满族乡、阜新市彰武县二道河子蒙古族乡、阜新市彰武县苇子沟蒙古族乡、彰武县大冷蒙古族乡、辽阳县吉洞峪满族乡、辽阳县甜水满族乡、开原县上肥地满族乡、开原县下肥地满族乡、开原县林丰满族乡、开原市黄旗寨满族乡、铁岭市清河区夏家河满族乡、铁岭县白旗寨满族乡、铁岭县横道河子满族乡、西丰县成平满族乡、西丰县德兴满族乡、西丰县和隆满族乡、西丰县金星满族乡、西丰县明德满族乡、西丰县营厂满族乡、朝阳市北票市马友营蒙古族乡、朝阳市北票市凉水河蒙古族乡、朝阳市建平县三家蒙古族乡、朝阳市凌源县三家子蒙古族乡、朝阳县松岭门蒙古族乡、朝阳县乌兰河硕蒙古族乡、绥中县西平坡满族乡、绥中县范家满族乡、绥中县高甸子满族乡、绥中县葛家满族乡、绥中县明水满族乡、绥中县网户满族乡、兴城市三道沟满族乡、兴城市白塔满族乡、兴城市大寨满族乡、兴城市高家岭满族乡、兴城市海滨满族乡、兴城市红崖子满族乡、兴城市碱厂满族乡、兴城市旧门满族乡、兴城市刘台子满族乡、兴城市南大山满族乡、兴城市望海满族乡、兴城市围屏满族乡、兴城市羊安满族乡、兴城市药王庙满族乡、兴城市元台子满族乡、建昌县二道弯子满族乡、盘锦市大洼县荣兴朝鲜族乡

地区	数量	乡镇名称
吉林省	33(其中民族镇5)	九台市胡家回族乡、九台市莽卡满族乡、长春市双阳区双营子回族乡、榆树市延河朝鲜族乡、梨树县叶赫满族镇、公主岭市龙山满族乡、公主岭市二十家子满族乡、双辽市那木斯蒙古族乡、大安市新艾里蒙古族乡、洮南市胡力吐蒙古族乡、洮南市呼河车力蒙古族乡、镇赉县莫莫格蒙古族乡、镇赉县哈吐气蒙古族乡、通榆县向海蒙古族乡、通榆县包拉温都蒙古族乡、通榆县西艾力蒙古族乡、白城市洮北区德顺蒙古族乡、珲春市三家子满族乡、珲春市杨泡满族乡、吉林市昌邑区土城子满族朝鲜族乡、吉林市昌邑区乌拉街满族镇、吉林市龙潭区大口钦满族镇、吉林市龙潭区两家子满族乡、永吉县金家满族乡、蛟河市乌林朝鲜族乡、梅河口市小杨满族朝鲜族乡、集安市凉水朝鲜族乡、通化县金斗朝鲜族满族乡、通化县大泉源朝鲜族满族乡、辉南县楼街朝鲜族乡、柳河县姜家店朝鲜族乡、柳河县三源浦朝鲜族镇、梅河口市山城镇、东丰县三合满族朝鲜族乡
黑龙江省	69(其中民族镇10)	哈尔滨市红旗满族乡、双城市幸福满族乡、双城市乐群满族乡、双城市同心满族乡、双城市希勤满族乡、双城市公正满族乡、双城市联兴满族乡、双城市团结满族乡、双城市新兴满族乡、双城市青岭满族乡、双城市农丰满族镇、五常市拉林满族镇、五常市红旗满族乡、五常市营城子满族乡、五常市牛家满族镇、五常市民乐朝鲜族乡、尚志市河东朝鲜族乡、尚志市鱼池朝鲜族乡、阿城市料甸满族乡、依兰县迎兰朝鲜族乡、齐齐哈尔市梅里斯区达斡尔族区、卧牛吐达斡尔族镇、齐齐哈尔市梅里斯区达斡尔族区、齐齐哈尔市梅里斯区莽格吐达斡尔族乡、泰来县宁姜蒙古族乡、泰来县好新蒙古族乡、泰来县胜利蒙古族乡、泰来县江桥蒙古族镇、齐齐哈尔市昂昂溪区水师营满族镇、富裕县友谊达斡尔族满族柯尔克孜族乡、富裕县塔哈满族达斡尔族乡、讷河市兴旺鄂温克族乡、齐齐哈尔市富拉尔基区杜尔门沁达斡尔族乡、海林市新安朝鲜族镇、海林市海南朝鲜族乡、宁安市江南朝鲜族满族乡、宁安市卧龙朝鲜族乡、东宁县三岔口朝鲜族镇、同江市街津口赫哲族乡、同江市八岔赫哲族乡、桦川县星火朝鲜族乡、汤原县汤旺朝鲜族乡、肇源县义顺蒙古族乡、肇源县浩德蒙古族乡、肇源县超等蒙古族乡、逊克县新鄂鄂伦春族乡、逊克县新兴鄂伦春族乡、黑河市爱辉区新生鄂伦春族乡、黑河市爱辉区四嘉子满族乡、黑河市爱辉区坤河达斡尔族满族乡、北安市主星朝鲜族乡、孙吴县沿江达斡尔族满族乡、绥化市北林区兴和朝鲜族乡、绥化市北林区绥胜满族镇、绥化市北林区永安满族镇、绥化市北林区红旗满族乡、望奎县惠七满族镇、望奎县厢自满族乡、望奎县灵山满族乡、铁力市年丰朝鲜族乡、萝北县东明朝鲜族乡、绥滨县福兴满族乡、呼玛县白银纳鄂伦春族乡、塔河县十八站鄂伦春族乡、友谊县成富朝鲜族满族乡、饶河县四排赫哲族乡、勃利县杏树朝鲜族乡、密山市和平朝鲜族乡、鸡东县鸡林朝鲜族乡、鸡东县明德朝鲜族乡、鸡西市城子河区永丰朝鲜族乡
江苏省	1	高邮市菱塘回族乡
浙江省	18(其中民族镇4)	兰溪市水亭畲族乡、武义县柳城畲族镇、龙游县沐尘畲族乡、丽水市连都区老竹畲族镇、丽水市连都区丽新畲族乡、龙泉市竹垟畲族乡、云和县雾溪畲族乡、云和县安溪畲族乡、遂昌县三仁畲族乡、松阳县板桥畲族乡、桐庐县莪山畲族乡、平阳县青街畲族乡、苍南县岱岭畲族乡、苍南县凤阳畲族乡、文成县西坑畲族镇、文成县周山畲族乡、泰顺县司前畲族镇、泰顺县竹里畲族乡
安徽省	9	长丰县孤堆回族乡、肥东县牌坊回族满族乡、定远县二龙回族乡、凤台县李冲回族乡、淮南市潘集区古沟回族乡、寿县陶店回族乡、宁国市云梯畲族乡、五河县临北回族乡、颍上县赛涧回族乡
福建省	18	罗源县霍口畲族乡、连江县小沧畲族乡、福安市坂中畲族乡、福安市康厝畲族乡、福安市穆云畲族乡、霞浦县盐田畲族乡、福安市崇儒畲族乡、福安市水门畲族乡、宁德市金涵畲族乡、福鼎县硖门畲族乡、漳浦县赤岭畲族乡、漳浦县湖西畲族乡、龙海市隆教畲族乡、永安市青水畲族乡、宁化县治平畲族乡、上杭县官庄畲族乡、上杭县庐丰畲族乡、惠安县百崎回族乡
江西省	7	南康市赤土畲族乡、永丰县龙岗畲族乡、铅山县太源畲族乡、铅山县篁碧畲族乡、鹰潭市贵溪市樟坪畲族乡、青原区东固畲族乡、乐安县金竹畲族乡

地区	数量	乡镇名称
山东省	5(其中民族镇3)	淄博市临淄区金岭回族镇、莘县张鲁回族镇、青州市云峡河回族乡、曹县侯集回族镇、禹城市十里望回族乡
河南省	21(其中民族镇9)	荥阳市金寨回族乡、太康县城关回族镇、淮阳县城关回族镇、沈丘县槐店回族镇、宁陵县城关回族镇、睢县城关回族镇、民权县伯党回族乡、民权县胡集回族乡、叶县马庄回族乡、郏县姚庄回族乡、封丘县荆乡回族乡、许昌县艾庄回族乡、禹州市山货回族乡、襄城县颍桥回族镇、镇平县郭庄回族乡、方城县袁店回族乡、西平县蔡寨回族乡、新蔡县李桥回族镇、临颍县繁城回族镇、洛宁县王范回族镇、洛阳市廛河回族区廛河回族乡
湖北省	10(其中民族镇1)	钟祥市九里回族乡、洪湖市老湾回族乡、松滋市卸甲坪土家族乡、宜都市潘家湾土家族乡、郧西县湖北口回族乡、恩施市芭蕉侗族乡、宣恩县长潭河侗族乡、宣恩县晓关侗族乡、仙桃市沔城回族镇、神农架林区下谷坪土家族乡
湖南省	100(其中民族镇1)	怀化市罗子山瑶族乡、怀化市苏木溪瑶族乡、怀化市上蒲溪瑶族乡、怀化市后塘瑶族乡、怀化市仙人湾瑶族乡、怀化市深渡苗族乡、怀化市龙船塘瑶族乡、怀化市炮团侗族苗族乡、怀化市宝田侗族苗族乡、怀化市蒲稳侗族苗族乡、怀化市金子岩侗族苗族乡、怀化市漠滨侗族苗族乡、怀化市青朗侗族苗族乡、怀化市清水坪苗族乡、怀化市棋坪苗族乡、怀化市火场土家族乡、怀化市蒿吉坪瑶族乡、怀化市大高坪苗族乡、怀化市锅冲苗族乡、怀化市传素瑶族乡、怀化市步头降苗族乡、怀化市米贝苗族乡、邵阳市党坪苗族乡、邵阳市河口苗族乡、邵阳市麻塘苗族乡、邵阳市竹舟江苗族乡、邵阳市东山侗族乡、邵阳市朝仪侗族乡、邵阳市鹅公岭侗族苗族乡、邵阳市寨市苗族侗族乡、邵阳市乐安铺苗族侗族乡、邵阳市联民苗族侗族乡、邵阳市枫木团苗族侗族乡、邵阳市黄桑坪苗族乡、邵阳市关峡苗族乡、邵阳市长铺子苗族乡、邵阳市山界回族乡、邵阳市虎形山瑶族乡、邵阳市那溪瑶族乡、邵阳市大屋瑶族乡、邵阳市长塘瑶族乡、邵阳市黄金瑶族乡、邵阳市麻林瑶族乡、永州市荆竹瑶族乡、永州市紫良瑶族乡、永州市浆洞瑶族乡、永州市汇源瑶族乡、永州市大桥瑶族乡、永州市松柏瑶族乡、永州市千家洞瑶族乡、永州市兰溪瑶族乡、永州市源口瑶族乡、永州市九嶷山瑶族乡、永州市棉花坪瑶族乡、永州市桐木漯瑶族乡、永州市荒塘瑶族乡、永州市横岭瑶族乡、永州市洪塘营瑶族乡、永州市井塘瑶族乡、永州市审章塘瑶族乡、永州市晒北滩瑶族乡、永州市门楼下瑶族乡、永州市上梧江瑶族乡、永州市清塘壮族乡、张家界市刘家坪白族乡、张家界市马合口白族乡、张家界市走马坪白族乡、张家界市淋溪河白族乡、张家界市芙蓉桥白族乡、张家界市麦地坪白族乡、张家界市洪家关白族乡、张家界市索溪峪土家族乡、张家界市三关寺土家族乡、张家界市高峰土家族乡、张家界市金岩土家族乡、张家界市许家坊土家族乡、张家界市阳和土家族乡、张家界市甘堰土家族乡、张家界市赵家岗土家族乡、郴州市华山瑶族乡、郴州市杨柳瑶族乡、郴州市月峰瑶族乡、郴州市大塘瑶族乡、郴州市莽山瑶族乡、郴州市盈洞瑶族乡、郴州市延寿瑶族乡、郴州市小垣瑶族镇、郴州市岭秀瑶族乡、郴州市三江口瑶族乡、郴州市西山瑶族乡、郴州市团结瑶族乡、郴州市连坪瑶族乡、常德市许家桥回族维吾尔族乡、常德市毛家滩回族维吾尔族乡、常德市枫树维吾尔族回族乡、常德市青林回族维吾尔族乡、株洲市龙渣瑶族乡、衡阳市蒲竹瑶族乡、益阳市乍埠回族乡
广东省	7	龙门县蓝田瑶族乡、连州市三水瑶族乡、连州市瑶安瑶族乡、阳山县秤架瑶族乡、怀集县下帅壮族瑶族乡、始兴县深渡水瑶族乡、东源县漳溪畲族乡

地区	数量	乡镇名称
广西壮族自治区	61	蒙山县草坪瑶族乡、蒙山县夏宜瑶族乡、贺州市黄洞瑶族乡、贺州市大平瑶族乡、昭平县仙回瑶族乡、钟山县两安瑶族乡、钟山县花山瑶族乡、平南县马练瑶族乡、平南县国安瑶族乡、上思县南屏瑶族乡、马山县古寨瑶族乡、马山县里当瑶族乡、上林县镇圩瑶族乡、三江侗族自治县同乐苗族乡、三江侗族自治县福禄苗族乡、三江侗族自治县高基苗族乡、融水苗族自治县滚贝侗族乡、融水苗族自治县同练瑶族乡、柳州市古砦仫佬族乡、临桂县宛田瑶族乡、临桂县黄沙瑶族乡、灵川县大境瑶族乡、灵川县兰田瑶族乡、全州县蕉江瑶族乡、全州县东山瑶族乡、兴安县华江瑶族乡、灌阳县洞井瑶族乡、灌阳县西山瑶族乡、资源县车田苗族乡、资源县两水苗族乡、资源县河口瑶族乡、平乐县大发瑶族乡、荔浦县蒲芦瑶族乡、桂林市雁山区草坪回族乡、百色市汪甸瑶族乡、田东县作登瑶族乡、田林县潞城瑶族乡、田林县利周瑶族乡、田林县八桂瑶族乡、田林县八渡瑶族乡、田林县福达瑶族乡、田林县弄瓦瑶族乡、凌云县伶站瑶族乡、凌云县朝里瑶族乡、凌云县沙里瑶族乡、凌云县玉洪瑶族乡、凌云县力洪瑶族乡、西林县足别瑶族苗族乡、西林县普合苗族乡、西林县那佐苗族乡、南丹县八圩瑶族乡、南丹县里湖瑶族乡、南丹县中堡苗族乡、天峨县八腊瑶族乡、凤山县平乐瑶族乡、凤山县江洲瑶族乡、凤山县金牙瑶族乡、东兰县三弄瑶族乡、东兰县五联瑶族乡、东兰县中山瑶族乡、环江毛南族自治县驯乐苗族乡、宜州市北牙瑶族乡、宜州市福龙瑶族乡
重庆市	8	奉节县云雾土家族乡、奉节县龙桥土家族乡、奉节县长安土家族乡、万州区恒河土家族乡、云阳县清水土家族乡、巫山县红椿土家族乡、巫山县邓家土家族乡、忠县磨子土家族乡
四川省	102	九龙县子耳彝族乡、九龙县三垭彝族乡、九龙县俄尔彝族乡、九龙县小金彝族乡、九龙县朵洛彝族乡、九龙县踏卡彝族乡、九龙县湾坝彝族乡、松潘县十里回族乡、松潘县进安回族乡、攀枝花市仁和区大龙潭彝族乡、攀枝花市仁和区啊喇彝族乡、米易县麻陇彝族乡、米易县云峰彝族乡、米易县联合彝族乡、米易县胜利彝族乡、米易县黄龙彝族乡、米易县白马彝族乡、米易县新山傈僳族彝族乡、盐边县岩口彝族乡、盐边县哇落彝族乡、盐边县温泉彝族乡、盐边县岩门傈僳族乡、盐边县龙胜彝族乡、盐边县择木龙彝族乡、盐边县林海彝族乡、盐边县红宝苗族乡、盐边县高坪彝族乡、盐边县红民彝族乡、盐边县花椒箐彝族乡、盐边县和爱彝族乡、叙永县白蜡苗族乡、叙永县合乐苗族乡、叙永县枧槽苗族乡、叙永县石坝苗族乡、叙永县水潦苗族乡、古蔺县箭竹苗族乡、古蔺县乌龙苗族乡、古蔺县大寨苗族乡、古蔺县马嘶苗族乡、青川县蒿溪回族乡、青川县大院回族乡、金口河区和平彝族乡、金口河区共安彝族乡、阆中市博树回族乡、筠连县高坪苗族乡、筠连县联合苗族乡、筠连县团林苗族乡、屏山县屏边彝族乡、屏山县清平彝族乡、兴文县沙坝苗族乡、兴文县毓秀苗族乡、兴文县大河苗族乡、兴文县麒麟苗族乡、兴文县仙峰苗族乡、珙县罗渡苗族乡、珙县玉河苗族乡、珙县观斗苗族乡、汉源县小堡藏族彝族乡、汉源县坭美彝族乡、汉源县永利彝族乡、汉源县顺河彝族乡、汉源县片马彝族乡、石棉县安顺彝族乡、石棉县先锋彝族乡、石棉县蟹螺彝族乡、石棉县回隆彝族乡、石棉县擦罗彝族乡、石棉县栗子坪彝族乡、石棉县新民藏族彝族乡、石棉县挖角彝族藏族乡、石棉县田弯彝族乡、石棉县草科藏族乡、宝兴县跷碛藏族乡、西昌市高草回族乡、西昌市裕隆回族乡、木里藏族自治县屋脚蒙古族乡、木里藏族自治县俄亚纳西族乡、木里藏族自治县白碉苗族乡、木里藏族自治县项脚蒙古族乡、木里藏族自治县固增苗族乡、盐源县大坡蒙古族乡、德昌县金沙傈僳族乡、德昌县南山傈僳族乡、会理县新安傣族乡、冕宁县和爱藏族乡、平武县木皮藏族乡、平武县木座藏族乡、平武县白马藏族乡、平武县黄羊关藏族乡、平武县虎牙藏族乡、平武县泗耳藏族乡、平武县徐塘羌族乡、平武县锁江羌族乡、平武县平南羌族乡、北川县坝底藏族乡、北川县小坝藏族乡、北川县白什藏族乡、北川县青片藏族乡、北川县开坪藏族乡、北川县桃龙藏族乡、盐亭县大兴回族乡、越西县保安藏族乡

地区	数量	乡镇名称
贵州省	253	贵阳市花溪区花溪布依族苗族乡、贵阳市花溪区高坡苗族乡、贵阳市花溪区马铃布依族苗族乡、贵阳市花溪区孟关苗族布依族乡、贵阳市花溪区黔陶布依族苗族乡、贵阳市花溪区湖潮布依族苗族乡、贵阳市花溪区小碧布依族苗族乡、贵阳市乌当区偏坡布依族乡、贵阳市乌当区新堡布依族乡、贵阳市白云区都拉布依族乡、贵阳市白云区牛场布依族乡、清镇市麦格苗族布依族乡、清镇市王庄布依族苗族乡、清镇市流长苗族乡、息烽市青山苗族乡、开阳县禾丰布依族苗族乡、开阳县哨上布依族苗族乡、开阳县高寨苗族布依族乡、修文县大石布依族乡、六枝特区落别布依族彝族乡、六枝特区拆溪彝族乡、六枝特区牛场苗族彝族乡、六枝特区中寨苗族彝族布依族乡、六枝特区箐口彝族仡佬族布依族乡、六枝特区酒志彝族布依族苗族乡、六枝特区毛口布依族苗族乡、六枝特区梭戛苗族彝族乡、六枝特区陇脚布依族乡、盘县特区普田回族乡、盘县特区鸡场坪彝族乡、盘县特区旧营白族彝族苗族乡、盘县特区马场彝族苗族乡、盘县特区羊场布依族白族苗族乡、盘县特区保基苗族彝族乡、盘县特区四格彝族乡、盘县特区松河彝族乡、盘县特区坪地彝族乡、盘县特区淤泥彝族乡、盘县特区普古彝族苗族乡、钟山区月照彝族回族苗族乡、水城县坪寨彝族乡、水城县勺米彝族苗族乡、水城县比德苗族彝族乡、水城县化乐苗族彝族乡、水城县陡箐苗族彝族乡、水城县董地苗族彝族乡、水城县双戛彝族乡、水城县南开苗族彝族乡、水城县保华苗族彝族回族乡、水城县青林苗族彝族乡、水城县金盆苗族彝族乡、水城县木果彝族苗族乡、水城县发箐苗族彝族乡、水城县玉舍苗族彝族乡、水城县纸厂彝族乡、水城县杨梅彝族苗族回族乡、水城县新街彝族苗族布依族乡、水城县野钟苗族彝族布依族乡、水城县果布嘎彝族苗族布依族乡、水城县发耳布依族苗族彝族乡、水城县都格布依族苗族彝族乡、水城县鸡场布依族彝族苗族乡、水城县龙场苗族白族彝族乡、水城县营盘苗族彝族白族乡、水城县顺场苗族彝族布依族乡、水城县花戛苗族布依族彝族乡、水城县米箩布依族苗族彝族乡、水城县猴场苗族布依族乡、水城县红岩布依族彝族苗族乡、麻江县贤昌布依族乡、麻江县坝芒布依族乡、麻江县景阳布依族乡、镇远县尚寨土家族乡、岑巩县羊桥土家族乡、黎平县顺化瑶族乡、黎平县雷洞瑶族水族乡、从江县秀塘壮族乡、从江县刚边壮族乡、从江县翠里瑶族壮族乡、榕江县三江水族乡、榕江县塔石瑶族水族乡、榕江县仁里水族乡、榕江县定威水族乡、榕江县兴华水族乡、榕江县水尾水族乡、雷山县达地水族乡、都匀市基场水族乡、都匀市阳和水族乡、都匀市奉和水族乡、独山县本寨水族乡、独山县甲定水族乡、独山县翁台水族乡、平塘县卡蒲毛南族乡、荔波县瑶山瑶族乡、荔波县水利水族乡、荔波县水尧水族乡、荔波县永康水族乡、荔波县瑶麓瑶族乡、兴仁县鲁础营回族乡、晴隆县三宝彝族乡、望谟县油迈瑶族乡、遵义市洪关苗族乡、遵义市平正仡佬族乡、桐梓县马鬃苗族乡、余庆县花山苗族乡、仁怀县后山苗族布依族乡、正安县谢坝仡佬族苗族乡、正安县市坪苗族仡佬族乡、道真县上坝土家族乡、安顺市西秀区新场布依族苗族乡、安顺市西秀区鸡场布依族苗族乡、安顺市西秀区岩腊苗族布依族乡、安顺市西秀区杨武布依族苗族乡、安顺市西秀区黄腊布依族苗族乡、平坝县十字回族苗族乡、平坝县羊昌布依族苗族乡、普定县坪上苗族彝族布依族乡、普定县补郎苗族乡、普定县猫洞苗族仡佬族乡、普定县猴场苗族仡佬族乡、毕节市田坎彝族乡、毕节市大屯彝族乡、毕节市阿市苗族彝族乡、毕节市团结彝族苗族乡、毕节市千溪彝族苗族白族乡、毕节市阴底彝族苗族白族乡、黔西县花溪彝族苗族乡、黔西县定新彝族苗族乡、黔西县协和彝族苗族乡、黔西县钟山布依族彝族乡、黔西县绿化白族彝族乡、黔西县新仁苗族乡、黔西县红林彝族苗族乡、黔西县沙井苗族彝族仡佬族乡、黔西县中建苗族彝族乡、黔西县仁和彝族苗族乡、黔西县永燊彝族苗族乡、黔西县太来彝族苗族乡、黔西县铁石苗族彝族乡、黔西县金坡苗族彝族满族乡、黔西县五里布依族苗族乡、大方县竹园彝族苗族乡、大方县响水白族彝族仡佬族乡、大方县鼎新彝族苗族乡、大方县牛场苗族彝族乡、大方县理化苗族彝族乡、大方县安乐彝族仡佬族乡、大方县凤山彝族蒙古族乡、大方县百纳彝族乡、大方县三元彝族苗族白族乡、大方县普底彝族苗族白族乡、大方县沙厂彝族乡、大方县大水彝族苗族布依族乡、大方县黄泥彝族苗族蒙古族乡、大方县核桃苗族白族乡、大方县八堡彝族苗族乡、大方县兴隆苗族乡、大方县大山苗族彝族乡、大方县星宿苗族彝族仡佬族乡、金沙县石场苗族彝族乡、金沙县太平彝族苗族乡、金沙县箐门苗族彝族

地区	数量	乡镇名称
		仡佬族乡、金沙县马路彝族苗族乡、金沙县安洛苗族彝族满族乡、金沙县绿化苗族彝族满族乡、金沙县大田彝族苗族布依族乡、织金县三甲白族苗族乡、织金县宫寨苗族乡、织金县金龙苗族彝族布依族乡、织金县鸡场苗族彝族布依族乡、织金县自强苗族乡、织金县茶店布依族苗族彝族乡、织金县太平苗族彝族乡、织金县后寨苗族乡、纳雍县新房彝族苗族乡、纳雍县库东关彝族苗族白族乡、纳雍县董地苗族彝族乡、纳雍县化作苗族彝族乡、纳雍县姑开苗族彝族乡、纳雍县羊场苗族彝族乡、纳雍县锅圈岩苗族彝族乡、纳雍县昆寨苗族彝族白族乡、纳雍县左鸠戛彝族苗族乡、纳雍县猪场苗族彝族乡、威宁县新发布依族乡、赫章县兴发苗族彝族回族乡、赫章县松林白族彝族苗族乡、赫章县雉街彝族苗族乡、赫章县珠市彝族乡、赫章县双坪彝族乡、赫章县辅处彝族苗族乡、赫章县铁匠苗族乡、赫章县可乐彝族满族乡、赫章县河镇彝族苗族乡、赫章县结构彝族苗族乡、赫章县水塘堡彝族苗族乡、赫章县古达苗族彝族乡、铜仁市桐木坪侗族乡、铜仁市鱼塘侗族土家族苗族乡、铜仁市大坪侗族土家族苗族乡、铜仁市和平土家族侗族乡、铜仁市滑石侗族苗族土家族乡、铜仁市瓦层侗族乡、铜仁市六龙山侗族土家族乡、江口县太平土家族苗族乡、江口县桃映土家族苗族乡、江口县民和侗族土家族苗族乡、江口县德旺土家族苗族乡、江口县官和侗族土家族苗族乡、江口县怒溪土家族苗族乡、江口县坝盘土家族侗族苗族乡、石阡县青阳苗族仡佬族侗族乡、石阡县枫香仡佬族侗族乡、石阡县坪地仡佬族侗族乡、石阡县龙井侗族仡佬族乡、石阡县石固仡佬族侗族乡、石阡县坪山仡佬族侗族乡、石阡县甘溪仡佬族侗族乡、石阡县聚凤仡佬族侗族乡、石阡县大沙坝仡佬族侗族乡、思南县大河坝土家族苗族乡、思南县思林土家族苗族乡、思南县东华土家族苗族乡、思南县胡家湾苗族土家族乡、思南县宽坪土家族苗族乡、思南县亭子坝土家族苗族乡、思南县枫芸土家族苗族乡、思南县香坝土家族苗族乡、思南县长坝苗族土家族乡、思南县板桥苗族土家族乡、思南县三道水土家族苗族乡、思南县天桥土家族苗族乡、思南县兴隆土家族苗族乡、思南县杨家坳苗族土家族乡、德江县泉口土家族乡、德江县楠杆土家族乡、德江县复兴土家族乡、德江县合兴土家族乡、德江县河溪土家族乡、德江县长堡土家族乡、德江县桶井土家族乡、德江县共和土家族乡、德江县荆角土家族乡、德江县长丰土家族乡、德江县平原土家族乡、德江县高山土家族乡、德江县藏家土家族乡、德江县龙泉土家族乡、德江县堰塘土家族乡、万山特区下溪侗族乡、万山特区敖寨侗族乡、万山特区高楼坪侗族乡、万山特区黄道侗族乡
云南省	175	昆明市西山区团结彝族白族乡、昆明市西山区谷律彝族白族乡、昆明市西山区沙朗白族乡、富民县罗免彝族苗族乡、晋宁县夕阳彝族乡、晋宁县双河彝族乡、官渡区阿拉彝族乡、宜良县九乡彝族回族乡、宜良县耿家彝族苗族乡、昭通市昭阳区守望回族乡、昭通市昭阳区小龙洞回族彝族乡、昭通市昭阳区布嘎回族乡、昭通市昭阳区青岗岭回族彝族乡、鲁甸县桃源回族乡、鲁甸县茨院回族乡、大关县上高桥回族彝族苗族乡、永善县马楠苗族彝族乡、永善县伍寨彝族苗族乡、镇雄县坡头彝族苗族白族乡、镇雄县果珠彝族乡、镇雄县林口彝族苗族乡、镇雄县以古彝族苗族乡、彝良县龙街苗族彝族乡、彝良县奎香苗族彝族乡、彝良县树林彝族苗族乡、彝良县柳溪苗族乡、彝良县洛旺苗族乡、威信县双河苗族彝族乡、师宗县龙庆彝族壮族乡、师宗县五龙壮族乡、师宗县高良壮族苗族瑶族乡、罗平县长底布依族乡、罗平县旧屋基彝族乡、罗平县鲁布革布依族苗族乡、富源县古敢水族乡、会泽县新街回族乡、南华县雨露白族乡、大姚县湾碧傈僳族傣族乡、永仁县万马傣族乡、永仁县永兴傣族乡、武定县东坡傣族乡、武定县石蜡它苗族乡、玉溪市红塔区小石桥彝族乡、玉溪市红塔区洛河彝族乡、江川县安化彝族乡、通海县高大傣族彝族乡、通海县里山彝族乡、通海县兴蒙蒙古族乡、华宁县通红甸彝族苗族乡、易门县十街彝族乡、易门县浦贝彝族乡、易门县铜厂彝族乡、河口瑶族自治县桥头苗族壮族乡、金平苗族瑶族傣族自治县者米拉祜族乡、蒙自县期路白苗族乡、蒙自县老寨苗族乡、开远市大庄回族乡、红河县勐龙傣族乡、文山县东山彝族乡、文山县柳井彝族乡、文山县秉烈彝族乡、文山县红甸回族乡、文山县坝心彝族乡、砚山县阿舍彝族乡、砚山县维末彝族乡、砚山县盘龙彝族乡、砚山县干河彝族乡、丘北县舍得彝族乡、丘北县新店彝族乡、丘北县树皮彝族乡、丘北县八道哨彝族乡、丘北县腻脚彝族乡、麻栗坡县猛硐瑶族乡、富宁县洞波瑶族乡、澜沧拉祜族自治县东朗哈尼族乡、澜沧拉祜族自治县

地区	数量	乡镇名称
		酒井哈尼族乡、澜沧拉祜族自治县发展河哈尼族乡、澜沧拉祜族自治县惠民哈尼族乡、澜沧拉祜族自治县谦六彝族乡、澜沧拉祜族自治县文东佤族乡、澜沧拉祜族自治县安康佤族乡、澜沧拉祜族自治县雪林佤族乡、思茅市云仙彝族乡、思茅市龙潭彝族傣族乡、墨江哈尼族自治县孟弄彝族乡、墨江哈尼族自治县鱼塘彝族乡、西盟佤族自治县力所拉祜族乡、大理市太邑彝族乡、鹤庆县六合彝族乡、宾川县钟英傈僳族彝族乡、宾川县古底彝族乡、宾川县拉乌彝族乡、祥云县东山彝族乡、弥渡县牛街彝族乡、永平县北斗彝族乡、永平县厂街彝族乡、永平县水泄彝族乡、永平县永和彝族乡、云龙县表村傈僳族乡、云龙县团结彝族乡、华坪县龙洞傈僳族乡、华坪县永兴傈僳族乡、华坪县通达傈僳族乡、华坪县温泉傈僳族乡、华坪县文乐傈僳族乡、华坪县新庄傈僳族傣族乡、华坪县石龙坝彝族傈僳族乡、华坪县船房傈僳族傣族乡、永胜县羊坪彝族乡、永胜县东山傈僳族彝族乡、永胜县东风傈僳族乡、永胜县六德傈僳族彝族乡、永胜县大安彝族纳西族乡、永胜县光华傈僳族彝族乡、永胜县松坪傈僳族彝族乡、宁蒗彝族自治县翠玉傈僳族普米族乡、玉龙纳西族自治县金山白族乡、玉龙纳西族自治县九河白族乡、玉龙纳西族自治县石头白族乡、玉龙纳西族自治县黎明傈僳族乡、玉龙纳西族自治县仁和傈僳族乡、保山市隆阳区瓦窑白族彝族乡、保山市隆阳区瓦马彝族白族乡、保山市隆阳区汶上彝族苗族乡、保山市隆阳区瓦房彝族乡、保山市隆阳区杨柳白族彝族乡、保山市隆阳区潞江傣族乡、保山市隆阳区芒宽彝族傣族乡、施甸县摆榔彝族布朗族乡、施甸县木老元布朗族彝族乡、腾冲县荷花傣族佤族乡、龙陵县木城彝族傈僳族乡、昌宁县朱街彝族乡、昌宁县苟街彝族苗族乡、保山市昌宁县湾甸傣族乡、陇川县户撒阿昌族乡、潞西县三台山德昂族乡、梁河县囊宋阿昌族乡、梁河县九保阿昌族乡、盈江县苏典傈僳族乡、福贡县匹河怒族乡、泸水县洛本卓白族乡、泸水县老窝白族乡、中甸县三坝纳西族乡、德钦县霞若傈僳族乡、德钦县拖顶傈僳族乡、凤庆县永新彝族乡、凤庆县新华彝族苗族乡、凤庆县德思里彝族佤族乡、凤庆县腰街彝族乡、凤庆县郭大寨彝族白族乡、云县茂兰彝族布朗族乡、云县栗树彝族傣族乡、云县忙怀彝族布朗族乡、云县糯洒彝族傣族乡、云县后箐彝族乡、永德县大雪山彝族拉祜族傣族乡、永德县乌木龙彝族乡、永德县勐汞佤族乡、临沧县平村彝族傣族乡、临沧县南美拉祜族乡、耿马傣族佤族自治县芒洪拉祜族布朗族乡、耿马傣族佤族自治县福荣拉祜族傈僳族乡、沧源佤族自治县勐角傣族彝族拉祜族乡、镇康县军赛佤族拉祜族傈僳族德昂族乡、景洪市基诺山基诺族乡、景洪市景哈哈尼族乡、勐腊县勐润哈尼族乡、勐腊县瑶区瑶族乡、勐腊县象明彝族乡、勐腊县曼腊彝族瑶族乡、勐腊县格朗和哈尼族乡、勐海县布朗山布朗族乡、勐海县西定哈尼族乡、勐海县巴达布朗族哈尼族乡
西藏自治区	8	错那县麻玛门巴族乡、错那县贡日门巴族乡、错那县基巴门巴族乡、错那县勒布区勒门巴族乡、林芝县排龙门巴族乡、米林县南伊珞巴族乡、墨脱县达木珞巴族乡、芒康县下盐井纳西族乡
陕西省	3(其中民族镇3)	安县西口回族镇、镇安县茅坪回族镇、宁陕县江口回族镇
甘肃省	36	临夏县井沟东乡族乡、和政县梁家寺东乡族乡、临夏县安家坡东乡族乡、广河县阿里麻土东乡族乡、临潭县长川回族乡、临潭县卓洛回族乡、临潭县古战回族乡、卓尼县勺哇土族乡、徽县东关回族乡、礼县白关坡回族乡、文县铁楼藏族乡、武都县坪垭藏族乡、武都县磨坝藏族乡、宕昌县新城子藏族乡、宕昌县宫鹅藏族乡、酒泉市黄泥堡裕固族乡、玉门市小金湾东乡族乡、天祝藏族自治县朱岔土族乡、会宁县新添堡回族乡、正宁县五顷源回族乡、平凉市峡门回族乡、华亭县神峪回族乡、华亭县山寨回族乡、平凉市白庙回族乡、平凉市大秦回族乡、平凉市寨河回族乡、平凉市大寨回族乡、平凉市西阳回族乡、平凉市上杨回族乡、肃南裕固族自治县祁文藏族乡、肃南裕固族自治县祁青藏族乡、肃南裕固族自治县铧尖藏族乡、肃南裕固族自治县泱翔藏族乡、肃南裕固族自治县西水藏族乡、肃南裕固族自治县白银蒙古族乡、张掖市平山湖蒙古族乡

地区	数量	乡镇名称
青海省	30	大通回族土族自治县朔北藏族乡、大通回族土族自治县向化藏族乡、湟中县群加藏族乡、湟中县大才回族乡、湟中县汉东回族乡、湟源县日月藏族乡、平安县古城回族乡、平安县沙沟回族乡、平安县巴藏沟回族乡、平安县石灰窑回族乡、平安县洪水泉回族乡、民和回族土族自治县杏儿藏族乡、乐都县下营藏族乡、乐都县中坝藏族乡、乐都县达拉土族乡、互助土族自治县松多藏族乡、互助土族自治县巴扎藏族乡、化隆回族自治县支扎藏族乡、化隆回族自治县雄先藏族乡、化隆回族自治县查甫藏族乡、化隆回族自治县金源藏族乡、化隆回族自治县塔加藏族乡、循化撒拉族自治县道帏藏族乡、循化撒拉族自治县尕楞藏族乡、循化撒拉族自治县岗察藏族乡、循化撒拉族自治县文都藏族乡、贵德县新街回族乡、门源回族自治县皇城蒙古族乡、海晏县哈勒景蒙古族乡、海晏县托勒蒙古族乡
新疆维吾尔自治区	42	鄯善县东巴回族乡、皮山县瑙阿巴提塔吉克族乡、皮山县康克尔柯尔克孜族乡、和硕县乌什塔拉回族乡、奇台县大泉塔塔尔族乡、奇台县五马场哈萨克族乡、奇台县乔仁哈萨克族乡、木垒哈萨克自治县大南沟乌孜别克族乡、玛纳斯县旱卡子滩哈萨克族乡、玛纳斯县塔西河哈萨克族乡、玛纳斯县清水河哈萨克族乡、阜康市三工河哈萨克族乡、阜康市上户沟哈萨克族乡、昌吉市阿什里哈萨克族乡、呼图壁县石梯子哈萨克族乡、米泉市白杨河哈萨克族乡、阿克陶县塔尔塔吉克族乡、塔什库尔干塔吉克自治县科克亚柯尔克孜族乡、泽普县布依鲁克塔吉克族乡、莎车县孜热普提塔吉克族乡、察布查尔锡伯自治县米粮泉回族乡、特克斯县科克铁热克柯尔克孜族乡、特克斯县呼吉尔特蒙古族乡、伊宁县愉群翁回族乡、尼勒克县科克浩特浩尔蒙古族乡、霍城县伊车嘎善锡伯族乡、霍城县三宫回族乡、昭苏县胡松图喀尔逊蒙古族乡、昭苏县察汗乌苏蒙古族乡、昭苏县夏特柯尔克孜族乡、塔城市阿西尔达斡尔族乡、乌苏市塔布勒合特蒙古族乡、乌苏市吉尔格勒特郭楞蒙古族乡、额敏县额玛勒特郭楞蒙古族乡、额敏县霍吉尔特蒙古族乡、乌什县雅曼苏柯尔克孜族乡、温宿县包孜东柯尔克孜族乡、伊吾县前山哈萨克族乡、哈密市德外里克哈萨克族乡、哈密市乌拉台哈萨克族乡、布尔津县乔木哈纳斯蒙古族乡、阿勒泰市汗德尕特蒙古族乡

注：全国合计共有民族乡(镇)1173个(分布在27个省、自治区、直辖市)，其中民族镇36个(分布在8个省)。

■中国市辖民族区一览表

地区	市辖民族区名称
内蒙古	呼和浩特市回族区
黑龙江	齐齐哈尔市梅里斯达斡尔族区
河南	郑州市管城回族区 洛阳市廛河回族区 开封市顺河回族区

注：全国现有市辖“民族区”5个。

中国陆地边境县、牧区半农半牧区县、民族贸易县、民族自治地方国家扶贫工作重点县名单

■中国陆地边境县(旗)、市(市辖区)一览表

地区	自治州(盟、地、市)	县、旗、市(市辖区)
内蒙古自治区	包头市	达尔罕茂明安联合旗
	乌兰察布盟	四子王旗
	锡林郭勒盟	二连浩特市　阿巴嘎旗　东乌珠穆沁旗　苏尼特左旗　苏尼特右旗
	呼伦贝尔盟	满洲里市　额尔古纳市　陈巴尔虎旗　新巴尔虎左旗　新巴尔虎右旗
	巴彦淖尔盟	乌拉特中旗　乌拉特后旗
	阿拉善盟	阿拉善左旗　阿拉善右旗　额济纳旗
	兴安盟	阿尔山市　科尔沁右翼前旗
辽宁省	丹东市	振安区　元宝区　振兴区　东港市　宽甸满族自治县
吉林省	通化市	集安市
	白山市	八道江区　临江市　抚松县　长白朝鲜族自治县
	延边朝鲜族自治州	图们市　龙井市　珲春市　和龙市　安图县
黑龙江省	鹤岗市	萝北县　绥滨县
	双鸭山市	饶河县
	鸡西市	密山市　虎林市　鸡东县
	伊春市	嘉荫县
	牡丹江市	绥芬河市　东宁县
	佳木斯市	同江市　抚远县
	黑河市	爱辉区　逊克县　孙吴县
	大兴安岭地区	呼玛县　塔河县　漠河县

<table>
<tr><th>地区</th><th>自治州(盟、地、市)</th><th colspan="2">县、旗、市(市辖区)</th></tr>
<tr><td rowspan="3">广西壮族自治区</td><td>防城港市</td><td colspan="2">防城区　东兴市</td></tr>
<tr><td>南宁地区</td><td colspan="2">凭祥市　大新县　宁明县　龙州县</td></tr>
<tr><td>百色地区</td><td colspan="2">靖西县　那坡县</td></tr>
<tr><td rowspan="9">云南省</td><td>思茅地区</td><td colspan="2">澜沧拉祜族自治县　江城哈尼族彝族自治县
西盟佤族自治县　孟连傣族拉祜族佤族自治县</td></tr>
<tr><td>临沧地区</td><td colspan="2">镇康县　沧源佤族自治县　耿马傣族佤族自治县</td></tr>
<tr><td>保山地区</td><td colspan="2">龙陵县　腾冲县</td></tr>
<tr><td>文山壮族苗族自治州</td><td colspan="2">麻栗坡县　马关县　富宁县</td></tr>
<tr><td>红河哈尼族彝族自治州</td><td colspan="2">绿春县　金平苗族瑶族傣族自治县　河口瑶族自治县</td></tr>
<tr><td>西双版纳傣族自治州</td><td colspan="2">景洪市　勐海县　勐腊县</td></tr>
<tr><td>德宏傣族景颇族自治州</td><td colspan="2">潞西市　瑞丽市　盈江市　陇川县</td></tr>
<tr><td>怒江傈僳族自治州</td><td colspan="2">泸水县　福贡县　贡山独龙族怒族自治县</td></tr>
<tr><td rowspan="4">西藏自治区</td><td>山南地区</td><td colspan="2">洛札县　错那县　浪卡子县</td></tr>
<tr><td>日喀则地区</td><td colspan="2">定结县　定日县　康马县　聂拉木县　吉隆县　亚东县　岗巴县　仲巴县　萨嘎县</td></tr>
<tr><td>阿里地区</td><td colspan="2">噶尔县　普兰县　日土县　札达县</td></tr>
<tr><td>林芝地区</td><td colspan="2">墨脱县　察隅县</td></tr>
<tr><td>甘肃省</td><td>酒泉地区</td><td colspan="2">肃北蒙古族自治县</td></tr>
<tr><td rowspan="10">新疆维吾尔自治区</td><td>哈密地区</td><td colspan="2">哈密市　伊吾县　巴里坤哈萨克自治县</td></tr>
<tr><td>和田地区</td><td colspan="2">和田市　皮山县</td></tr>
<tr><td>阿克苏地区</td><td colspan="2">温宿县　乌什县</td></tr>
<tr><td>喀什地区</td><td colspan="2">叶城县　塔什库尔干塔吉克自治县</td></tr>
<tr><td>克孜勒苏柯尔克孜自治州</td><td colspan="2">阿图什市　阿合奇县　乌恰县　阿克陶县</td></tr>
<tr><td>昌吉回族自治州</td><td colspan="2">奇台县　木垒哈萨克自治县</td></tr>
<tr><td>博尔塔拉蒙古自治州</td><td colspan="2">博乐市　温泉县</td></tr>
<tr><td rowspan="3">伊犁哈萨克自治州</td><td>伊犁地区</td><td>昭苏县　霍城县　察布查尔锡伯自治县</td></tr>
<tr><td>塔城地区</td><td>塔城市　额敏县　裕民县　托里县
和布克赛尔蒙古自治县</td></tr>
<tr><td>阿勒泰地区</td><td>阿勒泰市　青河县　吉木乃县　富蕴县　布尔津县
福海县　哈巴河县</td></tr>
</table>

注：1. 名单顺序按民政部编《中华人民共和国行政区划简册》排列。

2. 统计口径以沿陆地国境线的县级行政区划为单位。

3. 资料截止时间为2002年12月31日。

4. 新疆建设兵团56个边境团场暂未列入本表。

中国牧区、半农半牧区县(旗)一览表

地区	分类	县数	县(旗)名单
河北	半农半牧区	6	张北、康保、沽源、尚义、丰宁、围场
山西	半农半牧区	1	右玉
内蒙古	牧区	33	阿鲁科尔沁、巴林右、巴林左、克什克腾、翁牛特、鄂温克、新巴尔虎右、新巴尔虎左、陈巴尔虎、科尔沁右翼中、科尔沁左翼中、科尔沁左翼后、扎鲁特、锡林浩特市、阿巴嘎、苏尼特左、苏尼特右、东乌珠穆沁、西乌珠穆沁、镶黄、正镶白、正蓝、达茂、四子王、鄂托克前、鄂托克、杭锦、乌审、乌拉特中、乌拉特后、阿拉善左、阿拉善右、额济纳
	半农半牧区	20	林西、敖汉、扎兰屯市、阿荣、莫力达瓦、科尔沁右翼前、扎赉特、突泉、开鲁、库伦、奈曼、太仆寺、察右中、察右后、东胜市、达拉特、准格尔、伊金霍洛、磴口、乌拉特前
辽宁	半农半牧区	6	阜新、彰武、康平、北票市、建平、喀左
吉林	牧区	1	通榆
	半农半牧区	7	双辽、扶余、长岭、前郭尔罗斯、大安、镇赉、乾安
黑龙江	牧区	7	龙江、甘南、杜尔伯特、富裕、安达、青冈、肇源
	半农半牧区	8	泰来、林甸、同江、虎林、肇东、兰西、肇州、明水
四川	牧区	10	松潘、壤塘、阿坝、若尔盖、红原、德格、白玉、石渠、色达、理塘
	半农半牧区	38	汶川、理县、茂县、九寨沟、金川、小金、黑水、马尔康、康定、泸定、丹巴、九龙、雅江、道孚、炉霍、甘孜、新龙、巴塘、乡城、稻城、得荣、西昌市、木里、盐源、德昌、会理、会东、宁南、普格、布拖、金阳、昭觉、喜德、冕宁、越西、甘洛、美姑、雷波
西藏	牧区	13	当雄、仲巴、萨嘎、那曲、嘉黎、聂荣、安多、申扎、班戈、巴青、革吉、改则、措勤
	半农半牧区	24	林周、昌都、江达、贡觉、类乌齐、丁青、察雅、八宿、曲松、措美、错那、昂仁、谢通门、比如、索县、普兰、札达、噶尔、日土、工布江达、浪卡子、康马、亚东、岗巴
甘肃	牧区	7	肃北、阿克塞、肃南、天祝、玛曲、碌曲、夏河
	半农半牧区	12	永登、永昌、靖远、安西、山丹、民勤、漳县、岷县、环县、华池、卓尼、迭部
青海	牧区	26	祁连、海晏、刚察、泽库、河南、共和、同德、兴海、贵南、玛沁、班玛、甘德、达日、久治、玛多、玉树、杂多、称多、治多、囊谦、曲麻莱、格尔木市、德令哈市、乌兰、都兰、天峻
	半农半牧区	4	门源、同仁、尖扎、贵德
宁夏	牧区	1	盐池
	半农半牧区	2	同心、海原
新疆	牧区	22	伊吾、木垒、温泉、和静、阿合奇、乌恰、塔什库尔干、民丰、新源、昭苏、特克斯、尼勒克、托里、裕民、和布克赛尔、阿勒泰市、布尔津、富蕴、福海、哈巴河、青河、吉木乃
	半农半牧区	15	乌鲁木齐、哈密、巴里坤、奇台、博乐市、精河、尉犁、且末、和硕、温宿、沙雅、阿克陶、巩留、塔城市、额敏

注:全国共有牧区县和半农半牧区县263个,其中:牧区县120个,半农半牧区县143个。

■中国民族贸易县(旗)、市一览表

地区	数量	县(旗、市)名称
河北	5	青龙满族自治县、丰宁满族自治县、围场满族蒙古族自治县、宽城满族自治县、孟村回族自治县
内蒙古	57	苏尼特左旗、阿巴嘎旗、西乌珠穆沁旗、镶黄旗、正镶白旗、正蓝旗、苏尼特右旗、东乌珠穆沁旗、多伦县、太仆寺旗、达尔罕茂明安联合旗、四子王旗、商都县、化德县、察哈尔右翼前旗、察哈尔右翼右旗、察哈尔右翼后旗、乌拉特中旗、乌拉特后旗、鄂托克旗、杭锦旗、准格尔旗、乌审旗、伊金霍洛旗、鄂托克前旗、林西县、巴林右旗、阿鲁科尔沁旗、克什克腾旗、翁牛特旗、巴林左旗、宁城县、敖汉旗、喀喇沁旗、科尔沁右翼前旗、扎赉特旗、科尔沁左翼后旗、科尔沁右翼中旗、库伦旗、奈曼旗、扎鲁特旗、陈巴尔虎旗、新巴尔虎左旗、新巴尔虎右旗、额尔古纳左旗、鄂温克族自治旗、莫力达瓦达斡尔族自治旗、鄂伦春自治旗、阿拉善左旗、阿拉善右旗、额济纳旗、科尔沁左翼中旗、托克托县、清水河县、武川县、和林格尔县、固阳县
辽宁	5	阜新蒙古族自治县、喀喇沁左翼蒙古族自治县、新宾满族自治县、岫岩满族自治县、桓仁满族自治县
吉林	3	安图县、长白朝鲜族自治县、龙井市、和龙市、汪清县
黑龙江	1	杜尔伯特蒙古族自治县
浙江	1	景宁畲族自治县
湖北	10	来凤县、鹤峰县、咸丰县、利川市、巴东县、建始县、宣恩县、恩施市、五峰土家族自治县、长阳土家族自治县
湖南	12	龙山县、桑植县、永顺县、保靖县、花垣县、古丈县、泸溪县、凤凰县、新晃侗族自治县、通道侗族自治县、城步苗族自治县、江华瑶族自治县
广东	3	连山壮族瑶族自治县、连南瑶族自治县、乳源瑶族自治县
广西	34	那坡县、凌云县、乐业县、西林县、隆林各族自治县、平果县、田林县、德保县、靖西县、田东县、马山县、上林县、天等县、大新县、龙州县、宁明县、隆安县、上思县、巴马瑶族自治县、环江毛南族自治县、罗城仫佬族自治县、东兰县、凤山县、都安瑶族自治县、天峨县、南丹县、大化瑶族自治县、金秀瑶族自治县、融水苗族自治县、三江侗族自治县、忻城县、资源县、龙胜各族自治县、富川瑶族自治县
海南	8	保亭黎族苗族自治县、白沙黎族自治县、乐东黎族自治县、琼中黎族苗族自治县、东方黎族自治县、陵水黎族自治县、昌江黎族自治县、通什市
重庆	5	酉阳土家族苗族自治县、秀山土家族苗族自治县、黔江区、彭水苗族土家族自治县、石柱土家族自治县
四川	51	马尔康县、茂县、红原县、阿坝县、汶川县、若尔盖县、理县、黑水县、小金县、松潘县、金川县、九寨沟县、壤塘县、峨边彝族自治县、马边彝族自治县、冕宁县、宁南县、德昌县、会东县、会理县、昭觉县、金阳县、甘洛县、布拖县、普格县、喜德县、雷波县、越西县、美姑县、木里藏族自治县、盐源县、米易县、盐边县、康定县、九龙县、炉霍县、甘孜县、雅江县、新龙县、道孚县、白玉县、理塘县、德格县、乡城县、石渠县、稻城县、色达县、巴塘县、泸定县、德荣县、丹巴县

地区	数量	县(旗、市)名称
贵州	50	道真仡佬族苗族自治县、剑河县、台江县、黎平县、榕江县、从江县、雷山县、丹寨县、黄平县、锦屏县、天柱县、麻江县、施秉县、镇远县、三穗县、岑巩县、荔波县、罗甸县、惠水县、三都水族自治县、平塘县、独山县、长顺县、贵定县、龙里县、福泉县、瓮安县、松桃苗族自治县、沿河土家族自治县、印江土家族苗族自治县、卢丰县、望谟县、册亨县、安龙县、晴隆县、兴仁县、普安县、威宁彝族回族苗族自治县、赫章县、纳雍县、镇宁布依族苗族自治县、紫云苗族布依族自治县、关岭布依族苗族自治县、大方县、黔西县、织金县、金沙县、水城县、盘县特区、六枝特区、务川仡佬族苗族自治县
云南	68	富宁县、麻栗坡县、马关县、文山县、砚山县、丘北县、广南县、西畴县、屏边苗族自治县、河口瑶族自治县、金平苗族瑶族傣族自治县、绿春县、元阳县、红河县、泸西县、石屏县、武定县、禄劝彝族自治县、石林彝族自治县、巍山彝族回族自治县、南涧彝族自治县、漾濞彝族自治县、剑川县、鹤庆县、云龙县、弥渡县、洱源县、祥云县、宾川县、永平县、景谷傣族彝族自治县、江城哈尼族彝族自治县、孟连傣族拉祜族佤族自治县、西盟佤族自治县、澜沧拉祜族自治县、墨江哈尼族自治县、峨山彝族自治县、新平彝族傣族自治县、元江哈尼族彝族傣族自治县、勐海县、勐腊县、潞西县、陇川县、盈江县、梁河县、福贡县、泸水县、贡山独龙族怒族自治县、兰坪白族普米族自治县、香格里拉县、维西傈僳族自治县、德钦县、宁蒗彝族自治县、丽江纳西族自治县、耿马傣族佤族自治县、镇康县、沧源佤族自治县、双江拉祜族佤族布朗族傣族自治县、寻甸回族彝族自治县、景东彝族自治县、镇源彝族哈尼族拉祜族自治县、龙陵县、南华县、牟定县、大姚县、双柏县、永仁县、姚安县
甘肃	20	张家川回族自治县、临潭县、舟曲县、玛曲县、夏河县、卓尼县、迭部县、碌曲县、临夏市、临夏县、永靖县、和政县、康乐县、广河县、东乡族自治县、积石山保安族东乡族撒拉族自治县、天祝藏族自治县、肃南裕固族自治县、肃北蒙古族自治县、阿克塞哈萨克族自治县
青海	33	门源回族自治县、祁连县、刚察县、海晏县、尖扎县、同仁县、河南蒙古族自治县、泽库县、贵德县、同德县、兴海县、贵南县、共和县、玛沁县、班玛县、甘德县、达日县、久治县、玛多县、玉树县、杂多县、称多县、治多县、囊谦县、曲麻莱县、乌兰县、都兰县、天峻县、循化撒拉族自治县、化隆回族自治县、互助土族自治县、民和回族土族自治县、大通回族土族自治县
宁夏	9	同心县、盐池县、固原县、西吉县、泾源县、海原县、隆德县、灵武县、彭阳县
新疆	53	且末县、若羌县、和静县、和田市、和田县、皮山县、洛浦县、民丰县、策勒县、墨玉县、于田县、坷坪县、乌什县、温宿县、喀什市、巴楚县、伽师县、疏附县、疏勒县、英吉沙县、岳普湖县、麦盖提县、莎车县、泽普县、塔什库尔干塔吉克自治县、叶城县、尼勒克县、新源县、巩留县、伊吾县、巴里坤哈萨克自治县、阿图什市、阿克陶县、阿合奇县、乌恰县、奇台县、木垒哈萨克自治县、温泉县、察布查尔锡伯自治县、霍城县、昭苏县、特克斯县、和布克赛尔蒙古自治县、裕民县、额敏县、托里县、阿勒泰市、布尔津县、青河县、哈巴河县、富蕴县、福海县、吉木乃县

注:吉林省珲春市和新疆维吾尔自治区博乐市、塔城市、焉耆回族自治县境内距县城(市区)100 公里以上,交通不便,少数民族聚居的16个乡镇按民族贸易县内的乡镇对待,享受国家有关民族贸易优惠政策。

■民族自治地方国家扶贫工作重点县一览表

地区	数量	县(旗、市)名称
河北	5	丰宁满族自治县、宽城满族自治县、围场满族蒙古族自治县、青龙满族自治县、孟村回族自治县
内蒙古	31	托克托县、武川县、和林格尔县、清水河县、固阳县、达尔罕茂明安联合旗、宁城县、林西县、巴林左旗、巴林右旗、克什克腾旗、翁牛特旗、喀喇沁旗、敖汉旗、库伦旗、奈曼旗、科尔沁右翼中旗、扎赉特旗、多伦县、太仆寺旗、化德县、商都县、察哈尔右翼前旗、察哈尔右翼中旗、察哈尔右翼后旗、四子王旗、准格尔旗、鄂托克前旗、杭锦旗、乌审旗、伊金霍洛旗
吉林	4	龙井市、和龙市、汪清县、安图县
黑龙江	1	杜尔伯特蒙古族自治县
湖北	9	长阳土家族自治县、恩施市、利川市、建始县、巴东县、宣恩县、咸丰县、来凤县、鹤峰县
湖南	11	桑植县、江华瑶族自治县、城步苗族自治县、通道侗族自治县、泸溪县、凤凰县、花垣县、保靖县、古丈县、永顺县、龙山县
广西	28	龙胜各族自治县、隆安县、马山县、天等县、龙州县、田东县、平果县、德保县、靖西县、那坡县、凌云县、乐业县、西林县、田林县、隆林各族自治县、南丹县、天峨县、凤山县、东兰县、巴马瑶族自治县、都安瑶族自治县、大化瑶族自治县、罗城仫佬族自治县、环江毛南族自治县、忻城县、三江侗族自治县、融水苗族自治县、金秀瑶族自治县
海南	5	五指山市、白沙黎族自治县、琼中黎族苗族自治县、陵水黎族自治县、保亭黎族苗族自治县
重庆	5	黔江区、石柱土家族自治县、彭水苗族土家族自治县、酉阳土家族苗族自治县、秀山土家族苗族自治县
四川	20	马边彝族自治县、小金县、黑水县、壤塘县、雅江县、新龙县、石渠县、色达县、理塘县、盐源县、普格县、布拖县、金阳县、昭觉县、喜德县、越西县、甘洛县、美姑县、雷波县、木里藏族自治县
贵州	36	道真仡佬族苗族自治县、务川仡佬族苗族自治县、关岭布依族苗族自治县、镇宁布依族苗族自治县、紫云苗族布依族自治县、威宁彝族回族苗族自治县、印江土家族苗族自治县、沿河土家族自治县、松桃苗族自治县、黄平县、施秉县、三穗县、岑巩县、天柱县、锦屏县、剑河县、台江县、黎平县、榕江县、从江县、雷山县、麻江县、丹寨县、荔波县、独山县、平塘县、罗甸县、长顺县、三都水族自治县、兴仁县、普安县、晴隆县、贞丰县、望谟县、册亨县、安龙县
云南	51	禄劝彝族苗族自治县、寻甸回族彝族自治县、宁蒗彝族自治县、普洱哈尼族彝族自治县、墨江哈尼族自治县、景东彝族自治县、镇沅彝族哈尼族拉祜族自治县、江城哈尼族彝族自治县、孟连傣族拉祜族佤族自治县、澜沧拉祜族自治县、西盟佤族自治县、双江拉祜族佤族布朗族傣族自治县、沧源佤族自治县、梁河县、泸水县、福贡县、贡山独龙族怒族自治县、兰坪白族普米族自治县、香格里拉县、德钦县、维西傈僳族自治县、弥渡县、永平县、云龙县、洱源县、剑川县、鹤庆县、漾濞彝族自治县、南涧彝族自治县、巍山彝族回族自治县、双柏县、南华县、姚安县、大姚县、永仁县、武定县、绿春县、泸西县、元阳县、红河县、金平苗族瑶族傣族自治县、屏边苗族自治县、文山县、砚山县、西畴县、麻栗坡县、马关县、丘北县、广南县、富宁县、勐腊县
甘肃	14	张家川回族自治县、天祝藏族自治县、临夏县、康乐县、永靖县、广河县、和政县、东乡族自治县、积石山保安族东乡族撒拉族自治县、合作市、临潭县、卓尼县、舟曲县、夏河县
青海	12	大通回族土族自治县、民和回族土族自治县、化隆回族自治县、循化撒拉族自治县、尖扎县、泽库县、甘德县、达日县、玉树县、杂多县、治多县、囊谦县
宁夏	8	盐池县、同心县、固原县、海原县、西吉县、隆德县、泾源县、彭阳县
新疆	27	疏附县、疏勒县、英吉沙县、莎车县、叶城县、岳普湖县、伽师县、塔什库尔干塔吉克自治县、乌什县、柯坪县、和田县、墨玉县、皮山县、洛浦县、策勒县、于田县、民丰县、巴里坤哈萨克自治县、阿图什市、阿克陶县、阿合奇县、乌恰县、尼勒克县、察布查尔锡伯自治县、托里县、青河县、吉木乃县
西藏	74	拉萨市城关区、林周县、当雄县、尼木县、曲水县、堆龙德庆县、达孜县、墨竹工卡县、那曲县、嘉黎县、比如县、聂荣县、安多县、申扎县、索县、班戈县、巴青县、尼玛县、昌都县、江达县、贡觉县、类乌齐县、丁青县、察雅县、八宿县、左贡县、芒康县、洛隆县、边坝县、林芝县、工布江达县、米林县、墨脱县、波密县、察隅县、朗县、乃东县、扎囊县、贡嘎县、桑日县、琼结县、曲松县、措美县、洛扎县、加查县、隆子县、错那县、浪卡子县、日喀则市、南木林县、江孜县、定日县、萨迦县、拉孜县、昂仁县、谢通门县、白朗县、仁布县、康马县、定结县、仲巴县、亚东县、吉隆县、聂拉木县、萨嘎县、岗巴县、樟木口岸办事处、噶尔县、普兰县、札达县、日土县、革吉县、改则县、措勤县

中国民族特需用品定点生产企业、产品名录

■中国民族特需用品定点生产企业、产品一览表

定点企业名称	民族特需用品名称
北京市(10家)	
北京市腾远工贸有限责任公司	民族系列景泰蓝制品等
北京市珐琅厂	民族系列景泰蓝制品
北京市剧装厂	少数民族服装、少数民族特殊用途服装
北京东方燕都经贸有限公司	少数民族手工地毯、壁挂毯、炕毯、礼拜毯、马鞍座垫毯等
北京市金属工艺品厂	铜锅、银碗、托盘、铜制奶茶荷叶壶、蒙古刀、民族茶壶
北京市金漆镶嵌厂	少数民族家具、骨雕、漆器工艺品等
北京市清真食品公司	灯用酥油
北京工美集团有限责任公司	真丝交织绸、织锦绸等少数民族针纺织品、少数民族服装、少数民族帽、少数民族家具、少数民族工艺美术品、少数民族乐器、蒙古刀等
北京市美术红灯厂	仿古仿旧民族文物及民族建筑装饰用品、镜屏、少数民族戏曲戏剧用品、民族艺术装饰用品、少数民族家具、灯须、排须、挂须等
北京市宣武玉器厂	具有少数民族特色的玉雕工艺品等
天津市(14家)	
天津市首饰厂	民族系列景泰蓝,具有少数民族特色的金、银、铜、玉、珠宝等饰品
天津市第三食品厂	以牛羊脂为原料的肥皂
天津塑料集团有限公司第二塑料制品厂	牧区用塑料棚膜
天津市乐器厂	铜锣、巴乌、铜响器
天津市天发重型水电设备制造有限公司	微型水轮发电机
天津市华龙珠宝首饰有限公司	具有少数民族特色的金、银、铜、玉、珠宝等饰品
天津市万鑫特工贸有限公司	少数民族绸缎及服装
天津市东方工艺铸造模具研制所	仿古仿旧民族文物及民族建筑装饰用品
天津市隆兴集团地毯有限公司	少数民族手工地毯、礼拜毯、壁(挂)毯

定点企业名称	民族特需用品名称
天津市天河金属制品厂	酥油壶
天津市旅游帐篷厂	维、蒙、哈萨克、藏等各少数民族帐篷
天津市工艺雕刻厂	漆器工艺品
天津市盛锡福帽业公司	家庭牧场移管式喷灌设备、山区用微型粉碎机、坎土镘、
天津市五洋巾毯织物有限公司	贝母锄、月亮锄、板锄
河北省(20 家)	
河北古城香业集团股份有限公司	卫生香、藏香等
唐山陶瓷股份有限公司	49 头维吾尔餐具、民族花碗、手把壶等
河北省定兴县丽华制帽厂	礼帽、毡礼帽等
河北蓝鸟家具有限公司	蒙古族酒柜、回式桌柜、八仙桌等
邯郸陶瓷(集团)总公司第四瓷厂	49 头维吾尔餐具、42 头藏族餐具、民族花碗、穆斯林花面餐具等
石家庄南风日化有限责任公司	以牛、羊油脂为原料的肥皂、香皂
深州市东方轻工工艺有限公司	民族系列景泰蓝、民族花丝工艺白件、民族艺术装饰用品等
衡水市特种工艺厂	民族系列景泰蓝制品
张家口市清真肉类有限公司	灯用酥油
石家庄市回民食品厂	灯用酥油
中航(保定)惠腾风电设备有限公司	风力发电装置
河北宁纺集团有限责任公司	民族红兰布、扎染品、白棉布、苏立绒
邢台方圆纺织印染(集团)有限责任公司	白棉布、扎染品、蜡染品等
石家庄常山纺织股份有限公司	白棉布、交织棉绸、红兰布等
龙腾艺术馆	民族艺术装饰用品
邯郸印染有限公司	蜡染品、扎染品、民族红兰布等
张家口市大为纺织有限公司	民族用提花毛毯、挂毯、炕毯等
河北鸣鹿服装集团公司	少数民族服装系列
大厂民族工艺品实业有限责任公司	花丝工艺摆件、银碗、蒙古刀
河北雪驰工贸股份有限公司	少数民族服装
山西省(14 家)	
山西征宇喷灌有限公司	家庭牧场用移管式喷灌设备
山西宏艺首饰股份有限公司	少数民族特色的金、银饰品
山西长治回民化学有限公司	以牛羊脂为原料的香皂、肥皂等
长子县回民皮件有限公司	少数民族服装
阳泉恒源纺织有限公司	白棉布、民族红兰布、毛兰布
山西省五台山风景区工艺美术公司	民族特色木碗、银碗、民族系列景泰蓝、民族花丝工艺摆件

定点企业名称	民族特需用品名称
山西云河纺织集团有限责任公司	白棉布、民族红兰布、毛兰布
山西绿洲纺织有限公司	白棉布、民族包、苗族裙子麻布、侗族被单等
昔阳县太行地毯厂	少数民族手工地毯、壁(挂)毯
山西卓里集团有限公司	家庭牧场移管式喷灌设备、山区用微型粉碎机、坎土镘、贝母锄、月亮锄、板锄
山西省临汾地区侯马纺织厂	白棉布
晋城东方玻璃制品有限公司	高脚果盘、民族茶盘
山西塑料总厂	牧区用塑料棚膜、家庭牧场用移管式喷灌设备等
山西闻喜三五三一工厂	民族胶套鞋
内蒙古自治区(111家)	
呼和浩特市民族纸箱包装有限责任公司	少数民族服装、少数民族帽鞋
内蒙古森木民族用品有限责任公司	蒙古包构件、漆器工艺品
内蒙古大唐药业有限公司	少数民族成药
内蒙古舞美演出服装公司	少数民族服装、舞台服装
呼和浩特市民族服装厂	少数民族服装
内蒙古乾坤金银精炼股份有限公司	具有少数民族特色的金、银、珠宝饰品,金银箔
呼和浩特市清水河县蒙华绒毛制品公司	少数民族手工地毯
内蒙古民众复合材料有限责任公司	蒙古包构件
内蒙古外贸工艺品厂	具有少数民族特色的金、银、铜、玉、珠宝等饰品
呼和浩特市土默特左旗兴发木制品公司	蒙古族酒柜、炕桌、炕柜
包头市帆布制品厂	蒙古包构件
包头市万青网围栏厂	网围栏
包头市天骄民族服装刺绣厂	少数民族服装、少数民族绣品
包头市青山区吉祥制衣厂	少数民族服装
内蒙古恒特利地毯皮毛有限责任公司	少数民族手工地毯
赤峰市克旗天泰皮革皮毛有限责任公司	少数民族手工地毯、壁毯、毛毡
赤峰市克旗森源玩具有限责任公司	八仙桌、蒙古包构件
赤峰市金碧药业有限公司	牧区牛、羊等牲畜用兽药
赤峰市松山区兽药厂	牧区牛、羊等牲畜用兽药
赤峰市彩世印刷有限公司	少数民族文字印刷品
赤峰市林西县民族福利厂	毛毡
赤峰市宇华民族工艺美术厂	具有少数民族特色的工艺美术品
内蒙古力王工艺美术有限责任公司	挂毯、少数民族手工地毯

定点企业名称	民族特需用品名称
赤峰市林东民族塑料棚膜厂	牧区用塑料棚膜、活动羊圈
赤峰市天奇制药有限责任公司	少数民族成药
赤峰市宁城草原地毯厂	少数民族手工地毯
赤峰市宁城海河山野菜食品有限公司	少数民族刺绣品
赤峰市大旺金属制造有限公司	网围栏
赤峰市阿旗白音民族工艺品有限公司	少数民族服装、少数民族帽
赤峰市森堡印刷有限公司	少数民族文字印刷品
赤峰市敖汉旗长虹地毯厂	少数民族手工地毯、马鞍座垫毯
赤峰市巴林右旗绒毛股份合作公司	毡房、毛毡
赤峰市巴林右旗巴林广告印刷有限公司	少数民族文字印刷品
赤峰市巴林石集团民族木器厂	蒙古包构件、马头琴
赤峰市巴林右旗蒙古族服装缝纫店	少数民族服装
内蒙古蒙利中蒙制药有限责任公司	少数民族成药
乌海市鸿源民族漆艺家具有限公司	少数民族家具
通辽市光明家具制品有限公司	蒙古包构件、蒙古族酒柜、炕桌
通辽市中兴塑纸制品有限公司	牧区用塑料棚膜
通辽市明仁药业有限公司	少数民族成药
通辽市施介服装厂	少数民族服装
通辽市三兴印刷厂	少数民族文字印刷品
通辽市富华农机制造有限责任公司	粉碎机、割草机
通辽市东山纺织有限公司	蒙古包构件、白棉布
内蒙古安发特种线材有限公司	网围栏
内蒙古重鹤食品有限公司重鹤皮毛厂	毛毡、蒙古族靴
通辽市扎鲁特旗诚信民族五金门窗公司	蒙古刀
通辽市扎鲁特旗兴源民族用品厂	蒙古包构件
内蒙古蒙药股份有限公司蒙药厂	少数民族成药
内蒙古库伦蒙药有限公司蒙药厂	少数民族成药
通辽市库伦旗民族地毯厂	少数民族手工地毯、挂毯
通辽市科尔沁区批发城双金花服装厂	少数民族服装
通辽市科尔沁区中宝马头琴厂	马头琴、四弦胡
通辽市科左后旗甘旗卡光明印刷厂	少数民族文字印刷品
通辽市科左后旗民族线材制品厂	马镫、铸铁火盘、蒙古刀、网围栏
通辽市科左后旗科尔沁印刷厂	少数民族文字印刷品

定点企业名称	民族特需用品名称
鄂尔多斯市准格尔旗纳林民族地毯有限责任公司	少数民族手工地毯
鄂尔多斯市鄂前旗民族地毯股份合作公司	少数民族手工地毯、少数民族服装
鄂尔多斯市鄂托克旗伊宏皮毛制品有限公司	少数民族手工地毯
鄂尔多斯市乌审旗鑫源皮毛工贸公司	少数民族手工地毯
鄂尔多斯市成吉思汗陵蒙古包厂	蒙古包构件
鄂尔多斯市杭锦旗恒益建工有限责任公司	蒙古包构件、马上用具
鄂尔多斯市东德蒙利来绒业有限责任公司	少数民族手工地毯
呼盟海拉尔市民族用品厂	马镫、马鞍条
呼盟海拉尔市牧业机械总厂	割草机
呼盟海拉尔市雪蓉皮革皮毛有限责任公司	蒙古包大毡、毛毡
呼盟新左旗华尔民族用品木器加工厂	蒙古包构件、蒙古炉子
呼盟新左旗阿镇乌仁其木格蒙古族服装加工店	少数民族服装
呼盟海拉尔市贝伦实业有限责任公司	挤奶桶
呼盟海拉尔市协进鞋业有限公司	蒙古族靴、马靴
呼盟海拉尔市呢绒服装厂	蒙古包、蒙古袍、蒙古包构件等
呼盟海拉尔市大成五金线材厂	网围栏
呼盟海拉尔市金属容器厂	奶桶
呼盟陈旗巴镇草原民族服装综合加工部	蒙古包构件、少数民族服装
呼盟新右旗民族用品综合厂	蒙古包大毡
呼盟鄂温克旗巴彦托海镇综合修配厂	蒙古包构件、民族火炉、浴羊槽
兴安盟乌兰浩特市拖拉机制造公司	家庭牧场用移管式喷灌设备
兴安盟乌兰浩特市中蒙制药有限公司	少数民族成药
兴安盟科右前旗兴安豪华家具有限公司	蒙古族酒柜、炕桌、炕柜,八仙桌
兴安盟科右中旗民族地毯厂	少数民族手工地毯、壁(挂)毯
兴安盟科右中旗巴彦胡舒镇巴彦木器厂	蒙古族酒柜、炕桌,八仙桌
兴安盟科右中旗民族五金制品厂	奶桶、网围栏
兴安盟科右中旗民族皮革厂	蒙古族靴、毛毡袜
兴安盟科右中旗民族服装厂	少数民族服装
阿盟宝玉石民族制品有限责任公司	具有少数民族特色的玉饰品
阿盟阿左旗水泵厂	羊毛剪子、饮水槽、马镫
阿盟阿右旗民族工艺地毯有限责任公司	少数民族手工地毯、炕毯、毛毡
阿盟阿拉善雪花绒毛制品有限公司	蒙古族帐篷、毛毡
阿盟阿拉善地毯毛纺有限责任公司	少数民族手工地毯、炕毯、挂毯

定点企业名称	民族特需用品名称
阿盟海洋工贸有限责任公司	少数民族服装
阿盟阿左旗纤成有限责任公司	少数民族服装
阿盟阿左旗驼旺绒毛制品有限责任公司	少数民族手工地毯、少数民族服装
阿盟阿左旗驼中王绒毛制品公司	少数民族服装
巴盟杭锦后旗民族地毯有限责任公司	少数民族手工地毯、挂毯、礼拜毯
巴盟乌拉特前旗新宇地毯有限责任公司	少数民族手工地毯
巴盟乌拉特中旗昌原皮革皮毛有限公司	毛毡、蒙古包大毡、毡靴、毛毡袜
内蒙古河套农牧机制造有限公司	网围栏、活动羊圈
锡盟正蓝旗松王旅游产品开发中心	蒙古包构件、少数民族乐器
锡盟正蓝旗蒙古包厂	蒙古包构件
锡盟苏尼特右旗双喜蒙古包制造厂	蒙古包构件等
锡盟正蓝旗蒙文印刷厂	少数民族文字印刷品
锡盟正蓝旗民族服装厂	少数民族服装
锡盟锡林浩特市鑫源民族用品有限公司	具有少数民族特色的铜、银等饰品
锡盟锡林浩特市华兴民族木工厂	蒙古包构件、少数民族家具
锡盟锡林浩特市明珠民族服装有限责任公司	蒙古包构件、蒙古族服装
锡盟锡林浩特地毯厂	少数民族手工地毯
乌盟丰镇市民族铜制品厂	铜制奶茶荷叶壶等
乌盟察右后旗民族地毯总厂	少数民族手工地毯
乌盟商都牧机有限责任公司	牧区用风能发电装置等
乌盟四子王旗絮片服装有限责任公司	少数民族服装
内蒙古包头市容兴茶叶精制厂	边销茶
辽宁省(59家)	
沈阳市萃华金银制品实业公司	具有少数民族特色的金、银、珠宝等饰品
沈阳汎亚金银珠宝首饰有限公司	具有少数民族特色的金、银、珠宝等饰品
沈阳双喜压力锅有限责任公司	高压锅
沈阳高级家具厂	炕柜、蒙古族酒柜等少数民族家具
沈阳大荣五金机械有限公司	宽沿铸铁锅等
沈阳市制镜厂	民族镜、炕琴镜等
辽宁省硅酸盐研究所	民族茶壶
大连丝毯厂	少数民族手工地毯、壁毯
大连金州金丝服装厂	少数民族服装
岫岩满族自治县宏宇老玉精品工艺有限公司	具有少数民族特色的玉雕工艺品等

定点企业名称	民族特需用品名称
岫岩满族自治县民族工艺品厂	具有少数民族特色的玉雕工艺品等
辽宁万鑫茧丝业集团	真丝交织绸、人丝条纺等
海城市中新印染有限公司	人丝条纺、白棉布、富春纺
鞍山市华洋印染厂	红阳绸、争春绸、白棉布等
鞍山永安包装工业有限公司	牛皮袋、民族艺术装饰用品
抚顺市制刷厂	洗手刷等
抚顺市雕刻厂	角雕、骨雕等雕刻工艺品
本溪龙宝(集团)参茸有限公司	少数民族成药、民族服装
本溪万发新型建材有限责任公司	民族建筑装饰用品
本溪市南芬铝业加工厂	民族茶壶等
本溪冶炼厂	铸铁锅、铁犁铧、尖扁镐等
本溪天民(集团)绢纺有限公司	民族地毯、挂毯
本溪满族自治县陶瓷厂	少数民族缸、罐等
桓仁满族自治县通用机械厂	朝鲜族锅
本溪燕东木业有限公司	炕琴、八仙桌、炕桌等
本溪市宏志焊接材料有限责任公司	割草机、搂草机、冷面机等
桓仁满族自治县农用机械厂	粉碎机等
本溪市兴达金属制品厂	羊毛剪子、草叉子、弹毛机等
丹东泰芙祥丝绸有限责任公司	七星绸、塔夫绸等少数民族丝绸
凤城市木制品有限公司	朝鲜族老人桌、炕桌等少数民族家具
凤城市满族工艺美术厂	绣球、荷包、香包等
凤城凤凰工艺美术厂	民族系列景泰蓝制品
辽宁凤城东风机械厂	割草机等
凤城市凤志机械厂	山区用微型碾米机、粉碎机等
凤城市东南服装针织厂	少数民族服装
阜新蒙药厂	少数民族成药
阜新市民族毛衫厂	少数民族服装
阜新莱昂内尔皮革制品有限公司	炕毯、毛毡等
阜新蒙古族自治县印刷厂	少数民族文字印刷品
阜新蒙古族自治县民族木器厂	炕琴、炕柜
阜新民族纸制品厂	少数民族文字印刷品
沈阳华岳纺织集团朝阳纺织有限责任公司	白棉布等
朝阳金阳轻纺地毯有限公司	少数民族手工地毯

定点企业名称	民族特需用品名称
朝阳塑料总厂	牧区用塑料棚膜
北票纺织厂	白棉布
北票市三环钢锹有限公司	羊圈锹、草叉子
北票市羊毛衫厂	少数民族服装、回族帽等
北票市兴盛制衣有限责任公司	少数民族服装
北票鸿翔制衣有限公司	少数民族服装
喀左县第一陶瓷厂	少数民族缸、罐等
喀左县民族美术陶瓷厂	民族茶壶、手把壶等
喀左县民族印刷制品有限公司	少数民族文字印刷品
喀左县民族地毯厂	少数民族地毯、壁毯
喀左银河染织有限公司	少数民族彩条布、枕套等
朝阳天成紫砂制品有限公司	民族茶壶、手把壶等
喀左县民族家具厂	少数民族家具
辽宁鸿泰染织有限责任公司	少数民族服装
北宁市民族香厂	卫生用香
铁岭亚林木制品有限公司	少数民族家具
吉林省(48家)	
延边新华印刷有限公司	少数民族文字印刷品
延边民族彩印包装有限公司	少数民族文字印刷品
延边海外经济技术合作公司朝鲜族彩色印刷厂	少数民族文字印刷品
延吉星天印刷制品有限公司	少数民族文字印刷品
延边东光产业有限公司	高丽瓦
延吉海彼拉因日用电器有限公司	朝鲜族餐具
延吉市民族乐器研究所	少数民族乐器
延吉市新元有限公司	朝鲜族地暖炕热管、固定架
延吉市朝鲜族日用铸造厂	朝鲜族铸铁锅
延吉市朝鲜族乐器厂	少数民族乐器
延吉民族塑料制品厂	朝鲜族餐具
吉林福敦木业有限公司	少数民族家具
敦化市三石民族木业有限责任公司	少数民族家具
图们市纳雄耐尔塑料有限公司	朝鲜族餐具
延边燕子塑料有限公司	朝鲜族餐具
吉林省图们市龙吉民族陶瓷厂	具有少数民族风格的陶瓷、高丽瓦

定点企业名称	民族特需用品名称
延边龙井民族金银珠宝有限责任公司	具有少数民族特色的金银饰品
吉林省龙井市农具厂	民族稻镰
延边延龙鞋业有限责任公司	少数民族靴鞋
延边龙韩实业有限公司	朝鲜族炕板胶、席垫
吉林延边林业集团和龙林业有限公司	少数民族家具
和龙市民族日用品厂	冷面机
安图亚鑫木制品有限公司	少数民族家具
安图长白山木业有限责任公司	少数民族家具
天桥岭林业有限公司木制工艺品厂	漆器工艺品等少数民族工艺美术品
汪清县春友工贸有限公司印刷厂	少数民族文字印刷品
前郭县民族制革厂	蒙古族鞋
前郭县民族家具厂	蒙古族家具
延吉市彩虹朝鲜族服装有限公司	少数民族服装
延吉市毛纺织有限公司	少数民族服装
延吉市棉纺织厂	白棉布
珲春市东一针织有限公司	少数民族服装
吉林裳邦尔纺织有限公司	少数民族服装
珲春风华制衣有限公司	少数民族服装
延边万洁纺织有限公司	白棉布
龙井巨松针纺有限责任公司	少数民族服装
延边金龙亚麻纺织股份有限公司	少数民族服装
和龙市棉织品有限责任公司	白棉布、彩条布
汪清县对外贸易经济合作有限公司	少数民族服装、婚被
前郭县民族服装厂	蒙古族服装
吉林敖东药业集团延吉股份有限公司	少数民族成药
吉林华康药业股份有限公司	少数民族成药
吉林省力源药业股份有限公司	少数民族成药
延边大学草仙药业有限公司	少数民族成药
延边特产实业有限公司	朝鲜族石头锅、电石锅等
延边理想电脑有限责任公司	少数民族语言文字软件
延边锦湖软件开发有限公司	少数民族语言文字软件
延边天池电脑有限公司	少数民族语言文字软件
黑龙江省(19家)	

定点企业名称	民族特需用品名称
哈尔滨市珠宝首饰有限公司	具有少数民族特色的金银饰品
哈尔滨市荣华家用电器器具厂	烤盘、铜锅
哈尔滨佰丝特抽纱绣品有限公司	民族绣品、回族帽
黑龙江省蓝艺地毯集团有限公司	民族手工地毯、挂毯
黑龙江省工艺美术厂	具有少数民族风格的陶瓷、木碗、荷包
齐齐哈尔市制刀厂	民族稻镰、牛耳尖刀、刮田刀
齐齐哈尔市民族奶桶厂	奶桶
牡丹江市皮毛厂	少数民族服装
鸡东县鸡林印刷厂	少数民族文字印刷品
大庆市华锦毛纺织有限责任公司	民族手工壁毯
杜蒙自治县呼和塑钢门窗制造有限公司	奶桶、奶罐
杜蒙自治县乌兰铆焊厂	蒙古炉子
杜蒙自治县牧业机械厂	割草机
塔河县盘古木材综合加工厂	蒙古族酒柜、炕桌
哈尔滨工百集团朝鲜民族用品商店	少数民族服装
穆棱市悉达木业有限公司	少数民族家具
佳木斯市鑫鑫朝鲜族百货商店	少数民族服装
大庆市泰康家具公司	少数民族家具
杜蒙自治县围栏钢制造有限责任公司	活动羊圈、网围栏
上海市(2家)	
上海民族乐器一厂	少数民族乐器等
上海第三制线厂	花线等
江苏省(28家)	
南京金箔集团有限责任公司	金箔
南京金线金箔总厂	金银箔、金银线
南京南阳旅游用品有限责任公司	民族帐篷等
南京云锦研究所	民族织锦、民族服饰
南京民族塑胶厂	水井头
无锡金桥铸造有限公司	少数民族饰品等
徐州金迪民族用品有限公司	少数民族帽、头巾等
常州环球地毯制造有限公司	少数民族手工地毯、提花带穗毯等
苏州东吴丝织厂有限责任公司	真丝交织绸等
国营吴江丝绸印花厂	素软缎、乔绒、富春纺

定点企业名称	民族特需用品名称
苏州剧装戏具合作公司	少数民族服饰、鞋帽、头巾
苏州民族乐器一厂有限公司	少数民族乐器
苏州排须花边厂	排须、五彩线、花边等
苏州花线厂	花线等
苏州唯思丝绸印染有限公司	真丝交织绸等少数民族针纺织品
吴江丝绸股份有限公司	交织棉绸、腰带绸、少数民族头巾、刺绣等
国营吴江丝绸试样厂	烂花乔其纱、真丝交织绸
如皋市工艺丝毯总厂	少数民族手工地毯、壁(挂)毯
南通市苏中纺织有限公司	花线、少数民族织带
连云港海州工艺品公司	草垫
江苏清棉集团有限公司	白棉布
江苏清印集团有限公司	枕套、白棉布
扬州纪元纺织有限公司	烂花乔其纱、素软缎、卡丹绒
扬州玉器厂	具有少数民族特色的玉器、珠宝饰品
镇江敦煌制毯有限公司	少数民族手工地毯
丹阳市通泰纺织有限公司	幛缎、花累缎、腊羽纱等
宿迁市苏棉纺织有限公司	白棉布
宿迁市丝绸工业集团股份合作公司侍岭缫丝厂	花软缎、素软缎
浙江省(4家)	
浙江省华侨友谊有限公司	具有少数民族特色的金银饰品
浙江省杭州市都锦生丝织厂	哈达、氆氇、民族织锦等
浙江省武义骆驼九龙砖茶有限公司	边销茶
浙江省新昌江南砖茶厂	边销茶
安徽省(5家)	
安徽省寿县正阳关绣品总厂	少数民族绣(刺绣)品等
安徽省宏源纺织有限公司	少数民族针织带、礼拜毯(垫)、提花带穗线毯
蚌埠珠绒股份有限公司	毛兰布、少数民族彩条布、蜡染品、瑶族绣花布、复兴纺、印花富春纺
蚌埠市五星工艺装饰毯厂	少数民族手工壁(挂)毯、马鞍座垫毯等
合肥美工地毯总厂	少数民族手工地毯、炕毯等
福建省(2家)	
安踏(福建)鞋业有限公司	少数民族靴鞋等
福建鑫华股份有限公司	少数民族服装等
江西省(6家)	

定点企业名称	民族特需用品名称
南昌市铜工艺品厂	铜制奶茶荷叶壶、二用壶等
余干县民族乐器有限公司	少数民族乐器
景德镇市红旗瓷厂	具有少数民族风格的陶瓷
景德镇市玉风瓷厂	具有少数民族风格的陶瓷
景德镇市新华瓷厂	具有少数民族风格的陶瓷
景德镇市春光瓷厂	具有少数民族风格的陶瓷
山东省(20家)	
山东临沂陶瓷企业集团总公司	具有少数民族风格的陶瓷
临沭县五金机械总厂	民族刀、银碗、民族火炉、烤盘、草叉子、马镫、马嚼环等
山东三维丝绸有限责任公司	少数民族手工地毯、挂毯等
山东同泰集团股份有限公司	山区用微型碾米机、粉碎机
聊城市建工民族用品有限公司	蒙古刀、新疆各种民族刀、粉碎机等
山东高唐棉纺织厂	白棉布、民族红兰布等
山东省武城县地毯厂	少数民族手工地毯、壁挂毯
山东德州中澳禽业有限公司刺绣分公司	少数民族绣花枕头、靠被、民族帽等刺绣工艺品
山东彩霞地毯集团有限公司	少数民族手工地毯、壁(挂)毯、礼拜毯
山东天香毛纺织有限公司	少数民族手工地毯、礼拜毯、藏呢绒、少数民族服装
邹城市鲁郗家具有限公司	少数民族家具
山东省高唐蓝山集团总公司	少数民族文字印刷品、少数民族壁(挂)毯、提花带穗线毯等
山东凤祥(集团)有限责任公司	白棉布、民族红兰布、毛兰布、少数民族用婚被、枕头套、少数民族服装
山东省临清市鲁西棉纺织厂	民族服装、白棉布
山东博山东方红陶瓷厂	具有少数民族风格的陶瓷
枣庄万泰纺织有限公司	白棉布、民族红兰布、毛兰布等少数民族针纺织品
高青县彩宏地毯有限公司	少数民族手工地毯
枣庄市第二农业机械厂	粉碎机、木制打谷机
青州市民族工艺服装厂	少数民族服装
莱州盛州帽业有限公司	毡帽、礼帽
河南省(7家)	
沁阳市中原制革厂	礼拜垫、少数民族手工地毯、挂毯、少数民族靴等
沁阳市中亚实业总公司	礼拜垫、床毯、少数民族手工地毯、挂毯等
沁阳市神州皮革服装总厂	少数民族靴鞋、少数民族服装等
河南省方圆皮业有限公司	少数民族靴鞋、少数民族服装等

定点企业名称	民族特需用品名称
偃师市建华鼓乐厂	少数民族乐器等
邓州市裘革皮制品有限公司	少数民族手工地毯、挂毯、少数民族帽、礼拜垫等
沁阳市申佳毯业有限公司	少数民族手工地毯、挂毯、礼拜垫等
湖北省(38 家)	
湖北长友现代农业股份有限公司	西兰卡普、少数民族服装、少数民族家具等
湖北八峰药化股份有限公司	少数民族成药
湖北世为茶业有限责任公司	鼎罐等
湖北施恩堂制药有限公司	少数民族成药
宣恩县民族童装工艺厂	少数民族服装
宣恩县工商联民族仿古工艺厂	仿古仿旧民族文物
恩施市民族油漆工艺制镜厂	漆器工艺品
恩施工具有限责任公司	腰刀等
建始县双龙家具厂	八仙桌、花木箱
建始县民族文化彩印厂	少数民族文字印刷品
建始县金建工艺陶瓷厂	民族建筑装饰用品
利川民族药业有限责任公司	少数民族成药
利川市民族铸造厂	铸铁锅、鼎罐等
来凤县宝石花工艺品有限责任公司	宝石花漆筷、西兰卡普
来凤县金凤建材有限责任公司	鼎罐、民族建筑装饰用品等
来凤县富源机械厂	铜耳锅、铜吹壶、铜炉具、铸铁火盆、三脚铧口、砍草刀等
恩施市信达机械制造有限责任公司	铧子、板锄
湖北鄂东丝织股份有限公司	真丝花软缎等
湖北金钰工艺美术有限公司	具有少数民族特色的金银饰品
荆门市福缘民族用品有限公司	卫生用香等
湖北山山林业(集团)股份有限公司	八仙桌等少数民族家具
湖北五峰天池机械有限责任公司	板锄、民族稻镰、水田步犁等
武汉市昌龙工贸有限公司	民族建筑装饰用品等
长阳民族家具厂	少数民族家具
湖北省宜昌方正陶瓷工业总公司	民族花碗、少数民族缸、罐
宜昌市佳鸿大众服装厂	少数民族服装
宜昌市明珠美术陶瓷厂	民族茶壶、穆斯林图案茶具
宜昌达尔美制衣有限责任公司	少数民族服饰
宜昌市形成工贸有限责任公司	少数民族服装

定点企业名称	民族特需用品名称
宜昌市雅尊服饰有限公司	民族服装、绣品
咸宁市毛巾厂	头巾、包头布等
襄樊市友谊服装厂	少数民族服装、回族帽
襄樊市民族刺绣厂	绣花枕头、回族帽
郧县柳陂机械厂	山区用微型碾米机、粉碎机
湖北省竹山县民族珠宝工艺有限公司	民族花丝工艺摆件、具有少数民族特色的珠宝饰品
湖北硒之源生物工程有限公司	民族包、袋
湖北省咸宁市赵李桥茶厂	边销茶
湖北省咸宁市富华茶叶有限公司	边销茶
湖南省(57家)	
吉首纺织厂	白棉布
永顺纺织厂	白棉布
湖南湘泉集团制药有限公司	少数民族成药
湖南湘泉集团陶瓷分公司	具有少数民族风格的陶瓷
湘西自治州民族工艺产品试制工场	少数民族服装、绣品,民族织锦
湘西自治州工艺美术公司	少数民族绣品、靴,民族织锦
吉首市民族烟材有限公司	民族特色木碗、木勺,少数民族家具
吉首市民族五金厂	少数民族特色的金、银饰品
凤凰县嫂子文化传播公司	少数民族服装、绣品、靴鞋,蜡染品、扎染品,少数民族特色的银饰品
凤凰县民族工艺厂	少数民族服装
凤凰县彩色印刷有限公司	少数民族文字印刷品
凤凰县民族棉织厂	扎染品、蜡染品、头饰织品,少数民族头巾
湖南喜阳集团股份有限公司	少数民族服装、绣品,民族织锦
湖南金石矿冶股份有限公司	铸铁火盘、鼎罐、粉碎机、三角铧口
保靖县陶瓷总厂	具有少数民族风格的陶瓷
保靖县民族五金厂	三脚架、鼎罐
泸溪县电解铝厂	铝茶壶、铝饭勺、铝瓢
湖南金天铝业高科技有限公司	农用提桶、苗锅、铝茶壶、铝饭勺、铝瓢
湖南湘源植物生化有限公司	少数民族成药
花垣县民族民间工艺美术厂	少数民族绣品、民族织锦
龙山县民族纸箱厂	少数民族文字印刷品等
龙山县民族彩印厂	少数民族文字印刷品
龙山县百合保健食品有限公司	少数民族成药

定点企业名称	民族特需用品名称
永顺县猛洞河医药保健品有限公司	少数民族成药
古丈民族工艺厂	少数民族服装、绣品，民族织锦
古丈民族制鞋厂	少数民族鞋
湘西州雅沽食品有限公司	民族花丝工艺摆件
通道县溪造纸厂	民族艺术装饰用品
通道菁芜洲陶瓷厂	具有少数民族风格的陶瓷
新晃侗族自治县新兴造纸厂	民族艺术装饰用品
新晃彩色印刷有限公司	少数民族文字印刷品
彭明刚（新晃侗族自治县民族用品厂）	银光扁、民族镜
湖南芷江通达铸件工艺厂	鼎罐、民族铜锣、民族无耳锅
芷江明山石雕工艺厂	角雕、骨雕、漆器工艺品
芷江侗族自治县金银工艺制品厂	具有少数民族特色的金、银饰品
靖州民族皮革制品厂	少数民族鞋
靖州民族建筑装饰用品厂	民族建筑装饰用品
麻阳抽绣厂	少数民族绣品、枕头套
洪江区金竹有限责任公司	少数民族乐器
洪江区新洪陶瓷有限责任公司	具有少数民族风格的陶瓷
湖南张家界天源实业股份有限公司	山区用微型碾米机、粉碎机
永光（张家界）木业有限公司	少数民族家具
张家界市军声砂画研究院	漆器工艺品
张家界福利芙蓉服装厂	少数民族服装、绣品
湖南城步纸业有限责任公司	少数民族文字印刷品
湖南城步机械冶金有限公司	山区用微型碾米机、粉碎机
江华县职业中专民族服装厂	少数民族服装、鞋，八宝被
江华县飞洋木业有限公司	少数民族家具
湖南省益阳茶厂	边销茶
湖南省临湘茶厂	边销茶
湖南省白沙溪茶厂	边销茶
湖南省益阳香炉山茶厂	边销茶
湖南省临湘永巨茶厂	边销茶
湖南省临湘市茶业有限公司	边销茶
湖南省益阳砖茶厂	边销茶
湖南省安化县茶叶公司茶厂	边销茶

定点企业名称	民族特需用品名称
湖南省安化茶厂	边销茶
广东省(2 家)	
广东番禺梦都美地毯有限公司	少数民族工艺地毯、提花线毯、炕毯、礼拜毯等
广东省乳源瑶族自治县地方国营木器综合厂	八仙桌、脚桌椅、藏柜等
广西壮族自治区(129 家)	
南宁壮锦橡胶有限责任公司	民族胶套鞋
南宁梦雪日化有限责任公司	以牛羊脂为原料的香皂、肥皂
南宁百会药业集团有限公司	少数民族成药
南宁锦虹棉纺织有限责任公司	壮族线毯、白棉布、少数民族彩条布、瑶族长纱布、包头布等
南宁市彩印厂	少数民族文字印刷品
南宁市服装厂	少数民族服装、少数民族帽
南宁市钢木家具厂	壮族特柜、壮式衣箱、八仙桌、花木箱等
南宁市钢精厂	粉托、铝茶壶、铝瓢、农用提桶、食兰、奶酒蒸屉、炖锅,民族艺术装饰用品
南宁市线带厂	五珠线、五彩线、少数民族织带
南宁紫苑服装有限责任公司	抱楼、背带、绣花枕头
南宁市工艺美术厂	具有少数民族特色的金、银、铜、玉、珠宝饰品,玉雕、角雕,民族艺术装饰用品
南宁市纸箱厂	少数民族文字印刷品
邕宁县大明印刷厂	少数民族文字印刷品
南宁公成压力锅厂	高压锅、食兰、农用提桶、铝瓢、炖锅
南宁市赛金工贸有限责任公司	土蚕丝广壮绉
南宁市维威制药有限公司	少数民族成药
南宁市长丰皮鞋厂	绣花鞋
南宁手扶拖拉机厂	割草机、搂草机
柳州立宇集团有限责任公司	白棉布、交织棉绸
柳州市第三棉纺织厂	白棉布、少数民族彩条布
柳州灯花有限责任公司	婚被、侗族被单、枕头套
柳州柳冠有限责任公司	苗锅、炖锅、龙碗、苦碗、民族花碗、民族茶盘、抓饭盆、托盘
柳州两面针洗涤用品厂	以牛羊脂为原料香皂、肥皂
广西日田药业有限责任公司	少数民族成药
广西金嗓子有限责任公司	少数民族成药

定点企业名称	民族特需用品名称
广西花红药业厂	少数民族成药
柳州市柳江制药厂	少数民族成药
柳州市工艺美术厂	少数民族金、银、珠宝饰品、角雕、骨雕、漆器工艺品、镜屏
柳州市皮革有限责任公司	民族皮手套、各少数民族帐篷、绣花鞋、苗族鞋
柳州市美术陶瓷厂	具有少数民族风格的陶瓷
柳州市木器总厂	壮锦衣箱、壮族特柜、葫芦床、摇床、花木箱
柳州市森通科技发展有限公司	民族包，瑶、苗锦袋，民族筒帕，少数民族绣品
柳州市柳城鹏鑫源茧丝绸有限公司	土蚕丝广壮绉
广西柳州市朱葛亮家具厂	八仙桌、腿桌椅、壮锦衣箱、壮族特柜、花木箱
广西柳州市蓝天机电有限公司	山区用微型碾米机、粉碎机
柳州市正德实业有限公司	民族建筑装饰用品
容县金属制品厂	微型水轮发电机、木制打谷机
容县灵山瓷厂	少数民族缸、罐，民族花碗
广西容县中嵘塑料有限公司	饮水槽、牧区用塑料棚膜
玉林民族织带厂	花边、少数民族用针织带
玉林工艺美术厂	角雕、镜屏
玉林市制鞋厂	绣花鞋、民族胶套鞋
陆川民族乐鼓厂	少数民族鼓
北流市轻工机械厂	山区用微型碾米机、粉碎机
玉林前锋染织有限公司	民族红兰布、少数民族彩条布、头巾、背带
广西玉林制药有限责任公司	少数民族成药
广西蒙山县染织厂	少数民族彩条布、婚被、白棉布
广西梧州三鹤药业有限公司	少数民族成药
广西梧州市铝制品厂	高压锅、托盘、铝瓢
防城区塑料皮革厂	民族胶套鞋
防城区木器厂	壮族特柜、葫芦床
东兴市江平民族工艺厂	少数民族帽
东兴市佳煊实业有限公司	壮族特柜、八仙桌
广西合浦县工艺美术有限公司	角雕，具有少数民族特色的金、银、铜、玉、珠宝等饰品
广西北海市亨通珠宝公司	民族艺术装饰用品，具有少数民族特色的金、银、铜、玉、珠宝饰品
广西北海市佳昧陶器厂	少数民族缸、罐
广西北海国发海洋生物产业股份有限公司	角雕，具有少数民族特色的金、银、铜、玉、珠宝等饰品
广西合浦县常乐茧丝贸易有限公司	真丝交织绸、织锦绸

定点企业名称	民族特需用品名称
北海信誉陶瓷厂	少数民族缸、罐
北海市铁山港区南康镇宏发珍珠养殖场	具有少数民族特色的珠宝饰品
防城港市制药厂	少数民族成药
广西十万山制药厂	少数民族成药
防城区民族手套服装厂	少数民族服装、民族皮手套
龙胜各族自治县二轻民族鞋帽厂	少数民族鞋、少数民族帽
龙胜各族自治县二轻民族工艺美术厂	镜屏、绣球、荷包
龙胜各族自治县二轻局民族被服厂	少数民族服装、绣品、头巾
龙胜各族自治县滑石矿滑石制品厂(民族产品车间)	瑶族长纱布、包头布、民族特色木碗
恭城瑶族自治县民族五金厂	民族无耳锅、板锄、水井头
临桂县桂花针织服装厂	少数民族服装、五珠线、五彩线
平乐电机总厂	微型水轮发电机
桂林市桂棉股份有限公司	五珠线、五彩线、花线
桂林市银海纺织集团有限公司	白棉布、花线、五珠线、五彩线、侗族被单
桂林市东风被服厂	少数民族服装
桂林市桂绣针织品厂	少数民族刺绣品、少数民族服装
百色市民族服装厂	少数民族服装、婚被、枕头套、靠被、瑶族八宝被
百色市民族棉织厂	白棉布
百色市工艺美术厂	少数民族绣品、少数民族头巾
百色市木器厂	少数民族家具
田阳县民族染织厂	少数民族彩条布、民族红兰布、头巾、白棉布
德保县民族藤编工艺厂	少数民族家具
平果县民族铁锅厂	球型铁顶锅、苗锅、四耳铁锅
田林县民族木制品工艺厂	少数民族家具、民族婚礼箱
隆林各族自治县民族工艺厂	少数民族服装、少数民族绣品
凌云县凌蝶木业制品厂	少数民族家具、民族婚礼箱
凌云县永宜实业公司	少数民族家具、民族婚礼箱
桂西制药厂	少数民族成药
横县皮革厂	民族皮手套、民族胶套鞋
宾阳县民族织锦厂	少数民族手工地毯、壁挂、壮族线毯、壮锦,民族包、袋(壮锦袋),绣球
崇左县二轻民族服装厂	少数民族服装、婚被
平南县民族刀具厂	腰刀、刮田刀、砍田刀

定点企业名称	民族特需用品名称
桂平市木器厂	少数民族家具
广西壮族自治区少数民族用品工业公司	少数民族服装、少数民族特殊用途服装、少数民族绣品、民族艺术装饰用品
广西中医学院制药厂	少数民族成药
广西金秀圣堂药业有限责任公司	少数民族成药
融安县宝华制药厂	少数民族成药
忻城县冷作机械设备修造厂	粉碎机、木制打谷机、板锄、月亮锄
融水苗族自治县桂昌有限股份公司	少数民族家具，婚被、枕头套、靠被
融水苗族自治县枫夏木业有限公司	少数民族家具
融水苗族自治县竹木加工厂	少数民族家具
融安县木器厂	八仙桌、花木箱等
融安县木器家具厂	少数民族家具
三江侗族自治县兰世章民族工艺美术厂	漆器工艺品、民族艺术装饰用品
鹿寨县木器厂	八仙桌、壮族特柜等
鹿寨县鹿峰农机铸造厂	山区用微型碾米机、粉碎机
象州县光明机械公司	山区用微型碾米机
大化民族竹藤编织工艺厂	少数民族家具、民族艺术装饰用品
河池地区东江棉纺织厂	白棉布、包头布、少数民族彩条布
罗城仫佬自治县铸造厂	月亮锄、水田步犁
罗城仫佬自治县民族服装厂	民族包、袋，绣花背娃带，少数民族服装
罗城仫佬自治县永安铸造厂	月亮锄、水田步犁
东兰县人造板厂	少数民族家具
河池市服装厂	少数民族服装、绣品，绣花背娃带、抱褛、婚被、枕头套
宜州市民族服装厂	少数民族服装、少数民族舞台服装、绣花背娃带、抱褛
广西河丰药业有限公司	少数民族成药
都安瑶族自治县民族工艺厂	少数民族服装、绣花鞋、挂袋、坐垫、绣球、香包
都安瑶族自治县毛巾厂	少数民族头巾
环江毛南族自治县茧丝绸实业有限责任公司	土蚕丝广壮绉，婚被、靠被
环江毛南族自治县木器厂	少数民族家具
环江毛南族自治县机械厂	木制打谷机、水田步犁、月亮锄、民族稻镰
贺州市瓷厂	民族花碗，民族茶盘、茶壶
昭平县陶瓷厂	民族茶盘、茶壶，焖罐等
昭平县新新缫丝有限公司	土蚕丝广壮绉

定点企业名称	民族特需用品名称
昭平县木器制品厂	少数民族家具
广西钦州市中力机械有限公司	山区用微型碾米机、粉碎机
钦州市泥兴工艺厂	少数民族罐、焖罐、园林瓷、仿古民族文物
钦州市陶器厂	少数民族缸、罐、焖罐等
钦州市制革厂	民族皮手套、民族包、袋
钦州市泥兴工艺二厂	具有少数民族风格的陶瓷
钦州市永恒艺术有限公司	具有少数民族风格的陶瓷、民族艺术装饰用品
海南省(5 家)	
海口市椰雕工艺厂	椰雕、角雕
海南双瀛民族饰业有限公司	具有少数民族特色的金、银、珠宝饰品
陵水藤竹工艺品有限公司	少数民族家具
五指山市省民族工艺品购物中心	少数民族家具
乐东黎族自治县民族工艺厂	少数民族家具
重庆市(16 家)	
重庆华陶瓷业有限公司	穆斯林花面餐具系列、民族细瓷碗
白猫(重庆)日化有限公司	牛羊脂为原料的香皂、肥皂
重庆长宏木业有限公司	少数民族家具
重庆万州长江橡塑有限公司	民族胶套鞋
重庆段氏服饰实业有限公司	少数民族服装、少数民族戏曲服装
长寿石堰农机修造厂	山区用微型碾米机、粉碎机
重庆天宏鞋业有限公司	土家族鞋、苗族鞋
石柱土家族自治县针织厂	少数民族头巾、民族筒帕
重庆市酉阳县红光机械厂	鼎罐、三角铧口、宽沿铸铁锅
重庆明达鞋业股份合作公司	毡靴、土家族鞋
江津市蚕茧有限责任公司	迎春绸、红阳绸、新华绸
重庆市垫江艺宝工艺制品有限公司	角雕
重庆市清溪丝绸厂	花软缎、花塔夫、素软缎
大足石刻艺术品公司	具有少数民族特色的玉饰品
重庆英铭实业发展有限公司	少数民族绣(刺绣)品
重庆健力鞋业有限责任公司	民族胶套鞋
四川省(62 家)	
成都蜀锦文化发展有限公司	藏、蒙、壮、苗、维等少数民族织锦
四川省邛崃冉义镇新民民族用品有限公司	哈达、氆氇、花边、民族包等

定点企业名称	民族特需用品名称
成都西南民族印刷厂	少数民族文字印刷品
松潘县藏文印刷厂犀浦分厂	少数民族文字印刷品
成都市龙泉民族工艺制品厂	具有少数民族特色的玉、铜饰品
成都市武侯区富康民族用品经营部	灯用酥油、奶锅、炖锅等
四川省金川木器制品厂	藏柜、藏桌等
成都市民族用品厂	马镫、铜铃、羊绒抓子等
成都市蒲江丝绸厂	哈达、真丝交织绸等
成都天和银楼有限责任公司	少数民族金、银、铜、玉器饰品，民族景泰蓝、镜屏、金银箔、金线等
成都金银制品有限责任公司	具有少数民族特色的金、银、玉饰品，民族花丝工艺摆件、特色木碗等
成都民族乐品厂	高边锣、铜锣、铜响器等少数民族乐器
成都铝制器厂	奶锅、套锅等
自贡扎染工艺厂	少数民族手工地(壁)毯，扎染品、少数民族服装等
攀枝花攀民实业公司	民族稻镰、水田步犁，山区用微型碾米机等
四川省犍为县罗城塑料厂	牧区用塑料棚膜
金口河区和平彝族乡农具厂	彝族火盆等
四川广汉市广艺油脂食品有限公司	灯用酥油
四川省射洪锂业有限责任公司	以牛羊脂为原料的香皂、肥皂
康定县民族五金制品厂	藏刀、牛耳尖刀、奶桶、铧子、马嚼环等
康定县民族银饰工艺厂	具有少数民族特色的银饰品、银碗
康定县民族文化用品厂	藏文印刷品，骨雕、角雕等
丹巴县农机修造厂	酥油壶，糌粑盒、腰刀、奶桶、铧子、贝母锄等
甘孜县农机修造厂	藏式铧耙、民族火炉等
德格县印经院	少数民族文字印刷品
德格县藏医院	少数民族成药
四川省巴塘县中藏医院	少数民族成药
乡城县藏医院制药厂	少数民族成药
阿坝州印刷厂	少数民族文字印刷品
四川省岷山机械厂	牛奶分离器等
九寨沟天然药业集团有限责任公司	少数民族成药
阿坝州九寨旅游产品有限公司	藏、羌族服装，金银饰品，手工地(壁)毯等
马尔康民族服装厂	藏、羌民族服装，少数民族手工地毯等
马尔康民族特需用品厂	手工地毯、少数民族家具、具有少数民族特色的金银饰品

定点企业名称	民族特需用品名称
茂县民族地毯厂	少数民族手工地(壁、挂)毯
茂县五金厂	民族火炉、背水桶、板锄等
茂县茂南五金厂	板锄、背水桶等
茂县羌族工艺美术厂	具有少数民族特色的银饰品等
茂县民族服装厂	羌藏民族服装,手工地毯等
金川县五金修造厂	背水桶、民族火炉等
阿坝县联营民族特需用品工艺厂	民族火炉等
黑水五金修配制造厂	烤盘、奶桶、民族火炉、板锄等
黑水县民族服装厂	藏族服装等
四川红原民族香料化制厂	藏香、卫生用香等
壤塘县轻工业生产供销公司	藏族服装、贝母锄、奶桶、民族火炉等
昭觉县结盟民族工艺有限公司	具有少数民族风格的陶瓷等
喜德县民族工艺厂	漆器工艺品
四川佳能达攀西药业有限公司	少数民族成药
木里藏族自治县木铁综合厂	藏族家具、酥油桶等
四川省达州市兴萍制衣有限公司	少数民族服装
得荣县藏药制药厂	少数民族成药
色达县藏医院藏药加工厂	少数民族成药
四川省雅安市茶厂	边销茶
四川省宜宾外贸金叶茶业有限公司	边销茶
四川省平武茶叶有限公司	边销茶
四川省雅安市友谊茶叶有限公司	边销茶
四川省天全县边茶有限公司	边销茶
四川省邛崃笔山茶厂	边销茶
四川省荥经茶厂	边销茶
四川省名山县西藏朗赛茶厂	边销茶
四川省洪雅松潘茶厂	边销茶
四川省雅安茶厂有限公司	边销茶
贵州省(52 家)	
贵州省三穗县铁锅厂	民族无耳锅、宽沿铸铁锅、鼎罐等
贵州贵康羽绒有限公司	少数民族服装
剑河民族织布厂	白棉布、民族红兰布、毛兰布等
黔南民族包装印刷有限责任公司	少数民族文字印刷品

定点企业名称	民族特需用品名称
都匀市织布厂	白棉布、少数民族彩条布、包头布等
贵州省都匀民族手工刺绣研究所	少数民族绣(刺绣)品
贵定清江服装厂	少数民族服装
三都水族自治县工艺厂	民族特色木碗、漆器工艺品
独山民族铁锅厂	糌粑锅、套锅
独山县染织厂	少数民族织带、提花带穗线毯
贵州信邦制药有限公司	少数民族成药
贵州长生制药有限责任公司	少数民族成药
贵州龙里神奇药业有限责任公司	少数民族成药
荔波县民族银饰厂	具有少数民族特色的银饰品
兴义市民族商品厂	少数民族头巾、民族织锦等
兴仁县富兴铁锅厂	苗锅、宽沿铸铁锅
兴仁县苗族拿绣工艺厂	少数民族手工地毯、挂毯、少数民族彩条布等
贵州紫袍玉带石雕厂	具有少数民族特色的玉饰品、民族艺术装饰用品
贵州苗药药业有限公司	少数民族成药
兴义市华程瓷砖厂	民族花碗、民族建筑装饰用品
安龙县民族手绣工艺有限公司	少数民族刺绣品
贵州高原彝药厂	少数民族成药
贵州民族制药厂	少数民族成药
贵阳新天药业股份有限公司	少数民族成药
贵州汉方制药有限公司	少数民族成药
贵州威门药业股份有限公司	少数民族成药
贵州仙灵药业股份有限公司	少数民族成药
贵州益康制药有限公司	少数民族成药
贵州君之堂制药有限公司	少数民族成药
贵州黄果树立爽药业公司	少数民族成药
贵阳织带厂	背带等
贵州炼石斋旅游工艺品有限公司	民族艺术装饰用品
贵阳黔宝金店	具有少数民族特色的金、银饰品
六枝工矿(集团)大华药业有限公司	少数民族成药
盘县农家女手工艺品厂	少数民族刺绣品
六盘水市民族蜡染总厂	蜡染品
六盘水市大山民族蜡染服饰有限公司	少数民族服装

定点企业名称	民族特需用品名称
云南曲靖彩印有限责任公司	少数民族文字印刷品
富源县铸锅厂	宽沿铸铁锅、套锅、民族无耳锅、铸铁火盘、烤盘等
陆良福牌彩印有限公司	少数民族文字印刷品
云南天利药业有限责任公司	少数民族成药
曲靖市塑料二厂	牧区用塑料棚膜
云南曲靖塑料集团有限公司	网围栏、牧区用塑料棚膜等
宣威市塑料制品厂	牧区用塑料棚膜
罗平县保发农牧药业有限公司	牧区牛、羊等牲畜用兽药
楚雄州雁塔药业有限责任公司	少数民族成药
楚雄吉兴彩印有限责任公司	少数民族文字印刷品
楚雄华力机械制造有限责任公司	粉碎机、木制打谷机、水田步犁
楚雄益友骨角工艺厂	角雕
南华县铸锅铸管厂	铸铁火盘
云南金碧制药有限公司	少数民族成药
永仁县软木厂	民族艺术装饰用品
牟定县农机修造厂	粉碎机
牟定县轻工锻压厂	板锄、月亮锄等
牟定县五金厂	火剪
股份合作制禄丰剪刀厂	火剪
双柏县机械厂	山区农用碾米机、粉碎机、打谷机
华宁县民族陶瓷有限公司	少数民族缸、罐、园林瓷、民族建筑装饰品
华宁县白塔山建筑陶瓷有限责任公司	少数民族缸、罐、园林瓷、民族建筑装饰品
易门县陶瓷厂	民族花碗、茶盘
云南省易门瓷厂	民族花碗、茶盘
新平彝族傣族自治县综合厂	具有少数民族特色的金、银饰品
峨山彝族自治县岔河乡铸件厂	彝族火盆
通海县民族银饰制品厂	具有少数民族特色的金、银饰品
个旧市瓷器厂	民族花碗、民族细磁碗
个旧市锡工艺美术厂	具有少数民族特色的铜锡饰品
个旧市制鞋总厂	少数民族鞋
弥勒县铝制品有限责任公司	套锅、水舀、铝茶壶等
石屏县机械厂	山区用微型碾米机、粉碎机等
石屏县民族装潢工艺厂	民族艺术装饰用品

定点企业名称	民族特需用品名称
思茅天兴民族织染有限公司	白棉布、毛兰布
思茅市民族服装公司	少数民族服装
普洱哈尼族彝族自治县民族纺织厂	白棉布、扎染品、少数民族头巾、包头布
普洱哈尼族彝族自治县民族服装厂	少数民族服装、戏剧服装
孟连县民族服装厂	少数民族服装
西双版纳州民族工艺品厂	少数民族绣品、服装
勐腊县民族服装厂	少数民族服装
大理周城民族扎染厂	扎染品
大理州华兴纺织有限责任公司	白棉布
大理苍洱实业集团有限公司	白棉布
巍山县民族工艺服装厂	扎染品
巍山县蓝龙扎染有限责任公司	扎染品
巍山彝族回族自治县巍宝彝族染织厂	扎染品
巍山县宏胜染织厂	扎染品
巍山县民族服装厂	少数民族服装
巍山县兴巍民族工艺厂	少数民族服装、扎染品
巍山县土产工艺染织厂	少数民族服装
剑川县民族刺绣厂	少数民族刺绣品
弥渡县民族线带厂	民族线带
保山市丝绸厂	光霞羽纱、真丝交织绸
保山市民族棉麻纺织厂	少数民族筒帕、包、针织带
腾冲县民族服装厂	少数民族服装
瑞丽市民族服装厂	少数民族服装
瑞丽市畹町经济开发区民族服装厂	少数民族服装
云南丽江毛纺织品有限责任公司	民族包、袋等
丽江县民族用品纺织厂	花边、花线等
丽江县丽雪民族服装厂	少数民族服装、戏剧服装、民族帽等
丽江纳西族自治县民族鞋帽服装厂	少数民族鞋、帽、服装
福贡县民族服装厂	少数民族服装
贡山县民族服装厂	少数民族服装
泸水县民族服装厂	少数民族服装
迪庆州民族服装厂	少数民族服装
维西傈僳族自治县民族服装	少数民族服装

定点企业名称	民族特需用品名称
临沧县民族织染厂	少数民族服装
临沧县民族服装厂	少数民族服装
双江拉祜族佤族布朗族傣族自治县民族服装厂	拉祜、佤、布朗、傣族服装
凤庆县针织厂	少数民族服装
云南省下关茶厂沱茶(集团)股份有限公司	边销茶
西藏自治区(76家)	
西藏拉萨皮革厂	少数民族服装、少数民族靴鞋等
西藏自治区工艺美术综合加工厂	具有少数民族特色的金、银饰品
西藏自治区民族旅游用品服务总公司	角雕、皮雕、骨雕等民族雕刻品,少数民族家具
西藏自治区金粟珠宝有限公司	具有少数民族特色的金、银、珠宝饰品
西藏高原之宝牦牛股份有限公司	灯用酥油
拉萨市茂源家具装潢有限责任公司	少数民族家具
拉萨市地毯有限责任公司	少数民族手工地毯、卡垫
拉萨市神牛工艺美术发展有限公司	角雕、皮雕工艺品
拉萨市城关区工艺美术厂	具有少数民族特色的金、银饰品
拉萨市城关区措美林帐篷厂	各少数民族帐篷、少数民族服装
拉萨市城关区鞋业三厂	少数民族鞋、服装
拉萨市城关区民族垫具厂	草垫
拉萨市城关区手工艺综合厂	少数民族家具
拉萨市城关区满斋实业公司	少数民族家具
拉萨市城关区家具三厂	藏香
拉萨市城关区哈达集团	少数民族家具、少数民族靴鞋
拉萨市城关区农机修造厂	粉碎机等
拉萨市城关区地毯厂	少数民族手工地毯
拉萨市城关区古艺建筑美术公司	民族建筑装饰用品等
拉萨市城关区综合一厂	少数民族家具
拉萨市城关区综合二厂	少数民族鞋等
拉萨市城关区手工业残疾福利厂	草垫
山南地区乃东地毯厂	少数民族手工地毯、卡垫
山南地区琼结水晶玉石厂	具有少数民族特色的玉饰品
山南地区浪卡孜地毯厂	少数民族手工地毯、卡垫
山南地区浪卡孜贡布学地毯厂	少数民族手工地毯、卡垫
山南地区浪卡孜县苏改卡垫厂	卡垫、藏被

定点企业名称	民族特需用品名称
山南地区错那县勒布竹器厂	少数民族家具
山南地区扎其卡垫厂	少数民族手工地毯
山南地区旅游产品开发公司	具有少数民族特色的玉饰品
山南地区洛扎县门当综合加工厂	氆氇、藏被
山南地区错那县卡达乡民族综合加工厂	藏刀、卡垫、少数民族家具
那曲地毯厂	少数民族手工地毯
那曲地区民族鞋帽厂	少数民族服装、鞋、帽
那曲兴达民族产品开发股份合作有限公司	具有少数民族特色的金、银、铜饰品等工艺美术品
那曲地区商办综合加工厂	灯用酥油
昌都地区民族产品经销部	藏刀、银碗、藏靴、少数民族服装等
昌都地区丁青县矿产开发总公司	具有少数民族特色的金、银饰品
日喀则市城北办事处铁器厂	民族火炉、藏式铧耙、背水桶
日喀则市康帕地毯厂	少数民族手工地毯、卡垫
日喀则市扎西吉彩金银铜器厂	具有少数民族特色金、银、铜饰品
日喀则地区江孜县地毯厂	少数民族手工地毯、卡垫
日喀则地区江孜镇铁木家具厂	少数民族家具
日喀则地区民族旅游产品总公司	少数民族特色金、银首饰
日喀则地区江孜镇卡垫厂	卡垫
日喀则地区仁布县玉器厂	具有少数民族特色玉饰品
日喀则地区亚美民族手工业产品有限责任公司	卡垫、少数民族服装、少数民族家具
日喀则地区拉孜县民族手工艺品厂	藏刀、藏鞋
日喀则市康嘎尔藏香厂	藏香
西藏伊莎绒毛制品有限责任公司	少数民族手工地毯
西藏自治区林芝毛纺厂	毛毡、氆氇
拉萨市荣恒服装有限责任公司	少数民族服装
拉萨市城关区毛纺二厂	氆氇、藏被
拉萨市城关区服装二厂	少数民族服装
拉萨市城关区民族服装厂	少数民族服装
拉萨市城关区毛纺一厂	氆氇
拉萨市城关区服装三厂	少数民族服装
拉萨市城关区服装四厂	少数民族服装
山南地区贡嘎县杰德秀围裙厂	谢玛(藏)
山南地区贡嘎县朗杰学氆氇厂	氆氇

定点企业名称	民族特需用品名称
昌都县第一服装厂	少数民族服装
昌都县第二服装厂	少数民族服装
日喀则市服装一厂	少数民族服装
日喀则市服装二厂	少数民族服装
日喀则市服装三厂	少数民族服装
日喀则地区江孜民族服装厂	少数民族服装、鞋、帽
西藏金珠雅砻藏药有限责任公司	少数民族成药
西藏藏医学院藏药厂	少数民族成药
西藏雄巴拉曲神水藏药厂	少数民族成药
西藏自治区藏药股份有限公司	少数民族成药
西藏自治区藏药厂	少数民族成药
昌都地区日通藏药厂	少数民族成药
西藏林芝奇正藏药厂	少数民族成药
西藏昌都光宇利民药业有限责任公司	少数民族成药
西藏昌都藏药厂	少数民族成药
西藏聂拉木藏药厂	少数民族成药
陕西省(5家)	
安康市舒尔乐软垫家具公司	少数民族家具、少数民族手工地毯
西安市金属工艺厂	具有少数民族特色的金银饰品、民族景泰蓝制品
西安市凤凰刺绣厂	少数民族手工地毯、壁(挂)毯、刺绣
榆林市地毯厂	少数民族手工地毯
西安市剧装厂	少数民族舞台、戏剧戏曲服装等
甘肃省(78家)	
兰州市国智民贸有限公司	具有少数民族特色的金、银、珠宝饰品
甘肃赛俩目艺术有限公司	民族花丝工艺摆件、金银箔、穆斯林中堂对子等
甘肃省张家川县裘革厂	少数民族手工地毯、礼拜毯、炕毯
肃南县民族用品厂	各少数民族帐篷、哈达、网围栏、水斗、饮水槽、民族火炉
肃南县神鹿鹿业开发有限责任公司	少数民族服装、各少数民族帐篷
天祝县民族印刷有限责任公司	少数民族文字印刷品
天祝县正通实业有限责任公司	角雕
天祝藏族自治县皮毛加工厂	藏靴、藏族帐篷
天祝藏族自治县天润旅游开发有限公司	民族艺术装饰用品、角雕、骨雕
平凉市塑料制品厂	吊罐、汤瓶

定点企业名称	民族特需用品名称
华亭县安口陶瓷厂	民族花碗系列、穆斯林图案各种茶具、民族细瓷碗
华亭县金龙耐热陶瓷有限责任公司	炖锅、龙碗、民族风格陶瓷
临夏市工艺美术有限责任公司	雕刻葫芦等
临夏市皮鞋厂	桃缝鞋、回族鞋、马革鞋等
临夏市工艺品厂	马上用具
临夏市畜产品综合加工厂	马上用具
临夏市民族用品厂	藏刀、保安刀
临夏市红旗机械厂	奶桶
临夏市民族制香厂	藏香、卫生用香
临夏市铸造厂	民族火炉等
临夏市兴国皮革制品有限责任公司	少数民族服装
广河县扶贫毛革厂	马靴、皮袜子
甘肃省广河县通力实业有限公司	少数民族服装
甘肃省广河县皮革厂	皮袜子
康乐县民族烤箱厂	民族火炉
甘肃省康乐县角制工艺品有限公司	角雕
康福合资竹木工艺制品厂	少数民族家具
积石山县大河家土畜产品加工厂	马上用具、皮手套
积石山县大河家保安族刀具厂	保安刀
临夏县韩集建材有限责任公司	民族建筑装饰用品
临夏县尹集农机修造厂	水田步犁、铧子
甘肃省临夏永恒实业有限公司	以牛羊脂为原料的香皂、肥皂
甘肃省和政县振和鞋业有限责任公司	桃缝鞋
阿克塞县昌盛机械有限责任公司	网围栏、毡房
合作市制香厂	藏香、卫生用香
合作市金盛民族工贸有限责任公司	民族火炉、网围栏
甘南州彭曹土特产有限公司	藏香
迭部县木材综合加工厂	炕桌、酥油盒、民族特色木碗
迭部县手工业联社	民族火炉等
夏河县民族生活保温制品厂	活动羊圈、网围栏
夏河县民族皮革制品工业公司	马靴、藏靴
夏河县民族贸易公司特需品工艺厂	铜制奶茶荷叶壶、藏族帐篷
舟曲县手工业联社综合加工厂	民族火炉、民族特色木碗

定点企业名称	民族特需用品名称
舟曲县农机厂	粉碎机、铸铁火盘、铜锅、藏式铧耙
临潭县翻砂二厂	铜锅
临潭县城关镇皮革厂	皮袜子
肃北县民族工艺品加工厂	具有少数民族特色的金银饰品、少数民族乐器等
肃北县民族福利印刷厂	少数民族文字印刷品
甘肃华羚干酪素有限公司	灯用酥油
甘肃同元信息系统技术有限责任公司	少数民族语言文字软件
天水市地毯厂	礼拜毯
秦安县地毯有限公司	少数民族手工地毯、壁(挂)毯、礼拜毯(垫)
秦安县少数民族用品厂	氆氇、提花带穗线毯、少数民族头巾、白棉布
临夏市民族刺绣制帽有限责任公司	少数民族刺绣品、少数民族帽等
临夏市针织制衣有限责任公司	少数民族服装
临夏市民族地毯厂	少数民族挂毯、礼拜毯
临夏市兰夏毛纺公司	少数民族用婚被、枕头套
临夏市兴强地毯有限责任公司	少数民族手工地毯
甘肃省广河县第一毛纺织厂	礼拜毯
兰广毛纺织厂	礼拜毯
广河县民族刺绣厂	少数民族帽、礼拜毯
永靖县刘家峡民族地毯厂	少数民族手工地毯
阿克塞县民族刺绣厂	少数民族帽
合作市藏族服饰加工厂	少数民族服装、藏族帐篷、藏鞋
香巴拉帐篷加工厂	各少数民族帐篷
合作市富贵藏鞋加工厂	藏鞋
玛曲县洋都有限责任公司	各少数民族帐篷、少数民族服装、氆氇
夏河县鑫龙绣花地毯厂	少数民族手工地毯
肃北县雅丽民族服饰加工厂	少数民族服装
甘肃省甘南制药厂	少数民族成药
甘南佛阁藏药有限公司	少数民族成药
甘南州藏医药研究院制药厂	少数民族成药
迭部县藏医院制药厂	少数民族成药
夏河县藏医医院制药厂	少数民族成药
天水市天马生化技术有限公司	牧区牛、羊等牲畜用兽药
甘肃省天水张家川阿胶厂	少数民族成药

定点企业名称	民族特需用品名称
张家川回族自治县医药公司饮片加工厂	少数民族成药
积石山县银海药业有限公司	少数民族成药
青海省(51家)	
青海群星实业有限责任公司民族帆布帐房分公司	蒙古包构件、各少数民族帐篷
青海民族靴鞋厂	藏靴、藏鞋
青海民族用品厂	氆氇
青海农牧机械制造有限公司	牛奶分离器
青海海源工贸有限责任公司	少数民族手工地毯
青海西部铝业发展有限责任公司	套锅、高压锅
海南州更宗仿古家具有限责任公司	炕桌、藏柜
玉树州民族贸易服务中心	藏刀、少数民族服装、哈达
同仁县印刷厂	少数民族文字印刷品
河南县手工联社	民族火炉
乌兰县民族服装厂	各少数民族帐篷、少数民族服装
格尔木永安服装有限责任公司	少数民族服装
青海昆仑机械化工集团有限公司	民族火炉
德令哈市塑料厂	牧区用塑料棚膜
乐都县民族塑料制品厂	(挤)奶桶、牧区用塑料棚膜
青海乐都民族珠宝玉雕厂	具有少数民族特色的珠宝饰品、骨雕
乐都民族地毯厂	少数民族手工地毯、炕毯
青海伊佳民族用品有限公司	回族帽、少数民族绣(刺绣)品、礼拜毯
青海雪舟三绒集团	少数民族服装
循化五金焊接股份合作公司	网围栏
循化县文都藏族用品综合加工厂	香包、各少数民族帐篷、少数民族服装
青海省化隆回族自治县穆斯林地毯厂	少数民族手工地毯、礼拜毯(垫)
青海省威乐木业有限责任公司	马鞍
青海民生搪瓷有限公司	民族花碗
青海宏兴彩印股份合作社	少数民族文字印刷
互助县民族服装厂	少数民族服装
大通县塔尔农机修配厂	民族火炉
大通县印刷厂	少数民族文字印刷品
大通县塔尔镇泉沟仿古建筑材料厂	穆斯林中堂对子
大通县塔尔砖厂	少数民族缸、罐

定点企业名称	民族特需用品名称
青海省炊宝采暖设备厂	民族火炉
青海忠清皮革贸易有限责任公司	藏鞋
西宁城北区寺台子篷布厂	各少数民族帐篷
西宁城北区小桥篷布厂	各少数民族帐篷
青海中山印刷厂	少数民族文字印刷品
西宁第三服装厂	少数民族服装
青海西宁市太阳能电力开发中心	牧区用微型太阳能
西宁民族印刷厂	少数民族文字印刷
西宁第二服装厂	少数民族服装、各少数民族帐篷
西宁力车厂	篷车
西宁胶鞋厂	民族胶套鞋
西宁织袜厂	皮袜子
西宁东宝印务有限责任公司	少数民族文字印刷品
湟源县西海塑料制品有限公司	(挤)奶桶、牧区用塑料棚膜
湟源县申中前沟网围栏加工厂	网围栏、活动羊圈
湟源县城关国协肠衣加工厂	毛毡、各少数民族帐篷
青海日报社印刷厂	少数民族文字印刷品
青海久美藏药药业有限公司	少数民族成药
青海柴达木高科技药业有限公司	少数民族成药
青海格萨尔王藏药制药有限责任公司	少数民族成药
青海金诃藏药药业股份有限公司	少数民族成药
宁夏回族自治区(40家)	
银川康乐民族家具有限责任公司	少数民族家具
银川咪咪洗涤用品有限责任公司	以牛羊脂为原料的香皂、肥皂
银川丽多民族制衣有限责任公司	少数民族服装
宁夏全保家具有限公司	少数民族家具
宁夏中宁赢嘉实业公司	少数民族文字印刷品
宁夏红旗服装(集团)有限公司	少数民族服装
宁夏沙湖纸业(集团)有限公司	少数民族文字印刷品
隆德县地毯总厂	少数民族手工地毯、礼拜毯、壁毯
宁夏夏进制箱包装有限公司	少数民族文字印刷
固原县杨郎乡农具厂	民族火炉
石嘴山市长江塑胶有限责任公司	民族建筑装饰用品

定点企业名称	民族特需用品名称
宁夏多维药业有限公司	少数民族成药
宁夏石嘴山市民族瓷业有限责任公司	具有少数民族风格的陶瓷
宁夏轻纺产品贸易中心	民族艺术装饰用品
宁夏汇川服装有限公司	少数民族服装
宁夏灵武市梅源民族制品有限公司	少数民族手工地毯、挂毯、礼拜毯
宁夏富盛机械制造有限公司	粉碎机等
宁夏固原印刷包装有限责任公司	少数民族文字印刷品
宁夏西吉县华绒有限责任公司	皮手套等
宁夏宁阳棉纺织有限公司	白棉布
银川龙虎铸造瓷业有限公司	宽沿铸铁锅
海原县钢窗厂	吊罐、八仙桌
海原县禹铭皮件厂	少数民族靴鞋、皮手套等
海原县农业机械修造厂	粉碎机等
同心县民族家具厂	少数民族家具
固原通用机械有限公司	割草机等
吴忠市绒衫厂	少数民族服装
宁夏成丰工贸有限公司	皮手套
灵武市永琦制衣有限责任公司	民族服装
固原县家具厂	炕桌、八仙桌
银川五宝实业发展有限公司	少数民族家具
宁夏陶乐县团结木器厂	少数民族家具
西吉县西滩制香厂	卫生用香
宁夏雄鹰皮草集团有限公司	少数民族服装等
盐池恒纳地毯有限公司	少数民族手工地毯、礼拜毯
宁夏灵武市制鞋厂	少数民族鞋
宁夏华西降解塑料制品有限公司	牧区用塑料棚膜、少数民族文字印刷品
成木业制品有限公司	民族木器家具
宁夏华隆民族工业开发有限责任公司	少数民族文字印刷品
宁夏民族用品公司	少数民族文字印刷品
新疆维吾尔自治区(211家)	
伊宁市团结靴鞋厂	少数民族靴鞋
新疆伊宁市金银首饰厂	具有少数民族特色的金、银饰品
伊宁市童装厂	少数民族服装、少数民族绣品

定点企业名称	民族特需用品名称
伊宁市印刷厂	少数民族文字印刷品
新疆伊犁银泉工贸有限公司	少数民族服装等
伊宁市塔斯布拉克民族服装中心	少数民族服装
伊宁市玫瑰花毛衣厂	少数民族服装等
伊宁县杏乡手工业地毯纺织针织厂	少数民族手工地毯、少数民族服装
伊犁金涛耐火材料有限责任公司	民族建筑装饰用品
伊宁县科达木器制品厂	少数民族家具
伊宁县人民医院维吾尔医药厂	少数民族成药
伊宁县虹光洗涤用品厂	以牛羊脂为原料的香皂、肥皂
伊宁县墩麻扎民族传统特色手工刺绣厂	少数民族绣(刺绣)品等
察布查尔县报社印报室	少数民族文字印刷品
新疆新源县阿尔曼乳业食品有限责任公司	灯用酥油
尼勒克县铁皮加工民族式靴鞋综合加工厂	少数民族靴鞋、马上用具
霍城县赛里木湖皮毛套具毡子加工厂	毛毡
新源县叶得力民族服装厂	少数民族服装
额敏县皮毛厂	手工挂毯
额敏县农具厂	铧子、坎土镘、坎坎子等
额敏县二中腾飞服务部	少数民族服装、少数民族靴鞋
额敏县精做正宗皮鞋店	少数民族皮靴鞋
和布克赛尔县绒毛分梳厂	少数民族服装
乌苏市平板玻璃厂	民族建筑装饰用品
阿山皮革集团有限公司	少数民族靴(鞋)、少数民族服装
阿勒泰制毡有限责任公司	毛毡
布尔津县哈纳斯毛纺有限责任公司	少数民族绣(刺绣)品
布尔津县民族家具厂	少数民族家具
布尔津县桦林家具厂	少数民族家具
吉木乃县吐尔逊牛皮鞋厂	少数民族靴(鞋)
吉木乃县国威民族服装厂	少数民族服装
吉木乃县玉新民族用品厂	少数民族家具、少数民族服装
吉木乃县民族工艺铸造厂	马上用具等
吉木乃县桦林木器厂	少数民族家具
哈巴河县雅居床服有限责任公司	少数民族服装
新疆阿勒泰王阿金有限责任公司	具有少数民族特色的金、银、铜、玉、珠宝等饰品

定点企业名称	民族特需用品名称
新疆鑫达哈萨克工艺制品有限公司	少数民族绣(刺绣)品
青河县金属厂	马上用具等
富蕴县民族工艺刺绣厂	少数民族绣(刺绣)品
富蕴县永兴印刷厂	少数民族文字印刷品
富蕴县民族用品加工厂	毛毡、少数民族家具、马上用具等
哈巴河县米吉提克然皮鞋厂	少数民族靴鞋
博州博棉纺织(集团)有限责任公司	白棉布
博州恒源塑料有限责任公司	牧区用塑料棚膜
精河县恒盛棉纺织厂	白棉布
精河县恒源帆布厂	白棉布
新疆阿拉山口木业股份有限公司	少数民族家具、民族建筑装饰用品
阜康市龙丰股份合作公司	四耳铁锅、民族无耳锅
阜康市裕丰民族工艺塑料厂	铁皮洗手壶、牧区用塑料棚膜
新疆锦华鞋业有限公司	少数民族靴鞋
奇台县畜产品加工厂	毛毡、毡筒、毛毡袜
木垒县民族刺绣厂	花毡、马塔子、少数民族用枕头套、民族包、少数民族服装
木垒县皮毛厂	毛毡、民族皮手套、少数民族靴鞋
新疆五家渠联营棉纺织厂	白棉布
新疆芳草湖机械厂	家庭牧场用移管式喷灌设备、粉碎机、割草机
新疆青湖节水设备厂	家庭牧场用移管式喷灌设备
新疆天彩艺术服装公司	少数民族舞台、戏剧戏曲服装
昌吉州庭州有限责任公司	民族胶套鞋
玛丽亚打字复印部	少数民族文字印刷品
昌吉市双飞艺术服装有限责任公司	少数民族服装
奇台县古城农副产品经销部	花帽、花木箱、民族皮手套
呼图壁县马鞍子厂	马上用具
新疆昌棉有限责任公司	白棉布
新疆中药总厂	少数民族成药
新疆维吾尔药业有限责任公司	少数民族成药
新疆昆仑铝材制品总厂	铝茶壶
新疆玉石雕刻有限责任公司	具有少数民族特色的玉饰品
乌鲁木齐市橡胶总厂	民族胶套鞋
乌鲁木齐市日用化工厂	以牛羊脂为原料的香皂、肥皂

定点企业名称	民族特需用品名称
乌鲁木齐市地毯总厂	少数民族手工地毯、壁(挂)毯
乌鲁木齐刁羊针织有限责任公司	民族服装、民族绣品等
乌鲁木齐市民族工艺美术总公司	少数民族服装、少数民族帽、少数民族用枕头套
新疆民族服装工业研究设计中心	少数民族服装
新疆碟王针织有限责任公司	民族服装、民族绣品等
新疆奇康哈博维药有限公司	少数民族成药
新疆新华印刷厂	少数民族文字印刷品
新疆新华印刷三厂	少数民族文字印刷品
新疆维吾尔自治区新华书店	少数民族文字印刷品
新疆阿尔曼实业有限公司	少数民族服装、少数民族语言文字软件
乌鲁木齐米吉提喀拉木文化用品有限公司	少数民族文字专用书写水笔
乌市米娜娃时装商贸有限公司	民族服装、民族绣品等
乌鲁木齐金钻电脑有限责任公司	少数民族语言文字软件
乌鲁木齐因特利电脑信息技术有限公司	少数民族语言文字软件
乌鲁木齐安卡维文软件开发有限公司	少数民族语言文字软件
吐鲁番市农具厂	铧子、坎坎子、板锄等
吐鲁番市服装绣品厂	少数民族服装、少数民族家具
吐鲁番市二堡乡民族用品联合企业	毛毡、少数民族绣(刺绣)品、花帽、少数民族家具
托克逊县民族皮鞋厂	少数民族靴鞋
托克逊县民族工艺刀具厂	新疆各种民族刀
新疆哈密地区棉麻总公司商贸分公司	白棉布
哈密市天一绒毛有限责任公司	毛毡、少数民族头巾
新疆哈密巨轮有限责任公司	民族火炉、铁皮洗手壶、烤肉槽
哈密市新世纪服装厂	少数民族服装
哈密市塑料制品厂	牧区用塑料棚膜
哈密市联丰公司民族用品制品厂	牧区用塑料棚膜
哈密市民族绣品厂	少数民族绣(刺绣)品
巴里坤县农机轻工综合修造厂	民族火炉,铸铁火盘
巴里坤县绒毛厂	少数民族服装
哈密地区三元印刷有限责任公司	少数民族文字印刷品
库尔勒棉纺织有限责任公司	白棉布
巴州蒙医医院制剂室	少数民族成药
巴州和田玉工艺品有限公司	具有少数民族特色的玉饰品

定点企业名称	民族特需用品名称
新疆焉耆丝普纶有限责任公司	人丝条纺、烂花乔其纱
库尔勒中药厂	少数民族成药
和硕县给水设备厂	粉碎机、饮水槽、家庭牧场用移管式喷灌设备
和硕县敏玉地毯厂	少数民族手工地毯
博湖县宝浪家具厂	少数民族家具
库尔勒市甘草膏厂	少数民族成药
和静县地毯厂	少数民族手工地毯
和静县民族服装厂	少数民族服装
和静县家具厂	少数民族家具
和静县新征畜产品加工厂	花毡
焉耆县木器家具厂	少数民族家具
焉耆县伊德乳业有限公司	灯用酥油
焉耆县印刷厂	少数民族文字印刷品
新疆焉耆三宇实业有限责任公司	灯用酥油
若羌县宝艺玉雕厂	具有少数民族特色的玉饰品
若羌县民族玉雕厂	具有少数民族特色的玉饰品
若羌县精益玉雕厂	具有少数民族特色的玉饰品
尉犁县二轻局缝纫社	少数民族服装
尉犁县二轻局木器社	少数民族家具
新疆罗布麻综合开发有限责任公司	少数民族成药
且末县民族工艺玉雕公司	具有少数民族特色的玉饰品
和静县雅新皮件厂	少数民族服装
和静县华兴暖气片厂	民族火炉、宽沿铸铁锅
新疆新华印刷二厂	少数民族文字印刷品
阿瓦提县二轻局民族服装厂	民族服装
阿瓦提县二轻局铁工厂	铧子、坎土馒、坎坎子等
乌什县二轻局五金农具厂	民族五金制品
乌什县二轻局第二缝纫社	少数民族服装
拜城县民族印刷厂	少数民族文字印刷品
温宿县二轻总会民族特需用品厂	毛毡、毡筒、少数民族帽
库车县刀剪厂	民族刀
沙雅县二轻局农具修配厂	民族刀
阿克陶县二轻局地毯厂	少数民族手工地毯

定点企业名称	民族特需用品名称
伽师县民族家具厂	少数民族家具
麦盖提县二轻五金厂	铧子、坎坎子、板锄等
麦盖提县第二建筑公司民族家具厂	少数民族家具
麦盖提县二轻局民族服装厂	少数民族服装
麦盖提县二轻局小农具厂	铧子、坎坎子、板锄等
疏勒县经贸局铁器社	铧子、坎坎子、板锄等
疏勒经贸局民族钢木家具厂	少数民族家具
疏勒县经贸局缝纫社	少数民族服装
疏附县轻工业局五金厂	铧子、坎坎子、板锄等
疏附县民族家具厂	少数民族家具
疏附县民族服装厂	少数民族服装
喀什市新艺工艺美术有限责任公司	花帽、少数民族乐器、少数民族手工地毯
喀什市第一服装厂	少数民族服装
喀什市第二服装有限责任公司	少数民族服装
喀什市天南家具工贸有限责任公司	少数民族家具
喀什市生力陶瓷有限责任公司	具有少数民族风格的陶瓷
喀什市古城民族用品有限责任公司	少数民族头巾
喀什市五金工贸公司钢木家具厂	少数民族家具
喀什市天南制品有限责任公司	阿不都拉、其拉不其
喀什市民族乐器店	少数民族乐器
莎车县轻工业地毯厂	少数民族手工地毯
莎车县民族服装厂	少数民族服装
莎车县轻工业局侨联印刷厂	少数民族文字印刷品
英吉沙县阿里木江裁缝店	少数民族服装
英吉沙县小农具厂	铧子、坎坎子、板锄等
英吉沙县民族小刀制品有限责任公司	新疆各种民族刀
英吉沙县城关乡六村地毯厂	少数民族手工地(挂)毯
英吉沙县城关乡四村民族木器加工厂	少数民族家具
英吉沙县民族翻砂用品厂	民族火炉、其拉不其
英吉沙县民族黄金加工店	具有少数民族特色的金饰品
叶城县轻工联社民族五金厂	铧子、坎坎子、板锄等
叶城县轻工联社民族木器厂	少数民族家具
叶城县轻工联社民族地毯厂	少数民族手工地毯

定点企业名称	民族特需用品名称
叶城县轻工联社民族服装厂	少数民族服装
喀什地区维吾尔医医院实验药厂	少数民族成药
巴楚县巴尔楚克小刀厂	新疆各种民族刀
巴楚县二轻局五金社	铧子、坎坎子、板锄等
巴楚县色力布亚镇手工业社	少数民族手工地毯、具有少数民族特色的金饰品
和田地区维吾尔医药厂	少数民族成药
和田县维吾尔医院制剂室	少数民族成药
民丰县维吾尔医院制剂室	少数民族成药
于田县维吾尔医院制剂室	少数民族成药
策勒县维吾尔医院制剂室	少数民族成药
墨玉县维吾尔医院制剂室	少数民族成药
洛浦县维吾尔医院制剂室	少数民族成药
皮山县维吾尔医院制剂室	少数民族成药
和田地区工艺美术有限公司	具有少数民族特色的玉饰品、少数民族手工地毯
和田地区外贸公司地毯厂	少数民族手工地毯
新疆和田棉纺织厂	白棉布、红阳绸等
新疆和田沙驼丝绸有限责任公司	烂花乔其绒、艾得丽丝绸、花软缎
民丰县甘草膏厂	少数民族成药
策勒县民族医药研究开发中心	少数民族成药
策勒县策勒乡地毯厂	少数民族手工地毯
策勒县策勒镇地毯厂	少数民族手工地毯
策勒县古丽尼沙汗地毯厂	少数民族手工地毯
策勒县二轻局花毡厂	民族手工地毯、马鞍垫
策勒县二轻局民族服装厂	少数民族服装
策勒县轻工业局农具厂	其拉不其、阿不都拉
洛浦县杭桂乡地毯厂	少数民族手工地毯
洛浦县吉雅乡土花丝绸厂	新疆各种土绸
洛浦县多鲁乡石膏板厂	民族建筑装饰用品
洛浦县杭桂乡福利地毯厂	少数民族手工地毯
洛浦县铁具厂	铧子、坎坎子、板锄等
洛浦县轻工地毯厂	少数民族手工地毯
洛浦县供销总公司地毯厂	少数民族手工地毯
和田县吐沙拉乡侨联地毯厂	少数民族手工地毯

定点企业名称	民族特需用品名称
和田县民族地毯厂	少数民族手工地毯
和田县巴格其镇吐送托合提阿訇地毯厂	少数民族手工地毯
和田县巴格其镇地毯厂	少数民族手工地毯
和田县吐沙拉勒巴格村肉孜尼沙汗地毯厂	少数民族手工地毯
和田市乡镇企业工贸公司	具有少数民族特色的玉饰品
墨玉县喀拉喀什镇地毯厂	少数民族手工地毯
墨玉县奎雅乡工艺小刀企业	新疆各种民族刀
墨玉县扎瓦乡制鞋厂	少数民族靴鞋
墨玉县轻工业民族服装厂	少数民族服装
皮山县供销社地毯厂	少数民族手工地毯
新疆生产建设兵团(9家)	
新疆湖光纺织针织厂	白棉布
新疆伊犁建华皮革总厂	马靴、少数民族帐篷
农四师铁厂沟陶瓷厂	民族花碗
新疆芳草湖双降解薄膜厂	牧区用塑料棚膜
新疆方兴科农股份有限公司塑化材料厂	牧区用塑料棚膜、家庭牧场用移管式喷灌设备
新疆西部毛纺织厂	少数民族服装
新疆石河子八棉纺织有限公司	白棉布
新疆天业股份有限公司	牧区用塑料棚膜、家庭牧场用移管式喷灌设备
乌鲁木齐市永红针织总厂	少数民族服装

注：此表为"十五"期间第一批全国少数民族特需用品定点生产企业名单及生产的民族特需用品目录。